TRANSLATION of

Rudolf Reuter: <u>BIBLIOGRAPHIE DER ORGEL</u>   (Vorwort)

   The discussed bibliography of the organ arose chiefly as a necessary remedy for
the individual practical work. We owe, up to now, the generally recognized necessity
of such working fundamentals to some smaller bibliographic publications from the last
100 years, the anonymous statement "Musica sacra" (Erfurt 1867), the large scale
beginnings of the systematic bibliography by J. W. Warman (London 1898 ff.), and the
astonishingly good synopsis by J. H. Burn (London 1921), the literature catalogue of
the organbuilder G. A. C. de Graaf (Amsterdam 1957) and, in addition some regionally
limited works, of which here only the publications of Dufourcq and Fallou (Paris 1929)
are mentioned. For the task of an organ bibliography, from the viewpoint of other
disciplines narrowly prepared, there were no co-workers available. Thus developed
this work, in which my wife Dr. Ulrich Hannelore Reuter and my co-worker of long
standing Dr. Ulrich Martini have vitally participated, without outward expense in
view of my research position at the University of Munster. Moreover, I owe thanks to
the Director of the Library Dr. Erich Thurmann at the University of Munster, who has
advised me constantly in all questions concerning libraries. The central libraries
in Barcelona, Berlin, London, Madrid, Paris, and Rome, whose catalogues I was allowed
to make full use of, I thank for willing and enduring help.

   The goal of this work is the comprehension of the title, which informs about
the history of the organ. Consciously, I have excluded the entensive literature about
compositions, playing technique, and interpretation insofar as they do not give
profitable information about the instrument itself. Organ compositions or pattern
work of the organ playing appear here, in any event, because of their literary introduction. Only titles about electronic instruments, if there at the same time, direct
or indirect, will be expressed about the Aerophon Organ. Under the same assumption,
also were admitted art historical, theological, local, and regional historical
announcements, also now and then, manuscripts; the establishment of such often acci-
dentally found sources appeared to me as significant.

   A selection was not made. For practical reasons the bibliographic research had
to be limited. Therefore, as a rule, from several editions, only the oldest available
was referenced. In many cases, I had to accept incomplete _____ or inaccurate
statements; for a special work, incomplete title references are welcome. In order to
avoid misleading, incomplete or incorrectly transmitted first names were not
supplemented on the basis of mere assumption or probability. On without first name
mentioned author, who within alphabetical order of the family name stands in first
place, can be identical with the first name of a later stated author of the same
family name. The same is valid for abbreviated first names.

   That the strived for completeness cannot be achieved, needs not be mentioned.
Inevitably, a higher degree of completeness was reached in some areas than in others,
partly, also, because of the different quality of the accessible library catalogues.
Timewise, the comprehension concludes approximately with the year 1967. For continuation
the Repertoire International de la Litterature Musicale is responsible, which has begun
in 1968.

   I thank the German Research Foundation for the generous promotion of this work;
the Baerenreiter Publisher for the attentive preparation. Both the German Research
Foundation and the Publisher I owe particular gratitude for the understanding which they
offered me during the inevitable delay that occurred for many reasons prior to completion
of the catalogue.

Munster, Easter 1973   Rudolf Reuter.

Rudolf Reuter · Bibliographie der Orgel

Rudolf Reuter

Bibliographie der Orgel

Literatur zur Geschichte der Orgel bis 1968

Bärenreiter Kassel · Basel · Tours · London

Veröffentlichungen der Orgelwissenschaftlichen Forschungsstelle im Musikwissenschaftlichen Seminar der Westfälischen Wilhelms-Universität

Nr. 3
Rudolf Reuter, Bibliographie der Orgel

Inhaltsverzeichnis

Helmut Walcha in Verehrung gewidmet

Vorwort

Die vorliegende Bibliographie der Orgel entstand als notwendiges Hilfsmittel zunächst für die eigene praktische Arbeit. Der allgemein anerkannten Notwendigkeit einer derartigen Arbeitsgrundlage verdanken wir bisher nur einige kleinere bibliographische Veröffentlichungen aus den letzten 100 Jahren, das anonyme Verzeichnis „Musica sacra" (Erfurt 1867), die in großangelegten Anfängen steckengebliebene systematische Bibliographie von J. W. Warmann (London 1898 ff.) und die erstaunlich gute Zusammenstellung von J. H. Burn (London 1921), das Literaturverzeichnis des Orgelbauers G. A. C. de Graaf (Amsterdam 1957) und außerdem einige regional begrenzte Arbeiten, unter denen hier nur die Veröffentlichung von Dufourcq und Fallou (Paris 1929) erwähnt sei.

Für die aus der Sicht anderer Disziplinen eng gefaßte Aufgabe einer Orgelbibliographie stand kein Mitarbeiterstab zur Verfügung. So entwickelte sich diese Arbeit, an der meine Frau Dr. Hannelore Reuter und mein langjähriger Mitarbeiter Dr. Ulrich Martini wesentlichen Anteil haben, ohne äußeren Aufwand im Rahmen meiner Forschungsstelle an der Universität Münster. Dank schulde ich ferner Herrn Bibliotheksdirektor Dr. Erich Thurmann in der Universitätsbibliothek Münster, der mich in allen bibliothekarischen Fragen ständig beraten hat. Den zentralen Bibliotheken in Barcelona, Berlin, London, Madrid, Paris und Rom, deren Kataloge ich auswerten durfte, danke ich für bereitwillig und ausdauernd gewährte Hilfe.

Ziel dieser Arbeit ist die Erfassung der Titel, die über die Geschichte der Orgel informieren. Bewußt habe ich die umfangreiche Literatur über Kompositionen, Spieltechnik und Interpretation ausgeklammert, soweit sie nicht lohnende Auskunft über das Instrument selbst gibt. Orgelkompositionen oder Lehrwerke des Orgelspiels erscheinen hier allenfalls wegen ihrer literarischen Einleitung, Titel über elektronische Instrumente nur, wenn dort gleichzeitig — direkt oder indirekt — über das Aerophon Orgel ausgesagt wird. Unter der gleichen Voraussetzung wurden auch kunsthistorische, theologische, orts- und regionalgeschichtliche Veröffentlichungen aufgenommen, vereinzelt auch Manuskripte; die Fixierung derartiger, oft zufällig gefundener Quellen erschien mir sinnvoll.

Eine Auslese wurde nicht getroffen. Aus praktischen Gründen mußten die bibliographischen Ermittlungen in Grenzen gehalten werden. Deshalb wurde auch von mehreren Auflagen in der Regel nur die älteste greifbare zitiert. In manchen Fällen habe ich tradierte unvollständige oder ungenaue Angaben übernehmen müssen; für eine Spezialarbeit sind auch unvollständige Titelhinweise willkommen. Um Irreführungen zu vermeiden, wurden unvollständig oder unkorrekt überlieferte Vornamen nicht aufgrund bloßer Vermutung oder Wahrscheinlichkeit ergänzt. Ein ohne Vornamen genannter Autor, der innerhalb der alphabetischen Ordnung der Familiennamen an erster Stelle steht, kann mit einem später mit Vornamen aufgeführten Autor gleichen Familiennamens identisch sein. Entsprechendes gilt auch für abgekürzte Vornamen.

Daß die angestrebte Vollständigkeit praktisch nicht erreicht werden kann, bedarf keiner Erwähnung. Zwangsläufig wurde in einigen Gebieten ein höherer Grad von Vollständigkeit erreicht als in anderen, z. T. auch wegen der unterschiedlichen Qualität der erreichbaren Bibliothekskataloge. Zeitlich schließt die Erfassung etwa mit dem Jahre 1967 ab. Für die Fortsetzung ist das Répertoire International de la Littérature Musicale zuständig, das 1968 begonnen hat.

Der Deutschen Forschungsgemeinschaft danke ich für die großzügige Förderung dieser Arbeit, dem Bärenreiter-Verlag für die sorgsame Herstellung. Beiden, der Deutschen Forschungsgemeinschaft und dem Verlag, schulde ich besonderen Dank für das Verständnis, das sie mir bei der aus mancherlei Gründen unvermeidbaren Verzögerung der Fertigstellung der Register entgegenbrachten.

Münster, Ostern 1973

Rudolf Reuter

Bibliographie

Abadie

0001 Détails archéologiques et historiques sur l'église et le monastère de Saint-Savin. o. O. 1861

0002 La musique et la maîtrise de la cathédrale d'Auch au XVIIIe siècle. In: Société archéologique du Gers. 1. 1900

Abelé, J.

0003 Electricité et musique. L'orgue électronique. In: Etudes, Revue catholique. Paris. 209. 1931, S. 79 bis 97

Åberg, Jan Håkan

0004 En liten orgelbok. Stockholm 1958

Abgrall, J.-M.

0005 Eglise et paroisse de Lampaul-Guilimiau. Quimper 1891

Achtermann, L. H.

0006 Wer schafft Orgelbauten? In: Volk und Welt (vormals Ernte). Hannover. März 1935, S. 143—150

Ackermann, A.

0007 Die Orgel. In: Adolf Berliner, Zur Lehr und Wehr und gegen die kirchliche Orgel im jüdischen Gottesdienst. Berlin 1904

Ackermann, A. / Klausner, M.

0008 Zur Orgelfrage. In: Israelitische Wochenschrift mit wissenschaftlicher Beilage. Berlin 1904, S. 320

Adalbert, P.

0009 Die neue große Orgel in Engelberg (Schweiz). In: Musica sacra. 55. 1927, S. 337—343

Adcock, Ernest E.

0010 The Organ in Seville Cathedral . . . In: The Organ. 1. 1921/22, S. 20

0011 The Position of the Church Organ. In: The Organ. 1. 1921/22, S. 36

0012 The Organs of Lübeck. In: The Organ. 1. 1921/22, S. 143, 236.

0013 Notes on some Organs in Paris, Rouen and Chartres. In: The Organ. 2. 1922/23, S. 81

0014 Collecting Organ Literature. In: The Organ. 3. 1923/24, S. 238

0015 Dutch Organs, Organ Builders and Organists. In: The Organ. 5. 1925/26, S. 174, 255

0016 Dutch Organs and Organ Building. In: The Organ. 6. 1926/27, S. 126

0017 Organs in and around Bridlington. In: The Organ. 8. 1928/29, S. 127

0018 Organs in North Wales and Cheshire. In: The Organ. 11. 1931/32, S. 50

0019 Organs in Holland. In: The Organ. 11. 1931/32, S. 256

0020 The Organ at St. George's. Great Yarmouth. In: The Organ. 15. 1935/36, S. 62

0021 Organs of Toledo Cathedral. In: The Organ. 17. 1937/38, S. 46

0022 The Organs in Toledo Cathedral and Royal Palace, Madrid. In: The Organ. 18. 1938/39, S. 180

0023 Two Norwich Organs. In: The Organ. 21. 1941/42, S. 22

0024 Norwich Cathedral Organ. In: The Organ. 22. 1942/43, S. 46

0025 Pearson Organ Cases. In: The Organ. 22. 1942/43, S. 109, 190

0026 The Adventures of Three Organ Enthusiasts in Normandy. In: The Organ. 23. 1943/44, S. 13

0027 Pearson Organ Cases. In: The Organ. 23. 1943/44, S. 96, 191

0028 Hill Organ Cases. In: The Organ. 24. 1944/45, S. 72

0029 Two Suffolk Organs. In: The Organ. 25. 1945/46, S. 66

0030 Scott Organ Cases. In: The Organ. 27. 1947/48, S. 145

0031 The late Rev. Andrew Freeman: An Appreciation. In: The Organ. 27. 1947/48, S. 4

0032 Organ Cases. In: The Organ. 28. 1948/49, S. 44

0033 Some Effects of the War upon Organs and their Cases. In: The Organ. 28. 1948/49, S. 132, 188

0034 Jackson Organ Cases. In: The Organ. 29. 1949/50, S. 26

0035 Bodley Organ Cases. In: The Organ. 29. 1949/50, S. 103

0036 More Organ Case Designers. In: The Organ. 30. 1950/51, S. 115, 177

0037 Two interesting parish church organs. In: Musical Opinion. 75. 1952, S. 105—107

0038 Some Organs in Cambridge. In: The Organ. 32. 1952/53, S. 57

0039 Three Northampton Organs. In: The Organ. 33. 1953/54, S. 112

0040 Some Spanish Organs and their Cases. In: The Organ. 33. 1953/54, S. 161

0041 Some Spanish Organs. In: The Organ. 34. 1954/55, S. 28, 49

0042 Dutch Organs and other matters. In: The Organ. 34. 1954/55, S. 164

0043 My Organ Library. In: The Organ. 35. 1955/56, S. 45, 108

0044 Modern British Organ Cases. In: The Organ. 36. 1956/57, S. 108

0045 Westminster Organ Cases. In: The Organ. 37. 1957/58, S. 103

0046 Artistic Organ Cases. In: The Organ. 39. 1959/60, S. 107

Adell, Arthur

0047 Data och acta till Söderköpings St. Lars kyrkoorglars historia. In: Svenskt Gudstjänstliv. 17. 1942, S. 42—57, 65

Adell, Knut

0048 En kyrkas orglar. Ett stycke kulturhistoria. In: Svenskt Gudstjänstliv. 13. 1938, S. 157—160

Adelung, Wolfgang

0049 Die Druckpunktfeder, eine neue Vorrichtung an den Orgeltasten mit elektrischer Traktur. *In: Instrumentenbau-Zeitschrift. Konstanz. 6. 1952, S. 174 bis 175*

0050 Einführung in den Orgelbau. *Leipzig 1955*

0051 Elektroneninstrument und Pfeifenorgel. *Berlin 1956*

0052 Zur neuen Praetorius-Orgel in Freiburg im Breisgau. *In: Ars Organi. 5. 1957, S. 137—138*

0053 Die Arp-Schnitger-Orgel der Hauptkirche St. Jacobi zu Hamburg. *In: Ars Organi. 9. 1961, S. 382—384*

0054 Das 10. Orgeltreffen der GDO. *In: Ars Organi. 10. 1962, S. 548—552*

0055 Das Pfleger-Positiv vom Jahre 1661 bei Stockach in Baden. *In: Ars Organi. 12. 1964, S. 638—650*

0056 Das 11. Orgeltreffen der GDO in Spanien. *In: Ars Organi. 12. 1964, S. 694—700*

Adler, Israel

0057 Les mensurations des tuyaux d'orgue. *In: Acta musicologica. 40. 1968, S. 43—53*

Adlung, Jacob

0058 Anleitung zur musikalischen Gelahrtheit, worin von der Theorie und Praxis der alten und neuen Musik, von den musicalischen Instrumenten, besonders der Orgel, Nachricht gegeben. *Erfurt 1758*

0059 Musikalisches Siebengestirn. *Berlin 1768*

0060 Musica mechanica organoedi, das ist: Gründlicher Unterricht von der Structur, Gebrauch und Erhaltung der Orgeln, Clavicymbel, Clavichordien und anderer Instrumente. *Berlin 1768*

Ådelgren, Nils

0061 Om orgelverket i Värmdö kyrka. *In: Värmdö Skeppslags Fornminnesförenings årsbok. 1951/52, S. 25—26*

Agrain, H. d'

0062 Saint-Bertrand-de-Comminges. *In: Revue du Touring-Club. 332. April 1921*

Agricola, Martin

0063 Musica instrumentalis deudsch. *Wittenberg 1529. NA in: Publikationen der Gesellschaft für Musikforschung. 24. Leipzig 1896*

Åhlén, Waldemar

0064 Orgelrådets årliga rapport till Kyrkosångens Vänners centralkommitté. Vanligen under titeln Svensk orgelkunst under 1932 etc. *In: Svenskt Gudstjänstliv 1933—1941, 1947—1953. Zugleich in: Kyrkosångsförbundet 1940—1947, 1950—1956. Zugleich in: Kyrkomusikernas Tidning 1957—1964*

0065 St. Jacobs-kyrkoorgel 1644—1930. *Stockholm 1930*

0066 Kyrkoorglar i Stockholms stift. *Stockholm 1946*

Aichelin, Th.

0067 Moderne Orgelpfeifen. *In: Württembergisches Schulwochenblatt. Stuttgart. 37. 1905*

Åkerman / Lunds

0068 Orgelfabrik. Förteckning och intyg öfver af firman byggda kyrko- och konsertorglar. *Stockholm 1909*

0069 Nya orgelfabriks aktiebolag 100 år 1860—1960. *Upsala 1960*

Åkesson, Karl

0070 Två orglars historia i Nevishögs kyrka. *In: Lunds Dagblad v. 15. 12. 1954*

Alaria, Con. F. C.

0071 La „Musica Sacra" e l'organo nel Sanctuario. *Alba 1856*

Albanell, Fr. Marti

0072 Notes historiques de l'orgue de Vendrell. *Vendrell 1929*

Alberti, Lodovico

0073 L'organo nelle sue attinenze colla musica sacra, appunti di storia organaria. *Mailand 1889*

Albini, E.

0074 Gli strumenti musicali moderni. *Mailand 1936*

Albrecht, Christoph

0075 Zur Frage der Orgelbegleitpraxis. *In: Musik und Kirche. Kassel. 26. 1956, S. 67—72*

0076 Der liturgische Ort des gottesdienstlichen Orgelnachspiels. *In: Musik und Kirche. 34. 1964, S. 2 bis 73*

Albrecht, Felix

0077 Die Orgel. Ein altdeutsches Spiel. *Berlin 1937*

Albrecht, J. L. s. Praetorius, M. 5409

Albrecht, W.

0078 Gang durch eine Orgelfabrik (Steinmeyer in Öttingen). *In: Technik für Alle. Stuttgart. 24. 1933, S. 27—30*

0079 Die Königin der Instrumente. *In: Jahrbuch der Technik. Stuttgart. 20. 1934, S. 27—30*

Alcock, Walter G.

0080 The Organ. *London 1913*

0081 The late James John Walker. *In: The Organ. 1922/23, S. 177*

0082 The musical value of Church Organ Recitals. *In: The Musical Times. London 1912, S. 85*

Alden, J. H.

0083 Organs of St. Peter's College, Radley, Berks. *In: The Organ. 23. 1943/44, S. 97*

0084 More about Small Organs. *In: The Organ. 23. 1943/44, S. 189*

Alembert, Jean le Rond d' s. Diderot, D. 1650

Alessi, Giovanni d'

0085 Organo ed organisti della cattedrale di Treviso (1361–1642). *In: Ars et Religio. Vedelago. (Treviso) 1929, S. 111*

0086 Una interessante questione d'arte organaria Veneta del 1759. *In: Bolletino Bibliografico Musicale. Mailand 1931*

0087 L'Organo di S. Nicolò di Treviso (Spigolature d' archivio). *In: Canentes Domino in organis. Treviso 1933, S. 7*

0088 L'Organo della chiesa di S. Nicolò di Treviso. *In: Santa Cecilia. 2/3. Turin 1934*

0089 Nota sull'organaro Antonio Dilmani. *In: Note d'archivio per la storia musicale. 1942, S. 145–148*

0090 La capella musicale del Duomo di Treviso (1300 bis 1633). *In: Ars et Religio. Vedelago (Treviso) 1954, S. 315*

Alexandre

0091 Catalog. *Paris 1889*

Allbutt, Clifford

0092 Edmund Schulze and the Armley Organ. *In: The Organ. 5. 1925/26, S. 78*

Allekotte, Th.

0093 Was ist die Multiplexorgel: *In: Monatshefte für kath. Kirchenmusik 12. 1930, S. 328–331*

Allen, Alfred H.

0094 From the organ loft. *Oxford 1921*

Allen, Aubrey

0095 The Tremulant. *In: The Organ. 6. 1926/27, S. 211*

0096 The Royal Albert Hall Organ. *In: The Organ. 6. 1926/27, S. 127*

0097 Organ Builder versus Organist. *In: The Organ. 7. 1927/28, S. 248*

Allen, C. A. B.

0098 Organ in Turvey Church. *In: The Organ. 24. 1944/45, S. 94*

Allihn, Max

0099 Die Theorie und Praxis des Orgelbaues. *Weimar 1888*

0100 Einiges über Harmoniumbau. *Berlin 1894*

0101 Zur Frage der Röhrenpneumatik. *In: Zeitschrift für Instrumentenbau. 23. 1903, S. 935–937; 24. 1904, S. 213*

0102 Orgeltechnische Verhandlungen der General-Versammlung deutscher Orgelbaumeister Leipzig 21. 3. 1904. *In: Zeitschrift für Instrumentenbau. Leipzig. 24. 1904, Nr. 21*

0103 Die Wasserorgel. *In: Zeitschrift für Instrumentenbau. Leipzig. 25. 1905, Nr. 33*

0104 Wie bläst die Orgelpfeife an? *In: Zeitschrift für Instrumentenbau. Leipzig. 28. 1908, S. 591–594, S. 631–634*

0105 Die Schleiflade die Lade der Zukunft. *In: Zeitschrift für Instrumentenbau. Leipzig. 29. 1908, S. 255*

0106 Über die Verstimmbarkeit der Zungen. *In: Zeitschrift für Instrumentenbau. Leipzig. 1909/10*

0107 Bach-Silbermann-Orgel. *In: Zeitschrift für Instrumentenbau. Leipzig. 1909, S. 971, 1017*

0108 Differenzierung des Winddruckes in der Orgel. *In: Zeitschrift für Instrumentenbau. Leipzig. 1909, S. 1191*

0109 Elektropneumatische Orgel. *In: Zeitschrift für Instrumentenbau. Leipzig. 1909, Nr. 13 ff.*

0110 Die Orgel als Musikinstrument. *In: Zeitschrift für Instrumentenbau. Leipzig. 30. 1910, S. 664*

0111 Handdrücker und Hilfspedale. *In: Zeitschrift für Instrumentenbau. 30. 1910, S. 813*

0112 Die vielfache freie Kombination. *In: Zeitschrift für Instrumentenbau. 31. 1910, S. 4, 39*

0113 Das internationale Regulativ für Orgelbau. *In: Zeitschrift für Instrumentenbau. 31. 1910, S. 1244, 1283, 1324*

0114 Pneumatische Orgel. *In: Daheim. 22, S. 445*

0115 Größte Orgel Deutschlands in Hamburg. *In: Daheim. 29, S. 827*

Allt, W. Greenhouse

0116 The Organ in St. Giles' Cathedral, Edinburgh. *In: The Organ. 19. 1939/40, S. 161*

Almela, Juan Alonso de

0117 Descripción de la octava maravilla del mundo (1594). *In: Documentos para la historia de San Lorenzo el Real de El Escorial. 6. 1962*

Alt, B.

0118 Sinn der Orgel. *In: Jüdisch-liberale Zeitung. 7. 1929, Nr. 1*

Altemark, J.

0119 Orgel als funktechnisches Problem. *In: Rufer und Hörer. Berlin. 4. 1934, S. 85–93*

0120 Gedanken bei leisem Orgelspiel. *In: Musik in Jugend und Volk. Wolfenbüttel. 1. 1938, S. 441 bis 444*

Altenmark, Joachim

0121 Von selbst spielende Orgelwerke. *In: Instrumentenbau-Zeitschrift. Konstanz. 9. 1954/55, S. 325 bis 327*

Altmann, Helmut

0122 Brandenburger Orgeltage 1952. *In: Musik und Kirche. Kassel. 22. 1952, S. 259–260*

Altmann, Wilhelm

0123 Die musikalische Noth in der Kirche des 19. Jahrhunderts. *Erfurt 1853*

Alvarez, J. M.

0124 El órgano y la música instrumental en la Catedral de León durante el siglo XVI. *In: Tesoro Sacro Musical. Madrid 1960, S. 98–101*

Ameln, Konrad

0125 Für die alte Orgel. *In: Singgemeinde. Augsburg. 1. 1925, S. 120*

0126 Die neue Praetorius-Orgel. *In: Musica. Kassel. 10. 1956, S. 154*

Ameringen, Sylvia van

0127 Ein Weltkongreß der Orgelbauer. *In: Musica. Kassel 11. 1957, S. 764*

Amezua, Aquilino

0128 La Catedral de Sevilla y sus organos. *Barcelona 1899*

Amezua / Jauregui

0129 Necessidad de la unificacion del organo. *o. O. o. J.*

Amondru, Paul

0130 L'orgue de l'église Saint-Lazare d'Avallon. *In: Société d'études d'Avallon. 23. 1907, S. 129*

Amthor, L.

0131 Die neue Orgel und die Glocken in der Gustav-Adolf-Gedächtniskirche zu Nürnberg-Lichtenhof. *In: Zeitschrift für ev. Kirchenmusik. 8. 1930, S. 223 bis 227*

Ander-Donath, H.

0132 Die drei Orgeln des Domes zu Dresden. *Dresden. o. J. Zugleich in: Deutschland. Evangel. Kirchl. Rundschau. Berlin. 20. 1943, S. 51*

Andersen, Age

0133 Zu dem Aufsatz von Dr. Thienhaus über die dänischen Orgeln und den Nachworten dazu. *In: Musik und Kirche. Kassel. 24. 1954, S. 120—121*

Andersen, Poul-Gerhard

0134 Haandbog for Orgelspillere. *o. O. 1929*

0135 Orglet. *Kopenhagen 1929*

0136 Danish Organ Architecture. *In: The Organ Club Handbook Nr. 5. London 1951*

0137 Orgelbogen. *Kopenhagen 1955*

0138 Orgelbogen, Klangtechnik, arkitekture og historie. *o. O. 1957*

Anderson, A. J. G.

0139 Small Organ Design. *In: The Organ. 27. 1947/ 48, S. 189*

Anderson, B. A.

0140 Kyrkorgeln i Allerum. *In: Helsingborgs dagblad 19. 11. 1961*

Anderson, H. Emerson

0141 Electronic Organ Handbook. *o. O. 1961*

Andersson, Bertil

0142 Orgeln i Strömsholm. *In: Kyrkomusikernas Tidning. 19. 1961, S. 257—258*

Andersson, Otto

0143 Orglar och organister i Åbo domkyrka intill sluted av 1600 — talet. *In: Ur Kring konst och kultur. Studier tillägnade Amos Andersson. Helsingfors 1948, S. 9—52*

0144 Orglar och orgelmusik i Åbo domkyrka under 1600 — talet. *In: Tidning för musik. Helsingfors. 4. 1914*

0145 Ålands äldsta kyrkorgel. (Dragfjärdsorgeln i Nationalmuseum i Helsingfors). *In: Förf:s Ur åländsk hävd och tradition. Stockholm 1939, S. 133—143*

Anding, Johann Michael

0146 Handbüchlein für Orgelspieler und solche die es werden wollen, enthaltend eine Beschreibung aller Theile einer Orgel, und eine Anweisung zum kirchlichen Orgelspiel. *Hildburghausen 1865*

André,

0147 L'orgue de la cathédrale de Mende. *In: Bulletin de la Société d'Agriculture de la Lozère. 1871*

Andreas, Bengt

0148 Något om Skånes äldsta och nyaste orglar. *In: Musikrevy 15. 1960, S. 257—260*

Andrew, G. s. Gergely, Francais 2673

Andrews s. Forster 2417

Andriessen, Hendrik

0149 Het Orgel en de Romantiek. *In: Mens en Melodie. Utrecht 8. 1953, S. 201—202*

Angelis, P. de

0150 Musica e musicisti nell'arcispedale di Santo Spirito in Saxie dal quattrocento all'ottocento. *Rom 1950, S. 56*

Angelucci, Aug.

0151 Notizie sugli organi italiani. *o. O. o. J.*

Anglas, I. d'

0152 Précis d'acoustique. *Paris 1910*

Anglès, Higinio

0153 Franko-Flämische und deutsche Organisten in Katalonien 14.—16. Jh. *In: Fs. Scheuerleer 1925*

0154 Musici organici Joannis Cabanilles Opera omnia. *Barcelona 1927*

0155 La Musica a Catalunya fins al segle XIII. *Barcelona 1935*

0156 La Musica organistica della Spagna. *Rom 1962*

0157 Orgelmusik der Schola Hispanica vom 15. bis 17. Jh. *In: Bericht über den musikwissenschaftlichen Kongreß der deutschen Musikgesellschaft in Leipzig vom 4. bis 8. 6. 1925. 1925. S. 227. Zugleich in: Fs. Peter Wagner. 1928*

0158 Fs. Peter Wagner. *1928*

0159 El órgano de la catedral de Lérida en 1543—1556. *In: Anuario musical. Barcelona. 3. 1948, S. 205 bis 211*

Angot, Alphonse

0160 Dictionnaire historique, topographique, biographique, de la Mayenne. *In: Facteurs d'orgues. 1900 bis 1910*

Antegnati, Constanzo

0161 L'arte organica. *Brescia 1608. NA: Mainz 1958*

Anthes, W.

0162 Orgel der Rimbächer Kirche. *In: Die Dorfkirche. 24. 1931, S. 180—184*

Antoine, Abbé

0163 Recherches sur les orgues de Saint-Germain d'Argentan. *o. O. 1920*

Antony, Joseph

0164 Geschichtliche Darstellung der Entstehung und Vervollkommnung der Orgel, nebst einigen speziellen Nachrichten über verschiedene Orgelwerke. *Münster 1832*

Antos, Kalman

0165 The German Organ in the Sixtenth Century. *Phil. Diss. New York. o. J.*

Apel, Willi

0166 Early history of the organ. *In: Speculum. Cambridge 1948*

0167 Die Celler Orgeltabulatur von 1601. *In: Musikforschung. Kassel. 19. 1966, S. 142—151*

Apeldoorn, J. C. van

0168 Het orgel in de grote of St. Michaelskerk te Zwolle. *Zwolle 1896*

Arbeiter, Walter

0169 Erste Detmolder Orgelwoche zur Orgelweihe in der Martin-Luther-Kirche v. 31. 5. bis 7. 6. 1953. *In: Musik und Kirche. Kassel. 23. 1953, S. 161—163*

Arbois de Jubainville, d'

0170 Notice sur la construction des orgues de la cathédrale des Troyes. *In: Revue des Sociétés savantes 1872*

Arbus, Marie-Reginald A.

0171 Une merveille d'art Provencal. Le grand orgue de la Basilique de St.-Maximin-la-Ste.-Baume et l'histoire générale de l'orgue. *Aix-en-Provence 1955*

Archer, Frederick

0172 The Organ. *London 1875*

0173 Curiosities of Organ Building. *In: The Organ. 1. 1921/22, S. 180*

Archer, J. Stuart

0174 Marcel Dupré: An Appreciation. *In: The Organ. 2. 1922/23, S. 44*

0175 On the Cavaillé-Coll Organ. *In: The Organ. 2. 1922/23, S. 97*

0176 The Weingarten Organ. *In: The Organ. 7. 1927/28, S. 105*

0177 A Remarkable Organ Case. *In: The Organ. 10. 1930/31, S. 47, 192*

0178 Notes on Two Former Organs in Salisbury Cathedral. *In: The Organ. 11. 1931/32, S. 233*

0179 Southwark Cathedral Organ. *In: The Organ. 12. 1932/33, S. 188*

0180 The Passing of an Old-world Organ. *In: The Organ. 12. 1932/33, S. 213*

0181 A New Two-Manual Model. *In: The Organ. 14. 1934/35, S. 28*

0182 Notes on the Rebuilding of Salisbury Cathedral Organ. *In: The Organ. 14. 1934/35, S. 135*

0183 The Organ at St. Andrew's Kingsbury. *In: The Organ. 15. 1935/36, S. 33*

0184 Fernando Germani. *In: The Organ. 16. 1936/37, S. 37*

0185 Some Folkestone Organs. *In: The Organ, 16. 1936/37, S. 159*

0186 The Organ at Watford Parish Church. *In: The Organ. 17. 1937/38, S. 168*

0187 On the Evolution of the Organ as a Solo Instrument in England. *In: The Organ. 17. 1937/38, S. 235*

0188 The Church of King Charles the Martyr, Tunbridge Wells. *In: The Organ. 19. 1939/40, S. 128*

0189 The Organ in the Catholic Apostolic Church, Gordon Square, Bloomsbury. *In: The Organ. 19. 1939/40, S. 180*

0190 The Organ in Christ Church, Ealing. *In: The Organ. 20. 1940/41, S. 161*

0191 The Organ in the Free Church, Hampstead Garden Suburb. *In: The Organ. 21. 1941/42, S. 61*

0192 Some Organs in and around Tunbridge Wells. *In: The Organ. 21. 1941/42, S. 156*

0193 The Organ in Christ Church, Woburn Square. *In: The Organ. 22. 1942/43, S. 74*

0194 Organs in and near Tunbridge Wells. *In: The Organ. 22. 1942/43, S. 94*

0195 Notes on the Organ in St. Michael's Church, Highgate. *In: The Organ. 23. 1943/44, S. 9.*

0196 The Organ in Holy Trinity, Stroud Green. *In: The Organ. 23. 1943/44, S. 83*

0197 The Organ in Lyndhurst Road Congregational Church, Hampstead. *In: The Organ. 23. 1943/44, S. 163*

0198 The Organ in St. Mark's, Hamilton Terrace. *In: The Organ. 24. 1944/45, S. 163*

0199 The Organ in Holy Trinity, St. Marylebone. *In: The Organ. 25. 1945/46, S. 97*

0200 The Organ in Brompton Parish Church. *In: The Organ. 26. 1946/47, S. 33*

Arend, A. G.

0201 Extruding square-sectioned organ pipes. *In: Machinery. London. 47, S. 377*

Arendt, Hans-Jürgen

0202 Adorfer Orgelbaukunst und Orgelmusik. *In: Sächsische Heimatblätter. Dresden. 8. 1962, S. 393 bis 396*

Arfken, Ernst

0203 Neue Musik und Orgelbau. *In: Musik und Kirche. Kassel. 24 .1954, S. 241—247*

0204 Die Dereux Orgel. *In: Musik und Kirche. 23. 1963, S. 128*

Armbrust, Carl F.

0205 Die neue Orgel der St. Petrikirche in Hamburg. *Hamburg 1885*

Armitage, Clifford

0206 The Organ in St. George's Chapel, Windsor. *In: The Organ. 23. 1943/44, S. 145*

0207 The Organ in Marlow Parish Church. *In: The Organ. 25. 1945/46, S. 75*

0208 The Organ in the Private Chapel and St. George's Hall, Windsor. *In: The Organ. 26. 1946/47, S. 136*

0209 The Organ in Windsor Parish Church. *In: The Organ. 28. 1948/49, S. 169*

0210 The Organ in Saint Bartholomew's Church, New York. *In: The Organ. 30. 1950, S. 79*

Armstrong, C. H. A.

0211 Barrel Organs. *In: The Organ. 38. 1958/59, S. 157*

Arnaut de Zwolle, Henri

0212 Ms. der Bibl. Nat. zu Paris (7295), das über das „clavi simbalum" und die Orgel handelt. *Faksimile-Ausgabe von Le Cerf und Labande. Paris 1932*

Arnér, Gotthard

0213 En märklig orgel (Åtvids gamla kyrka). *In: Kyrkomusikernas Tidning. 25. 1959, S. 209—210*

0214 Hur skall min kyrkorgel byggas? *In: Kyrkomusikernas Tidning. 22. 1956, S. 147—149*

0215 Något om orglar och orgelbyggare i Växjö stift. *In: Ur Växjö stift i ord och bild. Stockholm 1950, S. 489—494*

0216 Något om Växjö domkyrkas orglar. *In: Tidskrift för kyrkomusik och svenskt Gudstjänstliv. 16. 1941, S. 122—125*

0217 (Virestadsorgeln i Smålands museum). *In: Gamla orglar. Kyrkomusikernas Tidning. 10. 1945, S. 9, 11*

0218 Om orgeln och orgelspelets renässans. *In: Musik Revy. Stockholm. 6. 1951, S. 70—80*

Arnold, A. M.

0219 Organ at All Hallows, Twickenham. *In: The Organ. 22. 1942/43, S. 95*

Arnold, Frederick

0220 The Organ in Lastingham Parish Church. *In: The Organ. 44. 1964/65, S. 49*

Arnold, Frederick J.

0221 The Organ in the Nicholas Church, Whitehaven. *In: The Organ. 12. 1932/33, S. 25, 128*

Arnquist, Olov

0222 Bidrag till kännedom om orgelbyggeriet i norra ländsdelen (Västerbottens län). I—II. *In: Västerbotten 30. 1949, S. 73—78. 33. 1952, S. 69—74*

0223 Hemorgelbyggeriet i Norsjö. Ett kapitel norrländsk kulturhistoria. *In: Kyrkomusikernas Tidning. 25. 1959, S. 146—147*

Arrigoni, Luigi

0224 Organografia ossia descrizione degli instrumenti musicali antichi. *Mailand 1881*

Artance, Felix

0225 L'orgue et ses perfectionnements modernes. *Maison Rouge 1897*

Ashton, Raymond C. W.

0226 Ardingly College Chapel. *In: The Organ. 42. 1962/63, S. 166*

Asioli, Bonifacio

0227 Osservazioni sul temperamento proprio degl'istromenti stabili dirette agli accordatori di clavicembalo ed organo. *Mailand 1816*

Asma, Feike s. Kret, A. J. 3947

Atkins, Ivor Algernon

0228 The early occupants of the office of organist... of the cathedral Church of Christ and the blessed Virgin Mary Worcester. *London 1918*

Atkinson, G. K.

0229 The modern organ. *o. O. 1931*

Atzinger, Ernst

0230 Neue Orgel mit Rückpositiv in Augsburg. *In: Musik und Altar. Freiburg 5. 1952/53, S. 144*

Aubeux, L.

0231 L'Orgue. Sa facture, sa technique, son emploi. *In: Caecilia. Straßburg. 66. 1958, S. 59—65, 94—97, 146—150, 191—197, 232—242*

0232 Le Buffet des grandes orgues de la Cathédrale d'Angers. *In: Caecilia. Straßburg. 68. 1960, S. 21 bis 22*

Auda, Antoine

0233 La Musique et les Musiciens du pays de Liège. Essai bio-bibliographique sur la musique liégeoise depuis ses origines jusqu'a la fin de la Principauté (1800). *Brüssel 1930*

Audsley, George Ashdown

0234 Description of the Grand concert Organ to be erected in the Festival Music Hall of the Louisiana Purchase Exposition previous to its installation in Convention Hall, Kansas City, Missouri. *Los Angeles 1894*

0235 The organ of the twentieth century. *New York und London 1920*

0236 The art of organ building. *New York und London 1905*

0237 Organ stops and their artistic registration. *New York 1921*

0238 The temple of tone. *New York 1925*

0239 Multiplexorgel. *In: Musica sacra. 62. 1931, S. 94*

0240 The Position and Accomodation of Organs in Churches and other Buildings. *In: Building News. 101, S. 246, 318, 390, 334*

0241 Cinema Organs. *In: The Organ. 1. 1921/22, S. 255*

0242 The Audsley system of divisional Stop apportionment and Control. *In: The Organ. 2. 1922/23, S. 16, 91*

0243 The Electric Console. *In: The Organ. 3. 1923/24, S. 35*

0244 The Harmonic Corroborating Organ Stops. *In: The Organ. 4. 1924/25, S. 18*

0245 The Small Two-Manual Organ. *In: The Organ. 4. 1924/25, S. 138*

0246 The Naming of Organ Stops. *In: The Organ. 4. 1924/25, S. 189*

0247 Suggestions for the Introduction of a Systematic Organ Stop Nomenclature (Echo from the Past). *In: The Organ. 21. 1941/42, S. 126; 22. 1942/43, S. 25*

Auer, M.

0248 Sterbende Bruckner-Orgel in St. Florian. Mahnruf von M. Auer. *In: Musica divina. Wien. 14. 1926, S. 127*

Augusta, l'

0249 Ducal Basilica dell' Evangelista S. Marco di Venezia ... adornata di varie tavole in rame. *Venedig 1761*

Augusti, Johann Christian Wilhelm

0250 Denkwürdigkeit aus der christlichen Archäologie. *Leipzig 1817—1831*

Auler, Wolfgang

0251 Die Orgel der Schloßkapelle in Charlottenburg. *In: Zeitschrift für Musik. 96. 1929, S. 618*

0252 Eine unbekannte Barockorgel in Berlin. *In: Zeitschrift für Musik. 99. 1932, S. 709*

0253 Orgel und Feiergestaltung. *In: Deutsche Tonkünstler-Zeitung. 33. 1937, S. 202*

0254 Hausmusik und Orgel. *In: Deutsche Tonkünstler-Zeitung. 34. 1938, S. 157*

0255 Neue Wege zur Orgelkunst. *In: Musik in Jugend und Volk. Wolfenbüttel. 1. 1938, S. 280—285*

0256 Dämonie der Orgel. *In: Das innere Reich. Berlin. 7. 1941. S. 577—580*

0257 Glocken und Orgel im modernen Kirchenbau. *In: Die Agnes-Karll-Schwester. Hannover. 18. 1964, S. 207—209*

0258 Die Anfänge der Orgelbewegung in Berlin und die Krise des Jahres 1933. *In: Musik und Kirche. 35. 1965, S. 126—133*

Aulin, Arne

0259 Sven Hof som Hülphers' musikaliske bidragsgivare. *In: Svensk tidskrift för musikforskning. 30. 1948, S. 114—128*

Austen, Britten

0260 Octopods. *In: The Organ. 38. 1958/59, S. 107*

Austin, Cecil

0261 The Cinema Organ. *In: The Organ. 4. 1924/25. S. 45*

Austin, George

0262 New Organ in Ninth Church of Christ Scientist, London. *In: The Organ. 10. 1930/31, S. 146*

„Autolycus"

0263 Recent Developments in Organ Building. *In: The Organ. 6. 1926/27, S. 119*

Auton, John

0264 A School Shapel Organ. *In: The Musical Times. 95. 1954, S. 28*

Avenary-Loewenstein, H.

0265 The mixture principle in the mediaeval organon; an early evidence. *In: Musica disciplina. Rom. 4. 1950, S. 51—59*

Avila, Lorenzo Fernández de

0266 Memorial. *Ms. Madrid 1755. (BN Madrid)*

Baake, Ferdinand

0267 Beschreibung der großen Orgel der Marienkirche zu Wismar sowie der großen Orgel des Domes und der St. Martinikirche zu Halberstadt. Ein Beitrag zur Beleuchtung und Würdigung der eigenthümlichen Ansichten und Grundsätze des Herren Musikdirektors Wilke zu Neuruppin, in Bezug auf die Orgelbaukunst. *Halberstadt, 1846*

0268 Neuer Beitrag zur Beleuchtung und Würdigung der Partheiligkeit, Inconsequenz und Ignoranz des Herrn Wilke in Bezug auf die Orgelbaukunst, veranlaßt durch dessen Herabwürdigung der vom Herrn Orgelbaumeister J. F. Schulze neuerbauten Orgel der Moritzkirche und umgearbeiteten Orgel der Liebfrauenkirche zu Halle. *Halberstadt 1847*

0269 Die neuerbaute Moritzkirchenorgel und umgearbeitete Liebfrauenkirchenorgel zu Halle. *Halberstadt 1847*

Baard, H. P.

0270 Van Jan van Eyck tot Johannes Bosboom. *In: Nederlandse Orgelpracht. Haarlem 1961, S. 97—117*

Babeau, Albert

0271 L'église Saint-Pantaléon de Troyes, Sa Construction, ses objets d'art. *In: Société académique de l'Aube, Troyes 1881*

Bach, August Wilhelm / Haupt, Karl August

0272 Sammlung von Orgeldispositionen (19. Jh.). *Ms. Universitätsbibliothek Münster*

Bach, G.

0273 Einrichtung einer Melodiekoppel für Pfeifen- und Zungenorgeln. *In: Zeitschrift für Instrumentenbau. 25. 1905, S. 833*

Bach, J. G.

0274 Normalspieltisch für Orgeln. *In: Zeitschrift für Instrumentenbau. 30. 1910, S. 336*

0275 Windladenfrage. *In: Zeitschrift für Instrumentenbau. 51. 1931, S. 367*

0276 Die Orgeln der Abteikirchen Siegburg und Heisterbach. *In: Heimatblätter Siegkreis. 16. 1940, S. 228*

Bachelin, H. s. Cellier, A. 1167

Bachmann, Claus-Henning

0277 Deutsche Elektronen-Orgel. *In: Musikblätter. Berlin. 6. 1953, S. 248—249*

0278 Auf dieser Orgel hat Bach gespielt. Die Arp-Schnitger-Orgel in St. Jacobi in Hamburg. *In: Christ und Welt. Stuttgart. 14. 1961, Nr. 21, S. 21*

Badiani, A.

0279 I Restauri del Duomo di Prato. IV — L'Organo. *In: Archivio Storico di Prato. XV, III. Prato 1937*

Baehr, Nicolaus

0280 Glücklicher Zuruff, als die durch A. Schnitger in vierer Jahre Frist erbaute neue Orgel in der Königl. Thumb-Kirchen zu Bremen am 20. Maji 1698 geliefert ward. *Bremen Stadtbibliothek. Zugleich in: Sammelbände der Internationalen Musikgesellschaft. 12. 1910/11, S. 410*

Bärnwick, F.

0281 Die große Orgel im Münster zu Weingarten, erbaut von Gabler 1737—50. *Weingarten 1922*

Bäthge, A.

0282 Die pneumatische Orgel. *In: Hannoversche Schulzeitung. Hannover. 1903, 20—22*

Baeuerle, Hermann

0283 Orgelspiel und Orgelkunde. *Stuttgart 1926*

Bäumer, W.

0284 Neue Orgel in der St. Nikolauskirche zu Kiel. *In: Zeitschrift für Instrumentenbau. 52. 1932, S. 150*

Baffert / Lagier

0285 Les orgues de l'église St. Louis de Grenoble. *Grenoble 1903*

Baines, A.

0286 A Barrel organ transcription. *In: The Galpin Society journal. 5. 1952, S. 54—55*

Baker, H. E.

0287 The Organ in Paisley Abbey. *In: The Organ. 9. 1929/30, S. 246*

Bakker, W. P. L.

0288 Losse aantekeningen rondom he tweede orgel in de voormalige Sint Lievens Monsterkerk te Zierikzee. *In: Het Orgel 56. 1960, S. 150—151, 171 bis 173, 198—199, 224—226; 57. 1961, S. 7—15, 79 bis 81, 177—178*

Balbiani, C.

0289 L'evoluzione della tecnica costruttiva nella storia dell'organo. *In: Sapere. 22. 1956, S. 248—249*

Baldamus — Burmeister, E.

0290 Die Orgel der Lutherkirche, Hamburg. *In: Zeitschrift für Instrumentenbau. 26. 1906, Nr. 30*

Baldelló, Francisco

0291 Los organos de la Basilica Parroquial de Nuestra Senora de los Reyes (Pino) de Barcelona. *In: Anuario Musical. Barcelona. 4. 1949, S. 155—179*

0292 Els „orgues menors" de la Catedral Basilica des Barcelona. *In: Analecta sacra Tarraconensia. Revista de ciencias histórico-ecclesiásticas. 37. Barcelona 1964, S. 375—379*

0293 Un tratado de organeria del siglo XVIII. *In: Anuario musical. 14. Barcelona 1959, S. 179—194*

Ballot, Edouard

0294 Les grandes orgues de l'église St.-Gervais. *Paris o. J.*

Balogh, Louis L.

0295 Organ ideals through the ages. *In: Caecilia. Boston. 80. 1953, S. 242—246*

Balz, Hans Martin

0296 Die Orgel in der ev. Kirche zu Biebisheim. *Biblis 1963*

Balzano, V.

0297 I costruttori d'organo (Notizie d'arte abbruzzese). — Adriano Fedri. *In: Rivista Abruzzese di scienze lettere ed arti a. XXII Terni ag*

Bamber, Graham R.

0298 An Approach to Organ Design. *In: The Organ. 40. 1960/61, S. 126, 177*

Bambini, A.

0299 Di alcune tappe dell'arte organaria italiana. *In: Bollettino Siciliano. 1. dicembre 1925. Nr. 15, S. 228—231*

Bamford, John D.

0300 The Hindley Schulze Organ. *In: The Organ. 46. 1966/67, S. 94*

Banchieri, Adriano

0301 Conclusioni nel suono dell'organo. *Lucca 1591*

0302 L'organo suonarino. *Venedig 1605*

Bangert, Emilius

0303 Albert Schweitzer und die Orgel. *In: A. Schweitzer, eine Freundesgabe zu seinem 80. Geburtstag. Bern 1955, S. 174—183*

0304 Kirkens orgel. *In: Nyt Tidsskrift for Kunstindustrie*

0305 Compenius orgelet paa Frederiksborg Slot. *In: Medlemsblad for Dansk Organist — og Kantotsamfund af 1905. Roskilde. 4. 1938, S. 69*

Baquero, T.

0306 L'orgue et ses vicissitudes. *o. O. 1867*

Bara, R.

0307 Wegweiser zur Beurteilung elektroakustischer Orgelinstrumente. *In: Singende Kirche. Wien. 11. 1963, S. 10—14*

Barbier de Montault, X.

0308 Orgues en forme d'arbres. *In: Annales archéologiques. 18. 1958, S. 91*

Barblan, Guglielmo

0309 Tomaso Ingegneri veneziano. *In: L'Organo. 2. 1961, S. 87—88*

Barbour, J. M.

0310 More on the Leipzig Organ Tuning. *In: Journal of the American Musicological Society. 3. 1950, S. 41—44*

Barcotto, A.

0311 Regola e breve raccordo per far rendere aggiustati ogni sorta di strumenti da vento come organo, claviorgano, regale e simili . . . *Padua 1652*

Barkhausen, A.

0312 Meisterwerk des Frühbarock (Martini-Orgel in Bremen). *In: Der Schlüssel. Bremer Beitrag zur Deutschen Kultur und Wirtschaft. Bremen. 5. 1940, S. 197*

Barkow, R.

0313 Technische Zeitfragen des Orgelbaues. *In: Nachrichten-Zeitung des Vereins deutscher Ingenieure. 8. 1928, Nr. 42*

0314 Neuigkeiten im Orgelbau. *In: Zeitschrift für ev. Kirchenmusik. 1929, S. 238*

0315 Nec sutor ultra crepidam. *In: Zeitschrift für Instrumentenbau. 51. 1931, S. 71*

0316 Erfolge der Ingenieur-Arbeit im Orgelbau. *In: Zeitschrift für Instrumentenbau. 51. 1931, S. 344 bis 347, 456*

0317 Bemerkungen zur abgestimmten Tonkanzelle. *In: Zeitschrift für Instrumentenbau. 52. 1932, S. 86*

0318 Neues für den Orgelbau. *In: Zeitschrift für Instrumentenbau. 54. 1934, S. 296*

0319 Elektroakustische Orgel. *In: Zeitschrift für Instrumentenbau. 55. 1934, S. 35*

Barkow, R. s. Jahnn. H. H. 3558

Barlow, C. M.

0320 The Cromorne. *In: The Organ. 14. 1934/35, S. 192*

Barnard, H. C.

0321 Organ stops and their names. *In: Musical Opinion. 73. 1950, S. 551—553*

Barnard, Leslie S.

0322 The Organ in St. Mary's Church, Portsea, Portsmouth. *In: The Organ. 13. 1933/34, S. 229*

0323 Organ Recording. *In: The Organ. 14. 1934/35, S. 256*

0324 The Organ in the Dome Pavilion, Brighton. *In: The Organ. 16. 1936/37, S. 225*

0325 The Organ in the Davis Theatre, Croydon. *In: The Organ. 17. 1937/38, S. 246*

0326 Cinema Organs, Extension etc. *In: The Organ. 18. 1938/39, S. 125*

0327 The B. B. C. Theatre Organ. *In: The Organ. 19. 1939/40, S. 1*

0328 The Organ of Reading University. *In: The Organ. 29. 1949/50, S. 116*

0329 Organ in the Cathedral Church, Portsmouth. *In: The Organ. 29. 1949/50, S. 97*

0330 The Organ at All Saint's Denmead, Hants. *In: The Organ. 30. 1950/51, S. 187*

0331 The Grand Organ of the Palais de Chaillot, Paris. *In: The Organ. 31. 1951/52, S. 74*

0332 The Electronic Organ at the Royal Festival Hall. *In: The Organ. 32. 1952/53, S. 41*

0333 The Organ of St. Mary Magdalene's, Paddington. *In: The Organ. 32. 1952/53, S. 85*

0334 The Organ in the „Big School", Christ's Hospital, Horsham. *In: The Organ. 32. 1952/53, S. 153*

0335 The restored Organs in the Liberal Jewish Synagogue. *In: The Organ. 33. 1953/54, S. 122*

0336 Two Sussex Organs. *In: The Organ. 34. 1954/55, S. 12*

0337 The Organs of Bangor Cathedral. *In: The Organ. 34. 1954/55, S. 113*

0338 The Rebuilt Organ of St. Peter's, Eaton Square, *In: The Organ. 35. 1955/56, S. 20*

0339 The Lost Organs of Portsmouth. *In: The Organ. 35. 1955/56, S. 77*

0340 The Re-built Organ at All Saint's, Landport, Portsmouth. *In: The Organ. 38. 1958/59, S. 18*

0341 The Re-built Organ in Sherborne Abbey. *In: The Organ. 38. 1958/59, S. 180*

0342 The Re-built Organ at St. Cuthbert's, Philbeach Gardens. *In: The Organ. 38. 1958/59, S. 57*

0343 The Walker Positif and Model Organs. *In: The Organ. 39. 1959/60, S. 85*

0344 The Organs of the Guildhall, Portsmouth. *In: The Organ. 39. 1959/60, S. 141*

0345 The New Organ at St. Mary-the-Boltons, Kensington. *In: The Organ. 40. 1960/61, S. 31*

0346 An Author's Opinion. *In: The Organ. 40. 1960/ 61, S. 107*

0347 The Organs of the City Temple. *In: The Organ. 40. 1960/61, S. 210*

0348 An Experiment at Tulse Hill. *In: The Organ. 41. 1961/62, S. 17*

0349 The Organs of Rochester Cathedral. *In: The Organ. 41. 1961/62. S. 153*

0350 Two Bradford Organs. *In: The Organ. 41. 1961/ 62, S. 188*

0351 The Organ in Bradford Cathedral. *In: The Organ. 42. 1962/63, S. 57*

0352 The Organ in Ampleforth Abbey. *In: The Organ. 42. 1962/63, S. 131*

0353 Bradford Cathedral Case. *In: The Organ. 42. 1962/63, S. 221*

0354 The Rebuilt Organ at St. Simon's Church, Southsea. *In: The Organ. 43. 1963/64, S. 44*

0355 An Early Extension Organ. *In: The Organ. 44. 1964/65, S. 167*

Barth, Th.

0356 Eine alte Orgel. *In: Monatsschrift für Gottesdienst und kirchliche Kunst. 1914. S. 173*

Barthélémy, Louis-Ca.

0357 Résumé de technologie de l'orgue. *Bayeux 1944*

Bartmuss, R.

0359 Anhalter Orgelbauten. *In: Unser Anhaltland. Dessau 1901, S. 125—127, 137—139*

0360 Intonation und Disposition der Orgelregister. *In: Monatsschrift für Gottesdienst und kirchliche Kunst. Göttingen 1906, S. 159—161*

Barnes, William H.

0361 The contemporary american organ. *New York 1930*

Barni, Enrico

0362 Cenno sull'arte organaria a Pavia. *Pavia 1925*

Baron, M. A. John

0363 Scudamore organs or practical hints respecting organs for village churches and small chancels on improved principals. *London 1858*

Barrett, J.

0364 Hammond Organ. *In: Nature. London. 138, S. 297*

Barrow, J.

0365 Scudamore Organs. *London 1862*

Bartelink, Bernard

0366 Oude italiaanse orgelkunst. *In: Sint Gregoriusblad. Utrecht. 76. 1955, S. 171—172*

0367 Orgels en orgelspeel in Frankrijk. *In: Sint Gregoriusblad. Utrecht. 76. 1955, S. 19—24*

Bartels, P.

0368 Die Orgel die Königin der Instrumente? *In: Zeitschrift für ev. Kirchenmusik. 1928, S. 227—230*

Bartsch, Guido

0369 Rund um die Orgel. *In: Stimmen der Heimat. Bischofszell. 6. 1943, 44*

0370 Gedanken nach einer Orgeleinweihung. *In: Der Chorwächter. 73. 1948, S. 36—38*

0371 Multiplexorgel? *In: Zeitschrift für Kirchenmusik. Köln. 69 1949, S. 76—79*

0372 Zum Problem der Orgeldisposition. *In: Der Chorwächter. 75. 1950, S. 70—81*

0373 Elektrische Orgelersatzinstrumente. *In: Zeitschrift für Kirchenmusik. 70. 1950, S. 313—322*

Barus, C.

0374 Acoustic topography varying with the position of the organ pipe. *In: Proceedings of the Royal Irish Academy. Dublin. 8, S. 96—100*

Baser, Friedrich

0375 Weshalb ging Silbermann nach Straßburg? *In: Musik und Kirche. 12. 1940, S. 5—110*

0376 Klingende Denkmäler einer deutschen Künstlerfamilie. Silbermann-Orgeln in ganz Elsaß, Baden und Schweiz. *In: Die Musik. 32. 1941, S. 337*

Bastiaans, Johannes

0377 Schubert, F. L. *Haarlem 1868*

Bataillon, L.

0378 La restauration des orgues de la cathédrale de Evreux. *In: Revue de Musicologie. August-November 1928*

Bate, A. E.

0379 Effect of variation in the pressure of the air and dimensions of the mouth on the frequency of an organ flue-pipe. *In: London, Edinburgh and Dublin philosophicat magazine. 8. 1929, S. 750—761*

0380 End-corrections of an open organ flue-pipe and the acoustical conductance of orifices. *In: London, Edinburgh and Dublin philosophical magazine. 10. 1930, S. 617—632*

0381 Determination of the End Correction and Conductance at the Mouth of a stopped Organ (Flue) Pipe. *In: London, Edinburgh and Dublin philosophical magazine. 9. 1930, S. 23—28*

Baudot, M.

0382 Notice historique sur les orgues de l'église (1472 bis 1928). *Gisors o. J.*

Bauer, M.

0383 Neue Orgel in der Maria-Martha-Kirche zu Bautzen. *In: Zeitschrift für Instrumentenbau. 54. 1934, S. 117. Zugleich in: Zeitschrift für Kirchenmusiker. 16. 1934, S. 31*

Baumann, O.

0384 Die Orgel, ihre Geschichte und ihr Bau. *Leipzig 1887*

Baumond, G.

0385 Les orgues de Moyenmoutier à Saint-Dié. *In: La Révolution dans les Vosges. 1925—1926*

Baur

0386 Die alte Friedberger Orgel. *In: Archiv für hessische Geschichte und Altertumskunde. 12. 1870, S. 620*

Baur, Hans

0387 Das Orgelbauergeschlecht Silbermann in Basel. *In: Basler Jahrbuch. 1927*

Baurit, Maurice

0388 Orgues et vitraux de Saint-Germain l'Auxerrois. *Paris 1964*

Bawtree, E.

0389 Variable Power Flue Pipes. *In: The Organ. 12. 1932/33, S. 233*

0390 How the Flue Pipe Speaks. *In: The Organ. 41. 1961/62, S. 101, 123, 183*

0391 How the Flue Pipe Speaks (conclusion). *In: The Organ. 42. 1962/63, S. 11*
Flue Pipes. *In: The Organ. 42. 1962/63, S. 109*

Baxter, F. N.

0392 The Church of St. Mary Magdalene, Tetbury: Notes on the Organs. *Tetbury 1912*

Beaucamp, H.

0393 L'Evolution de la musique d'orgue française dêpuis le fin du 16e siècle. *Rouen 1933*

Beaumont, J. A. G.

0394 The Organ in Farm Street Church, Mayfair. *In: The Organ. 6. 1926/27, S. 204*

0395 The Organ at the Alexandra Palace, Muswell Hill. *In: The Organ. 9. 1929/30, S. 193*

0396 The Organ in Salisbury Cathedral. *In: The Organ. 10. 1930/31, S. 205; 11. 1931/32, S. 127*

0397 Organ in High Wycombe Parish Church. *In: The Organ. 11. 1931/32, S. 25*

Beaurepaire, de

0398 Rapport du directeur des Archives départementales. *In: Conseil général de la Seine-Inférieure. 1890*

0399 Marché fait pour les orgues de Saint-Vivien de Rouen. *In: Bulletin de la Commission des Antiquités de la Seine- Inférieure. 1894*

Beauséjour, de

0400 Le monastère de Luxeuil, l'église abbatiale. *In: Etude historique et archéologique. Besançon 1891*

Béchervaise, Edgar

0401 The Organ in the Cathedral Church of Portsmouth. *In: The Organ. 12. 1932/33, S. 193*

Beck, Heinrich

0402 Neues Orgel-Meisterwerk in Berlin. *In: Musik und Gesellschaft. 2. 1952, S. 27—28*

Becker, Karl Ferdinand

0403 Rathgeber für Organisten. *Leipzig 1828*

Becker — Lefèbre

0404 Het pijporgel en het harmonium ten dienste van kerk en kapel in een tropisch klimaat weltevreden. *o. O. 1930*

Beckmann, Nat.

0405 Vår skolas historia I. Tiden till omkring 1800. *Göteborg 1926, S. 317—327*

Bédard

0406 Orgues anciennes, orgues nouvelles. *In: Musique et instruments. 10. 10. 1923*

Bédart, G.

0407 Pneumatic Transmission. *In: Dictionary of Organs and Organists. 1. London 1912, S. 11—14*

0408 Some French Historical Organs. *In: Dictionary of Organs and Organists. 1. London 1912, S. 236 bis 237*

0409 On a Few Points of the Organ-Building of the Future. *In: Dictionary of Organs and Organists. 2. London 1921, S. 87—98*

0410 The Cathedral and Organ at Amiens. *In: The Organ. 14. 1934/35, S. 122*

Bedbrook, Gerald Stares

0411 Keyboard music from the middleages to the beginnings of the Baroque. *London 1949*

Bédin, Pierre

0412 Saint-Bertrand-de-Comminges. *In: Guide du touriste. Toulouse 1907*

Bédos de Celles, François

0413 L'art du facteur d'orgues. *Paris 1766—78*

0414 Examen du nouvel orgue construit à St.-Martin à Tours. *In: Mercure de France. Januar 1762, S. 133*

Bedwell, G. C.

0415 The evolution of the organ. *London 1907*

Beecher, Henry Ward

0416 Our New Organ. *In: The Organ. 4. 1924/25, S. 121*

Beer, H.

0417 Zur Geschichte der Orgeln der Schwarzen Kirche. *In: Kirchliche Blätter. Hermannstadt. 31. 1939, S. 570*

Beernink, G.

0418 Een Orgel Kunstwerk uit de 18. eeuw (Het orgel te Nijkerk). *In: Bijdragen en Medelingen der Vereniging Gelre. XIV*

Begg, James

0419 Treatise on the Use of Organs and other Instruments of Music in the Worship of God. *Glasgow 1808*

0420 Use of organs and other instruments of music in Christian Worship indefensible. *o. O. 1866*

Behenna, Donald

0421 The Organ in St. Mary's, Penzance. *In: The Organ. 27. 1947/48, S. 96*

Behner, Jos.

0422 Zur Orgelgeschichte von Straubing. *In: Jahresbericht des historischen Vereins für Straubing. 1940*

0423 Erneuerung der Orgel in der Wallfahrtskirche zu Sossau bei Straubing a. D. *In: Kirchenmusik. 6. 1943, S. 23—26*

Behrends, L.

0424 Orgeldisposition für evangelische Kirchen. *In: Zeitschrift für Instrumentenbau. 31. 1911, S. 422*

Beilhack, K.

0425 Flammenorgeln, Dampfharmonikas und andere seltsame Instrumente. *In: Zeitschrift für Instrumentenbau. 54. 1934, S. 344—346*

Bekker, P.

0426 Die Orgel und ihr Bau. *In: Velhagen und Klasing's Monatshefte. Bielefeld. 1910, S. 547—560*

Bell, Eric

0427 The Organ of St. Mary's Church, Beverley. *In: The Organ. 39. 1959/60, S. 22*

Bell, Maurice

0428 Church Music. *London 1909*

Bella, J. L.

0429 Eine Orgel unserer Zeit. *Hermannstadt 1893*

Bellamy, J. A.

0430 The Organ in Nottingham High School. *In: The Organ. 38. 1958/59, S. 210*

Bellet, Ch.-F.

0431 Peintures faites aux orgues de la cathédrale de Grenoble. *In: Bulletin d'histoire ecclésiastique et d'archéologie religieuse du diocèse de Valence. Gap, Grenoble et Viviers. 14. 1894*

Belschner, C.

0432 Wenn die Orgelmacher streiken wollen. *In: Ludwigsburger Geschichtsblätter. Ludwigsburg. 1903, S. 103*

Benbow, W. Marcus

0433 William Faulkes, and the Organ at St. Margaret's, Anfield, Liverpool. *In: The Organ. 14. 1934/35, S. 183*

Bendeler, Johann Philipp

0434 Aerarium melopoeticum. *Nürnberg 1688*

0435 Organopoeia oder Unterweisung wie eine Orgel nach ihren Hauptstücken auf wahren mathem. Gründen zu erbauen sei. *Frankfurt und Leipzig 1690*

0436 Orgelbau-kunst. *Frankfurt/Oder 1739*

Bender, Antoine

0437 Les Orgues Silbermann de Soultz, Haut Rhin. *Straßburg 1960*

0438 Les Orgues Silbermann de Marmoutier et Ebersmünster. *Ebersmünster 1960*

0439 Les Orgues Silbermann à Altdorf. *Altdorf. o. J.*

0440 Les Orgues Silbermann de St. Pierre et Paul à Rosheim. *In: Caecilia. Straßburg 1960*

0441 Les nouvelles orgues de Rhinau. *In: Caecilia. Straßburg. 69. 1961, S. 114—116*

Bendix, H.

0442 Winke für die Orgelregistrierung. *In: Praxis der Landschule. Goslar. 25. 1916, S. 243—254*

Bengtsson, Carl

0443 S:t Petri kyrkas orglar. Kort översikt. *Malmö 1954*

Benham, Gilbert

0444 Interesting London Organs. *In: The Organ. 3. 1923/24, S. 162, 206*

0445 Interesting London Organs: St. George's, Hannover Square. *In: The Organ. 4. 1924/25, S. 52*

0446 Interesting London Organs: Queen's Hall. *In: The Organ. 4. 1924/25, S. 110*

0447 Organs and their Successful Photography. *In: The Organ. 4. 1924/25, S. 118*

0448 Interesting London Organs: Italian Church, Hatton Garden. *In: The Organ. 5. 1925/26, S. 29*

0449 Interesting London Organs: St. John's, Red Lion Square, Holborn. *In: The Organ. 5. 1925/26, S. 174*

0450 Interesting London Organs: Liberal Jewish Synagogue St. John's Wood, N. W. *In: The Organ. 5. 1925/26, S. 213*

0451 Interesting London Organs: The Oratory, Brompton. *In: The Organ. 6. 1926/27, S. 227*

0452 Interesting London Organs: All Saint's, Margaret Street. *In: The Organ. 6. 1926/27, S. 94*

0453 The Organ at St. George's Hall, Liverpool. *In: The Organ. 6. 1926/27, S. 145*

0454 Interesting London Organs: St. Peter's, Eaton Square. *In: The Organ. 6. 1926/27, S. 23*

0455 Interesting London Organs: Westminster Chapel, Buckingham Gate. *In: The Organ. 7. 1927/28, S. 42*

0456 Interesting London Organs: St. James's, Spanish Place. *In: The Organ. 7. 1927/28, S. 99*

0457 Interesting London Organs: St. Alban's, Holborn. *In: The Organ. 7. 1927/28, S. 162*

0458 Interesting London Organs: St. Margaret's, Westminster. *In: The Organ. 7. 1927/28, S. 202*

0459 Interesting London Organs: St. James's, Sussex Gardens, Paddington. *In: The Organ. 8. 1928/29, S. 162*

0460 Interesting London Organs: St. Michael's, Cornhill. *In: The Organ. 8. 1928/29, S. 193*

0461 Interesting London Organs: St. Pancras Parish Church. *In: The Organ. 8. 1928/29, S. 10*

0462 Malvern Priory Organ. *In: The Organ. 8. 1928/29, S. 62, 191*

0463 The Organ at St. Saviour's, Ealing. *In: The Organ. 9. 1929/30, S. 50*

0464 The Organ at the Wesleyan Central Hall, Westminster. *In: The Organ. 9. 1929/30, S. 72*

0465 Organ in St. James's Church, Muswell Hill. *In: The Organ. 9. 1929/30, S. 165*

0466 Organ in St. Peter's, Cranley Gardens, S. W. *In: The Organ. 9. 1929/30, S. 213*

0467 Interesting London Organs: St. Mark's, North Audley Street. *In: The Organ. 10. 1930/31, S. 39*

0468 Interesting London Organs: St. Botolph's Bishopsgate. *In: The Organ. 10. 1930/31, S. 112*

0469 Interesting London Organs: St. Augustine's, Queen's Gate. *In: The Organ. 10. 1930/31, S. 155*

0470 Interesting London Organs: St. Andrew's, Wells Street. *In: The Organ. 10. 1930/31, S. 155*

0471 Interesting London Organs: Union Chapel, Islington. *In: The Organ. 10. 1930/31, S. 233*

0472 Interesting London Organs: King's College, Strand. *In: The Organ 10. 1930/31, S. 236*

0473 The Organ at the Baptist Church, Soho Road, Birmingham. *In: The Organ. 10. 1930/31, S. 49*

0474 Changing Clarions. *In: The Organ. 10. 1930/31, S. 128*

0475 Interesting London Organs: Church of the Annunciation, Marble Arch. *In: The Organ. 11. 1931/32, S. 225*

0476 Interesting London Organs: Organ in St. Stephen's, Wandsworth. *In: The Organ. 11. 1931/32, S. 20*

0477 Interesting London Organs: Organ in St. Clement's, Ilford. *In: The Organ. 11. 1931/32, S. 100*

0478 Interesting London Organs: The Organ at St. Stephen's, Walbrook. *In: The Organ. 11. 1931/32, S. 177*

0479 The Organ in St. Nicolas College, Chislehurst. *In: The Organ. 12. 1932/33, S. 184*

0480 A Summation of T. C. Lewis. *In: The Organ. 12. 1932/33, S. 222*

0481 Interesting London Organs: Holy Trinity Church, Tooting Bec. *In: The Organ. 12. 1932/33, S. 29*

0482 Interesting London Organs: Southwark Cathedral. *In: The Organ. 12. 1932/33, S. 90*

0483 Interesting London Organs: St. Mary's, Kensington Park Road, S. E. *In: The Organ. 12. 1932/33, S. 172*

0484 Interesting London Organs: St. John-the-Evangelist, Wilton Road, Victoria. *In: The Organ. 12. 1932/33, S. 218*

0485 Mr. Rothwell's Letter and the Rev. Bonavia-Hunt's Article. *In: The Organ. 12. 1932/33, S. 125*

0486 The Organ in St. Giles's Church, Camberwell. *In: The Organ. 13. 1933/34, S. 46*

0487 The Organ in St. Barnabas, Pimlico. *In: The Organ. 13. 1933/34, S. 173*

0488 William Hill, Organ Builder: a Short Study of his work. *In: The Organ. 13. 1933/34, S. 235*

0489 The Organ in St. Sepulchre's, Holborn. *In: The Organ. 13. 1933/34, S. 116*

0490 The Organ in St. John's, Southwick Crescent, Paddington. *In: The Organ. 14. 1934/35, S. 43*

0491 The Turvey Organ. *In: The Organ. 14. 1934/35, S. 63*

0492 The Organ at the Parish Church, Ware. *In: The Organ. 14. 1934/35, S. 102*

0493 The Organ at St. Matthew's Church, East Croydon. *In: The Organ. 14. 1934/35, S. 220*

0494 Sherborne Abbey. *In: The Organ. 15. 1935/36, S. 192*

0495 The Organ at Holy Trinity, Paddington. *In: The Organ. 15. 1935/36, S. 171; 16. 1936/37, S. 64*

0496 The Organ at St. John-at-Hackney. *In: The Organ. 15. 1935/36, S. 102*

0497 Organ in St. Augustine's Church, Maida Vale, Kilburn. *In: The Organ. 15. 1935/36, S. 225*

0498 The Organ at Waltham Abbey. *In: The Organ. 15. 1935/36, S. 50*

0499 The Organ at St. Jude's-on-the-Hill, Hampstead. *In: The Organ. 16. 1936/37, S. 233*

0500 The Organ at All Hallows, Gospel Oak. *In: The Organ. 16. 1936/37, S. 164*

0501 The Organ in St. John-the-Divine, Kensington. *In: The Organ. 16. 1936/37, S. 102*

0502 Organ in St. Augustine's, Highbury New Park. *In: The Organ. 16. 1936/37, S. 28*

0503 The Organ in the Parish Church, Harrow-on-the-Hill. *In: The Organ. 17. 1937/38, S. 85*

0504 The Organ at All Saint's Church, Ennismore Gardens, Kensington. *In: The Organ. 7. 1937/38, S. 220*

0505 The Davis Theatre Organ, Croydon. *In: The Organ. 18. 1938/39, S. 60, 191*

0506 Organ in the West London Synagogue, Upper Berkeley Street. *In: The Organ. 18. 1938/39, S. 45*

0507 The Classification of Tone. *In: The Organ. 25. 1945/46, S. 43*

0508 Leamington Parish Church Organ. *In: The Organ. 26. 1946/47, S. 157*

0509 The Organ in the Royal Albert Hall. *In: The Organ. 27. 1947/48, S. 58, 185*

0510 The Organ in St. Margaret-the-Queen, Streatham Hill, S. W. *In: The Organ. 29. 1949/50, S. 112*

0511 The Organ in St. Bartholomew's Church, Armley, Leeds. *In: The Organ. 30. 1950/51, S. 14*

0512 The Organ in the Parish Church of St. John the Baptist, Chipping Barnet. *In: The Organ. 33. 1953/54, S. 41*

0513 Barnet Parish Church Organ. *In: The Organ. 33.* *1953/54, S. 146*

0514 The Organ in the Parish Church of St. Anne, Limehouse. *In: The Organ. 33. 1953/54, S. 168*

0515 Bangor Cathedral Organ. *In: The Organ. 34.* *1954/55, S. 224*

0516 The Organ in Temple-Church, London. E. C. 4. *In: The Organ. 34. 1954/55, S. 85*

0517 The Temple Organ Sub Unison Pitches. *In: The Organ. 34. 1954/55, S. 223*

0518 St. James's Church, Muswell Hill. *In: The Organ. 35. 1955/56, S. 181*

0519 The Organ in Harrow School Speech Room. *In: The Organ. 36. 1956/57, S. 99*

0520 The Westminster Chapel, Buckingham Gate, S. W. I. *In: The Organ. 37. 1957/58, S. 1*

0521 Organ in St. Columba's Church of Scotland, Pont St. S. W. I. *In: The Organ. 37. 1957/58, S. 49*

0522 The Organ in All Saint's Church, Margaret Street, W. I. *In: The Organ. 38. 1958/59, S. 119*

Bennett, Arthur C.

0523 A Traditional Snetzler Organ. *In: The Organ. 3.* *1923/24, S. 129*

0524 Dutch Organs. *In: The Organ. 39. 1959/60, S. 106*

Bennett, P. L. T.

0525 The Organs in the Church of Sacré Coeur, Wimbledon. *In: The Organ. 12. 1932/33, S. 178*

Bentham, James

0526 The History and Antiquities of the Cathedral Church of Ely. *o. O. 1771*

Benvenuti, Giacomo

0527 Andrea e Giovanni Gabrieli e la musica strumentale in S. Marco. *Mailand 1931*

Berberich, L.

0528 Neue Orgel in der Stadtpfarrkirche St. Jakob zu Innsbruck. *In: Zeitschrift für Instrumentenbau. 52.* *1932, S. 169—172*

Beresford, Roland E.

0529 The Late Frank Webb. *In: The Organ. 28. 1948/* *49, S. 96*

Berg, David Eric

0530 The Organ. Composers and literature. *New York* *1927*

Berg, F. v. d.

0531 Neue Orgeln in Hamburgs kath. Kirchen. *Hamburg* *1965*

Berger, Günther

0532 Die neue Orgel in St. Marien, Delmenhorst. *In:* *Musik und Altar. Freiburg/Breisgau. 14. 1961/62,* *S. 230—233*

Berger, Hubert

0533 Führer durch Steinfelds Abteikirche. *Steinfeld* *1920, S. 30*

Berger, Hugo

0534 Probleme der Orgeldisposition. *In: Im Dienste der* *Kirche. Essen. 37. 1956, S. 87—89*

0535 Die neue Orgel der St. Matthias-Kirche, Berlin. *In: Im Dienste der Kirche. Essen. 40. 1959, S. 19* *bis 22*

Bergeret, Emile

0536 Le lutrin et les orgues de l'église Saint-Symphorien de Nuits. La musique à Nuits. Biog. de G. Brenger, organiste à Nuits. *In: Société d' archéologie de* *Beaune. 31. 1906/1907*

Bergfors, Georg

0537 Orgeltrampare kompetens dryftas i Rismark. *In:* *Var Sang. Titskrift för det folkliga musiklivet.* *Stockholm. 22. 1945, S. 145—146, 153—158*

Bergmann, Wilfried

0538 Noch ein Wort zur Choralbegleitung auf der Orgel. *In: Musik und Kirche. 28. 1958*

Bergmans, Paul

0539 Variétés musicologiques. Documents inédits ou peu connus sur l'Histoire de la musique ... en Belgique. *Gent 1901*

Beringer, K.

0540 Organistisches. *In: Neue Musikzeitung. 37. 1916,* *S. 311, 332, 347*

Berliner, Adolf

0541 Zur Lehr und Wehr und gegen die kirchliche Orgel im jüdischen Gottesdienst. *Berlin 1904*

0542 Literar-geschichtliche Belege über die christliche Orgel im jüdischen Gottesdienste. *In: A. Berliner.* *Zur Lehr und Wehr ... Berlin 1904*

Bermudo, Juan

0543 Declaración de instrumentos musicales. *Osuna* *1555*

Bernard, W. D.

0544 The Organ in Forfar Parish Church. *In: The Organ. 22. 1942/43, S. 173*

Bernasconi, Luigi

0545 Intonazione moderna degli organi italiani. *In:* *Musica sacra. Mailand. 1924, Nr. 10*

Bernasconi, P.

0546 L'Organo italiano. Appunti sul ripieno. *In: Musica* *sacra. 1921, 9—10; 1922, 1—2; 1923, 6—8*

Berndt, F.

0547 Die Gestalt der Orgel im Dom St. Blasii. *In: Einweihung der neuen Orgel im Dom zu Braunschweig. Braunschweig 1962*

Berner, Alfred

0548 Zu einer neuen Orgel. Rückblick auf die Tagung an der Kleinorgel der Epiphanienkirche zu Berlin-Charlottenburg. *In: Musikblätter. Berlin. 9. 1955/56, S. 240–242*

Bernoulli, Daniel

0549 Recherches physices, mecaniques et analytiques sur le Son et sur le Ton des tuyaux d'orgues différement construits. *Berlin 1762.*

0550 De vibrationibus et sono laminarum elasticarum; de sonis multifariis, quos laminae elasticae diverso modo edunt; de motu miti, qui laminis elasticis a percussione simul imprimitur; de vibrationibus chordarum ex duabus partibus tam longitudinem, quam crassitie ab invicem diversis compositarum; de coexistentia vibrationum simplicium haud pertubatarum in systemate composita. *Ms. 18. Jh.*

Bernoulli, Jakob B.

0551 Essai théoretique sur les vibrations élastiques des plaques rectangulaires et libres. *In den Memoiren der Akademie St. Petersburg*

Bernsdorff-Engelbrecht, Christiane

0552 Kasseler Orgelbaugeschichte. *In: Acta organologica. 1. 1967, S. 113*

Berry, Beth.

0553 Luminous Stop-heads. *In: The Organ. 41. 1961/62, S. 166*

Berth, F.

0554 Gegenwartsfragen im Orgelbau. *In: Zeitschrift für Kirchenmusiker. 17. 1935, S. 64–66*

Berthelé, Jos.

0555 Le grand orgue de la cathédrale de Montpellier dans la seconde moitié du XVIIe siècle. *In: Bulletin monumental, LXII. Caen 1897*

Bertini, Giuseppe

0556 Dizionario Storico-critico degli scrittori di musica. *Palermo 1815*

Bertram, Walther

0557 Die neue Marienorgel in der Basilika zu Ottobeuren. *In: Deutsche Kunst und Denkmalpflege. München 1957. S. 120–122*

Bertrand, I. G. E.

0558 Histoire de l'orgue, son introduction dans le Culte Chrétien. *o. O. 1858*

0559 Histoire ecclésiastique de l'orgue. *Paris 1859*

Beryl / Love / Dowson

0560 The variation of sound intensity of Resonators on Organ-Pipes with Blowing Pressure. *In: Physical Reviews. 13. 1919. Juli*

Bessaroff, M.

0561 Ancient European Musical Instruments. *Boston 1941*

Besse, C.

0562 Note sur l'orgue de Notre-Dame la Réal de Perpignan. *In: L'Orgue. 56. 1950*

Besselaar, J. H.

0563 Het orgel der Nieuwe Zuiderkerk te Rotterdam. *Rotterdam 1916*

0564 Het orgel in de grote kerk te Rotterdam. *Rotterdam 1931*

Best, W. T.

0565 Organ Arrangements. *In: The Organ. 1. 1921/22, S. 58*

0566 Organ Construction. *In: The Organ. 6. 1926/27, S. 52*

Besutti, Antonio

0567 La Chiesa cattedrale di Asola. *Asola 1915*

Betaillon, Lionel

0568 La Restauration des orgues de la cathédrale d'Evreux 1774–1786. *In: Revue de musicologie. 1928, S. 154–166, 243–269*

Bette, L.

0569 Ein Streit um die Besetzung der Organistenstelle an St. Lamberti 1712. *In: Gladbecker Blätter für Orts- und Heimatkunde. Gladbeck. 20. 1933*

Betteridge, Leslie

0570 The Organ in St. Michael's Church, Croydon. *In: The Organ. 36. 1956/57, S. 36*

Betzinger, W.

0571 Die Orgelbauerfamilie Compenius und ihre Werke. *In: Evang. Zeitschrift für Kirchenmusik. Baden. 1931*

Beulé,

0572 Rapport à l'académie des Beaux-Arts sur le grand orgue de Saint-Sulpice, reconstruit par M. A. Cavaillé-Coll et Cie à Paris. *Versailles 1863*

Beutel, F. J.

0573 Große Orgel in der Erzdekanatskirche zu Trautenau. *In: Zeitschrift für Instrumentenbau. 31. 1911, S. 384*

Beutter, A.

0574 Die Tagung für deutsche Orgelkunst. *In: Schwäbischer Merkur. Stuttgart 1927, 12. Okt.*

0575 Leonberger Orgelakten von 1675. *In: Württemb. Blätter für Kirchenmusik. 13. 1940, S. 176*

Bévenot, Laurent

0576 L'orgue Mc. Clure e tempérament non egal. *In: Atti del congresso di musica sacra. Rom 1950. Tournay 1952, S. 342–343*

Bevers, Frank

0577 Organ in First Church of Christ, Scientist, Headingley, Leeds. *In: The Organ. 18. 1938/39, S. 32, 128*

Bewerunge, H.

0578 Einiges über die englische Orgelbaukunst. *In: Kirchenmusikalisches Jahrbuch. Regensburg. 15. 1900, S. 66—77*

Bewilogna, Ludwig

0579 Fs. zur Neuweihe der Nikolaikirche und der Orgel (Chemnitz). *Chemnitz 1935*

Beyen, Petrus

0580 Brief aan den Heer Joachim Hess ter geleide van eene naauwkeurige Beschrijving van het nieuw en uitmuntend orgel in de St. Stephanus of Grote Kerk binnen Nijmegen. *Nijmegen 1782*

Bezold, G. v.

0581 Ein Orgelgehäuse aus dem Ende des 16. Jh. *In: Mitteilungen des german. Nationalmuseums. o. O. 1900, S. 138—141*

Bianchi (Blancus), Eusebio

0582 Regole per fabricar un organetto, che anco è gravicembalo, quale a forza di ruote da per se suona due o tre ariette. *(nach Fétis)*

Bianchini (Blanchinus), Francesco

0583 Dissertatio de tribus generibus instrumentorum musicae veterum organicae dissertatio. *Rom 1742*

Biard, Joseph

0584 L'Orgue de la collégiale et la paroisse St.-André de Grenoble. *Grenoble 1950*

Biasi, Franz

0585 Heldenorgel Kufstein. *Kufstein 1962*

Bibo, W.

0586 Kiedrich im Rheingau — die älteste Orgel Deutschlands. *In: Ars Organi. 17. 1960, S. 357—360*

Bie, Oskar

0587 Klavier, Orgel und Harmonium. *Leipzig 1910*
0588 Orgelkonzert. *In: Die Woche. 1930, S. 270*

Biedermann, H.

0589 Unsymmetrischer Orgelspieltisch. *In: Schweizer musikpädagogische Blätter. 1925, S. 196, 246*
0590 Hausorgeln. *In: Zeitschrift für Instrumentenbau. 48. 1928, S. 1007*
0591 Klärung einiger Orgelfragen. *In: Zeitschrift für Instrumentenbau. 52. 1932, S. 325*
0592 Die Technik siegt über den Geist. *In: Der Chorwächter. Einsiedeln. 63. 1940, S. 27*

Biedermann, Hans

0593 Aktuelle Orgelbaufragen. *Kassel 1927*

Biehle, Johannes

0594 Protestantischer Kirchenbau und evangelische Kirchenmusik. *1908*
0595 Theorie der pneumatischen Orgeltraktur und die Stellung des Spieltisches. *In: Sammelbände der Internationalen Musikgesellschaft. Leipzig. 13. 1911*

0596 Theorie des Kirchenbaues vom Standpunkte des Kirchenmusikers. *Wittenberg 1913*
0597 Schutz der Orgelbaukunst. *In: Zeitschrift für Instrumentenbau. 34. J. (1913). S. 292*
0598 Bestimmung der Orgelgröße. *In: Die Kirche. 10. 1913, S. 85*
0599 Raumakustische, orgeltechnische und bauliturgische Probleme. Untersuchungen am Dome zu Schleswig. *Leipzig 1922*
0600 Die liturgische Gleichung und die Stellung der Musik in ihr. *1923*
0601 Glockenluxus und Orgelnot. *In: Zeitschrift für Instrumentenbau. 45. 1925, S. 677*
0602 Bauliche Behandlung der Orgel als Denkmalswert und als Einbaugegenstand in Denkmälerkirchen. *In: Organon, Monatsschrift zur Pflege geistl. Musik. 4. 1927, S. 52—57*
0603 Die Tagung für Orgelbau in Berlin 1928. *Kassel 1929*
0604 Die Orgel als Problem der angewandten Akustik. *In: Zeitschrift für Instrumentenbau. 50. 1930, S. 445, 614; 51. 1931, S. 258*
0605 Register und Tonschweller. *In: Zeitschrift für Instrumentenbau. 53. 1932, S. 61. Zugleich in: Zeitschrift für Kirchenmusik. Dresden. 15. 1933, S. 19*
0606 Winddruck im Pfeifenfuß. *In: Organon. München. 1934, S. 28*
0607 Methode zur Untersuchung von Orgeln. *In: Zeitschrift für Instrumentenbau. 55. 1935, S. 207*
0608 Das Helligkeitsgesetz, ein Maßstab für den Klangwert der Orgel. *In: Zeitschrift für Musikwissenschaft. 17. 1935, S. 82—96*
0609 Die Orgel als Kirchen- und als Konzertinstrument. *In: Zeitschrift für Instrumentenbau. 57. 1936, S. 17*
0610 Dr. Busmann über Orgel-Ventilatoren, Betrieb und Konstruktion. *In: Zeitschrift für Instrumentenbau. 57. 1937, S. 222*

Bierl, Richard

0611 Zum Thema „Elektronisches Musikinstrument" (elektronische Orgel): Wollen wir eine Klärung oder eine (weitere) Verwirrung der Begriffe? *In: Instrumentenbau-Zeitschrift. Konstanz. 19. 1965, Nr. 5. S. 268—272*

Bierdimpfl, K. A.

0612 Die Sammlung der Musik-Instrumente des Bayerischen Nationalmuseums. *o. O. 1883*

Biermann, Joh. Hermann

0613 Organographia Hildesiensis specialis. *Hildesheim 1738*

Bieske, Werner

0614 Orgel und Artikulation. *In: Musik und Kirche. Kassel. 26. 1956, S. 274—276*

Biggs, Allan

0615 The Organ in St. Mary Magdalen's, St. Leonard's. *In: The Organ. 27. 1947/48, S. 121*

Biggs, E. Power

0616 The Organ: An aural und visual guide . . . Illustrated by Em. Winternitz and D. A. Flentrop. o. O. *1958*

0617 The Flentrop Organ in Cambridge, Massachusetts, U.S.A. *In: The Organ. 42. 1962/63, S. 204*

Bihn, Fr. N.

0618 Die Orgel von Heilig Drei Königen Elbing (Westpreußen). *Kassel 1938*

Bihn, F.   s. Lewin, G. 4193

Bijtelaar, B.

0619 Het orgel van de Oude Kerk te Amsterdam. *Zaandam 1953*

0620 De Orgels van Sweelinck. *In: Het Orgel 1954/55.*

Billeter, Bernhard

0621 Historisches zum Klangeinsatz bei der Orgel. *In: Archiv für Musikwissenschaft. Trossingen. 22. 1965, S. 183—193*

Billings, Charles E.

0622 Current Trends in American Organ-Building. *In: The Organ. 36. 1956/57, S. 109*

Bingham, Seth

0623 The New Casavant Organ in New York. *In: The Organ. 7. 1927/28, S. 72*

Binnninger, K.

0624 Orgelumbau in der Pfarrkirche zu Oppenau. *In: Zeitschrift für Instrumentenbau. 55. 1934, S. 22*

Bion de Marlavagre

0625 Histoire de la cathédrale de Rodez. *o. O. 1875*

Bioul, de

0626 L'Architecture de Vitruve. *Brüssel 1816*

Biovia, Giambattista

0627 Del nuovo Organo, opera di Signori Serassi Sanctuario del Conciliso. *Como 1808*

Bird, J. J. S.

0628 In Memoriam: Snetzler. *In: The Organ. 5. 1925/26, S. 177*

Birkinshaw, K. J.

0629 The Organ at the Stiftskirche at Wetter, Kr. Marburg, Germany. *In: The Organ. 41. 1961/62, S. 70*

Birley, John L.

0630 The Organs in Clifton College. *In: The Organ. 35. 1955/56, S. 34*

Birtner, Herbert

0631 Die Probleme der Orgelbewegung. *In: Theologische Rundschau. Tübingen. 1932, S. 39—66, 122—130*

Bischoff, F.

0632 Beiträge zur Geschichte der Musikpflege in Steiermark. *In: Mitteilungen des hist. Vereins für Steiermark. 37. 1889, S. 25*

Bishop, Charles K. K.

0633 Notes on church-organs, their position and the materials used in their construction. *London 1873*

Bittermann, H. R.

0634 Harun-al-Rashid's gift of an organ to Charlemagne. *In: Speculum. 1929, S. 215—217*

0635 Organ in the early middle ages. *In: Speculum, Journal of mediaeval studies. 4. 1929, S. 390 bis 410*

Bittermann, M.

0636 Parabrahmorgel. *In: Das Echo. Berlin. 41. 1923, S. 4535*

Björck, S.

0637 Diktarens orgel. *In: Orgel. Fröderyd 1962, S. 4—20*

Björkman, Hans

0638 Om Organisters tilsätlande och orgwerks rätta bruk til ernarende af likhet i Kyrko-Sängen. *(nach Gerber und Hülphers)*

Blackburne-Daniell, David

0639 The Organ of Hexham Abbey. *In: The Organ. 20. 1940/41, S. 104*

Blackham, Donnell E.   s. Fletcher, H. 2361

Blanchini, Francisco   s. Bianchini, F.

Blanton, Joseph

0640 German Organ Cases. *In: The Organ. 42. 1962/63, S. 165*

Blanton, J. E.

0641 The Organ in Church Design. *Albany 1957*

0642 The Revival of the Organ Case. *Albany 1966*

Blaschke, Julius

0643 Zweckmäßiger Gebrauch der Orgelregister. *In: Neue Musikzeitung. 16. 1893, S. 154—166*

0644 Orgelbauten einst und jetzt. *In: Hamburger Nachrichten. 1900. Beilage 37*

0645 Die Neue Orgel in der kathol. Stadtpfarrkirche zu Glogau. *In: Cäcilia. Breslau. 1906, S. 28—29*

0646 Zweckmäßiger Gebrauch der Orgelregister. *In: Cäcilia. Breslau. 1907, S. 49, 57*

Bleier, P.

0647 Neue Orgel der Lukaskirche in München. *In: Zeitschrift für Instrumentenbau. 53. 1933, S. 267—269*

Blew, William C. A.

0648 Organs and organists in parish churches. *London 1878*

Blewitt, Jonas

0649 A complete treatise on the organ, to which is added a set of explanatory voluntaries. *London. um 1795*

Blindow, Martin

0650 Die Geschichte der Orgel in der alten Annakirche zu Düren. *In: Dürener Geschichtsblätter. Düren. 1958, S. 306—312*

0651 Die Barockorgel in Rosbach an der Sieg. *In: Romerike Berge. Zeitschrift für Heimatpflege im Bergischen Land. Neustadt a. d. Aisch. 8. 1958/59, S. 1—5*

0652 Die Trierer Orgelakten. Ihre Bedeutung für die deutsche Registrierkunst des 16. J. *In: Musik und Kirche. Kassel. 31. 1961, S. 115—120*

0653 Die Bedeutung Kornelimünsters für die Orgelgeschichte des Niederrheins. *In: Zeitschrift des Aachener Geschichtsvereins. Aachen. 74—75. 1962/63, S. 454—457*

0654 Der Orgeltyp der Barockwerkstatt Weidtmann. *In: Musik und Kirche. 33. 1963, S. 176—177*

0655 Die Spätbarockorgel der ehemaligen Hofkirche in Düsseldorf. *In: Düsseldorfer Jahrbuch. Düsseldorf. 51. 1963, S. 281—286*

0656 Aus der Orgelgeschichte der Evangelischen Kirchengemeinde Burscheid. *In: Monatshefte für evangelische Kirchengeschichte des Rheinlandes. Düsseldorf. 12. 1963, S. 28—30*

0657 Jean Nollet und seine Orgelbautätigkeit im Trierer Dom. *In: Kurtrierisches Jahrbuch. Trier. 4. 1964, S. 28—34*

0658 Die Barockorgel von Dietkirchen. Ein Beitrag zur Bonner Orgelgeschichte. *In: Bonner Geschichtsblätter. Jahrbuch des Bonner Heimat- und Geschichtsvereins. Bonn. 18. 1964, S. 57—61*

0659 Der Wuppertaler Orgelbauer Jakob Engelbert Teschemacher. *In: Monatshefte für ev. Kirchengeschichte des Rheinlandes. 8. 1964, S. 142—149*

Blum, R.

0660 Die Hammond-Orgel als Begleitinstrument (Continuo). *In: Schweizer Musikzeitung. 79. 1939, S. 291*

Blume, Friedrich

0661 Michael Praetorius und Esaias Compenius Orgeln Verdingnis. *Wolfenbüttel 1934*

0662 Ms. des E. Compenius „Kurzer Bericht". *In: Kieler Beiträge zur Musikwissenschaft. 4. 1936*

Boberg, Axel   s. Fischer, Ernst 2298

Bode, Harald

0663 Elektronische Orgeln mit Sparschaltung. *In: Funkschau. München. 23. 1951, 16, S. 315—316*

0664 Die elektronischen Orgeln. *In: Funkschau. München. 24. 1952, 8, S. 139—140*

0665 Eine Elektronenorgel, Aufbau und Eigenschaften des Polychord III. *In: radio mentor. Berlin. 19. 1953, S. 444—446*

Böckeler, Heinrich

0666 Beschreibung der neuen Orgel im Kurhaussaale zu Aachen ... nebst einer geschichtlichen Übersicht über die Orgelbaukunst in Deutschland. *Aachen 1876*

Böhm, François-Joseph

0667 Description nouvelle de la cathédrale de Strasbourg et de sa fameuse tour, etc. avec figures. *o. O. 1733*

Böhm, Hans

0668 Orgeltage und Silbermann-Gedenken. Dresden und Freiberg. *In: Musica. Kassel. 18. 1964, 5, S. 258*

Böhm, Hans s. Lang, M. 4070

Boehm, H. O.

0669 Technik und Wissenschaft im Dienste des Orgelbaues. *In: Musica sacra. 64. 1933, S. 133—135*

Böhm, R. H.

0670 Elektronische Orgeln und ihr Selbstbau. *In: Funkschau. München. 32. 1960, S. 27—28, 67—68*

Böhme, E. W.

0671 Die 100jährige Nikolaiorgel zu Greifswald. *In: Zeitschrift für evang. Kirchenmusik. 10. 1932, S. 205*

Boehmer, J.

0672 Elektrische Orgel, elektrische Polyphonie. *In: Wissen und Fortschritt. Wien. 6. 1932, S. 121—124*

Boehmke, J. H.

0673 Die Silbermannorgeln von Großhartmannsdorf und Hilbigsdorf. *In: Ars Organi. 28. 1966, S. 963 bis 966*

Böhringer, Hans

0674 Untersuchungen zum Orgelbau im Hochstift Paderborn. *Phil. Diss. (Ms.). Köln. 1949*

0675 Versuch einer „kleinen Theologie der Orgel" und die Konsequenzen für den heutigen Orgelbau. *In: Musik und Altar. Freiburg/Br. 4. 1951/52, S. 121 bis 124*

0676 Zur Geschichte des Orgelbaus in Paderborn, Büren und Höxter. *In: Kirchenmusikalisches Jahrbuch. Köln. 41. 1957, S. 94—116*

0677 Die Orgel und ihre Disposition im Lichte der Akustik des Kirchenraumes. *In: Musica sacra. Köln. 78. 1958, S. 282—289*

0678 Grundsätzliche Überlegungen beim Bau einer größeren Orgel. *In: Musik und Altar. Freiburg/Br. 11. 1958/59, S. 130—132*

0679 Denkmalorgel und Gottesdienst. *In: Weilheimer Regulativ. Berlin 1958, S. 31—32*

0680 Die Orgel als geistliche Aufgabe. *In: Orgelbewegung und Historismus. Berlin 1958, S. 34—35*

0681 Die neue Orgel der St.-Elisabethenkirche Stuttgart. *In: Ars Organi. 15. 1960, S. 275—277*

0682 Die neue Orgel der kath. Kirche St. Peter und Paul in Heilbronn am Neckar. *In: Ars Organi. 19. 1961, S. 438—439*

0683 Über altitalienische Orgeln. *In: Altbayrische Orgeltage. Berlin 1958, S. 23—24*

Böneke, Joachim

0684 Die Orgel im Dome zu Merseburg. *o. O. o. J.*

Boer, Cor.

0685 What is the Ideal Organ Tone? *In: The Organ. 36. 1956/57, S. 107*

0686 Church of Sint-Willibrordus buiten de Veste, Amsterdam. *In: The Organ. 37. 1957/58, S. 32*

0687 The Organ in the Nieuwe Kerk at Amsterdam. *In: The Organ. 38. 1958/59, S. 158*

0688 The Organ in the Church of St. Antonius van Padua, Amsterdam. *In: The Organ. 38. 1958/59, S. 34*

Bösch, M.

0689 Münsterorgel in Bern. *In: Schweizer musikpädagogische Blätter. Zürich. 20. 1931, S. 65—66*

0690 Neue Münsterorgel in Bern. *In: Zeitschrift für Instrumentenbau. 51. 1931, S. 505—507*

0691 Neue Orgel in der modernen St. Antoniuskirche in Basel. *In: Zeitschrift für Instrumentenbau. 52. 1932, S. 278*

Böser, Fidelis

0692 Orgel-Bau. *In: Cäcilienvereinsorgan. 47. 1912, S. 117*

0693 Eine Orgelruine aus klassischer Zeit. *In: Cäcilienvereinsorgan. Regensburg. 1913*

0694 Die Orgel bei den Schwäbischen Benediktinern der Barockzeit. *In: Benediktinische Monatsschrift. Beuron. 1928, S. 286—303*

0695 Orgel und Liturgie. *In: Bericht über die Freiburger Tagung für deutsche Orgelkunst. Kassel 1939, S. 92—98*

Bösken, Franz

0696 Musikgeschichte der Stadt Osnabrück. *Regensburg 1937*

0697 Die Barockorgel als Lehrmeisterin für den heutigen Orgelbau. *In: Musik und Altar. Freiburg/Br. 1949, 4, S. 46—52*

0698 Die Orgel. *In: Handbuch der kathol. Kirchenmusik. Essen 1949, S. 49—58*

0699 Die Orgel der Augustinerkirche zu Mainz. *In: Musik und Altar. 3. 1950/51, S. 92—94*

0700 Klangideal und Orgelbewegung. *In: Das Musikleben. Mainz. 7. 1954, 12, S. 423—426*

0701 Eine ehemalige Klosterorgel aus Mainz. *In: Mainzer Zeitschrift. Mainz. 50. 1955, S. 95—97*

0702 Zur Geschichte der Orgel in der Liebfrauenkirche zu Oberwesel. *In: Kirchenmusikalisches Jahrbuch. Köln. 41. 1957, S. 68—78*

0703 Die Orgel von Gau-Bischofsheim. *In: Mainzer Zeitschrift. 52. 1957, S. 50—56*

0704 Die Orgeln in der Stadtkirche zu Wertheim. *In: Mainfränkisches Jahrbuch für Geschichte und Kunst. Würzburg. 11. 1959, S. 197—233*

0705 Die Orgelbauerfamilie Stumm. *Mainz 1960*

0706 Beiträge zur Orgelgeschichte des Mittelrheins bis zum Beginn des 16. Jahrhunderts. *In: Kirchenmusikalisches Jahrbuch. Köln. 45. 1961, S. 82—101*

0707 Die Orgeln der evangelischen Marienstiftskirche in Lich. *In: Beiträge zur mittelrheinischen Musikgeschichte. Mainz 1962*

0708 Quellen und Forschungen zur Orgelgeschichte des Mittelrheines. *Bd. 1. Mainz 1967*

Bösken, Franz / Schmid, E. F.

0709 Die Orgeln von Amorbach. *In: Beiträge zur mittelrheinischen Musikgeschichte. Mainz 1963*

Bohnet, Gottf.

0710 Die Ludwigsburger Orgelbauindustrie. *Ludwigsburg 1920*

Bohnstedt, Herbert

0711 Moderne Werkstoffe und Bauformen im Orgelbau. *In: Zeitschrift für Instrumentenbau. 51. 1931, S. 468; 53, S. 1; 54, S. 211*

0712 Klanganalytische Untersuchungen an Orgelpfeifen und Orgelmensuren. *In: Zeitschrift für Instrumentenbau. 52. 1932, S. 24—26*

0713 Dispositionsfragen im Orgelbau als Gegenstand physikalischer Forschung. *In: Zeitschrift für Instrumentenbau. 52. 1932, S. 214—217*

0714 Klanganalytische Verfahren f. d. wissenschaftlichen Orgelbau. *In: Zeitschrift für Instrumentenbau. 52. 1932, S. 466*

0715 Einfluß von Windladensystem und Ventilform auf den Klangkörper der Orgel. *In: Zeitschrift für Instrumentenbau. 53. 1933, S. 234*

0716 Deutsches Orgelbauhandwerk. *In: Zeitschrift für Instrumentenbau. 55. 1934, S. 64*

0717 Klangspektren der Musikinstrumente. *In: Zeitschrift für Instrumentenbau. 52. 1932, S. 385*

0718 Ein einfaches klanganalytisches Verfahren für den wissenschaftlichen Orgelbau. *In: Zeitschrift für Instrumentenbau. 52. 1932 S. 466*

0719 Zur Schleifladenfrage. *In: Zeitschrift für Instrumentenbau. 53. 1933, S. 370*

0720 Zum Windladensystem. *In: Zeitschrift für Instrumentenbau. 53. 1933, S. 317*

0721 Die exakte Berechnung von Mensuren im Instrumentenbau. *In: Zeitschrift für Instrumentenbau. 54. 1934, S. 68, 104*

0722 Die mathematisch-physikalischen Grundlagen der Mensuration, insbesondere von Orgelklangkörpern. *Ms.*

Bohnstedt, H. s. Jahnn, H. H. 3558

Boissier — Durand

0723 Sur les orgues au moyen âge. Orgue de la cathédrale de Bourges. Emplacement des orgues dans les églises. *In: Bulletin du Comité d'histoire et de archéologie du diocèse de Bourges. 1867—1875*

Boissonnot, H.

0724 Le Grand Orgue de la Cathédrale de Tours. *Tours 1912*

Boldt, H.

0725 Kirchenorgel — Baukunst in Dünnow. *In: Unser Pommerland. 15. J. 1930, S. 57—59*

Boltz, C. L.

0726 The electrophonic organ. *In: Discovery-Magazine of scientific progress. Norwich. 1950. Bd. 11. S. 190—194*

Bonanni, Philippo.

0727 Gabinetto armonico. *Rom. 1722*

Bonavia-Hunt, Noel A.

0728 Studies in Organ tone. *London 1914*

0729 The Church Organ. *London 1920*

0730 Modern organ stops. *London 1923*

0731 Modern studies in Organ tone. *London 1933*

0732 The Organ of Tradition or its Imitation. *London 1939*

0733 The modern British organ. *London 1947*

0734 Irons in the Fire. The Bonavia-Hunt Memoirs *o. O. 1959*

0735 The Church Organ. Introduction to the Study of Modern Organ Building. *o. O. 1967*

0736 The True Diapason Chorus. *In: The Organ. 1. 1921/22, S. 140*

0737 The Views of an Organ Blower. *In: The Organ. 3. 1923/24, S. 136*

0738 Impressions of a Less Known Schulze Organ. *In: The Organ. 4. 1924/25, S. 63*

0739 The Royal Albert Hall Organ. *In: The Organ. 5. 1925/26, S. 126. Zugleich in: 6. 1926/27, S. 60*

0740 Organ at Christ Church, Westminster Bridge Road. *In: The Organ. 5. 1925/26, S. 150*

0741 Flue Pipes and their Shapes. *In: The Organ. 8. 1928/29, S. 215*

0742 How the Flue Pipe Speaks. *In: The Organ. 8. 1928/29, S. 101*

0743 The Voicing of the Flue Pipe. *In: The Organ. 8. 1928/29, S. 167*

0744 Types of Reed Pipes. *In: The Organ. 9. 1929/30, S. 160*

0745 The Art of Reed Voicing. *In: The Organ. 9. 1929/ 30, S. 101*

0746 Comments on Current Matters. *In: The Organ. 10. 1930/31, S. 191*

0747 Thirty-Two Ft. Open Substitutes. *In: The Organ. 11. 1931/32, S. 191*

0748 Salisbury Cathedral Organ. *In: The Organ. 11. 1931/32, S. 62*

0749 Holy Trinity, Tooting Bec. *In: The Organ. 12. 1932/33, S. 127*

0750 The Renascence of Tonal Design. *In: The Organ. 12. 1932/33, S. 19, 78*

0751 The Organ of Classic Tradition. *In: The Organ. 14. 1934/35, S. 200; 15. 1935/36, S. 59, 187*

0752 The Organ in Holy Trinity, Bedford. *In: The Organ. 15. 1935/36, S. 219*

0753 The Organs at Taunton and Wellington Schools. *In: The Organ. 15. 1935/36, S. 127*

0754 The Organ in the Colston Hall, Bristol. *In: The Organ. 16. 1936/37, S. 193*

0755 Applied Extension. *In: The Organ. 16. 1936/37, S. 188*

0756 The Super-Schulze Diapason. *In: The Organ. 17. 1937/38, S. 90*

0757 Speach in Organ Pipes. *In: The Organ. 17. 1937/ 38, S. 127*

0758 The Organ in Mount Saint-Bernard Abbey. *In: The Organ. 18. 1938/39, S. 1*

0759 The Organ in Stagsden Church, Bedford. *In: The Organ. 18. 1938/39, S. 156. Zugleich in: 21. 1941/42, S. 119*

0760 What is Organ Tone? *In: The Organ. 19. 1939/ 40, S. 29*

0761 Mixtures. *In: The Organ. 19. 1939/40, S. 133. Zugleich in 20. 1940/41, S. 39*

0762 More about Mixtures. *In: The Organ. 20. 1940/ 41, S. 120*

0763 Formants. *In: The Organ. 22. 1942/43, S. 42, 140*

0764 Organ Harmonics etc. *In: The Organ. 22. 1942/ 43, S. 91*

0765 Blend etc. *In: The Organ. 22. 1942/43, S. 188*

0766 On the Top of the Tube. *In: The Organ. 23. 1943/ 44, S. 123*

0767 Why Organs go Out of Tune? *In: The Organ. 24. 1944/45, S. 45, 138. Zugleich in: 25. 1945/46, S. 45*

0768 Lincoln Cathedral Organ. *In: The Organ. 24. 1944/45, S. 93*

0769 Blend and Balance. *In: The Organ. 24. 1944/45, S. 189*

0770 Why Mixtures? *In: The Organ. 25. 1945/46, S. 143*

0771 The Organ in St. Dunstan-in-the-West, Fleet Street. *In: The Organ. 27. 1947/48, S. 49*

0772 The Organ in St. Peter's, Hindley. *In: The Organ. 27. 1947/48, S. 44*

0773 The Father Smith Organ at Staunton Harold. *In: The Organ. 27. 1947/48, S. 138*

0774 A Unique Chamber Organ. *In: The Organ. 28. 1948/49, S. 21*

0775 Arthur W. Fitzsimmons. *In: The Organ. 28. 1948/ 49, S. 182*

0776 The Voicing and Care of Flue Pipes. *In: The Organ. 28. 1948/49, S. 83*

0777 The Organ in St. George's, Kidderminster. *In: The Organ. 28. 1948/49, S. 142*

0778 Tonal Design. *In: The Organ. 28. 1948/49, S. 189*

0779 What is a Chorus? *In: The Organ. 29. 1949/50, S. 200*

0780 Classic and Otherwise. *In: The Organ. 30. 1950/51, S. 193*

0781 Four Great Organ Builders. *In: The Organ. 31. 1951/52, S. 21*

0782 The Resources of the Organ. *In: The Organ. 32. 1952/53, S. 147*

0783 The Windchest Controversy. *In: The Organ. 32. 1952/53, S. 182*

0784 Lindsay Garrard and George Kennett. *In: The Organ. 34. 1954/55, S.52*

0785 Whither Organ Building? *In: The Organ. 34. 1954/55, S. 19*

0786 Organ Tone. *In: The Organ. 35. 1955/56, S. 204*

0787 Modern Mixture Design. *In: The Organ. 35. 1955/56, S. 171. Zugleich in: 36. 1956/57, S. 106*

0788 The Organ in the Chapel of the College of St. Mark and St. John, Chelsea. *In: The Organ. 35. 1955/56, S. 27*

0789 St. Pancras Organ. *In: The Organ. 35. 1955/56, S. 107*

0790 What is the Ideal Organ Tone? *In: The Organ. 36. 1956/57, S. 46*

0791 Tonal Characteristics of the Church Organ. *In: The Organ. 36. 1956/57, S. 147. Zugleich in: 37. 1957/58, S. 48*

0792 Those Six Rules of Organ Design. *In: The Organ. 38. 1958/59, S. 141*

0793 Mr. Cecil Clutton. *In: The Organ. 39. 1959/60, S. 105*

0794 New Idea of Tonal Design. *In: The Organ. 40. 1960/61, S. 154*

0795 An Appreciation. *In: The Organ. 41. 1961/62, S. 112*

0796 Garrard and Other Matters. *In: The Organ. 41. 1961/62, S. 222*

0797 Grouse Shooting. *In: The Organ. 41. 1961/62, S. 224*

0798 The Organ of the Future. *In: The Organ. 41. 1961/62, S. 1*

0799 Flue Pipes. *In: The Organ. 42. 1962/63, S. 55*

0800 How the Flue Pipe Speaks. *In: The Organ. 42. 1962/63, S. 163*

0801 In Summertime on Bredon. *In: The Organ. 42. 1962/63 S. 218*

0802 A New Style in Small Church Organs. *In: Musical Opinion. 1. 1948, S. 150—151*

0803 What is the Formant? *In: Musical Opinion. 72. 1948, S. 152—154*

0804 The Diapason and the Formant. *In: Musical Opinion. 72. 1949, S. 497—499*

0805 Enclosure or Non-Enclosure. *In: Musical Opinion. 72. 1949, S. 604—605*

0806 The Format and the Human Voice. *In: Musical Opinion. 72. 1949, S. 604—605*

0807 What is an Organ-Enthusiast? *In: Musical Opinion. 77. 1953, S. 43*

Bonavia-Hunt, Noel A. / Homer, W.

0808 The organ reed. *New York 1951*

Bond, F. Heddon

0809 Organs of the 1851 Exhibition, Hyde Park. *In: The Organ. 23. 1943/44, S. 143*

da Bondo, V.

0810 L'Organo nelle sue prerogative liturgiche — nella sua evoluzione in Italia — nella sua costruzione attuale — nella sua copiosa fonica. *Bergamo 1951, S. 3—25*

Bondt, Louis de / Lyr, René

0811 Histoire de l'orgue. *Brüssel 1924*

Bonetti, Carlo

0812 Gli organi della Cattedrale 1482—1878. *Cremona 1937*

Bonfils, Jean

0813 Isnard, Jean-Esprit. *In: Musik in Geschichte und Gegenwart. Bd. 4, Kassel 1957, Sp. 1449—1451*

Boni, Guido

0814 L'organo nelle Giudicarie. *In: Studi Trentini. Trient 1930*

Bonitz, Eberhard

0815 Das Positiv und die Orgel der Zukunft. *Dresden 1944*

0816 Das Positiv im Orgelbau der Nachkriegszeit. *In: Instrumentenbau-Zeitschrift. Konstanz. 2. 1947/48, S. 29—30*

0817 Vorschläge zur Lösung der Orgelnot unserer Tage. *In: Musik und Altar. 1. 1949. 3, S. 66—73. Zugleich in: Anzeiger für die kath. Geistlichkeit Deutschlands. Freiburg/Br. 60. 1951, S. 18—20, 68*

0818 Schleiflade oder Kegellade. *In: Instrumentenbau-Zeitschrift. Konstanz. 4. 1949/50, S. 101/102*

0819 Die neue Orgel in Volkach am Main. *In: Musik und Altar. 4. 1951/52, S. 21—22*

0820 Die Orgel zu Dimbach. *In: Musik und Altar. 4. 1951/52, S. 87—89*

0821 Untersuchungen an oberschwäbischen Barockorgeln. *In: Musik und Altar. Freiburg/Br. 6. 1954, S. 235 bis 237*

Bonnefoy (le Chanoine)

0822 Le buffet d'orgues de la Chaise-Dieu. *In: Congrès archéologique de France. LXXI. 1904*

Bonnet, Antoine

0823 Notes sur le rôle de l'orgue dans un Monastère Bénédictin. *In: Revue gregorienne. 28. 1949, S. 222—230*

0824 Le Motu Proprio et la musique d'orgue. *In: Revue gregorienne. 32. 1953, S. 114—118*

Bonney, Thomas George

0825 Cathedral Churches of England and Wales. *London 1884—1887*

0826 Abbeys and Churches of England and Wales. *London 1887*

0827 Cathedrals, Abbeys and Churches of England. *London 1888—1891*

Bontempelli, E. s. Paribeni 5170

Bonuzzi, Antonio

0828 Alcuni Scritti sopra la Questione della Riforma dell'Organo in Italia. *Verona 1885*

0829 Saggio di una storia dell'arte organaria in Italia nei tempi moderni. *Mailand 1889*

Bony, Louis

0830 Une excursion dans l'orgue. *Paris 1892*

Boorman, P. s. Witton-Davies, C. 7743

Bootman, Ralph F.

0831 Huntingdonshire Organs. *In: The Organ. 42. 1962/63, S. 53*

0832 Enfield, Middlesex, Its Parish Churches and their Organs *In: The Organ. 42. 1962/63, S. 195*

0833 Some Churches of the Waveney Valley and their Organs. *In: The Organ. 44. 1964/65, S. 137*

0834 The Organs of Fressingfield Parish Church, Suffolk. *In: The Organ. 44. 1964/65, S. 99*

Borde, Andrew

0835 The First Boke of the Introduction of Knowledge made by Andrew Borde of Physicke Doctor. *o. O. 1870*

Bordes / Nolibos

0836 La Chapelle du grand séminaire d'Aire-sur-l'Adour. *Aire-sur-l' Adour 1902*

Bormann, Karl

0837 Zur klanglichen Beurteilung von Orgeln. *In: Ars Organi. 10. 1962, H. 21. S. 513—517*

0838 Die gotische Orgel von Halberstadt. *Berlin 1966*

0839 Ein Versuch mit mitteltöniger Stimmung. *In: Ars organi. 18. S. 375—380*

0840 Zur klanglichen Beurteilung von Orgeln. *In: Ars Organi. 21. S. 513—517*

0841 Zur Compenius-Orgel auf Schloß Fredriksborg — Dänemark (vormals auf Schloß Hessen bei Braunschweig). *In: Ars Organi. 10. 1957, S. 161*

Bormann, K. / Renkewitz, W. E.

0842 Die gotische Orgel von Bartenstein. *In: Ars Organi. 29. 1966, S. 989—1009*

Bornefeld, Helmut

0843 2. Freiburger Orgeltagung. *In: Collegium musicum. Jetzt: Zeitschrift für Hausmusik. Kassel. 7. 1938, S. 128—133*

0844 Die Kleinorgel im Zusammenspiel mit anderen Instrumenten. *In: Zeitschrift für Kirchenmusiker. 21. 1939, S. 35*

0845 Rede zur Einweihung einer Hausorgel. *In: Musik und Kirche. 11. 1939, S. 3*

0846 Über den Umbau von Orgeln. *In: Württembergische Blätter für Kirchenmusik. Waiblingen. 14. 1940, S. 36—52*

0847 Die Denkmalpflege auf dem Gebiet der Orgelbaukunst. *In: Württembergische Blätter für Kirchenmusik. Waiblingen. 13. 1940, S. 70—75*

0848 Die Orgel. *In: Württembergische Blätter für Kirchenmusik Waiblingen. 12. 1940, S. 62—86*

0849 Das Positiv. *Kassel 1941*

0850 Über den Umbau von Orgeln. *In: Musik und Kirche. 17. 1947, S. 4—6, 149*

0851 Eine Hausorgel. *In: Musik und Kirche. 21. 1951, S. 108—109.*

0852 Orgelbau und neue Orgelmusik. *Kassel 1952*

0853 Geschichte eines Orgelumbaus. *In: Musik und Kirche. 25. 1955, S. 50—57*

0854 25 Jahre Orgeldenkmalpflege. *Heidenheim 1960*

0855 Orgelmusik heute. *In: Musik und Kirche. 31. 1961, S. 2—55*

0856 Die neue Orgel der Martinskirche Kassel. *Heidenheim-Brenz o. J.*

Bornemann, W.

0857 Kleine Geschichte der Luedingworther Orgel. *Otterndorf 1961*

Bosch, W.

0858 Intonationsmethoden im Orgelbau. *In: Das Musikinstrument und Phono. Frankfurt a. M. 9. 1960, S. 604—605*

0859 Zur Situation im deutschen Orgelbau. *In: Instrumentenbau-Zeitschrift. Konstanz. 15. 1960/61, S. 349—350. Zugleich in: Das Musikinstrument und Phono. Frankfurt a. M. 10. 1961, S. 442—443*

0860 Technische Probleme und moderne Entwicklungen im Orgelbau. *In: Das Musikinstrument und Phono. Frankfurt a. M. 12. 1963, S. 117—118*

Bosch-Humet, Eusebio

0861 Organografia. *Madrid 1918*

Booseley, Leonard

0862 Chichester Cathedral Organ. *In: The Organ. 12. 1932/33, S. 126*

Bosq, Th.

0863 Première audition de l'orgue de Saint-Charles. *In: La Maîtrise. 3. 1859, Nr. 3, 15. Juin.*

Bosse, G. s. Schulze, H. 6335

Bossi, Marco Enrico

0864 Ancora sulla questione degli organi. *In: Gazzetta musicale di Milano. 1885. Nr. 34, 23. August*

0865 Di alcuni antichi organi della Toscana. *In: Bollettino d'Arte. Rom. 1919*

Bossi, M. E. / Tebaldini, G.

0866 Storia dell'organo. *In: Metodo teoreticopratico per organo. Mailand 1919*

Boston, Noel

0867 Newton Harcourt. *In: The Organ. 42. 1962/63, S. 165*

Boston, Noel / Langwill, Lyndesay Graham

0868 Church and Chamber Barrel-Organs. Their Origin, Makers, Music and Location. *Edinburgh 1967*

Bottazzi, Fra Bernardino

0869 Primo libro in cui son facil modo s'apprende in poco tempo con sicuro methodo di suonar su l'organo . . . o. O. o. J.

Bottomley, R. E.

0870 Organ in the Parish Church of St. Michael and All Angels, Haworth. *In: The Organ. 25. 1945/46, S. 104*

0871 The Organ in St. Andrew's, Keighley. *In: The Organ. 27. 1947/48, S. 74, 189*

Bouasse, Henri

0872 Instruments à vent. Bd. 1. Anches métalliques et membraneuses. Tuyaux à anche et à bouche. Orgue. Instruments à embouchure de cor. *In: Bibliothèque scientifique de l'ingénieur et du physicien. Paris 1929*

0873 Critique et réputation des théories exposées dans son ouvrage. Tuyaux et resonateurs. *Paris 1948*

Boucke, H.

0874 Eine neue elektronische Orgel. *In: Funk. Berlin. 1934, S. 707. Zugleich in: Funktechnische Monatshefte. Berlin. 1934, S. 437*

Boudoin, F.

0875 La Musique historique; Methodes et Instruments. *Paris 1886*

Bouillet, A.

0876 Monographie de l'église de Révigny. *Nancy 1892*

Boulnois, M.

0877 Etude sur l'orgue. *In: L'Éducation musicale. 9. 1953/54. Nr. 3, S. 3; Nr. 4, S. 3, 15; Nr. 5, S. 3; Nr. 6, S. 3; Nr. 7, S. 3, 19*

Boumann, A.

0878 Kort begrip van den orgelbouw. *Amsterdam 1939*

0879 De orgels in de Groote of Martinikerk te Groningen. *Amsterdam 1941*

0880 Orgels in Nederland. *Amsterdam 1943*

0881 De weder in gebruikneming van het kleine orgel in de Nieuwe Kerk te Amsterdam. *In: Amstelodanum. Amsterdam 1948*

0882 Het orgel in de Kath. Basiliek van St. Jan te s' Hertogenbosch. *Heythuysen 1953*

0883 Orgelbowkunde. *Leiden 1956*

0884 Nederland Orgelland. *Leiden 1964*

Boumann, A / Kluyver, P.

0885 Hausorgeln in Holland. *In: Bericht über die Freiburger Tagung für deutsche Orgelkunst. Kassel 1939, S. 125—131*

Bourdette, J.

0886 Les orgues de Saint-Savin (de Lavedan). *In: Société historique de Gascogne. 10. 1910*

Bourdon, A.

0887 Notice sur le grand orgue de Notre-Dame de Saint-Dizier, construit par Cavaillé-Coll. *Bar-le-Duc 1863*

0888 Notice historique sur les orgues et les organistes de la cathédrale de Rouen. *Rouen 1894*

Bourdon, A. s. Collette, A. 1371

Bourdon, G.

0889 Orgue et acoustique. *Paris 1932*

Bourguin, H.

0890 Eine elektr. Orgel. *In: Leipziger Neueste Nachrichten. 1924, 17. Februar*

Bourligueux, G.

0891 Notes sur les anciennes Orgues de la Cathédrale d'Oviedo (Espagne). *In: L'Orgue. 1962, S. 66—71*

Bousquet, Casimir

0892 Monographies marseaillaises. La Major cathédrale de Marseille. *Marseille/Paris 1857*

Boustead, John Melvill

0893 The evolution of the Modern Organ and its Control. *London 1919*

Bouvier

0894 L'orgue. Discours prononcé dans la basilique Saint-Nicolas de Nantes, à l'occasion de la bénédiction et de l'inauguration du grand orgue, le 28. novembre. *Nantes 1901*

Bovet, Jos.

0895 Les Grandes orgues de St.-Nicolas, Fribourg (Suisse). *In: Revue des familles*

Bower, S. E. Dykes

0896 The Late Rev. Andrew Freeman: An Appreciation. *In: The Organ. 27. 1947/48, S. 1*

Boxberg, Chr. Ludwig

0897 Ausführliche Beschreibung der groszen neuen Orgel in der Kirchen zu St. Petri und Pauli allhie zu Görlitz. *Görlitz 1704*

33

Boyer

0898 Réception de l'orgue de Notre-Dame de Saint-Calais. *Le Mans 1846*

0899 Notice sur les orgues du diocèse du Mans avant et depuis 1793 (XVIe–XIXe siècle). *In: Bulletin de la Société d'agricultures, sciences et arts de la Sarthe. 7. 1846/47*

0900 Notice historique sur les orgues existant dans les églises de Tours avant 1789 et sur les organistes qui les desservent. *In: Congrès scientifique. Tours 1847, Bd. 2, S. 436*

0901 Notice sur les orgues existant dans les èglises du Mans avant 1789. *Le Mans 1853*

0902 Notice sur l'orgue et les organistes. *Le Mans 1854*

Boyer, Jacques

0903 Les orgues d'église et de théâtre. *In: La Nature. 1929, 1. Febr., Nr. 2802*

Boyle, W. H.

0904 The art of pipe organ tuning. *Syrakus o. J.*

Boyling, N. D.

0905 Nineteenth-Century Organs. *In: The Organ. 36. 1956/57, S. 107*

Bozeman, Jnr. George

0906 The Organ in the Matthews Memorial Presbyterian Church, Albany, Texas, U.S.A.. *In: The Organ. 42. 1962/63, S. 97*

Bracchetti, G.

0907 Il congresso organistico italiano a Trento. *In: Studi Trentini di scienze storiche. Trient 11. 1930*

Braegelmann, B.

0908 De Scala Musica, imprimis Organi et Clavichordii, ab Europaeis usurpata. *Bonn 1864*

Brähmig, B.

0909 Theoretisch-praktische Organistenschule. 1. Kurze Beschreibung der Orgel. *Leipzig o. J.*

Brand, G.

0910 Die neue Orgel in Gautzsch. *In: Zeitschrift für Kirchenmusiker. 12. 1930, S. 114*

Brander, Bengt

0911 Förnämlig Wisteniusorgel i skräpbod. *In: Kyrko-musikernas Tidning. 22. 1956, S. 21—22*

Brandon, s. Jusselin, M. 3657

Branwell, Hugh

0912 The Organ in St. John's Hall, Penzance. *In: The Organ. 27. 1947/48, S. 47*

Brathe, P.

0913 Die Stellung der Orgel in der Kirche. *In: Monatsschrift für Gottesdienst und kirchliche Kunst. Göttingen. 2. 1897, S. 176—183*

0914 Die Spitta'sche Orgelstellung. *In: Monatsschrift für Gottesdienst und kirchliche Kunst. 3, S. 106*

Braun, B.

0915 Praktische Orgelschule. Bau, Erhaltung und Spiel der Orgel. *Gmünd 1845*

Braun, H.

0916 Wirtschaftlichkeit im Orgelbau? *In: Zeitschrift für Instrumentenbau. 51. 1931, S. 382*

Brauner, W.

0917 Bezeichnung der Orgelregister. *In: Gregorianische Rundschau. Graz 1903*

Bree, Petrus de

0918 Moderne Orgelbouwkunst in Niederland. *Tilburg 1935*

Breil, Franz

0919 100 Jahre Breil. *Dorsten 1936*

0920 Restaurierte historische Orgeln. *Dorsten o. J.*

0921 Schleifladenorgeln. *Dorsten o. J.*

Breitenbach, F. J.

0922 Die große Orgel der Hofkirche in Luzern. *Luzern 1920*

Breitenbach s. Schnyder 6267

Brem

0923 Lobschrift auf die Einweihung der Silbermann-Orgel zu Ponitz. *o. O. 1739*

Bremaeker, Jean de

0924 Lois des accordes parfaits majeur et mineur tempérés. *In: Thèses présentées par Jean de Bremaeker au concours d'inventions de la Foire universelle et internationale de Paris 1937. o. O. o. J.*

Bremer, Jakob

0925 Die reichsunmittelbare Herrschaft Dyck. *Grevenbroich. 1959. S. 554 f.*

Brenet

0926 Les Musiciens de la Sainte-Chapelle du Palais. *Paris 1910*

Brenet, M.

0927 Dictionnaire historique de la musique. *Paris 1926*

Brennecke, J.

0928 Über den Wiedereinbau der Lübecker großen Jakobi-Orgel. *In: Lübecker Blätter. 123. J. (1963). S. 113—116 und Lübeck, 1965*

Brenz, Johannes

0929 Vom Kirchengesang und von der Orgel. *In: Württemb. Blätter für Kirchenmusik. Stuttgart. 25. J. (1958). S. 69—72*

Brenzoni, R.

0930 L'organo dei Rossi e la Cappella degli Avanzi, del. sec. XV in S. Bernardino di Verona. *In: Le Venezie Francescane. 3. 1934*

Brichet, Robert

0931 Chronique des monuments historiques. Les orgues modernes de la cathédrale de Limoges. In: Construction moderne. Revue mensuelle d'architecture. Paris. 80. 1964, 4—5, S. 78—84

Bricqueville, E. de

0932 Notes historiques et critiques sur l'orgue. Paris 1899

0933 L'orgue en France du XVIII. siècle. o. O. o. J.

0934 Un orgue historique. In: Le Ménestrel. 64. 1868, S. 267—268

0935 Un orgue singulier. In: Le Ménestrel. 65. 1899, S. 20

0936 Etudes sur l'orgue. La virtuosité. In: Le Ménestrel. 65. 1899, S. 68—69, 76—77

0937 Les resources de l'orgue moderne. In: Revue musicale. 3. 1903, S. 465—468

Brindley / Foster.

0938 A Description of the Organ in the Parish Church of Lymington, Hants. o. O. 1911

0939 Specification and Description of New Organ in Victoria Hall, Sheffield. o. O. 1913

Briner, Andres / Jakob, Friedrich

0940 Das Musikbild und die Hausorgel im Landgut „Zur Schipf" in Herrliberg-Zürich. Zürich 1961

Brinkmann, F.

0941 Orgel in der Heilandskirche zu Hamburg — Uhlenhorst. In: Zeitschrift für Instrumentenbau. 48. 1928, S. 1055

Brinzinger

0942 Die große Orgel in Weingarten von J. Gabler und ihr Ausbau durch F. Weigle. In: Archiv für christliche Kunst. 1913, S. 101 ff.

Brisay, A. C. Delacour de

0943 The Grand Organ of the Cathedral of Dijon. In: The Organ. 4. 1924/25, S. 16

0944 The Organs of Bordeaux Cathedral. In: The Organ. 5. 1925/26, S. 87

0945 Impressions of the New Organ Records. In: The Organ. 6. 1926/27, S. 232

0946 The Organs at St. Albans Cathedral. In: The Organ. 6. 1926/27, S. 129. Zugleich in: 7. 1927/28, S. 62

0947 A la Recherche des Orgues. In: The Organ. 8. 1928/29, S. 93

0948 Uppingham School Music and the Organ in the Memorial Hall. In: The Organ. 11. 1931/32, S. 110

0949 The Organ and its music. London 1934

0950 „L'Orgue": the Journal of the Societe des Amis de l'Orgue. In: The Organ. 29. 1949/50, S. 77

Broadhouse, John

0951 The organ viewed from within. London 1914

Broche, Lucien

0952 La cathédrale de Laon. o. O. 1926, S. 110

Brocklehurst, Theodore P.

0953 James Jepson Binns: An Appreciation. In: The Organ. 9. 1929/30, S. 53

Brockmann, Joseph

0954 Die Orgel im Dom zu Paderborn. In: Alte und neue Kunst im Erzbistum Paderborn. Paderborn. 10. 1960, S. 5—20

Brockmann, W.

0955 Beobachtungen an Orgelpfeifen. Phil. Diss. Berlin 1886

Broda, W.

0956 Möglichkeit, Orgelmusik mit verschiedenen Instrumenten zu spielen. In: Collegium musicum. Kassel. 4. 1937, S. 94—96

Brodie, W. A. F.

0957 Antipodean Adventure. In: The Organ. 42. 1962/63, S. 110

Broglie, C.

0958 Die Orgel — ein Orchester. In: Altkatholisches Volksblatt. Freiberg. 64. 1933, S. 222—224

Broichhausen, Klaus

0959 Künstlerische und wirtschaftliche Fragen des Orgelbauers. In: Instrumentenbau-Zeitschrift. Konstanz. 15. 1960/61, S. 214—216

0960 Der Orgelbauer. Unternehmer und Künstler. In: Das Musikinstrument und Phono. Frankfurt a. M. 10. 1961, S. 301

Brook, Henry J.

0961 Two Willis Organs in New South Wales. In: The Organ. 5. 1925/26, S. 64

Brook, John

0962 Organist's Associations. Their Origin and Development. In: Dictionary of Organs and Organists. 2. London 1921, S. 135—140

Brooksbank, Joseph

0963 The organ's echo. London 1641

0964 The Organ's funeral. London 1642

0965 The holy harmony, or a plea for the abolishing of organs and other musick in Churches. London 1643

0966 The well-tuned organ. London 1660

Brosset, Jules

0967 Le grand orgue de l'église de Romorantin. In: Revue de Loir-et-Cher. 10. 1897, S. 330

0968 Les orgues de l'abbaye de la Très-Sainte Trinité de Vendôme. In: Bulletin de la Société Archéologique du Vendômois. Vendôme. 37. 1898

0969 L'orgue et la maîtrise de Saint-Aignan-du-Cher. o. O. 1900

0970 L'orgue de l'abbaye de Bourg-Moyen de Blois. *Blois 1905*

0971 Les orgues du Royal Monastère de Saint-Laumer, aujourd'hui église paroissial St. Nicolas à Blois. *Blois 1906. Zugleich in: Loire-et-Cher historique. 1906*

0972 La musique et l'orgue à St. Sauveur de Blois. *Blois 1907*

0973 Le grand-Orgue et les organistes de la cathédrale St.-Louis de Blois. *Etampes 1907*

0974 L'orgue et les organistes de l'église Saint-Paul d'Orléans. *Orléans 1909*

0975 Silhouettes musicales orléanaises. Jean-Baptiste Isnard, facteur de grandes orgues au XVIIIᵉ siècle (1726—1800). *Blois 1921*

0976 La Maîtrise de la cathédrale Saint-Croix d'Orléans, les Orgues et les Organistes. *Ms. in: Archives dép. du Loiret*

0977 Note sur les orgues de l'église paroissiale de Saint-Honoré de Blois. *In: Le-Loir-et-Cher historique. 8.*

0978 Les Orgues de Saint-Aignan d'Orléans; l'orgue de Saint-Paul d'Orléans; les orgues de Notre-Dame-de-Cléry; l'orgue de Saint-Benoît-sur-Loire; le grand orgue de l'église de Pithiviers. *Mss. in: Archives dép. du Loiret*

Brown, J.

0979 Two Ordinances of the Lords and Commomns assembled in Parliament, for the speedy Demolishing of all Organs. *o. O. 1644*

Brown, James Duff

0980 Biographical Dictionary of Musicians. *London 1886*

Bruckmann, Wilhelm

0981 Beobachtungen an Orgelpfeifen. *Berlin 1886.*

Brückner, Christian Daniel

0982 Historische Nachricht von denen Orgeln der S. S. Petri und Paulikirche . . . besonders der Anno 1688 . . . dann der 1703 fertig gewordenen . . . in der Churfürstlich Sächs. Stadt Görlitz. *Görlitz 1766*

Bruggaier, Eduard

0983 Moderner Orgelbau in Nordschweden. *In: Musik und Altar. 8. 1955/56, S. 219—221*

0984 Studien zur Geschichte des Orgelpedalspiels in Deutschland bis zur Zeit Johann Sebastian Bachs. *Frankfurt a. M. 1959*

Brugger, Columban

0985 Ein Beitrag zur Geschichte des Orgelbaues im 19. Jh. *Wijl, 1894*

0986 Entwicklung des Orgelbaues im 19. Jh. *St. Gallen 1894*

Bruhin, Rudolf

0987 Die Orgeln des Oberwallis. *In: Vallesia 15. Sitten 1960, S. 179—230*

Bruinsma, H. A.

0988 The organ controversy in the Netherlands Reformation to 1640. *In: Journal of the American musicological society. 7. 1954, S. 205—212*

Brunold, Paul

0989 Restauration de l'orgue de Saint-Gervais. *In: La Cité, bulletin de la Société historique et archéologique du IVᵉ arrondissement de Paris. 19. 1920, Nr. 73/74*

0990 Le grand orgue de Saint-Gervais à Paris. *In: La Tribune de Saint-Gervais. 1929, März—Mai*

0991 Le grand orgue de St. Gervais à Paris. *Paris 1934*

Brunzema, Daniel

0992 Die Gestaltung des Orgelprospektes im friesischen und angrenzenden Nordseeküstengebiet bis 1670 und ihre Bedeutung für die Gegenwart. *Aurich 1958*

Brusoni, E.

0993 Il moderno organo italiano. *Mailand 1887*

Brusson, A. s. Dufourcq, N. 1880

Buchardt, Axel

0994 Organist, og Kantor em bederne i Kobenhavn, de Danske Kobstaeder og Kobstadlignende Byer samt disses Indehavere. *o. O. 1953*

Buchmann s. Meyer 4749

Buchner, Alexander

0995 Vom Glockenspiel zum Pianola. *Prag 1959*

Buchner, F

0996 Orgelaltar zu Wattenberg. *In: Oberpfalz. 18. 1925, S. 217*

Buck, Dudley

0997 The influence of the organ in history. *London 1882*

Buck, Percy C.

0998 The Organ. *London 1908*

0999 The first year at the organ. *London 1912*

1000 Organ Playing. *London 1912*

Budenbender

1001 Orgel für die Gedächtniskirche in Speyer. *In: Monatsschrift für Gottesdienst und kirchliche Kunst. Göttingen. 1901, S. 354—357*

Budzikiewicz, Rudolf

1002 Système et analyse de l'expression régistrative primaire de l'art moderne de l'orgue. *Leipzig 1913*

Buhle, Edward

1003 Die musikalischen Instrumente in den Miniaturen des frühen Mittelalters. *1. Teil. Leipzig 1903*

Bühler, Franz G.

1004 Etwas über Musik, die Orgel und ihre Erfindung *Augsburg 1811.*

Bürger

1005 Aus der Praxis des Orgelprüfers. *In: Deutsches Pfarrerblatt. Essen. 43. 1940, S. 285*

Büsing, Wolfgang

1006 Heinrich Vollers. *In: Kleine Hefte des oldenburgischen Landesvereins für Geschichte. 16/17. Dezember 1961*

Bütow, H.

1007 Ein Orgelbau 1736. St. Marien Königsberg, Neumark. *In: Königsberger Kreiskalender. 1937, S. 46*

1008 500 Jahre Orgeln in der Königsberger Marienkirche. *In: Neumark. Landsberg a/W. 18. 1941, S. 2—20*

Büttner, Joseph

1009 Anweisung wie jeder Organist verschiedene bei der Orgel vorkommende Fehler selbst verbessern kann. *Glogau 1827*

Büttner, Joseph / Naschersberg, Ernst

1010 Stimmbuch oder Anweisung wie jeder Liebhaber sein Clavierinstrument, sey es übrigens ein Saitenoder ein Pfeifenwerk, selbst repariren und also auch stimmen könne. *Breslau und Leipzig 1801*

Buhl, P.

1011 Orgelmixturen, Intonation der Aliquotstimmen. *In: Zeitschrift für Instrumentenbau. 52. 1932, S. 248*

Bulić, Frano

1012 Orgulje glasovitih umjetnika po crkvama u Dalmacije napisao. *Zagreb 1918*

Buliowski (Michel de Dulicz)

1013 Brevis de emendatione organi musicae tractatio. *Straßburg 1680*

Bull, E. B.

1014 A Snetzler-Hill Organ. *In: The Organ. 39. 1959/60, S. 211*

Bulteau, Marcel Joseph

1015 Monographie de la cathédrale de Chartres. *o. O. 1892, Bd. 3*

Bultmann, Fritz

1016 Geschichte der Gemeinde Ganderkesee und der Delmenhorster Geest. *Ganderkesee 1952*

Bulyovsky de Duliecz s. Buliowski, M. de Dulicz

Bumpus, John Skelton

1017 The organists and composers of St. Paul's Cathedral. *London 1891*

Bumpus, T. Francis

1018 London Churches Ancient and Modern. *London 1881*

Bunjes, Paul George

1019 Theories regarding Tonal Structures of the Organ as Developed by Schlick, Praetorius and Werckmeister. *Phil. Diss. Rochester o. J.*

Bunk, Gerard

1020 Liebe zur Orgel, Erinnerungen aus einem Musikerleben. *Dortmund 1958*

Bunney, Herrick

1021 The Organ in McEwan Hall, University of Edinburgh. *In: The Organ. 34. 1954/55, S. 204*

Buonanni s. Bonanni

Burbulla, H.

1022 Bericht über einen Orgelumbau. *In: Musik und Kirche. 9. 1937, S. 29*

Bureau, Arsène

1023 Histoire de l'église et de la paroisse Notre-Dame de Tonnerre. *Tonnerre 1886, S. 50*

Burgemeister, L.

1024 Der Orgelbau in Schlesien. *Straßburg 1925*

1025 Der Orgelprospekt, seine Einfügung in den Kirchenraum und seine Erhaltung. *In: Tagung für Denkmalpflege und Heimatschutz. Mainz 1926/27, S. 73—89*

Burgess, Francis

1026 The Organ of Fifty Years Hence. *London 1908*

1027 The Organ at Southfields Central Hall. *In: The Organ. 8. 1928/29, S. 121*

1028 Westminster Abbey Re-visited. *In: The Organ. 9. 1929/30, S. 210*

1029 This Extension Business. *In: The Organ. 11. 1931/32, S. 32*

1030 The Organ at St. Osmund's, Parkstone. *In: The Organ. 12. 1932/33, S. 33*

1031 The Organ at St. Edmund's, Lombard Street. *In: The Organ. 13. 1933/34, S. 16*

1032 The Organ in St. Luke's Church, Chelsea. *In: The Organ. 14. 1934/35, S. 129*

1033 The Organs at St. Stephen's, Coleman Street, E. C. *In: The Organ. 14. 1934/35, S. 53*

1034 The Organ at Southampton Guildhall. *In: The Organ. 17. 1937/38, S. 1, 187*

1035 Southampton Civic Centre Organ. *In: The Organ. 18. 1938/39, S. 60*

Burkert, Otto

1036 Führer durch die Orgelliteratur. *Leipzig 1909*

1037 Die Riesenorgel von Breslau. *Frankfurt/Oder 1914*

Burmannus, Franciscus

1038 Het nieuw Orgel in de orge Herrlykheid van Catwyk aan den Rhyn, den drieeningen God tongeheiligt in eene Heerrede over uitgesprooken op den 20 July 1765. *Utrecht 1765*

Burn, John Henry

1039 Bibliography of the Organ. *In: Dictionary of Organs and Organists. 2. London 1921, S. 99—134*

1040 The Armley Organ. *In: The Organ. 2. 1922/23, S. 63—64*

1041 Edmund Schulze's Exhibition Organ. *In: The Organ. 10. 1930/31, S. 100*

1042 The Boston Music Hall Organ. *In: The Organ. 11. 1931/32, S. 252*

1043 Order of Claviers in Four-Manual Organs. *In: The Organ. 12. 1932/33, S. 64*

Burney, Charles

1044 The Present State of Music in France and Italy. *London 1771*

1045 The Present State of Music in Germany, the Netherlands, and United Provinces. *London 1773*

Burns, J. A.

1046 The Organs of S. Petronio, Bologna. *In: The Organ. 40. 1960/61, S. 191—196*

1047 Malaga Cathedral Organs are fine Specimens. *In: The Diapason 51. Nr. 612, S. 8—9*

1048 Fine Old Italian Organ suggets Ideas for Design. *In: The Diapason 52. Nr. 615. S. 8—9*

1049 St. Gervais organ, Traces 600 years of organ building. *In: The Diapason 52. Nr. 625, S. 20*

Burns, Kenneth G.

1050 Console Equipment. *In: The Organ. 3. 1923/24, S. 156, 221*

1051 The Organ at St. Matthias, Richmond, Surrey. *In: The Organ. 8. 1928/29, S. 232, 12. 1932/33, S. 61*

1052 Reform of the church organ, as exemplified in the Church of St. Matthias. Richmond Hill. *o. O. o. J.*

Burroni, G.

1053 Organi ed organari del 1700 in Asti. *In: Note d'archivio per la storia musicale. Rom 1942*

1054 Un Contratto d'organo di Giuseppe ed Angelo De Vitanis da Pavia per S. Maria del Plathea di Casale Monferrato (5. ottobre 1601). *In: Note d'archivio per la storia musicale. Rom 1941, S. 96—100*

1055 L'organo della Collegiata di Masserone. *In: Musica sacra 84. Serie 2. 5. 1960, S. 88—89*

Busch, E.

1056 Die Orgeln in der Zisterzienser-Abtei Lilienfeld, Nieder-Österreich. *In: Zeitschrift für Instrumentenbau. 25. 1905, S. 691—694*

Buschkühl, Hans A.

1057 Gedanken über einen Orgelumbau. *In: Musik und Altar. 2. 1949/50, S. 125—128*

1058 Über das Registrieren. *In: Musik und Altar. 2. 1949/50, S. 192—193*

Busse, Herm.

1059 Über kirchliches Orgelspiel. *Bremen 1911*

Bussi, Francesco

1060 Alcuni maestri di capella e organisti della cattedrale di Piacenza. *Piacenza 1956*

Buszin, Walter E.

1061 Neue Orgel im Concordia Seminar der Lutheran Church-Missouri Synod. *In: Musik und Kirche. Kassel. 23. 1953, S. 175—176*

Butcher, A. V.

1062 Two Small Hill Organs. *In: The Organ. 27. 1947/48, S. 18*

Buttmann, Ph.

1063 Beitrag zur Erläuterung der Wasserorgel und der Feuersprütze des Hero und des Vitruv. *Berlin 1814*

Butze, Robert

1064 Die neue Orgel in der St. Pauli-Kirche zu Chemnitz. *In: Sächsische Schulzeitung. Dresden. 48. 1881, S. 74*

1065 Über kirchliches Orgelspiel. *Leipzig 1889*

Byard, Herbert

1066 Organ in All Saint's Church, Cheltenham. *In: The Organ. 20. 1940/41, S. 112*

1067 Pershore Abbey and its Organs. *In: The Organ. 20. 1940/41, S. 148*

1068 Cirencester Parish Church and its Organs. *In: The Organ. 26. 1946/47, S. 97*

1069 York Minster Organ. *In: The Organ. 40. 1960/61, S. 165*

1070 Two Old Organs: Ramsbury and Lambourn. *In: The Organ. 46. 1966/67, S. 173*

Byers, Thomas W.

1071 Pretoria City Hall Organ. *In: The Organ. 28. 1948/49, S. 95*

Byles, G. H.

1072 The Organ and Music of Trinity Church New Haven. *New Haven 1952*

Cabié, Jacqueline

1073 Petite histoire de l'homme à la mouche. *Albi o. J.*

Caddy, R. S. / Pollard, H. F.

1074 Transient sounds in organ pipes. *In: Acustica. Zürich. 7. 1957, S. 277—280*

Caffi, Francesco

1075 Storia della Musica Sacra nella già capella ducale di S. Marco in Venezia. *Venedig 1855*

Cafici, Giovanni

1076 Breve cenno storico-artistico dell'organo di Donato del Piano esistente nel templo di S. Nicolo l'Arena di Catania. *Catania 1840*

Calckmann, J. J. (Calkmann)

1077 Antidotum, tegengift vant gebruyck of ongebruyck vant orgel in de Kerken der vereenigde Nederlande. *Den Haag 1611*

Calla, M.

1078 Le grand orgue de St. Vincent-de-Paul. *Paris 1854*

1079 Rapport sur la construction et la facture de grandes orgues de Cavaillé-Coll. *Paris 1854*

Calvör, Kaspar

1080 De musica ac sigiffatim de ecclesiastica eoque spectantibus organis. *Leipzig 1702*

Cametti, A.

1081 Un famoso organaro del settecento in Roma: Giovanni Corrado Verlè. *In: Musica d'oggi. Mailand 1929, S. 399—402*

1082 G. Frescobaldi in Roma (1604—1643) con appendice sugli organi, organari ed organisti della basilica vaticana nel sec. XVII. *In: Rivista musicale Italiana. 15. 1908, S. 701—751*

1083 Organi, organisti ed organari del Senato e Populo romano in S. Maria in Aracoeli (1583—1848). *In: Rivista Musicale Italiana. 26. 1919, S. 441—485*

Campbell, S.

1084 Plastic Tracker Actions. *In: The Organ. 33. 1953/54, S. 104*

Campbell, Sydney / Sumner, W. L.

1085 The Organs and Organists of St. George's Chapel, Windsor. *In: The Organ. 45. 1965/66, S. 145*

Canal, Pietro

1086 Della Musica in Venezia. *Venedig 1847*

Candlish, Robert S.

1087 The Organ Question: Statements by Dr. Ritchie and Dr. Porteous for and against the Use of the Organ in Public Worship, in the Proceedings of the Presbytery of Glasgow 1807/08. *Edinburgh 1856*

Caneto

1088 Monographie de Sainte-Marie d'Auch. Histoire et déscription. *Paris 1850*

Cann, Jan G.

1089 The Organ at All Hallow's Church, Broadwood-kelly, Devon. *In: The Organ. 38. 1958/59, S. 137*

Capeille

1090 Les grandes orgues de la basilique Saint-Jean de Perpignan. *In: Revue historique du diocèse de Perpignan. 1921, 21. November*

Caple, Edward G.

1091 The Organ in Wilton Parish Church, near Salisbury. *In: The Organ. 17. 1937/38, S. 226*

1092 The Schrider Organ at Wotton-under-Edge. *In: The Organ. 18. 1938/39, S. 236*

1093 Calne and its Organs. *In: The Organ. 20. 1940/41, S. 18*

1094 Notes on Scudamore Organs. *In: The Organ. 21. 1941/42, S. 101*

1095 Some Wiltshire Village Organs. *In: The Organ. 25. 1945/46, S. 175. Zugleich in: 26. 1946/47, S. 143*

1096 Bournville Parish Church and its Organ. *In: The Organ. 28. 1948/49, S. 127*

1097 The Organ in the Church of St. George, Brandon Hill, Bristol. *In: The Organ, 32. 1952/53, S. 132.*

1098 The Standish Organ. *In: The Organ. 33. 1953/54. S. 195. Zugleich in 34. 1954/55, S. 109*

1099 The Andrew Freeman Memorial Organ. *In: The Organ. 33. 1953/54, S. 145*

Cappello (Cappellus), Fra Bartolomeo

1100 Ad organum selectio concentica. *Neapel 1645*

Caravita, D. Andrea

1101 I codici e le arti a Montecassino. *3, 2.*

Carissimi, Giacomo

(zugeschrieben)

1102 Kurtzer jedoch gründlicher Wegweiser, vermittelst welches man aus dem Grund die Kunst die Orgel recht zu schlagen ... erlernen ... kann. *Augsburg 1689*

C(arlber)g, B.

1103 Orgor och orglekare i Sverige. *In: Stockholms Dagblad. 3. 10. 1926*

Carlez, Jules

1104 Notice sur le grand orgue de l'église Saint-Pierre de Caen, reconstruit par M. A. Cavaillé-Coll. *Paris 1881*

1105 Orgues et organistes caennais. *Caen 1897.*

1106 Musiciens allemands. L'abbé Vogler. *In: Mémoires de l'Académie des sciences, arts et belles-lettres de Caen. Paris 1898*

C(arlsson), S(ten)

1107 Märklig orgelrestaurering. *In: Kyrkomusikernas Tidning. 26. 1960, S. 125*

1108 Ur gamla sockenstämmoprotokoll. *In: Kyrkomusikernas Tidning. 18. 1952, S. 189*

Carolis, M. de

1109 La cappella musicale della Ven. Collegiata di S. Lorenzo M. in Sant'Oreste sul monte Soratte. *In: Note d'Archivio per la Storia Musicale. 1931, S. 66—68, 106—107*

Carrière

1110 Entretien d'un tuyau à anche libre. *In: Acoustique musicale ... Marseille 1958. Paris 1959, S. 215 bis 219*

Carrière, M. Z.

1111 Phénomènes à l'embouchure d'un tuyau d'orgue. *In: Journal de Physique et le Radium. 6. 1922, S. 52 bis 64*

Carrington, Henry W.

1112 St. Peter's, Southrop. *In: The Organ. 34. 1954/55, S. 111.*

1113 Village Church Design. *In: The Organ. 37. 1957/58, S. 209*

Carspecken, Ferdinand

1114 500 Jahre Kasseler Orgeln; ein Beitrag zur Kultur- und Kunstgeschichte der Stadt Kassel. *Kassel 1968*

Carstens, H.

1115 Eine echte Prätoriusorgel in Goslar. *In: Niederdeutsche Heimatblätter. Hannover. 4. 1927, S. 144*

Carter, P. F.

1116 The Hindley Schulze Organ. *In: The Organ. 46. 1966/67, S. 94*

Carustius, C. E.

1117 Examen organi pneumatici. *Küstrin 1680*

Cassadio, R.

1118 L'organo nella chiesa metropolitana di Ravenna. *In: Note d'Archivio per la storia musicale. 15. 1938, S. 175—188*

Casagrandi, Vincenzo

1119 Donato del Piano et l'organo di S. Nicolo di Catania. *Catania 1937*

Casavant, Samuel

1120 La Facture d'orgues et l'évolution artistique. *In: Monde musical. 1922, Februar*

Casavant, Frères

1121 Les grandes orgues de la Basilique de Quebec. *Montreal 1927*

Casimiri, R.

1122 Quando a cantar con organi si stea . . . *Rom 1924*

1123 Memorie musicali prenestine. *In: Note d'archivio per la storia musicale. 1. 1924, S. 7—56*

1124 Il piccolo organo „positivo" nell Istituto Pontificio di musica sacra di Roma. *In: Note d'archivio per la storia musicale. 10. 1933, S. 33—36, 145—148*

1125 Il restauro del monumentale organo di Clemente VIII° al Laterano. *In: Bolletino Ceciliano. Rom. 1934, Februar*

1126 L'organaro Luca Blasi perugino (1600) inventore anche di organo ad acqua. *In: Note d'archivio per la storia musicale. 16. 1939, S. 10—13*

1127 Un contratto d'organo per la cattedrale d'Urbino di maestro Vicenzo Colombi da Cesalmanferrato. *In: Note d'archivio per la storia musicale. 16. 1939, S. 14—16*

1128 Musica e musicisti nella cattedrale de Padova nei sec. XIV, XV, XVI. Contributo per una storia. *Rom 1942. Zugleich in: Note d'archivio per la storia musicale 1941/42*

1129 Organi, organari, strumenti musicali nel Colegio Germanico. *In: Note d'archivio per la storia musicale. 1942, S. 125—129*

Cassiodorus, Magnus Aurelius

1130 (Beschreibung einer Orgel mit Bälgen). *In: Migne 70, S. 1052*

Casson, Thomas

1131 The modern organ. *Denbigh 1883*

1132 Reform in Organ Building. *London 1888*

1133 The Pedal Organ: its History, Design and Control. *London 1905*

1134 Certain new devices in organ development. *In: Zeitschrift der internationalen Musikgesellschaft. Leipzig. 1907, S. 12*

1135 Modern pneumatic organ mechanism. *London 1908*

1136 Some Special Devices in Selective Organregistering. *In: Sammelbände der internationalen Musikgesellschaft. Leipzig 1910, S. 453—467*

1137 Lecture on the pedal-organ. *London 1905*

1138 The Swell Box. *In: The Organ. 1. 1921/22, S. 183*

1139 The Naming of Organ Stops. *In: The Organ. 1. 1921/22, S. 249*

Casteels, M.

1140 Het XVIIe eeuwsch orgel in de St. Baafskerk te Gent. *In: Gentsche Bijdragen tot de kunstgeschiedenis. 8. Antwerpen 1942, S. 65—77*

Castellani, G.

1141 Maestri d'organo a Santarcangelo nel secolo XVI. *In: Bollettino della Società fra gli amici dell' Arte per la provincia di Forli. 1. 1895, S. 45—47*

Castillo, Diego del

1142 Descripción de los órganos de El Escorial. *El Escorial, Ms. um 1600*

Cattell, J. D.

1143 St. Margaret's, Leicester. *In: The Organ. 38. 1958/59, S. 161*

Caudle, A. G.

1144 Why Organs go Out of Tune. *In: The Organ. 24. 1944/45, S. 190; 25. 1945/46, S. 96*

Cauna, Baron de

1145 Orgues des Basses Pyrénées. *Bordeaux 1874*

Caus, Salomon de

1146 Les Raisons des forces mouvantes. *Frankfurt 1615*

Cavaillé-Coll, Aristide

1147 Etudes Expérimentales sur les tuyaux d'orgues. *Paris 1840*

1148 De l'orgue et de son architecture. *In: Revue générale de l'architecture. Paris 1856*

1149 De la détermination du ton normal. *Paris 1859*

1150 Etudes experimentales sur les tuyaux d'orgue. De la détermination des dimensions des tuyaux. *Paris 1860*

1151 Notes sur une soufflerie de précision. *Paris 1863*

1152 Grand orgue de l'église métropolitaine Notre-Dame de Paris, reconstruit par A. Cavaillé-Coll. *Paris 1868*

1153 Le grand Orgue de la nouvelle Salle de Concert de Sheffield. *Paris 1874*

1154 Projet d'orgue monumental pour la basilique de St. Pierre de Rome. *Brüssel 1875*

1155 De l'orgue et son architecture. *Paris 1872*

1156 Maison A. Cavaillé-Coll . . . Orgues de tous modèles. *Paris 1889*

1157 Manufacture de grandes orgues pour églises, cha- pelles, et salons. A. Cavaillé-Coll. Charles Mutin, élève et successeur. *Paris 1923*

Cavaillé-Coll, Cécile u. Emmanuel

1158 Aristide Cavaillé-Coll, ses origines, sa vie, ses œuvres. *Paris 1929*

Cazalet, William Wahab

1159 On the Musical Department on the late Exhibition. *London 1852*

Ceci, Giuseppe

1160 Maestri organari nell'Italia meridionale dal sec. XV al XIX. *Benevent 1932*

1161 Maestri organari a Napoli del XV al XVIII secolo. *Neapel 1931*

Cellesi, L.

1162 L'Organo della cappella interna del palazzo com- munale di Siena. *In: Bollettino senese di Storia Patria. Nuova serie. 1. 1930, S. 498—509*

Ceillier, Rémi

1163 Les orgues. *In: Almanach catholique francais. 1926*

Cellier, Alexandre

1164 L'orgue moderne. *Paris 1913*

1165 L'esthétique de l'orgue. *In: Schweizer musikpäd- agogische Blätter. 1922, S. 283*

Cellier, Alexandre

1166 Traité de la régistration de l'orgue. *Paris 1961*

Cellier, Alexandre / Bachelin, H.

1167 L'orgue ses élements, son histoire, son esthétique. *Paris 1933*

Cerf, Ch.

1168 Quelques dates des différentes constructions de l'édifice (de 1212 à 1481). *In: Bulletin archéolo- gique du Comité des Travaux historiques. 1885, S. 240*

Cerf, G. le s. Le Cerf, G.

Cernik, Berthold

1169 Große Orgel der Stiftskirche zu Klosterneuburg. *In: Musica Divina. Wien. 1914/15, 1, S. 4—5*

Ceuneau, A.

1170 Le grand orgue de notre Dame d'Evron. *In: Bul- letin de la Commission historique et archéologique de la Mayenne. 1929*

Cézerac, C.

1171 Etat de l'orgue de Sainte-Marie d'Auch en 1744. *In: Société historique de Gascogne. 1907*

C. F. W.

1172 The Organ in Cathedrals. *In: The Organ. 7. 1927/ 28, S. 256*

Chabril de Mazures

1173 Sur les orgues établies das l'église Notre-Dame de Vitré au XVIIᵉ siècle. *In: Bulletin archéologique de l'association bretonne. 1876*

Chailley, Jacques

1174 Un clavier d'orgue à la fin du XIᵉ siècle. *In: Revue de musicologie. Febr. 1937, S. 5—11*

Chambers, G. T.

1175 Les orgues de la cathédrale Saint-Maurice d'Angers. *In: Répertoire archéologique d'Anjou. 4. 1864*

Chapuis, M.

1176 Visite aux orgues du Perigord. *In: L'Orgue. 77. 1955, S. 118—119*

1177 Les Orgues de Notre Dame de Caudebec. *In: L'Orgue. Nr. 93—96. 1960, S. 6—9*

1178 Orgues en Castille. *In: L'Orgue. 1960, Nr. 93—96. S. 36—39*

Chapman, Arthur L. F.

1179 A Reader Peregrinates. *In: The Organ. 26. 1946/47, S. 93*

Chapple, Frank A.

1180 On Piston Control. *In: The Organ. 6. 1926/27, S. 256*

1181 St. James's, Bristol. *In: The Organ. 28. 1948/49, S. 184*

Chapple, Stanley

1182 Chesham Parish Church. *In: The Organ. 23. 1943/ 1944, S. 144*

Chapelet, François

1183 Le grand Orgue de St. Louis des Invalides. *In: L'Orgue. 1961, Nr. 97—99, S. 1—4*

Charles

1184 Histoire de la Ferté-Bernard. *o. O. 1877.*

Chartraire, l'abbé

1185 Les orgues de la cathédrale de Sens. Notice histo- rique. *In: Bulletin de la Société archéologique de Sens 1889*

Chenesseau,

1186 La Cathédrale Sainte-Croix d'Orléans. *o. O. 1921*

Cherbuliez, Antoine E.

1187 Die Schweiz in der deutschen Musikgeschichte. *Leip- zig 1932*

1188 Schweizer Orgeln und Orgelbauer in vorreforma- torischer Zeit. *In: Der Organist. 1932, 6*

1189 Churer Orgel- und Organistensorgen vor hundert Jahren. *Chur 1937*

Cherubini, Maria Luigi Carlo Zenobio Salvatore

1190 Rapport à S. E. le ministre de l'intérieur sur un nouvel instrument de musique nommé orgue ex- pressif. *1811, 15. Juli*

Chevalier, C.

1191 Histoire et description de la cathédrale de Tours. *Tours 1890*

Chigi — Saracino, Guido

1192 Un organista del sec. XVIII, Azolino della Ciaia. *In: La Diana — rassegna d'arte e vita senese. Siena. 3. 1928, 3. zugleich in: Bollettino dell'Accademia chigiana, Siena. 1950, 1*

Christ, Friedrich

1193 Die Einrichtung der Kirchenorgel. *Nördlingen 1882*

Chrysander, F.

1194 Eduard Grell als Gegner der Instrumentalmusik, der Orgel, der Temperatur und der Virtuosität. *In: Vierteljahresschrift für Musikwissenschaft. 4. 1888, S. 99—121*

Chrysander, Karl Franz Friedrich

1195 Mattheson's Beschreibung der Orgelwerke seiner Zeit. *In: Allgemeine musikalische Zeitung. 12. 1877, Sp. 792*

Chrysander, W. C. J.

1196 Historische Untersuchungen von der Kirchenorgel. *Rinteln 1755*

Chubb, Alan S.

1197 A Samuel Green Organ in Aberdeen. *In: The Organ. 36. 1956/57, S. 107*

Chwatal, B.

1198 Wert oder Unwert der Zinkpfeifen. *In: Zeitschrift für Instrumentenbau. Leipzig. 26. 1906, Nr. 24*

1199 Konzert- oder Kirchenorgel. *In: Zeitschrift für Instrumentenbau. 26. 1906, Nr. 20*

1200 Einfluß des Sommers 1904 auf die Kirchenorgeln. *In: Zeitschrift für Instrumentenbau. 26. 1906, Nr. 13*

1201 Zungenstimmen der Orgel und ihre Bedeutung. *In: Zeitschrift für Instrumentenbau. 27. 1907, Nr. 12*

1202 Struktur und Mensuration der Orgelregister. *In: Zeitschrift für Instrumentenbau. Leipzig. 29. 1909, Nr. 23—25*

1203 Schleif-, Kegel- oder pneumatische Lade. *In: Zeitschrift für Instrumentenbau. 31. 1911, S. 671*

1204 Disposition und obertönige Orgel. *In: Zeitschrift für Instrumentenbau. Leipzig. 31. 1911, S. 695*

Chybinsky

1205 Dictionary: Słownik muzyków dawnej Polski.

Ciccolini

1206 Scritti di storia organaria per il restauro dell'organo di Santa Maria Maggiore in Trento. *o. O. 1925*

Cirsovius, L. s. Corsovius

Clagget, Charles

1207 Musical Phaenomena: An Organ made without pipes, strings, bells or glasses, the only instrument in the world that will never require to be returned. *London 1793*

Clanché, G.

1208 Maître J. Oury, organiste de la cathédrale de Toul. *Nancy 1949*

Clark, Geoffrey, C.

1209 The Organ in St. Mary's, Penzance. *In: The Organ. 26. 1946/47, S. 73*

1210 Barnet Parish Church Organ. *In: The Organ. 33. 1953/54, S. 103*

1211 Organs in the South West. *In: The Organ. 33. 1953/54, S. 186*

1212 Royal Festival Hall Organ. *In: The Organ. 34. 1954/55, S. 106*

1213 Organ in the Chapel of St. Michael's Mount, Cornwall. *In: The Organ. 37. 1957/58, S. 72*

Clark, Peter E.

1214 Organ of St. Martin's, Cardiff. *In: The Organ. 40. 1960/61, S. 99*

1215 The Organ of St. Joseph's Roman Catholic Church, Cardiff. *In: The Organ. 41. 1961/62, S. 43*

1216 The Organ in Holy Trinity Church, Coventry. *In: The Organ. 42. 1962/63, S. 86*

1217 The Organ of Huyton Parish Church. *In: The Organ. 42. 1962/63, S. 211*

1218 The New Criticism. *In: The Organ. 42. 1962/63, S. 219*

1219 Romanticism and Classicism in Organ Design. *In: The Organ 43. 1963/64, S. 121*

1220 The Organ of Bebington Parish Church. *In: The Organ. 43. 1963/64, S. 94*

1221 The Organ of Dearnly Methodist Church, Littleborough, Lanes. *In: The Organ. 43. 1963/64, S. 193*

1222 The Victoria Hall Organ, Halifax. *In: The Organ. 44. 1964/65, S. 1*

Clark, W. H.

1223 Outline of Structure of Pipe Organs. *Indianopolis 1877*

Clarke, F. J.

1224 A short history of the Doncaster Parish church organ. *Doncaster 1910*

Clarke, Keith C.

1225 A New Concept in Small Organ Design. *In: The Organ. 46. 1966/67, S. 82*

Clarke, Raymond Thurston

1226 The Organ in St. John's Church, Colaba, Bombay. *In: The Organ. 28. 1948/49, S. 93*

1227 Organs in and near Tunbridge Wells. *In: The Organ. 22. 1942/43, S. 46*

Clarke, Somers.

1228 Organ Cases. *In: The Organ. 1. 1921/22, S. 251*

1229 The Organs of St. Paul's Cathedral. *In: The Organ. 2. 1922/23, S. 105*

Clarke, William Horatio

1230 An outline of the structure of the pipe organ. *Boston. 1877*

1231 Concerning organ mixtures. *Boston 1899*

1232 How to Use Organ Stops and Pedals. *Reading (U.S.A.) 1908*

1233 Standard organ building. *Boston 1913*

1234 Valuable Organ Information. *Reading (U.S.A.) o. J.*

Claude, Frères

1235 Notice sur le découverte de l'orgue à piston. *Paris 1845*

Claudel, P.

1236 Les instruments mystiques. *In: Revue musicale. März 1934*

Clayton, S. John

1237 Lindsay Garrard and other Matters. *In: The Organ. 35. 1955/56, S. 108*

Clément, Félix

1238 Sur les origines de l'orgue. Société de Saint-Jean. *o. O. 1878*

Clements, R. D.

1239 Reed Organs. *In: The Organ. 42. 1962/63, S. 222*

Clericato (Chiericati), Giovanni

1240 De sacrosanto missae sacrificio ... *Venedig 1700*

Clerk, Adrian le

1241 Recueil de Procès-Verbal de Réception et d'Inauguration d'Orgues et notice sur les travaux exécutés dans les ateliers de la Société Anonyme Etablissements Merklin-Schütze. *Paris 1863*

Clerval

1242 L'Ancienne Maîtrise de Notre-Dame de Chartres du Ve siècle à la Révolution. *Chartres 1899*

Closson, Ernest

1243 La facture des Instruments de Musique en Belgique. *Brüssel 1935*

Clutton, Cecil

1244 The Worth of Hope-Jones's Work. *In: The Organ. 7. 1927/28, S. 255*

1245 Small Church Organ Design. *In: The Organ. 8. 1928/29, S. 191*

1246 The Organ in Stowe School Chapel. *In: The Organ. 9. 1929/30, S. 231*

1247 An Electric System of Tonal Design. *In: The Organ. 9. 1929/30, S. 75*

1248 The Organ at Manchester Town Hall. *In: The Organ. 10. 1930/31, S. 92*

1249 Small Organ Design. *In: The Organ. 10. 1930/31, S. 127*

1250 Salisbury Cathedral Organ. *In: The Organ. 11. 1931/32, S. 63*

1251 The Organ at Chichester Cathedral. *In: The Organ. 11. 1931/32, S. 71, 192*

1252 St. Clement's, Ilford. *In: The Organ. 11. 1931/32, S. 256*

1253 The Renascence of Tonal Design. *In: The Organ. 12. 1932/33, S. 250*

1254 The Organ at Wycliffe College Chapel, Stonehouse, Gloucestershire. *In: The Organ. 13. 1933/34, S. 10*

1255 The Organ of Saint-Gervais, Paris. *In: The Organ. 13. 1933/34, S. 145; 17. 1937/38, S. 253*

1256 The Organ at Sainte-Clotilde, Paris. *In: The Organ. 13. 1933/34, S. 240*

1257 The Organ at St. Cross, Winchester. *In: The Organ. 14. 1934/35, S. 156*

1258 Those Big, Bad Mixtures. *In: The Organ. 15. 1935/36, S. 123*

1259 Organ Matters. *In: The Organ. 15. 1935/36, S. 190*

1260 The Father Smith Organ in Auckland Castle. *In: The Organ. 15. 1935/36, S. 244*

1261 Applied Extension. *In: The Organ. 16. 1936/37, S. 191*

1262 A Sixteenth Century Italian Organ. *In: The Organ. 16. 1936/37, S. 181*

1263 Top Hamper. *In: The Organ. 16. 1936/37, S. 60*

1264 The Organ at St. Mary's Parish Church, Reading. *In: The Organ. 17. 1937/38, S. 11, 190*

1265 A Supporter of Modern Classicism Replies. *In: The Organ. 17. 1937/38, S. 128*

1266 The New Organ in Westminster Abbey. *In: The Organ 17. 1937/38, S. 129, 188*

1267 Tonal Design. *In: The Organ. 18. 1938/39, S. 59*

1268 The Great Organ at Rheims Cathedral. *In: The Organ. 18. 1938/39, S. 193*

1269 Lady Jeans's Baroque Chamber Organ. *In: The Organ. 19. 1939/40, S. 39*

1270 Electric Tonal Design. *In: The Organ. 19. 1939/40, S. 64*

1271 The Organ at Romsey Abbey. *In: The Organ. 19. 1939/40, S. 173*

1272 Artistic Development of the Small Organ. *In: The Organ. 20. 1940/41, S. 57, 97*

1273 The Organ at All Hallows', Twickenham. *In: The Organ. 21. 1941/42, S. 10*

1274 Organ at Marylebone Presbyterian Church. *In: The Organ. 21. 1941/42, S. 162*

1275 Organ in All Hallows', Twickenham. *In: The Organ. 22. 1942/43, S. 47, 141*

1276 The Walker Organ at St. Margaret's, Lee. *In: The Organ. 22. 1942/43, S. 63*

1277 Organ Harmonics etc. *In: The Organ. 22. 1942/43, S. 92*

1278 Tonal Balance and the Baroque Revival. *In: The Organ. 22. 1942/43, S. 185*

1279 The Baroque Revival, and other Matters. *In: The Organ. 23. 1943/44, S. 46.*

1280 The Organ in the Church of the Messiah, Birmingham. *In: The Organ. 24. 1944/45, S. 8.*

1281 Eclecticism in Organ Building. *In: The Organ. 24. 1944/45, S. 44*

1282 The Compton Organ in the B.B.C. Studio, Maida Vale. In: The Organ. 24. 1944/45, S. 64

1283 Blend and Balance. *In: The Organ. 24. 1944/45, S. 95*

1284 Eton College Chapel Revisited. *In: The Organ. 24. 1944/45, S. 145*

1285 An Early Father Willis Organ. *In: The Organ. 25. 1945/46, S. 69, 142*

1286 St. Bees Priory Re-visited. *In: The Organ. 25. 1945/46, S. 153*

1287 The Father Smith Organ at Staunton Harold. *In: The Organ. 27. 1947/48, S. 70*

1288 The Organ in St. Michael's College, Tenbury. *In: The Organ. 27. 1947/48, S. 108*

1289 The Organ at St. Mary-at-Hill. *In: The Organ. 27. 1947/48, S. 92*

1290 Light Pressure Reeds. *In: The Organ. 27. 1947/48, S. 188*

1291 St. Michael's College, Tenbury. *In: The Organ. 28. 1948/49, S. 43*

1292 The Grand Orgue at St. Merry, Paris. *In: The Organ. 28. 1948/49, S. 45*

1293 The Organ Beautiful. *In: The Organ. 28. 1948/49, S. 183*

1294 The Schnitger Organ at Steinkirchen. *In: The Organ. 30. 1950/51, S. 105*

1295 New Organ in the University Church of Saint Mary the Virgin, Oxford. *In: The Organ. 31. 1951/52, S. 60*

1296 The Organ at Beverley Minster. *In: The Organ. 33. 1953/54. S. 13*

1297 The Rebuilt Organ in St. Mark's Church, New Milverton. *In: The Organ. 33. 1953/54. S. 64*

1298 The New Organ at Doetinchem, Holland. *In: The Organ. 34. 1954/55, S. 92*

1299 Mutations and Synthetics. *In: The Organ. 34. 1954/55, S. 222*

1300 L'estétique de l'orgue en Angleterre. *In: L'Orgue. 1954, S. 9—13*

1301 St. Pancras Parish Church. *In: The Organ. 35. 1955/56. S. 1*

1302 Synthetics and Mutations. *In: The Organ. 35. 1955/56, S. 108*

1303 Two Organs in Ulster. *In: The Organ. 37. 1957/58, S. 15*

1304 The Holtkamp Organ in the Roman Catholic Church of Corpus Christi, New York. *In: The Organ. 37. 1957/58, S. 148*

1305 The Organ in the Chapel of University College, Oxford. *In: The Organ. 37. 1957/58, S. 191*

1306 Dutch Organs. *In: The Organ. 38. 1958/59, S. 216; 40. 1960/61, S. 54*

1307 English and Foreign Voicers. *In: The Organ. 39. 1959/60, S. 105*

1308 The Organ in the Italian Church, Hatton Garden, London. *In: The Organ. 39. 1959/60, S. 135*

1309 Straight-Line Choruses. *In: The Organ. 39. 1959/60, S. 208*

1310 Un Orgue Anglais au XVIIᵉ siècle (Adlington-Hall).

1311 The Organ at West Runton, Norfolk. *In: The Organ. 40. 1960/61, S. 47*
In: L'Orgue. 1960, Nr. 93—96, S. 87—88, 98—102

1312 Toggenburger Organ. *In: The Organ. 40. 1960/61, S. 105*

1313 Colonel Dixon. *In: The Organ. 40. 1960/61, S. 110*

1314 Two Early French Organs (The Military Academy at La Flêche and Poitiers Cathedral). *In: The Organ. 40. 1960/61, S. 169*

1315 New Ideal of Tonal Design. *In: The Organ. 40. 1960/61, S. 222*

1316 Fog-horns? *In: The Organ. 41. 1961/62, S. 222*

1317 The New Hill, Norman Beard Organ in the Hyde Park Chapel, London. *In: The Organ. 41. 1961/62, S. 57*

1318 The Organs of San Petronio, Bologna. *In: The Organ. 41. 1961/62, S. 53*

1319 The Re-built Organ in the church of St. Bavo, Haarlem. *In: The Organ. 41. 1961/62, S. 128*

1320 St. Helen's Church, York. *In: The Organ. 41. 1961/62, S. 33*

1321 Names and Exaggerations. *In: The Organ. 42. 1962/63, S. 55*

1322 The New Criticism. *In: The Organ. 42. 1962/63, S. 164*

1323 The Organ at St. Maximin en Provence. *In: The Organ. 43. 1963/64, S. 38*

1324 The Samuel Green Organ in the Private Chapel at Buckingham Palace. *In: The Organ. 43. 1963/64, S. 57*

1325 The Reconstructed Organ in The Bute Hall, Glasgow University. *In: The Organ. 43. 1963/64, S. 113*

1326 Three New Classical British Organs with Tracker Action. *In: The Organ. 44. 1964/65, S. 105*

1327 Christian Muller's Organ in the Waalse Kerk at Amsterdam. *In: The Organ. 45. 1965/66, S. 157*

1328 Two Important Walker Rebuilds. *In: The Organ. 46. 1966/67, S. 1*

1329 The Organ in the Livery Hall of the Worshipful Company of the Merchant Taylors in the City of London. *In: The Organ. 46. 1966/67, S. 97*

1330 Rebuilding of Organs. *In: The Organ. 46. 1966/67, S. 92, 184*

Clutton, C. / Dixon, George

1331 The Organ, its tonal structure and registration. *London. 1950*

Clutton, C. / Dunleath, Lord

1332 The Rebuilt Organ at Down Cathedral, Northern Ireland. *In: The Organ. 46. 1966/67, S. 165*

Clutton / Niland

1333 The British Organ. A complete history, architectural design and musical use. *London 1963*

Clutton, C. s. Fletcher, H. 2360

Cluzain

1334 Devis de l'orgue de Saint-Severin de Bordeaux. *In: Archives historiques de la Gironde. 7.*

Cobb, Gerald Francis

1335 A brief history of the organ in the Chapel of Trinity College, *Cambridge 1913*

Cochereau, Pierre

1336 Prise de son: l'orgue. *In: Revue du son. Paris. 1959, Nr. 75—76, S. 211—213*

1337 Grandes orgues et électricité. *In: Revue des applications de l'électricité. 1964, Nr. 204, S. 32—39*

Cochet

1338 Note sur l'orgue de Saint-Maclou de Rouen et l'escalier qui y conduit. *In: Bulletin monumental, 19*

Coci, Claire

1339 The Cadet Chapel organ West Point. *o. O. 1956*

Cocker, Norman

1340 Small Church Organ Design. *In: The Organ. 8. 1928/29, S. 73*

1341 The Organs of Manchester Cathedral (1934—1940). *In: The Organ. 22. 1942/43, S. 49*

Codnor, J. C.

1342 The Organs of the Groote Kerke, Cape Town. *In: The Organ. 39. 1959/60, S. 93*

Coélier,

1343 Documents sur l'art musical en Touraine. (Facteurs à Tours). *In: Réunion des Sociétés des Beaux-Arts des départements. 1908*

Coeuroy, A.

1344 Die Radio-Elektrische Bertrand-Orgel. *In: Die Musik. 20. 1928, S. 672*

Coghill, E. G. / Spicer, S. E.

1345 The Organ in Repton School Chapel. *In: The Organ. 11. 1931/32, S. 221*

Cohen, C.

1346 Die große neue Orgel in der Wallfahrtskirche zu Kevelaer. *In: Zeitschrift für Instrumentenbau. 31. 1910, S. 235*

1347 Neue Orgel St. Heinrichskirche Uerdingen. *In: Gregoriusbote, Beilage zum Gregoriusblatt. 1916, S. 67*

Cohen, C. / Krabbel, Ch.

1348 Die neue Orgel in der St. Columba-Kirche in Köln. *In: Gregoriusblatt. 1915, S. 3*

Coignet, Jean-Louis

1349 Some Notes on French Mixtures. *In: The Organ. 43. 1963/64, S. 88*

1350 Two New Organs in Alsace. *In: The Organ. 46. 1966/67, S. 26*

1351 Toledo Cathedral. *In: The Organ. 46. 1966/67, S. 46*

Colas, A.

1352 Les Orgues de l'Abbaye de la Sainte-Trinité de Vendôme. *In: Bulletin de la Société archéologique, scientifique et littéraire du Vendômois. 37. 1898*

Colborn, Arthur G.

1353 The Organ at Gerona Cathedral. *In: The Organ. 1. 1921/22, S. 116*

1354 St. Mary Redcliffe, Bristol. *In: The Organ. 15. 1935/36, S. 124*

Colchester, Linzee Sparrow

1355 A short history of the organs of Wells Cathedral. *o. O. 1951*

1356 *A short history of the organs of Wells, Somerset, 1953*

Cole, J. Trevor

1357 Organ in the Cathedral of the Highlands, Nairobi, Kenya Colony. *In: The Organ. 22. 1942/43, S. 123*

1358 Organ in the Cathedral of the Highlands (All Saints) Nairobi. *In: The Organ. 35. 1955/56, S. 150*

Coleman, Henry

1359 The Organ in Petersborough Cathedral. *In: The Organ. 11. 1931/32, S. 1*

1360 The Village Church Organ. *In: The Organ. 13. 1933/34, S. 26*

1361 Organs in Irthlinborough Parish Church. *In: The Organ. 15. 1935/36, S. 90*

1362 Organs in France. *In: The Organ. 33. 1953/54, S. 150*

1363 James Kendrick Pyne: part 1. *In: The Organ. 40. 1960/61, S. 8*

1364 James Kendrick Pyne: part 2. *In: The Organ. 40. 1960/61, S. 92*

1365 Conservatism in Organ Building. *In: The Organ. 41. 1961/62, S. 106*

1366 Some Curious Organs in Huntingdonshire. *In: The Organ. 41. 1961/62, S. 178*

1367 Some Organs of the Woodward Schools. *In: The Organ. 41. 1961/62. S. 211*

1368 Some Organs of the Woodward Schools (continuation). In: The Organ. 42. 1962/63, S. 105

Coll, Antonio Martin

1369 Música para órgano. Ms. 1709. Bibl. Nac. Madrid

Collette, A.

1370 Inauguration des grandes orgues de Saint-Vivien de Rouen. o. O. 1898

Collette, A. / Bourdon, A.

1371 Notice historique sur les orgues et les organistes de la cathédrale de Rouen. Rouen 1894

1372 Histoire de la maîtrise de Rouen. Rouen 1892

Collon, Patrick

1373 The Bruckner Organ in Stift St. Florian, Austria. In: The Organ. 44. 1964/65, S. 162

Collum, Herbert

1374 Die Königin der Instrumente. Bericht über den Orgelumbau in der Dresdener Kreuzkirche. Dresden 1940

Colmenares, Diego de

1375 Historia de la insigne ciudad de Segovia. o. O. 1637

Comley, William J.

1376 Organ in St. John's, Red Lion Square. In: The Organ. 5. 1925/26, S. 236

1377 Organs of the Masonic Peace Memorial. In: The Organ 15. 1935/36, S. 113

1378 St. Barnabas, R. C. Cathedral, Nottingham. In: The Organ. 28. 1948/49, S. 185

Compton, John

1379 The Extension Organ. In: The Organ. 1. 1921/22, S. 89

1380 Southampton Guildhall Organ. In: The Organ. 17. 1937/38, S. 186

1381 Towards a more complete Diapason Chorus. In: The Organ. 29. 1949/50, S. 60

Commichau

1382 Neue Orgel in der St. Johannis-Kirche zu Niederwönitz. In: Kirchenchor. 40. 1929, S. 5

Compagnon

1383 Inauguration et bénédiction d'un grand orgue de chapelle à l'Hôtel-Dieu de Vitry-le-Francois. Châlons-sur-Marne 1880

Compenius, Esaias

1384 Kurzer Bericht was bey überlieferung einer klein und grosverfertigten Orgel zu observiren ... ist. In: Herbst, Joh. Andr. Musica poetica. Wolfenbüttel

Compenius, Esaias / Praetorius, Michael

1385 Orgeln Verdingnis. Hs Wolfenbüttel, 1615/16. In: Kieler Beiträge zur Musikwissenschaft. Wolfenbüttel-Berlin. 1936

Comys, J. J.

1386 Rondom de speeltafel. In: Het Orgel 58, S. 28—29

Congdon, A. W.

1387 Organ from the Architects Standpoint. In: American Architect. 99. Nr. 1833, S. 57, Nr. 1846, S. 170

Conrad, Albert

1388 Die Orgel der Kirche in Schleswig-Friedrichsberg. In: Die Heimat. Kiel. 62. 1955, S. 172—173

Conrad, Otto

1389 Die Geschichte der Orgelbauerfamilie Stumm aus Rhaunen-Sulzbach und ihre Werke. In: Mitteilungen des Vereins für Heimatkunde. Birkenfeld. 19. 1955, Nr. 1, 2; 20. 1956, Nr. 1

Conradini, F.

1390 L'organo del Duomo di Arezzo e i suoi possibili restauri. Arezzo 1923

Consolo, Federico

1391 Cenni sull'origine e sul progresso della musica liturgica. Florenz 1897

Constable, L. G.

1392 The Organ in Malta Cathedral. In: The Organ. 20. 1940/41, S. 66

1393 The Organ in St. John's Church, Colaba, Bombay. In: The Organ. 28. 1948/49, S. 143

1394 The Organ in Holy Trinity Church, Karachi, Pakistan. In: The Organ. 42. 1962/63, S. 150

Conway, M. P.

1395 Playing a Church Organ. London 1949

1396 Concerning Some Little Known Foreign Organ Music. In: The Organ. 4. 1924/25, S. 36, 95

1399 Vierne's Fifth Organ Symphony. In: The Organ. 4. 1924/25, S. 225

1398 The Organ in Ely Cathedral. In: The Organ. 11. 1931/32, S. 193

1399 The Organ in Hythe Parish Church. In: The Organ. 18. 1938/39, S. 184

1400 The Organ in Holy Trinity, Eastbourne. In: The Organ. 35. 1955/56, S. 14

1401 Ely Cathedral Organ. In: The Organ. 35. 1955/56, S. 53

Cools, J.

1402 De Haachtsche orgelmakers Goltfus en Dekens en hun familie. In: De Brabander. 23. 1940, S. 88 bis 106

Coombs, Vernon C.

1403 The Organ in Penge Congregational Church. In: The Organ. 24. 1944/45, S. 127

1404 The Organ of Christ Church, Beckenham. In: The Organ. 32. 1952/53, S. 165. Zugleich in: 33. 1953/54, S. 56

1405 Arranging Stop Controls on Consoles. In: The Organ. 35. 1955/56, S. 112

1406 Straight-line Choruses. *In: The Organ. 39. 1959/60. S. 155*

1407 St. John, Fareham. *In: The Organ. 46. 1966/67. S. 136*

Cooper, G. G. J.

1408 The Organ in St. Mary Magdalene, Holloway. *In: The Organ. 28. 1948/49, S. 187*

1409 Some Organ Relics. *In: The Organ. 33. 1953/54. S. 146*

Cooper, Lennard C.

1410 Organ at St. Peter's, Eaton Square. *In: The Organ. 6. 1926/27, S. 128*

1411 Southwark Cathedral Organ. *In: The Organ. 12. 1932/33, S. 187*

1412 Organ at Holy Trinity, Paddington. *In: The Organ. 15. 1935/36, S. 251*

1413 16ft. Spotted Metal Fronts. *In: The Organ. 19. 1939/40, S. 64*

1414 The Organ in St. Mary's Church, Alverstoke. *In: The Organ. 26. 1946/47, S. 143*

1415 St. Peter's, Eaton Square. *In: The Organ. 28. 1948/49, S. 45*

1416 Lindsay Garrard. *In: The Organ. 34. 1954/55, S. 56*

1417 Bruges Cathedral and its Organ. *In: The Organ. 37. 1957/58, S. 103*

1418 More Austrian Organs. *In: The Organ. 41. 1961/62, S. 219*

Cope, William

1419 Early Organ Builders in England. *In: The Parish Choir, quoted by Rimbault. o. O., o. J.*

Coradini, F.

1420 L'Organo del Duomo di Arezzo e i suoi possibili ristauri. *Arezzo 1923, S. 32*

Corbes, H.

1421 Les Orgues du département des Côtes-du-Nord. *St. Briluc 1965*

Corbet, R. / Doerr, L.

1422 Die neue Orgel der kath. Pfarrkirche Diedesfeld. *In: Ars Organi. 1961, H. 19, S. 437—438*

Corblet,

1423 L'orgue et les buffets d'orgues. *In: Revue de l'art chrétien. 3. 1859, S. 481—494*

Cordes, Joh.

1424 Vertrag für die Orgel zu Paderborn-Abdinghoff. *In: Mitteilungen des Diöz. Cäc. Ver. 6. 1905, S. 49 f.*

1425 Die große Orgel im Dom zu Paderborn. *In: Mitteilung. des Diöz. Ver. 6. 1905. Zugleich in: Zeitschrift für Instrumentenbau. 26. 1906, Nr. 24*

1426 Über die Orgel des Klosters Corvey. *In: Mitt. des Diöz. Cäc. Ver. 7. 1906*

Corradini, Francesco

1427 L'organo della cathedrale di Anagni. *In: Psalterium. Rom 1915*

Correa de Arrauxo, Francisco

1428 Facultad organica. *Alcala 1626*

Corsovius, L. J.

1429 Orgel-Dispositionen in Schleswig-Holstein. *Kiel 1872*

Cortum, Theodor

1430 Erinnerungen an die am 3. Juli 1906 durch Feuer vernichtete St. Michaeliskirchorgel. *Hamburg 1907*

1431 Die Orgelwerke der Ev. Luther. Kirche im Hamburgischen Staate. *Kassel 1928*

1432 Neue Orgel in der Bugenhagen-Kirche in Hamburg. *In: Zeitschrift für Instrumentenbau. 49. 1929, S. 652*

Cotton, Vere Egerton

1433 Liverpool Cathedral Church. *Liverpool 1936, S. 91 ff.*

Courtnay, J.

1434 Theatre organ world. *London 1946*

Courtonne, Marcel

1435 L'orgue de la cathédrale de Nantes. *Nantes 1924*

1436 L'orgue de la cathédrale de Nantes. L'orgue dans le passé, l'orgue actuel, les organistes. *Nantes 1925*

Coussemaker, Charles Edmond Henri de

1437 Scriptorum de musica medii aevi nova series. *Paris 1864—1876*

1438 Essai sur les instruments de musique au moyen âge. Instruments à vent. L'orgue avant le XVIIᵉ siècle. *In: Annuales archéologiques. 1845*

1439 La musique dans l'église paroissiale de Bourbourg au XVIᵉ siècle. *In: Bulletin du Comité flamand de France. 3. 1865*

Cousu, Antoine de

1440 Von gewaltsamen Bewegungen und Beschreibung etlicher Maschinen. *Frankfurt o. J.*

1441 La musique universelle. *Paris 1658*

Coutil, L.

1442 Inauguration des orgues de l'église Notre-Dame des Andelys, le 15 novembre 1892. *Rouen o. J.*

Couton, Guy

1443 Abbatiale Saint-Serge XIᵉ—XV siècles. Restauration des grandes orgues. *Baugé 1944*

Covell, William King

1444 Early Organs in America. *In: The Organ. 8. 1928/29, S. 127*

1445 One Solution of the Problem of Church Organ Designing. *In: The Organ. 9. 1929/30, S. 200*

1446 The Boston Music Hall Organ. *In: The Organ. 11. 1931/32, S. 79, 150*

1447 Organs in America. *In: The Organ.* 11. 1931/32, S. 253

1448 The Organs in Trinity Church, Newport, R. I., U.S.A. *In: The Organ.* 14. 1934/35, S. 245

1449 The Organ at Groton School, Groton, Mass. U.S.A. *In: The Organ.* 16. 1936/37, S. 150

1450 Applied Extension. *In: The Organ.* 16. 1936/37, S. 187

1451 A Sixteenth Century Italian Chamber Organ at Florence. *In: The Organ.* 17. 1937/38, S. 124

1452 The late John Henry Burn. *In: The Organ.* 17. 1937/38, S. 189

1453 Tonal Design. *In: The Organ.* 18. 1938/39, S. 126

1454 Eclectic Organ Design. *In: The Organ.* 19. 1939/40, S. 160

1455 Organ at All Hallows, Twickenham. *In: The Organ.* 22. 1942/43, S. 189

1456 The Baroque Revival, and Other Matters. *In: The Organ.* 23. 1943/44, S. 187

1457 Donald Harrison's Work in America. *In: The Organ.* 24. 1944/45, S. 139. Zugleich in: 33. 1953/54, S. 151

1458 Royal Festival Hall Organ. *In: The Organ.* 34. 1954/55, S. 107

1459 Boston Symphony Hall Organ. *In: The Organ.* 34. 1954/55, S. 107

1460 An Early American Organ. *In: The Organ.* 37. 1957/58, S. 174

1461 St. Thomas's Church, New York City. *In: The Organ.* 38. 1958/59, S. 107

1462 An Appreciation of Noel Bonavia-Hunt. *In: The Organ.* 40. 1960/61, S. 106

1463 The Cormorne. *In: The Organ.* 14. 1934/35, S. 192

1464 Borrowing on the Pedal. *In: The Organ.* 16. 1936/37, S. 128

Couvenhaven, Jan

1465 Het Orgelspeel met alleen bestaambaar met maar zelfs bevorderlyk tot de Gotsdienst ... *Amsterdam 1786*

Couwenbergh, H. V.

1466 L'orgue simplifié, ou notice sur le nouveau système d'orgues inventé par M. Leonard Drijvers. *Averbode 1887*

1467 L'orgue ancien et moderne. *Lierre 1888*

Cox, J. Charles

1468 Pulpits, Lecterns and Organs in English Churches. *London o. J.*

1469 Pulpits, Lecterns and Organs in English Cathedrals. *Oxford 1916*

Coyecque,

1470 Les orgues de Saint-Jacques-la-Boucherie (1588). *In: Bulletin de la Société de l'Histoire de Paris et de l'Ile-de-France.* 28. 1911

Coyecque, E. / Mutin, Charles

1471 Les orgues de Saint-Jacques-la Boucherie, 1588. *Nogent-le-Rotrou o. J.*

C. P. G.

1472 Description historique des curiosités de l'église de Paris. *Paris 1763*

Creighton, H.

1473 Royal Festival Hall organ. *In: Journal of the Royal Institute of British architects. London.* 61. 1954, Nr. 10, S. 395—397

1474 The Organ at St. Martin-in-the-Fields. *In: The Organ.* 8. 1928/29, S. 183

1475 Wakefield Cathedral Organ. *In: The Organ.* 22. 1942/43, S. 143

Crema, Luigi

1476 Il fondamento storico-giuridico per la tutela degli organi antichi. *In: L'Organo* 1. 1960, S. 7—11

Creuzet, Emile

1477 Etude sur les grandes orgues de Saint-Spire de Corbeil. *Abeille de Seine-et-Oise.* 1924, 15. Juni

Cromar, Alexander

1478 A vindication of the Organ: a Review of the Rev. Dr. Candlish's publication entitled "The Organ Question". *Edinburgh 1856*

Crook, Hubert

1479 Some Margate Organs. *In: The Organ.* 11. 1931/32, S. 122

1480 Organless Cases. *In: The Organ.* 16. 1936/37, S. 127

1481 The Organ in Wesley's Chapel, City Road. *In: The Organ.* 17. 1937/38, S. 231

1482 Console Arrangements. *In: The Organ.* 20. 1940/41, S. 153

1483 St. Anne's Roman Catholic Cathedral, Leeds. *In: The Organ.* 23. 1943/44, S. 95

Crosse, John

1484 An Account of the Grand Musical Festival held in 1823 in the Cathedral Church of York ... appendix II the origin of the organ and descriptions of over 20 continental organs ... *York 1825*

Crozes, M. H.

1485 Notice historique et descriptive sur l'église métropolitaine Sainte-Cécile d'Albi. *Toulouse 1841*

Cruijs, van't s. Kruys

Cudworth, Charles L.

1486 Hopkins. *In: Musik in Geschichte und Gegenwart. Bd. VI. Kassel 1957,* Sp. 701—703

Culley, Thomas

1487 Organari Fiamminghi a S. Apollinare a Roma. *In: L'Organo* 5. 1964/67, S. 92—106

Cullum, R. L.

1488 Frank Webb: An Appreciation. *In: The Organ. 28. 1948/49, S. 43*

Cumming, Alexander

1489 A Sketch of the properties of the Machine organ invented for the Earl of Bute. *London 1812*

Cummings,

1490 Organ Accompaniments in England in the Sixteenth and Seventeenth Centuries. *o. O. 1900*

Curtis, Gilbert J.

1491 What's in a Name? *In: The Organ. 13. 1933/34, S. 119*

1492 Organ Construction Advisory Committee. *In: The Organ. 24. 1944/45, S. 42*

Custard, H. Goss

1493 The Organ of Liverpool Cathedral. *Liverpool um 1942*

Cuvilier, J.

1494 Facture d'orgues. *o. O. 1852*

Czabor, Th.

1495 Orgelfiguren. *In: Antiquitäten-Rundschau. 30. 1933, S. 266*

Dacheux

1496 La Cathédrale de Strasbourg. *o. O. 1900.*

Daehne, P.

1497 2 Meister deutscher Orgelbaukunst (W. Sauer, P. Walcker). *In: Zeitschrift für Instrumentenbau. 31. 1911, S. 345*

Dagnino, Eduardo

1498 L'archivio musicale di Montecassino. *In: Casinensia. Montecassino 1929*

1499 Il grande Organo del Pontificio Istituto di musica sacra. *Rom 1933*

Dähnert, Ulrich

1500 Die Orgeln Gottfried Silbermanns in Mitteldeutschland. *Leipzig 1953*

1501 Der Orgelbauer Zacharias Hildebrandt. *In: Musik und Kirche. 27. 1957, S. 285—286*

1502 Der Orgel- und Instrumentenbauer Zacharias Hildebrandt. Sein Verhältnis zu G. Silbermann und J. S. Bach. *Leipzig 1960*

1503 Orgel in der Kirche zu Straßberg bei Plauen i. V. *In: Der Kirchenmusiker. Darmstadt. 14. 1963, S. 19—21*

1504 Orgel in der Trinitatiskirche zu Kittlitz bei Löbau. *In: Der Kirchenmusiker. Darmstadt. 16. 1965, S. 23—25*

1505 Denkmalsorgel in der Wehrkirche zu Mittelsaida. *In: Der Kirchenmusiker. 17. 1966, S. 250—259*

1506 Tobias Trost. *In: Musik in Geschichte und Gegenwart. Bd. 13. Kassel 1966, Sp. 828—829*

1507 Die Orgel der Wehrkirche zu Lauterbach. *In: Unsere Heimat. August 1957, S. 11*

1508 Die Donat-Trost-Orgel in der Schloßkirche zu Eisenberg. *In: Walcker-Hausmitteilungen. 1963, Nr. 31, S. 11—24; 1964, Nr. 32, S. 9—23*

1509 Nicht ausgeführte Orgelbaupläne Gottfried Silbermanns. *In: Walcker-Hausmitteilungen. 1961, Nr. 27, S. 1—6*

1510 Das Positiv im Stadt- und Bergbaumuseum zu Freiberg. *In: Walcker-Hausmitteilungen. 1961, Nr. 25, S. 3—9*

1511 Zacharias Hildebrandt zu seinem 200. Todestag am 11. Oktober 1957. *In: Ars Organi. 1957, H. 11, S. 189—191*

1512 Die Orgellandschaft Sachsen und Thüringen. *In: Acta organologica. 1. 1967, S. 46*

Dänzer, H.

1513 Über die stationären Schwingungen der Orgelpfeifen. *In: Zeitschrift für Physik. Berlin. 162. 1961, H. 5, S. 516—541*

Dänzer, H. / Müller, W.

1514 Zur physikalischen Theorie des Orgelspiels. *In: Annalen der Physik. Leipzig. 13. 1953, S. 97—109*

Dalla Libera, Sandro

1515 L'organo. *Mailand 1956*

1516 L'Arte degli organi à Venezia. *Venedig und Rom 1962*

1517 L'Arte degli organi nel Veneto La Diocesi di Ceneda. *Venedig und Rom 1966*

1518 Saggio di un regesto degli organi della città di Venezia. *In: L'Organo. 2. 1961. S. 25—42*

1519 Gaetano Callido, organaro veneto (1727—1813). *In: Musica sacra. 86, S. 90—93*

Damm, Ludwig

1520 Orgeln als baukünstlerisches Element. *In: Bauwelt. Berlin. 47. 1956, S. 1205—1207*

Damman, Rolf

1521 Die neue Praetorius-Orgel in Freiburg im Breisgau. *In: Musik und Kirche. Kassel. 26. 1956, S. 29—32*

Daneu-Lattanzi, Angela / Traselli, Carmelo

1522 Mostra Storico-Bibliografica di Sciacca. *Palermo 1955*

Dangibeaud, Ch.

1523 Une psallette au XVIIᵉ siècle à Saintes. *In: Mémoire de la Société des Antiquaires de l'Ouest. 1884*

1524 Les orgues de St. Pierre de Saintes. *o. O. 1885*

Daniel, Friedr.

1525 Weihe der neuen Orgel in der Alt-Ottakringer Pfarrkirche in Wien. *Fs. Wien 1931*

Daniel, Percy & Co.

1526 The Standish Organ. *In: The Organ. 33. 1953/54, S. 194*

Daniell, David Blackburne

1527 Mixtures. *In: The Organ. 19. 1939/40, S. 206*

Danjou, F.

1528 Sur l'origine de l'orgue. *Nürnberg 1771*

Danjou, Félix

1529 Troisième lettre à M. Joseph D'Ortigue. L'orgue de Fribourg. *In: Revue et Gazette de Paris. 5. 1838, S. 473—477, 489—490, 505—507*

1530 Procès-Verbal de Réception du grand orgue de l'église Royale de Saint-Denis. *Paris 1841*

1531 Manufacture d'Orgues. *Paris 1844*

Darblin, H.

1532 Les grandes orgues sont des véritables usines. *In: Sciences et Voyages. 1928, 20. Dezember, Nr. 486*

Darke, Harold

1533 In Defence of Tradition of Organs and organists. *In: Musical Times. 94. 1953, S. 64—65.*

Darling, Leonard

1534 The Organ at Ringmer Parish Church, Sussex. *In: The Organ. 22. 1942/43, S. 14*

1535 The Organ at St. Patrick's Church, Hove. *In: The Organ. 22. 1942/43, S. 154*

1536 The Organ at St. John's College Chapel, Hurstpierpoint Sussex. *In: The Organ. 24. 1944/45, S. 122*

1537 The Organ in Hove Parish Church. *In: The Organ. 25. 1945/46, S. 82*

1538 The Organ in St. Augustine's, Brighton. *In: The Organ. 26. 1946/47, S. 174. Zugleich in 27. 1947/48, S. 140*

1539 The Organ in Steyning Parish Church. *In: The Organ. 26. 1946/47, S. 77, 143*

Darsy, F. Irenée

1540 Etablissement des grandes orgues de la cathédrale d'Amiens. *In: Société des Antiquaires de Picardie. 11. 1871—1873*

1541 Les vrais fondateurs des grandes orgues de la cathédrale d'Amiens. *In: Bulletin de la Société des Antiquaires de Picardie. 28. 1892—1894*

Dart, John

1542 History and Antiquities of the Cathedral Church of Canterbury. *London 1726*

Das, G.

1543 Orgels en Organisten in Arnhem. *In: Bijdragen en Mededelingen der Vereniging Gelre. 28.*

Dauriac, Carle L.

1544 Les orgues de Fribourg. *Paris 1898*

Davey, Malcolm R. H.

1545 The Organ in the Methodist Church, South Norwood. *In: The Organ. 17. 1937/38, S. 159*

1546 The Organ in St. John-the-Evangelist, Upper Norwood. *In: The Organ. 19. 1939/40, S. 93*

David, J. N.

1547 Orgelreform und Orgelmusik: *In: Die Schildgenossen. Rothenfels 1929, S. 377—382*

David, K. H.

1548 Über die Hammond-Orgel. *In: Schweizer Musikzeitung. Zürich. 78. 1939, S. 554—556*

David, W.

1549 Größte Orgelwerke Deutschlands. *In: Kirchenmusik. Berlin. 14. 1953, S. 121*

1550 Helden-Gedächtnis-Orgeln. *In: Die Musik. 27. 1934, S. 107*

David, Werner

1551 Die Orgel von St. Marien zu Berlin und andere berühmte Berliner Orgeln. *Mainz 1949*

1552 Wieder Marienorgel in Berlin. *In: Musica. Kassel. 3. 1949, 12, S. 458*

1553 Barockorgeln. *In: Musikblätter. Berlin. 1950, 3, S. 53—55*

1554 Gestaltungsformen des modernen Orgelprospektes. *Berlin 1951*

1555 Joh. Seb. Bachs Orgeln. *Berlin 1951*

1556 Frühbarockorgel in Berlin. *In: Musica. Kassel 5. 1951, 2, S. 84*

1557 Zeitnahe Bühnenorgel. *In: Musica. Kassel. 5. 1951, 5/6, S. 245*

1558 Brandenburger Orgeltage. *In: Musica. Kassel. 5. 1951, S. 422*

1559 Orgelweihe in Dresden. *In: Musica. Kassel. 6. 1952, S. 167*

1560 Silbermann-Orgel auf Reisen. *In: Musica. Kassel. 6. 1952, S. 214—215*

Davidson, C. H.

1561 Some Northamptonshire Village Organs. *In: Musical Opinion. 71. 1948, S. 535—536*

1562 The Organ in St. Peter's, Hindley. *In: The Organ. 27. 1947/48, S. 44*

1563 Some Old Organs in Carinthia. *In: The Organ. 39. 1959/60, S. 29*

1564 Some more Austrian Organs. *In: The Organ. 44. 1964/65, S. 33*

Davidson, R. W.

1565 Organ in All Hollows', Twickenham. *In: The Organ. 22. 1942/43, S. 48*

Davies, C. M.

1566 Northampton Organs. *In: The Organ. 33. 1953/54, S. 195*

Davies, John

1567 The Ancient Rites and Monuments of the Cathedral Church of Durham. *o. O. 1672*

Davies, L.

1568 A "Rookie" among us. *In: The Organ. 22. 1942/43, S. 191*

Davies, Maurice

1569 On organ designing. *Brighton 1911*

Davies, Rees K. M.

1570 Organ at Doetinchem, Holland. *In: The Organ. 37. 1957/58, S. 101*

1571 Pipe Dreams. *In: The Organ. 40. 1960/61, S. 197; 41. 1961/62, S. 166*

1572 Further Pipe Dreams. *In: The Organ. 41. 1961/62, S. 206*

Davies, Walford / Simkins, C. F.

1573 The organ of the Kings free Chapel of St. George within his castle at Windsor. *Windsor 1930*

Dávila, Leonárdo Fernández

1574 Memoria y nominacion de los registros que obtiene el órgano de la Santa Metropolitana Iglesia de Granada. *Granada 1746*

Davis, Michael S.

1575 Catholic Church, Lyme Regis. *In: The Organ. 34. 1954/55, S. 105*

Davis, Michael T.

1576 The Late Norman Cocker. *In: The Organ. 36. 1956/57, S. 48*

Davison, Nigel

1577 In Summertime on Bredon. *In: The Organ. 42. 1962/63, S. 138*

Dawes, Eric

1578 The Organ at the Church of the Redeemer, Birmingham. *In: The Organ. 37. 1957/58, S. 24*

Dawidowicz, Anton

1579 Die Orgel der Stadtpfarrkirche in Lienz. *In: Musica divina. 26. 1938, S. 148—152*

1580 Orgelbaumeister und Orgeln in Osttirol. *Phil. Diss. (Ms.). Wien 1949*

1581 Der Neubau der Domorgel von St. Stefan zu Wien. *In: Musica orans. Wien. 2. 1950, 4/5*

1582 Die Orgel in der Lehrerbildung. *In: Musikerziehung. Wien. 4. 1950, S. 44—46*

1583 Österreichs Orgelbau-Kunst in der Zeit. *In: Singende Kirche. Wien. 7. 1960, S. 95—98*

1584 Rund um die Orgel, Anno Domini 19 . . . *In: Singende Kirche. Wien. 7. 1960, S. 162—164*

1585 Von den Salzburger Orgeln. *In: Singende Kirche. Wien. 10. 1962/63, S. 112—114*

Davin, C. H. G.

1586 Theoretisch-praktische Organistenschule: ein Handbuch für Organisten, Orgel-Revisoren und Prüfungs-Commissionen. *Erfurt o. J.*

Day, Frank

1587 Small Church Organs. *In: Musical Opinion. 71. 1948, S. 235—237*

1588 Chippenham, Wilts and its organs. *In: Musical Opinion. 72. 1949, S. 550—551*

1589 Scudamore Organs. *In: Musical Opinion. 72. 1949, S. 666—669*

1590 The Parish Church, Weston-super-Mare, and its Organs. *In: The Organ. 22. 1942/43, S. 115*

1591 Organ in the Parish Church, Weston-super-Mare. *In: The Organ. 23. 1943/44, S. 93, 144*

1592 All Saints' Church, Weston-super-Mare, and its Organs. *In: The Organ. 25. 1945/46, S. 179*

1593 Weston-super-Mare: its Blitzed Churches and Organs. *In: The Organ. 29. 1949/50, S. 180*

1594 The Organ in S. Ambrose Parish Church, Whitehall, Bristol East. *In: The Organ. 31. 1951/52, S. 31*

1595 Guernsey and its Organs. *In: The Organ. 31. 1951/52, S. 145*

1596 Organ in the Baptist Church, Bedminster. *In: Musical Opinion. 77. 1954, S. 661*

1597 Lindsay Garrard. *In: The Organ. 34. 1954/55, S. 108*

1598 Renovations — mainly organic. *In: Musical Opinion.. 80. 1957*

1599 Weston-super-Mare Re-visited.. *In: The Organ. 38. 1958/59, S. 203*

1600 Organ in Wycliffe College. *In: The Organ. 40. 1960/61, S. 67*

1601 The Organ in Lacock Parish Church, Wiltshire. *In: The Organ. 41. 1961/62, S. 198*

1602 Captain Lindsay Garrard. *In: The Organ. 42. 1962/63, S. 186*

1603 Captain Lindsay Garrard — Further Reflections. *In: The Organ. 43. 1963/64, S. 78*

Dean, Talmage Whitman

1604 The Organ in Eighteenth-Century English Colonial America. *Phil. Diss. Los Angeles 1960*

Debiasi, G. B.

1605 Sulla riproduzione des suono dell'organo a canne con organi elettronici. *In: Elettrotecnica. 46. 1959, S. 754—765*

De Brisay, A. C. D.

1606 The Organ at St. Gervais, Paris. *In: The Organ. 18. 1938/39, S. 63*

De Brisay, Aubrey

1607 Reviews of Gramophone Records. *In: The Organ. 28. 1948/49, S. 88*

Dechales, Claudius Franciscus

1608 Cursus seu mundus mathematicus. *Lyon 1690*

Decker, Rudolf

1609 Vom Orgelwesen im Bereich der Evang.-luth. Landeskirche Sachsens. *In: Musik und Kirche. 30. 1960, S. 4—217*

Degering, H.

1610 Die Orgel. Ihre Erfindung und ihre Geschichte bis zur Karolingerzeit. *Münster 1905*

Dehaisnes, Chrétien

1611 Histoire de l'art en Flandre, Artois, Hainault avant le XVᵉ siècle. *Lille 1886*

Deimling, Ernst Ludwig

1612 Beschreibung des Orgelbaues und der Verfahrungsart bei Untersuchung neuer und verbesserter Werke. *Offenbach 1792*

Delbez, E.

1613 L'orgue de L'église St.-Crépin de Chateau-Thierry. *Chateau-Thierry 1922*

Delcroos, J.

1614 Devis pour la construction du buffet d'orgues de l'église Saint-Denis à Saint-Omer. *In: Société des Antiquaires de la Morinie. 10. 1897—1901*

1615 Devis relatif à la remise en état de l'orgue de la cathédrale de Saint-Omer en 1758. *In: Semaine religieuse. 1924*

Delezenne, C. E. G.

1616 Note sur le Ton des Orchestres et des Orgues. *Lille 1855*

Delhommeau, L.

1617 Le positif du Monastère des Quatre-Saints-Couronnés, à Rome. *In: L'Orgue. 84. 1957, Oktober—Dezember, S. 10—15*

Della Ciaia, Azzolino

1618 Descrizione dell' organo terminato di fabbricarsi nell' anno 1738 nella chiesa conventuale de Cavalieri di S. Stefano in Pisa. *Pisa 1739. NA Pisa 1952.*

Deluz, Michel

1619 Paroisse de Bollène, 19. juillet 1959. Inauguration de grand orgue renové. *Avignon 1959*

Demierre, F.

1620 Aux organists Protestants. *In: Schweizer musikpädagogische Blätter. 1923, S. 378—383*

Démy, Adolph

1621 Essai historique sur l'église Saint-Séverin. *Paris 1903*

Denais, Joseph

1622 Monographie de Notre-Dame de Beaufort-en-Vallée, église et paroisse. *Paris 1874*

1623 Monographie de la cathédrale d'Angers. *Paris 1899*

Deneke, Ferd.

1624 Die große Orgel in der früheren Klosterkirche zu Oliva bei Danzig, ihr Bau und Verfall, sowie ihre Restauration durch den Orgelbaumeister F. W. Kaltschmidt aus Stettin. *Danzig 1865*

Denis, P.

1625 Le véritable problème des orgues électroniques. *In: Actes du troisième congrès international de musique sacrée, Paris, 1ᵉʳ—8 juillet 1957. Paris 1959, S. 380—384*

Denis, V.

1626 Musical instruments in fifteenth-century Netherlands and Italian. *In: The Galpin Society Journal. 2. 1949, März, S. 32—46*

Denis de Hansi

1627 Notice historique sur la paroisse royale Saint-Paul-Saint-Louis. *o. O. 1842*

Deprez

1628 Musique d'orgue et l'organist. *In: La Tribune de Saint Gervais. Paris. 19, S. 2 ff.*

Deschales, Franciscus s. Dechales, C. F.

Deureux, S. A.

1629 L'Orgue de synthèse. *In: Actes du troisième congrès international de musique sacrée, Paris, 1ᵉʳ—8 juillet 1957. Paris 1959, S. 191—197*

Deschamps, Auguste-F.

1630 L'antique église collégiale de Notre-Dame. *In: Annales de la Société Archéologique de Namur. 13. 1875, S. 84*

1631 L'orgue et sa royauté. *Toulouse 1883*

Deschamps de Pas, Louis

1632 Les orgues de l'église Notre-Dame de Saint-Omer. *In: Mémoires de la Société des Antiquaires de la Morinie. 1893—1896*

Descrout

1633 Les orgues de Saint-Nicaise de Rouen. *In: Journal de Rouen. 1927, 16. Januar, 13. Februar*

Deshoulières, F.

1634 Orgues des anciennes poroisses d'Amiens. *In: Bulletin monumental. Paris. 93. 1934, S. 377*

Desjardins, Gustave

1635 Histoire de la cathédrale de Beauvais. *Beauvais 1865*

Despierres

1636 Les orgues de Notre-Dame d'Alençon. *Argentan 1888*

1637 Menuisieurs, imagiers ou sculpteurs à Alençon. *In: Réunion des Sociétés des Beaux-Arts des départements. Paris 1892*

Desplat, René

1638 L'Orgue, problème méconnu de l'art sacré. *Paris 1954*

1639 Le Voile du temple ou le paradoxe de l'orgue en France. *In: Musica. Paris. 25. 1956, S. 37—43*

Detmer, Heinrich

1640 Kerssenbrochs Wiedertäufergeschichte. *In: Die Geschichtsquellen des Bistums Münster 5/6. Münster 1899/1900*

Deus, Bernhard

1641 Schüler bauen eine Orgel. *In: Musik im Unterricht. Mainz. 44. 1953, H. 3, S. 80*

Deutsch, O. E.

1642 Count Deym and his mechanical organs. *In: Music and Letters. 29. 1948, S. 140—145*

Deuzinger, J. F. P. (Deysinger)

1643 Compendium musicum, oder Fundamenta partiturae, das ist: Unterricht für die Orgel und das Klavier, in 2 Theilen. *Augsburg 1763*

Dewalhens, Paul

1644 Tuyaux organ building. *London 1881*

Dewing, W.

1645 A propos de l'orgue de La Ferté-Bernard. *In: L'Orgue. 61. 1951*

Dicker, C. B.

1646 St. John's, Torquay. *In: The Organ. 41. 1961/62, S. 56*

Dickson, W. E.

1647 Practical Organ-Building. *London 1881*

1648 The Mounted Cornet. *In: The Organ. 1. 1921/22, S. 121*

1649 Early Organs in Ely Cathedral. *In: The Organ. 1. 1921/22, S. 61*

Diderot, Denis / d'Alembert, Jean le Rond

1650 Encyclopédie ou Dictionnaire raisonné des sciences, des arts et des métiers (Facteurs d'orgues). *Paris 1751/80*

Didier, l'abbé C.

1651 Le grand orgue de Mitry-Mory. *In: Bulletin paroissial de Mitry-Mory. 1924, Juin—November; 1927, Juli*

1652 La Champagne et Notre-Dame de l'Epine. *In: Annales archéologiques. 24*

Didron, Adolphe N.

1653 Notre-Dame-de-la-Treille, description. *In: Annales archéologiques. 17. 1856*

Diehl, Wilhelm

1654 Die Orgeln, Organisten und Organistenbesoldungen in den alten Obergrafschaftsgemeinden des Großherzogtums Hessen. *Darmstadt 1908*

1655 Geschichte der Orgel und d. Orgelgehäuses in Altheim. *In: Hessische Chronik. Darmstadt. 21. 1934. S. 122*

Diekamp, Heinz

1656 Gerechtigkeit für den katholischen Orgelbau. Gedanken zur Klärung des Orgelproblems. *In: Zeitschrift für Kirchenmusik. Köln. 74. 1954, S. 179 bis 183*

1657 Wider den Historismus im Orgelbau. *In: Zeitschrift für Kirchenmusik. Köln. 75. 1955, S. 196—200*

1658 Lob der Orgel. *In: Im Dienste der Kirche. Essen. 36. 1956, S. 198—200*

1659 Die große Orgel in der Kathedrale von Notre-Dame zu Paris. *In: Im Dienste der Kirche. Essen. 37. 1956, S. 141—144*

1660 Die neue Marienorgel der ehemals reichsunmittelbaren Benediktiner-Abtei Ottobeuren bei Memmingen, Allgäu. *In: Im Dienste der Kirche. Essen. 39. 1958, S. 65—68*

1661 Fortschrittlicher Orgelbau. *In: Im Dienste der Kirche. Essen. 43. 1962, S. 123—124*

Diel, Karl

1662 Meister Arnold von Seligenstadt. *In: Volk und Scholle. 1940, Nr. 18, S. 130*

Dienel, Otto

1663 Die Stellung der modernen Orgel zu Joh. Seb. Bachs Orgelmusik. *Berlin 1889*

1664 Het moderne orgel en de orgelmuziek van J. S. Bach. *Rotterdam 1890*

1665 Die moderne Orgel, ihre Einrichtung, ihre Bedeutung für die Kirche und ihre Stellung zu Joh. Seb. Bachs Orgelmusik. *Berlin 1891*

1666 Gutachten über die Renovation der Orgel in der Hofkirche Luzern. *Luzern 1898*

1667 Dienel'sche Orgelvorträge in Berlin. *In: Siona. 1901, S. 146—150*

1668 Intonation und Raum. *In: Die Orgel. 5, Nr. 1*

Dieterich, Cunrad

1669 Ulmische Orgel — Predigt von Cunrad Dieterich. *o. O. 1624*

Dietrich, J. H.

1670 Die Kirchberger Orgelgeschichte. *o. O. 1924*

Dietz, Otto

1671 Lorenzer Orgelbüchlein. *Kassel 1937*

Diggle, Roland

1672 Organ Recitals in America. *In: The Organ. 5. 1925/26, S. 246*

Distler, Hugo

1673 Die kleine Jakobi-Orgel in St. Jakobi zu Lübeck nach dem Umbau 1935. *Lübeck 1935*

1674 Gedanken zum Problem der Registrierung alter, spez. Bach'scher Orgelmusik. *In: Musik und Kirche. 11. 1939, S. 101—106*

1675 Die Orgel unserer Zeit (1933). *In: Musica. Kassel. 1. 1947, S. 147—153*

Distler, Hugo / Thienhaus, Erich

1676 Die beiden Orgeln in St. Jakobi zu Lübeck. *Lübeck 1935*

Dittmann, Thomas

1677 Konkurrenz für die Königin der Instrumente. *In: Sonntagsblatt. Hamburg. 40. 1962, S. 4*

1678 Die Königin der Instrumente. Orgelbau heute. *In: Sonntagsblatt. Hamburg. 14. 1963, S. 28*

Dittrich, R.

1679 Orgeln im Salzburger Mozarteum. *In: Zeitschrift für Instrumentenbau. 36. 1915, S. 45*

Dixon, G.

1680 Improving the plan of organs. *In: The musical Times. London. 1912*

Dixon, George

1681 The Tonal Structure of the Organ. *In: The Organ. 1. 1921/22, S. 129, 215*

1682 The Royal Albert Hall Organ. *In: The Organ. 5. 1925/26, S. 61, 189. Zugleich in 6. 1926/27, S. 61*

1683 Modern Organ Design. *In: The Organ. 9. 1929/30, S. 69*

1684 Adjustable Combinations. *In: The Organ. 10. 1930/31, S. 190*

1685 St. Bees Priory Church and its Organs. *In: The Organ. 11. 1931/32, S. 142*

1686 Organ Matters. *In: The Organ. 12. 1932/33, S. 61, 188*

1687 Again the Horn Quint? *In: The Organ. 15. 1935/36, S. 125*

1688 The Carlisle Cathedral Organ. *In: The Organ. 15. 1935/36, S. 191*

1689 Mixture Work. *In: The Organ. 15. 1935/36, S. 256*

1690 Borrowing on the Pedal. *In: The Organ. 16. 1936/37, S. 127*

1691 The Modern Organ. *In: The Organ. 17. 1937/38, S. 191*

1692 A Large Music Room Organ. *In: The Organ. 18. 1938/39, S. 17*

1693 Westminster Abbey Organ. *In: The Organ. 18. 1938/39, S. 61, 124, 255*

1694 Compound Stops in the Present Century. *In: The Organ. 20. 1940/41, S. 11*

1695 Mixtures and other Matters. *In: The Organ. 20. 1940/41, S. 86*

1696 Willis and the Modern Swell. *In: The Organ. 20. 1940/41, S. 174*

1697 Small Organs, and other Matters. *In: The Organ. 20. 1940/41, S. 182*

1698 Blend etc. *In: The Organ. 22. 1942/43, S. 43, 139*

1699 The Small Organ and its Control. *In: The Organ. 22. 1942/43, S. 80*

1700 Organ Matters. *In: The Organ. 22. 1942/43, S. 186; 23. 1943/44, S. 47, 92; 24. 1944/45, S. 90; 25. 1945/46, S. 96, 191*

1701 More about Small Organs. *In: The Organ. 23. 1943/44, S. 107*

1702 The Classic and the Modern. *In: The Organ. 23. 1943/44, S. 190*

1703 Registration from the Listener's Point of View. *In: The Organ. 24. 1944/45, S. 116, 183*

1704 Why Organs go out of Tune. *In: The Organ. 24. 1944/45, S. 138*

1705 Blend and Balance. *In: The Organ. 24. 1944/45, S. 188*

1706 Divided Great Organs. *In: The Organ. 25. 1945/46, S. 119*

1707 The Choir Organ. *In: The Organ. 26. 1946/47, S. 190*

1708 Manual Subdivisions: Some Historical Notes. *In: The Organ. 26. 1946/47, S. 56*

1709 The Organ in St. James's, West Hartlepool. *In: The Organ. 26. 1946/47, S. 154*

1710 Tewkesbury Abbey. *In: The Organ. 27. 1947/48, S. 43*

1711 St. Peter's, Cranley Gardens. *In: The Organ. 27. 1947/48, S. 95*

1712 Thomas Casson: An Appreciation. *In: The Organ. 28. 1948/49, S. 49*

1713 Richard Leslie Cullum: 1886—1948. *In: The Organ. 28. 1948/49, S. 140*

1714 The Tonal Structure of Small Organs. *In: The Organ. 30. 1950/51, S. 93*

1715 Compound Stops in the Present Century. *In: The Organ. 19. 1939/40, S. 194*

1716 16ft. Spotted Metal Fronts. *In: The Organ. 19. 1939/40, S. 111*

Dixon, G. s. Clutton, C. 1331

Dobler, Fritz

1717 Mit oder ohne Baßorgel. *In: Der Harmonikalehrer. Trossingen. 2. 1953, S. 21—22*

Dobrisch, M. W.

1718 Über musikalische Tonbestimmung und Temperatur. *Leipzig 1852*

Dodsworth, Percy

1719 The Organ at All Saints', Gosforth. *In: The Organ. 26. 1946/47, S. 88*

Dodwell, Henry

1720 De usu instrumentorum et organorum in ecclesia christiana. *1780*

Dodwell, Henry

1721 A Treatise concerning the Lawfullness of Instrumental Music in Holy Offices. *London 1700*

Doebler, K.

1722 Neue Orgel in St. Hedwig zu Berlin. *In: Musica sacra. 64. 1933, S. 11—13*

Döhler, G. / Kletzin, E. / Ott, Paul

1723 Stimmen zur Hausorgelfrage. *In: Collegium musicum. 7. 1938, S. 66—73*

Doering, Oscar

1724 Zwei ungedruckte Dokumente der Magdeburger Domorgel (1604—1605). *In: Zeitschrift für Musikwissenschaft. 12. 1929, S. 598—601*

Doerr, Ludwig

1725 Die neue Chororgel im Dom zu Speyer. *In: Musik und Altar. Freiburg/Br. 9. 1956/57, S. 17—18*

1726 Barockorgel in Godramstein in der Pfalz. *In: Musik und Altar. Freiburg/Br. 11. 1958/59, S. 45—46*

1727 Neue Orgeln: Karlsruhe: St. Stephan, München: St. Ludwig, Bremen: St. Marien. *In: Musik und Altar. Freiburg/Br. 13. 1960/61, S. 187—190*

Doerr, L. / Pfomann, F.

1728 Elektrophon oder Pfeifenorgel. *In: Musik und Altar. 9. 1956/57, S. 155*

Doetsch, Günter

1729 Die neue Orgel in St. Benedikt, Lauenstein. *In: Musik und Altar. Freiburg/Br. 14. 1961/62, S. 277 bis 278*

Doflein, E.

1730 Probleme der Orgelkunst. *In: Münchener Neueste Nachrichten. 1926, 25. Juli*

Dold, W.

1731 Kostenfrage bei der Multiplexorgel. *In: Musica sacra. 62. 1931, S. 282—284*

Dole, Nathan H.

1732 The Building of the Organ Onward: Two symphonic poems. *New York 1906*

Dolmetsch, H. / Schuster, F.

1733 Orgel in der Stadtkirche in Schorndorf. *In: Die Kirche. Steglitz/Wien 1910, S. 316*

Donaldson, John

1734 Beschreibung der vorhandenen so wie der beabsichtigten Orgel zur Erläuterung der Vorlesungen an der Universität von Edinburgh. 1853. *In: Gutachten des höchsten Gerichtshofes S. 45 ff.*

Donostia, José Antonio

1735 Música y músicos en el Pais Vasco. *San Sebastian 1951*

Done, Joshua

1736 A complete treatise on the organ. *London 1837*

Donjou, J. L. F.

1737 Manufacture d'orgues. *Paris 1844*

Doormann, Ludwig

1738 Paul Ott 60 Jahre alt. *In: Musik und Kirche. 33. 1963, S. 224*

Doorslaer, G. van

1739 Notes sur les facteurs d'orgues malinois. *In: Annales de la Fédération archéolog. et hist. de Belgique XXII Congrès. Mechelen 1911, S. 605*

1740 Historische aantekeningen betreffende de orgels in de St. Romboutskerk de Mechelen. *Mechelen. 1924*

Doppelbauer, Josef Friedrich

1741 Die neue Orgel in der Stadtpfarrkirche Wels. *In: Musik und Altar. Freiburg/Br. 13. 1960/61, S. 128—129*

Dorf, Richard H.

1742 Electronic Musical Instruments. *o. O. 1958*

1743 Electronic organ uses neon tone generators. *In: Electronics Albany N. Y. 31. 1958, Nr. 35, S. 36—41*

Dorival, A.

1744 Tableau de l'église de Gisors (1629) publié par Blanquart et Régnier. *Rouen 1893*

Dorp, A. von

1745 Het Orgel in de St. Janskerk te Gouda. *In: Harp. 9. 1914/15, S. 13*

1746 Orgel in de groote of St. Laurentiuskerk te Alkmaar. *In: Harp. 9. 1914/15, S. 37*

Dosch, L.

1747 Die Orgel der Neuzeit. *Leipzig 1908*

Dotor y Municio, Ángel

1748 Catedrales de España. *Gerona 1949*

Douglas, Alan

1749 Fans for Organ Blowing. *In: Musical Opinion. 73. 1950, S. 493—495*

1750 The Wurlitzer organ. *In: Electronic Engineering. London. 25. 1953, Nr. 309, S. 466—469*

1751 Eine elektronische Orgel. *In: Funk-Technik, Fernsehen, Elektronik. Berlin. 11. 1956, H. 24. S. 713 bis 714; 12. 1957. H. 1. S. 13—14*

1752 The Electronic Musical Instrument Manual. A Guide to Theory and Design. *o. O. 1962*

1753 Frequency Divider organs for the Constructor. *o. O. 1963*

1754 Transistor Electronic organs for the Amateur. *o. O. 1965*

1755 Electronic organs for the Home Constructor. *o. O. o. J.*

1756 Electronic Musical Instruments. *In: The Organ. 26. 1946/47, S. 186; 27. 1947/48, S. 190*

1757 The Reed Organ. *In: The Organ. 28. 1948/49, S. 136*

Douglass, F. / Vente, M. A.

1758 French organ registration in the early 16th century. *In: Musical quarterly. New York. 51. 1965, 4. S. 614—636*

Douteau, Jean

1759 Le grand orgue et la maîtrise de la cathédrale Saint-Pierre de Saintes. *Saintes 1942*

1760 Le Grand Orgue ... de la cathédrale de Soissons. *Soissons 1956*

Downes, Ralph

1761 St. Gervais, Paris. *In: The Organ. 17. 1937/38, S. 189*

1762 Brompton Oratory Re-visited. *In: The Organ.* 22. 1942/43, S. 77

1763 The Organ in Buckfast Abbey. *In: The Organ.* 22. 1942/43, S. 164. Zugleich in: 23. 1943/44, S. 43

1764 Tonal Balance. *In: The Organ.* 23. 1943/44, S. 47

1765 The Baroque Organ. *In: The Organ.* 23. 1943/44, S. 140; 24. 1944/45, S. 96

1766 Organ Matters. *In: The Organ.* 23. 1943/44, S. 188

1767 The Organ in the Convention Hall, Atlantic City. *In: The Organ.* 27. 1947/48, S. 143

1768 Three Devon Organs. *In: The Organ.* 28. 1948/49, S. 172

1769 The organ in the Great Church, Alkmaar. *In: The Musical Times.* 92. 1951, S. 314—317

1770 Notes on the Organs of the London Oratory. *In: The Organ.* 31. 1951/52, S. 97

1771 Church and Organ Music, Basis Principles and two new organs. *In: The Musical Times.* 94. 1953, S. 220

1772 Notes on the New Organ in Brompton Oratory. *In: The Organ.* 33. 1953/54, S. 118

1773 Notes on the Organ in the Royal Festival Hall. *In: The Organ.* 33. 1953/54, S. 153

Dowson s. Beryl 0560

Doyen, Henri

1774 Mes leçons d'orgue avec Louis Vierne. *Paris 1966*

1775 Les orgues de la cathédrale de Soissons. *Soissons 1956*

Drechsel, F. A.

1776 Zur Akustik der Blasinstrumente. *Leipzig 1927*

Dräger, H. H.

1777 Elektro.-akust. Orgel Jörg Mager's. *In: Archiv für Musikforschung.* 6. 1941, S. 61

Drane, C. W.

1778 Some Oxford Organs. *In: The Organ.* 28. 1948/49, S. 185

Dreaper s. Rushworth 5980

Drechsler, Jos.

1779 Kleine Orgelschule zum Gebrauch bei den öffentlichen Vorlesungen. *Wien o. J.*

Dreimüller, Karl

1780 Interessante niederrhein. Orgeldispositionen aus der Zeit des 30jährigen Krieges. *In: Zeitschrift für Instrumentenbau.* 55. 1934, S. 18

1781 Orgeltagung in Düren. *In: Musica sacra.* 66. 1935, S. 14—18

1782 Stellung der Orgel in der öff. Denkmalspflege. *In: Musica sacra.* 66. 1935, S. 120—124

1783 Orgel und Schallplatte. *In: Musica divina.* 23. 1935, S. 80—82

1784 Graphische Bilddokumente zur Orgelgeschichte. *In: Musica sacra.* 77. 1957, S. 108—112. 141—143

1785 Die Kölner Laurentiusorgel von Hieronymus Ruprecht aus dem Jahre 1626. *In: Musica sacra. Köln.* 78. 1958, S. 331—335

1786 Karl Straubes Sauer-Orgel in Wesel. *In: Studien zur Musikgeschichte des Rheinlandes* 2. 1962, S. 55—70

1787 Lob des Positivs. *In: Studie zur Musikgeschichte der Stadt Mönchengladbach. Köln 1965,* S. 87—93

1788 Georg Stahlhuth und seine 1883 erbaute Schleifladenorgel für die St. Jakobskirche in Duisburg. Ein Beitrag zur rheinischen Orgelgeschichte des 19. Jh. *In: Beiträge zur Musikgeschichte der Stadt Duisburg.* 1960. H. 37, S. 40—68. Zugleich in: *Duisburger Forschungen.* 3. 1960, S. 115—140

Dressler, Othmar

1789 Die große Orgel in der ehemaligen Klosterkirche zu Weingarten. *In: Caecilien-Kalender. Regensburg.* 3. 1878, S. 51—58

Drexler, Fr.

1790 Röhren- und Elektro-Pneumatik. *In: Zeitschrift für Instrumentenbau. Leipzig.* 24. 1903, S. 117

1791 Elektrisch betriebene Orgelgebläse. *In: Zeitschrift für Instrumentenbau. Leipzig.* 24. 1904, 11.

1792 Eine interessante Salonorgel. *In: Zeitschrift für Instrumentenbau.* 26. 1906, 22.

1793 Wie ich Dilettant im Orgelbau und Orgelspiel wurde. *In: Zeitschrift für Instrumentenbau. Leipzig.* 27. 1907, 24

1794 Orgeltraktur und Pfeifenansprache. *Zeitschrift für Instrumentenbau.* 30. 1910, S. 851

1795 Die Multiplex-Rohrlade. *In: Zeitschrift für Instrumentenbau. Leipzig.* 31. 1910, S. 77

1796 Theorie der pneumatischen Orgeltraktur. *In: Zeitschrift für Instrumentenkunde.* 32. 1911, S. 43

1797 Tragbare Apparate zur Untersuchung der Präzision fertiger Orgelwerke. *In: Zeitschrift für Instrumentenkunde.* 33. 1912, S. 859

1798 Kontaktfrage der elektrischen Orgeltraktur. *In: Zeitschrift für Instrumentenbau. Leipzig.* 42. 1922, S. 72

1799 Für und gegen die moderne Orgel. *In: Zeitschrift für Instrumentenbau.* 45. 1925, S. 584

1800 Orgelbautechnische Bemerkungen. *In: Zeitschrift für Instrumentenbau. Leipzig.* 49. 1928, S. 57

1801 Elektrotechnik im Orgelbau. *In: Zeitschrift für Instrumentenbau.* 53. 1933, S. 221, 254

1802 Neuere Orgelbauten in Österreich. *In: Zeitschrift für Instrumentenbau.* 48. 1928, S. 586

1803 Neue elektrische Orgel im Neukloster zu Wien-Neustadt. *In: Zeitschrift für Instrumentenbau. Leipzig.* 51. 1931, S. 332

1804 Offener Brief an Rupp. *In: Zeitschrift für Instrumentenbau. Leipzig.* 52. 1932, S. 45

1805 Bruckner-Orgel in St. Florian. *In: Zeitschrift für Instrumentenbau.* 52. 1932, S. 386

1806 Offener Brief an A. Lenk (Elektrotechnik im Orgelbau). *In: Zeitschrift für Instrumentenbau. Leipzig. 53. 1933, S. 254*

Drilhou, Paul

1807 Notes sur Saint-Pierre de Saintes. *In: Commission des arts et monuments historiques de la Charente-Inférieure. 15. Bd. (1899—1911)*

Drischner, Max

1808 Die große Orgel in der Nikolaikirche in Brieg. *In: Denkmalpflege und Heimatschutz. 28. 1926, S. 114—118*

1809 Freiburger Tagung für deutsche Orgelkunst vom 27.—30. 7. 1926. *In: Zeitschrift für Musik. 93. 1926, S. 557—559*

1810 Die „legendäre" Portativorgel in Brieg, und anderswo. *In: Neue Brieger Zeitung. Horst (Krs. Harburg) 14. 1960, S. 7—9*

Drival, van

1811 Description de l'église Saint-Pierre d'Aire-sur-la-Lys. *o. O. 1865*

Drobisch, M. W.

1812 Nachträge zur Theorie der musikalischen Tonverhältnisse. *Leipzig 1855*

Drobner, Mieczyslaw

1813 Instrumenty musyczne. 15, 16 Organy. *In: Poradnik muzyczny. Warschau. 3. 1949, H. 2, S. 12—14*

Dubois, A.

1814 Notes sur les orgues de la cathédrale d'Amiens. *In: Société des Antiquaires de Picardie. 11. 1871 bis 1872*

1815 Les fondateurs des orgues de la cathédrale d'Amiens. Réponse à M. Darsy. *In: Société des Antiquaires de Picardie. 18. 1892/94*

Dubois, Paul / Gauthier

1816 L'église Saint-Gervais bombardée. *In: La Cité. 1919, 1924*

Dubosqu, R.

1817 Ingénieux dispositif pour soufflerie d'orgue. *In: Nature. 39. 1910, S. 271*

Duchemin, A.

1818 L'Orgue à Istanbul. *In: L'Orgue 1961, Nr. 97—99, S. 21—23*

Duden, Heinrich

1819 Die Historia monasterii Werthinensis des Abtes Heinrich Duden (um 1550). *In: Werdener Geschichtsquellen. Bonn 1912*

Dülk, K.

1820 Die Orgelbewegung. *In: Der neue Wille, Frankfurt/M. 3. 1941, Nr. 13, S. 8*

Dünnebacke, A.

1821 Die Klosterkirche zu Oelinghausen. *Arnsberg o. J.*

1822 Geschichte des Klosters Oelinghausen bei Hüsten. *Oelinghausen 1907*

Dürr, Alfred

1823 Vor dem Tribunal der Orgelbewegung (Regers Orgelschaffen). *In: Musik und Kirche. 22. 1952, H. 3, S. 98*

Duffour, J.

1824 Réparations à l'orgue de Sainte-Marie d'Auch. *In: Société historique de Gascogne. 49. 1908, 7*

1825 Orgue et organiste d'Auch (1741). *In: Société historique de Gascogne. 50. 1909, 9*

Duffour / Rabut

1826 Les musiciens, la musique et les instruments de musique du XIIᵉ au XIXᵉ siècle. *In: Mémoires de la Société savoisienne d'histoire et d'archéologie. 1878*

Dufourcet, Eugène

1827 Les boiseries de la cathédrale de Dax. *In: Bulletin de la Société de Borda. Dax 1887*

Dufourcq, Norbert

1828 Un orgue de salon modèle. *In: La Petite Maîtrise. 1926, August*

1829 La restauration du grand orgue de la basilique Saint-Just et Saint-Pasteur de Narbonne. *In: La Petite Maîtrise. 1926, Dezember*

1830 Les orgues et organistes de Saint-Germain-des-Prés du XVIIᵉ siècle à nos jours. *In: Bulletin paroissial de Saint-German-des-Prés. 1927, März*

1831 L'orgue de Saint-Sauveur du Petit-Andely. *In: La Petite Maîtrise. 1927, Juni*

1832 L'orgue de Mitry-Mory. *In: La Petite Maîtrise. 1927, Oktober*

1833 A propos du grand orgue de Saint-Etienne-du-Mont. *In: La Petite Maîtrise. 1927, Dezember*

1834 La Facture et les buffets d'orgue en France au XVII siècle: le buffet d'orgue de Cintegabelle. *In: Pour commémorer l'inauguration de l'orgue de Cintegabelle. Toulouse 1928*

1835 L'orgue en France. *Phil. Diss. Paris 1928*

1836 Les orgues de Jacobins de Chartres. *In: Revue de Musicologie. 1928, Februar*

1837 La restauration des Orgues anciennes: l'orgue de Saint-Nicaise de Rouen. *In: La Tribune de Saint-Gervais. 1929*

1838 Coup d'oeil sur l'histoire de la facture d'orgue moderne en France: XVIᵉ, début du XXᵉ siècle. *In: Revue musicale. 1929, März*

1839 Les Orgues de St.-Eustache à la fin du XVIᵉ et au début du XVIIᵉ siècle. *In: Revue de musicologie. Februar 1929, S. 26—31*

1840 Précisions historiques sur l'orgue électrique en France, au Canada et aux Etats Unis. *In: La Revue musicale. Nov. 1929*

1841 Le grand orgue de la collegiale St. Jean de Pézenas. *Paris 1932*

1842 Un Grand Organier Contemporain: Victor Gonzales. *In: La Revue musicale. Sept./Okt. 1932*

1843 Autour des orgues de Notre-Dame de Poissy. *In: La Laurencie, Mélanges des musicologie. Paris 1933, S. 19—27*

1844 Les facteurs d'orgue étrangers en France du XIVe au XVIIe siècle. *In: Revue musicale. Sept./Okt. 1933*

1845 L'Orgue de la chapelle de Versailles. *In: La Revue musicale. April 1934*

1846 Documents inédits relatifs à l'orgue francais. *Paris 1934/35*

1847 Esquisse d'une histoire de l'orgue en France. *Paris 1935*

1848 Orgues comtadines et provençales. *Paris 1935*

1849 The Grand Organ in France and its Equipment between 1350 and 1450. *In: The Organ. 15. 1935/36, S. 78*

1850 Les différents jeux de l'orgue français de la Renaissance. *In: La Revue musicale. März 1935*

1851 Pour le classsement d'anciens « jeux d'orgues » français. *In: Beaux arts. Paris. 10. 1936, Aug.—Sept., S. 15*

1852 La tres curieuse histoire d'un Orgue Bigourdain. *In: Bulletin de la Société Ramond. Paris 1938*

1853 Les Cliquot, facteurs d'orgues du Roy. *Paris 1942*

1854 Le grand orgue du Palais de Chaillot. *Paris 1943*

1855 Le grand orgue et les organistes de St. Merry de Paris. *Paris 1947*

1856 L'orgue. *Paris 1948*

1857 La Musique d'Orgue Française de Jean Titelouze à Jean Alain. Les instruments, les artists, et les œuvres. *Paris 1949*

1858 Autour des orgues du conservatoire national et de la chapelle des Tuilleries. *Paris 1952*

1859 The Policy of the Organ in France. *In: The Organ. 33. 1953/54, S. 88*

1860 Orgues comtadines et provencales. (Supplément). *Paris 1955*

1861 Les orgues de Toulouse. *In: Revue de musicologie. 38. 1956, S. 155—168*

1862 Jean de Joyeuse et la pénétration de la facture d'orgues parisiennes dans la Midi de la France au XVII siècle. *Paris 1958*

1863 Musica organistica e arte organaria a Parigi verso il 1660—1675. *In: L'Organo. 1. 1960, S. 12—15*

1864 Terminologia organistica. *In: L'organo. 2. 1961, S. 43—52*

1865 Interdépendance de la facture et de la musique d'orgue en France sous la règne de Louis XIV. *In: Kirchenmusik in ökumenischer Schau. 2. Internationaler Kongreß für Kirchenmusik in Bern 1962. Bern. 1964. S. 88—90*

1866 Mode et facture d'Orgue. *In: L'Orgue. 1961 Nr. 97—99, S. 45—47; 1962, Nr. 101—104, S. 1—7*

1867 Interdépendance de la facture et de la musique d'orgue. *In: L'Organo. 3. S. 149—158*

1868 Orgues, Facteurs d'orgues et Organistes. *In: L'Orgue. 1962, S. 99—101*

1869 Le grand orgue de la chapelle Saint-Louis du Prytanée militaire de la Flèche. *Paris 1964*

1870 Die Orgelfreunde (Frankreich). *In: Musica. Kassel. 19. 1965, H. 3, S. 149—150*

1871 Autour des orgues versaillaises . . . *In: Recherches. 6. 1966, S. 177—188*

1872 L'Orgue de Saint-Louis-en-l'Île au milieu du XVIII siècle. *In: Recherches. 6. 1966, S. 239—247*

1873 La renaissance de l'orgue. *In: Tribune de Saint-Gervais. 25. Bd., Nr. 3*

1874 A propos du maintenant de l'orgue. *In: L'Orgue. 49. 1948*

1875 L'Orgue et les Jeunesses Musicales de France. *In: L'Orgue. 1948, S. 47*

1876 Une Enquête des « Amis de l'orgue ». *In: L'Orgue. 1953, S. 102—107*

1877 Un drame organistique en trois actes à St. Séverin. (1670—1885). *In: L'Orgue. 1954, S. 45—51*

1878 L'orgue Silbermann des Marmoutiers en Alsace. *In: L'Orgue 77. 1955, S. 105—108*

1879 En flânant, au fil des jours et des orgues. *In: L'Orgue. 1955, S. 77—80; 1956, S. 15—19*

Dufourcq, Norbert / Brusson, A.

1880 La Facture et les buffets d'orgues en France au XVIIIe siècle. L'orgue de Cintegabelle. *Toulouse 1928*

Dufourcq, Norbert / Fallou, R.

1881 Essai d'une bibliographie de l'histoire de l'orgue en France. *Paris 1929*

Dufourcq, N. s. Giraud, Ch. M. 2722

Dugdale, Sir William

1882 The Antiquities of Warwickshire. *o. O., um 1656*

1883 History of Saint Pauls Cathedral. *1658*

Duis, Ernst

1884 Ein Oldenburger Orgelbaumeister. *In: Oldenburgischer Hauskalender. Bremen. 123. 1949, S. 55*

Dumas, Henri-Bonaventure

1885 Du tempérament de l'orgue et du clavecin. *Lyon 1755*

Dumont, Cl.

1886 L'orgue photo-électronique. *In: Revue du son. Paris. 1958, Nr. 67, S. 293—295*

Dumontet

1887 Deux inscriptions sur l'orgue de la cathédrale de Bourges. *In: Bulletin du Comité du diocèse de Bourges. 1870*

Duncan, J. A.

1888 A Glance at some Silbermann Organs. *In: Musical Times. 1925, April, S. 342*

Dunkelberg, Otto

1889 Entgegnungen. *In: Monatshefte für kath. Kirchenmusik. 10. 1928, S. 253—256*

1890 Deutsche Orgelrenaissance. *In: Musica sacra. 58. 1929, S. 209—217, 274—279, 318—322*

1891 Spieltischprobleme. *In: Musica sacra. Kasssel. 60. 1930, S. 240—247, 358—366*

1892 Spieltischprobleme. *In: Musica sacra. 62. 1931, S. 51—60, 169—175*

Dunkelberg, Otto / Stockhausen

1893 Reformorgel. *In: Musica sacra. Kassel. 62. 1931, S. 338—343*

Dunleath, Lord / Clutton, Cecil

1894 The Rebuilt Organ at Down Cathedral, Northern Ireland. *In: The Organ. 46. 1966/67, S. 165*

Dunn, Michael J.

1895 The Baroque in Denmark. *In: The Organ. 35. 1955/56, S. 160*

1896 Haarlem and Innsbruck. *In: The Organ. 41. 1961/62, S. 221*

Dupaigne, Albert

1897 Le grand orgue de la nouvelle salle du concert de Sheffield en Angleterre. *Paris 1874*

Dupont, Wilhelm

1898 Geschichte der musikalischen Temperatur. *Nördlingen 1935*

Dupré, Marcel

1899 La importancia del organo en los Estados Unidos y el Canada. *In: España sacro-musical. 6. 1935, S. 605—607*

Durand

1900 La musique de la cathédrale d'Amiens avant la Révolution. Notice historique. *In: Bulletin de la Société des Antiquaires de Picardie. 1922*

1901 Musiciens Aménois du temps passé. *Lecture faite en séance publique de l'Académie d'Amiens. 1925, 11. Januar*

Durand, François

1902 L'église Sainte-Marie ou Notre-Dame de Nîmes. *Nîmes 1906*

Durand, Georges

1903 Les orgues de la cathédrale d'Amiens. *Paris 1903*

1904 Les orgues des anciennnes paroisses d'Amiens. *In: Bulletin de la Société des Antiquaires des Picardie. 1933*

Durand, H. s. Girardot, A. de 2721

Durand / Grave

1905 La Chronique de Mantes. *o. O. 1883*

Duruflé, M.

1906 Quelques tendances de la facture d'Orgues française contemporaine. *In: L'Orgue. 1961, Nr. 97 bis 99, S. 5—8*

Dusautoir, Augustin

1907 Histoire de la paroisse Saint-Denis à Saint-Omer. *Saint-Omer o. J.*

Dutemple

1908 Histoire de Lamballe. *o. O. 1918*

Dykes-Bower, S. E.

1909 Organs and organ cases. *In: Jouranl of the Royal institute of British architects. London. 41, S. 945 bis 965*

Dyson, George

1910 Of organs and organists. *In: The Musical Times. 93. 1952, S. 401—402*

Eads, W. J. R.

1911 Edmund Schulze's Exhibition Organ. *In: The Organ. 10. 1930/31, S. 191*

Earp, Henry S.

1912 Beverley Minster. *In: The Organ. 33. 1953/54, S. 148*

Eastabrook, J. David

1913 The Organ in Christ Church, Lancaster Gate. *In: The Organ. 33. 1953/54, S. 71*

Ebel, A.

1914 Registrierkunst des Orgelspiels. *In: Allgemeine Musikzeitung. 42. 1915, Nr. 42, 43*

Eberstaller, Oskar

1915 Umbau alter Orgeln. *In: Musica Divina. Wien. 16. 1928, S. 123—127*

1916 Neue Orgel der Klosterkirche in Wiener Neustadt. *In: Musica Divina. Wien. 19. 1931, S. 71—73*

1917 Neue Orgelbauten in Österreich. *In: Musik und Kirche. 4. 1932, S. 30—37*

1918 Neue Orgel in Wien-Erdberg. *In: Zeitschrift für Instrumentenbau. 52. 1932, S. 161*

1919 Neue Orgel in der Weißgerberkirche zu St. Othmar. *In: Zeitschrift für Instrumentenbau. 52. 1932, S. 204*

1920 Haydn-Gedächtnisorgel in Hamburg. *In: Zeitschrift für Instrumentenbau. 52. 1932, S. 406*

1921 Erneuerung der großen Bruckner-Orgel in St. Florian. *In: Zeitschrift für Instrumentenbau. Leipzig. 52. 1932, S. 450—454*

1922 Pariser Orgeleindrücke. *In: Musica divina. Wien. 21. 1933, S. 45—49*

1923 Orgeln des Stephansdomes. *In: Musica divina. Wien. 21. 1933, S. 79—81*

1924 Orgel der Schottenkirche in Wien. *In: Zeitschrift für Instrumentenbau. 53. 1933. S. 146*

1925 Neue Orgel in der Meidinger Pfarrkirche in Wien. *In: Zeitschrift für Instrumentenbau. Leipzig. 53. 1933, S. 258*

1926 Erneuerte Haydn-Orgel der Barmherzigen Kirche in Wien. *In: Zeitschrift für Instrumentenbau. Leipzig. 54. 1933, S. 28*

1927 Neue Orgel in Groß-Weikersdorf. *In: Zeitschrift für Instrumentenbau. 54. J. 1934, S. 189*

1928 Die neue Orgel der Pfarrkirche zu Grieskirchen in Oberösterreich. *In: Zeitschrift für Instrumentenbau. Leipzig. 55. 1935, S. 259*

1929 Riesenorgeln. *In: Musica divina. Wien. 24. 1936. S. 170—172, 190—192. Zugleich in: Die badische Schule. Bühl. 3. 1936, 190—192*

1930 Richtige Orgeldispositionen. *In: Musica divina. Wien. 25. 1937, S. 4, 21—23, 69—72*

1931 Die alte Orgel der Franziskanerkirche in Wien (Wiens älteste Kirchenorgel). *In: Musica divina. Wien. 25. 1937, S. 88—90*

1932 Die größten Orgeln der Welt. *In: Zeitschrift für Instrumentenbau. 57. 1937, S. 237*

1933 Die neue Orgel in Poysdorf. *In: Musica divina. Wien. 25. 1937, S. 152—154. Zugleich in: Zeitschrift für Instrumentenbau. Leipzig. 57. 1937, S. 293*

1934 Orgelbau und Denkmalschutz. *In: Musica divina. Wien. 25. 1937, S. 189—192*

1935 Orgelbauten in Österreich im Jahre 1937. *In: Zeitschrift für Instrumentenbau. Leipzig. 58. 1938, S. 312*

1936 Wirtschaftlichkeit im Orgelbau. *In: Musica divina. Wien. 26. 1938, S. 27—29*

1937 Die Orgel der Stiftskirche zu Herzogenburg und ihr Meister Johann Henke. *In: Musica divina. 26. 1938, S. 59—62, 77—79*

1938 Die Orgeln der Ostmark. *In: Musica divina. Wien. 26. 1938, S. 102—104, 129—135*

1939 Neue Orgelbauten in der deutschen Ostmark. *In: Musica divina. Wien. 26. 1938, S. 182—187*

1940 Orgeln und Orgelbauer in Österreich. *Graz 1955*

Ebhardt

1941 Die Orgel in der Kirche von Lüdingworth, Provinz Hannover. *In: Denkmalpflege und Heimatschutz. 1926, S. 80*

Ebhardt, B.

1942 Wirtschaftlicher Orgelbau. *In: Musik und Kirche. 3. 1931, H. 1, S. 29—35*

1943 Zwei Welten; Charlottenburger Schloßorgel und die Stellungnahme des 19. J. *In: Zeitschrift für ev. Kirchenmusik. 10. 1932, S. 88*

1944 Die alte Trondheimer Domorgel, ein Werk J. J. Wagners. *In: Musik und Kirche. 13. 1941, S. 95*

Eby, Robert L.

1945 Electronic organs. *Wheton 1953*

1946 Organ Builders' Manual. *Artisan Organs Inc. 1963*

Eckardt

1947 Geschichte der Orgel in Sachsen-Altenburg. *In: Thüringer kirchliches Jahrbuch. 1896/1906, H. 3, S. 72*

Edelhoff, H.

1948 Lübeck und seine Orgeln. *In: Die Musik im Kriege. Regensburg 1943, S. 44*

Edelstein, H.

1949 Methodologische Gedanken zur Freiburger Praetorius-Orgel. *In: Neue Musikzeitung. 43. 1922, S. 233*

Eder, P. V. s. Haberl, F. X. 2989

Edmond-Durand, L. J.

1950 La Chaise-Dieu. *Lyon 1903*

Edskes, C. H.

1951 Is het orgel een historisch muziekinstrument? *In: Het Orgel. 57. 1961, S. 52—64*

Edmonds, Bernard B.

1952 Organs in Christ's College, Cambridge. *In: The Organ. 16. 1936/37, S. 12, 255*

1953 St. Mary's, Reading; Rathfarnham. *In: The Organ. 17. 1937/38, S. 123*

1954 Gothic Organ Cases of a Century ago. *In: The Organ. 18. 1938/39. S. 192*

1955 Organ in Turvey Church. *In: The Organ. 24. 1944/45, S. 46*

1956 Oxford Organs and other Matters. *In: The Organ. 27. 1947/48, S. 184*

1957 Some Oxford Organs. *In: The Organ. 28. 1948/49, S. 46*

1958 Bournville Parish Church. *In: The Organ. 28. 1948/49, S. 187*

1959 The Andrew Freemann Memorial Organ. *In: The Organ. 32. 1952/53, S. 79*

1960 Some Organ Relics. *In: The Organ. 33. 1953/54, S. 94, 147*

1961 Adlington and other Matters. *In: The Organ. 33. 1953/54, S. 196*

1962 Adlington Hall, a Postscript. *In: The Organ. 33. 1953/54, S. 200*

1963 Harborne Methodist Chapel, Birmingham. The Problem of the Organ. *In: Musical Opinion. 77. 1954, S. 551—553*

1964 Limehouse Organ. *In: The Organ. 34. 1954/55, S. 51*

1965 Bury St. Edmunds and other Matters. *In: The Organ. 35. 1955/56, S. 105*

1966 Earlier Hill Organs. *In: The Organ. 38. 1958/59, S. 106*

1967 St. Margaret's, Leicester. *In: The Organ. 38. 1958/59, S. 161*

Edwardes, E. L.

1968 A Plea for the Classical Organ. *In: The Organ.* 10. 1930/31, S. 187

Edwards, Arthur, C.

1969 Key-Touches, Compound. *In: The Organ.* 4. 1924/25, S. 128

Edwards, C. A.

1970 Organs and organ building. *London 1881*

Eeles, F. C.

1971 A Memorial to Andrew Freeman. *In: The Organ.* 28. 1948/49, S. 92

1972 Organ Advisory Committee. *In: The Organ.* 33. 1953/54, S. 193

Eem, Egbertus van

1973 Aantekening van zommige Vernieuwde en Verbeterde Dispositien in Kerkorgelen als med Dispositien van eenige Kerk-Cabinet en Bureau Orgels. *Leeuwarden 1937*

Eger, Arthur

1974 Die Stimmungshöhe usw. bei Gottfried Silbermann. *o. O. 1962*

Egg, Erich

1975 Der Orgelbauer Maximus von Dubrau in Brixen. *In: Der Schlern. Bozen.* 27. 1953, S. 279—282

Eggebrecht, Hans Heinrich

1976 Zwei Nürnberger Orgel-Allegorien des 17. Jahrhunderts von Johann Erasmus Kindermann und Conrad Feuerlein. *In: Musik und Kirche. Kassel.* 27. 1957, S. 170—181

Egger, G.

1977 Die Wandlungen des barocken Orgelprospektes. *In: Österreichische Zeitschrift für Kunst und Denkmalpflege. Wien.* 9. 1955, Nr. 1, S. 6—12

Eggert — Feith

1978 Pneumatische Orgeln. *In: Der katholische Seelsorger. Paderborn.* 1903, S. 568—571

Egidi, Arthur

1979 Elektropneumatische Orgeln d. P. Gerhardt-Kirche zu Berlin-Schöneberg. *In: Zeitschrift für Instrumentenbau.* 33. 1913, S. 622

1980 Die Orgel in der Stadthalle zu Hannover. *Berlin 1915*

E. H.

1981 Note sur Galimart (Tête automatique de Montoire). *In: Bulletin de la Société archéologique, scientifique et littéraire du Vendômois.* 6. 1867, S. 94

Ehmann, W.

1982 Orgel und Volkslied. *In: Bericht über die Freiburger Tagung für deutsche Orgelkunst. Kassel 1939,* S. 88—97

Ehrenhofer, Walther Edmund

1983 Vorschlag zu einer neuen Bezeichnung der Orgelregister. *In: Zeitschrift für Instrumentenbau. Leipzig.* 23. 1903, S. 383, 556

1984 Zur Bezeichnung der Orgelregister. *In: Zeitschrift für Instrumentenbau. Leipzig.* 23. 1903, S. 696 bis 698

1985 Zur Frage der Röhrenpneumatik. *In: Zeitschrift für Instrumentenbau. Leipzig.* 23. 1903, S. 820 bis 823

1986 Grundzüge der Orgelbaurevision. *o. O. 1904*

1987 Kombinierte Orgelmanuale. *In: Gregorianische Rundschau. Graz.* 1904, S. 99—101, 112—114

1988 Die neue Orgel im Benediktinerstift zu St. Lambrecht, Oberstein. *In: Zeitschrift für Instrumentenbau.* 24. 1904, Nr. 10

1989 Die große Konzertorgel in der Stadthalle zu Heidelberg. *In: Zeitschrift für Instrumentenbau. Leipzig.* 24. 1904, Nr. 16

1990 Die neue Orgel in der bischöflichen Kathedrale zu Vácz. *In: Gregorianische Rundschau. Graz.* 1904, S. 131—132. Zugleich in: *Zeitschrift für Instrumentenbau. Leipzig.* 24. 1904, Nr. 31

1991 Eine alte interessante Orgel. *In: Zeitschrift für Instrumentenbau.* 27. 1907, Nr. 20

1992 Die neue Orgel im großen Saale der Gesellschaft der Musikfreunde zu Wien. *In: Zeitschrift für Instrumentenbau. Leipzig.* 28. 1908, S. 292—297

1993 Taschenbuch des Orgelbau-Revisors. *Graz und Wien 1909*

1994 Orgelbaufragen auf dem 3. Kongreß der Internationalen Musikgesellschaft zu Wien. *In: Gregorianische Rundschau. Graz.* 1909, S. 106

1995 2 neue Orgeln in Wien. *In: Zeitschrift für Instrumentenbau. Leipzig.* 29. 1909, S. 1124

1996 Steiermarks größte Kirchenorgel, Graz. *In: Zeitschrift für Instrumentenbau. Leipzig.* 29. 1909, S. 1270

1997 Die neue Orgel in der Zentralfriedhofskapelle Wien. *In: Zeitschrift für Instrumentenbau. Leipzig.* 31. 1910, S. 193

1998 Orgelfragen. *In: Musica divina. Wien.* 1913, S. 103, 247, 332

1999 Auffindung einer Flaschenorgel. *In: Zeitschrift für Instrumentenkunde.* 34. 1914, S. 584

2000 Orgelfragen. *In: Musica divina. Wien.* 1914/15, S. 1

Eibner, F.

2001 Die Verwendung elektro-akustischer Instrumente beim Gottesdienst. *In: Zweiter internationaler Kongreß für kath. Kirchenmusik. Wien, 4.—10. Okt. 1954. Wien 1955*

Eichler, C.

2002 Die Orgel, ihre Beschreibung, Behandlung und Geschichte. *Stuttgart 1858*

Eickel, Hans

2003 Die Kirchenorgel zu Hoinkhausen. *In: Geschichte des Kirchspiels Hoinkhausen. Lippstadt. o. J. S. 47—48*

Eiermann, Egon

2004 Altar, Taufschale und Orgel der Neuen Kaiser-Wilhelm-Gedächtnis-Kirche in Berlin. *In: Architektur und Wohnform, Innendekoration. Stuttgart. 73. 1965, H. 5, S. 278*

Eigenmann, Hermann

2005 Ein neuer Spieltisch auf der Orgelempore. *In: Der Chorwächter. 77. 1952, S. 210—215*

Eilers, Enno

2006 Die Heldenorgel in der Kirche St. Marien zu Lemgo. *Lemgo 1933*

Einhard

2007 Annales Regum Francorum. *Ca. 829*

Eisele, Eugen

2008 Neue Orgel in der Pfarrkirche zu Mochenwangen. *In: Zeitschrift für Instrumentenbau. 53. 1932, S. 35*

Eisenmann, P.

2009 Zur Wiederherstellung der alten Orgel aus Kleinkems in der alten ev. Kirche in Schopfheim. *In: Nachrichtenblatt der Denkmalpflege in Baden-Württemberg. 4. 1961, H. 3, S. 55*

Eitner, Robert

2010 Die Entstehung und weitere Ausbildung der Tasteninstrumente... *In: Neue Zeitschrift für Musik. Leipzig 1862*

2011 Biographisch-bibliographisches Quellenlexikon der Musica und Musikgelehrten der christlichen Zeitrechnung bis zur Mitte des 19. Jh. *Leipzig 1900 bis 1904*

Elgnowski, Günther

2012 Die Geschichte der Orgel des Heilig-Geist-Hospitals, später der Martinskirche zu Cuxhaven-Ritzebüttel. *Hamburg 1961*

Elis, Carl

2013 Disposition der Orgel in der Dorfkirche. *In: Die Dorfkirche. 20. 1927, S. 28—32*

2014 Erhaltung der Orgel. *In: Die Dorfkirche. 21. 1928, S. 74*

2015 Windlade und Traktur der modernen Orgel. *In: Zeitschrift für Instrumentenbau. 48. 1928, S. 837*

2016 Tagung für Orgelbau in Berlin 1928. *In: Zeitschrift für Instrumentenbau. Leipzig. 29. 1928, S. 200 bis 204*

2017 Kult- und Konzertorgel. *In: Zeitschrift für ev. Kirchenmusik. 1928, S. 199—202*

2018 Der Registerschatz der heutigen Orgel. *In: Musik und Kirche. 1. 1929, S. 215—224*

2019 Zur Antwort auf die Erklärung des Orgelbauverbandes und auf die Art von Dr. Luedtke. *In: Zeitschrift für Instrumentenbau. 49. 1929, S. 396*

2020 Orgelbau der Nicolaipfarre zu Göttingen. *In: Neues Göttinger Jahrbuch. 1. 1929, S. 47*

2021 Neuere Orgeldispositionen. *Kassel 1930*

2022 Orgel in der Aula der neuen Oberrealschule in Göttingen. *In: Zeitschrift für Instrumentenbau. Leipzig. 50. 1930, S. 628*

2023 Orgel in Lüdingworth. *In: Zeitschrift für Instrumentenbau. 50. 1930, S. 714*

2024 Erneuerte Orgel in der St. Jakobi-Kirche in Berlin. *In: Zeitschrift für Instrumentenbau. 51. 1931, S. 246*

2025 Die Schnitgerorgel in Mittelnkirchen. *In: Musik und Kirche. 3. 1931, H. 1, S. 82—89*

2026 Umgestaltung der Orgel in der Jakobikirche zu Berlin. *In: Zeitschrift für ev. Kirchenmusik. 9. 1931, S. 36*

2027 Einige Randbemerkungen zu einem neuen Orgelbau. *In: Musik und Kirche. 5. 1933, S. 1—44*

2028 Orgelwörterbuch. *Kassel 1938*

Eliston, Th.

2029 Organs and tuning... being a treatise on the construction, mechanism, tuning and care. *London 1894*

Ellerhorst, Winfred

2030 Wahrheit über die Multiplexorgel. *In: Monatshefte für kath. Kirchenmusik. 13. 1931, S. 35—41*

2031 Multiplexorgel. *In: Gregoriusblatt. 54. 1930, S. 148—154*

2032 Zum „Multiplex"-Problem. *In: Musik und Kirche. 3. 1931, H. 1, S. 133—138*

2033 Auch ein Orgelproblem. *In: Musica sacra. 62. 1931, S. 175*

2034 Orgelbau-Vertrag. *In: Rothenburger Monatsschrift für praktische Theologie. 14. 1931, S. 181—185*

2035 Orgel zu Steinfeld. *In: Musica sacra. 63. 1932, S. 349—353*

2036 Neue Orgeln in katholischen Kirchen. *In: Musik und Kirche. 4. 1932, 1. Sonderbeilage. S. 2*

2037 Stimmpfeife. *In: Zeitschrift für Instrumentenbau. 53. 1933, S. 210*

2038 Das Portativ. *In: Musica sacra. 1. 1938, S. 24. Zugleich in: Deutsche Instrumentenbauzeitung. Berlin. 39. 1938, S. 11, 82*

2039 Die Orgel im kath. Gotteshaus. *In: Das kath. Gotteshaus. Sein Bau und seine Pflege. Mainz. 1939, S. 153—156*

2040 Leitsätze und Verträge über den Orgelbau und Glockenlieferungen. *In: Das kath. Gotteshaus. Sein Bau und seine Pflege. Mainz 1939, S. 413—425*

2041 Geschichtliches zur Orgelklang-Gestaltung. *In: Musica sacra. 2. 1939, S. 141—145*

2042 Die Elektrotonorgel. *In: Musica sacra. 2. 1939, S. 165—171*

2043 Das Positiv. *In: Kirchenmusik. 1. J. (1940). S. 90*

2044 Das Orgelpfeifenventil von Max Maag. *In: Deutsche Instrumentenbauzeitung. Berlin. 41. J. (1940). S. 81*

2045 Handbuch der Orgelkunde. *Einsiedeln. 1936*

2046 Windorgeln des Heron von Alexandrien. *In: Zeitschrift für Instrumentenbau. 53. 1932, S. 61*

2047 Vorzüge des Orgel-Cupals. *In: Zeitschrift für Instrumentenbau. 56. 1936, S. 336*

Elli, Carlo

2048 La chiesa di S. Maria della Passione in Milano. *Mailand 1906*

Ellingford, Herbert F.

2049 The Organ. *London 1929*

2050 The Science of Organ Pedalling. *In: The Organ. 7. 1927/28, S. 10; 8. 1928/29, S. 255*

2051 On Organ Pedalling. *In: The Organ. 9. 1929/30, S. 84*

Elliott, R. P.

2052 The Willis "Model Organ". *In: The Organ. 10. 1930/31, S. 63*

Elliott, Samuel & Sons

2053 A Remarkable Organ Case: Christian Science Church, Mayfair. *In: The Organ. 10. 1930/31, S. 128*

Ellis, Alex J.

2054 The History of Musical Pitch. *London 1881*

Elvin, Laurence

2055 St. Clement's, Ilford. *In: The Organ. 11. 1931/32. S. 256*

2056 Organs at St. Botolph's Church at Boston, Lincolnshire. *In: The Organ. 12. 1932/33, S. 72*

2057 St. Mary Magdalene, Newark, and its Organs. *In: The Organ. 14. 1934/35, S. 177*

2058 The Organ at Exeter Cathedral. *In: The Organ. 17. 1937/38, S. 97*

2059 The Organ at the Church of the Holy Cross, Crediton, Devon. *In: The Organ. 18. 1938/39, S. 109*

2060 The Organ at St. Mary's Cathedral, Edinburgh. *In: The Organ. 20. 1940/41, S. 63*

2061 The Harrison Rebuild at St. Botolph's Church, Boston. *In: The Organ. 20. 1940/41, S. 155*

2062 Halesowen Parish Church, Worcestershire, and its Organs. *In: The Organ. 21. 1941/42, S. 5*

2063 The Organ in Helmsley Parish Church. *In: The Organ. 22. 1942/43, S. 23*

2064 The Organ in the Chapel of Rossall School. *In: The Organ. 23. 1943/44, S. 31*

2065 The Organ at Lincoln Cathedral. *In: The Organ. 23. 1943/44, S. 49*

2066 The Organs of St. Wulfram's Church, at Grantham, Lincolnshire. *In: The Organ. 24. 1944/45, S. 1*

2067 The Organ in St. Barnabas R. C. Cathedral, Nottingham. *In: The Organ. 25. 1945/46, S. 30, 144*

2068 Bombay Cathedral: Its Organs and Music. *In: The Organ. 26. 1946/47, S. 15*

2069 The Organ in Ryde Town Hall. Isle of Wight. *In: The Organ. 27. 1947/48, S. 82*

2070 Organs of Leeds Parish Church. *In: The Organ. 31. 1951/52, S. 115*

2071 The Organs of Wisbech Parish Church. *In: The Organ. 35. 1955/56, S. 143*

2072 The Organ at the Central Hall, Birmingham. *In: The Organ. 36. 1956/57, S. 83*

2073 The Organ at Colston Hall, Bristol. *In: The Organ. 36. 1956/57, S. 90*

2074 Barrel Organs. *In: The Organ. 38. 1958/59, S. 11*

2075 The Organs in Belton House, Lincs. *In: The Organ. 39. 1959/60, S. 197*

2076 The Organ at Lincoln Cathedral. *In: The Organ. 40. 1960/61, S. 113*

2077 The Organs at the International Exhibition 1862. *In: The Organ. 42. 1962/63, S. 16*

2078 The Organs of Bristol Cathedral. *In: The Organ. 42. 1962/63, S. 71*

2079 Forster and Andrews, Organ Builders. *In: The Organ. 45. 1965/66, S. 171*

2080 The Organs of Ripon Cathedral. *In: The Organ. 46. 1966/67, S. 137*

2081 Organ in Cambridge Road, Methodist Church, King's Beath Birmingham. *In: Musical Opinion. 72. 1948, S. 40—42*

2082 The Organ at Holy Trinity, Bournemouth. *In: Musical Opinion. 72. 1949, S. 375*

2083 Organ at St. James's, Handworth, Birmingham. *In: Musical Opinion. 72. 1949, S. 665—666*

2084 The Organ at St. Paul's Church, Bournemouth. *In: Musical Opinion. 73. 1950, S. 489—491*

2085 A Father Willis Small Organ. *In: Musical Opinion. 77. 1953, S. 107—109*

Emery, Walter

2086 The Compass of Bach's Organs as evidence of the date of his Works. *In: The Organ. 32. 1952/53, S. 92; 33. 1953/54, S. 52*

2087 Baroquery and the Organ's Status. *In: Musical Opinion. 77. 1954, S. 363—365*

2088 Straight-Line Choruses. *In: The Organ. 40. 1960/61, S. 55*

2089 Pitch Notation. *In: The Organ. 40. 1960/61, S. 111*

Emmenstein, A.

2090 Die schönste Landorgel. *In: Urania. 35. 1878, S. 38—40*

Emsheimer, E.

2091 Steigleder. *Phil. Diss. 1927*

Emsheimer, Ludwig

2092 Lucas Osiander als Orgelbauer. *In: Musik und Kirche. 3. 1931, H. 4*

Emy — Soleirol

2093 Projet d'un orgue et de sa tribune pour la cathédrale de Metz. o. O. o. J.

Engel, David Hermann

2094 Beitrag zur Geschichte des Orgelbauwesens. Denkschrift zur Einweihung der durch Fr. Ladegast erbauten Domorgel zu Merseburg nebst Disposition derselben. *Erfurt 1855*

2095 Eine Musterorgel in der Nicolaikirche zu Leipzig. *In: Gartenlaube. 1863, S. 92—95*

2096 Heutige Musterorgel im Gottesdienste. *In: Wissenschaftliche Beilage zur Leipziger Zeitung. 1872, S. 104—106*

Engel, R.

2097 Hat die Orgelmusik in Rußland Zukunft? *In: Melos. 6. 1927, S. 352*

Engel, W.

2098 Von den alten Orgeln in der Würzburger Marienkapelle. *In: Altfränkischer Bilderkalender. 53. 1954*

Engelbrecht, Christiane

2099 Orgel und elektronischer Klang. *In: Kommunität. Vierteljahreshefte der Evangelischen Akademie. Berlin. 6. 1962, S. 28—29*

Engelbregt

2100 Het orgel uit de Amsterdamse schuilkerk „In t'Boompie". *In: Nederlandsch kunsthistorisch Jaarboek. 's Gravenhage. 11. 1960, S. 185—207*

Engelhardt, Walter

2101 Pfeifen- und Elektronenorgel-Vorführung in Essen. *In: Musik und Kirche. Kassel. 24. 1954, S. 45*

2102 Die Beteiligung der Orgel am Gottesdienst der Reformationszeit. *In: Musik und Kirche. Kassel. 29. 1959*

Engelke, B.

2103 Kartei der Orgelbauer und Orgeln des niederdeutschen Kulturgebietes. *In: Geschichtsblätter für Stadt und Land Magdeburg. 1912*

Engler, Michael

2104 Disposition der (von ihm gebauten) großen Orgel in Ollmütz. *Ollmütz 1745*

Englund, Nils

2105 Gefleorganisterna på 1600 — talet. *In: Norrlandsposten. 22. 6. 1929*

2106 Orgel och valthorn. *In: Förf:s Ur Rådhuskrönikan. Bilder från 1700-talets Gefle. Gävle 1930, S. 83 bis 124*

Engramelle, Marie-Dominique-Joseph

2107 La tonotechnie ou l'art de noter les cylindres. *Paris 1775*

Enschedé, J. W.

2108 Moderne orgels en Bach's orgelmuziek. *Amsterdam 1907*

2109 Het orgel in de St. Laurenskerk. *In: Schriften zur niederländischen Orgelkunde. 1911*

2110 Notes on organs and organ builders. *In: Schriften zur niederländischen Orgelkunde. 1911*

2111 Jheerart le Hardy, organist to Reimersval. *In: Schriften zur niederländischen Orgelkunde. 1911*

2112 Aantekeningen over het orgel in St. Martenskerk. *In: Schriften zur niederländischen Orgelkunde. 1911*

2113 Het oude groote orgel in de St. Bavokerk te Haarlem. *In: Schriften zur niederländischen Orgelkunde. 1911*

2114 Orgel, organisten in het einde de 16. Jh. *In: Schriften zur niederländischen Orgelkunde. 1911*

2115 Nederlandsche huisorgels. *In: Schriften zur niederländischen Orgelkunde. 1911*

2116 Gerardus Havingha en het orgel in de Groote of St. Laurenskerk te Alkmaar. *Amsterdam 1908*

2117 Over orgelfronten in verband met architectur. *In: Architectura. 1911, Januar*

2118 Het orgel in de St. Laurenskerk. *In: Rotterdams Jaarboekje. 1911*

2119 Oude en moderne orgels. Sleeplade of pneumatische lade. *'s Gravenhage 1952*

2120 Orgelbouw. *In: Bulletin v. d. Nederlandschen Oudheidkundig Bond. 2. Serie. Leiden, 4, S. 16*

Enzmann, C. R.

2121 Um die Orgel herum. *In: Musica sacra. 58. 1930, S. 19*

Epstein, P.

2122 Die Orgel als Kunstdenkmal. *In: Monatsschrift für Gottesdienst und kirchliche Kunst. 31. 1926, S. 392*

Erard, Pierre

2123 L'Orgue du Palais des Tuilleries, construit par S. Erard en 1827, détruit en juillet 1830, réédifié par P. Erard en 1855. *Paris 1855*

Erbstein, Hyazinth

2124 Tractatus de dimensione toni et mutatonibus organi 1704. *Ms. Ossegg, Stiftsarchiv*

Erdmann, Hans

2125 Kirchenmusik, Musikwissenschaft und Orgelbau. *In: Schwerin als Stadt der Musik. Lübeck 1967, S. 115—126*

Ergo, Emile

2126 Ansicht der großen Orgel im Münster zu Ulm. *In: „Propylées de l'instrumentation". S. 211*

2127 Eine kurze schwedische Orgelgeschichte im Lichte des heutigen Bestandes. *In: Musik und Kirche. Kassel. 26. 1956, H. 3, S. 97—104; H. 4, S. 176 bis 186*

2128 Inventarium över bevarade äldre Kyrkorglar i Sverige. *Stockholm 1965*

2129 Något om de äldre orgelverken i Linköpings Stift. Med särskild hänsyn till stiftets eget orgelbyggeri. En kort historik. *In: Linköpings Stifts julbok. 35. 1940, S. 109—120*

2130 Orgelverket i S:ta Gertruds kyrka (i Västervik). *In: Västerviikstidningen, Veckobilagen. 7. 9. 1945*

2131 Försök till Förteckning över äldre orgelfasader (tillkomna före 1850) kvarstående framför nyare verk; i vissa fall även en del av gamla pipverket använt. *Stockholm 1946*

2132 Försök till Inventarium över bevarade äldre kyrkorglar i Sverige tillkomna före mitten av 1800—talet I. *I kyrkorna kvarstående verk. II. I museer o. dyl. förvarade äldre kyrkorglar. III. Några orgelverk som särsk i musikaliskt hänseende stå nära de äldre och äro tillkömna mell. 1850—65. Stockholm 1946*

2133 „Toner från himmelen". Sven Nordström, stiftsorgelbyggaren, en hittils av tackkunskapen okänd storhet inom svenskt orgelbyggeri. *In: Östergöta Correspondenten. 8. 11. 1947*

2134 Tåby kyrkas 100-åriga orgel. *In: Söderköpingsposten. 27. 10. 1947*

2135 Orgeln i Å kyrka och dess mästare. *In: Östergötlands Dagblad. Sondagsbilagan. 26. 6. 1947*

2136 Yllestadsorgeln. Ett märkligt monument över gammal västgötsk orgelkultur. *In: Julhälsningar till församlingarna i Skara stift. 42. 1947, S. 144—149*

2137 Ahlstrandsorgeln i Norra Solberga kyrka. Kulturminne som måste räddas åt eftervärlden. *In: Nässjötidningen. 25. 10. och 30. 10. 1947*

2138 Pehr Schiörlin, Gammalkilsorgelns mästare. *In: Östergöta Correspondenten. 18. 12. 1948*

2139 Vår ädlaste och skönaste orgelklang. *In: Vår kyrka. 87. 1948. n:o 12*

2140 Hörsalens klassiska orgelverk (i Norrköping) bör åter sättas i stånd. *In: Norrköpings Tidningar. 13. 11. 1948*

2141 Hjälsta — orgeln 100 år. Nåkra blad ur ärkestiftets äldre orgelhistoria. *In: Julhälsning till församlingarna i ärkestiftet. 34. 1948, S. 113—135*

2142 En orgelklenod i en skånsk ödekyrka. (Maglarp). Några blad ur Lunds stifts äldre orgelhistoria. *In: Lunds stifts julbok. 41. 1949, S. 79—103*

2143 Folkströsorgeln — Linköpings stifts äldsta? *In: Hällestadstidningen. Julen 1949*

2144 Johannes Magnusson i Nässja. Bonde, kyrkomålare; orgelbyggare. *In: Växjö stifts hembygdskalender. 40. 1949, S. 74—97*

2145 Orglar och orgelbyggare (i Linköpings stift). *In: Linköpings stift i ord och bild. Stockholm 1949, S. 245—304*

2146 Något om V. Hargsorgeln och dess mästare, orgelnisten Nils Ahlstrand i N. Solberga. *In: Linköpings Stifts julbok. 44. 1949, S. 31—46*

2147 Många intressanta orglar i Gotlands kyrkor. Landets äldsta kyrkorgel finns i Lau kyrka. *In: Gotlänningen. 1. 7. 1949*

2148 Jonseredorgeln. *In: Göteborgs Handels-och Sjöfartstidning. 1. 6. 1950*

2149 Hundraåriga Målilla-orgeln-en av vårt lands största orgelklenoder. *In: Oskarshamns-Tidningen. Helg-Extra. 28. 10. 1950*

2150 Västra Enebyorgeln — ett mästerverk av bygdeorgelbyggaren Sven Nordström i N. Solberga. *In: Blåklinten. Östergötlands Barns medlemsblad. n:o 2, Mai 1950*

2151 Den återuppväckta Eskilsätersorgeln — stiftets äldsta och kanske också klangskönaste. En kort översikt över vårt lands, orgelhistoria med särskild hänsyn till förhållandena i Karlstads Stift. *In: Karlstads stifts julbok. 39. 1950, S. 61—74*

2152 Västra Eneby-orgeln och dess mästare, den helt självlärde Sven Nordström i Norra Solberga. En av svenskt orgelbyggeris störste genom tiderna. *In: Linköpings stifts julbok. 46. 1951, S. 71—83*

2153 Orgeln i Vallerstads kyrka, ett verk av Nils Ahlstrand. *In: Östgöta Correspondenten. 17. 3. 1951*

2154 Kring den återuppståndna Jonserredsorgeln. En orgelhistorisk återblick med särskild hänsyn till förhållandena i Göteborgs Stift. *In: Julhälsningar till församlingarna från präster i Göteborgs stift. 41. 1951, S. 11—34*

2155 Orgelinventarium för Linköpings Stift årsskiftet 1951—1952

2156 Nordströmsorgeln i Ledberg 100 år. *In: Östgöta Correspondenten. 7. 11. 1952*

2157 Med Gamba och Cymbal. Kring den 100 — åriga Voxtorpsorgeln. Några historiska aspekter. 1—2. *In: Värnamo-tidningen. Söndagsbilagan. 5. 12. och 12. 12. 1952*

2158 Den 100-årige Ösjaorgeln och dess mästare klockaren Eric Adolph Setterquist i Hallsberg. Några blad ur Strängnäs stifts äldre orgelhistoria. *In: Till Hembygden. 49. 1952, S. 65—83*

2159 En gammal upplandsorgel återuppstår (Bladåker). *In: Kyrkomusikernas Tidning. 18. 1952, S. 109, 111—112*

2160 Kring den 100-åriga Voxtorpsorgeln. Några drag ur Växjö stifts äldre orgelhistoria. *In: Växjö stifts hembygdskalender. 44. 1953, S. 115—128*

2161 Den återuppståndna Lamaskedeorgeln. Växjö stifts äldsta och en av vårt land märkligaste. *In: Meddelanden från Jönköpings läns hembydsförbund. 26. 1953, S. 75—87*

2162 Anders Jonsson-orgeln i Konungsund etthundra år. *In: Östergötlands Dagblad. Söndagsbilagan. 12. 12. 1953*

2163 Orgeln (i Flisby kyrka). *In: Ur Blomquist, Carl K:son, Några bilder och blad från Flisby kyrka. Nässjö 1953, S. 17—19*

2164 Linköpingsdjärknarnas klotter bevis i orgelforskares detektivarbete. Hur Sanct Larskyrkans 1700-talsorgel — vår äldsta svenskbyggda—identifierades med orgeln i Folkström kapell. *In: Östgöta Correspondenten, Linköpings Stifts Tidningar, 11. 12. 1953; omtr. Kyrkosångsförbundet. 29. 1954, S. 6—7, 9*

2165 Nordströmsorgeln i Normlösa inför sitt 100-årsjubileum. *In: Östgöta Correspondenten. 12. 6. 1954*

2166 Ett märkligt orgeljubileum i Järlåsa. *In: Uppsala Nya Tidning. 29. 10. 1954*

2167 Folkströmsorgeln. Vår äldsta svenska orgel. Ett bidrag till kännedomen om vårt första inhemska orgelbyggeri. *In: Linköpings Stifts julbok. 49. 1954, S. 115—142*

2168 Kyrklig högtidsdag i Häradshammmar. Orgelinvigning och medaljutdelning. *In: Östergötlands Dagblad. 27. 3. 1954*

2169 Hycklinge gamla kyrkorgel återinvigd — i Stockholm. *In: Östgöta Correspondenten. 17. 4. 1954*

2170 Den gamla Falsterboorgeln. *In: Sydsvenska Dagbladet Snällposten. 15. 5. 1954*

2171 Sven Nordströms orgel i Flisby. *In: Östergöta Correspondenten. 22. 11. 1955*

2172 Järlåsaorgeln. *In: Julhälsning till församlingorna i Ärkestiftet. 41. 1955, S. 144—151*

2173 Gren & Stråhleorgeln i Överselö 200 år. Strängnäs stifts äldsta och väl ocksa — klangskönaste instrument. *In: Till Hembygden. 52. 1955, S. 125 bis 132*

2174 Något om orgeln i Jonsbergs kyrka. *In: Jonsbergs tidning. Socken — och kyrko — krönika. 1956, S. 19*

2175 Försök till Inventarium över bevarade äldre kyrkorglar i Sverige tillkomna före mitten av 1800-talet, några ock melllan åren 1850 och 1865 och ett par ännu senare, men dock stilistiskt sammmanhörande med de äldre. *Bilaga: I museer o. dyl. förvarade äldre kyrkorglar. Andra upplagan (av föregaende). Stockholm 1956*

2176 Eine kurze schwedische Orgelgeschichte im Lichte des heutigen Bestandes. *In: Musik und Kirche. 26. 1956, S. 97—104, 176—186*

2177 Orgeln — dess historia och återuppbyggande (Åtvid). *In: Åtvids gamla kyrka. Medeltidskyrkan som återuppstod. Åtvidaberg 1957, S. 31—35*

2178 Kring Svartnäsorgeln. Ett bidrag till Dalarnas äldre orgelhistoria. *In: Julbok för Västerås Stift. 52. 1957, S. 168—179*

2179 Orgelhistorisk återblick med särskild hänsym till Karlstads Stift. *In: Karlstads Stiftsblad. 39. 1959*

2180 Något om Voxtorps kyrkorgel. Dess öden genom tiderna. *In: Värnamo Nyheter. 12. 12. 1959*

2181 En kort svensk orgelhistoria i ljuset av det nuvarande beståndet. I. *In: Organum. Tidskrift för Artis organi Sueciae Amici. 2. 1963. n:o 1. S. 20 bis 29*

Erné, Lambert

2182 Im Namen Sweelincks. Orgelbau in den Niederlanden. *In: Zeitschrift für Musik. 115, S. 205—207*

Erpf, Hermann

2183 Freiburger Orgeltage. Karl Straube an der Praetoriusorgel. *In: Neue Musikzeitung. 43. 1922, S. 10*

2184 Eine Orgel nach Michael Praetorius. *In: Neue Musikzeitung. 43. 1922, S. 122*

2185 Fortschritt im Oskalydbau. *In: Zeitschrift für Instrumentenbau. Leipzig. 44. 1924, S. 322*

2186 Orgel und zeitgenössische Musik. *In: Bericht über die Freiburger Tagung für deutsche Orgelkunst. Kassel 1939, S. 134—138*

Escoin Belenguer, Francisco

2187 Organografía musical Castellonense. *Castellon 1919*

Eslava, Hilaríon

2188 Museo organico Español. 1—2. *Madrid 1854/56*

Esnault, Gustave René

2189 Dictionnaire des artistes et artisans manceaux. *Laval 1889*

Esteves Periera, L. A.

2190 A notable organ in Portugal. *In: The Diapason. 52. Nr. 624, S. 20—21*

Eubulus

2191 Het orgel van het Palais voor Volksvlijt te Amsterdam. *Amsterdam 1875*

Exner, E.

2192 Zur Diskussion über die elektronische Kirchenorgel. *In: Singende Kirche. Wien. 5. 1957/58, H. 3*

2193 Elektronische Kirchenorgeln mit Transistoren. *In: Das Musikinstrument und Phono. Frankfurt/M. 7. 1958, S. 72*

Eugene-Rochesson, Louis

2194 The Policy of the Organ in France. *In: The Organ. 35. 1955/56, S. 54*

Evans, Bruce L.

2195 An 1865 J. W. Walker Organ, Melbourne, Australia. *In: The Organ. 43. 1963/64, S. 75*

Eygun, François

2196 Facteurs d'orgues en Poitou. *In: Bulletin de la Société des Antiquaires de l'Ouest. Poitiers. 1927, 7*

Eyre, Edmund

2197 The Organ of St. Mary Magdalene, Richmond. *In: The Organ. 20. 1940/41, S. 136*

2198 On Stopped Stops. *In: The Organ. 39. 1959/60, S. 202*

Ewerhart, Rudolf

2199 Zur Orgelpraxis am Dom zu Münster in der 2. Hälfte des 19. Jahrhunderts. *In: Musicae sacrae ministerium. Fs. K. G. Fellerer 1962, S. 247—257*

Faber, Greve

2200 Transmissionsorgeln und ihre Bedeutung. *In: Zeitschrift für Instrumentenbau. 31. 1911, S. 532*

Fabian, Ernst

2201 Dispositionen für Kirchenorgeln. *Bromberg 1879*

Fabian, Guiseppe

2202 Alcuni organari dell'Italia centrale dal XV° al XIX secolo. *In: Arte Cristiana. Mailand. 1955, Juli/August*

Fabiani, G.

2203 Un intagliatore fiammingo nel sec. XVI. Antonio Moys d'Anversa. *In: Arte Cristiana. 1953, November, S. 227—228*

2204 Alcuni organari dell'Italia centrale dal XV al XIX secolo. *In: Arte Cristiana. Mailand, Juli—August 1955, S. 133—135*

Fabritius, Werner

2205 Unterricht, wie man ein neues Orgelwerk ob es gut und beständig sei, nach allen Stücken in und auswendig examinieren soll. *Frankfurt u. Leipzig 1756*

Fage, A. de la s. La Fage, A. de

Fahr-Till, R.

2206 Große und kleine Pfeifen . . . Besuch bei den letzten Orgelbauern in Waldkirch. *In: Schwarzwald-Bodensee. Freiburg/Br. 6. 1951, S. 229*

Fairclough, A. B. R.

2207 Exhibition 1967. *In: The Organ. 46. 1966/67, S. 96*

Falcinelli, Rolando

2208 L'Orgue aux Etats-Unis. *In: Musique et Radio. Paris 42. 1952, S. 321—323*

Faller s. Landry, C. F. 4066

Faller, Ch. s. Schneider, Ch. 6240

Fallou, R. s. Dufourcq, N. 1881

Fanti, N.

2209 La chiesa parrocchiale dei Ss. Gregorio e Siro in Bologna — storia e arte. *Bologna 1958*

Farcy, Louis de

2210 Notices archéologiques sur les orgues de la Cathédrale d'Angers. *Angers 1873*

2211 Notes sur l'orgue de Louis XI, etc. de la Cathédrale d'Embrun. *In: Bulletin de la Société d'études des Hautes-Alpes. 19. 1900*

2212 Monographie de la cathédrale d'Angers. Les immeubles par destination. *Angers 1905*

2213 Anciennes orgues de la cathédrale d'Angers. *In: La Vie et les Arts liturgiques. 4. 1918, 44, August*

Farmer, A.

2214 An introduction to organ music. *In: Music and Letters. Quarterly. 14. 1933, S. 326—342*

Farmer, Archibald

2215 The Snetzler Organ at St. Mary-le-Savoy, Cleveland Street. *In: The Organ. 17. 1937/38, S. 148*

Farmer, Henry George

2216 The organ of the ancients from eastern sources (Hebrew, Syriac and Arabic). *London 1931*

Faudet, Pierre Augustin / Mas-Latrie, L. de

2217 Notice historique sur la paroisse de Saint-Etienne-du Mont, ses Monuments et établissements anciens. *Paris 1840*

Faulkner, Thomas

2218 Designs for Organs, or: The organ builders assistant. *London 1823*

Faunch, Paul

2219 Some Organs in the New Valley. *In: The Organ. 19. 1939/40, S. 207*

Faust, Oliver C.

2220 A treatise on the construction, repairing and tuning of the organ. *Boston 1905*

Faust, Paul

2221 Paul Faust, Orgelbauanstalt Barmen 1905—1909. *o. O. o. J.*

F. C.

2222 The Organ and Nonconformists in 1857. *In: The Organ. 5. 1925/26, S. 250*

Federer, Heinrich

2223 Große deutsche Orgeln. *In: Koseritz, deutscher Volkskalender für Brasilien. Porte Alegre. 33. 1932, S. 17*

2224 Die große deutsche Orgel. *In: Jahrbuch des Verbandes der Renaissance-Gesellschaften. 7. 1928, S. 12—19*

Federhofer, Hellmut

2225 Beiträge zur Geschichte des Orgelbaues in der Steiermark. *In: Aus Archiv und Chronik. Blätter für Seckauer Diözesangeschichte. 4. 1951, H. 1*

2226 Das Musikleben in Villach bis zum Anfang des 18. Jh. *In: 900 Jahre Villach — Neue Beiträge zur Stadtgeschichte. Villach 1960*

2227 Die Musikpflege an der St. Jakobskirche in Leoben, Steiermark. *In: Die Musikforschung. 4. 1951*

Fedtke, Traugott

2228 Historische Orgeln in Berlin. *In: Instrumentenbau-Zeitschrift. Konstanz. 6. 1952, S. 49—50*

2229 Ist der Bau „großer" Orgeln noch zeitgemäß? *In: Instrumentenbau-Zeitschrift. Konstanz. 7. 1952/53, S. 1—3*

2230 Berlins äldeste orgel. *In: Var Sang. Tidskrift för det Folkliga musiklivet. 26. 1953, S. 62—63, 67.*

2231 Berliner Nachkriegsjahre. *In: Instrumentenbau-Zeitschrift. Konstanz. 8. 1953/54, S. 71—74*

2232 Der niederländische Orgelbau im 16. Jh. und seine Bedeutung für Sweelincks Instrumentalmusik. *In: Musik und Kirche. Kassel. 26. 1956, S. 60—67*

2233 Die neue Orgel in St. Nikolai zu Berlin-Spandau. *In: Der Kirchenmusiker. Darmstadt. 7. 1956, S. 157—158*

2234 Historisches und Neues im Orgelbau. *In: Instrumentenbau-Zeitschrift. Konstanz. 13. 1958/59, S. 122—124*

2235 Neue Orgeln in Berlin. *In: Instrumentenbau-Zeitschrift. 10. 1956, H. 8*

2236 Die neue Orgel in St. Jacobi, Berlin. *In: Instrumentenbau-Zeitschrift. Konstanz. 14. 1959/60, S. 31*

2237 Berlin, eine Stadt neuer Orgeln. *In: Instrumentenbau-Zeitschrift. Konstanz. 16. 1961/62, S. 164 bis 165, 168—174*

2238 Zur Systematik linksorientierter neuer Berliner Orgeln. *In: Instrumentenbau-Zeitschrift. Konstanz. 17. 1962/63, S. 264—268*

Fehr, Max

2239 Alter Orgelbau im Zürichgebiet. *Zürich 1949.*

Feicht, H.

2240 Dzieje organów, Instrumenti muzyczne. *Warschau 1929*

Feith, A.

2241 Zur Frage der Röhrenpneumatik. *In: Zeitschrift für Instrumentenbau. 23. 1903, S. 881*

2242 Zur Gesellenprüfungsordnung für das Orgelbauhandwerk. *In: Zeitschrift für Instrumentenbau. Leipzig. 25. 1905, Nr. 32*

Feith, Anton jun.

2243 Anweisung zur Instandhaltung und Pflege der Orgel. *Paderborn 1913*

2244 Der pneumatische Widder. *In: Zeitschrift für Instrumentenbau. Leipzig. 29. 1909, Nr. 20*

2245 Orgelbaufrage. *In: Zeitschrift für Instrumentenkunde. Berlin. 33. 1912, S. 89*

2246 Praktisches aus dem Orgelbaufach. *In: Cäcilienvereinsorgan. 48. 1913, S. 8*

Feld, H.

2247 Neue Orgel in der Peter und Paul-Kirche in Oppeln. *In: Zeitschrift für Instrumentenbau. Leipzig. 49. 1929, S. 650*

Felgenmaker, Organ-Company

2248 Complete list of organs A. B. Fealgemaker-Erie-Penna. *o. O. o. J.*

Felini, R.

2249 L'Organo attraverso i secoli Brevi schizzi di arte organaria. *In: Svegliarino Musicale. Treviso, 18. 3. 1915*

Fellerer, Karl Gustav

2250 Orgel und Orgelmusik. *Augsburg 1929*

2251 Das Partimentospiel, eine Aufgabe der Organisten im 18. Jh. *In: Société de musicologie. I. Congrès de Liège. 1.—6. Sept. 1930. S. 109—112*

2252 Einzelregister oder Transmission? *In: Musica sacra. 60. 1930, S. 391—393*

2253 Zur Frage der Multiplexorgel. *In: Gregoriusblatt. 55. 1931, S. 42—44*

2254 Orgel in der katholischen Kirche zu Freiburg i. d. Schweiz. *In: Musica sacra. 65. 1934, S. 146—147*

2255 Ein Zeugnis des Orgelunterrichts im 15. Jh. *In: Zeitschrift für Musikwissenschaft. 17. 1935, S. 236 bis 238*

2256 Die Mensura fistularum. Ein Beitrag zur Geschichte des mittelalterlichen Orgelbaus. *In: Kirchenmusikalisches Jahrbuch. 30. 1935, S. 36—50*

2257 Die alte für Kleinorgel bestimmte Orgelmusik. *In: Bericht über die 2. Freiburger Tagung für deutsche Orgelkunst 1938. Kassel 1939, S. 43—54*

2258 Elektroorgel und Pfeifenorgel. *In: Zeitschrift für Kirchenmusik. Köln. 69. 1949, S. 225—227*

2259 Zur Geschichte der Orgel im Dom zu Münster im 17. Jh. *In: Kirchenmusikalisches Jahrbuch. 34. 1950, S. 87—96*

2260 Orgeln und Organisten an St. Nikolaus zu Freiburg i. d. Schweiz im 15.—19. Jh. *In: Kirchenmusikalisches Jahrbuch. Köln. 52. 1958, S. 109—119*

2261 Westfalen in der Musikgeschichte. Anhang: Die Domorgel in Münster. *In: Raumwerk Westfalen IV, 1. Münster 1958*

Fellot, Jean

2262 A la recherche de l'orgue classique. *Paris o. J.*

Fellowes, E. H.

2263 Organists and Masters of the Choristers of St. George's Chapel Windsor Castle. *Windsor 1939*

Ferch, E.

2264 Die neue Orgel der Wallfahrtskirche zu Maria Radna, Ungarn. *In: Zeitschrift für Instrumentenbau. Leipzig. 26. 1906, Nr. 12*

Feringa, K.

2265 L'orgue au Pays-Bas 1950. *In: L'Orgue. 1951*

Ferretto, A.

2266 Nella città dei canti e dei suoni: Organi ed organisti a Genova nei sec. XV e XVI. *In: Il cittadino di Genova, 28. agosto 1926*

Ferroni, Pietro

2267 Memoria sull'uso della logistica nella construzione degli organi e de cembali. *Modena 1804*

Fesperman, John

2268 The organ as musical medium. *New York 1962*

Fétis

2269 Notice sur un nouvel orgue de M. Erard. *In: Revue musicale. 6. 1829, S. 104—110*

2270 Du nouveau système de construction des orgues par Toepfer. *In: Revue et Gazette musicale de Paris. 6. 1839, S. 185—186, 194—196, 278—279*

2271 Notice d'un orgue très ancienne. *In: Revue et Gazette musicale de Paris. 3. 1836, S. 373—374*

2272 Exposition universelle de 1867 à Paris. *Extraits des rapports du jury international. Paris 1868*

2273 Dissertation sur la connaissance ... de l'orgue. *In: La Revue musicale. 3. 1828, S. 193—199*

Fétis, Édouard

2274 La voix humaine de l'orgue de Weingarten. *In: Revue et Gazette musicale de Paris. 10. 1843, S. 319—321*

Fétis, François Joseph

2275 Biographie universelle des musiciens et bibliographie générale de la musique. *Brüssel 1835—1844*

2276 L'Orgue et les improvisateurs. *Paris 1856*

2277 Rapport sur la manufacture d'orgues de Merklin, Schuetze et Cie. *Paris 1856*

Fetter, P. Mich.

2278 Organi Praxis Mystica oder Geistliche Orgelrede und Predigt. *o. O. o. J.*

Fiedler, G.

2279 Die Monumentalorgel in der Prälaturkirche zu Krumau. *In: Zeitschrift für Instrumentenbau. 28. 1908, S. 551—554*

Field, J. I.

2280 Advice to Young Organists. *London o. J.*

Field, Robin, A.

2281 British Organ-Builders. *In: The Organ. 38. 1958/59, S. 158*

Fietz, H.

2282 Architektonische Fragen des Orgelbaues. *In: Schweizer Bauzeitung. 1935. 105, S. 183—188*

Filipazzi, G.

2283 Storici organi in Piacenza. *In: Placentia floret. 1. 1956, Nr. 4. S. 9—10*

Fingerle, Antonius C.

2284 Das Brustwerk und seine Meister. Ein kleiner Ratgeber mit praktischen Handreichungen. *In: Triumph der Technik. 4. 1920, S. 15*

Fink

2285 Die große Orgel im königlichen Odeonssaal, München. *In: Zeitschrift für Instrumentenbau. 26. 1905, Nr. 8*

Fink, E.

2286 Das Orgelkonzert vom Genter Altar. *In: Kirchenmusik. 1. 1940, S. 79*

Fink, Friedrich

2287 Die elektrische Orgeltraktur. *Stuttgart 1909*

Finke, Walter

2288 Der schlesische Orgelbau. *In: Die Bergwacht. Neubruchhausen über Bassum. 8. 1957, S. 60—61*

Fiocco, G.

2289 Un capolavoro ignorato des settecento veneziano. *In: Rassegna d'arte. Mailand 1919, S. 223—230*

2290 Le pitture di Vittore Carpaccio per l'organo del Duomo di Cadistria. *In: Atti e memorie della Societa Istriana di Archeologia e storia Patria. 43. 1931, S. 221—240*

Firth, Laurence

2291 Four Interesting Organs. *In: The Organ. 35. 1955/56, S. 125*

Fischer

2292 Die Orgel in der Regler-Kirche, Erfurt. *In: Zeitschrift für Instrumentenbau. Leipzig. 26. 1906, Nr. 14*

2293 Das Orgelbauergeschlecht Walcker. Die Menschen. Die Zeiten. Das Werk. *Kassel 1966*

Fischer, Christ.

2294 Wie ich das „Orgelbüchlein" registriere. *In: Zeitschrift für ev. Kirchenmusik. 10. 1932, S. 230—234*

Fischer, C. Aug.

2295 Die Orgel in unserer Zeit. *In: Sächsische Schulzeitung. Dresden. 55. 1888, S. 299*

Fischer, E.

2296 Die alte Orgel in der Hauptkirche St. Jakobi in Chemnitz. *In: Zeitschrift für Instrumentenbau. 24. 1904, Nr. 32*

Fischer, E. G.

2297 Die Pflege der Orgel, eine Zusammenstellung alles dessen, was zur Instandhaltung des Orgelwerkes seitens derer geschehen muß, denen ein solches anvertraut ist. *Glogau 1859*

Fischer, Ernst / Boberg, Axel / Sandblad, Nils Gösta

2298 Kring Petrikyrkans (i Malmö) medeltida orgel 1—3. *In: Malmö musei vänner. Arsbok 2. 1939, S. 28 bis 43*

Fischer, Hermann

2299 Die Orgel im Käppele zu Würzburg. *In: Würzburger Diözesangeschichtsblätter. Würzburg. 22. 1960, S. 77—91*

2300 Ein Orgelumbau in Frickenhausen a. M. vom Jahre 1644. *In: Mainlande. Würzburg. 12. 1961, Nr. 26, S. 103—104*

2301 Die Orgel in der Pfarrkirche zu Hoheim bei Kitzingen. *In: Mainlande. Würzburg. 13. 1962, Nr. 13, S. 49—51*

2302 Die Orgeln der alten Abteikirche in Münsterschwarzach. *In: Würzburger Diözesangeschichtsblätter. 25. 1963, S. 195—204*

2303 Die ehemaligen Seuffert-Orgeln von Gaukönigshofen und Sonderhofen. *In: Mainlande. Würzburg. 14. 1963, Nr. 17, S. 65—67; Nr. 18, S. 69—71*

2304 Ein altes Positiv aus dem Spessart wiederentdeckt. *In: Mainlande. Würzburg. 15. 1964, Nr. 1, S. 3—4*

2305 Die Stockstädter Aktenreste. *In: Die Mainlande. 17. 1966, Nr. 6—11*

2306 Zur Geschichte der fränkischen Orgelbauerfamilie Künzinger. *In: Die Mainlande. 13. 1962, Nr. 18, 19*

2307 Die alte Orgel von Rodenbach am Main. *In: Heimatland. Lohr. 23. 1964, Nr. 1*

2308 Die Seuffert-Orgel in Oberpleichfeld. *In: Fränkische Heimat. 1966, Nr. 24*

2309 Bedeutende Funde für die Orgelforschung. *In: Main-Echo. Aschaffenburg, 4. 2. 1964*

2310 Von alten Orgeln im Landkreis Lohr. *In: Heimatland. Lohr. 23. 1964, Nr. 8, 9*

2311 Orgeln und Orgelbaukunst im Spessart und Untermaingebiet. *In: Spessart. Monatsschrift des Spessartbundes. 1962, Nr. 10, 12; 1963, Nr. 3, 7, 10, 12; 1964, Nr. 4, 6, 7, 10, 12; 1965, Nr. 5, 9, 12; 1966, Nr. 6, 9, 12; 1967, Nr. 2, 6*

2312 Die Registrieranweisung von 1568 für die Hauger Stiftskirche in Würzburg. *In: Würzburger Diözesangeschichtsblätter. 29. 1967, S. 255—264*

2313 Die Entwicklung der Orgelbaukunst in der Diözese Würzburg. *In: Würzburger Diözesangeschichtsblätter. 27. 1965, S. 126—145*

2314 Die Orgeln der Neumünsterkirche in Würzburg. *In: Mainlande. Würzburg. 15. 1964, Nr. 19, S. 73—75; Nr. 20, S. 80*

2315 Würzburg und der frühbarocke fränkische Orgelbau. *In: Mainlande. Würzburg. 16. 1965, Nr. 7. S. 25—26; Nr. 8. S. 30—32*

Fischer, J. W.

2316 Geschichte und Beschreibung der großen Orgel in der Haupt- und Pfarrkirche zu St. Maria-Magdalena in Breslau, nebst Denkwürdigkeiten aus dem Leben der heiligen Cäcilie und einer geschichtlichen Übersicht der Erfindung der Orgel. *Breslau 1821*

Fischer, L.

2317 Die alte Orgel in der Hofkirche zu Innsbruck. *In: Innsbrucker Pfarrblatt. 1932, Nr. 10*

Fischer, Martin

2318 Die organistische Improvisation im 17. Jahrhundert. *Kassel 1929*

Fischer, P. M.

2319 Het Noord-Nederlandse orgelfront. *In: Het Orgel. Jubileumnummer (1890—1960), S. 17—22*

Fischer, U.

2320 Die drei Orgeln des Berliner Doms. *In: Ars Organi. 1961, H. 19, S. 450—455*

Fischer, Wilhelm

2321 Die konzertierende Orgel im Orchester des 18 Jahrhunderts. *In: Bericht über die Freiburger Tagung für deutsche Orgelkunst. Kassel 1939*

Fischer, Wolfgang

2322 Die Orgel des Domes von Brandenburg, Havel. *In: 800 Jahre Dom zu Brandenburg. Berlin 1965, S. 64—68*

Fischer-Krückeberg, Elisabeth

2323 Zur Geschichte der Orgeln in den Berliner Kirchen zu Anfang des 17. Jahrhunderts. *In: Alt-Berlin. 47. 1931, S. 114*

Fisquet, Honoré

2324 Histoire archéologique et descriptive de Notre-Dame de Paris. *Paris 1864*

Flachskampf, Ludwig

2325 Alte oder neue Registernamen? *In: Instrumentenbau-Zeitschrift. Konstanz. 3. 1948/49, S. 108—109*

Flade, Ernst

2326 Geschichtliches über ältere Vogtländer Orgeln und ihre Erbauer. *In: Zeitschrift für Instrumentenbau. Leipzig. 37. 1917, S. 178, 194*

2327 Zur dynamischen Ausdrucksfähigkeit des Orgeltons. *In: Zeitschrift für Kirchenmusikalische Beamte. 1919, Nr. 11—13*

2328 Der Orgelbauer Gottfried Silbermann. *Leipzig 1926*

2329 Wiederauferstehung der alten Orgel (Zur Orgeltagung in Freiberg/Sa). *In: Leipziger Neueste Nachrichten. 1927, 4. Oktober*

2330 Freiberg in Sachsen und die neue Orgelbewegung. *In: 3. Tagung für deutsche Orgelkunst. 1927*

2331 Erwiderung (auf „Die Orgel", Frotscher). *In: Zeitschrift für Kirchenmusiker. 9. 1928, S. 174*

2332 Veränderungen an der Freiberger Domorgel. *In: Zeitschrift für Kirchenmusiker. 10. 1928, S. 103*

2333 Zukunftswert der Silbermannorgel. *In: Bericht über die 3. Tagung für deutsche Orgelkunst in Freiberg/Sachsen, 2.—7. 10. 1927. 1928, S. 103—109*

2334 Schieß, der Restaurator alter Meisterorgeln. *In: Zeitschrift für Kirchenmusiker. Um 1930*

2335 Eugen Casparini und seine Tätigkeit zu St. Giustina in Padua. *Fs. Biehle. Leipzig 1931*

2336 Hermann Raphael Rottenstein-Pock. Ein niederländischer Orgelbauer des 16. Jh. in Zwickau/Sa. *In: Zeitschrift für Musikwissenschaft. 15. 1932, H. 1*

2337 Die Silbermann-Orgel des Freiberger Domes und die bei ihrer Erbauung beschäftigten Künstler, Handwerker, Kaufleute und Händler. *In: Zeitschrift für Kirchenmusiker. 14. 1932*

2338 Statik und Dynamik als geistesgeschicht. Grundtatsachen und ihre Auswirkungen in der Geschichte der Orgel. *In: Zeitschrift für Kirchenmusiker. 15. 1933, S. 1—3*

2339 Verschiedene Strömungen im Orgelbau unserer Zeit in ihrem Verhältnis zu Gottfried Silbermann. *In: Zeitschrift für Kirchenmusiker. Dresden. 15. 1933, S. 57—60*

2340 Repertoire der Organisten. *In: Zeitschrift für Kirchenmusiker. Dresden. 15. 1933, S. 72*

2341 Die Silbermann Orgel des Freiberger Doms. *In: Zeitschrift für Kirchenmusiker. Dresden. 15. 1933, S. 113*

2342 Ein Orgelkontrakt aus dem Jahre 1500 für die Bergkirche zu Schleiz. *In: Musik und Kirche. 8. 1936, S. 34*

2343 Johann Hermann Schein und die Orgel. *In: Musik und Kirche. 9. 1937, H. 2, S. 94*

2344 Silbermanniana. *In: Musik und Kirche. 10. 1938, S. 79*

2345 Handschriften zur musikwissenschaftlichen Erfassung des Orgelschrifttums aller Länder. *In: Deutsche Musikkultur. Kassel. 6. 1942, S. 174*

2346 Bachs Stellung zum Orgel- und Klavierbau seiner Zeit. *In: Bericht über die wissenschaftliche Bachtagung d. Ges. f. Musikforschung. Leipzig 1950*

2347 Gottfried Silbermann. *Leipzig 1953*

2348 Literarische Zeugnisse zur Empfindung der Farbe und Farbigkeit bei der Orgel und beim Orgelspiel in Deutschland ca. 1500—1620. *In: Acta musicologica. Kasssel. 1956, Nr. 4, S. 176—206*

2349 Liste von 36 Orgeln aus dem 14. Jh. *In: Archiv für Musikwissenschaft. 28. 1956*

2350 Jehmlich. *In: Musik in Geschichte und Gegenwart. VI. Kassel. 1957, Sp. 1844—1846*

2351 Attorno all'arte organaria. *In: Bollettino Ceciliano. Rom 1926*

2352 Hildebrandt, Zacharias. *In: Musik in Geschichte und Gegenwart. VI. Kassel 1957, S. 384—389*

2353 Casparini. *In: Musik in Geschichte und Gegenwart. II. Kassel 1952, Sp. 889—892*

Flade, Lic. P.

2354 Dresdens Orgeln. *In: Dresdener Anzeiger. 1900, 8. Mai*

Flechsig, W.

2355 Ostfälische Musikinstrumentenmacher des 18. und 19. Jahrhunderts. *In: Braunschweigische Heimat. 48. 1962, S. 46—49, 89—96, 110—115; 49. 1963, S. 9—16, 42—47, 83—89, 109—113; 50. 1964, S. 9—14, 53—59*

Fleming, Alex

2356 Remarks on the Rev. James Begg's Treatise on the Use of Organs. *Glasgow 1808*

2357 Answer to a Statement of the Proceedings of the Presbytery of Glasgow relative to the Use of an Organ. *Glasgow 1808*

Fleming, Frank

2358 The Willis Dynasty. *In: The Organ. 41. 1961/62, S. 164*

Flentrop, Dirk Andries

2359 Progettazione e construzione d'organi. Considerazioni d'un organaro. *In: L'Organo. 4. 1963, S. 155—167*

Fletcher, Howard / Clutton, Cecil

2360 The Organ in Llandaff Cathedral. *In: The Organ. 39. 1959/60, S. 157*

Fletcher, H. / Donell-Blackham, E.

2361 Quality of organ tones. *In: Journal of the Acoustical Society of America. Lancaster (Penn.). 35. 1963, S. 314—326*

Fleurigny, Henry de

2362 Orgues et cloches. *Brüssel 1890*

Fleury, Paul de

2363 Les orgues de la cathédrale de Poitiers. *In: Comité historique des Arts et Monuments. 3. 1844/45*

2364 Les anciens orgues de la cathédrale d'Angoulême. *Angoulême 1879; Angoulême 1890; Zugleich in: Revue de l'Art sacré. 1904, Mai, Juli*

2365 Les anciens orgues de la cathédrale d'Angoulême aux XVIe et XVIIe siècles. *In: Bulletin de la Société archéologique et historique de la Charente. 1888*

2366 Notice sur le grand orgue de la cathédrale de Coutances. *In: Société académique du Cotentin. 7. Bd. 1891*

2367 L'orgue de St.-Jacques-de-l'Houmeau à Angoulême. *Angoulême 1892*

2368 Notice historique sur l'orgue de la cathédrale de Nantes. *In: Le Monde musical. 1892. 15. Juli*

2369 Description de l'orgue de tribune de l'église Saint-André de Ruffec. *Angoulême 1894*

2370 Guide illustré pour Mamers suivi d'une notice sur l'abbaye de Perceigne. *Mamers 1901*

2371 Notice sur l'orgue de la cathédrale de Nantes. *In: L'Art sacré. 1902, November*

2372 L'Orgue de Saint-Etienne-du-Mont. *In: L'Art sacré. 1902, 15. Dezember*

2373 L'orgue de la cathédrale D'Albi. *In: L'Art sacré. 1903, 15. März*

2374 Les orgues à tuyaux d'argent dans la tradition et dans l'histoire. *In: Bulletin de la Société française de musicologie. 1918, Nr. 2*

2375 Les anciennes orgues de Saint-Hilaire-le-Grand de Poitiers. *Paris 1922*

2376 Dictionnaire biographique des facteurs d'orgue nés ou ayant travaillé en France. *Paris 1926*

Flight, Benjamin

2377 Practical theory and instruction to tune the organ or pianoforte. *London 1818*

2378 Practical tuner for the organ or pianoforte. *London 1830*

Flint, Edward W.

2379 The Function of the Pedal Division. *In: The Organ. 6. 1926/27, S. 242*

2380 On Board the Westbound Flandre. *In: The Organ. 39. 1959/60, S. 189*

2381 The Newberry memorial organ at Yale University. *London 1930*

Flottwell, Christian

2382 Ein wohlgerühmtes Orgelwerk, als eine Anweisung zur Frucht des Geistes... bey Einweihung der neuen Orgel in der Kneiphöfischen Domkirche zu Königsberg. *o. O. 1721*

Flueler, Norbert

2383 Orgeln und Orgelbauten im Stifte Einsiedeln. *In: Pädagogische Blätter. Einsiedeln. 1902*

Fock, Gustav

2384 Aus den Akten der Schnitgerorgel zu Charlottenburg. *In: Musik und Kirche. 3. 1931*

2385 Hamburgs Anteil am Orgelbau im Niederdeutschen Kulturgebiet. *In: Zeitschrift des Vereins für Hamburgische Geschichte. 38. Hamburg. 1939, S. 289 bis 373*

2386 Arp Schnitger. *In: Musik und Kirche. 18. 1948, H. 3/4, S. 98*

2387 Scherer. *In: Musik in Geschichte und Gegenwart. XI Kassel 1963, Sp. 1674—1677*

2388 Schnitger, Arp. *In: Musik in Geschichte und Gegenwart. XI. Kassel 1963, Sp. 1913—1919*

2389 Een tweetal aanvullingen op Hess' Dispositien uit 1774. *In: Het Orgel. Jubileumnummer (1890 bis 1960), S. 47—62*

2390 J. S. Bach und die norddeutsche Orgel. *In: Bachfestbuch (33. Deutsches Bachfest der Neuen Bachgesellschaft 1956 in Lüneburg), S. 84*

2391 Die Hauptepochen des norddeutschen Orgelbaus bis Schnitger. *In: Orgelbewegung und Historismus. Berlin 1958*

2392 Zur Geschichte der Schnitger-Orgel in St. Jacobi. *In: Fs. aus Anlaß der Wiederweihe. 1961, 29. Jan.*

2393 Die Schnitgerorgel in Hamburg-Neuenfelde. *In: Der Kirchenmusiker. Darmstadt. 13. 1962, S. 197 bis 199*

2394 Der historische Orgelbau im Küstengebiet zwischen Hamburg und Groningen (16.—18. Jh.). *In: Acta organologica. 1. Bd. Berlin. 1967. S. 11*

Focke, J.

2395 Bremische Werkmeister. *Bremen 1890*

Förner, Christian

2396 Vollkommener Bericht, wie eine Orgel aus wahrem Grunde der Natur in allen ihren Stücken nach Anweisung der mathematischen Wissenschaft solle gemacht, probirt und gebraucht werden. *Berlin 1684*

Foesel, Karl

2397 Das älteste Orgelgehäuse Europas. *In: Zeitschrift für Musik. Regensburg. 105. 1938, S. 72*

2398 Internationale Orgelwoche in Nürnberg. *In: Das Musikleben. Mainz. 4. 1951, H. 7/8, S. 220*

2399 Zeitgenössisches von der „Zweiten Internationalen Orgelwoche Nürnberg". *In: Melos. Mainz. 19. 1952, H. 9, S. 265*

2400 Zwei Festwochen in Nürnberg. (Internationale Orgelwoche, Woche des Gegenwarttheaters. *In: Melos. Mainz. 30. 1963, H. 10, S. 348*

Fogolari, Gino

2401 Le portelle dell'organo di S. Maria dei Miracoli in Venezia. *Rom 1908*

Fontaine, Louis

2402 Les orgues de Moutiers-au-Perche. *In: Nature. Revue des Sciences et de leurs applications. 82. 1954, Nr. 3229, S. 183*

Fontenay, Harold de

2403 Le nouvel orgue de tribune de la cathédrale d'Autun. *Lyon 1876*

Foort, Reginald

2404 The B.B.C. Theatre Organ, a description. *London 1932*

2405 The Cinema Organ. *London 1932*

Forchhammer, S.

2406 Verdens aeldste Orgler. *In: Information. 30. 12. 1946*

Forchhammer, Th. s. Kothe, B. 3904

Forck, H.

2407 Geschichte der Stadt Olpe. *Olpe 1911*

Ford, R. M. L.

2408 A View from Home. *In: The Organ. 40. 1960/61, S. 53*

Forer, Alois / Raff, Kurt

2409 Konzertsaal im Stadtsaale zu Innsbruck, erbaut im Jahre 1955. *Innsbruck 1956*

Forestié, Édouard

2410 Les vieilles orgues de Montauban. *In: Bulletin de la Société archéologique de Tarn-et-Garonne. Montauban 1886*

Forf, S.

2411 Et historisk Orgel paa Fredriksborg Slot. *o. O. 1897*

Forkel, Johann Nicolaus

2412 Allgemeine Literatur der Musik oder Anleitung zur Kenntniß musikalischer Bücher. *Leipzig 1792*

2413 Von der Orgel. *In: Allgemeine Geschichte der Musik. 2. Leipzig 1801, Kap. 2, § 71—93*

Fornaçon, Siegfried

2414 Die Krebs-Orgel in Straßburg. *In: Der Kirchenmusiker. Darmstadt. 5. 1954, S. 186—187*

Forsberg, Allan

2415 En kyrkorgels historia. (Morlanda). *In: Kyrko-musikernas Tidning. 19. 1953, S. 26—28*

Forsblom, Enzio

2416 Munsalaorgeln (Finland). *In: Hufvudstadsbladet. 16. 5. 1961*

Forster / Andrews

2417 An abridget History of the Organ in the Temple Church. *Hull 1882*

Forsyth-Grant, M. J.

2418 The Rebuilding of Organs—Is it really worthwile? *In: The Organ. 45. 1965/66, S. 184*

2419 The Rebuilding of Organs—Swell Reeds—Action. *In: The Organ. 46. 1966/67, S. 135*

Fortini, P.

2420 Il restauro degli organi antichi. *In: Cellini, rivista dell'artigianato italiano. Rom 1941, 4, S. 31—37*

Foss, Julius

2421 Kirkorgler i Danmark. *Kopenhagen 1909*

2422 Forslag til Orgel-Dispositionen. *Kopenhagen 1910*

Foster, A. J.

2423 The Organ in Cairo Cathedral. *In: The Organ. 23. 1943/44, S. 19*

Foulques de Villaret, Amicié de

2424 Les Antiquités de Saint-Paul d'Orléans. *Orléans 1884*

Frampton, H. A.

2425 The Reed Organ. *In: The Organ. 28. 1948/49, S. 190*

Franceschi, C. de

2426 A proposito delle pitture di Vittore Carpaccio per l'organo del Duomo di Capodistria. *In: Atti e memorie della Società Istriana e Arch. e Storia Patria. 44. Pola 1932, S. 331—333*

Francken, Aegidius

2427 Heilig gebruik des orgels, vertoont in een leerreden over psalm 150, vers 3—6. Gedaan op de inwyding van 't Maessluissche orgel. *Delft 1734*

François, P.

2428 Brugse Orgelmakers. *In: Biekorf 49. Brügge 1948, S. 121—126, 155—162*

Frankenberger

2429 Orgeln und Orgeldispositionen von Schwarzburg-Sondershausen und Schwarzburg-Rudolstadt. *In: Mitteilungen des Staatsarchivs Sondershausen*

Frankland, J. E.

2430 The Organs of Barnsley Parish Church. *In: The Organ. 9. 1929/30, S. 113*

Frankland, J. E. / Scott, P. R.

2431 Organ in the Concert Hall of Sedbergh School. *In: The Organ. 10. 1930/31, S. 109*

Franssen, Gebr.

2432 Orgeldisposities. Gebr. Frannssen te Roermond. *Roermond o. J.*

Franz, E. s. Trendelburg, F. 7060

Fraser, J. W.

2433 Memoranda in Spain etc., on Certain Organs. *London 1840. (als Ms. verkauft)*

Freeman, Andrew

2434 English Organ Cases. *In: Dictionary of Organs and Organists. 1. London 1912, S. 15—78*

2435 Organs at Windsor Castle. *In: The musical Times. London. 1912. S. 304*

2436 Records of British Organ Builders 940—1660. *In: Dictionary of Organs and Organists. 2. London 1921, S. 7—72*

2437 English organ-cases. *London 1921*

2438 The Organs of Lambeth Parish Church. *In: The musical Times. 1922, Februar*

2439 Father Smith otherwise Bernard Schmidt, beeing an Account of a 17th Century organ maker. *London 1926*

2440 Church organs and organ-Cases. *London 1942*

2441 Organs and Organists of St. Martin-in-the-Fields. *In: The Organ. 1. 1921/22, S. 1*

2442 An interesting Survival: St. Katharine Coleman. *In: The Organ. 1. 1921/22, S. 31*

2443 Keys and Stops: A Study in the Development of the Console. *In: The Organ. 1. 1921/22, S. 71*

2444 A short History of the Organs of the Church of St. Lawrence at Reading. *In: The Organ. 1. 1921/22, S. 108*

2445 A Brief Account of the Organs of the Church of St. Stephen's Walbrock. *In: The Organ. 1. 1921/22, S. 161*

2446 The Father Smith Organs at Cambridge. *In: The Organ. 1. 1921/22, S. 193*

2447 St. Lawrence, Reading. *In: The Organ. 1. 1921/22, S. 256*

2448 The Organs of the St. Paul's Cathedral. *In: The Organ. 2. 1922/23, S. 1*

2449 The Organs of Bristol Cathedral. *In: The Organ. 2. 1922/23, S. 65*

2450 The Organs of the Abbey Church at Westminster. *In: The Organ. 2. 1922/23, S. 129*

2451 The Organs of the temple Church, London. *In: The Organ. 3. 1923/24, S. 65*

2452 The Temple Organ: A postscript. *In: The Organ. 3. 1923/24, S. 128*

2453 The Organs in the Abbey Church at Tewkesbury. *In: The Organ. 3. 1923/24, S. 150*

2454 The Organs at the Foundling Hospital. *In: The Organ. 3. 1923/24, S. 193*

2455 The Organs of Gloucester Cathedral. In: The Organ. 4. 1924/25, S. 1

2456 Organs of the Church of St. Lawrence, Jewry. In: The Organ. 4. 1924/25, S. 65

2457 The Organs of Eton College. In: The Organ. 4. 1924/25, S. 157, 250

2458 Organs of St. James's Palace. In: The Organ. 4. 1924/25, S. 193

2459 Organs of St. Magnus the Martyr, London Bridge. In: The Organ. 5. 1925/26, S. 1

2460 Chapel Royal, St. James's. In: The Organ. 5. 1925/ 26, S. 64

2461 The Organs of Worcester Cathedral. In: The Organ. 5. 1925/26, S. 65

2462 Father Smith. In: The Organ. 5. 1925/26, S. 129

2463 The Organs of York Minster. In: The Organ. 5. 1925/26, S. 193

2464 A Memorial to Tallis. In: The Organ. 5. 1925/26, S. 248

2465 The Organs of the Church of St. Mary Woolnoth, Lombard Street, London. In: The Organ. 6. 1926/ 27, S. 1

2466 The Organ at Finedon Church, Northants. In: The Organ. 6. 1926/27, S. 33

2467 The Front Pipes. In: The Organ. 1926/27, S. 64

2468 The Organs of Exeter Cathedral. In: The Organ. 6. 1926/27, S. 100

2469 Renatus Harris. In: The Organ. 6. 1926/27, S. 160

2470 Exeter Cathedral. In: The Organ. 6. 1926/27, S. 192

2471 The Organs of Bath Abbey. In: The Organ. 6. 1926/27, S. 193

2472 The Organ of St. Bride's, Fleet Street, London. In: The Organ. 7. 1927/28, S. 1

2473 The Handel Organ at Gosport. In: The Organ. 7. 1927/28, S. 52

2474 The Organs of St. Michael, Paternoster Royal. In: The Organ. 7. 1927/28, S. 65

2475 An 18th Century Organ Builder's Proposal. In: The Organ. 7. 1927/28, S. 123

2476 The Organs of Newbury Parish Church. In: The Organ. 7. 1927/28, S. 154

2477 The Organs of Southwark Cathedral. In: The Organ. 7. 1927/28, S. 193

2478 Essays in Case Design. In: The Organ. 8. 1928/29, S. 220

2479 The Ancient Organ Case at Innsbruck. In: The Organ. 8. 1928/29, S. 224

2480 The Organs at King's College, Cambridge. In: The Organ. 8. 1928/29, S. 129

2481 The Organs of All Hallows' Barking. In: The Organ. 8. 1928/29, S. 86

2482 The Organs of the Chapel of St. Mary Magdalen, Oxford. In: The Organ. 8. 1928/29, S. 36

2483 The Organs of St. Martin's, Ludgate. In: The Organ. 9. 1929/30, S. 36

2484 Some Organs at Bruges. In: The Organ. 9. 1929/30, S. 79, 226. Zugleich in: 10. 1930/31, S. 162

2485 The Organs at New College, Oxford. In: The Organ. 9. 1929/30, S. 149

2486 Swedish Organs and Organ Builders. In: The Organ. 10. 1930/31, S. 20

2487 The Organ in Wickwar Parish Church. In: The Organ. 10. 1930/31, S. 44

2488 Renatus Harris's Proposed St. Paul's Organ. In: The Organ. 10. 1930/31, S. 74

2489 The Organ of St. Botolph's, Aldergate. In: The Organ. 10. 1930/31, S. 242

2490 Organs of Christ Church Cathedral, Oxford. In: The Organ. 11. 1931/32, S. 36

2491 Some Organs at Liège. In: The Organ. 11. 1931/32, S. 105, 172

2492 Some Organs at Antwerp. In: The Organ. 11. 1931/32, S. 200. Zugleich in: 12. 1932/33, S. 12

2493 Organs at Quenast and Liège. In: The Organ. 12. 1932/33, S. 105

2494 The Organs at Damme and Lisseweghe. In: The Organ. 12. 1932/33, S. 161

2495 Some Austrian Organs. In: The Organ. 12. 1932/ 33, S. 239; 13. 1933/34, S. 1, 90, 193; 14. 1934/ 35, S. 207; 15. 1935/36, S. 37, 72, 166

2496 The Organs of Chester Cathedral. In: The Organ. 13. 1933/34, S. 129

2497 John Snetzler and his Organs. In: The Organ. 14. 1934/35, S. 34, 92, 163

2498 Organs at Salzburg. In: The Organ. 15. 1935/36, S. 193

2499 Some Organless Cases. In: The Organ. 16. 1936/ 37, S. 33

2500 The Organs of Salzburg Cathedral. In: The Organ. 16. 1936/37, S. 65

2501 Mozart Organs at Salzburg. In: The Organ. 16. 1936/37, S. 129

2502 More Salzburg Organs. In: The Organ. 16. 1936/ 37, S. 208

2503 Some Organs in the Salzkammergut. In: The Organ. 17. 1937/38, S. 65, 164

2504 Organs on the Road from Salzburg to the Tirol. In: The Organ. 17. 1937/38, S. 213

2505 Some Gothic Organ Cases of a Hundred Years ago. In: The Organ. 18. 1938/39, S. 39

2506 More Organ Cases of a Hundred Years ago. In: The Organ. 18. 1938/39, S. 89

2507 Organ Cases of the Gothic Renaissance. In: The Organ. 18. 1938/39, S. 140

2508 Organs at Jenbach and Schwaz. In: The Organ. 18. 1938/39, S. 231

2509 The Organs at Standish and Hardwicke, Gloucestershire. In: The Organ. 19. 1939/40, S. 33

2510 Some Little Old Organs. In: The Organ. 19. 1939/ 40, S. 106

2511 Some Swiss Organs. In: The Organ. 19. 1939/40, S. 138, 200; 20. 1940/41, S. 29, 68, 126

2512 Hardwicke Church. *In: The Organ.* 19. 1939/40, S. 112

2513 Two Organ Builders of Note: the Englands. 1. George England. *In: The Organ.* 20. 1940/41, S. 137

2514 The Organ Case. *In: The Organ.* 21. 1941/42, S. 18

2515 Two Organ Builders of Note: the Englands. *In: The Organ.* 21. 1941/42, S. 41, 107, 168

2516 The Organs in the Benedictine Abbey at Einsiedeln. *In: The Organ.* 22. 1942/43, S. 1

2517 Notes of a short Tour in Switzerland. *In: The Organ.* 22. 1942/43, S. 68

2518 The Organs in the Abbey Church of Muri. *In: The Organ.* 22. 1942/43, S. 97

2519 Some Organs at Fribourg, Switzerland. *In: The Organ.* 22. 1942/43, S. 169

2520 The Organs in Fribourg Cathedral, Switzerland. *In: The Organ.* 23. 1943/44, S. 1

2521 More Organs at Fribourg, Switzerland. *In: The Organ.* 23. 1943/44, S. 73

2522 Organs at the 1851 Exhibition, Hyde Park. *In: The Organ.* 23. 1943/44, S. 87

2523 Samuel Green. *In: The Organ.* 23. 1943/44, S. 110, 153. *Zugleich in:* 24. 1944/45, S. 17, 55

2524 An Appreciation. *In: The Organ.* 24. 1944/45, S. 46

2525 The Earl of Bute's Machine Organ. *In: The Organ.* 24. 1944/45, S. 109

2526 The Turvey Organ, and other Matters. *In: The Organ.* 24. 1944/45, S. 143

2527 Sidney William Harvey. *In: The Organ.* 24. 1944/45, S. 144

2528 The Four Parsons. *In: The Organ.* 24. 1944/45, S. 156

2529 An Interesting Trade Card. *In: The Organ.* 24. 1944/45, S. 177

2530 Dallam's Turkish Organ. *In: The Organ.* 25. 1945/46, S. 60

2531 John Harris and the Byfields. *In: The Organ.* 25. 1945/46, S. 112, 145

2532 St. Andrew's, Plymouth, and other Matters. *In: The Organ.* 25. 1945/46, S. 47

2533 William George Trice. *In: The Organ.* 25. 1945/46, S. 1

2534 Farewell to Austria. *In: The Organ.* 26. 1946/47, S. 49

2535 Some Organs at Innsbruck. *In: The Organ.* 26. 1946/47, S. 1

2536 Some Organs in the Valais. *In: The Organ.* 26. 1946/47, S. 145

2537 More Austrian Organs. *In: The Organ.* 26. 1946/47, S. 49

Freeman, Andrew / Mander, Noel

2538 St. Lawrence Jewry Next Guildhall. A History of the Organ from the Earlist times to the present Day. *o. O. 1957*

Freeman, Andrew / Willis, Henry

2539 Die Orgelwerke der St. Pauls Kathedrale zu London. *Mainz 1945*

Freisingen, Eberhard von

2540 Tractate über die Mensur der Orgelpfeifen. *Gerbert 2, 279 (auch in Bologna, Kat. 1, 19)*

Frenzel, Robert

2541 Technik des Orgelspiels. *In: Sächsische Schulzeitung. Dresden.* 45. 1878, S. 359, 365

2542 Die Orgel und ihre Meister: ein Büchlein zum Preise der Königin unter den Instrumenten. *Dresden 1894*

Frey, F.

2543 Harmonie zwischen Orgel und Altar. *In: Gregoriusblatt.* 1919, S. 12

Freymuth, Otto / Urberg, E.

2544 Die Orgel der Universitätskirche zu Dorpat. *Dorpat 1926*

Friedner, O.

2545 Orgelbau in Vergangenheit und Gegenwart. *In: Das Bayerland.* 11. 1900, Nr. 26—29

Friedrich, A.

2546 Die neue Orgel der Lutherkirche zu Crimmitschau. *In: Zeitschrift für Kirchenmusiker.* 1937, 7. August

Friedrich, E.

2547 Neue Multiplexdispositionen v. H. Keller im Zusammenhang mit meinem Registerwerk DRP. *In: Zeitschrift für Instrumentenbau. Leipzig.* 46. 1926, S. 1084

2548 Die Einheitsorgel. *In: Monatshefte für kath. Kirchenmusik.* 8. 1926, S. 93

2549 Kleine Salonorgel nach Multiplex-System. *In: Zeitschrift für Instrumentenbau. Leipzig.* 49. 1929, S. 594

2550 Kleine Salonorgel nach Multiplex-System der Orgelfirma M. Weise in Plattling. *In: Monatshefte für kath. Kirchenmusik.* 11. 1929, S. 197

2551 Salonorgel nach Multiplex-System. *In: Musica sacra.* 58. 1929, S. 132

2552 Das Multi-Schwell-Registersystem. *In: Zeitschrift für ev. Kirchenmusik.* 8. 1930, S. 100—104, 291

2553 Multi-Schwell-Registriersystem. *In: Zeitschrift für Instrumentenbau.* 50. 1930, S. 442—445

Friedrichs, K.

2554 Orgelbauer und Instrumentenmacher in Alt-Rendsburg. *In: Heimatkundliches Jahrbuch für den Kreis Rendsburg. Rendsburg.* 12. 1962, S. 68—73

Frieling, R. s. Reisch, M. 5692

Fries, F. de

2555 Der Sächsische Orgelbau im 19. J. Nachtrag. *In: Zeitschrift für Kirchenmusiker.* 20. 1938, S. 26

Fries, H.

2556 Das Franziskanerkloster zu Montabaur. *In: Jahrbuch für Geschichte und Kultur des Mittelrheins. 1956, 8. August*

Friesenegger, Jos. M. / Hofmiller, Thad.

2557 Die große Orgel von St. Ulrich in Augsburg. *Augsburg 1903*

Friis, F. R.

2558 Trefoldighedskirken i Kristianstad. *Kopenhagen 1887*

Friis, Niels

2559 Orgelbygning i Danmark. *Kopenhagen 1949*

2560 Det sidste danske renaissance-orgel. *In: Nordisk musikkultur. 4. 1955, S. 55—60*

2561 Marcussen & Sohn. *In: Musik in Geschichte und Gegenwart. VIII. Kassel 1960, Sp. 1630—1633*

2562 Domkirchen Vor Frue Kirkes Orgel. *Kopenhagen 1965*

2563 Th. Frobenius & Co. *o. O. 1959*

2564 Buxtehude-orgeln i Torrlösa. *In: Kyrkomusikernas Tidning. 28. 1962, S. 138—140*

2565 Marcussen & Sohn 1806—1956. *Aabenraa 1956.*

2566 Th. Frobenius & Co. 1909—1959. *Kgs. Lyngby 1959*

2567 Landskrone-Orglet. Et minde fra Orgelgotikken i Danmark. *In: Dansk Kirkemusiker Tidende. 1954. 5, S. 16*

2568 Trefaldighetskyrkans orgel Kristianstad. 1619 bis 1961. *Kristianstad 1961*

2569 Kristianstad-Orglet. Et fornemt dansk-svensk Kulturmindes Historie — og dets Problemer. *In: Ord och bild. 63. 1954, S. 437—443*

2570 Lorentz Orglet i Kristianstad. *In: Organist-Bladet. Kopenhagen 1962, S. 25—34*

2571 Orgelbau in Dänemark. *In: Musik und Kirche. 22. 1952, H. 5, S. 190. Zugleich in: Musik und Altar. Freiburg/Br. 22. 1952, S. 190—194*

2572 Buxtehude-Orglet in Helsingor St. Mariae. *o. O. 1953*

2573 Det Sidste Danske Renaissance-Orgel Mass — Lorentz-Instrument i Frederiksborg Slotskirke. *o. O. 1955*

2574 Christiansborg-Orglet og dets Forgaengere i 400 Aar. *o. O. 1956*

2575 Holmens Kirkes orgel. *Kopenhagen 1956*

2576 Roskilde Domkirkes Orgel i 400 Aar. *Kopenhagen 1957*

2577 Dänischer Orgelbau. *In: Musik und Kirche. 20. J.*

Friis, St.

2578 Roskilde Domkirke. *o. O. 1852*

Fritz, Barthold

2579 Anweisung, wie man Klaviere, Clavecins und Orgeln nach einer mechanischen Art in allen 12 Tönen gleich rein stimmen könne, daß auch solchen allen sowohl dur und moll wohlklingend zu spielen sei. *Leipzig 1756*

2580 Onderwijs om op een tuigwerkelijke wijze Clavieren, Clavecimbels en Orgels in alle 24 Tonen even zuiver te stemmen. *Amsterdam 1756*

Frobenius, W.

2581 Orgelrestaurering. *In: Kyrkomusikernas Tidning. 20. 1954, S. 149—151, 154—156, 159, 163—165*

Frobenius, Walther s. Ingerslev, Fritz 3507

Fröhlich, Fr.

2582 Die Straßburger Münsterorgel und ihre Baumeister Friedrich Krebs aus Onoldsbach. 1489—1491. *In: Bergfried. Rothenburg o. T. 10. 1958, Nr. 5, S. 38 bis 39*

Froggatt, A. T.

2583 A suggestion for improving the plan of organs. *In: The musical Times. London. 1912, S. 97*

2584 The pedal organ. *In: The musical Times. London. 1912, S. 380*

Frohnmeyer, J.

2585 Die große deutsche Orgel. *In: Schweizer Frauenblatt. Zürich. 33. 1954, Nr. 28*

Fromageot, Paul

2586 Orgues et organistes de Saint-Germain-des-Prés. *In: Bulletin de la Société historique du VIe arrondissement de Paris. 9. 1906*

Frotscher, Gotthold

2587 Ein Danziger Orgelbuch des 18. J. *In: Bericht über den musikwissenschaftlichen Kongreß der Deutschen Musikgesellschaft in Leipzig vom 4. bis 8. 6. 1925. 1925, S. 284*

2588 Die Orgel. *Leipzig 1927*

2589 Freiburger Tagung für deutsche Orgelkunst. *In: Monatsschrift für Gottesdienst und kirchl. Kunst. 32. 1927, S. 24*

2590 Die Orgel. *In: Zeitschrift für Kirchenmusiker. 9. 1928, S. 162*

2591 Kult-, Kirchen- und Konzertorgel. *In: Bericht über die 3. Tagung für deutsche Orgelkunst in Freiberg/ Sa. 2.—7. 10. 1927. 1928, S. 43—45*

2592 Geschichte des Orgelspiels und der Orgelkomposition. *Berlin 1935*

2593 Erneuerung der großen Orgel im Dom zu Oliva. *In: Ostdeutsche Monatshefte. 16. 1935, S. 181—183*

2594 Problematik der Bach-Orgel. *In: Bach-Jahrbuch 1935, S. 107—121*

2595 Die große Orgel in der Kathedrale zu Danzig-Oliva. *In: Musik und Kirche. 9. 1937, S. 149*

2596 Orgel in der politischen Feier. *In: Musik in Jugend und Volk. Wolfenbüttel. 1. 1938, S. 366—369*

2597 Orgelideale aus vier Jahrhunderten. *In: Musik in Jugend und Volk. Wolfenbüttel. 1. 1938, S. 435 bis 441*

2598 Orgel-Arbeitsgemeinschaft der Hitlerjugend. *In: Zeitschrift für Musik. Regensburg. 105. 1938, S. 1093*

2599 Deutsche Orgeldispositionen aus 5 Jahrhunderten. *Wolfenbüttel 1939*

2600 Zur Registrierkunst des 18. Jh. *In: Bericht über die Freiburger Tagung für deutsche Orgelkunst. Kassel 1939, S. 70—75*

2601 Die Wechselbeziehung zwischen Orgelmusik und Orgelbau in Geschichte und Gegenwart. *In: Bericht über die Freiburger Tagung für deutsche Orgelkunst. Kassel 1939, S. 98—103*

2602 Orgelarbeitsgemeinschaft im Kulturamt der Reichsjugendführung. *In: Musik in Jugend und Volk. Wolfenbüttel. 2. 1939, S. 69*

2603 Die Orgel in der nationalsozialistischen Feiergestaltung. *In: Deutsche Instrumentenbau-Zeitung. Berlin. 42. 1941, S. 99*

Fruth, K. M.

2604 Die deutsche Orgelbewegung und ihre Einflüsse auf die heutige Orgelklangwelt. *Ludwigsburg 1965*

Führer, Alfred

2605 Alfred Führer. *Werkskataloge seit 1933*

Fürstenau, Moritz

2606 Zur Geschichte der Orgelbank. *o. O. 1863*

2607 Zur Geschichte der Orgelbaukunst in Sachsen. *Dresden 1861*

2608 Zur Geschichte der sächsischen Orgelbaukunst. *In: Mitteilungen des Sächsischen Altertumsvereins. 1872*

2609 Zur Geschichte des Orgelbaues. *In: Monatshefte für Musikgeschichte. 8. 1876, S. 113—114*

Fumi, Luigi

2610 Il duomo di Orvieto e i suoi restauri. *Rom 1891*

Funghini, D. F.

2611 Il restauro dell'organo e il completamento artistico delle cattedrale di Arezzo. *Arezzo 1927*

Funke, Otto

2612 „Orgel-Klavier"? *In: Deutsche Instrumentenbau-Zeitung. Berlin. 39. 1938, S. 186*

Gablenz, Th.

2613 Organ Building in Poland. *In: The Diapason. 53. 1962, Nr. 630, S. 8—9, 28—29; Nr. 631, S. 36—37*

Gabler

2614 Über Josias Ibach. *In: Altenburger Heimatblätter. 1939, 6. Dezember; 1940, 7. Februar*

Gabor, Th.

2615 Orgelfiguren. Unbekannte Holzschnitzkunst. *In: Antiquitäten-Rundschau. 29. 1935, S. 266*

Gabrielli, R.

2616 Una famiglia di artisti: I Paci. Ascoli Piceno. *1928, S. 112*

2617 I liutai Marchigiani. Contributo alla storia liutistica italiana con notize intorno ai costruttori di organi Vincenzo e Giovanni Paci. *In: Note d'Archivio per la storia musicale. Rom 1935, S. 127*

2618 I fratelli organari Giovanni e Vincenzo Paci di Ascoli Piceno (1815—1922). *In: Note d'Archivio per la storia musicale. Rom. 12. 1935, S. 228—234*

Gärtner, Rudolf

2619 Gottfried Silbermann, der Orgelbauer. *Dresden 1938*

Gallagher, E. P.

2620 The Organ in St. Anne's Roman Catholic Church, Vauxhall. *In: The Organ. 16. 1936/37, S. 52*

Gallagher, E. W.

2621 The Organ at Strasbourg Cathedral. *In: The Organ. 31. 1951/52, S. 1*

2622 The Organs at Westminster Cathedral. *In: The Organ. 36. 1956/57, S. 72*

2623 Pipeless Organs. *In: The Organ. 37. 1957/58, S. 104*

2624 The Organ at Waltham Abbey. *In: The Organ. 38. 1958/59, S. 26, 68*

2625 The Organ in St. George's Cathedral, Southwark, London. *In: The Organ. 39. 1959/60, S. 12*

2626 The "Classical" Organ in Germany. *In: The Organ. 39. 1959/60, S. 99*

2627 The Cathedral Organ of the Future. *In: The Organ. 40. 1960/61, S. 57*

2628 The Organ in the Cathedral Church of the Holy Spirit, Guildford. *In: The Organ. 42. 1962/63, S. 113*

2629 The Organ in the Church of St. Alban-the-Martyr, Holborn, London. *In: The Organ. 43. 1963/64, S. 27*

2630 The Organ at Galway Cathedral. *In: The Organ. 46. 1966/67, S. 147*

Galloway, E. K.

2631 Kemp-Welch County Secondary School for Boys, Parkstone, Dorset. *In: The Organ. 36. 1956/57, S. 123*

Garbelotto, A.

2632 Organi e organari nel cinquecento al Santo di Padova (documenti). *In: Miscellanea Francescana. Tomo 53 Fasc. II. 1953, S. 230—258*

Garcia Llovera, Julio Miguel

2633 Itinerarium organicum. *Zaragoza 1963*

Gardien, Jacques

2634 Les grandes orgues de la Collegiale de Dole. *o. O. 1937*

2635 L'orgue et les organistes en Bourgogne et en Franche-Comté au dix-huitième siècle. *Paris 1943*

2636 Villeneuve-la-Guyard: quelques nots sur son orgue et ses organistes. *In: L'Orgue. 50. 1949*

Gardner, George

2637 Archidiaconus Adversarius. *In: The Organ. 1. 1921/22, S. 113*

Gardongi, A.

2638 Un organaro italiano alla corte di Mattia Corvino. *In: Zenei Szemle. Budapest. 3/4. 1928*

Gareiso, M.

2639 L'archéologue chrétien. Cours élémentaire d'archéologie catholique. *Darin: L'orgue. Paris 1854*

Gartner, J.

2640 Kurze Belehrung über die innere Einrichtung der Orgeln und die Art selbe in gutem Zustande zu erhalten. *Prag 1832*

Gass, Josef

2641 Les Orgues de la cathédral de Strasbourg à travers les siècles. Etude historique ... à l'occasion de la bénédiction des grandes orgues Silbermann — Roethinger le 7 Juillet 1935. *Straßburg 1935*

Gassner, Hermann

2642 Fs. zur Einweihung der neuen Orgel in der Stadtpfarrkirche St. Othmar, Wien. *Wien 1931*

Gastoué, A.

2643 Note sur la facture instrumentale à la Cour de Bourgogne au XVe siècle. *In: Bulletin de la Société francaise de musicologie. 1919, April*

2644 L'orgue en France de l'antiquité au début de la période classique avec des nombreux exemples et illustrations. *Paris. 1921*

2645 Quelques sources de l'école d'orgue française du XIIe au XVIIe siècle. *In: Revue de musicologie. Mai 1923, S. 49—57*

Gattringer, Franz

2646 Orgelbau. *In: Zeitschrift für Instrumentenbau. Leipzig. 45. 1925, S. 514*

2647 Windladenfrage. *In: Zeitschrift für Instrumentenbau. 45. 1925, S. 754*

2648 Reform im Orgelbau. *In: Zeitschrift für Instrumentenbau. 45. 1925, S. 944*

2649 Die Schleifwindlade und ihre Verwendung im Orgelbau. *Leipzig. 1928. Zugleich in: Zeitschrift für Instrumentenbau. Leipzig. 48. 1928, S. 734, 784, 831*

2650 Ingenieur und Orgelbauer. *In: Zeitschrift für Instrumentenbau. 52. 1932, S. 111*

2651 Orgel und Orgelbauer. *In: Zeitschrift für Instrumentenbau. 52. 1932, S. 346*

2652 Klärung einiger Orgelfragen. *In: Zeitschrift für Instrumentenbau. Leipzig. 52. 1932, S. 399*

2653 Gehämmerte Orgelpfeife. *In: Zeitschrift für Instrumentenbau. 53. 1933, S. 287*

Gauthey, R.

2654 L'orgue en Italie. *In: L'organiste. Nantes 1—2—3—4 1938*

Gauthier s. Dubois, P. 1816

Gautsch

2655 Der berühmte Orgelbauer Gottfried Silbermann. *In: Saxonia, 2. 1877*

Gay, Claude

2656 Notes pour servir à la registration de la musique d'orgue française des XVIIe et XVIIIe siècles. *In: L'organo. 2. 1961, S. 169—199*

Gebauer, Joh. Christian

2657 Stum Pedalclaviatur for Begyndere paa orgelet. *o. O. u. J.*

Gebauer, P.

2658 Die Orgel der Predigerkirche, Erfurt. *In: Zeitschrift für Instrumentenbau. 26. 1905, Nr. 8*

Gebhard, Hans

2659 Die Orgel der St. Michaelskirche in Hof. *In: Ochsenkopf. Hof 1952/53, H. 3, S. 3—4*

Gee, Henry

2660 Gloucester Cathedral; its organs and organists. *London 1921*

Geer, E. Harold

2661 Organ Registration — In Theory and Practice. *Glen Rock 1957*

Gehring, J.

2662 Die älteste evangel. Glarner-Kirchen-Orgel. *In: Mitteilungen der Schweiz. Musikforschenden Gesellschaft. Zürich. 2. 1935, S. 55*

2663 Hausorgel und Harfe. *In: Schweizer Musik-Zeitung. Zürich. 79. 1940, S. 420*

Geiger

2664 Die Orgel in Schwiftingen, Pfarrkirche. *In: Zeitschrift für Kirchenmusik. 71. 1951, S. 164—165*

Geisberg, Max

2665 Quellen zur Kunstgeschichte der Lambertikirche in Münster. *Münster 1942*

Geispitz, Charles

2666 L'orgue de chœur de Notre-Dame de Paris retauré et transformé d'après le nouveau système électro-pneumatique par M. M. Merklin et Cie. *Paris 1890*

Gennrich, D.

2667 Rede zur Weihe der Domorgel in Königsberg/Pr. *In: Musik und Kirche. 1. 1929, S. 82*

Gensoles

2668 Inscription de l'orgue de Soliès-Ville. *In: Comité historique des arts et monuments. 3. Bd. 1844—1845*

Genzmer, Walther

2669 Neue Orgelprospekte in hessischen Kirchen. *In: Deutsche Kunst und Denkmalpflege. 1959, S. 44 bis 51*

2670 Richtlinien zum Schutze alter wertvoller Orgeln. *In: Deutsche Kunst- und Denkmalpflege. München. 1964, S. 52—57*

Gerber, H.

2671 Akustik und die Kristallorgel. *In: Orion. München. 13. 1958, H. 4, S. 276—281*

Gerber, Werner

2672 Orgeln, Organisten, Kantoren. *Hagen 1959*

Gergely, Francis / G ... Andrew

2673 Francis Gergely as organ designer. *Budapest o. J.*

Gerhard, Oswald

2674 Der Orgelbau im Oberbergischen. *In: Bergisch-Jülische Geschichtsblätter. 7. J. (1930). H. 2/3. S. 27 ff. Zugleich in: Der bergische Erzähler. Beilage zur Waldbrödler Zeitung. 85. 1930, 8., 9. März*

Gerhardt, J.

2675 Orgelbau und Denkmalpflege. *In: Fs. Die Arp-Schnitger-Orgel der Hauptkirche St. Jacobi Hamburg, Hamburg 1961*

Gerhardt, P.

2676 Anlage und Gebrauch v. Oktavkoppeln in pneumatischen Orgelwerken. *In: Zeitschrift für Instrumentenbau. Leipzig. 26. 1906, Nr. 27*

2677 Erneuerte Orgel der Marienkirche zu Zwickau in Sa. *In: Zeitschrift für Kirchenmusiker. Dresden. 11. J. (1930). S. 153. Zugleich in: Zeitschrift für Instrumentenbau. Leipzig. 51. 1931, S. 214—218*

2678 Bemerkung zur modernen Orgelbewegung und dem damit Zusammenhängenden. *In: Zeitschrift für Kirchenmusik. Dresden. 21. 1939, S. 41—47.*

Gerhardt, Rob.

2679 Die Rohrflöte. *Halle 1884*

Gericke, Marion

2680 Orgelbautagung in Schleswig. *In: Der Kirchenmusiker. Darmstadt. 15. 1964, H. 6. S. 235—237*

Gerlach, C.

2681 Der Musikdirektor Orgel-Revisor F. Wilke, oder: Sic transit gloria mundi. Ein Beitrag zur Geschichte der Orgelrevisoren, wie sie nicht sein sollen. *Malching 1843*

Germani, F.

2682 Metodo per organo ... *Rom 1952*

2683 Organo barocco nell'idea moderno. *In: Atti del congresso internazionale di musica sacra. Rom 1950. Tournay 1952, S. 348—350*

Germes, Jakob

2684 Die Ratinger Orgelbauerfamilie Weidtmann (1675 bis 1760). *Ratingen 1966*

Gerson-Levy

2685 Orgue et pioutime. *Paris 1859*

Gertroux, Calixte

2686 Orgues de Saint-Savin. *In: Comité historique des arts et monuments. 2. Bd. 1844/1845*

Gessner, A.

2687 Zur elsässisch-neudeutschen Orgelreform. *Straßburg 1912*

Geyer

2688 Die Orgel im Nördlinger evang. Gottesdienst, nach den Ordnungen des 16. und 17. Jh. *In: Siona. 1897, S. 61—64*

Geyer, Jos.

2689 Studien über zeitgemäße Fragen der Orgelbaukunst. *Einsiedeln 1926*

2690 Kath. Orgel-Type. *In: Musica divina. Wien. 16. 1928, S. 110—115*

2691 Schwierigkeiten d. einheitl. Aufbaues d. Orgeldisposition und d. Orgelspieltisches. *In: Bericht über d. 3. Tagung für deutsche Orgelkunst in Freiberg/Sa. 2.—7. 10. 1927. 1928, S. 182—188*

Giacobbi, Vanni / Mischiati, Oscar

2692 Gli antichi organi del Cadore. *In: L'Organo. 3. S. 3—58*

Giani, Emilio

2693 Gli organi di S. Petronio. *In: Numero Unico S. Petronio. Bologna 1950, 4. Oktober*

Giani, Paolo

2694 L'organo e particolarmente del grandioso organo do S. Columbano e del di lui autore A. Bossi-Urbani. *Lodi 1843*

Gibbon, Reginald

2695 Gadgets. *In: The Musical Times. 91. 1950, S. 358 bis 359*

Giesecke, Carl

2696 Unsere Zungen und ihre Bauart. *Göttingen 1920*

2697 Giesecke-Zungenstimmen. *Göttingen 1935*

Gilbert, A. P. M.

2698 Description historique de la basilique métropolitaine de Paris. *Paris 1811*

2699 Description historique de l'église métropolitaine de Notre-Dame de Reims. *Paris 1817*

2700 Description historique de l'église cathédrale d'Amiens. *Amiens 1833*

Gilbert, R. Sinden

2701 The Organ at St. Mary-at-Hill, E. C. *In: The Organ. 23. 1943/44, S. 118; 27. 1947/48, S. 187*

2702 For Readers' Information. *In: The Organ. 23. 1943/44, S. 191*

Gilberthorpe, Henry T.

2703 A Notable Chamber Organ by John Snetzler. *In: The Organ. 5. 1925/26, S. 235*

2704 Some Organs in the Nene Valley. *In: The Organ. 19. 1939/40, S. 153*

Gilfillan, F. Allen (Allan)

2705 The Organ in Lerwick Parish Church. *In: The Organ. 26. 1946/47, S. 93*

2706 Foreign Organs. *In: The Organ. 39. 1959/60, S. 55*

2707 Our Contributors. *In: The Organ. 40. 1960/61, S. 167*

2708 The Concert Organ. Its Past and Future. *In: The Organ. 41. 1961/62, S. 144*

2709 Steele and Keay, etc. *In: The Organ. 41. 1961/62, S. 164*

2710 A Ticklish Problem. *In: The Organ. 42. 1962/63, S. 54*

2711 Noel A. Bonavia-Hunt. *In: The Organ. 46. 1966/ 67, S. 47*

Gillsch, W.

2712 Ein Orgelbau in japanischer Kriegsgefangenschaft. *In: Zeitschrift für Instrumentenbau. Leipzig. 42. 1922, S. 138*

Gimberg, J.

2713 Het Orgel der St. Walburgskerk te Zutphen. *In: Bijdragen en Mededelingen der Vereiniging Gelre. Arnheim. 29. 1926, S. 96—102*

Gindele, Corbinian

2714 Die Beuroner Kloster-Orgel. *In: Musik und Altar. 3. 1950/51, S. 55—57*

Ginter, H.

2715 Salemer Barockorgeln. *In: Bodensee-Chronik. Beilage der Deutschen Bodensee Zeitung. Konstanz. 22. 1937, H. 17, S. 23—26*

Ginter, L.

2716 Die alte Silbermann-Orgel von Bischofsheim. *In: Elsaßland, A travers les Vosges. Gebweiler. 19. 1939, S. 19—23*

Giovanni, E. de

2717 Gli organi di Cortemaggiore. *In: Bollettino Storico Piacentino. 37. 1942. Juli—Dezember. S. 75—78*

2718 Il più maestoso monumento di scultura barocca in legno in città e provincia: L'organo di S. Antonino. *In: Bollettino Storico Piacentino. 1944, S. 38—42*

Giovio, Giovanni Battista

2719 Del nuovo organo . . . Lettera e descrizione. *Como 1808*

Girardi, Enrico

2720 L'organo di S. Tommaso Cantuariense in Verona e il suo regale. *In: L'organo. 2. 1961, S. 201—210*

Girardot, A. / Durand, H.

2721 La Cathédrale de Bourges. *In: Notice historique et archéologique. Moulins 1849*

Giraud, Ch. M. / Dufourcq, N. / Raugel, F. / Miramon Fitz-James, B. de

2722 La Prytanée militaire, sa chapelle, son orgue. *La Flèche 1933*

Giraudet

2723 Les artistes tourangeaux. *In: Mémoires de la Société archéologique de Touraine. 33. Bd. 1885*

Girod, J.-Fréderic

2724 Le Polycorde, Partie instrumentale contenant (u. a.) Description de tous les instruments . . . *Paris 1875*

Girod, P. Louis

2725 De la musica religiosa. *Madrid 1862*

2726 Connaissance pratique de la facture des grandes orgues. *Namur 1875*

Givelet, A.

2727 L'orgue électronique. *In: Revue générale de l'électricité. Paris. 28. Bd. 1930, S. 895—900*

2728 L'orgue électronique. Coupleux Givelet. *In: Bulletin de la société d'encouragement. Paris 1933, S. 85—94*

2729 L'orgue électronique. *In: Schweizer Elektrotechn. Verein. 26. 1935, S. 695*

Givelet, M. A.

2730 L'orgue électronique coupleux. *Paris 1933*

Glabbatz

2731 Ein interessantes Orgel-Werk. *In: Monatsschrift für Gottesdienst und kirchliche Kunst. Göttingen. 1906, S. 371—373*

2732 Orgel und Orgelspiel i. d. neuer. dtsch. Schönen Literatur. *In: Monatsschrift für Gottesdienst und kirchliche Kunst. Göttingen 1908, S. 320—325*

2733 Wie die Alten disponiert. (Zur Geschichte des Orgelbaues.) *In: Monatsschrift für Gottesdienst und kirchliche Kunst. Göttingen 1909, S. 12*

Glabbatz, H(einrich)

2734 Der Organist einst und jetzt. *Göttingen 1910*

Glasgow, Robert

2735 Liverpool Cathedral Organ. *In: The Organ. 35. 1955/56, S. 109*

Glatter-Goetz, E. v.

2736 Sollen wir kopieren oder konstruieren. *In: Das Musikinstrument und Phono. Frankfurt/M. 10. 1961, S. 23—24*

2737 Einfluß des Wandmaterials v. Orgelpfeifen auf Klangfarbe und Lautstärke. *In: Zeitschrift für Instrumentenbau. 55. 1935, S. 96—99*

Glatter-Götz, Josef v.

2738 Neue Orgel: Dom in Viborg-Viipuri (Finnland). *In: Zeitschrift für Instrumentenbau. Leipzig. 50. 1930, S. 514—516*

2739 Die Pfeifenorgel und die elektronische Imitation in der Sicht des Orgelbauers. *In: Das Musikinstrument und Phono. Frankfurt/M. 14. 1965, H. 1, S. 32 bis 35*

2740 Erfahrungen und Bekenntnisse im neu-alten Orgelbau. *In: Instrumentenbau-Zeitschrift. Konstanz. 15. 1960—61, S. 14, 16*

Glebe, K.

2741 Die Orgel im Gottesdienst. *In: Blätter für Haus- und Kirchenmusik. Langensalza 1906, S. 113—116, 131—134*

Gleitz

2742 Die Domorgel zu Erfurt und ihre Geschichte. *Ms. Stadtbibliothek. Erfurt 1880*

Gleyo

2743 La maîtrise de Saint-Brieuc. *In: Bulletin de la Société des Côtes-du-Nord. 53. Bd. 1921*

G. L. M.

2744 Notice sur l'église métropolitaine de Bourges. *Bourges 1836*

Glogger, P.

2745 Die Königin im Reich der Töne. *In: Bibel und Liturgie. Klosterneuburg. 11. 1937, S. 417—419*

Gocke, Hildegard

2746 Der Orgelbau in den Kreisen Soest und Arnsberg vor 1800. *Phil. Diss. Birkeneck 1936*

Godfrey, Arthur

2747 St. Oswald's Church, West Hartlepool, and its Organ. *In: The Organ. 29. 1949/50, S. 12*

2748 „Portative Exeunt". *In: The Organ. 30. 1950/51, S. 83*

2749 The Late James Jepson Binns and His Work in the Hartlepools. *In: The Organ. 32. 1952/53, S. 123, 189*

2750 Two of Berwick-on-Tweed's Organs. *In: The Organ. 36. 1956/57, S. 63*

2751 Park Road Church, West Hartlepool, and its Organ. *In: The Organ. 36. 1956/57, S. 186*

2752 The very small Pipe-Organ. *In: Musical Opinion. 80. 1956, S. 163—165*

Godfrey, Edward

2753 The Organ in the Town Hall of Adelaide, South Australia. *In: The Organ. 25. 1945/46, S. 36*

Godin, Carl

2754 Uppländsk kulturskatt får ny levande klang. (Leufsta bruk). *In: Uppsala Nya Tidning. 9. 5. 1964*

Göbel, Alphons

2755 Die Selbstkostenberechnung im Orgelbauhandwerk. *Phil. Diss. Düsseldorf 1938*

Göbel, A. / Krieschen, Konrad

2756 Die Orgeln von St. Marien zu Danzig. *Danzig 1938*

Goebel, J.

2757 Luftfilter für Orgeln und sonstige windbetriebene Spielwerke. *In: Zeitschrift für Instrumentenbau. Leipzig. 37. 1916, S. 17*

2758 Rationalisierung im Orgelbau. *In: Deutsche Instrumentenbau-Zeitung. Berlin. 42. 1941, S. 117*

2759 Rationalisierung und Klangbereicherung der Orgel. *In: Das Musikinstrument und Phono. Frankfurt a. M. 9. 1960. S. 661—663. 10. 1961, S. 14—15*

2760 Zur Frage des Pfeifenfußes und des Orgelklanges. *In: Das Musikinstrument und Phono. 10. 1961, S. 234—235*

2761 Welche Obertöne sind in der modernen Orgel brauchbar? *In: Das Musikinstrument und Phono. Frankfurt a. M. 13. 1964, S. 449—450, 669—670. 14. 1965, H. 3, S. 351*

Goederitz, Johannes

2762 Die Orgel der Stadthalle Magdeburg. *Magdeburg 1928*

Göhler, H.

2763 Ein Orgelbauer im Dienste des Propstes Johann Michael Führer von St. Pölten und des Klosters Zwettl. *In: Unsere Heimat. Wien. Neue Folge. 13. 1941, S. 239*

Goens, H.

2764 Die Kirche des Mittelalters in dem evang. Gebiet des Herzogtums Oldenburg. *In: Oldenbg. Jahrbuch 32. 1938*

Göransson, Harald

2765 Den Störste som spelat pa orgel. *In: Var Sang. Tidskrift för det folkliger musiklivet. Stockholm. 23. 1950. S. 90—91, 98.*

Göroldt, J. H.

2766 Die Orgel und deren zweckmäßiger Gebrauch beim öffentlichen Gottesdienste. *Quedlinburg 1835*

Goldschmidt, Erich

2767 Orgelbau und Orgelspiel in den USA. *In: Der Kirchenmusiker. 17. 1966, S. 193—204*

Goller, Vincenz

2768 Orgelbau und der Krieg. *In: Musica divina. Wien. 1915, S. 9*

2769 Wassermotoren zum Gebläseantrieb der Orgeln. *In: Musica divina. Wien 1915, S. 110*

2770 Zukunft des österr. Orgelbaues. *In: Musica divina. Wien. 8. 1922, S. 112*

2771 Raum und Ton. *In: Musica divina. Wien. 9. 1922, S. 83*

2772 Orgelbaufragen. *In: Musica divina. Wien. 17. 1929*, S. 9—14

2773 Kirchenorgeln und volksliturgische Bewegung. *In: Bibel und Liturgie. Klosterneuburg. 8. 1934*, S. 168—170

2774 Orgelfragen. *In: Musica divina. 1928*, S. 10.

2775 Orgelbaufragen. *In: Musica sacra. 1928*, S. 333 bis 341

Golos, George

2776 Note di storia organaria Polacca. *In: L'organo. 5. 1964/67*, S. 31—62

Gołos, Jerzy

2777 Zarys Historii Budowy Organów w Polsce. *Bydgoszcz 1966*

Gomart

2778 Notices historiques sur la maîtrise de Saint-Quentin et sur les célébrités musicales de cette ville. *O. O. 1851*

2779 Notice sur l'église de Saint-Quentin. *In: Bulletin monumental. 1870*

Gondolatsch, M.

2780 Beitr. zur Musikgeschichte von Lauban. II. Orgeln, Kirchenmusik. *In: Oberlausitzer Heimatzeitung. 8. 1927*, S. 221—225

2781 2 Görlitzer Urkunden aus dem 15. Jh. über Orgelbau und Orgelspiel. *In: Zeitschrift für Musikwissenschaft. 13. 1930*, S. 101

Gondré, l'abbé

2782 Notice historique et descriptive sur l'église Saint-Séverin à Paris. *Paris 1900*

Gonzales, F.

2783 L'Orgue du Palais de Chaillot. *In: La Revue musicale. Juni/Juli 1937*

Gonzales de Amezua, R.

2784 Les orgues électroniques. *In: Actes du troisième congrès international du musique sacrée, Paris 1er—8 juillet 1957. Paris 1959*, S. 407—411

Gonzati, Bernardo

2785 La Basilica di S. Antonio di Padova descritta ed illustrata. *Padua 1852*

Goodman, F. Bernard

2786 T. W. North and his Work at Walsall. *In: The Organ. 11. 1931/32.* S. 181

2787 The Chichester Cathedral Organ. *In: The Organ. 11. 1931/32*, S. 191

2788 „A Chiel takes Notes". *In: The Organ. 14. 1934/35*, S. 62

Goodrich, John Wallace

2789 The Organ, its Construction and Treatment. *New York 1899*

Goodrich, W.

2790 The organ in France. *Boston 1917*

2791 The training of organists for liturg. church service. *In: Naval and Military Record. 12.*, S. 143

Goodwin, J.

2792 Adlington Hall. *In: The Organ. 34. 1954/55*, S. 55

Gordon, Robert L.

2793 Electronic Musical Instruments. *In: The Organ. 27. 1947/48.* S. 142

Gordon-Phillips, Chas.

2794 The Science of Organ Pedalling. *In: The Organ. 8. 1928/29*, S. 254

Goss-Custard, Reginald

2795 St. James and St. Basil, Fenham, Newcastle. *In: The Organ. 11. 1931/32*, S. 119

Gottron, Adam

2796 200 Jahre Orgelbau in der Stadt Mainz. 1643 bis 1858. *In: Musica sacra. 67. 1936*, S. 194—203

2797 Zwei mittelalterliche Orgelwerke des 16. Jhs. *In: Archiv für hess. Geschichte und Altertumskunde. 11. 1938*, S. 305—315

2798 Die Orgeln des Mainzer Doms. *In: Mainzer Zeitschrift. 32. 1939*, S. 53—58

2799 Zwei mittelrh. Orgelwerke. *In: Archiv für hess. Geschichte. Neue Folge. 11. 1936*

2800 Die Mainzer Lehrjahre J. Gablers. *In: Mainzer Zeitschrift. 34. 1939*, S. 39

2801 Zwei Mittelrh. Orgelwerke des 16. Jh. *In: Beiträge zur hess. Kirchengeschichte. 11. 1940*, S. 305

2802 Orgeln und Orgeldispositionen der Mainzer Diözese. *Ms. 1940*

2803 Beiträge zur Orgelgeschichte der Oppenheimer Katharinenkirche. *In: D. Wormsgau. Worms. 2. 1941*, S. 300—306

2804 Orgel als Hausinstrument. *In: Die neue Saat. 4. 1941*, S. 166

2805 2 mittelrh. Orgelwerke des 16. Jh. (1. Oppenheim, Katharinenkirche, 2. Worms, St. Andreas). *In: Beiträge zur hess. Kirchengeschichte. 11. 1943, H. 3*, S. 305—351

2806 Älteste Mainzer Domorgeln. *In: Mainzer Zeitschrift des Ver. zur Erforschung d. rhein. Geschichte und Altertümer in Mainz. Mainz. 1950, H. 41/43*, S. 118. 126

2807 Oberschwäbische Barock-Orgel- und Musiktagung. 30. Juli bis 4. August 1951 in Ochsenhausen, Württ. *In: Musik und Altar. 4. 1951/52*, S. 56

2808 Wohin mit dem Spieltisch bei einem Chorpositiv? *In: Musik und Altar. 4. 1951/52*, S. 93

2809 Stefan Lilienbaum. *In: Mainzer Zeitschrift. 50. 1955*

2810 Arnold Rucker Orgelmacher von Seligenstadt. *In: Beiträge zur mittelrheinischen Musikgeschichte. Mainz 1962*

Gottschalg, A. W.

2811 Disposition und Prospect-Ansicht einer neuen groszen Orgel für den Dom zu Cöln a. R., von einem Freunde der Orgelbaukunst. *Köln 1872*

2812 Friedrich Ladegasts neue Orgel in der Nicolaikirche zu Siefgen. *In: Urania. 35. 1878, S. 19—22*

2813 Eine Muster- und Meister-Seminarorgel. *In: Urania. 35. 1878, S. 22—23*

2814 Ein originelles Meisterwerk der neuern Orgelbaukunst von dem Orgelbaumeister Friedrich Gerhardt in Merseburg. *In: Urania. 35. 1878, S. 165—172*

Gottschick, Friedemann

2815 Orgelweise in der Johannes-Kirche zu Düsseldorf. *In: Musik und Kirche. Kassel. 24. 1954, S. 90—91, 96*

Gould, Alec

2816 Tamworth Parish Church. Its Organs and Music. *In: The Organ. 27. 1947/48, S. 174*

Graaf, G. A. C. de

2817 Literatuur over het orgel. *Amsterdam 1957*

2818 Orgelsachberater oder Orgelbauer? *In: Musik und Kirche. Kassel. 30. 1960, S. 37—45*

2819 Orgelsachberater oder Orgelbauer. Ein Nachwort. *In: Musik und Kirche. Kasssel. 31. 1961, S. 25—27*

2820 Voorlopige lijst van de in het tegenwoordige Nederland vanaf ongeveer 1630 werkende orgelbouwers. *In: De Praestant. 1. 1965*

Grabner, Franz

2821 Kirchenvorsteher und Orgel. *In: Korrespondenzblatt f. d. kath. Clerus Oesterreichs. Wien. 1911, S. 16*

2822 Die moderne Orgel. *Graz 1912*

Grabner, Hermann

2823 Die Kunst des Orgelbaus (Max Hesses Handbücher der Musik 106). *Berlin 1958*

Grace, Harvey

2824 Complete organist. *In: The musical Times. London. 1914, 1. 1.—1. 8.ff.*

2825 Developments in the Use of the Pedal Organ. *In: The Organ. 1. 1921/22, S. 100*

2826 Some Thoughts on Registration. *In: The Organ. 1. 1921/22, S. 230*

Gracie, G. H. Heath

2827 The Organs of Derby Cathedral. *In: The Organ. 20. 1940/41, S. 1*

Gradenwitz, A.

2828 L'Orgue le plus grand du monde. *In: Cosmos. Paris 1913, Januar, S. 23*

2829 Problèmes de l'orgue électro-acoustique, ses solutions. *In: La Nature. Paris. 65. 1939/40, S. 258 bis 261*

Graebe, David

2830 An Organ Pilgrimage in Belgium and Holland. *In: The Organ. 38. 1958/59, S. 49*

Gräbner, F. R.

2831 De organis veterum hydraulicis. *Berlin 1867*

Gräner, G.

2832 Orgel und Orchester. *In: Allgemeine Musikzeitung. 52. 1925, S. 502*

Grässner, A.

2833 Hilfsbuch für den im Seminar zu erteilenden Unterricht über Bau und Pflege der Orgel. *Leipzig 1877*

Grävenstein, H.

2834 Ein neues Orgelwerk (d. Soester Domes). *In: Sankt Patrokli in Soest. Münster 1948, S. 52—53*

Graf, A.

2835 Die Orgeln der Stadtkirche. *In: Achthundert Jahre Stadtkirche Annweiler. 1953*

Graf, E.

2836 Die Orgel. *In: Hohe Schule der Musik. Potsdam. 1938, S. 235—291*

Graf, J.

2837 Die Riesen-Orgel im Ulmer Münster mit 101 klingenden Registern und 6231 Pfeifen. *Ulm 1890*

Gramm, Otto

2838 Aus der Baugeschichte der Orgel in der Bartholomäuskirche in Dietershausen. *O. O. u. J.*

Gramm s. Landry, C. F. 4066

Grammateus, Henricus

2839 Ayn new kunstlich Buech ... Auch nach den Proportion der Kunst des Gesangs im diatonischen Geschlecht aus zu tayle monochordium, orgelpfeyffen und ander instrument aus der Erfindung Pythagore ... Gemacht auf der löblichen Schule zu Wien in Oesterreich, durch ... *Wien 1618*

Grams, K.

2840 Zur Geschichte der Orgelmusik in der ev. augsb. Kirche Mittelpolens. *In: Volksfreund-Kalender für Stadt und Land. Lodz 1933, S. 128—134*

Grandmaison, L. de

2841 Notice sur l'orgue de Saint-Martin de Tours. *In: Réunion des Beaux-Arts. 1912*

Grant, J. G. S.

2842 Fisher of Oxford. *In: The Organ. 41. 1961/62, S. 54*

Grant-Davidson, H. J.

2843 E. F. Walcker and Company, Ltd., in Scotland. *In: The Organ. 39. 1959/60, S. 205*

Grassa, Francesco de la

2844 Francesco de la Grassa-Appendice a D. Di Pasquale Storia dell'Arte Organaria in Sicilia. *Palermo 1928*

Grasselli, Vincenzo

2845 L'organo del Santo di Padova. *Padua 1895.*

Graubner, W.

2846 Neue Orgel in der St. Aegidien-Kirche zu Frankenberg i. S. *In: Zeitschrift für Instrumentenbau. Leipzig. 51. 1931, S. 420*

Grave s. Durand 1905

Graves, A. V.

2847 Organ Articles. *In: The Organ. 38. 1958/59, S. 108*

Gravelotte, J. R.

2848 Het orgel der Ev. Luth. Kerk te 's-Gravenhage na de restauratie in 1921. *Den Haag 1922*

Gravet, Nicole

2849 Contribution à la connaissance de l'art organistique français des XVIIe et XVIIIe siècles. *O. O.1960*

Gray, Alan

2850 The modern organ. *London 1913*

2851 Edmund Schulze and the Armley Organ. *In: The Organ. 5. 1925/26, S. 78*

Gray, D. W. / Williams, B. J.

2852 A Plea for Reed Organs. *In: The Organ. 42. 1962/63, S. 53.*

Grayson, John H.

2853 Howden Parish Church and its Organs. *In: The Organ. 13. 1933/34, S. 20*

2854 The Organs of Durham Cathedral. *In: The Organ. 13. 1933/34, S. 65*

2855 The Organ in Sheffield Cathedral. *In: The Organ. 15. 1935/36, S. 129. Zugleich in 16. 1936/37, S. 64*

2856 The Organ in St. Mary's Church, Stoke Newington. *In: The Organ. 16. 1936/37, S. 77*

2857 Durham Revisited. *In: The Organ. 16. 1936/37, S. 138*

2858 The Organs of the Cathedral of Newcastle-on-Tyne. *In: The Organ. 17. 1937/38, S. 72*

2859 The Organs of Ripon Cathedral. *In: The Organ. 18. 1938/39, S. 9, 191*

2860 The Organ in Middlesbrough Town Hall. *In: The Organ. 18. 1938/39, S. 103*

2861 The Organ in Wakefield Cathedral. *In: The Organ. 21. 1941/42, S. 89*

2862 Wakefield Cathedral Organ. *In: The Organ. 22. 1942/43, S. 45*

2863 An Appreciation. *In: The Organ. 23. 1943/44, S. 188*

2864 Bangor Cathedral Organ. *In: The Organ. 35. 1955/56, S. 56*

2865 Stop Controls on consoles. *In: The Organ. 35. 1955/56, S. 207*

Green, Russell

2866 The Hill Organ in Edgbaston Parish Church. *In: The Organ. 38. 1958/59, S. 144*

Greening, R. G.

2867 The Organs at St. Giles' Church, Oxford. *In: The Organ. 34. 1954/55, S. 35*

Grégoir, Edouard G. J.

2868 Historique de la facture et des facteurs d'orgues avec la nomenclature des principales orgues, placées dans les Pays-Bas et dans les provinces flamandes de la Belgique. *Antwerpen 1865*

2869 Histoire de l'orgue. *Brüssel 1865*

2870 Panthéon musical populaire. *Brüssel 1876—1877*

Greir, Arnold

2871 The Organ of Holy Trinity Church, Sloane Street. *In: The Organ. 15. 1935/36, S. 28*

Grell, Eduard

2872 Offener Brief an die (Berliner) Singakademie. *Berlin 1887*

Grempe, P. M.

2873 Zinnpest der Orgelpfeifen, ihre Ursache und ihre Verhütung. *In: Zeitschrift für Instrumentenbau. 39. 1920, S. 268*

Grenié, Gabriel-Joseph

2874 Réponse à un article inséré au Journal des Débats du 16. sept. dernier (1829), et extraits de divers rapports faits par l'Institut e par le Conservatoire de musique, sur les petits et grandes orgues expressives de Grenié. *Paris 1829*

Grieger, P.

2875 Leitfaden für Erfinder. *Bonn o. J.*

Griesbacher, Peter

2876 Die neue Orgel in der Abteikirche zu Niederaltaich. *In: Monatshefte für kath. Kirchenmusik. 10. 1928, S. 140*

2877 Die Orgel der Zukunft. *In: Kirchenmusikalisches Jahrbuch. Regensburg. 1909, S. 101—107*

2878 Neue Orgel in der Kirche St. Anton in Regensburg. *In: Zeitschrift für Instrumentenbau. Leipzig. 49. 1929, S. 490—492*

2879 Maximalgrenzen f. d. Umfang d. Orgeltastatur. *In: Monatshefte für kath. Kirchenmusik. 9. 1930, S. 208*

2880 Alte Orgel. *In: Monatshefte für kath. Kirchenmusik. 9. 1930, S. 246—249*

Griffiths, G. John C.

2881 Minor Builders. *In: The Organ. 41. 1961/62, S. 112*

Grigioni, C.

2882 Maestri organari nella Romagna. *In: Melozzo da Forli — V centenario della nascita. Forli 1937/38*

Grignon, Louis

2883 Historique et description de l'église et paroisse Saint-Alpin de Châlon-sur-Marne. O. O. 1878

2884 Vieilles orgues, vieux organistes. *Châlons-sur-Marne 1879*

2885 Historique et description de l'église Saint-Loup de Châlons. *Châlons-sur-Marne 1880*

2886 Historique et description de l'église Saint-Jean de Châlons. O. O. 1881

2887 Descriptions de l'église Notre-Dame-en-Vaux de Châlons, collégiale et paroissiale. *Châlons-sur-Marne 1884—1885*

Gripon, E.

2888 Recherches sur les tuyaux d'orgue dits à cheminée. *Paris 1864*

Griveau, Maurice

2889 Les instruments à vent et l'orgue. *In: Rev. mus. italiana. 1899, S. 342—353*

Große-Weischede

2890 Orgelbau, Orgelton und Orgelspiel. *Bochum 1910*

Groeber, Fritz

2891 Fs. zum 25jährigen Jubiläum der Einweihung der Erlöserkirche zu Kronenburg (Straßburg). *Straßburg 1932*

Großmann, Dieter

2892 Rotenburgs Stadtrat siegte im Orgelstreit. *In: Heimatblätter für den Kreis Rotenburg. Beilage zu den Hessischen Nachrichten. 1951/54*

2893 Der Orgelbauer Joh. Schlottmann. *In: Mein Heimatland. Bad Hersfeld. 17. 1956/57, H. 1. S. 1—3. H. 3. S. 10—11*

2894 Zu einer Geschichte des Orgelbaus in Hessen. *In: Zeitschrift des Vereins für hessische Geschichte und Landeskunde. 68. 1957, S. 174—184*

2895 Landorgelbaumeister Adam Johann Erdinger. *In: Hessische Heimat. 7. 1957/58, H. 2, S. 10—13*

2896 Joh.-Andreas Heinemann. *In: Hessische Heimat. 9. 1959/60, H. 3, S. 16—21*

2897 Die S. Blasii-Orgel zu Hann.-Muenden. *In: Das Werraland. 12. 1960, H. 1, S. 10*

2898 140 Jahre Orgelbau in Rotenburg. *In: Hessische Heimat. 14. 1964, H. 4, S. 13—16*

2899 Orgeln. *In: Die Kunstdenkmale des Landkreises Stade. München 1965, S. 20*

2900 Kurhessen als Orgellandschaft. *In: Acta organologica. Berlin. 1. 1967, S. 69*

Grove's

2901 Dictionary of Music. *Artikel „Organ". London 1907*

Grüner, B.

2902 Orgeln und Krieg. *In: Cäcilienvereinsorgan. 1917, S. 117—120*

Grüninger, Fritz

2903 Weihefeier der Brucknerorgel in Sankt Florian. *In: Zeitschrift für Kirchenmusik. Köln. 71. 1951, S. 238—239*

Grützmacher, M.

2904 Über die Klänge von Glocken und Orgeln. *In: Acustica. Zürich. 4. 1954, S. 226—229*

Grundmann, G.

2905 Die Orgel ein wichtiges Anliegen der Denkmalpflege. *(Weilheimer Regulativ). Berlin 1958, S. 7 bis 12*

Grunsky, K.

2906 Einweihung der neuen Orgel i. d. Stadthalle zu Heidelberg. *In: Blätter für Haus- und Kirchenmusik. Langensalza. 8. 1903, S. 40*

Guasti, Cesare

2907 Di un maestro d'organi del sec. XV. *In: Belle Arti-Opuscoli descrittivi e biografici. Florenz 1874*

Guby, R.

2908 Von Passauer Bildschnitzern, Kistlern und Orgelbauern und bayrischem Kunstbetrieb überhaupt im Zeitalter des Barock. *In: Kultur des Handwerks. 1927, H. 11*

Guédon, Joseph

2909 Nouveau manuel complet du facteur d'orgues. Nouvelle édition, contenant l'orgue de Dom Bédos de Celles et tous les perfectionnement de la facture jusqu'en 1849. Précédé d'une notice historique par M. Hamel et complété par l'orgue moderne. *Paris 1903*

2910 Manuel complet de l'organiste, contenant: Histoire de l'orgue, Technique de l'orgue, etc. *Paris 1905*

Guédon, J. s. Hamel, M. P. 3041

Günthert, E.

2911 Quellen der steirischen Orgelbaukunst. *In: Singende Kirche. Wien. 11. 1964, S. 141—148*

Gudewill, Kurt

2912 Franz Tunder und die nordelbingische Musikkultur seiner Zeit (Veröffentlichung 1 der Kultusverwaltung der Hansestadt Lübeck). *Lübeck 1967*

Guérard, F.

2913 Notice historique sur l'orgue de Petit-Andely. *Andely 1926*

Guericke, Walrad

2914 Die Orgel und ihre Meister. *Braunschweig 1923*

Guerrini, G.

2915 Origine, evoluzione e caratteri degli strumenti musicali ad uso del popolo. *Bologna 1926*

Guerrini, Paolo

2916 Un carme latino in lode dell'organo (di Lonato). *In: Santa Cecilia. 19. 1917, S. 18—19*

2917 L'Organo della cattedrale di Asola nella diocesi mantovana. *In: Santa Cecilia. Turin 1917. Dezember. S. 34—35*

2918 La cappella musicale del Duomo di Salò. *In: Rivista Musicale Italiana. 29. 1922, S. 81—112*

2919 Di alcuni organisti della cattedrale di Brescia nel Cinquecento. *In: Note d'Archivio per la storia musicale. Rom 1926*

2920 Un organaro bresciano del settecento. *In: Santa Cecilia. I/II. aprile-giugno. 1929, S. 26—28*

2921 La bottega organaria degli Antegnati. *In: Bollettino del Consiglio e uffico provinciale dell'economia di Brescia. Brescia 10. 1930, N. 9—10, S. 264—267, 289—294*

2922 Un glorioso artigianato bresciano. La bottega organaria degli Antegnati. *In: Bollettino del Consiglio e dell'Ufficio Provinciale dell'Economia. Brescia 10. 1930. September/Oktober*

2923 Per la storia della musica a Brescia. *In: Note d'Archivio. Rom 1934*

2924 Gli organi e gli organisti della cattedrale di Brescia. In alcuni documenti del Comune, della Fabbrica e del Capitolo. *In: Note d'Archivio. settembre—ottobre. 1939, S. 205—225. Appendice II: Organi e organari in Valle Camonica.*

2925 L'organaro bresciano G. B. Fachetti e l'organo Merlin Cocaio. *In: Note d'Archivio per la storia musicale. 19. 1942, S. 136—144*

2926 Organari bresciani in Romagna. *In: Il giornale di Brescia. Brescia. 2. 1946, 7. November. Nr. 262*

2927 Una storica famiglia di organari bresciani (Dalla bottega alla contoria l'estro e l'arte degli Antegnati *In: Giornale di Brescia. 25. 4. 1956*

Guest, John

2928 Extension Organ. *In: The Organ. 24. 1944/45, S. 191*

2929 Pipeless organs and The Organ. *In: The Organ. 39. 1959/60, S. 209*

Gugumus, Joh. Emil

2930 Der Erbauer der großen Speyrer Domorgel vom Jahre 1454. *In: Archiv für mittelrheinische Kirchengeschichte. Speyer. 8. 1956, S. 371—376*

Guido d'Arezzo

2931 Ad organum faciendum. *Mailand. 11. Jh. (Bibl. Ambros)*

Guillaume

2932 Cathédrale du Toul (Orgue, 1761). *In: Journal de la Société d'archéologie et du Comité du Musée lorrain. 11. 1862, S. 253*

2933 Les orgues de Notre-Dame d'Embrun. Notes et documents. *Réunion des Sociétés des Beaux-Arts à la Sorbonne. 10. 1886*

2934 Les orgues d'Embrun. *In: Bulletin de la Société des Hautes-Alpes. 1888, S. 145, 245*

2935 Les armoires de l'orgue et de la maison de Chanonge d'Embrun. *In: Bulletin de la Société d'études des Hautes-Alpes. 8. 1889*

Guilleaume, Fr.

2936 Topographisch-historisch-statistische Beschreibung der Stadt Münster. *Münster 1836*

Guillemin, August

2937 Méthode pour accorder les orgues de tuyaux au tempérament comptés individuellement au métronome Maelzel. *Paris o. J.*

Guillermin, F.

2938 Orgues et organistes de la Sainte-Trinité de Fécamp. *Fécamp 1943*

Guillibert

2939 Le chant et l'orgue à l'église. Discours prononcé à la cérémonie de bénédiction des nouvelles orgues de l'église de la Trinité de Marseille, le 26. octobre 1899. *Aix 1899*

Guilmant, Alexandre

2940 Du rôle de l'orgue dans les offices liturgiques. *In: Congrès diocésain de musique religieuse et de plain chant. Rodez. 22.—24. Juillet 1895, S. 157—159*

Guinedot, Edmond

2941 L'orgue d'église. Histoire et description sommaires. *Lyon und Paris 1928*

Guittard, H.

2942 Les anciennes orgues françaises. *In: Comptes rendus ... du Congrès Parisien et régional de chant liturgique et de musique d'église Paris 1911. Poitiers 1912, S. 110—136*

Guittard, J.

2943 Calculs et mesures d'indépendances acoustiques. *In: Acoustique musicale ... Marseille 1958. Paris 1959, S. 221—229*

Gulik, L. C. van

2944 Het orgel van de St. Jans Kathedraal in Den Bosch. *In: Mens en Melodie. 6. 1951, S. 275—278*

Guntersberg, Heinrich Christian Karl

2945 Der fertige Orgelspieler, oder casual Magazin für alle vorkommenden Fälle im Orgelspiele. Ein praktisches Handbuch für Cantoren, Organisten ... *Meißen 1823—1827*

Gurlitt, Wilibald

2946 Zwei archivalische Beiträge zur Geschichte des Orgelbaues in Braunschweig aus den Jahren 1626 und 1631. *In: Braunschweigisches Magazin. 1913, S. 80—84, 89—91*

2947 Congreßberichte. 1926

2948 Der musikalische Denkmalswert der alten Musikinstrumente, insbesondere der Orgeln. *In: Tagg. für Denkmalspflege und Heimatschutz. Mainz 1927, S. 89—94*

2949 Die Orgel von heute. *In: Musica divina. Wien. 16. 1928, S. 104—110*

2950 Zur gegenwärtigen Orgel-Erneuerungsbewegung in Deutschland. *In: Musk und Kirche. 1. 1929, S. 15—27*

2951 Die Orgel von heute. *In: Deutsche Tonkünstler-Zeitung. 26. 1930, S. 289—292*

2952 Prinzipien u. z. Gesch. d. Registrierkunst in der alten Orgelkunst. *In: Bericht über den 1. Musikwissensch. Kongreß in Leipzig Juni 1925. 1930, S. 232—236*

2953 Der kursächsische Hoforgelbauer Gottfried Fritzsche. *In: Fs. Schering. Berlin 1937*

2954 Zum Schülerkreise des kursächsischen Hoforgelmachers Gottfried Fritzsche. *In: Musik und Kirche. 10. 1938, S. 158*

2955 Die Wandlung des Klangideals der Orgel im Lichte der Musikgeschichte. *In: Bericht über die Freiburger Tagg. für deutsche Orgelkunst. Kasssel 1939, 1. Tgg. S. 11—37*

2956 Die Paulskirchen-Orgel in Frankfurt a. M. *In: Zeitschrift für Instrumentenbau. Leipzig. 60. 1940, S. 89, 102*

2957 Die Frankfurter Paulskirchen-Orgel von 1827. *In: Frankfurter Zeitung. Stadt-Blatt. Nr. 5 1940, 7. Januar, 2. Blatt*

2958 Schwäbische Orgelbaukunst. *In: Schwabenland. 16. 1940, Nr. 12, S. 12—14*

2959 Zur schwäbischen Orgelbaukunst (Orgelmacher-Familie Schmahl). *In: Musik und Kirche. 13. 1941, S. 11—17*

2960 Schwäbische Orgelbaukunst. *In: Zeitschrift für Instrumentenbau. Leipzig. 61. 1941, S. 105—107, 114—116, 123*

2961 Die Kirchenorgel in Geschichte und Gegenwart. *In: Der Kirchenmusiker. Darmstadt. 5. 1954, S. 37—43*

2962 The Praetorius organ in Freiburg. *In: American-German Review. Philadelphia. 22. 1955/56, Nr. 4, S. 7—9*

2963 Der musikalische Denkmalswert der alten Orgel. *Berlin 1958*

2964 Orgel und Orgelmusik. *Wiesbaden 1966*

Gurtner, Josef

2965 Die kath. Kirchenmusik in Österreich im Lichte der Zahlen. *Baden 1937*

Gustafsson, Karl G.

2966 Det kyrkliga musiklivet. *In: Skara stift i ord och bild. Stockholm 1949, S. 267—280*

Gutbier, K.

2967 Orgelbaumeister aus alter Zeit in Merseburg. *In: Das Merseburger Land. 1932, H. 5, S. 8*

Guttmann, O.

2968 Orgel in der Synagoge. *In: Jüdische Rundschau. Berlin. 37. 1932, S. 408*

2969 Die Orgel in der Synagoge. *In: Der Morgen. Berlin. 13. 1937, S. 258—260*

Gwinner, Volker

2970 Die Orgel im Sendesaal von Radio Bremen. *In: Musik und Kirche. 27. 1957, S. 138—139*

Haacke, Walter

2971 Geschichte der Orgelbaukunst in Mecklenburg. *In: Mecklenburgische Monatshefte. Ludwigslust. 10. 1934, S. 395—399*

2972 Die Entwicklung des Orgelbaues im Lande Mecklenburg-Schwerin. *Phil. Diss. Wolfenbüttel 1935*

2973 Orgelbauten im Zeitzer und Naumburger Dom. *In: Archiv für Musikforschung. Leipzig. 7. 1942, S. 209—217*

2974 Orgeln in 48 Bildern. *Königstein/Taunus 1953*

2975 Orgelbau im Spiegel der Allgemeinbildung. *In: Musik und Kirche. 32. 1962, S. 271—273*

2976 Orgeln in aller Welt. *Königstein/Taunus 1965*

Haag, Herbert

2977 Aufgaben des Orgelunterrichts an einem kirchenmusikalischen Institut. *In: Musik und Kirche. 7. 1935, H. 5, S. 227*

2978 Die Orgel im weltlichen Bereich. *In: Bericht über die Freiburger Tagung für deutsche Orgelkunst. Kassel 1939, 2. Tagung, S. 78—87*

2979 Zur französischen Orgelkunst. *In: Musik und Kirche 29. 1959, H. 1, S. 28. H. 4, S. 193*

2980 Orgelspiel und Orgelstil. *In: Musik und Kirche. 30. 1960, H. 4, S. 209*

Haar, Johann

2981 Die einzige Arp-Schnitger-Orgel in Pellworm in Schleswig-Holstein. *In: Für Arbeit und Besinnung. Stuttgart. Norddt. Beilage Nr. 7. 1954, S. 381—382*

Haas, Friedr.

2982 Anleitung über Scheiblers musikalische und physikalische Tonmessung. *Erfurt 1886*

Haase, Otto

2983 Orgelbau und Chemie. *In: Zeitschrift für Instrumentenbau. 55. 1935, S. 372—374*

2984 Über die älteren Orgeln Sachsens und deren Erhaltungszustand. *Ms. der Chemie Dr. Haase. Dresden ca. 1944*

2985 Kleinorgel G. Silbermanns. *In: Musik und Kirche. 9. 1937, S. 148*

2986 Der sächsische Orgelbau im 19. Jh. *In: Zeitschrift für Kirchenmusiker. Dresden. 19. 1942, S. 66—68*

Haberl, Franz Xaver

2987 Orgelbau im 18. und 20. Jh. *In: Kirchenmusikalisches Jahrbuch. Regensburg 1902, S. 128—142*

2988 Organaria. *In: Musica sacra. Regensburg 1906, S. 33, 76—78, 91—95*

Haberl, F. X. / Eder, P. V.

2989 Organaria. *In: Gregorianische Rundschau. Graz 1909, S. 102, 141*

Haberl, Ferdinand

2990 Elektroakustische Orgeln. *In: Klerusblatt. München. 34. 1954, S. 90*

Hach, Ed.

2991 Zur Geschichte der großen Orgel i. d. St. Jakobikirche zu Lübeck. *In: Zeitschrift für Lübeckische Kirchengeschichte*

Hachez, F.

2992 Mémoire sur la paroisse et l'église de S. Nicolas-en-Havre. *Bergen 1859*

Hackett, Henry

2993 Organs and Organists of Coventry Cathedral. *In: The Organ. 14. 1934/35, S. 22*

2994 The Organs and Organists of Leicester Cathedral. *In: The Organ. 14. 1934/35, S. 213*

2995 The Organ at Leicester Cathedral. *In: The Organ. 15. 1935/36, S. 128*

2996 The Birmingham University Organ. *In: The Organ. 16. 1936/37, S. 108*

Hacking, Leonard

2997 Organ Tuition. *In: Musical Opinion. 71. 1948, S. 380*

Haden, W. Nelson

2998 The Liverpool Cathedral Organ. *In: The Organ. 4. 1924/25, S. 64*

Hadden

2999 The organ in engl. literature. *In: The Choir and Musical Journal. London 4, S. 38*

Hadlow, H. R.

3000 Thirty-Two Ft. Open Substitutes. *In: The Organ. 11. 1931/32, S. 128*

Haeling

3001 Discours de réception de M. Haeling, organiste de la cathédrale (de Rouen). *Académie de Rouen 1907/1908*

Hänchen, R.

3002 Als Gast an der Heldenorgel in Kufstein. *In: Zeitschrift für Kirchenmusiker. Dresden. 13. 1913, S. 84*

3003 Orgelerneuerung in der Stadtkirche zu Lommatzsch i. S. *In: Zeitschrift für Instrumentenbau. 52. 1932, S. 107*

Hänel, K.

3004 Neue Orgel in der Stadtkirche zu Pirna. *In: Zeitschrift für Kirchenmusiker. Dresden. 9. 1927, S. 69*

Hänlein, A.

3005 Zur Frage der Hochdruckluftregister bei Orgelwerken. *In: Monatsschrift für Gottesdienst und kirchliche Kunst. Göttingen. 3. 1898, S. 363*

3006 Neuerungen im Orgel-Bau. *In: Monatsschrift für Gottesdienst und kirchliche Kunst. Göttingen. 7. 1902, S. 28*

Haenni, Georges

3007 Die Orgel von Dereux. *In: Das Musikinstrument und Phono. Frankfurt/M. 11. 1962, S. 603—604*

3008 L'orgue du progrès fidèle à la tradition. *In: Schweizerische Musikzeitung. Zürich. 102. 1962, Nr. 3. S. 161—166*

Haertel s. Hertel

Haeseler, W.

3009 Die Reparatur der Marktkirchenorgel zu Goslar. *In: Urania. 34. 1877, S. 66—68*

3010 Die Orgel in der großen Kirche in Emden. *In: Urania. 34. 1877, S. 99—101*

Hager, Leopold

3011 Die Brucknerorgel im Stifte St. Florian. *St. Florian 1951*

Hahnemann, H.

3012 Die älteste Orgel des Bistums Hildesheim (St. Jakobi-Kirche in Goslar). *In: Zeitschrift für Instrumentenbau. 60. 1940, S. 111*

Haines, Nicholas

3013 Console Design. *In: The Organ. 41. 1961/62, S. 111*

Hainisch, S. V.

3014 Anlage und gewisse Mensurverhältnisse des heutigen Orgelspieltisches. *In: Zeitschrift für Instrumentenbau. 25. 1904, Nr. 6/7*

Halbig, H.

3015 Die Praetoriusorgel in Freiburg i. Br. *In: Monatsschrift für Gottesdienst und kirchliche Kunst. Göttingen. 1922, S. 83*

Halke, Gustav

3016 Geschichte der evang. Gemeinde Volberg. *Volberg 1938, S. 63 f.*

Hall, Ben

3017 The last remaining Seats, The Story of the Golden Age of the Movie Palace. *O. O. 1961*

Hallays, André

3018 L'abbaye de Valloires. *In: L'Illustration. 1924, 6. September.*

3019 Un Monastère du XVIIIᵉ siècle. L'abbaye de Valloires. *In: Conférence à l'Association Fénelon pour l'éducation des jeunes filles. 14. 1925, Juni, Nr. 8.*

Halle, Johann Samuel

3020 Werkstätte der heutigen Künste. *Brandenburg u. Leipzig 1761—65*

3021 Theoretische und praktische Kunst des Orgelbaues. *Brandenburg 1779*

3022 Die Kunst des Orgelbaues, theoretisch und praktisch beschrieben. *Brandenburg 1779*

Hallensleben, Rolf

3023 Die Wiederherstellung der frühbarocken Orgel zu Westerhusen über Emden. *In: Musik und Kirche. Kassel. 26. 1956, S. 124—126*

Hallman, E.

3024 Historien om ett orgelverk. *In: Kyrkomusikernas Tidning. 8. 1943, S. 129—131*

Hallowes, Malcolm

3025 Organs in Cinemas. *In: The Organ. 1. 1921/22, S. 26*

3026 The Case for the Detached Console. *In: The Organ. 10. 1930/31, S. 84*

3027 The Organ in America, and its Influence upon British Design. *In: The Organ. 11. 1931/32, S. 158*

3028 Thirty-Two Ft. Open Substitutes. *In: The Organ. 11. 1931/32, S. 190*

3029 The Organ at Christ's Hospital, Horsham. *In: The Organ. 12. 1932/33, S. 5*

3030 The New Westminster Abbey Organ. *In: The Organ. 17. 1937/38, S. 252*

Halls, Albert E.

3031 Organ Matters. *In: The Organ. 24. 1944/45, S. 92*

Hamand, L. A.

3032 Malvern Priory Organ. *In: The Organ. 8. 1928/29, S. 114*

Hamann, Fritz

3033 Ein Orgelbauvertrag aus dem Jahre 1582. *In: Musik und Kirche. 3. 1931, S. 187*

3034 Das Orgelregister Suona della molla. *In: Musikforschung. Kassel. 7. 1954, H. 3. S. 339*

Hamann, Heinz Wolfgang

3035 Abbé Voglers Simplifikationssystem im Urteil der Zeitgenossen. *In: Musik und Kirche. 33. 1963, S. 28—31*

Hambraeus, Bengt

3036 Klangproblem i 1600—1700—talens orgel konst. *In: Svensk Tidskrift for Musikforskning. 32. 1950, S. 103—146*

3037 Orgelkris? *In: Musikrevy. 11. 1956. Dec. Omtr. Kyrkomusikernas Tidning. 22. 1956, S. 181—182*

Hamel, Marie Pierre

3038 Rapport sur les travaux du grand orgue de l'église de la Madeleine à Paris. *Paris 1846*

3039 La construction du grand orgue de la cathédrale Marissel-les-Beauvais. *Orleans o. J.*

3040 La construction du grand-orgue de St. Pierre de Beauvais. *o. O. o. J.*

3041 Nouveau manuel complet du facteur d'orgues, ou traité théorique et pratique de l'art de construire les orgues, contenant l'orgue de Dom Bédos et tous les progrès et perfectionnements de la facture, précédé d'une notice historique sur l'orgue et suive d'une biographie des principaux facteurs de l'orgue. *Paris 1849. ²/1903, hrsg. v. Joseph Guédon*

Hamer, A.

3042 The Oude Kerk in Amsterdam, a History of its Organ. *In: The Diapason. 53. Nr. 636, S. 28*

Hamilton, David

3043 Remarks on organ-building, and the causes of defective instruments. *Edinburg 1851*

3044 Remarks on the state of organ-building, past and present. *London 1863*

Hamilton, Frederick

3045 Charles Spackman Barker. *In: The Organ. 14. 1934/35, S. 128*

Hamilton, James Alex

3046 Catechism of the Organ. *London um 1840*

3047 Historical-descriptive and practicel catechism of the organ. *London 1842*

Hammer, Emil

3048 Orgelbau in Ost und West. *In: Musica. 5. 1951, S. 286*

3049 Fs. 125 Jahre Emil Hammer, Orgelbau. *Hannover o. J.*

Hammer, E. s. Schuke, H. J. 6319

Hammer, Gabriel

3050 Umgestaltung und neue Orgel der Abteikirche Marienstatt. *In: Westerwälder Zeitung. Pfingsten 1966*

3051 Die historische Schöler-Orgel in Maxsain. *In: Westerwälder Zeitung. 25./26. 6. 1966*

3052 Die Orgel in Wissen: *In: Westerwälder Zeitung. 2. 9. 1966*

3053 Die Schöler-Orgel in Herschbach. *In: Westerwälder Zeitung. 24. 12. 1966*

3054 Der Orgelbauer Johannes Klais. *In: Musik und Kirche. 31. 1961, H. 2, S. 73*

3055 Orgelbaukunst im Westerwald. *In: Westerwald. 56. 1963, H. 10/11. Zugleich in: Musik und Kirche. 34. 1964, H. 2, S. 84*

Hammerich, Angul

3056 Et historisk orgel paa Frederiksborg Slot. *Kopenhagen 1897*

Hammermeister, Paul

3057 Orgelbau in Berlin. *In: Der Kirchenmusiker. Darmstadt. 5. 1954, S. 47—49*

Hammond, Fanny Reed

3058 A Snetzler Organ. *In: The Organ. 17. 1937/38, S. 191*

Hand, M.

3059 The Organist in his relation with the clergy. *London 1890*

Handschin, Jacques

3060 Freiburger Tagung für deutsche Orgelkunst. *In: Zeitschrift für Musikwissenschaft. 8. 1926, S. 648 bis 650*

3061 3. Orgeltagung in Freiberg/S. *In: Zeitschrift für Musikwissenschaft. 10. 1927, S. 114*

3062 Orgelbewegung in der Schweiz. *In: Bericht über die 3. Tagung für deutsche Orgelkunst in Freiberg/Sa. 2.–7. 10. 1927. Kassel 1928, S. 116–121. Zugleich in: Fs. Handschin. Bern 1957, S. 310–318*

3063 Zur Behandlung des Mensurproblems im Mittelalter. *In: Fs. Biehle. Leipzig. 1930. S. 40–46. Zugleich in: Fs. Handschin. Bern 1957, S. 82–89*

3064 Orgelfunktionen in Frankfurt a. M. im 15. und 16. Jh. *In: Zeitschrift für Musikwissenschaft 17. 1935, S. 108*

3065 Das Pedalklavier. *In: Zeitschrift für Musikwissenschaft. 1935, S. 418 ff.*

3066 Die historische Stellung von Gesang und Orgelspiel im Gottesdienst (1941). *In: Fs. Jaques Handschin. Bern 1957, S. 161–165*

3067 Aus der alten Musiktheorie. Zur Mensuration der Orgelpfeifen. Orgel und Organum. *In: Acta musicologica. 14. 1942, S. 1–27; 15. 1943, S. 2–23*

3068 Zeitgemäße Orgelfragen. *In: Fs. Handschin. Bern 1957, S. 319–322*

3069 Orgel, Orgelbau und Orgelspiel. *In: Musica aeterna. 2. S. 329–337*

Hanebeck, Hugo Rudolf

3070 Orgelbaufragen von heute. *In: Im Dienste der Kirche. Essen, 40. 1959, S. 9–12, 52–55*

Hanft, Walter

3071 Gottesdienstliche Musizierformen der Orgel. *In: Musik und Kirche. Kassel. 25. 1955, S. 156–161*

Hanken, Hans

3072 Das Kollegiatstift zu Oldenburg. *Oldenburg 1959*

Hankin, George

3073 The Organ at St. Georges's Hall, Bradford. *In: The Organ. 34. 1954/55, S. 43*

Hapke, Walter

3074 Gustav Focks Kartei der niederdeutschen Orgelbauer und Orgeln. *In: Zeitschrift für Musik. Regensburg. 104. 1937, S. 1260. Zugleich in: Musik und Kirche. 11. 1939, S. 132*

Haraszti, E.

3075 L'organo di Mattia Corvino nel Museo Correr di Venezia. *In: Archivio di scienze lettere ed arti della Società Italo-Ungharesa Mattia Corvino, supplemento a „Corvina". Budapest. 3. 1940, 12*

3076 A propos de l'orgue de Mathias Corvin du Musée Correr à Venise. *In: L'Orgue. 46. 1948, S. 7–17; 50. 1949, S. 28–29*

Harding, H. A.

3077 Organ Touch and Phrasing. *London 1912*

Hardmeyer, Willy

3078 Einführung in die schweizerische Orgelbaukunst. *Zürich 1947.*

3079 Der Orgelbau im Tessin. *In: Einführung in die schweizerische Orgelbaukunst. Zürich 1947, S. 67 bis 70*

Hardouin, Pierre-Jean

3080 Le grand orgue de St. Gervais à Paris. *Paris 1949*

3081 Le Grand-orgue de St. Médard, Les Grands-orgues de N.-D. de Paris à l'époque classique, Le Grand-orgue de St. Etienne-du-Mont. Facteurs parisiens en province. *In: L'orgue. 1951–1954, Nr. 58–73*

3082 Les instruments que pouvaient toucher les organistes à Paris vers 1600. *In: la Musique instrumentale de la renaissance. Paris 1955*

3083 Constitution à Paris de l'orgue français classique. *In: Tribune de l'orgue. Lausanne. 7. 1955, Nr. 4*

3084 André Silbermann à Paris. *Paris 1956*

3085 Où en est l'histoire de la facture d'orgues française? *In: Acta musicologica. Kassel. 30. 1958, N. 1/2, S. 52–77*

3086 La facture d'orgue à Paris, de 1550 à 1850.

3087 De L'orgue de Pépin à l'orgue médieval. *O. O. u. J.*

3088 Clicquot. *In: Musik in Geschichte und Gegenwart. Bd. 2 Kassel 1952, Sp. 1507–1513*

3089 Les Orgues de Saint-Germain l'Auxerrois à Paris. *In: Recherches 1960 (VI), S. 117–131.*

3090 Lépine, les Picart de, Adrian. *In: Musik in Geschichte und Gegenwart. Bd. VIII. Kassel 1960, Sp. 655–56*

3091 Thierry. *In: Musik in Geschichte und Gegenwart. Bd. 13. Kassel 1966, Sp. 343–344*

Hark, F.

3092 Orgelbewegung – ja oder nein? *In: Zeitschrift für Kirchenmusiker. Dresden. 21. 1939, S. 26–29*

Harker, Clifford

3093 The organ in Bristol Cathedral. *Bristol 1952*

Harlin, Gösta

3094 Orgelverk i stiftet. *In: Luleå stift in ord och bild. Stockholm 1953, S. 655–670*

Harling, C. A.

3095 Plastic Tracker Actions. *In: The Organ. 33. 1953/1954, S. 53*

3096 Extension, Electronics and Other Matters. *In: The Organ. 40. 1960/61, S. 51*

Harman, Ricard A.

3097 Harrison, Arthur. *In: Musik in Geschichte und Gegenwart. Bd. V. Kassel 1956, Sp. 1728–1729*

Harms, G.

3098 Umfang und Anordnung der Pedalklaviatur. *In: Beiträge zur Organisten-Tagung Hamburg-Lübeck 6.—8. Juli 1925. 1925, S. 26—33*

Harris, F.

3099 The organ, its history, construction and use. *London 1916*

Harrison, G. Donald

3100 The King of Instruments. 1. The American Classic organ. *O. O u. J.*

Harrossowitz, Hermann

3101 12. Internationale Orgelwoche in Nürnberg, 16. bis 30. Juni 1963. *In: Der Kirchenmusiker. Darmstadt. 14. 1963, S. 231—232.*

Hart, Günter

3102 Daniel Meyer — Orgelmacher zu Göttingen. *In: Musik und Kirche. 34 1964, H. 6, S. 285*

3103 Der Orgelbauer Jost Pape. *In: Musik und Kirche. Kassel. 36. 1966, H. 2, S. 78—82*

Hart, W. J.

3104 How to Describe an Organ. *In: The Organ. 46. 1966/67, S. 93*

Hartley, Walter

3105 The Re-built "Hill" Organ in Selby Abbey. *In: The Organ. 32. 1952/53, S. 118*

Hartmann, C.

3106 Die Orgel von St. Bavo; Mozarts Reise nach Haarlem. *Iserlohn 1947*

Hartmann, Johann Ludwig

3107 Denck und Danck-Schule. Von der Orgel und Instrumentalmusik Ursprung und Fortpflanzung heilsamen vierfachen Zweck und griemenden Gebrauch. *Rothenburg o. T. 1673*

Hartmann, Ludwig

3108 Orgelbau und Orgelspiel in Deutschland und Italien vom Beginn des Mittelalters bis zum Ende des 16. Jhs. *In: Siona Gütersloh. 1902, S. 193—198, 213—217*

3109 Die Orgel. *Leipzig 1904*

3110 Neue Orgel in der ev. Stadtkirche Bayreuth. *In: Zeitschrift für Instrumentenkunde. 34. 1914, S. 636*

Hartmanns, K. D.

3111 Pieter Qweijsen en het Orgel in de Bethlehemsche Kerk te Zwolle. *Deventer 1929*

Hartshorn, W. E.

3112 The Collegiate Church of St. Mary, Shrewsbury. *In: The Organ. 25. 1945/46, S. 143*

Hartter, R.

3113 Zur Frage nach dem Besonderen des religiösen und kirchlichen Orgelspiels. *In: Neue Blätter aus Süddeutschland für Erziehung und Unterricht. Stuttgart. 13. 1884, S. 102—114*

Harvey, Nigel

3114 St. Cyriac. *In: The Organ. 42 1962/63, S. 111*

Harvey, Sidney W.

3115 A Short History of the Organ of Canterbury Cathedral. *London 1916*

3116 The Organs of Canterbury Cathedral. *In: The Organ. 3. 1923/24, S. 1*

3117 The Liverpool Cathedral Organ. *In: The Organ. 3. 1923/24, S. 225*

3118 Two Father Smith Organs. *In: The Organ. 4. 1924/25, S. 221*

3119 The Royal Albert Hall Organ. *In: The Organ. 1926/27, S. 127*

3120 The Lancelott Pease Organ Case Design for Canterbury Cathedral. *In: The Organ. 16. 1936/1937, S. 117.*

3121 Two Unpublished Records of Father Smith. *In: The Organ. 1. 1921/22, S. 96*

Haselböck, Hans

3122 Pfeifenorgel oder Elektronenorgel? *In: Singende Kirche. Wien. 5. 1957/58, H. 3*

3123 Eine „Orgelreise nach Holland. *In: Singende Kirche. Wien. 7. 1959, H. 1, S. 22—23*

3124 Sechs Jahrhunderte Orgelbau im Wiener Stephansdom. *In: Singende Kirche. Wien. 7. 1960, S. 90—94*

3125 Was wissen wir von der antiken Orgel? *In: Singende Kirche. Wien. 8. 1960, S. 20—27*

3126 Gibt es eine „moderne" Orgel? *In: Singende Kirche. Wien. 9. 1961, H. 1, S. 16—19, 87—90*

3127 Stilorgel oder Kompromißdisposition? Von den klanglichen Voraussetzungen einer zeitgemäßen Orgel. *In: Singende Kirche. Wien. 9. 1962, S. 134 bis 136*

3128 Orgelbau und Orgelspiel im Spiegel der Literatur. *In: Österreichische Musik-Zeitschrift. Wien. 18. 1963, S. 569—574.*

3129 Die Orgeln der Stifte Lilienfeld. *In: Singende Kirche. Wien. 11. 1963, S. 24—25*

3130 Was bedeuten die Namen der Orgelregister? *In: Singende Kirche. Wien. 11. 1963/64, S. 62—67*

3131 Großorgeln in Österreich. Zum Bau einer viermanualigen Orgel in Wilten. *In: Österreichische Musik-Zeitschrift. Wien 19. 1964, S. 600—602*

3132 Österreichs erste viermanualige mechanische Schleifladenorgel. *In: Instrumentenbau-Zeitschrift. Konstanz. 19. 1965, Nr. 1, S. 5—6*

Hasse, Karl

3133 Eine Prätoriusorgel. *In: Zeitschrift für Musikwissenschaft. 4. 1921, S. 127*

3134 Freiburger Tagung für deutsche Orgelkunst. 27. bis 29. 7. 1926. *In: Zeitschrift für evang. Kirchenmusik, Hildburghausen. 4. 1926, S. 253—261*

3135 3. Tagung für deutsche Orgelkunst in Freiburg i. Sa. vom 2.—7. 10. 1927. *In: Zeitschrift für ev. Kirchenmusik. 1927, S. 318—323*

3136 Über die neue Orgel im Festsaal der Universität Tübingen. *In: Musik und Kirche. 3. 1931, H. 6, S. 300*

3137 Neuere deutsche Orgelbewegung. *In: Monatshefte für kath. Kirchenmusik. 13. 1931, S. 288—293, 314—318. Zugleich in: Zeitschrift für Musik. 98. 1931, S. 857*

3138 Deutsche Christen, Kirchenmusik und Orgelbewegung. *In: Zeitschrift für Musik. 100. 1933, S. 712*

3139 Typ der neuen deutschen Orgel. *In: Zeitschrift für Instrumentenbau. 58. 1938, S. 65—67*

Hasse, K. s. Schulze, H. 6335

Hatschek, P.

3140 Über Lichtton-Orgeln. *In: Kinotechnik. Berlin. 18. 1936, S. 372*

Haufe, Armin

3141 Unser Sachsen, das Land klingender Kleinode Gottfried Silbermanns. *In: Der Kirchenchor. 1940, Nr. 7/8, S. 43*

Haufe, F.

3142 Orgel Ver sacrum i. Jugendhof zu Hassitz. *In: Der Kirchenchor. 41. 1930. S. 146*

Haupt, Helga

3143 Wiener Instrumentenbauer um 1800. *Phil. Diss. Wien 1952*

Haupt, Karl August s. Bach, August Wilhelm 0272

Haupt, Leopold

3144 Geschichte der berühmten Orgel in der Haupt- und Pfarrkirche zu St. Peter und Paul in Görlitz. *In: Neues Lausitz. 36.*

Haupt, Rudolf

3145 Zur Situation der Orgel in Deutschland. *Northeim 1953*

3146 Die Orgel im evangelischen Kultraum in Geschichte und Gegenwart. *Northeim. 1954*

3147 Orgel-Instrumentenname oder Gattungsbegriff. *In: Das Musikinstrument und Phono. Frankfurt/Main. 12. 1963, S. 393, 417, 456/457*

3148 Die Orgel von St. Sixtus zu Northeim. *Mainz. O. J.*

Hausberg, Erich

3149 Orgelbauten im Kirchenkreis Recklinghausen von 1950—1958. *In: Gemeindebuch des Kirchenkreises Recklinghausen. Essen 1958, S. 29—31*

Hauser, H. R.

3150 Orgelreform und St. Jakobiorgel zu Hamburg. *In: Kunstrundschau. Hamburg. 1925, Nr. 11, S. 11*

Hausmann, Jobst Rupprecht

3151 Der Einfluß der Windladensysteme und Ventilformen auf die Einschwingvorgänge von Orgelpfeifen. *Phil. Diss. Aachen 1933*

Hausserman, John W.

3152 Electic Tonal Design. *In: The Organ. 19. 1939/1940, S. 111*

Havingha, Gerardus

3153 Oorspronk ende voortgang der orgelen. *Alkmaar 1727*

3154 Verdediging van Jacob Wognum tegen de lasterende woorden over „Oorspronk ende voortgang der orgelen." *Alkmaar 1727*

Hawkins, A. M.

3155 St. Andrew's, Wells Street. *In: The Organ. 15. 1935/36, S. 126*

Haycraft, F. W.

3156 Dressler or Dresser? *In: The Organ. 17. 1937/38, S. 256*

3157 The Organs at Ripon Cathedral. *In: The Organ. 18. 1938/39, S. 128*

3158 Some Organs in the Nene Valley. *In: The Organ. 19. 1939/40, S. 207*

3159 Scudamore Organs. *In: The Organ. 22. 1942/43, S. 94*

3160 The organs of Bath and district, incl. some of the more important in Bristol and Clifton. *Bath 1932*

Hayen, W.

3161 Die Wallfahrtskapelle U. L. F. in Wardenburg. *Oldenburg. 5. Jahrbuch*

Hayne, L. G.

3162 Hints on the purchase of an organ. *London 1867*

Haythorne, E. C. C.

3163 Pearson Organ Cases. *In: The Organ. 23. 1943/44, S. 95*

Heath, A.

3164 Cromer church organs, past and present. *O. O. u. J.*

Hedlund, Torsten

3165 Orgelrestaurering och orgelklang. *In: Kyrkomusikernas Tidning. 29. 1963, S. 67—68*

Heerstell, H.

3166 Kurze Anleitung zur Kenntniss der Orgelstimmen. *Kassel 1824*

Heil, N.

3167 Erfahrungen mit der sogenannten Elektronenorgel. *In: Kirchenmusikalische Nachrichten. Frankfurt/M. 9. 1958, H. 1*

Heiling, Hans

3168 Niederösterreich als Orgelland im 18. Jh. *In: Singende Kirche. Wien. 4. 1956/57, H. 2*

3169 Orgel der Franziskanerkirche zu Wien. *Mainz 1958*

3170 Festorgel der Stiftskirche zu Klosterneuburg bei Wien. *Mainz 1958*

3171 Die Orgel der Stiftskirche zu Herzogenburg und der Michaelerkirche zu Wien. *Mainz 1958*

3172 Mußte diese schöne Orgel (in Breitenfurt) gemordet werden? *In Ars organi. 1958, H. 12, S. 208 bis 210*

3173 Wiener Barockorgeln. *In: Singende Kirche. Wien. 6. 1958/59, S. 67—69*

3174 Die neue Orgel als Kunstwerk im neuen Kirchenraum. *In: Singende Kirche. Wien. 6. 1958/59, S. 116—118*

3175 Joh. Ignaz Egedacher und seine Orgel in der Stiftskirche zu Zwettl i. Niederösterreich. *Mainz 1959*

3176 Orgel der Stiftskirche zu Heiligenkreuz bei Wien. *Mainz 1959*

3177 Frühbarocker Orgelschatz in Kärnten. *In: Singende Kirche. Wien. 7. 1960, S. 101—103*

3178 Orgeln um Joseph Haydn. *In: Singende Kirche. Wien. 8. 1960, S. 69—71*

3179 Barocke Orgelbaukunst in der Steiermark. *In: Singende Kirche. Wien. 9. 1962, S. 174—176*

3180 Gedanken zur Orgelkultur des Barock in Oberösterreich. *In: Singende Kirche. Wien. 10. 1962/1963, S. 57—60*

3181 Tragpositive und Prozessionsorgeln. *In: Singende Kirche. Wien. 12. 1964/65, H. 2, S. 73—74*

3182 Wie steht es um die Pflege unserer Orgeln? *In: Singende Kirche. Wien. 12. 1964/65, H. 4, S. 183 bis 185*

3183 Franz Xaver Chrismann (Priester, Orgelbauer 1726—1795). Ein Orgelbauer im Priesterkleid. *In: Singende Kirche. Wien. 13. 1965/66, H. 2, S. 80 bis 82*

Heiller, Anton

3184 Probleme um die neue Orgel des Stephansdomes. *In: Österreichische Musik-Zeitschrift Wien. 15. 1960, S. 457*

Heilmann, F.

3185 Gegen die moderne Orgel. *In: Singgemeinde. Augsburg. 1. 1925, H. 2—4. S. 66*

Heineck, H.

3186 Geschichte des Orgelspiels beim Gottesdienst. *In: Siona. 18., S. 87*

Heinemann, A.

3187 Die Orgel, ihr Bau und ihre Behandlung. *Langensalza 1902*

3188 Joh. Gottlieb Schneider (gest. 4. Aug. 1856) — Christ. Fink (9. Aug. 1831. 15. Sept. 1911). — zwei verdiente Orgelmeister. *In: Zeitschrift für ev. Kirchenmusik. 9. 1931, S. 244*

Heinen, Konrad

3189 Neue Klaisorgel für St. Remigius, Bonn. *In: Musica sacra. Köln. 85. 1965, H. 4, S. 106—110*

Heinrich, Johannes

3190 Zwei Anregungen für den Orgelbau. *In: Musik und Kirche. 25. 1955, H. 4, S. 206*

Heinrich, Johann G.

3191 Orgellehre. Struktur und Erhaltung der Orgel. *Glogau 1861*

3192 Orgelbau-Denkschrift, oder der erfahren Orgelbau-Revisor. *Weimar 1877*

Heise, H. s. Kraft, W. 3917

Heisenberger

3193 Eine neue Orgel f. byzantin. Musik. *In: Zeitschrift für evang. Kirchenmusik. Hildburghausen. 2. 1924, S. 127*

Heiss, Joh. Rud.

3194 Auch ein Votum in der . . . Orgelfrage. *Zürich 1847*

Heitmann, Fritz

3195 Die Orgel und unsere Zeit. *In: Die Kirchenmusik. Langensalza. 7. 1926, S. 1147*

3196 3. Tagg. für deutsche Orgelkunst in Freiberg i. Sa. *In: Die Musik. 20. 1927, S. 124*

3197 Orgelinterpretation. *In: Die Musik. 21. 1929, S. 668—672*

3198 Zum Orgelproblem der Gegenwart. *In: Jahrbuch der staatl. Akademie für Kirchen- und Schulmusik. Berlin und Kassel. 2. 1930, S. 48—55*

3199 Die Wiedergeburt der Orgel. *In: Monatsschrift für Gottesdienst und kirchl. Kunst. 38. 1933, S. 89 bis 93*

3200 Orgelproblem. *In: Deutsche Tonkünstler-Zeitung. Berlin. 28. 1934, S. 165*

3201 Orgelklang und Gegenwart. *In: Deutsche Tonkünstler-Zeitung. Berlin. 30. 1934, S. 174*

3202 Erfahrungen an der Schnitger-Orgel der Charlottenburger Schloßkapelle und anderen Orgeln. *In: Musik und Kirche. 9. 1937, S. 32*

3203 Orgel und Orgelkunst in USA. *In: Musica. Kassel. 5. 1951, H. 3, S. 114*

3204 Die Orgel in Nordamerika. *In: Musik und Kirche. 21. 1951, H. 2, S. 103*

Hela, M.

3205 Nils Strömbäck. Kuvaus suomen urkurakennuksen vaiheista ruotsin vallan aikana. *Porvo 1924*

Helbig, G.

3206 Un orgue phonochromique à Paris (ancien petit orgue du Val-de- Grâce). *Paris 1923*

Helbig, Gustave

3207 La grande Pitié des orgues de France. *Ms. 1947. BN Paris*

3208 Monographie des orgues de France. *Ms. 1949. BN Paris*

Hele, G. M.

3209 The Organ in Christ Church, Woburn Square. *In: The Organ. 22. 1942/43, S. 144*

Hellicar, Arnold H. G.

3210 Organs of St. Mary Woolnoth. *In: The Organ. 6. 1926/27, S. 126*

Hellmann, Diethard

3211 Betrachtungen zur Darstellung der Sweelinckschen Werke für Tasteninstrumente. *In: Musik und Kirche. 25. S. 287—292*

Hellmann, J. W. R.

3212 Die „Warbo-Formant"-Orgel. *In: Die Musikwoche. Berlin. 6. 1940, S. 649*

3213 Die Hammond-Orgel. *In: Das Musikinstrument und Phono. Frankfurt a. M. 8. 1959, S. 78*

Hellmann, Otto

3214 Erinnerungsblätter von der Orgelweihe in der St. Georgenkirche zu Halle a. d. S. am Erntedankfest 1925. *Halle 1926*

Hellmuth, M.

3215 Der Endsieg von Mechanik und Schleiflade? *In: Deutsche Instrumentenbau-Zeitung. Berlin. 40. 1939, S. 112*

Hellwag, Rudolf

3216 Die Orgel im gottesdienstlichen Raum. *In: Kunst und Kirche. Darmstadt. 20. 1957, S. 116—119*

Helman, Harold

3217 East Retford Parish Church and its Organs. *In: The Organ. 23. 1943/44, S. 176*

3218 The Organist and the Approach to the Instrument. *In: The Organ. 28. 1948/49, S. 37*

3219 Hamburg: some Notes on its Churches and Organs before the Second World War. *In: The Organ. 29. 1949/50, S. 130*

Helmert, Friedrich

3220 Wadersloh. Geschichte einer Gemeinde im Münsterland. *Münster 1963*

Helmholtz, Hermann

3221 On the Sensations of Tone. *O. O. u. J.*

Hémardinquer, P.

3222 Appareil curieux: l'orgue radio-électrique, lumineux. *In: Na Nature. Paris. 65. 1939—40, H. 1, S. 427*

Hemery, Eric C.

3223 The Organ in the Great Lutheran Evangelical Church, Amsterdam. *In: The Organ. 16. 1936/37, S. 126*

Hémery, P.

3224 Etienne Hémery, sa vie, ses œuvres, d'après des documents et des Souvenirs. *Autun 1898*

Hemstock, A.

3225 On tuning the organ. *London 1876*

Hénault, Maurice

3226 Les Fior (Michel, Joseph et Philippe), sculpteurs. — Buffet d'orges de Maresches. *In: Réunion des Société des B. A. des Départements. Paris 1900*

Henderson, William V.

3227 Organ in the Great Lutheran Church, Amsterdam. *In: The Organ. 16. 1936/37, S. 192*

Hendl, G. J.

3228 Die berühmte Orgel in der Wallfahrtskirche zu Heiligenberg b. Olmütz. *In: Zeitschrift für Instrumentenbau. Leipzig. 25. 1905, S. 442*

Henger, E. s. Weber, H. 7431

Hennemeyer, Kurt

3229 Die Schurig-Orgeln in der Marienkirche zu Frankfurt/Oder. *In: Mitteilungen des Historischen Vereins für Heimatkunde zu Frankfurt a. d. Oder. Frankfurt. 31. 1930, S. 32, 52.: Fs. zur 70. Wiederkehr des Gründungstages.*

Hennequin, Henry

3230 Les grandes orgues de la basilique Saint-Just et Saint-Pasteur de Narbonne. *Narbonne 1927*

Henner, Th.

3231 Orgelgehäuse im Dom (Würzburg). *In: Altfränkische Bilder. Würzburg. 24. 1918*

Hennerberg, C. F.

3232 Tvänne gamla orglar i Statens historiska museum i Stockholm (Norrlanda och Sundre) *In: Musiktidningen 1905, S. 121—122*

3233 Die schwedischen Orgeln des Mittelalters. 3. Kongress der Internat. Musikgesellschaft Wien 1909. *Wien und Leipzig 1909, S. 91—99*

3234 Orgelns byggnad och vard. *Uppsala 1928*

3235 Orglar i Norden under medeltiden. *In: Nordisk kultur. Stockholm. 25. 1934, S. 70—80*

3236 Morlandaorgeln. (Ur Anrep-Nordin, B. Jubileumsutställningen i Göteborg 1923. Musikhistoriska avdelningen). *S. 9—11*

Hennerberg, C. F. / Nordlind, N. P.

3237 Handbok om orgeln. *O. O. 1912*

Henning, H.

3238 100 Jahre kirchl. Orgelschule. *In: Württemb. Blätter f. Kirchenmusik. Waiblingen. 12. 1940, S. 116 bis 127*

Hennings, J.

3239 Norddeutsche Orgelwoche in Lübeck. *In: Allgemeine Musikzeitung. 58. 1931, S. 748*

Hense, A.

3240 Orgel der Markuskirche Plauen. *In: Zeitschrift für Instrumentenkunde. 34. 1914, S. 454*

Henseler, Theodor A.

3241 Aus der Musikgeschichte des Cassiusstifts. *In: Bonn und sein Münster. Bonn 1947, S. 200 ff.*

Hentschel, Walter

3242 Der Orgelbauer Gottfried Silbermann. *In: Heimatschutz. 21. 1932*

Hepworth, W.

3243 Umbau der Orgel in der Hauptkirche St. Jakobi, Chemnitz. *In: Zeitschrift für Instrumentenbau. Leipzig. 24. 1903, S. 211—213*

3244 Vorschlag betr. Pedalmensuren. *In: Zeitschrift für Instrumentenbau. Leipzig. 25. 1904, Nr. 8*

3245 Die Orgel der St. Jakobikirche, Hamburg. *In: Zeitschrift für Instrumentenbau. Leipzig. 26. 1905, Nr. 9*

Herbin, abbé

3246 L'orgue, son rôle dans nos églises. *Mamers 1926*

Herbort, Heinz Josef

3247 Tradition der Dommusik. Die Lettnerorgel des Doms zu Münster. *In: Auf roter Erde. Münster/ Westf. 16. 1960, Nr. 20, S. 1—2*

3248 Die restaurierte Barockorgel von Marienfeld bei Gütersloh. *In: Auf roter Erde. Münster/Westf. 18. 1962, Nr. 41, S. 2*

Herdmenges

3249 Als die Orgel verbrannte. Das zweitälteste Orgelinstrument der Welt war ein rheinländisches Erzeugnis. *In: Deutsche Tagespost. Würzburg. 17. 1964, Nr. 132*

Herdtmann, C.

3250 Die alte Orgel im Presbyterium der Franziskaner-Hofkirche in Innsbruck. *In: Zeitschrift für Instrumentenbau. 27. 1906/07, Nr. 9, S. 253 ff.*

3251 Umbau der großen Orgel i. d. Elisabethkirche, Breslau. *In: Zeitschrift für Instrumentenbau. 27. 1907, Nr. 22*

Herele, K.

3252 Neue Riesenorgel im Dom zu Passau. *In: Monatshefte für kath. Kirchenmusik. 1927. S. 57—60*

3253 Domorgel zu Passau. *In: Sammler. Augsburg. 97. 1930, Nr. 126, S. 2*

3254 Bayr. Orgelbau. *In: Sammler. Augsburg. 99. 1931, Nr. 80*

Hergenhahn, E.

3255 Orgelprobleme. *In: Zeitschrift für Instrumentenbau. Leipzig. 53. 1933, S. 190*

3256 Unlogisch-chaotischer oder logisch-einheitlicher Orgelspieltisch. *In: Zeitschrift für Instrumentenbau. Leipzig. 53. 1933, S. 250*

Herluison, H. s. Leroy, P. 4180

Hermans, Guglielmo

3257 Descrizione dell'Organo della Cattedrale di Como fabbricato l'anno 1650 da Guglielmo Hermans fiammingo religioso della Compagnia de Gesù. *Nuovamente ristampata. Como 1718*

Hernández Sanz, Francisco

3258 Organo monumental de la Parroquial Iglesia de Santa Maria de Mahón (Isla de Menorca). *Mahon 1910*

Herold, Jos.

3259 Erste internationale Orgelwoche in Nürnberg vom 2. bis 10. Juni 1951. *In: Musik und Altar. 4. 1951/ 1952, S. 57*

3260 2. Internationale Orgelwoche in Nürnberg. *In: Zeitschrift für Kirchenmusik. Köln. 72. 1952, S. 241—243*

3261 3. internationale Orgelwoche in Nürnberg vom 26. 6. bis 4. 7. 1954. *In: Zeitschrift für Kirchenmusik. Köln. 74. 1954, S. 240—242*

Herold, M.

3262 Alte Orgel und ihr Gebrauch. *In: Siona. 18. S. 68*

Heron von Alexandria

3263 Pneumatica. *Leipzig 1899—1914*

Herrmann

3264 Neue Orgel in der Kirche zu Rochsburg. *In: Zeitschrift für Kirchenmusiker. Dresden. 13. 1931, S. 28*

Herstell, C.

3265 Kurze Anleitung zur Kenntniss der Orgelstimmen, Ihrer Behandlung und Verbindung, nebst einem Anhange von den inneren Theilen einer Orgel und ihrer Erhaltung, für angehende Orgelspieler. *Kassel 1824*

Hertel, Matthäus

3266 Orgelschlüssel, ein Handbuch für Organisten. Um 1625. *(Ms. der Berliner Bibliothek. Auszüge in: Zeitschrift für Musikwissenschaft. 4. J. 6. Teil. Nr. 12. und Archiv für Musikwissenschaft, 4. J. S. 3. und Allgem. Mus. Zeitung. 11. 1879*

3267 Kurtzer unterricht, was bey überlieferung eines New gebaweken .. Orgelwerckes ein Organist in acht zu nehmen- . . . hat. 1666. *(Ms. Berliner Bibliothek)*

Hertz, E.

3268 J. A. Stein. *Phil. Diss. O. O. 1937*

Hertz, G.

3269 Die Orgel — die zweite Kanzel. *In: Deutsches Pfarrerblatt. Essen. 43. 1940, S. 470*

Herzberg, H.

3270 Größte Orgel der Welt. *In: Alte und neue Welt. 52. 1917, S. 69*

3271 Orgeln und Orgelbau. *In: Das Echo. Berlin. 40. 1923, S. 1992*

Herzberg, Th.

3272 Kunst und Technik im Orgelbau. *In: Zeitschrift für Instrumentenbau. 52. 1932, S. 43, 65, 130*

3273 Welches Windladensystem für die Orgel? *In: Zeitschrift für Instrumentenbau. Leipzig. 52. 1932, S. 305*

3274 Umformer für die elektr. Orgelsteuerung. *In: Zeitschrift für Instrumentenbau. 52. 1932, S. 410*

3275 Kleinorgel. *In: Zeitschrift für Instrumentenbau. 52. 1932, S. 428*

3276 Anlaßvorrichtungen für Elektromotoren. *In: Zeitschrift für Instrumentenbau. 52. 1932, S. 459*

3277 Orgel, ein wichtiger Faktor im christlichen Gottesdienst und deutschen Kulturleben. *In: Zeitschrift für Kirchenmusiker. Dresden. 15. 1933, S. 61*

3278 Werkstoff-Umstellung im Orgelbau. *In: Zeitschrift für Instrumentenbau. Leipzig. 57. 1937, S. 172*

Herzog, H. K.

3279 Um die Orgel verschiedener Stilepochen. *In: Das Musikinstrument und Phono. Frankfurt a. M. 6. 1957, S. 177*

3280 2. Internationaler Kongreß der Orgelbauer. *In: Das Musikinstrument und Phono. Frankfurt a. M. 9. 1960, S. 395—397*

Hess, Joachim

3281 Beschrijving van het groot en uitmentend orgel in de St. Janskerk te Gouda. *Gouda 1764*

3282 Korte en eenvoudige handleiding tot het leeren van Clavicimbel of Orgelspel. *Gouda 1766*

3283 Luister van het orgel. *Gouda 1772*

3284 Disposition der merkwaardigste kerkorgelen. *Gouda 1774*

3285 Korte schets van de allereerste uitvinding en verdere voortgang der orgelen tot op deze tijd. *Gouda 1810*

3286 Dispositien van Kerk-orgelen welke in Nederland worden aangetroffen. *(Hs. um 1815). Amsterdam 1907*

Hess-Rüetschi, Carl

3287 Aus der Geschichte der Orgel. *Bern 1907*

Heu, E.

3288 Bieten Zwillingsorgeln Vorteile? *In: Zeitschrift für Instrumentenbau. 41. 1922, S. 55, 161, 215, 266*

Heurn, Jan van

3289 De orgelmaaker. *Dordrecht 1804/1805*

Hewitt, E. G.

3290 The Organ in St. Mark's Church, Nilverton. *In: The Organ. 33. 1953/54. S. 198*

Heyde-Dohrn, Ellinor v. d.

3291 Die neue Orgel und ihre Vorgeschichte. *In: Fs. Einweihung der neuen Orgel im Dom zu Braunschweig. Braunschweig 1962*

Heydrich, J.

3292 Über die deutsche Orgelbaukunst. *In: Deutsche Technik. Berlin. 4. 1936, S. 282*

Heyking, Elise von

3293 Die Orgelpfeifen. *Leipzig und Stuttgart o. J.*

Hickmann, A.

3294 Förderung verbesserter Orgelkonstruktion. *In: Zeitschrift für Instrumentenbau. Leipzig. 31. 1911, S. 750*

3295 Ursache der entstehenden Schäden durch Einfluß der Temperatur an Windladen der Orgelwerke durch konstante Abhilfe der patentiert. Membranventileinricht. *In: Monatsschrift für Gottesdienst und kirchliche Kunst. 1912, S. 382*

3296 Erläuterungen zur Reform des pneum. Orgelbaues. *In Monatsschrift für Gottesdienst und kirchliche Kunst. 1918, S. 281. Zugleich in: Die Kirche. 16. 1919, S. 11*

Hickmann, Hans

3297 Das Portativ. *Phil. Diss. Berlin 1934. Kassel 1936*

3298 Die Kleinformen der Orgel in der Instrumentation des Mittelalters. *In: Instrumentenbau-Zeitschrift. Konstanz. 4. 1949/50, S. 29—31*

Higgs, Percy

3299 Organ in King's College Chapel, Cambridge. *In: The Organ. 14. 1934/35, S. 1, 128*

Hilber, J. B.

3300 Zum Problem der „Hammond-Orgel". *In: Der Chorwächter. Einsiedeln. 63. 1940, S. 7—10*

3301 Zum „Problem" der Pfeifenorgel. *In: Der Chorwächter. Einsiedeln. 63. 1940, S. 10*

3302 Die schönste Hausorgel. *In: Der Chorwächter. Einsiedeln. 64. 1940, S. 178*

Hilbig, Jochen

3303 Arbeitshygienische Hinweise für Organisten und Orgelbauer. *In: Musik und Kirche. 33. 1963, H. 5, S. 221*

Hild, E.

3304 Große Frankfurter Ausstellungsorgel der Fa. Walcker-Ludwigsburg. *In: Zeitschrift für Instrumentenbau. 1927, S. 106*

Hildebrand, O.

3305 Anwendung des elektrischen Schwachstroms beim Bau von Kirchen- und Konzertorgeln. *In: Gregorianische Rundschau. Graz 1904. Beiblatt, S. 13—15*

3306 Wert des Membranenmaterials im Orgel-resp. Musikinstrumentenbau. *In: Zeitschrift für Instrumentenbau. Leipzig. 24. 1904, S. 13*

3307 Transportable Kirchen- resp. Konzertorgeln. *In: Zeitschrift für Instrumentenbau. Leipzig. 24. 1904, Nr. 22*

Hildebrandt, D.

3308 Orgel für die Marienkirche in Schivelbein (Pomm.). *In: Zeitschrift für Instrumentenbau. Leipzig. 31. S. 300*

Hildebrandt, Martin

3309 „Feines Wercklein mit lieblichem Song". *In: Sächsische neueste Nachrichten. Oberlausitz. 14. Nr. 188. vom 15. 8. 1965*

Hildebrandt, R.

3310 Rhetorische Hydraulik (Wasserorgel). *In: Philologus. Leipzig 1906, S. 425—463*

Hiles, J.

3311 Catechism of the organ. *London 1876*

Hill, Arthur George

3312 The organ-cases and organs of the middle ages and Renaissance. *London 1883. Facs. Hilversum 1966*

3313 Medieval Organs in Spain. *In: Sammel-Bände der internationalen Musikgesellschaft. 14. 1913, S. 487*

3314 Vierzig Orgelgehäuse-Zeichnungen. *Berlin und Darmstadt 1952*

Hille, J.

3315 Erneuerte Orgel in der Stadtkirche zu Zschopau. *In: Zeitschrift für Kirchenmusiker. Dresden. 15. 1933, S. 32*

Hiller, H.

3316 Moderne oder Prätoriusorgel? Konzertflügel oder Cembalo? *In: Kirchenchor. 36. 1926, S. 33*

Hinrichs, J.

3317 Deutsches im deutschen Orgelbau. *In: Zeitschrift für Instrumentenbau. Leipzig. 37. 1917, S. 114—130*

Hinrichsen, Max

3318 Organ and Choral Aspects and Prospects. *London 1958*

Hinton, H. W.

3319 Guide to the Purchase of an Organ. *London 1882*

Hinton, John William

3320 Facts about organs. *London 1882*

3321 Organ construction. *London 1900*

3322 Modern Organ Construction. *London 1901*

3323 Three Lectures on Modern Organ Construction; delivered at the Royal College of Organists. *London 1901*

3324 Catechism of the organ, its construction. *London 1903*

3325 We want a new organ. What is to be done, and what is not to be done. *London 1907*

3326 Story of the electric organ. *London 1909* The Cornet Stop. *In: The Organ. 1. 1921/22, S. 192*

Hirschmann, A.

3327 Geschichte der Pfarrei Olpe. *Olpe 1930*

Hirtz, A.

3328 Orgeln ohne Organisten. *In: Gregoriusblatt. 1915, Beilage 6*

Hlawiezka, Karl

3329 Eine handschriftliche Miniatur-Orgeltabulatur in Cieszyn (Teschen), Polen. *In: Musikforschung. 13. 1960, H. 4, S. 457/458*

Hoadley, H. Edward

3330 Organs and Organists. *In: The Organ. 17. 1937/38, S. 192*

Hoar, A. G.

3331 Curiosities of Organ Building. *In: The Organ. 8. 1928/29, S. 192*

Hodes, Karl Heinrich

3332 Drei-Königen-Orgel. Köln. *In: Musik und Altar. 4. 1951, S. 53*

Hodgkinson, Sydney

3333 Design of Small Two Manual Organs. *In: The Organ. 5. 1925/26, S. 63*

Hodgson, John H.

3334 The Cost of Organ Renovations. *In: The Organ. 6. 1926/27, S. 63*

Hodson, Neil

3335 Notes on Lady Jeans' Visit to Holland, September 1965. *In: The Organ. 46. 1966/67, S. 20*

Höfer

3336 „Beschreibung über den gegenwärtigen Bestand und der Herstellung der großen Orgel in der Löblichen Stifts- und Pfarrkirche zu Wilhering vom 20. Aug. 1844. (Orig. im Besitz von Dr. Othmar Wessely, Wien)

Höfer / Uhmann, R.

3337 Neue Orgel in der Kirche zu Dittersdorf. *In: Zeitschrift für Instrumentenbau. Leipzig. 53. 1933, S. 308*

Hoeglauer, A.

3338 Geschichte der barocken Orgel in Bayern. *In: Organon. München 1932, S. 53—57, 67—70*

Högner, Friedrich

3339 Die neue Orgel der Matthäuskirche in München. *In: Zeitschrift für ev. Kirchenmusik. Hildburghausen. 4. 1926, S. 308. Zugleich in: Zeitschrift für Instrumentenbau. 1927, S. 1043*

3340 Die deutsche Orgelbewegung. *In: Zeitwende. München. 7. 1931, S. 56—71*

3341 Orgel und Orgelmusik. *In: Das Atlantisbuch der Musik. Berlin und Zürich 1937, S. 513—520*

3342 Zeitgenössisches Orgelschaffen. *In: Allgem. Musikzeitung. 66. 1939, S. 87*

3343 Orgel-Wettbewerb in St. Florian. *In: Zeitschrift für Musik. Regensburg. 108. 1941, S. 581*

3344 Das Gesetz der Orgel. Max Reger und der moderne Orgelbauer. *In: Musik und Kirche. Kassel. 23. 1953, S. 94—100*

3345 Die neue Orgel des Großmünsters Zürich. *In: Musik und Kirche. 30. 1960, H. 4, S. 213*

3346 Lehren aus dem Internationalen Orgelwettbewerb 1962. *In: Musik und Kirche. 33. 1963, H. 1, S. 24*

3347 Alte und neue Orgeln im evangelischen Bayern. *In: Bayernland. 66. 1964, H. 9, S. 273—278*

Höpner, H.

3348 Neue Orgelwerke der Fa. Sauer. Frankfurt a. O. *In: Zeitschrift für Kirchenmusiker. 12. 1930, S. 28*

3349 Erneuerte Orgel der Lukaskirche zu Dresden. *In: Zeitschrift für Kirchenmusiker. 12. 1931, S. 165*

Hoesslin, J. K. v.

3350 Neue Orgel für byzantinische Musik. *In: Die Musik. 17. 1925, S. 278*

Höveler, E.

3351 Das Helligkeitsgesetz. *In: Deutsche Instrumentenbau-Zeitung. 39. 1938, S. 150*

Hövelmann, Gregor

3352 Die Courtain-Orgel in der Stiftskirche zu Hoch-Elten. *In: Heimatkalender Landkreis Rees. Emmerich a. Rh. 1955, S. 123—129*

3353 Eine Courtain-Orgel zu Hoch-Elten (Jacob C.). *In: Musik und Altar. Freiburg/Br. 8. 1955/56, S. 146*

Höynk, F. A.

3354 Geschichte der Pfarreien des Dekanates Arnsberg. *Hüsten 1907*

Hoffmann, Dieter

3355 Kunst des Orgelbaus. *In: Der weiße Turm. Biberach a. d. Riss. 6. 1963. Nr. 6, S. 24*

Hoffmann, F.

3356 Die Silbermann-Orgel in Großmehlen. *In: Glaube und Gewissen. Halle/Saale. 6. 1960, S. 149—151*

Hofmiller, Th. s. Friesenegger, J. M. 2557

Hofner, H.

3357 Eine Registrieranweisung a. d. Zeitwende zwischen Renaissance und Barock. *In: Zeitschrift für ev. Kirchenmusik. 8. 1930, S. 152*

3358 Bemalung der Orgelgehäuse im ehemaligen Markgrafentum Bayreuth. *In: Zeitschrift für ev. Kirchenmusik. 9. 1931, S. 120—123*

3359 Orgel der Sophienkirche zu St. Georgen am See. *In: Mainbote von Oberfranken. Lichtenfels 1932, S. 63—65*

3360 Der Orgelbau im östlichen Franken von den Anfängen bis zur Spätrenaissance. *In: Zeitschrift für ev. Kirchenmusik. 10. 1932, S. 72*

3361 Silbermannschule im Markgrafentum Bayreuth. *In: Zeitschrift für Instrumentenbau. 53. 1933, S. 315, 331, 348—351*

3362 Die Orgeln in St. Michaelis zu Hof/Saale vor dem großen Brand des Jahres 1823. *In: Kulturwarte. Hof. 9. 1963, H. 4, S. 62—67*

3363 Die Orgelbauer Graichen und Ritter als Silbermann-Schüler. *In: Ars Organi. 22. 1963, S. 589 bis 610*

3364 Matthias Tretzscher, ein Kulmbacher Orgelbauer der Barockzeit. *In: Ars Organi. 22. 1964, S. 655 bis 678*

3365 Zwickauer Barockorgelbauer und ihre Beziehungen zu Hof an der Saale. *In: Kulturwarte. Hof. 11. 1965, H. 3, S. 34—40*

3366 Th. Dressel, J. und A. Gruber, die Purrucker und D. F. Streit — Die Tretzscher-Schüler aus der Kulmbacher Orgelwerkstatt. *In: Ars Organi. 28. 1966, S. 949—962*

Hohmann, E.

3367 Orgel in der Gustav-Adolf-Kirche zu Nürnberg-Lichtenh. *In: Zeitschrift für Instrumentenbau. Leipzig. 51. 1931, S. 449*

Hohn, Albert

3368 Die Orgeln des Johann Andreas Silbermann in der Pfarr- und Wallfahrtskirche St. Landolin zu Ettenheimmünster. *In: Instrumentenbau-Zeitschrift. Konstanz. 17. 1962/63, S. 392—409*

3369 Die Orgel der Gebrüder Stieffel in der Stadtkirche zu Rastatt. *Rastatt 1964*

Hohn, W.

3370 Ideal einer Kirchenorgel, Verwirklichung in St. Bernhardus zu Frankfurt a. M. *In: Musica divina. Wien 1930, S. 32—35. Zugleich in: Musica sacra. 58. 1930, S. 94—98*

Hoischen

3371 Die Orgeln im Patroklusdom zu Soest. *Ms. Pfarrarchiv St. Patrokli*

Holdich, George Maydwell

3372 Catalogues of Organs by Holdich. *O. O. 1869*

Holl, J. Durham

3373 Organ in St. John's, St. Leonard's-on-Sea. *In: The Organ. 16. 1936/37, S. 19*

Hollins, Alfred

3374 Organs and Organ Building in Canada and the United States. *In: The Organ. 6. 1926/27, S. 65*

3375 The Organ in St. George's West Church, Edinburgh. *In: The Organ. 11. 1931/32. S. 167*

3376 Johannesburg City Hall Organ. *In: The Organ. 12. 1932/33, S. 189*

3377 A description of the Town Hall organ, Johannesburg. *Johannesburg 1916*

Holloway, F. A.

3378 Leeds Parish Church Organ. *In: The Organ. 19. 1939/40, S. 63*

Holmbäck, Lars Magnus

3379 Bland orglar och klockor i Uppland, *In: Kyrkosångsförbundet. 21. 1946, S. 77—80, 88—98, 96 bis 98*

3380 En orgelskandal i Uppland. *In: Kyrkosångsförbundet. 21. 1946, S. 100*

3381 Orglar och orgelbyggare i Ärkestiftet. Särtryck ur Uppsala ärkestift i ord och bild. *Stockholm 1954*

3382 Jämtlands äldstra orglar. Byggda före år 1870. *In: Fornvårdaren 8. 1942—43, S. 119—182, 238*

3383 Lärbro — Bro Ala. Något ur Visby stifts orgelhistoria. *In: Julhälsningar till Församlingarna i Visby stift. 33. 1955, S. 53—66*

Holmes, John

3384 Organs in Ireland. *In: The Organ. 33. 1953/54, S. 149*

3385 All Hallows, Broadwoodkelly. *In: The Organ. 38. 1958/59, S. 217*

3386 Organ-building in Holland. *In: The Organ. 39. 1959/60, S. 211*

3387 Dutch Organ Builders. *In: The Organ. 40. 1960/ 1961, S. 223*

3388 The Bradford Case. *In: The Organ. 42. 1962/63, S. 163*

Holmes, Nathaniel J.

3389 The Transmission System. *In: The Organ. 1. 1921/ 1922, S. 126*

Holt, Charles

3390 New Milverton Church. *In the Organ. 34. 1954/ 55, S. 105*

3391 The Organ — No. 1. *In: The Organ. 40. 1960/61, S. 110*

Holthof, L.

3392 Wie eine Kirchenorgel entsteht. *In: Über Land und Meer. Stuttgart. 89 1902, Nr. 3*

Holtschneider, C.

3393 Die Orgel der Reinholdikirche und das 1. westfälische Bachfest am 20., 21 und 22. März 1909. *Dortmund 1909*

3394 Orgel des Hans-Sachs-Hauses in Gelsenkirchen. *In: Zeitschrift für Instrumentenbau. 48. 1928, S. 1026*

Holzmeister, Clemens

3395 Wiedervereinigung des Orgelchores mit dem Presbyterium. *In: Musica divina. Wien. 16. 1928, S. 96*

Homer, H. W.

3396 Why Organs go Out of Tune. *In: The Organ. 24. 1944/45, S. 136. Zugleich in: 25. 1945/46, S. 45*

3397 Direct Electric Pallet Actions. *In: The Organ. 25. 1945/46, S. 138*

Homer, W. s. Bonavia-Hunt, N. A. 0808

Homeyer, H.

3398 Der Umbau der Orgel in der Kloster-Kirche zu Lamspringe. *In: Urania. 35. 1878, S. 3—10*

Hommel, Friedrich

3399 Das königliche Instrument. *In: Der weiße Turm. Biberach a. d. Riss. 6. 1963. Nr. 6, S. 2*

Honselmann, Wilhelm

3400 Die Verlegung der Orgel in der Elseyer Kirche im Jahre 1742. *In: Heimatblätter für Hohenlimburg und Umgebung. Hohenlimburg. 27. 1966. Nr. 4, S. 52—55*

Hooghe, K. d'

3401 Enkele blitz-indrukken van de Zweedse orgelwereld. *In: Praestant. 9. S. 43—45*

Hooper, J. Graham

3402 The Organ and Organists of St. Jame's, Bristol. *In: The Organ. 28. 1948/49, S. 75*

Hope-Jones, Robert

3403 Recent developments of organ building. *New York 1910*

Hopferwieser, Jos.

3404 Transmittiertes Orgelregister. *In: Zeitschrift für Instrumentenbau. 51 1930, S. 358*

3405 Über die Daseinsberechtigung der pneumatischen Orgelsteuerung. *In: Deutsche Instrumentenbau-Zeitung. Berlin. 40. 1939, S. 46*

3406 Der kleine Orgeldoktor. *Graz 1957*

Hopferwieser, K.

3407 Orgelreform. *In: Zeitschrift für Instrumentenkunde. 31. 1911, S. 1036*

3408 Anwendung von Transmissionen. *In: Zeitschrift für Instrumentenkunde. 34. 1914, S. 1010*

3409 Mein neues Reform-Relais und meine verbesserte Reformlade. *In: Zeitschrift für Instrumentenbau. Leipzig. 37. 1916, S. 333—339*

3410 Orgelwindladen der Gegenwart. *In: Zeitschrift für Instrumentenbau. 48. 1928, S. 630*

Hopkins, Edward John

3411 The Organ. *London 1887*

3412 Organ of the Temple Church. *London 1888*

3413 The English Mediaevel church organ. *Exeter 1888*

3414 Organ Claviers. *In: The Organ. 1. 1921/22, S. 58*

3415 Organ Construction. *In: The Organ. 6. 1926/27, S. 122*

Hopkins, Edw. John / Rimbault, Edw. F.

3416 The organ, its history and construction. *London 1855*

Hoppe, Alfred

3417 Die Orgel der Kirche zu Himmelpforten. *Stade 1952*

3418 Die Wiederherstellung der St. Cosmae-Orgel in Stade. *In: Musica. Kassel. 22. 1952, S. 112—117*

3419 Vom Orgelklang und Orgelspiel. *In: Musik und Kirche. Kassel. 22. 1952, S. 27—32*

3420 Barockorgeln in Mittelnkirchen. *In: Musik und Kirche. 8. 1936, S. 131*

3421 Zur gegenwärtigen Frage des Orgelbaues. *In: Musik und Kirche. 8. 1936, S. 175—179*

3422 Geschichte der Otterndorfer Orgel. *In: Musik und Kirche. 9. 1937, S. 185 ff.*

3423 Arp Schnitger und die Domorgel in Verden. *In: Mitteilungen. Stade. 30. 1955, S. 86—93*

3424 Die Klassizität des norddeutschen Orgelbaues. *In: Orgelbewegung und Historismus. Berlin 1958, S. 48—50*

Hora, Laurentius

3425 Der erste Internationale Orgelwettbewerb in der Steiermark. *In: Seckauer Hefte. Seckau/Steiermark. 23. 1960, S. 164—169*

Horley, John

3426 Four Interesting Organs. *In: The Organ. 37. 1957/ 1958, S. 48*

Horwitz, Hugo

3427 Technische Darstellungen aus alten Miniaturwerken. *In: Matschoß, Conrad: Beiträge zur Geschichte der Technik. Bd. 10. Berlin 1920, S. 175 ff.*

Hotchkiss, George P.

3428 A Residence Organ in South Africa. *In: The Organ. 28. 1948/49, S. 117*

Hottinger, M.

3429 Beseitigung der Zugerscheinungen beim Orgelspieltisch eines Münsters. *In: Gesundheitsingenieur. 1933, S. 37*

Hotz, Joachim

3430 Ein von Balthasar Neumann signierter Entwurf für eine Chororgel in der Abteikirche Münsterschwarzach. *In: Würzburger Diözesangeschichtsblätter. Würzburg. 25. 1963, S. 205—208*

Houdoy, Jules

3431 Histoire artistique de la cathédrale de Cambrai. *Lille 1880*

Houghton, Bernard G.

3432 Cinema Organs, Extension etc. *In: The Organ. 18. 1938/39, S. 126*

Houth, Em.

3433 Les orgues et les organistes de Notre-Dame de Versailles. *In: La Tribune de Saint-Gervais. 1929*

Hoving, M.

3434 Het orgel in Nederland. *Amsterdam 1966*

Howell, Almonte Charles

3435 The French organ mass in the 16th and 17th centuries, *Rochester 1958*

Hoyermann, C. W. J.

3436 Die im Jahre 1894 erbaute Orgel der St. Ansgariikirche, mit einem kurzen Rückblick auf die alte Orgel, *Bremen 1894*

Huber, H. P.

3437 Orgel und Organist im Kino. *In: Der Führer. Fachzeitschrift des Kapellmeisters. III. 1930, Nr.3, S. 5*

Hubert, E.

3438 Documents inédits sur les orgues de Levroux. *In: Revue du Berry et du Centre, 1908*

Hucbald (Hugbaldus, Ubaldus, Uchubaldus)

3439 De mensuris organicarum fistularum. *In: Migne, Patrologiae curus completus. Bd. 132*

3440 De organo. *In: Coussemaker I, Scriptorum de musica medii aevi novam seriem. Paris. 1864—1876*

Huck, Jürgen

3441 Die Orgel der St. Bartholomaeus-Kirche zu Porz-Urbach von 1554. *In: Unser Porz. 1963. H. 5*

Huck, J.

3442 Phillipp Furtwängler und Söhne. *In: Alt-Hildesheim. 37. 1966, S. 54—64*

Hudson, Gerald

3443 Father Smith in the Colonies. *In: The Organ. 15. 1935/36, S. 62*

3444 The Organs and Organists of the Cathedral Church of St. Michael, Barbados. *In: The Organ. 29. 1949/50, S. 169*

Huellemann, Herbert

3445 Die Tätigkeit des Orgelbauers Gottfried Silbermann im Reussenland. *Leipzig 1937*

Hülphers, Abraham Abrahamsson

3446 Historisk Afhandling om Musik och instrumenter särdeles om orgwerks Inrättningen i Allmänhet, jemte Kort Beskrifning öfwer Orgwerken i Swerige. *Västerås 1773*

Huet, L.

3447 Le grand orgue de St. Etienne de Caen. *Evreux o. J.*

Huguenin, Alexandre

3448 Notice historique sur l'église Sainte-Ségolène de Metz. *In: Mémoires de la Société d'Histoire et d'Archéologie de la Moselle. Metz 1859*

Hull, A. Eaglefield

3449 Couperin's Organ. *In: The Organ. 1. 1921/22, S. 23*

3450 Joseph Bonnet I. The Man. *In: The Organ. 1. 1921/22, S. 65*

3451 Joseph Bonnet. II. The Artist. *In: The Organ. 1. 1921/22, S. 156*

3452 Continental Organ Tutors Past and Present. *In: The Organ. 1. 1921/22, S. 204*

3453 Some English Organ Tutors Past and Present. *In: The Organ. 2. 1922/23, S. 47*

3454 Some further Thoughts on Organ Tutors. *In: The Organ 2. 1922/23, S. 113*

3455 Contemporary Organ Pedalling. *In: The Organ. 2. 1922/23, S. 180*

3456 Contempory organ fingering. *In: The Organ. 3. 1923/34, S. 31*

3457 On Programme Building. *In: The Organ. 3. 1923/ 24, S.165*

3458 Liszt and the Organ. *In: The Organ. 4. 1924/25, S. 28*

3459 Early Organ Registration. *In: The Organ. 4. 1924/ 1925, S. 172*

3460 Bach's Registration. *In: The Organ. 4. 1924/25, S. 229*

3461 Organ Registration. *In: The Organ. 5. 1925/26, S. 32*

3462 Modern Organ Registration. *In: The Organ. 5. 1925/26, S. 112*

3463 A New Book on Bach. *In: The Organ. 6. 1926/27, S. 47*

3464 Opening of the Liverpool Cathedral Organ. *In: The Organ. 6. 1926/27, S. 150*

3465 The Gramophone and the Organ. *In: The Organ. 7. 1927/28, S. 55*

3466 The Morality Play. *In: The Organ. 7. 1927/28, S. 112*

Hull, Robert H.

3467 On Writing for the Organ. *In: The Organ. 8. 1928/29, S. 109*

Hull, Walter

3468 To „The Organ!". *In: The Organ. 19. 1939/40, S. 208*

Hulverscheidt, Hans

3469 Rheinische Orgeldenkmalpflege. *In: Jahrbuch der rheinischen Denkmalpflege in Nord-Rheinland. Kevelaer. 20. 1956, S. 273—280*

3470 Rheinische Orgel-Denkmalpflege 1953—1956. *In: Jahrbuch der rheinischen Denkmalpflege in Nord-Rheinland. Kevelaer. 21 1957, S. 81—84*

3471 Orgel in der evangelischen Kirche zu Eckenhagen, Regierungsbezirk Köln. *In: Der Kirchenmusiker. Darmstadt. 13. 1962, S. 115—117*

3472 Die Orgellandschaft Spanien. *In CVO. Zeitschrift für Kirchenmusik. 84. 1964, S. 172—174*

3473 100 Jahre Orgelbau Georg Stahlhut und Cie. in Aachen. *In: Musik und Kirche. 35. 1965, S. 140*

3474 Die rheinische Orgellandschaft. *In: Jahrbuch der rheinischen Denkmalpflege. Kevelaer. 26. 1966, S. 349—359*

3475 Die rheinische Orgellandschaft. *In: Acta Organologica. Berlin. 1. 1967, S. 63*

3476 Über die Restauration der Orgel von Ludwig König aus Köln in der kath. Schloßkirche . . . in Schleiden. *In: Beiträge zur Musik im Rhein-Maas-Raum. Köln 1957, S. 53—56.*

Humblet, Em.

3477 Over het onderhouden van het orgel en hoe de organist zijn instrument moet kenen. *In: Musica sacra. Brügge. 48. 1946, S. 56—58*

Hund, P.

3478 Die „Register" der Hausorgel. *In: Siona. 1915, S. 39*

Hungarus

3479 Les orgues en Hongrie. *In: Musica sacra. Brügge. 52. 1951, S. 60—63*

Hunt

3480 The Modern British Organ. *London 1947*
3481 The Organ Reed. *New York 1950*

Hunt, Eric J.

3482 The Collegiate Churche of St. Mary, Shrewsbury, and its Organs. *In: The Organ. 25. 1945/46, S. 49*

3483 The Organs of St. David's Cathedral. *In: The Organ. 32. 1952/53, S. 48*

Hunt, Hubert W.

3484 Bristol cathedral organ; a short history and description. *Bristol 1907*

Hunt s. Bonavia Hunt, N. A.

Huré, Jean

3485 La technique de l'orgue. *Paris 1917*

3486 L'Esthétique de l'orgue. *Paris 1923*

3487 L'orgue moderne. *In: Le Monde musical. November 1928 bis Mai 1929*

3488 Organs: Old Style and New Style. *In: The Organ. 5. 1925/26, S. 217*

Husemann, G. s. Reisch, M. 5692

Huth, Arno

3489 Neue Wege der elektrischen Musik. *In: Organon. München. 3. 1931*

Huth, Christof

3490 Orgeln und Orgelbau im Kreise Löbau unter Berücksichtigung der südlichen Oberlausitz und Nordböhmens. *(MS einer Jahresarbeit im Fach „Musik" Geschw.-Scholl-Schule.) Löbau 1964/65*

Huth, W.

3491 Orgelregistrierapparat. *In: Zeitschrift für Instrumentenkunde. 33. 1912, S. 383*

Hutschenreiter, Georg Gottfried

3492 Die Hydraulen als ein Meisterstück der Alten. *Magdeburg 1747*

Huygens, Constantin

3493 Gebruyck of ongebruyck van't orgel in de kercken der Vereenigde Nederlanden. *Leiden 1641*

3494 Ghebruck en onghebruck van't orghel in de Kerken der vereenighde Nederlanden, met eenige Zangen. *Amsterdam 1606*

Ibbotson, Edmund

3495 Suggestions to those about to order an organ. *Walthamstow 1883*

Icard, C. / Sals, A.

3496 Grandes Orgues de Pertuis (1493—1774—1825). *In: L'Orgue. 1960, Nr. 93—96, S. 12—16*

Iger, A.

3497 Zukunft der Orgel. *In: Zeitschrift für Instrumentenbau. 45. 1925, S. 450*

3498 Theater und Kinoorgel. *In: Zeitschrift für Instrumentenbau. 46. 1925, S. 171*

3499 Entwicklung der Drehorgel. *In: Zeitschrift für Instrumentenbau. Leipzig. 46. 1926, S. 946, 985*

Illenberger, Franz

3500 Die neue Orgel der Akademie (Graz). *In: Österreichische Musik-Zeitschrift. Wien. 18. 1963, S. 179—180*

Illing, M.

3501 Handwerkliche Meistertechnik beim Orgelbau. *In: Technik für Alle. Stuttgart. 31. 1941, S. 378—380*

Illing, Robert

3502 The Organ in St. Olave's Hart Street, E. C. *In: The Organ. 35. 1955/56, 113*

3503 John Compton. *In: The Organ. 37. 1957/58, S. 70*

3504 The Compton Miniatura Organs. *In: The Organ. 37. 1957/58, S. 113*

3505 The Chamber Organ in Stoke Rochford Hall. *In: The Organ. 39. 1959/60, S. 45*

Imsiecke, Werner

3506 Selbstbau einer Bambusorgel. *In: Kontakte. Wolfenbüttel 1960, S. 203—205*

Ingerslev, Fritz / Frobenius, Walter

3507 Some measurements of the end-corrections and acoustic spectra of cylindrical open flue organ pipes. *Kopenhagen 1947*

Inhauser, K.

3508 Alte Orgelregisterbezeichnung und Tonhöhenlage. *In: Zeitschrift für Instrumentenbau. Leipzig. 40. 1920, S. 190*

Inkster, Donald S.

3509 Royal Festival Hall Organ. *In: The Organ. 34. 1954/55, S. 106*

Inzoli, Pacificio

3510 Compendio cronologico dei collaudi scritti vari editi ed inediti risguardanti le opere del fabbricatore d'organi Pacifico Inzoli di Crema. *Crema 1877 bis 1880*

Iobstraibizer, G.

3511 Il nuovo organo di Gardolo. *Trient 1933. 15 Oktober, S. 16*

Irmscher, H.

3512 Wiedererneuerung der Orgel in der Kirche zu Burkersdorf (O. L.). *In: Zeitschrift für Kirchenmusiker. Dresden. 15. 1933, S. 81*

Irwin, Stephen

3513 Dictionary of Hammond-organ Stops. *O. O. 1961*

3514 Dictionary of Pipe organ Stops. *O. O. 1962*

Isberg, A. U.

3515 Orgeln (i. S:t Petri kyrka i Malmö). *In: Förf:s Malmö stads 600-årsjubileum 1319—1919. Malmö 1919, S. 238—272*

Isler, E.

3516 Die Berner Münsterorgel. *In: Schweizer Musikzeitung. Zürich. 71. 1931, S. 129—135*

Jack, Michael

3517 Catholic Church, Lyme Regis. *In: The Organ. 34. 1954/55, S. 167*

Jackson, Francis

3518 York Minster, 1960, and Schweitzer. *In: The Organ. 40. 1960/61, S. 23*

Jacob

3519 Charakterist. Orgelspiel. *In: Monatshefte für kath. Kirchenmusik. 12. 1930, S. 179—187*

Jacobi, F.

3520 Das Franziskanerkloster zu Andernach. *Phil. Diss. Münster 1936*

Jacob-Loewenson, A.

3521 Keine Orgel im jüdischen Gottesdienst. *In: Jüdische Rundschau. Berlin. 37. 1932, S. 408*

Jacobs, Ferd.

3522 Wegweiser . . . *Mühlheim/Ruhr 1867*

Jacobs, Heinrich

3523 Orgel und Chor im Altarraum. *In: Musik und Altar. Freiburg/Br. 5. 1952/53, S. 142—143*

3524 Orgel und Chor im Altarraum. *In: Musica sacra. Köln. 77. 1957, S. 17—18*

Jacobsen, H. F.

3525 Geschichte der Quellen des evangelischen Kirchenrechts der Provinzen Rheinland und Westfalen. *Königsberg 1844*

Jacoby, Richard

3526 Orgelverket i Kölingareds kyrka. *Stockholm 1964*

Jacquot, Albert

3527 Dictionnaire des instruments de musique. *O. O. 1866*

3528 La musique en Lorraine. Étude rétrospective d'après les archives lovales. *Paris 1886*

3529 Essai de répertoire des artistes lorrains — Les facteurs d'orgues et de clavecins lorrains. *Paris 1910*

Jacquot, François

3530 Nouvelle Facture d'orgues introduite à Nancy par Mgr. Trouillet . . . *Nancy 1883*

Jaeger, Carl-Friedrich

3531 Die Orgeln und Glocken der Evangelisch-Lutherischen Kirchen im Kreise Segeberg. *In: Heimatkundliches Jahrbuch für den Kreis Segeberg. Bad Segeberg. 7. 1961, S. 109—116*

Jaeger, H.

3532 Vom niederländischen Orgelbau. *In: Instrumentenbau-Zeitschrift. Konstanz. 5. 1951, S. 123*

Jänig

3533 Orgel der Frauenkirche in Meißen. *In: Zeitschrift für Kirchenmusiker. Dresden. 19. 1942, S. 60*

Jaenike, Margrit

3534 Mein Positiv. *In: Schweizer musikpädagogische Blätter. Zürich.* 23. 1934, S. 257

Jaguelin, R.

3535 Les Eglises de la banlieue parisienne. L'église Saint-Jean-Baptiste de Sceaux. *Bourg-la-Reine 1927*

Jahnn, Hans Henny

3536 Die Orgel und die Mixtur ihres Klanges. *Klecken 1922*

3537 Die Praetoriusorgel des musikwissenschaftlichen Seminars der Universität Freiburg/Br. Sonderheft „Allgemeine Künstlerzeitung. *Klecken 1923*

3538 Die Orgel. *In: Melos.* 4. 1925, S. 391—398

3539 Zum Kapitel gegen die moderne Orgel. *In: Zeitschrift für Instrumentenbau.* 45. 1925, S. 390, 760

3540 Registernamen und ihr Inhalt. *In: Beiträge zur Organisten-Tagung Hamburg—Lübeck 6.—8. Juli 1925.* 1925, S. 5—25

3541 Entstehung und Bedeutung der Kurvenmensur f. d. Labialstimmen der Orgel. *In: Bericht über den ersten musikwissenschaftlichen Kongreß d. Deutsch. Musikgesellschaft in Leipzig. v. 4.—8. 6. 1925. Leipzig.* 1926, S. 71—77

3542 Welche Forderungen sind an eine Orgel zu stellen? *In: Bauwelt. Berlin.* 17. 1926, S. 989—993

3543 Orgelprobleme der Gegenwart. *In: Zeitschrift für Musik.* 93. 1926, S. 552—557

3544 Ist der Denkmalschutz des klingenden Materials alter Orgeln zu fordern? *In: Denkmalspflege und Heimatschutz.* 28. 1926, S. 11—114

3545 Neue Wege der Orgel. *In: Die Musik.* 20. 1927, S. 248

3546 Orgelbauer bin ich auch. *In: Kirchenmusik.* 8./9., 1928, S. 121—125

3547 Monographie der Rohrflöte. *In: Bericht über die 3. Tagg. für deutsche Orgelkunst in Freiberg/Sa. 2.—7. 10. 1927.* 1928, S. 189—196

3548 Betrachtungen über alte Orgeldispositionen. *In: Denkmalspflege und Heimatschutz 1927,* S. 69, 129

3549 Der Einfluß der Schleifenwindlage auf die Tonbildung der Orgel. *Hamburg 1931*

3550 Orgelreform und ihre Annexe. *In: Auftakt. Prag.* 11. 1931, S. 192—198

3551 Orgel als Haus- und Kammer-instrument. *In: Zeitschrift für Instrumentenbau.* 53. 1932, S. 411

3552 Neue Schleifladenorgeln in Hamburg. *In: Bauwelt.* 24. 1933, S. 66

3553 Techn. und geist. Fortschritt im Orgelbau. *In: Zeitschrift für Instrumentenbau. Leipzig.* 53. 1933, S. 142

3554 Gesichtspunkte für die Wahl zweckmäßiger Pfeifenmensuren. *In: Bericht über die Freiburger Tagg. für deutsche Orgelkunst. Kassel.* 1939, 1. Tagg. S. 50—58

3555 Hans Henny Jahnn. *(Im Auftrag der Freien Akademie der Künste in Hamburg aus Anlaß von Hans Henny Jahnns 60. Geburtstag von Rolf Italiander zusammengestellt). Hamburg 1954*

3556 Das moderne Instrument. *In: 3. Tagung für deutsche Orgelkunst. Kassel*

3557 Das schriftliche Bild der Orgel. *In: Abhandlungen der Braunschweigischen Wissenschaftlichen Gesellschaft.* 7. 1955, S. 132—170

Jahnn, Hans Henny / Bohnstedt H. / Barkow, R.

3558 Einfluß der Windladensysteme und Ventilform auf den Klangkörper der Orgel. *In: Zeitschrift für Instrumentenbau.* 53. 1933, S. 317

Jakob, Friedrich

3559 Tendenzen des heutigen Orgelbaues. *In: Kirchenmusik in ökumenischer Schau. Bern.* 1964, S. 96 bis 100

3560 100 Jahre Orgelbau Theodor Kuhn AG in Männedorf—Zürich. *Männedorf—Zürich 1864—1964. Männedorf o. J.*

Jakob, Friedrich s. Briner, Andres 0940

Jakob, Johann Adam

3561 Gedanken über die Großen Orgeln. *Leipzig 1762*

Jamieson, D. Kerr

3562 Pipe Dreams. *In: The Organ.* 41. 1961/62, S. 223

3563 Pipe Nightmares. *In: The Organ.* 41. 1961/62, S. 55

Jamison, J. B.

3564 Analysis o Ensemble Systems. *In: The Organ.* 29. 1949/50, S. 135

3565 Organ Design and Appraisal. *New York 1959*

Janes, Sydenham

3566 W. T. Best. *In: The Organ.* 10. 1930/31, S. 256

Janowsky, W.

3567 Elektrische Musikinstrumente, ihre Wirkungsweise und Aufgaben. *In: Elektrotechnische Zeitschrift. Bd.* 54. 1933, S. 675

Janssen, C. F.

3568 De restauratie van de kas. *In: Nederlandse Orgelpracht. Haarlem 1961,* S. 86—96

Janssen, G.

3569 Altjeversche Musiker, Komponisten und Orgelbauer. *Oldenburgische Staatszeitung. Oldenburg.* 1938, 21. Oktober

Janz

3570 Veranschaulichungsmittel im Orgelbauunterricht der Ev. Kirchenmusikschule in Aschersleben. *In: Zeitschrift für ev. Kirchenmusik.* 8. 1930, S. 326

Jarnak, P.

3571 Violinen og orgelpiben. Undersogelser over Resonanslegemet og en ny orgelpibe. *In: Fysisk Tidsskrift. Kopenhagen.* 34., S. 138—185

3572 Neue Orgelpfeifen-Konstruktionen. *In: Zeitschrift für Instrumentenbau. Leipzig.* 57. 1937, S. 240

Jarratt, Owen S.

3573 Position of the Church Organ. *In: The Organ. 1. 1921/22, S. 128*

Jauregui s. Amezua 0128

Jeanneteau, J.

3574 L'orgue électronique. *In: Actes du troisième congrès internationale du musique sacrée, Paris 1er—8 juillet 1957. Paris 1959, S. 179—181*

Jeans, Susi

3575 In Praise of Tremulants. *In: The Musical Times. 91. 1950, S. 102—105*

3576 Geschichte und Entwicklung des Voluntary for Double Organ in der englischen Orgelmusik des 17. Jahrhunderts. *In: Kongreßbericht Hamburg 1957, S. 123—126*

3577 Die Orgelkunst in England. 2. Die Organisten und das Orgelspiel. *In: Der Kirchenmusiker. Darmstadt. 15. 1964, H. 6. S. 219—224*

3578 An Organ by Abraham Jordan, Junior, at the Old Chapel at Greenwhich Hospital. *O. O. u. J.*

Jeans, Susi / Oldham, Guy

3579 Water-blown Organs in the Seventeenth Century. *In: The Organ. 38. 1958/59, S. 153*

Jehmlich, Gebr.

3580 Gebrüder Jehmlich (Werkskatalog). *Dresden 1910*

Jehmlich, O. /Krieger, D.

3581 Die neue Orgel in der Kreuzkirche zu Dresden. *In: Das Musikinstrument und Phono. Frankfurt/M. 14. 1965, H. 2, 151—155*

Jenkner, E. s. Lottermoser, W. 4333, 4334

Jenny, H.

3582 Orgelprospekt in der Schweiz. *In: Neue Zürcher Zeitung. 1926, 13.—14. Dezember*

Jentzsch, E. s. Rubardt, P. 5909

Jepkens, Albert

3583 Die neue Orgel in der katholischen Pfarrkirche zu Kempen am Niederrhein, erbaut von Fr. W. Sonreck in Köln. *Köln 1876*

Jeppesen, Knud

3584 Die italienische Orgelmusik am Anfang des Cinquecento. *Kopenhagen 1943*

J. F. P.

3585 Aix ancien et moderne. *Aix 1833*

Jimenez, Miguel Bernal

3586 Werdegang der Orgel in Mexiko. *In: Musik und Altar. Freiburg/Br. 5. 1952/53, H. 6, Beilagenblatt S. 1—2*

Jimeno, Roman

3587 Método completo teórico-practico de órgano. *O. O. u. J.*

Jimeno de Lerma, Ildefonso

3588 Estudios sobre musica religiosa. *Madrid. O. J.*

Jimmerthal, H.

3589 Beschreibung der großen Orgel in der St. Marienkirche zu Lübeck, erbaut in den Jahren 1851 bis 1854 von den Orgelbaumeistern Joh. Friedr. Schulze sen. und E. Schulze jun. Nebst einem Anhange, der Dispositionen etc. mehrerer bedeutender Orgelwerke der neueren Zeit enthäl. *Erfurt 1959*

Jöricke, Gerhard

3590 Was uns not tut. Zeit- und Streitfragen in der Organisten- und Kantorenwelt. *Bremen 1913*

Johandel, P. R. (Johandl)

3591 Die Orgel in der Stiftskirche zu Göttweig, Niederösterreich. *In: Zeitschrift für Instrumentenkunde. 33. 1912, S. 52*

John, Evan

3592 The Organ. *In: Music and Letters. London. 33. 1952, Nr. 4, S. 355—357*

Johnson, Geo S.

3593 The Schulze Organ at Hindley. *In: The Organ. 46. 1966/67, S. 48*

Johnson, Gordon

3594 A Life of Samuel Sebastian Wesley. *In: The Organ. 26. 1946/47, S. 144*

Johnson, Ronald E. C.

3595 The McClure organ. *In: Musical Opinion. 75, 1952, S. 243—245*

3596 An Early Snetzler. *In: The Organ. 34. 1954/55. S. 54*

Johnson, Ronald

3597 A Snetzler Organ in the Highlands. *In: The Organ. 37. 1957/58, S. 160*

Johnson, Wilfred W.

3598 Notes Referring to the Organ Case and Organ in the Old Meeting House Congregational Church, Colegate, Norwich, Norfolk. *In: The Organ. 43. 1963/64, S. 199*

3599 Four Small Interesting Organs within the City Wall of Norwich. *In: The Organ. 44 1964/65, S. 131*

Jones, Alan Pierce

3600 Choosing an Electronic Organ. *In: The Organ. 42. 1962/63, S. 176*

3601 The Adventures of an Organ. *In The Organ. 3. 1923/24, S. 169*

3602 Organ at St. Mary-Magdalene, Munster Square. *In: The Organ. 7. 1927/28, S. 183*

3603 The Horn Quint. *In: The Organ. 12. 1932/33, S. 128*

3604 St. Augustine's, Kilburn, and Henry Willis. In: The Organ. 16. 1936/37, S. 185

3605 The New Organ at St. Cyprian's Cathedral, Kimberley, South Africa. In: The Organ. 19. 1939/40, S. 148

3606 Mixtures and other Matters. In: The Organ. 20. 1940/41, S. 87

3607 The Organs in St. Mary's Cathedral, Johannesburg. In: The Organ. 22. 1942/43, S. 9

3608 St. George's Cathedral, Cape Town. In: The Organ. 34. 1954/55, S. 54

3609 The Doncaster Organ. In: The Organ. 38. 1958/59, S. 48

Jones, David O.

3610 Two Sussex Organs. In: The Organ. 34. 1954/55, S. 106

3611 The Organs of Corvey and Borgentreich. In: The Organ 37. 1957/58, S. 188

3612 The Organ — Its Position. In: The Organ. 37. 1957/58, S. 211

3613 The Borgentreich Organ. In: The Organ. 38. 1958/59, S. 48

3614 German Organ-builders. In: The Organ. 39. 1959/60, S. 53

3615 More Austrian Organs. In: The Organ. 41. 1961/62, S. 220. Zugleich in: 42. 1962/63, S. 56

3616 Notation Problems. In: The Organ. 41. 1961/62, S. 55

Jones, Norman H.

3617 The Organ in St. Mary's Parish Church, Bury St. Edmunds. In: The Organ. 34. 1954/55, S. 184

Jong, J. L. de

3618 Alphabetische Lijst van kerkorgels in Friesland. Heerenveen 1936

3619 Van orgels en organisten. Heerenveen 1938

Jonsson, Anders

3620 Orgelbyggaren. Hälsingerunor 1961, S. 79—82

J(onsson), P(er) S(ture)

3621 Orgeln i Lannaskede gamla kyrka. In: Kyrkomusikernas Tidning. 18. 1952, S. 101—102

Jorissenne, Gustave

3622 Facteurs d'orgues dans le pays de Liège. In: Annales de la Fédération archéolog. et historique de Belgique. XXIIe Congrès. Mechelen 1911, S. 885 bis 890

J(osefsson), J(osef)

3623 Ny orgel i Harbo kyrka. In: Kyrkomusikernas Tidning. 19. 1953, S. 30

Josewski, Erwin W.

3624 Lemgoer Orgeltage 1961. In: Musik und Kirche. Kassel. 31. 1961, S. 137—139

Josten, H. H.

3625 Kabinettorgel des württembergischen Landesgewerbemuseums in Stuttgart. In: Zeitschrift für Instrumentenbau. Leipzig. 50. 1930, S. 543

Joule, Benjamin Saint John Baptist

3626 Description of the grand organ in St. Peters Church, Manchester. O. O. 1863. 6. Edition, London 1872

3627 Organs in Manchester. Manchester 1872

Jude, Alexander A.

3628 The Barred and the Barless Soundboards. In: The Organ. 1. 1921/22, S. 150, 207

Jung, H.

3629 1. deutsche Orgel in Amerika. In: Zeitschrift für Instrumentenbau. Leipzig. 52. 1932, S. 17

Jung, J. E.

3630 Electronic Organs. In: The Organ. 35 1955/56, S. 159

3631 Articles on Construction. In: The Organ. 39. 1959/1960, S. 210

Jung, Karl

3632 Wind und Tonkanzelle. In: Zeitschrift für Instrumentenbau. Leipzig. 52. 1932, S. 159

3633 Orgelpfeife als gekoppeltes System. In: Zeitschrift für Instrumentenbau. Leipzig, 52. 1932, S. 395

3634 Die abgestimmte Tonkanzelle. In: Zeitschrift für Instrumentenbau. 52. 1932, S. 343

3635 Tonbildung in Labialpfeifen — Schallfotographie. In: Zeitschrift für Instrumentenbau. 52. 1932, S. 109

3636 Neue Kleinorgel. In: Zeitschrit für Instrumentenbau. Leipzig. 52. 1932, S. 460

3637 Orgeln in der Kirche zu Ottobeuren. In: Das Raumbild. Diessen. 1. 1935, S. 31

3638 Das aerodynam. Paradoxon oder warum versagte die elektrische Orgel? In: Zeitschrift für Instrumentenbau. Leipzig. 57. 1936, S. 43

3639 Die Orgelpfeife als gekoppeltes System. Die Zungenpfeife. In: Zeitschrift für Instrumentenbau. Leipzig. 58. 1938, S. 102—105, 170—173

3640 Wege zu einem einheitlichen Aufbau von Disposition und Spieltisch. In: Bericht über die Freiburger Tagung für deutsche Orgelkunst. Kassel 1939. 1. Tagg. S. 76—86

3641 Orgel, Königin der Musikinstrumente. In: Das Raumbild. Diessen. 5. 1940, S. 161

3642 Das Hebelpendel im Magazinbalg. Ein physikalischer Beitrag zur pneumat. Entstörung der Orgel. In: Zeitschrift für Instrumentenbau. Leipzig. 63. 1943, S. 61

3643 Für den Nachwuchs im Orgelbau. Prüfungsaufgaben für den 11. Fachlehrgang an der Meisterschule Ludwigsburg. In: Instrumentenbau-Zeitschrift. Konstanz. 2. 1948, S. 76

3644 Orgel- und Klavierbau im Lichte der Nachwuchs-schulung. *In: Instrumentenbau-Zeitschrift. Konstanz. 4. 1949/50, S. 2*

3645 Abbé Vogler und sein „Simplifications-System" (1749–1814). Beitrag zum Diskussionsthema „Das totgeschwiegene Problem des Orgelbauers". *In: Das Musikinstrument und Phono. Frankfurt/M. 11. 1962, S. 344–346*

3646 Winddruckabfall in der Tonkanzelle auf die Pfeifentonsprache auf der Schleiflade. *In: Das Musikinstrument und Phono. Frankfurt/M. 12. 1963, S. 680–681*

3647 Orgelbauforschung in Ludwigsburg und Freiburg im Breisgau. *In Gottesdienst und Kirchenmusik. München. 17. 1966, Nr. 3, S. 98–100*

3648 Messungsergebnisse zum Schleifladenproblem. *In: E. F. Walcker & Co. Hausmitteilungen Nr. 1. Ludwigsburg o. J.*

Jung, W.

3649 Die neue Orgel des Landeskonservatoriums zu Leipzig. *In: Zeitschrift für Kirchenmusiker. Dresden. 9. 1927, S. 137*

Junghaus, F.

3650 Geschichte der Orgel in der St. Wolfgangskirche in Schneeberg. *In: Kirchenmusik. 9. 1928, S. 238*

Junker, H.

3651 Ungünstige Klimaeinflüsse auf Kirchen- und Konzertorgeln. *In: Heizung und Lüftung. Berlin. 17. 1943, S. 36–44*

Jusselin, Maurice

3652 La maîtrise de l'œuvre à Notre-Dame de Chartres. *Chartres 1921*

3653 Les orgues de St. Père de Chartres depuis leur origine (1595–1922). *Chartres 1922*

3654 Le jubé jadis érigé dans la chapelle Saint-Piat à la cathédrale de Chartres. *In: Bulletin monumental. 1925*

3655 Jacques Verdier, facteur d'orgues manceau aux Jacobins de Chartres. *In: Province du Maine. 2. 1926, Bd. 6. September–Oktober*

3656 Orgues d'églises chartraines aux XVe et XVIe siècles. *In: Mémoires de la Société d'archéologie d'Eure-et-Loir. 16. 1928*

Jusselin, Maurice / Brandon

3657 Histoire des églises Saint-André et Saint-Nicolas de Chartres. *O. O. 1924*

Just, A.

3658 Der gegenwärtige Stand der Orgeln in Vorarlberg. *In: Singende Kirche. Wien. 9. 1961–62, S. 82–84*

Kaba, M. s. Pêcsi, S. 5221

Kade, Otto

3659 Die Orgelbauerfamilie Mors im XVI. Jh. *In: Monatshefte für Musikgeschichte. 29. 1897, S. 43*

Kahle, C. H.

3660 Harmonielehre für Orgelspieler und Beschreibung der Orgel. *Königsberg 1843*

Kahle, Karl Hermann Traugott

3661 Kurzgefaßte Harmonielehre . . . nebst der kurzen Beschreibung der Orgel. *Königsberg 1843*

Kaizi, Eringa P.

3662 The first organ in Central Africa. *In: Musical Opinion. 76. 1953, S. 311*

Kalkoff, Artur

3663 Das Orgelschaffen Max Regers im Lichte der deutschen Orgelerneuerungsbewegung. *Kassel 1950*

3664 Oberschwäbische Barock-, Orgel und Musiktagung vom 29. 7. bis 5. 8. 1951. *In: Musik und Kirche. Kassel. 21. 1951, S. 253–255*

Kampmann, Friedrich

3665 Die Orgel von Hoinkhausen. *In: Heimatblätter. Lippstadt. 37. 1956, S. 13–15*

Kandler, G.

3666 Orgelinstrumente in der Hausmusik. *In Collegium musicum. Kassel. 6. 1937, S. 71–74*

Kaper, E.

3667 Meisterorgel in Smaak. *In: Volk und Welt. Hannover 1942, Februar. S. 57*

Kappes, Franz-Josef

3668 Die Orgel im Dienst der Liturgie. *In: Musica sacra. Köln. 79. 1958, S. 251–253*

Kappner, Gerhard

3669 Um die Funktion der Orgel. *In: Musica. Kassel. 7. 1953, H. 12, S. 574*

Karajan, Wolfgang v.

3670 Zur Kritik der elektronischen Orgel. *In: Radiotechnik. Wien. 29. 1953, S. 209–212*

Kardel, Harboe

3671 Tonderns Kirche und ihre Orgel. *In: Die Heimat. Kiel. 65. 1958, S. 49–52*

Karg-Elert, Sigfrid

3672 „Herz von New York". *In: Zeitschrift für Kirchenmusiker. Dresden. 15. 1933, S. 20*

3673 Größte Orgel der Welt in Convention Hall in Atlantic City. *In: Zeitschrift für Kirchenmusiker. Dresden. 15. 1933, S. 114. Zugleich in: Kirchenmusik. Berlin. 15. 1934, S. 24–26*

Karlson, William

3674 Ett Märkligt kyrkoinventarium. *In: Fornvännen. 28. 1933, S. 372–375*

Karstens, H.

3675 Orgel in der Augustiner-Klosterkirche Grauhof bei Goslar. *In: Zeitschrift für Instrumentenbau. 53. 1933, S. 172*

3676 Wiederherstellung der Barockorgel in Goslar-Grau-hof. In: Kirchenmusik. Berlin. 14. 1933, S. 73

3677 Praetorius-Orgel in Goslar. In: Zeitschrift für Instrumentenbau. 55. 1935, S. 325

3678 Die Orgel der Grauhöfer Kirche. In: Goslarer Berg-Kalender. Goslar. 312. 1962, S. 44—52

3679 Die Barockorgel in Goslar-Grauhof. In: Ars Organi. 11. 1963, H. 22, S. 612—614

3680 Die große Barockorgel in Goslar-Grauhof. In: Niedersachsen. Hildesheim. 64. 1964, H. 1, S. 21 bis 24

Kassmann, Günter

3681 Orgel in der Hochmeister-Kirche Berlin-Halensee. In: Der Kirchenmusiker. Darmstadt. 11. 1960, S. 22—24
Orgel in der Martin-Luther-Kirche in Bremen. In: Der Kirchenmusiker. Darmstadt. 14. 1963, S. 62 bis 63

Kastner, Marcario Santiago

3682 Contribución al estudio de la música Española y Portuguesa. Lissabon 1941

3683 Portugiesische und spanische Clavichorde des 18. Jahrhunderts. In: Acta musicologica. 24. 1952, S. 52—61

3684 Parallels and Discrepancies between English and Spanish Keyboard-Music of the 16th and 17th, Century. In: Anuario Musical. 7. 1952, S. 77—115

3685 Rapports entre Schlick et Cabezón. In: Anuario Musical. 8. 1953, 217—223

3686 Invloed van de Vlaamse Orgelkunst op de Spaanse in de 16e en 17e eeuw. In: De Praestant. 3. 1954, S. 1—3

3687 Relations entre la musique instrumentale française et espagnole au 16me siècle. In: Anuario Musical. 10. 1955, S. 84—108; 11. 1956, 91—110

3688 Organos antiguos en España y en Portugal (siglos XVI—XVII). In: Festschrift Anglès. Barcelona 1958/61. 2, S. 433—451

Kastner, Rudolf

3689 Die Orgel zu Hofkirchen bei Saxen. In: Oberöster-reichische Heimatblätter. 1. 1947, S. 158

Kathriner, Leo

3690 Alte Orgel und Orgelbauer im Wallis. O. O. 1928

3691 Die Pfeifenorgel und ihre Konkurrenten. In: Der Chorwächter. 73. 1948, S. 215—220, 237—240

Katschthaler, G. B. (Johann Baptist)

3692 Storia della musica sacra. Turin 1926

Kattiofsky, Fritz

3693 Der alten Orgel in der ref. Kirche in Rinteln zum Abschied. In: Heimatbl. Beil. zur Schaumburger Zeitung. 1926. 11/12

Katz, E.

3694 Orgelmusik der Gegenwart. In: Melos. 6. 1928, S. 341

3695 Mechanische Orgel. In: Die Musik. 21. 1929, S. 816—821

Kauffmann, F.

3696 Silbermann-Orgel zu Buchsweiler. In: Elsaßland. Gebweiler. 1927, S. 245—248

Kaufmann, Walter

3697 Baugeschichte der Orgel in der Gr. Kirche zu Emden. In: Zeitschrift für Instrumentenbau. 47. 1927, S. 706—709

3698 Die Arp-Schnitgerorgel in der Charlottenburger Schloßkapelle. In: Musik und Kirche. 3. 1931/32, S. 138

3699 Der Orgelprospekt in stilgeschichtlicher Entwick-lung. Mainz 1935

3700 Die Orgel zu Dornum und ihr Erbauer. In: Ost-friesland. Leer 1953, H. 1, S. 19—20.

3701 Beiträge zu einer Orgeltopographie Nordwest-deutschlands in der Renaissance- und Barockzeit mit besonderer Berücksichtigung des Osnabrücker Landes. In: Osnabrücker Mitteilungen. 67. 1956, S. 175—217

3702 Die Orgeln in Melle und ihre Beziehungen zu Han-nover, Herford und Osnabrück. In: Osnabrücker Mitteilungen. Osnabrück. 68. 1959, S. 102—132

3703 Die Orgeln des alten Herzogtums Oldenburg. Oldenburg 1962

3704 Meister Bernhard Orgelmacher von Oldenburg und die Orgeln der Grafschaft Diepholz. In: Olden-burger Jahrbuch des Oldenburger Landesvereins für Geschichte, Natur- und Heimatkunde. Olden-burg. 62. 1963, S. 25—232

3705 Nachrichten über die Orgelbauten des Berendt Huess und anderer Meister im nordwestfälischen Grenzraum. In: Osnabrücker Mitteilungen. Osna-brück. 72. 1964, S. 51—83

3706 Orgelbau in Schleswig. In: Musik und Kirche. 1965, S. 93—97

3707 Die Orgeln Ostfrieslands. Orgeltopographie. In: Abhandlungen und Vorträge zur Geschichte Ost-frieslands. 1967. Bd. 48

Kaul, O.

3708 Zur Geschichte der Würzburger Domorgel. In: Frankenwarte. 1937, Nr. 40

3709 Von der Kunst des Orgelbaues in Würzburg. In: Frankenwarte. 1937, Nr. 47

Kee, Cor

3710 Het Orgel in de Nederlands Hervormde Kerk te Oosthuyzen. In: Tijdschrift der Vereniging voor Nederlandse Muziekgeschiedenis. 14. S. 34—43

Keller, G.

3711 Umbau der Orgel in der Himmelfahrtskirche zu Dresden-Leuben. In: Zeitschrift für Kirchenmusi-ker. 17. 1935, S. 83

Keller, Hermann

3712 Von der „Königin der Instrumente". In: Musika-lische Blätter. 1920, Nr. 3, S. 10—14

3713 Reger und die Orgel. *Leipzig 1923*

3714 Hauptwerke der Orgelliteratur. *In: Neue Musikzeitung. 43. 1923, S. 104*

3715 Das Obertonsystem der Orgel und seine registriertechnische Auswertung. *In: Zeitschrift für Instrumentenbau. Leipzig. 44. 1924, S. 142*

3716 Einiges über Orgelspielhilfen. *In: Zeitschrift für Instrumentenbau. Leipzig. 44. 1924, S. 231*

3717 Die Kinoorgel: Die Zukunft des Orgelbaues. *In: Zeitschrift für Instrumentenbau. Leipzig. 44. 1924, S. 323*

3718 D. Oskalyd. *In: Zeitschrift für Instrumentenbau. Leipzig. 44. 1924, S. 609*

3719 Königin der Instrumente. *In: Deutsche Musikpflege. Frankfurt 1925, S. 45*

3720 Für die moderne Orgel. *In: Zeitschrift für Instrumentenbau. Leipzig. 45. 1925, S. 200, 390*

3721 Kinoorgel-Disposition. *In: Zeitschrift für Instrumentenbau. Leipzig. 45. 1925, S. 1207*

3722 Standard-Kinoorgel op. 2. *In: Zeitschrift für Instrumentenbau. 44. 1925, S. 1316*

3723 Multiplexorgel. *In: Zeitschrift für Instrumentenbau. 46. 1926, S. 222*

3724 Kinoorgel und Multiplex. *In: Zeitschrift für Instrumentenbau. Leipzig. 46. 1926, S. 764*

3725 Multiplexdisposition einer großen Kinoorgel. *In: Zeitschrift für Instrumentenbau. Leipzig. 46. 1926, S. 983, 1030*

3726 Vereinheitlichung des Orgelspieltisches. *In: Zeitschrift für Instrumentenbau. 47. 1927, S. 3*

3727 Spieltisch. *In: Bericht über die 3. Tagg. für deutsche Orgelkunst in Freiberg/Sa. 2.—7. 10. 1927. 1928, S. 197—203*

3728 Vorzüge der amerikanischen Orgelregistratur. *In: Zeitschrift für Instrumentenbau. Leipzig. 49. 1929, S. 308*

3729 Hausorgeln mit Multiplex-Konstruktion. *In: Zeitschrift für Instrumentenbau. 49. 1929, S. 474*

3730 Die Spieltischfrage in einem neuen Stadium. *In: Musik und Kirche. 3. 1931, H. 3, S. 143; 4. 1932, S. 279*

3731 Stellung der Orgel im Musikleben der Gegenwart. *In: Deutsche Tonkünstler-Zeitung. 28. 1934, S. 166*

3732 Die Hammond Orgel. *In: Musik und Kirche. 10. 1938, H. 5, S. 227*

3733 Etwas über die Orgel. *In: Musik-Almanach. München. 1. 1948, S. 440—443*

3734 Die Orgel beim Internationalen Musikwettbewerb in München. *In: Musik und Kirche. 25. 1955, H. 6, S. 297*

3735 Die Orgel und ihre Literatur. *In: Musik-Handel. Bonn. 7. 1956, Nr. 7/8, S. 145—146, Nr. 9. S. 191 bis 192*

Kelletat, Herbert

3736 Zur Geschichte der deutschen Orgelmusik in der Frühklassik. *Kassel 1933*

3737 Grundlagen der Orgeltechnik. *In: Musik und Kirche. 6. 1934, S. 121—127*

3738 Die älteste ostpreußische Dorfkirchenorgel. *In: Ostpreußische Musik. Königsberg 1939, S. 80*

3739 Königsberger Orgeln aus alter und neuer Zeit. *In: Musik und Kirche. 14. 1942, S. 154*

3740 Ein Beitrag zur Orgelbewegung. *In: Instrumentenbau-Zeitschrift. Konstanz. 11. 1956/57, S. 173 bis 176*

Kellinghusen, Hans

3741 Die Hamburgischen Orgelbauer Hans Scherer, Vater und Sohn, *In: Mitteilungen des Vereins für Hamburgische Geschichte. 1912, S. 72 ff.*

Kellner, David

3742 Treulicher Unterricht vom Generalbaß. *O. O. 1732*

Kemper, K.

3743 Freiberger Domorgel und ihre Veränderungen seit ihrer Erbauung durch Silbermann. *In: Kirchenmusik. Berlin. 9. 1934, S. 317—319. Zugleich in: Zeitschrift für Instrumentenbau. Leipzig. 48 1928, S. 879. Zugleich in: Monatsschrift für Gottesdienst und kirchliche Kunst. 33. 1928, S. 340*

3744 Nochmal: Die Domorgel zu Freiberg. *In: Zeitschrift für Instrumentenbau. Leipzig. 49 1929, S. 596*

Kempf, Friedrich

3745 Das neue große Orgelwerk im Freiburger Münster. *Freiburg 1929*

Kempff, Georg

3746 Forderungen des liturg. und Chorgesanges an Orgelbau und Orgelspiel. *In: Kirchenmusik. Berlin. 11. 1932, H. 9. Zugleich in: Monatsschrift für Gottesdienst und kirchliche Kunst. 38. 1933, S. 51. Zugleich in: Zeitschrift für Kirchenmusiker. 15. 1933, S. 19*

Kennard, Francis T.

3747 Organs at the 1851 Exhibition, Hyde Park. *In: The Organ. 22. 1942/43, S. 88.*

3748 London Organs in 1882. *In: The Organ. 26. 1946/1947, S. 42*

3749 Blackpool and its Organs. *In: The Organ. 31. 1951/52, S. 8.*

3750 Organs of the Netherlands: Ancient and Modern. *In: The Organ. 32. 1952/53, S. 1*

3751 The „Baroque" Organ. *In The Organ. 32. 1952/53 S. 24*

Kennedy, D. Stuart

3752 Central United Church, Calgary, Alberta, Canada. *In: The Organ. 39. 1959/60, S. 170*

3753 The Lowy 'Armonium. *In: The Organ. 43. 1963/1964, S. 19*

Kerckhoff, Bern.

3754 Beschrijving van het orgel en handleiding naar welke organisten de bij het orgel onstaande gebreken kunnen verbeteren en voorkomen. *Uithuizen 1841*

Kern, Ernst

3755 Instrument oder Stellwerk? *In: Musica. Kassel. 3. 1949, H. 12, S. 425—429*

3756 Kleine Orgelreise zwischen Weser und Elbe. *In: Musica. Kassel. 5. 1951, H. 9, S. 348—351*

3757 Die Orgel. *Eßlingen. 1961. S. 165. Zugleich in: Die Therapie des Monats. Mannheim. 10. 1960, H. 8, S. 28—43*

3759 Bericht über die Wiedereinweihung der historischen Orgel von Mollau. *In: Ars Organi. 10. 1962, H. 21, S. 528—529*

Kern, M.

3760 Neuerungen im Orgelbau. *In: Musica divina. Wien. 8. 1922, S. 101*

3761 Neuerungen im Orgelbau (Reformpneumatik). *In: Zeitschrift für Instrumentenbau. Leipzig. 41. 1922, S. 91*

Kerr, Colin C.

3762 The Organ at the Cathedral of Mexico City. *In: The Organ. 36. 1956/57, S. 53*

Kerssemakers, W.

3763 Het hoofd en altaarorgel van de St. Catharinekerk te Eindhoven. *O. O. 1936*

Kessler, Friedrich

3764 Der musikalische Kirchendienst. *Iserlohn 1832*

Keyzer, Berten de

3765 Orgelhistorie in de St. Michelskerk te Gent. *Gent 1951*

Kiessling, H.

3766 Orgelbau. *In: Zeitschrift für ev. Kirchenmusik. 7. 1929, S. 42—45*

Kilner, Thomas

3767 Jottings about Choral and Congregational Services, Organs and Organists. *London 1872*

Kilgen, Eugene R.

3768 Organ in St. Louis Cathedral, St. Louis. Missouri, U.S.A. *In: The Organ. 29. 1949/50, S. 163*

Kindervater, Joh. Heinrich

3769 Beschreibung der Orgel in Nordhausen *(In: Gloria templi Blasiani.) Nordhausen 1724*

Kinkeldey, Otto

3770 Orgel und Klavier in der Musik des 16. Jhs. *Leipzig 1910*

Kinsky, Georg

3771 Kurze Oktaven auf besaiteten Tasteninstrumenten. *In: Zeitschrift für Musikwissenschaft. 2. 1919, S. 65—82*

3772 Katalog des musikhistorischen Museums Heyer in Cöln. I. *Köln 1910, S. 286—371*

Kinter, Mauritius

3773 Die neue große Orgel in der Stiftskirche des Benediktinerklosters zu Raigern, Mähren. *In: Gregorianische Rundschau. Graz. 1910, S. 105*

Kirby, Percival R.

3774 An Early Organ by William Hill. *In: The Organ. 38. 1958/59, S. 87*

Kirchberger, Hans

3775 Die große Orgel im Passauer Dom. *Passau 1928*

Kircher, Athanasius

3776 Musurgia universalis. *Rom 1650*

3777 Phonurgia nova: sive Conjugium mechanicophysicum artis et naturae. *Kempten 1673*

Kirchner, G.

3778 Eine Einführung der normalen Stimmtonhöhe an alten Orgeln. *In: Ars Organi. 10. 1962, H. 20, S. 481—486*

Kirkland, D.

3779 The late Rev. Andrew Freeman. *In: The Organ. 27. 1947/48, S. 43*

3780 The Andrew Freeman Memorial Organ. *In: The Organ. 33. 1953/54, S. 101*

3781 St. Anne's, Limehouse. *In: The Organ. 34. 1954/55, S. 111*

3782 The Third Manual. *In: The Organ. 35. 1955/56, S. 206*

Kirsten, Alfred

3783 Die Lebensgeschichte der Silbermannorgel in der Georgenkirche in Rötha. *Rötha 1935*

3784 An einem Markstein in der Geschichte der Röthaer Silbermann-Orgeln. (Marienorgel). *Rötha. 1935. Zugleich in: Kirchenchor. 46. 1935, S. 59—61*

3785 Das Klingende Wunder von Rötha. *In: Die Nationalkirche. Weimar. 8. 1940, S. 208*

Kissing, H.

3786 Orgeln unserer Kirche. *In: 600 Jahre Stadtkirche Lünen. Lünen 1960*

Kist, Nicolaas Christiaan

3787 Het kerkelijk orgelbruik, bijzonder in Nederland. *Leiden 1840*

Kitley

3788 The big Problem of Small Organs. *O. O. 1966*

Klais, Johannes

3789 Neue Orgeln in der großen Messehalle Köln. *In: Gregoriusblatt. 48. 1925, S. 28—32*

3790 Organischer Aufbau der neuen Orgelwerke. *In: Musica sacra. 1. 1938, S. 40*

3791 50 Jahre Orgelbau Johannes Klais. *Bonn 1882—1932*

Klaus, F.

3792 Die Vorgänger Arp Schnitgers im Orgelbau. *In: Deutsche Instrumentenbau-Zeitung. Berlin. 43. 1942, S. 53*

Klaus, Gregor

3793 Neue Orgel in Birnau bei Überlingen am Bodensee. *In: Musik und Altar. 3. 1951, S. 168*

3794 200 Jahre Gabler-Orgel. Benediktinerkloster Weingarten. *In: Zeitschrift für Kirchenmusik. 71. 1951, S. 133—137*

3796 Kernstichlose Intonation der Orgelpfeifen. *In: Instrumentenbau-Zeitschrift. Konstanz. 6. 1952, S. 35—36*

3797 Restaurierte Barockorgel zu Inzigkofen. *In: Musik und Altar. Freiburg/Br. 5. 1952/53, S. 113*

3798 Die Erhaltung alter Orgelwerke. *In: CVO. Zeitschrift für Kirchenmusik. 73. 1953, S. 127—133*

3799 Die große Gabler-Orgel in der Klosterkirche zu Weingarten. *In: Instrumentenbau-Zeitschrift. Konstanz. 8. 1953/54, S. 277—278*

3800 Die große Orgel im Münster der Benediktiner-Abtei in Weingarten. *Weingarten 1954*

3801 Orgelwerke des schwäbisch-bayrischen Barock. *In: Zeitschrift für Kirchenmusik. 74. 1954, S. 183—188*

3802 Zur Restauration der Gabler-Orgel in Weingarten, Württ. *In: Musik und Altar. Freiburg/Br. 7. 1954/55, S. 108—109*

3803 Erwägungen vor der Anschaffung einer Orgel. *In: Musik und Altar. Freiburg/Br. 8. 1955/56, S. 176 bis 179*

3804 Die Entwicklung der Orgelkunst in Süddeutschland. *In: Kirchenmusikalisches Jahrbuch. 40. 1956, S. 87 bis 101*

3805 Das Positiv für die Praxis. *In: Musica sacra. Köln. 76. 1956, S. 237—241*

3806 Zur Orgel und Musikgeschichte der Abtei Weingarten. *O. O. 1956*

3807 Über die Orgelbaukunst in der Schweiz. *In: Musica sacra. Köln. 77. 1957, S. 221—226*

3808 Die große Orgel zu Weingarten. *O. O. 1959.*

3809 Elsässisch-süddeutsche Beziehungen im Orgelbau. *In: Caecilia. Straßburg. 68. 1960 S. 185—193*

3810 Orgel mit oder ohne Gehäuse? *In: Instrumentenbau-Zeitschrift. Konstanz. 19. 1965, Nr. 9, S. 400, 402*

3811 Die Orgel. *O. O. u. J.*

Klausner, M. s. Ackermann, A. 0008

Klein, C.

3812 Vom Orgelbau und Orgelspiel. *In: Hessenland. 43. 1932, S. 55*

Klein, Ch. D.

3813 Les orgues de l'église protestante de Colmar. *In: Colmarer Jahrbuch. 4. 1939, S. 135—151*

Klein, E.

3814 Welte — Lichttonorgel. *In: Funktechnische Monatshefte. Berlin 1936, S. 437*

Klein, H. s. Walcker-Mayer, W. 7335

Klein, J.

3815 Salemer Orgeln und Orgelbauer. *In: Birnauer Kalender. 1929, S. 73—81*

Kleiner, H.

3816 Orgeln und Orgelbau. *In: Monatshefte für Kunst und Wissenschaft. 7. 1930, S. 301—304*

Kletzin, E.

3817 Umbau der Orgel in der Christuskirche zu Koblenz. *In: Zeitschrift für Instrumentenbau. Leipzig. 55. 1934, S. 23*

Kletzin, E. s. Döhler, G. 1723

Kleuker, Detlef

3818 Kunststoffe im Orgelbau? *In: Die Orgel. Köln. Januar 1961, S. 1—6*

Klinda, Ferdinand

3819 Konzertorgel für den Tschaikowski-Saal in Moskau. *In: Musik und Kirche. Kassel. 29. 1959. S. 202, 214—215*

Klinger

3820 Expertenbericht über neu erstellte Orgeln. *Laufen 1882*

Klipstein, Georg Gottfried

3821 Rath- und Hilfsbuch für Organisten und solche, die es werden sollen. *Breslau 1826*

Klöpping, Helmut

3822 Geschichte der in den Jahren 1793—1795 erbauten Orgel in der Erlöserkirche zu Detmold in Lippe. *Mschr. 1960*

Kloerss, Sophie

3823 Die silberne Orgel. *Stuttgart 1931*

Kloss, J. F.

3824 Die neue Orgel in der Pfarrkirche Maria-Treu in Wien, im Jahre 1858 von F. Buckow erbaut. *Wien 1858*

Klotz, Hans

3825 Zur Registrierkunst in der klassischen Zeit des Orgelspiels. *In: Musik und Kirche. 2. 1930, S. 80 bis 87, 103—111*

3826 Imperativ der Orgelbewegung. *In: Musik und Kirche. 5. 1933, S. 166—174*

3827 Über die Orgelkunst der Gotik, der Renaissance und des Barock. *Kassel 1934*

3828 Zur Orgelreform. *In: Musik und Kirche. 7. 1935, S. 250—260*

3829 Orgelumbau. *In: Musik und Kirche. 8. J. 1936, S. 117—122 und 9. 1937, S. 22—29*

3830 Hans Hickmann „Das Portativ". *In: Musik und Kirche. 9. 1937, H. 3, S. 130*

3831 Das Buch von der Orgel. *Kassel 1938*

3832 Kleinorgel, eine Aufgabe unserer Zeit. In: Deutsche Musikkultur. Kassel 3. 1938, S. 14—19

3833 Die zweite Freiburger Orgeltagung. In: Musik und Kirche. 10. 1938, S. 137—158

3834 Das alte Positiv und die neue Kammermusik. In: Bericht über die Freiburger Tagung für deutsche Orgelkunst. Kassel 1939, 2. Tagg. S. 64—67

3835 Kölner Domorgel von 1569—1573. In: Musik und Kirche. 8. 1941, S. 105—111

3836 Niederländische Orgelbaumeister am Trierer Dom. In: Musikforschung. Kassel. 2. 1949, H. 1, S. 36 bis 49

3837 Kleine Geschichte der Orgelbewegung. In: Württemb. Blätter für Kirchenmusik. Stuttgart 23. 1956, S. 74—79

3838 Beitrag zur rheinischen Musikgeschichte 19. 1957, S. 29 f.

3839 Orgelbewegung und Historismus. In: Orgelbewegung und Historismus. Berlin 1958. S. 25—33

3840 Die Kirchenorgel bis um 1500. In: MGG. X. 1962, Sp. 266—272

3841 Joh. Seb. Bach und die Orgel. In: Musik und Kirche. 32. 1962, H. 2, S. 49

3842 Eine interessante Orgel des 16. Jhs. In: Instrumentenbau-Zeitschrift. Konstanz. 17. 1962/63, S. 270—273

3843 A propos de l'orgue de 1500 environ, de l'orgue brabançon de 1550 et de la manière de les jouer. In: Kirchenmusik in ökumenischer Schau. (2. Internationaler Kongreß für Kirchenmusik in Bern 22.—29. Sept. 1962) Bern. 1964. S. 91—96

3844 Rheinischer Orgelbau. O. O. u. J.

3845 Antegnati, Costanzo. In: Musik in Geschichte und Gegenwart. Bd. I. Kassel 1949—1951. Sp. 509 bis 512

3846 Cavaillé-Coll Aristide. In: Musik in Geschichte und Gegenwart. Bd. II. Kassel 1952, Sp. 920—923

3847 Compenius. In: Musik in Geschichte und Gegenwart. Bd. II. Kassel 1952, Sp. 1590—1594.

3848 Fritzsche, Gottfried. In: Musik in Geschichte und Gegenwart. Bd. IV. Kassel 1955. Sp. 978—982

3849 Hammer, Emil. In: Musik in Geschichte und Gegenwart. Bd. V. Kassel 1956, Sp. 1421—1422

3850 Sweelinck spielt Sweelinck. In: Musik im niederländisch-niederdeutschen Raum. Köln 1960, S. 37—49

3851 Eine rheinische Orgel von 1964. In: Studien zu Musikgeschichte des Rheinlandes. Köln 1964

Klusen, Ernst

3852 Denkmalswerte Orgeln am Niederrhein. In: Annalen des Historischen Vereins für d. Niederrhein, insbesond. f. d. alte Erzbistum Köln. Düsseldorf. H. 153/54. 1953, S. 271—277

Kluyver, P.

3853 Huysorgels in Nederland. In: Mens en Melodie. Utrecht. 1. 1946, Nr. 12, S. 368—372

3854 Spaanse orgelimpressies. In: Mens en Melodie. Utrecht. 7. 1952, S. 363—367

Kluyver, P. s. Bouman, A. 0885

Knapp, W. H. C.

3855 Het orgel. Amsterdam 1952

3856 Onze vierde Europese orgelstudiereis (Italien). In: Het Orgelblad. 3. 1960, S. 117—122, 156—160

Knecht, Heinrich

3857 Volkstümliche Orgelschule für Anfänger und Geübtere. Leipzig 1795—1798

Knights, E. Spurgeon

3858 Three Suffolk Organs. In: The Organ. 23. 1943/44, S. 35

Knipping, Wulf

3859 Die Orgel und ihr Prospekt. In: Musik und Kirche. Kassel. 23. 1953, H. 6, S. 232—236

Knock, Nicolaas Arnoldi

3860 Dispositien der merkwaardigste Kerkorgelen, welken in de Province Friesland, Groningen en Elders aangetroffen worden. Kunnende dit Werk verstrekken tot een verfolg van het Werk van den Heer J. Hess. Groningen 1788

Knodt, M.

3861 Orgelfestschrift Stadtkirche Darmstadt. Darmstadt 1961, S. 52

Knoepfli, Albert

3862 Orgelbau und Orgeldenkmalpflege. In: Neue Zürcher Zeitung. 14. 4. 1963

3863 Orgelbau des Barock. In: Ars organi. 11. 1963, H. 22, S. 574—581

Knorring, Sven von

3864 Östervåla beslutar restaurera sin Strandorgel. In: Kyrkomusikernas Tidning. 13. 1947, S. 85

3865 Inför orgelinvigningen. In: Östervåla-Harbo Kyrkoblad påsken. 1952, S. 5—7

Knote, Walter

3866 Von alten und neuen Orgeln in Unterfranken. In: Mainlande. Würzburg. 4. 1953, Nr. 12, S. 45—47, Nr. 13, S. 49—52, Nr. 14, S. 53—56

3867 Nachklänge des Schöpferliedes. Von alten und neuen Orgeln in Unterfranken. In: Unser Bayern. München. 2. 1953, Nr. 3, S. 21—22

Knott

3868 Orgel-Fragen. In: Korrespondenzblatt des ev. Kirchengesangvereins für Deutschland. Leipzig 1913, S. 10

Knott, J. R.

3969 The Organ in St. Mary's Church, Rotherhithe. In: The Organ. 40. 1960/61, S. 16

Kobel, Heinz

3870 Organ Congress in Stade Hamburg. In: The Organ. 34. 1954/55, S. 143

3871 Die Orgel des Johann Andreas Silbermann im Dom zu Arlesheim. *In: Katholische Kirchenmusik (Chorwächter). 87. 1962, S. 75—84. Zugleich in: Caecilia. Straßburg. 69. 1961, S. 118—122*

Koch, A.

3872 Die neue Art der Orgeldisposition. *In: Der Chorwächter. Einsiedeln. 65. 1940, S. 64*

Köckert, A.

3873 Die Orgel, ihre Struktur und Pflege. *Naumburg 1875*

Köhler, E. F.

3874 Orgelangelegenheiten. *In: Sächsische Schulzeitung. Dresden. 42. 1875, S. 2.; 45. 1878, S. 209—213*

Köhler, Joh. Ernst

3875 Die Orgel im Raum der Kirche. *In: Glaube und Gewissen. Halle/Saale. 1. 1955, S. 89*

3876 Als Organist in der Sowjetunion. *In: Musik und Gesellschaft. 6. 1956, S. 55—56*

3877 Die Orgel im Sozialismus. *In: Musik und Gesellschaft. Berlin. 8. 1958, S. 510—511*

König, A.

3878 Neuerungen im Orgelbau. *In: Zeitschrift für Instrumente. 35. 1914, S. 82*

König, H.

3879 Die Orgel. *In: Der Kunstgarten. Wien. 3. 1925, Nr. 6/7, S. 351—357*

Kohlmann, O.

3880 Die Orgel. *In: Blätter für Haus- und Kirchenmusik. 2. 1898, S. 122*

Kok, Willem

3881 Harmonische orgels. *Phil Diss. Delft 1955*

Kok, W. s. Vente, M. A. 7185

Kolbe

3882 Die Orgel im Orchester. *In: Deutsche Militärmusikerzeitung. Berlin 1913, S. 34, 35*

Kolbe, E.

3883 Ersatz der Orgelpfeifen. *In: Die Kirche. 16. 1919, S. 57*

Kolbe, H.

3884 Registerausschalter als neue Spielhilfe für die Orgel. *In: Zeitschrift für Instrumentenbau. Leipzig. 46. 1926, S. 856*

Kolendic, P.

3885 Mjesto i godina rodjenza don Petra Nakica. *In: Prilozi za Knjizevnost, rezik, istorijn i folklor. 1. 1921. Fasc. I. S. 34*

Koller Stefan

3886 Die Orgel in der Stiftskirche in Einsiedeln. *Einsiedeln. 1933. Zugleich in: Zeitschrift für Instrumentenbau. 54. 1933; S. 52; 54. 1934, S. 100 bis 102*

3887 Restauration der Chororgel, Einsiedeln. *O. O. u. J.*

3888 Die neue Orgel der Stiftskirche zu Einsiedeln. *In: Musica sacra. 66. 1935, S. 83*

3889 Die neue Orgel in der Marienkirche, Bern. *In: Der Chorwächter. 71. 1946, S. 217—218*

3890 Zur Hammond-Orgel. *In: Der Chorwächter. Einsiedeln. 64. 1940, S. 11—16*

Kolneder, Walter

3891 Haarlem — Stadt der Orgel. *In: Musik im Unterricht. Mainz. 48. 1957, H. 2, S. 55*

Kolwald, Andreas

3892 Gründliche Beschreibung des kunstbaren Orgelwercks und großen Fasses auff dem Hauss Grüningen, welche auff Befelich des . . . Herrn Henrici Julii postulirten Bischoff des Stiffts Halberstadt . . . von Anno 93 biss 98 gebawet worden. *Halberstadt 1646*

Kopp, Rudolf

3893 Zur Gegenwartssituation der Landorgeln. *In: Klerusblatt. Eichstätt. 30. 1950, Nr. 8, S. 113—114*

3894 Neubau einer Landorgel. *In: Instrumentenbau-Zeitschrift. Konstanz. 5. 1950/51. S. 6*

3895 Um die neuzeitliche Orgeldisposition. *In: Instrumentenbau-Zeitschrift. Konstanz. 5. 1951, S. 75 bis 77*

3896 Orgelerneuerung in Gemmenich, Belgien. *In: Musik und Altar. Freiburg/Br. 4. 1951/52, S. 134*

3897 Freistehendes Chorpositiv. *In: Musik und Altar. Freiburg/Br. 4. 1951/52, S. 167—168*

3898 Die berühmte Wies-Kirche hat eine neue Orgel. *In: Ars organi. 15. 1960, S. 277—280*

3899 Zur Wiederherstellung der Rottenbucher Orgel. *In: Ars organi. 13. 1965, H. 26, S. 851—854*

Kornerup, Thorvald

3900 Die Vorläufer der gleichschwebenden Temperatur mit 19 oder 31 Tönen in der Oktav. *Kopenhagen o. J.*

Korthaus, F.

3901 Deutschlands größte kath. Kirchenorgel in der Wallfahrtsbasilika zu Kevelaer. *In: Gregoriusblatt. 1928, S. 30—32, 42—45*

Kothe, Bernhard

3902 Kleine Orgelbau-Lehre zum Gebrauch in Lehrer-Seminaren. *Leobschütz 1883*

3903 Kleine Orgelbaulehre. *Leobschütz 1874*

Kothe, Bernhard / Forchhammer, Th.

3904 Führer durch die Orgelliteratur. *Leipzig 1890*

Kottmann, E.

3905 Zur Frage der Kleinorgel. *In: Magazin für religiöse Bildung. Ehingen. 102. 1939, S. 133*

Koulen

3906 Besprechung einer Orgel von Koulen zu St. Ulrich, Augsburg. *In: Zeitschrift für Instrumentenbau. 24 1903, S. 239*

Kousemaker, Adr.

3907 Handboek voor de kerkorganist. *Goes 1948.*

Kovács, Dezsö

3908 Orgona iscola. *Budapest 1912*

Kraas, H.

3909 Orgelbauer Patroklus Möller aus Lippstadt baute 1739 für die Stadt Iserlohn eine neue große Orgel. *In: Heimatblätter. Lippstadt 38. 1957, S. 105—106*

Kraats, S. H. v. d.

3910 Het orgel in de St. Janskerk te Gouda. *In: Goudsche Courant. 1938, April—Mai*

Krabbel, Ch. s. Cohen, C. 1348

Kraemer, Erich

3911 Vom Orgelbau in Amerika. *In: Musik und Kirche. Kassel. 36.1966, H. 4, S. 177—181*

Kraft, Walter

3912 Orgelstadt. Lübecks Bedeutung in der Orgelbewegung. *In: Der Wagen. Lübeck 1932, S. 85*

3913 Neuland im Orgelbau. *In: Zeitschrift für Musik. Regensburg. 106. 1939, S. 411*

3914 Neuerungen im Orgelbau. *In: Signale für die musikalische Welt. 97. 1939, S. 68*

3915 Die Briefkapellenorgel, ein wenig beachtetes Kleinod unter den Lübecker Orgeln. *In: Lübeckische Blätter. Lübeck. 89. 1953, H. 18, S. 227 bis 228*

3916 Die neue Totentanzorgel. Marienkirche Lübeck. *In: Lübeckische Blätter. 91 1955, Nr. 3, S. 27—28*

Kraft, Walter / Heise, Hildegard

3917 Das Lübecker Orgelbuch. *Lübeck 1935*

Krag, Ole Rasmus

3918 Litt om norske orgel forhold. *In: Nords Musikgranskning. Oslo 1951/53, S. 116—129*

Krapp, Franz Rolf

3919 Orgeln sind Nachklänge des Schöpfungsliedes. Neue Orgeln in Mülheim a. d. Ruhr. *In: Mülheimer Jahrbuch. Mülheim a. d. Ruhr 1960, S. 125 bis 132*

Krasske, M. Tobias

3920 Kurze Beschreibung der neuerbauten Orgel. (Frankfurt/O. — Unterkirche). *Frankfurt/O. 1690*

3921 Kurze Beschreibung der neuen Orgel. (Frankfurt/O. — Oberkirche). *Frankfurt/O. 1690*

Krause, K.

3922 Geschichte des musikalischen Lebens in der evangelischen Kirche Westfalens von der Reformation bis zur Gegenwart. *Kassel 1932*

Krauss, Egon

3923 Zur Neuorientierung des Orgelbaues. *In: Österreich. Musik-Zeitschrift. Wien. 15. 1960, S. 593 bis 594*

3923a Vom Klang der Orgel. *In: Musica orans. 2. 1949, H. 1, S. 7*

3924 Die große Festorgel in der Stiftsbasilika. *Klosterneuburg 1951*

3925 Die Festorgel der Stiftskirche in Klosterneuburg. *In: Musik und Gottesdienst. 5. 1951, S. 17 ff.*

3926 Warum Orgel-Denkmalschutz. *In: Musica orans. 4. 1952, H. 3, S. 10—12*

3927 Harmonium-Positiv-Kleinorgel. *In: Musica orans. 4. 1952, H. 4, S. 10—11*

3928 Denkmalorgeln in Österreich. *In: Musik und Gottesdienst. Zürich. 8. 1954, Nr. 2, S. 57—68*

3929 Die Geschichte der Orgel. *In: Katholischer Digest. Aschaffenburg. 13. 1959, S. 471—472*

3930 L'Opera di tutela degli organi storici in Austria. *In: L'Organo. 1. 1960, S. 152—184*

3931 L'Organo della „silberne Kapelle" di Innsbruck. *In: L'Organo. 5. 1964/67. S. 20—30*

3932 Niederländische Orgelbaukunst. *In: Österreichische Musik-Zeitschrift. Wien. 19. 1964, S. 294 bis 303*

Krauss, Egon / Neumann, H.

3933 Die Restaurierung der hölzernen Orgel der silbernen Kapelle in Innsbruck. *In: Österreichische Zeitschrift für Kunst und Denkmalpflege. Wien. 7. 1953, H. 3/4, S. 83—86*

Krauss, Egon / Wibiral, N.

3934 Die Orgel der Stiftskirche zu Waldhausen, O. Ö. *In: Österreichische Zeitschrift für Kunst und Denkmalpflege. Wien. 10. 1956, H. 3/4, S. 121—124*

Krauss, Samuel

3935 Zur Orgelfrage. *Wien 1919*

Krautwurst, Franz

3936 Die erste Orgel der St. Jakobskirche in Rothenburg ob der Tauber, ein Werk des Frankfurter Barfüßers Leonhard Mertz. *In: Jahrbuch für fränkische Landesforschung. Kallmünz. 23. 1963, S. 155 bis 170*

Krebaum, Friedrich

3937 Bestandsaufnahme 1823 aller im Kreise Eschwege vorhandenen Orgeln. *MS. Staatsarchiv Marburg, 180 LA Eschwege Nr. 290. Zugleich in: F. Carspecken, Kasseler Orgelbau, Ms. O. J.*

Kreienbrink, Matthias

3938 175 Jahre Orgelbau. *Osnabrück 1965*

Kreis, A. s. Wachsmuth, R. 7298

Krenn, H.

3939 Alte Orgelregisterbezeichnung und Tonhöhenlage. *In: Zeitschrift für Instrumentenbau. 40. 1920, S. 111*

Kreps, Jozef

3940 De Belgische orgelmakers. *In: Musica sacra. 1932*

3941 Het orgel in Tongerloo, 1436—1933. *Tongerloo 1933*

3942 La leçon de nos anciennes orgues. *Brügge 1933*

3943 Un orgue centenaire. *In: Musica sacra. Brügge. 57. 1956, S. 183—195*

3944 Les Synthèses sonores de l'orgue à tuyaux. *In: Acoustique musicale . . . Marseille 1958. Paris 1959, S. 145—167*

3945 Loret, Antoine. *In: Musik in Geschichte und Gegenwart. Bd. VIII. Kassel 1960. Sp. 1204—1206*

3946 Le Cornet de Flandres. *In: Musica sacra. Brügge. 68. 1960, S. 119—120*

Kret, A. J. / Asma, Feike

3947 Jan Zwart 1877—1937. Ein profet op de orgelbank. *Kralingse Veer 1957*

Kreth, Werner

3948 Die Kemper-Orgel im Dom zu Frauenburg. *Rheinfeld 1935*

Kretschmar, Gottfried

3949 Einweihungspredigt auf die neue Orgel . . . Görlitz, *Görlitz 1704*

Krieg, E.

3951 Was soll mit den verwaisten Orgeln auf dem Lande geschehen? *In: Kirchenmusik. 4. 1941, S. 87—89*

Krieg, P. H. / Zandt, Herm. S. J.

3952 Organum novum. *Arnheim 1964*

Krieger, D. s. Jehmlich, O. 3581

Krieger, Fritz

3953 Die große Orgel im Dom zu Fulda. *In: Musica sacra. 2. 1939, S. 171—173. Zugleich in: Musik und Altar. Freiburg/Br. 7. 1954/55, S. 17—18*

3954 Die Orgel im Dom zu Fulda. *In: Musik und Altar. 7. 1954, S. 17—18*

Krieschen, K. s. Göbel, A. 2756

Krießmann, A.

3955 Vom Klingen und Schweigen der Orgel. *In: Magazin für religiöse Bildung. Ehingen. 102. 1939, S. 293*

Kröpfl, B.

3956 Die neue Orgel von Maria Zell. Ein Führer und eine Studie. *Mariazell 1929*

Krolow, Karl

3957 Die Stimmen der Orgel. *In: Der weiße Turm. Biberach a. d. Riß. 6. 1963. Nr. 6, S. 31*

Kroyer, Th.

3958 Orgelbuch Cod. Ms. 153 der Münchener Universitätsbibliothek. *In: Bericht über den musikwissenschaftlichen Kongreß der deutschen Musikgesellschaft in Leipzig. 4.—8. 6. 1925. 1925, S. 339*

Krückl, P.

3959 Orgelumbau im Geist der neuen Kirchenmusik. *In: Magazin für religiöse Bildung. Ehingen. 104. 1941, S. 113*

Krüger, D.

3960 Neue Kemper-Orgel in Borchersdorf. *In: Zeitschrift für Instrumentenbau. Leipzig. 53. 1933, S. 244*

3961 Umbau der Orgel in der Stadthalle zu Königsberg i. Pr. *In: Zeitschrift für Instrumentenbau. Leipzig. 54. 1934, S. 205*

3962 Orgel im Sendehaus d. Ostmarken-Rundfunks in Königsberg i. Pr. *In: Zeitschrift für Instumentenbau. Leipzig. 54. 1934, S. 205*

3963 Kemper-Orgel in der Löbenicht'schen Kirche zu Königsberg i. Pr. *In: Zeitschrift für Instrumentenbau. Leipzig. 54. 1934, S. 269*

3964 Ostdeutschlands größte Orgel in der Neuroßgärter Kirche zu Königsberg i. Pr. *In: Zeitschrift für Instrumentenbau. 54. 1934, S. 311—313*

3965 Die erneuerte Orgel in der Drei-König-Kirche zu Elbing. *In: Zeitschrift für Instrumentenbau. Leipzig. 56. 1936, S. 377*

Krüger, Johannes

3966 Monographie der Barockorgel. *O. O. 1953*

3967 Orgel in St. Andreas zu Gnadenstedt. *In: Musik und Kirche. Kassel. 24. 1954, S. 47—48*

3968 Orgellandschaft Braunschweig. *In: Ars organi. 5. 1957, H. 11, S. 179—193*

Krüger, Walter

3969 Die Seele der Kathedrale. *In: Musica. Kassel. 6. 1952, H. 11, S. 478*

Krünitz, Johann Georg

3970 Ökonomisch-technologische Encyklopädie. *Bd. 105. Berlin 1807. Artikel Orgel S. 321—432. Artikel Orchestrion S. 213—218*

Krug, J.

3971 Alte Orgelpfeifen. *In: Pionier. 1918, S. 42*

Krug, Ole Rasmus

3972 Litt om orgelprospektets arkitektur. *In: Byggekunst. Oslo 1950, Nr. 2. S. 29—34*

Krumm, Erich

3973 Die Orgelpfeife. *In: Zeitschrift für Naturlehre und Naturkunde. Frankenberg/Eder. 10. 1962, S. 43 bis 44*

Kubicek, J. P.

3974 Wie viele Manual- und wie viele Pedalsysteme müssen an allen Kirchenorgeln angebracht werden, um es dem Organisten möglich zu machen, an einer jeden Orgel leicht und richtig zu spielen und die volle Kraft derselben zum Ausdruck zu bringen? *Budweis o. J.*

3975 Wie kann eine Kirchenorgel durch eine lange Reihe von Jahren ohne Beihülfe eines Orgelbauers in vollkommen gutem Zustand erhalten werden? *In: Pastoralblatt. Köln. 15. 1881, S. 71*

3976 Erhaltung der Kirchenorgel. *In: Schlesisches Pastoralblatt. Berlin. 3. 1882, S. 7*

Kuchenbuch, K.

3977 Zur Geschichte der Orgeln im ehemaligen Dominikanerkloster Warburg. *In: Festschrift des Gymnasium Marianum Warburg. Warburg 1963*

Kühn, Karl Theodor

3978 Klangfarbe und Wirbelform einer Lippenpfeife in Abhängigkeit von der Bauweise. *Phil. Diss. Leipzig 1940*

3979 Elektronische Orgel oder Pfeifenorgel? *In: Der Kirchenmusiker. Darmstadt. 4. 1953, S. 126—128*

Kühn, Karl Theodor / Schulze, Herbert

3980 Die Mollterz im Orgelbau. *In: Zeitschrift für Kirchenmusik. 71. 1951, S. 213. Zugleich in: Vier Viertel. Berlin. 71. 1951, S. 213*

3981 Die neue Orgel in der Matthäus-Kirche Berlin-Steglitz. *Ludwigsburg 1959, Walcker-Hausmitteilungen Nr. 23. S. 1—9*

Kühnemund, Hans

3982 Zur Geschichte der Orgeln im Dom zu Halberstadt. *In: Der Kirchenmusiker. Darmstadt. 14. 1963, S. 197—201*

3983 600 Jahre Orgelgeschichte im Dom zu Halberstadt. *Halberstadt 1965*

Kützing, Carl

3984 Theoretisch-praktisches Handbuch der Orgelbaukunst. *Bern 1836*

3985 Beiträge zur praktischen Akustik als Nachtrag zur Fortepiano- und Orgelbaukunst. *Bern/Chur und Leipzig 1838*

Kuhn s. Michel 4774

Kulke, Heinz

3986 Musica sacra in Schlesien. Eine kulturgeschichtliche Plauderei über Orgeln und Orgelbauer. *In: Der Schlesier. Recklinghausen. 17. 1965, Nr. 7 S. 3*

Kulzer

3987 Neue Orgel in Jugenheim an der Bergstraße. *In: Musik und Altar. 4. 1951/52, S. 60*

Kuntze, Karl

3988 Die Orgel und ihr Bau. *Leipzig 1875*

Kunze, G.

3989 Liturgisches Material für eine Orgelweihe. *In: Pastoralblätter für Predigt, Katechetik und kirchl. Unterweisung. 67. 1926, S. 353*

Kuppens, M.

3990 Orgues, organiers, organistes. *In: Revue ecclésiastique de Liège. Lüttich. 39. 1952, S. 79—89, 146 bis 163*

Kurth, R.

3991 Neue Orgel in der Gethsemane-Kirche zu Berlin. *In: Kirchenmusik. Berlin. 9. 1929, S. 396*

3992 Die Orgel in der Kaiser-Friedrich-Gedächtniskirche. *In: Zeitschrift für Instrumentenbau. Leipzig. 50. 1929, S. 157*

Kuznitzky, H.

3993 Orgelklang und Gegenwart. *In: Allgemeine Musikzeitung. 59. 1932, S. 545*

Kwasnik, Walter

3994 Gestaltung einer Orgel. *In: Zeitschrift für Instrumentenbau. Leipzig. 63. 1943, S. 13—15*

3995 Die Orgel für die Dorfkirche. *In: Instrumentenbau-Zeitschrift. Konstanz. 2. 1947, Nr. 1/2, S. 2—3, Nr. 3, S. 17—18*

3996 Die Orgel der Neuzeit. *Köln 1948*

3997 Klangästhetische und spieltechnische Erfordernisse bei Elektronen-Orgeln. *In: Freqenz. Berlin. 5. 1951, Nr. 1, S. 27*

3998 Zur Einführung der Elektronen-Orgel. *In: Instrumentenbau-Zeitschrift. Konstanz. 5. 1951, S. 90 bis 92*

3999 Zum Thema „Elektronenorgel". *In: Instrumentenbau-Zeitschrift. Konstanz. 5. 1951, S. 135*

4000 Die Schwellwerke der Orgel. *In: Instrumentenbau-Zeitschrift. Konstanz. 7. 1952/53, S. 190—192*

4001 Pfuscherei im Orgelbau. *In: Zeitschrift für Kirchenmusik. 73. 1953, S. 284—285. Zugleich in: Musik und Kirche. Kassel. 24. 1954, S. 80—81*

4002 Die neuzeitlichen Orgeltypen. *In: Technische Mitteilungen. Essen. I 46. 1953, Nr. 1, Beilage. S 3 bis 4*

4003 Die Bauprinzipien der Elektronen-Orgeln. *In: Instrumentenbau-Zeitschrift. Konstanz. 7. 1953, S. 125—128*

4004 Die Elekronenorgel als Hausinstrument. *In: Instrumentenbau-Zeitschrift. Konstanz. 8. 1953/54, S. 278, 281—282*

4005 Das Multiplexsystem im Orgelbau. *In: Elektrotechnik und Maschinenbau. Wien. 71. 1954, H. 22, S. 533—538*

4006 Elektrotechnik im Orgelbau. *In: Elektro-Technische Zeitschrift. Wuppertal. 6. 1954, H. 1, S. 2—5*

4007 Elektronenorgeln. *In: Instrumentenbau Zeitschrift. Konstanz. 9. 1954/55, S. 179—181*

4008 Neue Orgeln im Raum von Köln. *In: Instrumentenbau-Zeitschrift. Konstanz. 9. 1954/55, S. 204 bis 207*

4009 Orgeln ohne Pfeifenprospekt. *In: Instrumenten-bau-Zeitschrift. Konstanz. 9. 1954/55, S. 285—286*

4010 Die Orgeln im Deutschen Museum in München. *In: Instrumentenbau-Zeitschrift. Konstanz. 10. 1955/ 1956, S. 140—141*

4011 Raumakustische Probleme bei Elektronenorgeln. *In: Instrumentenbau-Zeitschrift. Konstanz. 10. 1955—56, S. 318—320*

4012 Das „heterogene Wesen" der Orgel. *In: Instru-mentenbau-Zeitschrift. Konstanz. 11. 1956/57, S. 138—139*

4013 Amerikanischer Orgelbau der Gegenwart. *In: In-strumentenbau-Zeitschrift. Konstanz. 11. 1956/57, S. 190—193*

4014 Orgelproblem Nr. 1.: Raumakustik. *In: Instru-mentenbau-Zeitschrift. Konstanz. 13. 1958/59, S. 2 bis 3*

4015 Die neue Orgel in der Beethoven-Halle in Bonn. *In: Instrumentenbau-Zeitschrift. Konstanz. 14. 1959/60, S. 227—230*

4016 Drei bemerkenswerte neue Orgeln im Rhein-Wup-perkreis. *In: Das Musikinstrument und Phono, 10. 1961, S. 685*

4017 Gedanken zur avantgardistischen Orgelmusik. *In: Musik und Kirche. 35. 1965, H. 4, S. 196*

Kwasnik, Walter / Teuber-Kwasnik, Ilse

4018 Die „Pesch-Orgel" im Dom zu Köln. Beitrag zur Geschichte der Kölner Domorgeln. *In: Instrumen-tenbau-Zeitschrift. Konstanz. 15. 1960/61, S. 45 bis 48*

4019 Pfuscherei im Orgelbau. *In: Instrumentenbau-Zeit-schrift. Konstanz. 8. 1953, S. 23—24*

Kwiek, Marek

4020 Ogólny poglad na budownictwo organów. *In: Po-radnik muzyczny. Warschau. 1. 1947, H. 2, S. 7—8*

Kyhlberg, Bengt

4021 Kring Hans Heinrich Cahmans orgelbygge i Växjö domkyrka 1688—1691. *In: Kronobergsboken — Hyltén-Cavalliusföreningens årsbak 1954. S. 57 bis 72*

4022 Orgelbyggarefamiljen Cahman, Hülphers och or-geln i Trefaldighetskyrkan i Kristianstad. *In: Svensk tidskrift för musikforskning. 27. 1945, S. 61—75*

4023 Vem var orgelbyggaren Frantz Boll? Några bio-grafiska notiser om en svensk 1600 —talsmästare. *In: Studier tillägnade Carl-Allan Moberg. 5. Juni 1961, Stockholm 43. 1961, S. 209—213*

Laaff, Ernst

4024 Die Entwicklung der Orgel — vom Wasser zur Elek-trizität. *In: Musik im Unterricht. Mainz. 56. 1965, H. 10, S. 319*

Laass, O.

4025 Die Welte-Lichttonorgel. *In: Film und Bild in Wis-senschaft, Erziehung und Volksbildung. 2. 1936, S. 164*

4026 Die Lichttonorgel, ein neues elektrisches Musik-instrument. *In: Wissen und Fortschritt. Frankfurt. 11. 1937, H. 5, S. 396—400*

Labadié, J.

4027 L'orgue „électronique du poste parisien de radio-diffusion. *In: L'Illustration. Paris. 183. 1932, S. 326—327*

Labande, E.-R. s. Le Cerf, G. 4108

Labat, J. B.

4028 Histoire de l'orgue. *Mantauban 1864*

4029 Oeuvres littéraires musicales. *Bd. 1: Histoire de l'orgue. Les orgues monumentales de la facture ancienne et moderne, etc. Bd. 2: Sujets divers. Paris 1879*

Labeo, Notker

4030 De mensura fistularum organicarum. *In: Gerbert, Scriptores I, S. 101—102*

Labhardt, A.

4031 L'orgue. *In: Feuille centrale de Zofingen. 72. 1932, S. 202*

Laborde, Léon de

4032 Documents inédits tirés des archives de Saint-Gervais et Saint-Portrais de Gisors, dans Didron. *In: Annales archéologiques. 9. 1849*

4033 Ge ducs de Bourgogne. *In: Etudes sur les lettres, les artes et l'industrie pendant le XVᵉ siècle. Paris. 3. 1849—52*

Labuwy, Hans Georg

4034 Gedanken über den heutigen Orgelbau. *In: Instru-mentenbau-Zeitschrift. Konstanz. 7. 1953, S. 105 bis 106*

Lachmann, R.

4035 Wiedergeburt der Orgelkunst? *In: Zeitschrift für Kirchenmusiker. 21. 1939, S. 11—13*

Lacroix, Eugène

4036 Etudes sur l'Exposition de 1867. *Bd. 2. S. 141 bis 148*

4037 Etudes sur l'Exposition de 1878. *Paris 1878*

Ladegast, A.

4038 Eine technische Frage am Spieltisch der pneumati-schen und elektro-pneumatischen Orgel. *In: Zeit-schrift für Kirchenmusiker. Dresden. 21. 1939, S. 60*

Ladegast, Friedrich

4039 Kurze Beschreibung der neuen Orgel in der Ritter- und Domkirche zu Reval. *Weissenfels 1879*

Laeis, W.

4040 Der Hülsenmagnet, ein neues Orgel-Element aus Kunststoff. *In: Kunststoffe. München. 42. 1952, Nr. 7, S. 201*

La Fage, J. Adrien de

4041 Rapport à la Société libre des Beaux-Arts sur le grand orgue de Saint-Denis. *Paris 1844*

4042 Orgue de l'église royale de Saint-Denis, construit par MM. Cavaillé-Coll père et fils, facteurs d'orgue du roi. *Rapport fait à la Société libre des Beaux-Arts. Paris 1855*

4043 Orgue de Saint-Eustache. *Paris 1845*

4044 Rapport d'expertise de réception de l'orgue de la paroisse Saint-Eugène (de Paris). *In: Quinze visites à l'Exposition universelle de 1855. Paris 1856*

4045 Orgue de Saint-Vincent-de-Paul. *In: Quinze visites à l'Exposition universelle de 1855. Paris 1856*

4046 Orgue Lorenzi. *In: Quinze visites à l'Exposition universelle de 1855. Paris 1856*

4047 Inauguration solennelle des grandes orgues placées par Merklin, Schütze et Cie dans la Cathédrale de Murcie. *Brüssel 1859*

Laffont, J. E. Emile

4048 Deux générations d'organistes toulousains. *Cannes o. J.*

4049 Orgues et Orgues, histoire de jadis de maintenant. *Paris 1933*

4050 A Propos du grand orgue de l'église St. Volusion à Foix. *Vaison 1935*

4051 Le Français et l'orgue, petite digression sur la musique. *Avignon 1945*

La Flize, l'abbé

4052 Notice historique sur la cathédrale primatiale de Nancy. *Nancy 1849*

Lafons de Mélicocq

4053 Notices sur les artistes qui ont construit ou réparé les orgues de St. Bertin de St. Omer. *O. O. u. J.*

Lagercrantz, Ingeborg

4054 Några notiser om 1600 — talsorgeln i Tuna kyrka (Uppland). *In: Svensk tidskrift för musikforskning. 30. 1948, S. 108—113*

Lagier s. Baffert 0285

Lahee, Henry C.

4055 The organ and its masters. *London 1909*

Laistner, M. d. W.

4056 The medivial organ and a Cassiodorus glossary ... *In: Speculum. 1930, S. 217*

Lamazou

4057 Etude sur l'orgue monumental de St. Sulpice et de la facture d'orgue moderne. *Paris 1863*

4058 Grand orgue de l'église métropolitaine Notre-Dame de Paris, reconstruit par M. A. Cavaillé-Coll. *Paris 1868*

Lambert, Guy

4059 L'Orgue, est-il pape ou citoyen? *In: Revue musicale de France. 1946*

Lambooy, Th.

4060 It Oargel yn'e Martinitsjerke to Boalsert (Bolsward). *In: It Beaken. 9. Assen 1947, S. 136—153*

Lamote de Grignon, Juan

4061 Musique et Musiciens françois à Barcelona, Musique et Musiciens catalans à Paris. *Barcelona 1935*

Lamothe, A. de

4062 Rapport sur un compte de dépenses faites par les Cordeliers D'Uzès pour l'établissement de leurs orgues (1544—1545). *In: Revue des Sociétés savantes. 5. 1870, Bd. 1, Januar—Juni*

Lamprecht, Karl

4063 Die Kirchenorgel in Schwefe. *In: Soester Anzeiger vom 7. 2. 1928. Soest 1928*

4064 Johann Patroklus Müller, ein heimischer Orgelbauer. *In: Heimatblätter. Lippstadt. 22. 1940, S. 7*

4065 Von unseren Kirchenorgeln. *In: Westfälisches Sonntagsblatt für evangelische Christen. 82. Soest 1933*

Landry, C. F. / Gramm / Faller / Walch / Rouge / Veillon

4066 Les orgues de la cathédrale de Lausanne. *Lausanne 1955*

Lang, Alwine

4067 Die Orgelbauerfamilie Overmann im nordbadischen Orgellandschaftsraum. *In: Ars organi. 8. 1960, H. 16, S. 297—305*

Lang, C. S.

4068 The Organ in Guildford Cathedral. *In: The Organ. 42. 1962/63, S. 220*

4069 St. George's, Windsor. *In: The Organ. 46. 1966/67, S. 92*

Lang, Martin / Böhm, Hans

4070 Im Zentrum: Die Orgel. *In: Musica. Kassel. 3. 1959, H. 9, S. 574*

Lang, O.

4071 Kloster Weingarten und seine Orgel. *In: Die Propyläen. München. 36. 1939, S. 341*

Langdon, Ralph T.

4072 Organ at St. John-the-Evangelist, Edinburgh. *In: The Organ. 12. 1932/33, S. 82*

Lange, Fr. C.

4073 Orgelbauten in Franziskanerklöstern während der Kolonialperiode Argentiniens. *In: Südamerika — Buenos Aires. 5. 1954/55, S. 358—364*

Lange, G.

4074 Die Einweihung der neuen Orgel zu Pötewitz. *O. O. 1821*

Lange, Martin

4075 Internationale Orgelwoche. *In: Musica. Kassel. 5. 1951, H. 7/8, S. 309*

4076 Zweite internationale Orgelwoche. *In: Musica. Kassel. 6. 1952, H. 9, S. 368*

4077 Kleine Orgelkunde. *Kassel 1954*

4078 Internationale Orgelwoche in Nürnberg. *In: Musica. Kassel. 15. 1961, H. 10, S. 551—553; 17. 1963, H. 5, S. 215—216; 20. 1966, H. 5, S. 228—229*

4079 13. Internationale Orgelwoche in Nürnberg. *In: Musica. Kassel. 18. 1964, H. 6, S. 311—312*

Lange, Sde.

4080 Neue Orgel in der Großen Kirche im Haag. (Holland). *In: Musikalisches Wochenblatt. 13. 1882, S. 258*

Langer, M.

4081 Orgel in der Lutherkirche zu Spandau. *In: Zeitschrift für Instrumentenkunde. 34. 1914, S. 1089*

4082 Zur Pedalfrage im Orgelbau. *In: Zeitschrift für Instrumentenbau. Leipzig. 36. 1916, S. 285*

4083 Das „Königliche" Instrument. *In: Das Echo. Berlin. 41. 1923, S. 2978*

4084 Orgel der Lutherkirche zu Berlin-Spandau. *In: Zeitschrift für Instrumentenbau. 51. 1930, S. 282*

Langmaack, Gerhard

4085 Kirchenraum und Orgel. *In: Musik und Kirche. 20. 1950, H. 1, S. 1—12*

Langmann, Colin

4086 Telford Organs. *In: The Organ. 39. 1959/60, S. 106*

Langwill, Lyndesay G.

4087 Barrel Organs. *In: The Organ. 38. 1958/59, S. 47*

4088 H. C. Lincoln — Organ Builder. *In: The Organ. 46. 1966/67, S. 134*

Langwill, Lyndesay G. s. Boston, Noel 0868

Lanini, A.

4089 Verace e curiosa storia dell'organo della chiesa parocchiale di Magadino. *Fs. Magadino 1965*

La Quérière, E. de

4090 Notice historique et descriptive sur l'ancienne église paroissiale Saint-Jean de Rouen. *Rouen 1860*

4091 L'église Saint-Laurent de Rouen. *Rouen 1866*

Largeault

4092 Les anciennes orgues de Notre-Dame de Niort. *In: Revue Poitevine et Sainton-Geaise. O. O. 1890*

La Salle, Geneviève de

4093 L'Orgue. *In: Musica, publication mensuelle. Paris. 49. 1958, S. 37—43; 50, S. 37—44; 51, S. 36—41*

Laugier, F.

4094 Les orgues de l'ancienne collégiale de Draguignan. *Draguignan 1917*

Lauko, D.

4095 Die Orgel, ein christliches Kircheninstrument. *In: Jüdische Rundschau. Berlin. 37. 1932, S. 408*

Laumann, Jens

4096 Compeniusorglet i Frederiksborg Slotskirke. *Hilleröd 1955*

Laumanns, Carl

4097 Johann Patroclus Müller. Ein Lippstädter Orgelbauer der Barockzeit. *In: Heimatblätter. Lippstadt. 20. 1938, S. 45—46*

Laurent

4098 Saint-Germain d'Argentan. *O. O. 1859*

Lauzac

4099 Charles Spackmann Barker. *O. O. 1856*

Lavoine, A.

4100 Documents inédits sur les orgues de l'abbaye de Saint-Vaast, des Trinitaires et des Dominicaines d'Arras, XVIᵉ—XVIIIᵉ siècles. *In: Bulletin de la Commission départementale des monuments historiques du Pas-de-Calais. Arras. 2. 1900, 4. Buch, S. 463*

Lawry, A. W.

4101 The Organs of Lichfield Cathedral. *In: The Organ. 12. 1932/33, S. 188*

Layng, Chas. J.

4102 Scott Organ Cases. *In: The Organ. 28. 1948/49, S. 96*

Leakey, Alfred

4103 The Italian Church, Hatton Garden. *In: The Organ. 40. 1960/61, S. 165*

Leber, E.

4104 Lettre sur les orgues du Xᵉ siècle. *Extrait du: Mercure ... d'août 1737. p. 1750 ff. In: Collection des meilleurs dissertations notices etc. relatives à l'histoire de France. Paris 1838*

Lebleu, H.

4105 Grand orgue de l'église Saint-Eloy de Dunkerque construit par la maison A. Cavaillé-Coll de Paris. *Paris o. J.*

Leblond, V.

4106 L'Art et les artistes en Ile-de-France au XVIᵉ siècle. *Beauvais und Beauvoisis 1921*

Lebmacher, C.

4107 Geschichte der großen Barockorgel in Maria Saal (Kärnten). *In: Zeitschrift für Instrumentenbau. Leipzig. 56. 1935, H. 2, S. 18—20*

Le Cerf, Georges / Labande, E.-R.

4108 Les traités d'Henri-Arnaut de Zwolle et de divers anonymes. *Paris 1932*

Lecigne, Chanoine, C.

4109 L'orgue. Discours prononcé à l'inauguration des orgues de l'église Saint-Jacques de Douai, 20. mars 1902. *Arras 1902*

Leclair, Edm.

4110 Les orgues à Lille (Eglises Saint-Maurice, 1583, et Saint-Étienne, 1526—1740). *In: Société d'études de la province de Cambrai. 5. 1903*

Leclerc, l'abbé

4111 Histoire de l'église et de la paroisse Saint-Michel-des-Lions à Limoges. *In: Bulletin de la Société archéologique et historique du Limousin. 66. 1917*

Lécureux, Lucien

4112 Une église rurale bretonne du XVIe siècle. L'église de Pencran. *In: Bulletin de la Société archéologique du Finistère. 42. 1915*

Ledebur, Karl von

4113 Tonkünstler-Lexicon Berlins von den ältesten Zeiten bis auf die Gegenwart. *Berlin 1860/61*

Ledebur, L. von

4114 Minden-Ravensberg. Denkmäler der Geschichte, der Kunst, des Altertums. *Bünde 1943*

Lederle, Joseph

4115 Die Kirchenorgel. *Freiburg/Br 1882*

4116 Das Harmonium und seine Geschichte. *Freiburg 1884*

Ledru, A.

4117 Notes sur Simon Hayeneufve et le grand orgue de la cathédrale du Mans. *In: Province du Maine. 1895*

4118 Histoire de la cathédrale Saint-Julien du Mans. *O. O. 1900*

4119 Les orgues de la cathédrale du Mans. *In: Semaine du fidèle du Diocèse du Mans. 1913, November—Dezember*

Leeflang

4120 De beste orgelbowers wonen in Dennemarken en Middlharnis. *O. O. u. J.*

Leet, Leslie

4121 An Introduction of the Organ. *O. O. 1940*

Lefebvre, Gustave

4122 Le grand orgue de l'église St. Godard de Rouen, construit par MA. Cavaillé-Coll. *Rouen 1884*

4123 Notice sur le grand orgue de l'église St. Godard du Havre. *Le Havre 1884*

4124 Notice sur le grand orgue de l'église St. Michel du Havre. *Le Havre 1888*

4125 Observations sur la «Réponse» de M. Merklin à M. L'abbé G. Lefebvre à propos de la notice descriptive du grand orgue de Saint Michel du Havre. *Le Havre 1888*

Lefebvre-Pontalis

4126 Histoire de la cathédrale de Noyon. *O. O. 1901*

Lefèvre, Louis

4127 Notre-Dame de Pontoise, histoire et description de l'église. *Pontoise. O. J.*

Lefrançois—Pilion, Louise

4128 L'Esprit de la Cathédrale. *Paris 1946*

Legrand, Albert

4129 Loterie pour la restauration du grand orgue de l'ancienne église cathédrale Notre-Dame de Saint-Omer. *Notice historique. O. O. u. J.*

Legros, Charles

4130 Les Grandes Orgues de Notre-Dame-du-Havre. *Le Havre 1935*

Lehmann, Fritz

4131 Die neue Orgel als Instrument der Volksbildung. *In: Singgemeinde. Augsburg. (1926). S. 174—178. Zugleich in: Bericht über die Freiburger Tagung für deutsche Orgelkunst. Kassel 1939, 1. Tag, S. 110 bis 113*

Lehmann, Jakob

4132 Die Orgel zu Dippoldiswalde. *Dresden, 1723*

Lehmann, J. G.

4133 Kleine Orgelbaukunde. *Liebenwerda 1869*

Lehmann, J. T.

4134 Anleitung die Orgel rein und richtig stimmen zu lernen und in guter Stimmung zu erhalten, nebst einer Beschreibung über den Bau der Orgel. *Leipzig 1830*

Lehmann, Theo

4135 Banjo contra Orgel (Jazzgottesdienst). *In: Deutsches Pfarrerblatt. Essen. 63. 1963, S. 402—403*

Lehmann-Filhés, R.

4136 Orgel und kirchliches Orgelspiel. *In: Der alte Glaube. Leipzig 1901, Nr. 49*

Lehr, Karl

4137 Die moderne Orgel in wissenschaftlicher Beleuchtung. *Leipzig 1912*

Leib, Walter

4138 Aus der Entwicklungsgeschichte der Orgel. *In: Die ev. Kirchenmusik in Baden. 2. 1926, Nr. 8, S. 11; 3. 1927, S. 26*

4139 Die „kompromißlose Barock-Orgel"? *In: Instrumentenbau-Zeitschrift. Konstanz. 4. 1949/50, S. 150—151*

4140 Die Orgel in Unterschüpf. *In: Evangelische Kirchenmusik in Baden und in der Pfalz. 29. 1952, S. 18—19*

4141 Elektronen-Orgel contra Pfeifenorgel. *In: Evangelische Kirchenmusik in Baden und in der Pfalz. Heidelberg. 31. 1954, S. 86—87*

4142 Denkmäler der Orgelkunst im nordbadischen Raum. *In: Ars organi. 5. 1957, H. 11, S. 183—188*

Leichsenring, H.

4143 Entwicklung des Orgelbaues in neuester Zeit. *In: Zeitschrift für ev. Kirchenmusik. Hildburghausen. 4. 1926, S. 281, 333*

4144 Wie registriert man alte Orgelmusik auf modernen Instrumenten. *In: Zeitschrift für ev. Kirchenmusik. 1928, S. 234—238*

4145 Denkschrift über die Orgel der Pauluskirche in Bielefeld. *Vlotho 1929*

4146 Wesen und Bedeutung der Aliquotregister und gemischten Stimmen der Orgel. *In: Zeitschrift für Instrumentenbau. Leipzig. 50. 1930, S. 577*

4147 Die Orgel als Problem der angewandten Akustik. *In: Zeitschrift für Instrumentenbau. Leipzig. 50. 1930, S. 768*

Leijonhufvud, Karl K:son

4148 Strängnäs domkyrkas orgelverk genom tiderna (1472—1801). *In: Bidrag till Södermanlands äldre kulturhistoria. 25. Strängnäs 1932, S. 5—13*

Leitermann, Heinz

4149 Schöne Orgeln in Deutschland. *In: Deutschland-Revue. Hamburg. 1964, Nr. 3, S. 1—30*

Lemacher

4150 Unser neues Orgelbuch. *In: Kirchenzeitung für das Erzbistum Köln. Köln. 7. 1952, S. 85*

Lemare, Edwin H.

4151 The Modern Organ and its Possibilities. *In: The Organ. 20. 1940/41, S. 178. Zugleich in: 21. 1941/42, S. 33, 81*

4152 Organs I have met. *Los Angeles 1956*

Le Men, R. F.

4153 Monographie de la Cathédrale de Quimper. *O. O. 1877*

Le Mené

4154 La cathédrale de Vannes. *In: Société polymatique du Morbihan. 1881*

Lengemann, Franz

4155 Über Methoden der Restaurierung alter Orgeln. *In: Musik und Kirche. 35. 1965, H. 5, S. 254—255*

Lenk, A.

4156 Zum Kapitel: Neue Wege im Orgelbau. *In: Zeitschrift für Instrumentenbau. Leipzig. 44. 1924, S. 645*

4157 Rollschweller. *In: Bericht über die 3. Tagung für deutsche Orgelkunst in Freiberg/Sa. 2.—7. 10. 1927. 1928, S. 204*

4158 Dynamik in der Orgelkunst. *In: Zeitschrift für Instrumentenbau. Leipzig. 49. 1929, S. 950*

4159 Frei einstellbarer Registerschweller. *In: Zeitschrift für Instrumentenbau. Leipzig. 51. 1930, S. 298*

4160 Multi-Schwell-Registriersystem. *In: Zeitschrift für Instrumentenbau. Leipzig. 50. 1930, S. 643*

4161 Erklärung (auf F. Rexlers offenen Brief: Elektrotechnik im Orgelbau). *In: Zeitschrit für Instrumentenbau. Leipzig. 53. 1933, S. 255*

4162 Elektrotechnik im Orgelbau. *In: Zeitschrift für Instrumentenbau. Leipzig. 53. 1933, S. 236. 54. 1933, S. 12*

4163 Notwendigkeit der Höherstimmung der Orgel. *In: Zeitschrift für Instrumentenbau. Leipzig. 55. 1935, S. 124*

4164 Die Unterhaltung und Pflege der Orgeln. *Breslau 1935. Zugleich in: Zeitschrift für Instrumentenbau. Leipzig. 55. 1935, S. 140—142, 160—165*

4165 Feuersgefahr der Orgel. *In: Zeitschrift für Instrumentenbau. Leipzig. 55. 1935, S. 306*

4166 Pneumat. Paradoxen od.: Warum versagte die elektrische Orgel? *In: Zeitschrift für Instrumentenbau. Leipzig. 57. 1936, S. 25*

4167 Die Bekämpfung des Holzwurmes in Orgeln. *In: Instrumentenbau-Zeitschrift. 5. 1941, S. 108—109*

4168 Zur Lage im Orgelbau. *In: Instrumentenbau-Zeitschrift. Konstanz. 3. 1948/49, S. 18—19*

Lennel de la Farelle, E.

4169 Les orgues de l'église Saint-Vulfran d'Abbeville. *In: Bulletin de la Société d'émulation d'Abbeville. 1./2. 1915*

Lenz, Arthur

4170 Das Meisterwerk der neuen Orgeln in St. Marien (Danzig). *In: Unser Danzig. Lübeck. 16. 1964, Nr. 2, S. 10—11*

Lenz, W.

4171 Gedanken zum Selbstbau von elektrotechnischen Orgeln. *In: Funk-Technik-Fernsehen-Elektrotechnik. Berlin. 14. 1959, S. 678—679*

Léon Tello, Francisco José

4172 Estudios de historia de la Teoria musical. *Madrid 1962*

Lepine, David

4173 The Organs in the Parish and Cathedral Church of St. Michael in Coventry. 1373 to 1962. *In: The Organ. 42. 1962/63, S. 1*

4174 A Norwegian Organ for Coventry Cathedral Song Schools. *In: The Organ. 46. 1966/67, S. 155*

Lepingard, Ed.

4175 Les anciennes orgues de Notre-Dame de Saint-Lô. 1663. *In: Société d'Agriculture, etc. du département de la Manche. 7. 1885*

Lequeux, A.

4176 Le Grand Orgue de la Cathédrale de Sens. *In: L'Orgue. 1960. Nr. 93—96, S. 48—51*

4177 L'Orgue contemporain aux Pays-Bas. *In: L'Orgue. 1961. Nr. 97—99, S. 15—21*

Lequeux, James

4178 L'orgue et ses multiples possibilités. *In: Nature. Paris 1960, Nr. 3306, S. 401—408; Nr. 3307. S. 470—476; Nr. 3308. S. 527—534*

Leroux, l'abbé

4179 Eglise Sainte-Trinité de Cherbourg avant le XIXe siècle. *In: Mémoires de la Société académique de Cherbourg. 1891*

Leroy, P. / Herluison, H.

4180 Notes artistiques sur les auteurs dramatiques, les acteurs et les musiciens de l'Orléanais. *In: Réunion des Sociétés de Beaux-Arts des départements. 1897*

Léry, Marcel

4181 Une visite à l'église Notre-Dame de Versailles. *Versailles 1912*

Lesierre, E.

4182 Essai sur l'esthétique de l'orgue. *In: Sammelbände der internationalen Musikgesellschaft. 7. 1911, S. 75—79*

Lete, Nicolas N.

4183 Notice sur l'orgue de l'église de St. Pierre à Bar-sur-Aube. *O. O. 1845*

Leucht, Karl Friedrich

4184 Die Orgel in der Karlsruher Schloßkapelle aus dem Jahre 1786. *Tübingen 1938*

Leupertz, Hans

4185 Kevelaers neue Orgel. *In: Geldrischer Heimatkalender. Rheinberg (Rhld). 1961, S. 152—153*

Leupold, U.

4186 Gesangbuch und Orgel. *In: Christliche Welt. 48. 1934, S. 175—179*

4187 Die deutsche Orgelbewegung. *In: Melos. 15. 1936, H. 1, S. 22*

Leuschel

4188 Neue Orgel zu Steinbach i. E. *In: Zeitschrift für Kirchenmusiker. 13./14. 1932, S. 58. Zugleich in: Kirchenchor. 44. 1933, S. 69—71*

Levacher, Fritz

4189 Sperrschichtzellen im Orgelbau. *In: Musik und Kirche. Kassel. 29. 1959, S. 248—249*

4190 Neue Wege im Orgelbau durch Verwendung von elektrischen Sperrschichtzellen. *In: Das Musikinstrument und Phono. Frankfurt a. M. 8. 1959, S. 313—314*

Levri, M.

4191 Organari e organisti della Pieve di Riva. *In: Studi trentini di scienze storiche. 6. 1957. N. 3—4*

4192 Organari francescani. *In: Studi francescani. Florenz 1958. N. 3—4, S. 211—235*

Lewin, G. / Bihn, J.

4193 Ingenieur und Orgelbau. *In: Zeitschrift für Instrumentenbau. 52. 1932, S. 153*

Lewinski, Wolf-Eberhard von

4194 Avantgardisten entdecken die Orgel. *In: Melos. Mainz. 29. 1962, H. 7/8, S. 249—251*

4195 Die Orgel als Elefant oder Königin. Die neuesten Experimente der Musikavantgardisten in Bremen. *In: Christ und Welt. Stuttgart 15. 1962, Nr. 22. S. 20*

Lewis, J. C.

4196 Organless Cases. *In: The Organ. 16. 1936/37, S. 127*

4197 Wiltshire Village Organs. *In: The Organ. 26. 1946/47, S. 96*

4198 Our Lady of Lourdes. *In: The Organ. 41. 1961/62, S. 164*

Lewis, G. F.

4199 Organ at Balham Congregational Church. *In: The Organ. 23. 1943/44, S. 70*

Lewis, Thomas C.

4200 Lewis's Organ Building. *London 1871*

4201 A protest against the modern development of unmusical tone. *London 1897*

Lewis, Walter und Thomas

4202 Modern Organ Building. *London 1911*

Lewis's

4203 Organ Building. *London o. J.*

Ley, H.

4204 Totentanzorgel der Marienkirche, Lübeck. *In: Zeitschrift für Instrumentenbau. Leipzig. 27. 1907, Nr. 10*

Lhuillier, Th.

4205 Orgues, organistes et facteurs d'orgues dans l'ancienne province de Brie. *In: Bulletin archéologique du Comité des travaux historiques. 1889*

Libera, Giovanni

4206 Innocenzo Cavazzani. *In: Trentino. 1928, November*

Libera, Sandro dalle

4207 L'organo. *Mailand 1956*

Lichtenberger, H.

4208 Der Orgelbau in Sachsen und Brandenburg. *In: Das Musikinstrument und Phono. Frankfurt/Main. 7. 1958, H. 1*

4209 Der Cimbelstern der Orgel. *In: Das Musikinstrument und Phono. Frankfurt/M. 11. 1962, S. 739*

Lichtenthal

4210 Dizionario e Bibliografia della Musica. *Mailand 1826*

Lichtwark, K.

4211 Die drei Orgeln in St. Marien zu Lübeck. *Lübeck 1925*

Liebenau, Th. v.

4212 Geschichte des Orgelbaues in Luzern. *In: Anzeiger für schweiz. Altertumskunde. Zürich 1962, S. 173*

Liechty, Reinhard de

4213 Etude sur le grand orgue de St. Nicolas de Fribourg (Suisse). *Lyons 1874*

Liedecke, H.

4214 Barockorgeln in Böhmen. *In: Württemb. Blätter für Kirchenmusik. Waiblingen. 14. 1940, S. 169*

Liesche, R.

4215 Das Silbermann-Positiv (im Bremer Dom). *Bremen 1939*

4216 Die neue Orgel im Bremer Dom (Bach-Orgel) *Bremen 1939*

4217 Zur Geschichte der großen Domorgel. *Bremen 1939*

Liesche, R. s. Piersig, F. 5332

Ligeti, Gyorgy

4218 Die Orgel sprengt die Tradition. *In: Melos. Mainz. 33. 1966, H. 10, S. 311—313*

Lilie, Georg

4219 Von der Orgel zu Queienfeld. *Hildburghausen 1931*

Lilja, Karl

4220 Norbergsorgel med traditioner behöver omfattande renovering. *In: Vestmanlands läns tidning. 27. 8. 1953*

Lilley, H. T.

4221 Organs and Music at Bern Minster. *In: The Organ. 3. 1923/24, S. 95*

4222 The Rebuilt Organs at Bern Minster. *In: The Organ. 13. 1933/34, S. 55*

Limenta, Fernando

4223 Dizionario lessicografico musicale Tedesco-Italiano. *Mailand 1940*

Lindberg, C. L.

4224 Beskrifning öfver den stora domkyrkoorgeln i Uppsala. *Stockholm 1873*

4225 Andra tillökta och förbättrade upplagan. *Strängnäs 1861*

4226 Handbok om orgelverket, dess historia, konstruktion och rätta vård. *Stockholm 1850*

Lindemann, H.

4227 Orgeln der Reinoldikirche. *In: St. Reinoldi in Dortmund. Dortmund 1956*

Lindenau, Kay Thilo

4228 Ein Meister des Orgelbaus. *In: Braunschweig. Berichte aus dem kulturellen Leben. Braunschweig. 1957, Nr. 2, S. 14—17*

Linden, Albert van der

4229 L'ancien orgue des Palais des Académies. *In: Bulletin de la classe des beaux-arts. Académie royale de Belgique. Brüssel. 37. 1955, S. 43—51*

Lindgren, Torild.

4230 Från högbarock till senbarock. Stilstudier i Cahmanskolan. *In: Svensk tidskrift för musikforskning. 38. 1956, S. 111—134*

4231 Några synpunkter på disposition och verkuppställning i Cahmanskolans orglar. *In: Svensk tidskrift för musikforskning. 40. 1958, S. 156—190*

Lindsay, Walter

4232 Short Swells and Hidden Players. *In: The Organ. 24. 1944/45, S. 143*

4233 Why Organs go out of Tune. *In: The Organ. 26. 1946/47, S. 48*

Lineker, Roger

4234 The Organ in the Congregational Church, Woodford, Essex. *In: The Organ. 24. 1944/45, S. 131*

Lingiárdi (Fratelli).

4235 Fabrica di organi dei Fratelli Lingiardi in Pavia. *In: Topografia dei Fratelli Fusi. Pavia 1859*

Linhardt, Wolfgang

4236 Über die Funktionen verschiedener Orgeltraktursysteme. *In: Bericht über den Internationalen musikwissenschaftlichen Kongreß, Wien, Mozartjahr 1956, 3.—9. Juni. Graz 1958, S. 352—354*

4237 Über die akustische Kopplung der Pfeifen bei der Orgel. *In: Acustica. Zürich 1961, 1. Beilage, S. 297 bis 301*

4238 Über Laden- und Traktursysteme der Orgel und ihre Einflüsse auf die Ein- und Ausschwingvorgänge der Pfeifen. *In: Walcker Hausmitteilung. Nr. 28.*

Linke, Fr. W. Tr.

4239 Der rechte Gebrauch der Orgeln beim öffentlichen Gottesdienste . . . *Altenburg 1776*

Linneborn, J.

4240 Zur Geschichte der Orgeln im ehemaligen Benediktinerkloster Marienmünster i. Westf. *In: Cäcilienvereinsorgan — Regensburg. 49. 1914, S. 168*

4241 Verwaltungsmaßnahmen der Preuß. Regierung für die Pflege und Erhaltung der Orgeln in der 1. Hälfte des 19. J. *In: Cäcilienvereinsorgan. 49. 1914, S. 190—199*

4242 Die kirchliche Baulast im ehemaligen Fürstentum Paderborn. *Paderborn 1917*

Linnemann, Georg

4243 Celler Musikgeschichte. *Celle 1935*

4244 Musikgeschichte der Stadt Oldenburg. *In: Oldenburger Forschungen. 8. 1956*

Linssen, Heinrich

4245 Bach-Händel-Orgeln am Niederrhein. *In: Die Heimat. Crefeld. 13. 1934, S. 117—123*

4246 Von alten Orgeln und Organisten. *In: Die Heimat. Crefeld. 16. 1937, S. 150*

4247 Die Domorgel zu Münster in Westfalen. *In: Die Kirchenmusik. Düsseldorf. 2. 1939, S. 5—9, 28 bis 32*

Lissajou, J.

4248 Rapport sur le grand Orgue de St. Sulpice à Paris, reconstruit par A. Cavaillé-Coll. *Paris 1865*

Liston, Henry

4249 An Essay on Perfect Intonation. *Edinburgh 1812*

Little, Richard H.

4250 Hearing in the Organ (in the Tabernacle Salt Lake City). *Chicago 1908*

Littlefield, A. F.

4251 Restoring a King. *In: The Organ. 26. 1946/47, S. 96*

Livingston, James R.

4252 The Organ Defended. *Glasgow, um 1857*

Ljungdahl, Olle

4253 Det kyrkliga musiklivet. *In: Karlstads stift i ord och bild. Stockholm 1952, S. 261—282*

Lloyd, Ll. S.

4254 Equal temperament. *In: Monthly musical Record. London. 80. 1950, S. 118—123*

Lloyd-Webber, W. S.

4255 The Organ in Holy Trinity Church, Penn, Bucks. *In: The Organ. 28. 1948/49, S. 16*

Lobstein, J. F.

4256 Beiträge zur Geschichte der Musik im Elsaß *O. O. 1840*

Locard, Paul

4257 Les maîtres contemporains de l'orgue. *Paris 1901*

Locatelli, G. J. S.

4258 Celebri fabbricanti di organi. *In: Bollettino della Civica Bibliteca di Bergamo. Bergamo 1908*

Locher, Carl

4259 Erklärung der Orgelregister. *Bern 1887*

4260 An explanation of the organ stops with hints for effective combinations. *London 1888*

4261 Les jeux d'orgue, leur caractéristique et leurs combinaisons les plus judicieuses. *Paris 1889*

4262 Beschrijving der registers van het orgel. en hunne klankkleur. *Dordrecht 1900*

4263 Die Orgel-Register und ihre Klangfarben sowie die damit verwandten akustischen Erscheinungen und wirksamen Mischungen. *Bern 1904*

4264 I registri dell'organo. *Mailand 1907*

4265 Orgelstämmorna och deras klangfärger. *Stockholm 1909*

4266 Manuale dell'organista. I registri dell'organo. *Mailand 1940*

Loeber, Heinrich

4267 Gemeinschaftstagung der kirchenmusikalischen Verbände Bayerns. Hauptthema: Pfeifenorgel-Elektroneninstrument. *In: Der Kirchenmusiker. Darmstadt. 15. 1964 S. 148—150*

Löbmann

4268 Glocken und Orgelinspektor. *O. O. 1915*

Löbmann, H.

4269 Moderne Orgel im katholischen Gotteshause. *In: Gregoriusblatt. 1915, S. 84*

4270 Ober- und Unterkoppel der Orgel. *In: Musica sacra. 56. 1926, S. 50*

4271 Neue Richtlinien für den Orgelbau. *In: Musica sacra. 56. 1926, S. 324*

4272 Anwendung der Oktavkoppel. *In: Musica sacra. 62. 1931, S. 407—409*

4273 Kunst der Organisten, zu schweigen. *In: Musica divina. Wien. 21. 1933, S. 271—275*

4274 Die Orgel des Barock. *In: Kirchenmusik. 2. 1940, S. 201—203*

4275 Die Barockorgel in der katholischen Liturgie. *In: Kirchenmusik. 3. 1940, S. 68—70*

4276 Das Tragfähige der Barockorgel. *In: Kirchenmusik. 3. 1940, S. 102—104*

Löffler, Hans

4277 Nachrichten über die St. Georgen-Orgel in Eisenach. *In: Zeitschrift für ev. Kirchen-Musik. Hildburghausen. 1926, S. 200, 224, 302—308; 1927, S. 155—159*

4278 J. S. Bach und die Orgeln seiner Zeit. *In: Bericht über die 3. Tagung für deutsche Orgelkunst in Freiberg/Sa. vom 2.—7. Okt. 1927. Kassel 1928, S. 122—132*

4279 G. H. Trost und die Altenburger Schloßorgel. *In: Musik und Kirche. 3. 1931, H. 2, S. 76; 4. 1932, H. 4, S. 171; H. 6, S. 280*

4280 Ein unbekanntes Thüringer Orgelmanuskript von 1798. *In: Musik und Kirche. 3. 1931, S. 140—143*

Löffler, Th.

4281 Die Rieger-Orgel in der Pfarrkirche zu Villich. *In: Das Musikinstrument und Phono. Frankfurt/M. 9. 1960, S. 354—355*

Löhn-Siegel, Anna

4282 Gottfried Silbermanns Lebensgang. *In: Wiss. Beil. der Leipziger Zeitung. 1906, 44a*

Löhr, Joh. Jos.

4283 Über die Scheiblersche Erfindung überhaupt und dessen pianoforte und Orgelstimmung insbesondere. *Krefeld 1836*

Löw

4284 Ein Wort über moderne Orgelbaukunst. *O. O. 1871*

Loewenstein, H. A.

4285 The mixture principle in the mediaeval organ. *In: Musica disciplina. 4. 1950, S. 51—57*

Lohelius, Johann s. Oelschlegel, J. L.

Lohmann, Heinz

4286 Brief an einen Orgelbauer. *In: Musik und Kirche. 32. 1962, H. 5, S. 221*

Longnon, J.

4287 Nos orgues anciennes et la guerre. *In: Revue crit. des idées et des livres. Paris 1920*

Lonsain, B.

4288 Bijdrage tot de geschiedenis van en kerkorgel (Meppel). *In: Nieuwe Drentse Volksalmanak. Assen 1941*

Loos, G.

4289 Soli Deo gloria: Die pfeifenlose Elektronenorgel und das Wunderwerk in der Dorfkirche zu Cappel (bei Bremerhaven). *In: Sontagsblatt. Hamburg. 7. 1954, Nr. 23, 27*

Lootens, Willem

4290 Aanmerking over de Oudste Orgelen. *Ca. 1760*

4291 Besschrijvong van het oude en nieuwe orgel in de Grote of St. Lievens Monsterkerk der Stadt Zierikzee. *Zierikzee 1771*

4292 Bericht wegens het nieuwgebowde orgel in de Oostkerk binnen Middelburg in Zeeland. *Hs. 1809*

López, Félix Máximo

4293 Escuela orgánica. *Madrid. 1799 (Ms. Biblioteca Nacional).*

Lorant, Michael

4294 The Great „Stalacpipe". *In: The Organ. 38. 1958/ 1959, S. 41*

Lord, Arthur

4295 Residence Organ at Killara, Sydney. *In: The Organ 27. 1947/48, S. 27*

4296 Small Organ Design: *In: The Organ. 27. 1947/48, S. 139. Zugleich in: 34. 1954/55, S. 137*

Lorente, Andres

4297 El Porque de la música. *Alcalá 1672*

Lorenzetti, G.

4298 Una nuova data sicura nella cronologia tintorettiana. *In: Ateneo Veneto. Vol 123. 1938. N. 3—4. März—April*

Loret, Clément

4299 Recherches sur l'orgue hydraulique. *In: Revue archéologique. Paris. 115. 1890, S. 72, 102.*

Loret, E. J.

4300 Quelques mots sur la facture d'orgues. *Brüssel 1856*

Loret, F.

4301 De samenstelling van het kerkorgel. *Amsterdam 1869*

Loret-Vermeersch, F.

4302 Verhandeling over het orgel. *St. Nikolaes 1842*

Loriquet, H.

4303 Inventaire des monuments du Pas-de-Calais. *Arras 1790*

Loris, Michael Anthony

4304 Notes on some German Organs. *In: The Organ 40. 1960/61, S. 158*

4305 Gerhard Schmid. *In: The Organ. 40. 1960/61, S. 220*

Losh, Seibert

4306 A Modern View of Organ Tone and Sound. *In The Organ. 11. 1931/32, S. 237*

Lostalot, A. de

4307 Inauguration du grand orgue de Notre-Dame. *In: L'Illustration. 1968. 21. März*

Lottermoser, Werner

4308 Klanganalytische Untersuchungen an Zungenpfeifen. *Phil. Diss. Berlin 1936*

4309 Der Einfluß des Materials von Orgelmetallpfeifen auf ihre Tongebung. *In: Akustische Zeitschrift. Leipzig. 2. 1937, S. 129—134*

4310 Klangspektren von Orgeln, insbesondere von einer Silbermannorgel. *In: Zeitschrift für Instrumentenbau. Leipzig. 61. 1940, S. 17—19*

4311 Akustische Beziehungen zwischen Orgelschallstärke, — Klangfarbe und Raum. *In: Instrumentenbau-Zeitschrift. Konstanz. 1. 1946/47, S. 44—45*

4312 Elektroakustische Messungen an berühmten Barockorgeln Oberschwabens. *In: Zeitschrift für Naturforschung. Wiesbaden. 3. 1948, S. 298—308*

4313 Spektrale Untersuchungen des Gesamtklanges von Orgeln. *In: Instrumentenbau-Zeitschrift. Konstanz. 3. 1948/49, S. 65—66, 82—84*

4314 Die Elektroakustik im Orgel- und Klavierbau und ihre bisherigen Ergebnisse. *In: Instrumentenbau-Zeitschrift. Konstanz. 4. 1949/50, S. 2*

4315 Warum akustische Messungen an Barockorgeln? *In: Archiv für Musikwissenschaft. Trossingen. 9. 1952, S. 148—158*

4316 Vergleichende Untersuchungen an Orgeln. *In: Acustica. 1953, Beiheft 1.*

4317 Klangeinsätze des Plenums auf Orgeln mit Ton- und Registerkanzelle. *In: Archiv für Musikwissenschaft. Trossingen. 10. 1953*

4318 Unterschiede in Klang und Ansprache bei alten und neuen Orgeln. *In: Kongress-Bericht. Gesellschaft für Musikforschung. Kassel. 1953, S. 75—77*

4319 Akustische Untersuchungen an der Andreas-Silbermann-Orgel von Ebersmünster. *In: Archiv für Musikwissenschaft. Trossingen. 11. 1954, S. 300 bis 314*

4320 Akustische Untersuchungen an alten und neuen Orgeln. In: Klangstruktur der Musik. Berlin 1955

4321 Über die Planung und den Bau von Orgeln auf akustischer Grundlage. In: Zeitschrift für Naturforschung. Tübingen. Bd. 11a. 1956, S. 515—517

4322 Acoustical design of modern German organs. In: Journal of Acoustical Society of America. Lancaster/Pa. 28. 1957, Nr. 6, S. 682—690

4323 Akustische Untersuchungen an der Compenius-Orgel im Schlosse Frederiksborg bei Kopenhagen. In: Archiv für Musikwissenschaft. Trossingen. 15. 1958, S. 113—119

4324 Der akustische Entwurf und Abgleich moderner Orgeln. In: Bericht über den Internationalen musikwissenschaftlichen Kongreß, Wien, Mozartjahr 1956, 3.—9. Juni. Graz 1958, S. 378—383

4325 Orgelneubau auf akustischer Grundlage. In: Gravesaner Blätter. Mainz. 4. 1958/59, Nr. 11/12, S. 131—145

4326 Etude acoustique des pleins-jeux. In: L'Orgue. 1960. Nr. 93—96, S. 41—47

4327 Der Plenumklang der norddeutschen Barockorgel. In: Das Musikinstrument und Phono. Frankfurt/ Main. 12. 1963, S. 604—607

4328 Akustische Untersuchungen an der Orgel von A. B. Della Ciaia in Pisa. In: Das Musikinstrument und Phono. Frankfurt/M. 13. 1964, S. 616—620

4329 Testakkorde bei Orgeln. In: Das Musikinstrument und Phono. Frankfurt/M. 13. 1964, H. 12, S. 985 bis 999

4330 Die Verwendung von Kunststoff bei Orgelpfeifen. In: Instrumentenbau-Zeitschrift. Konstanz. 18. 1964, S. 195—199

4331 Die Temperierung nach G. Silbermann. In: Das Musikinstrument und Phono. Frankfurt/M. 14. 1965, H. 11, S. 999—1001

4332 Fortschritte in der Akustik der Orgel. In: Physikalische Blätter. Mosbach/Baden. 22. 1966, Nr. 4, 158—171

Lottermoser, Werner / Jenkner, E.

4333 Akustische Untersuchungen an einem Orgelpositiv. In: Das Musikinstrument und Phono. Frankfurt/M. 12. 1963, S. 885—892

4334 Der Luftverbrauch von Orgel-Labial-Pfeifen. In: Das Musikinstrument und Phono. Frankfurt/M. 14. 1965, H. 5, S. 540—542.

Lottermoser, Werner / Meyer, J.

4335 Steuerbare elektrische Tastentraktur für Orgeln. In: Acustica. Zürich. 11. Bd. (1961). S. 117—118. Zugleich in: Das Musikinstrument und Phono. Frankfurt/M. 10. 1961, S. 743

4336 Hör-Test über die Eignung elektronischer Orgeln für Kirchenmusik. In: Elektronische Rundschau. Berlin. 15. 1961, S. 217—220

4337 Akustische Messungen an elektronischen Kirchenorgeln. In: Bulletin des Schweizerischen Elektrotechnischen Vereins. Zürich. 53. 1962, Nr. 14, S. 657—666

4338 Über den Einfluß des Materials auf die klanglichen Eigenschaften von Orgelpfeifen. In: Das Musikinstrument und Phono. Frankfurt/M. 11. 1962, S. 596—599. Zugleich in: Metall. Berlin. 16. 1962, H. 2, S. 108—111

4339 Akustische Untersuchungen zur Intonation von Labialpfeifen. In: Das Musikinstrument und Phono. Frankfurt/M. 13. 1964, S. 149—151

4340 Raumakustische Grundlagen-Messungen zur Planung von Orgeln. In: Das Musikinstrument und Phono. Frankfurt/M. 14. 1965, H. 8, S. 723—727

Lottermoser, Werner / Pietzcker, Arnold

4341 Versuche zur Entwicklung einer neuartigen Orgelmixtur mit Vokalcharakter. In: Musikforschung. Kassel. 4. 1951, H. 2/3, S. 208

Louis, Anne Marie

4342 L'Orgue. Brüssel. O. J.

Love s. Beryl 0560

Lovén, N. E.

4343 Orgelverken i Landskrona kyrkor. In: Förf:s Landskrona under svenska tiden. Historiska anteckningar. II. Landskrona 1909, S. 83—105

Lowery, H.

4344 Some Psychological Aspects of Organ Music. In: The Organ. 9. 1929/30, S. 96

4345 The Organ in St. George's Church, Stockport. In: The Organ. 20. 1940/41, S. 33

4346 Dr. H. Lowery. In: The Organ. 20. 1940/41, S. 87

4347 Weber's Law and the Organ. In: The Organ. 21. 1941/42, S. 29

4348 Console Standardisation. In: The Organ. 22. 1942/1943. S. 32

4349 The Organ of Milton's Day. In: The Organ. 23. 1943/44, S. 184

4350 Dr. Kendrick Pyne and Organ Playing. In: The Organ. 24. 1944/45, S. 78

Loy, Max

4351 Alte Orgeln in Franken. In: Frankenspiegel. Nürnberg. 2. 1951, Nr. 3, S. 14—17

Lucas, S. Edward

4352 Console Equipment: Unconsidered Trifles. In: The Organ. 14. 1934/35, S. 125

Lucas, Stanley

4353 Some Organs I Have Known. In: The Organ. 6. 1926/27, S. 10

4354 Organ Blowing and Blowers. In: The Organ. 7. 1927/28, S. 86

4355 Notes on Grinling Gibbons. In: The Organ. 7. 1927/28, S. 186

Lucchini, Luigi

4356 Cenni storici sui piu celebri musicisti Cremonensi. Illustrazione sull'organo e organisti della Cattedrale di Cremona. Casalmaggiore 1887

Luce, Siméon

4357 La France pendant la guerre de cent ans. *Paris 1890—93*

Lucinius, O. A.

4358 Musurgia seu Praxis Musicae. *Straßburg 1536*

Lucke, W.

4359 Die Weihe der neuen Orgel, Essen. *In: Das Münster am Hellweg. Essen. 12. 1959, S. 20—22*

Lucks, F. Wilh.

4360 Aus der Geschichte der „Bachorgel" in Divi Blasii zu Mühlhausen in Thüringen. *In: Glaube und Gewissen. Halle/Saale. 3. 1957, H. 1, S. 14*

4361 Die Bach-Orgel in Mühlhausen, Thüringen. *In: Neue Zeitschrift für Musik. Mainz. 119. 1958, S. 649*

Ludwig, Joh. Ad. Jakob

4362 Versuch von den Eigenschaften eines rechtschaffenen Orgelbauers, bei Gelegenheit des von Herrn J. J. Graichen und Herrn J. Ritter . . . erbauten neuen Orgelwerks zu Lichtenberg. *Hof 1759*

4363 Gedanken über die großen Orgeln die aber deswegen keine Wunderwerke sind. *Hof und Leipzig 1962*

4364 Den unverschämten Entehrern der Orgeln wollte . . . etwas zu ihrer eigenen Beschauung darlegen. J. A. J. Ludwig. *Erlangen 1764*

Lübke, A.

4365 Die Königin der Musikinstrumente: Die Orgel. *In: Welt und Haus. 1932, Nr. 17*

4366 Die Königin der Musikinstrumente. *In: Das Werk. Düsseldorf. 12. 1932, S. 462—464*

Luedtke, H.

4367 Orgelideale eines Jahrtausends. *In: Melos. Mainz. 4. 1925, S. 386*

4368 Zur Farbigkeit der Orgel. *In: Zeitschrift für Musik. 92. 1925, S. 358*

4369 Kultorgel und Musikmaschine. *In: Zeitschrift für Instrumentenbau. Leipzig. 49. 1929, S. 302*

4370 Portativ-Positiv-Kleinorgel nach Changie-Prinzip. *In: Deutsche Instrumentenbau-Zeitschrift. Berlin. 39. 1938, S. 117*

Lüpke, von

4371 Auf der Orgel. *In: Die Dorfkirche. Berlin. 23. 1930, S. 151—154*

Lundborg, Matheus

4372 Heliga Trefoldighetskyrkan i Kristianstad. *O. O. 1928*

Lundin, Olger

4373 Förnäm gammal kyrkoorgel i nytt skick. *In: Östgöta Correspondenten. 17. 8. 1940*

Lundkvist, Tyko

4374 Det första orgelverket i Nordmalings kyrka. Några arkivplock om släkten Billberg. *In: Från bygd och vildmark. 35. 1948, S. 104—108*

Lundmark, Efraim

4375 En märklig orgelhistoria. Ett apropå till torsdagskvällens konsert i Nordiska museet. *In: Nya Dagligt Allehanda. 18. 4. 1929*

Lunelli, Renato

4376 L'organo di S. Maria Maggiore in Trento e l'arte organaria italiana del cinquecento. *In: Rivista di studi Trentini. Trient 1921. Fasc. I. S. 1—32*

4377 Scritti de storia organaria per il restauro dell'organo di Santa Maria Maggiore de Trento. *Trient 1925*

4378 Per la storia dell'organo italiano: Divagazioni bibliografico-organarie. *In: Musica sacra. Mailand. 1. 10. 1929, S. 67—69*

4379 Nuove ricerche storiche sull'arte organaria italiana. *In: Musica Sacra. Mailand. 25. März 1932, S. 33—34*

4380 Note sulle origini dell'organo italiano. *Rom 1933*

4381 Nel Duomo di Trento cercando ove scenda „dolce armonia da organo". *In: Strenna Trentina. Trient 1933, S. 6*

4382 Ai margini dell' „Arte Organica. *In: Il grande organo del Pontificio Istituto di Musica Sacra. Rom 1933, S. 37—46*

4383 Alla ricerca di vecchi organi trentini. *In: Strenna Trentina. Trient 1934, S. 5*

4384 Eugenio Gasparini. *In: Musica sacra. Mailand 1934*

4385 Organari stranieri in Italia. *Rom 1937*

4386 Note retrospettive sugli organi atesini. *Bozen 1937*

4387 Contributi alla storia dell'organo italiano in recenti pubblicazioni. *In: Musica Sacra. Mailand. 25. Jan. 1937, S. 1—5*

4388 La letteratura organaria nel 1939. *In: Musica Sacra. Mailand. Mai 1939, S. 5—8. August 1939, S. 5—8*

4389 La decorazione artistica degli organi nel Trentino. *In: Studi trentini di scienze storiche. 20. 1939. N. 1—2, S. 22*

4390 Anciens Traites de facture d'orgues italiens. *In: L'Orgue. 11. 1939, S. 71—78*

4391 Un organaro trentino a Milano duecentocinquant' anni fa. *In: Quaderno della Rivista „Trentino". 17. 1939. N. 6—7, S. 8*

4392 Un competitore degli Antegnati. *In: Bollettino Ceciliano. Rom 1941. N. 8—9, 1942. N. 6*

4393 Contributi dalmatini e sloveni alla rinascita e alla diffusione dell'Arte Organaria veneziana settecentesca. *In: Archivio Veneto. 30. 1942, S. 24*

4394 Una breve stasi nell'attività organaria degli Antegnati. *In: Musica sacra. Mailand 1942. September-Oktober*

4395 Nuovi contributi sull'evoluzione degli organi alto-attesini nei secoli XVII e XVIII. *In: Cultura Atesina. Bozen 1947. N. 1. S. 27—36*

4396 La polifonia nel Trentino con speciale riguardo al Concilio. *In: Il Concilio di Trento. Trient 1947*

4397 Die Orgelwerke des Domes zu Mailand und der Kathedrale zu Messina. *Mainz 1947*

4398 Unori contributi sull evoluzione degli organari Altoatesini nell secoli XVII e XVIII. *In: Cultura Atesina. 1947, Nr. 1*

4399 Contributi trentini alle relazioni musicali fra l'Italia e la Germania nel Rinascimento. *In: Acta musicologica. Kopenhagen 1949*

4400 Mistica ed estetica delle sonorità organistiche al servizio della Liturgia. *In: Acta societatis universalis Sanctae Ceciliae. Trient 1950. N. 2, S. 24*

4401 Musicalità francescana. *In: Studi francescani. Florenz 1951. N. 3—4, S. 148—153*

4402 Sacerdoti costruttori d'organi nel Trentino. *In: Strenna Trentina. 29. 1952, S. 3*

4403 Apologia dell'organo tradizionale. *In: Atti del congresso internazionale di Musica sacra — Roma 1950. Tournay 1952, S. 356—368*

4404 Organo. *In: Enciclopedia Cattolica. Vatikanstadt 1952. Bd. 9, S. 291—297*

4405 Gli organi delle Tre Venezie. Rom 1953. *Zugleich in: Rivista musicale italiana. Mailand. 55. 1953, 2. Bd., S. 164—174*

4406 I bellissimi organi della basilica di Sta. Maria Maggiore in Trento. *Trient 1953*

4407 Un tratatello di Antonio Barcotto colma le lacune dell'„Arte Organica". *In: Collectanea Historiae musicae. Florenz 1. 1953, S. 135—155*

4408 I Bonatti e l'organo barocco italiano. *In: Atti della Accademia Roveretana degli Agiati. 203. Serie V, Vol III 1954, S. 77—101*

4409 Vecchi organi napoletani. *Neapel 1954*

4410 Vecchi organi napoletani. *In: Il Fuidoro. 1. 1954. N. 5—6. S. 107—111*

4411 Vincenzo Mascioni e la missione artistica dell' organaro. *In: Bollettino degli Amici del Pontificio Istituto di Musica Sacra. 4. 1954. N. 2, S. 10—15*

4412 Organo. *In: Dizionario Ecclesiastico. Turin 1955. Bd. 2, S. 1230—1231*

4413 Descrizione dell'organo del Duomo di Como e l'attività italiana di Guglielmo Hermans. *In: Collectanea Historiae Musicae. Florenz 2. 1956, S. 255—273*

4414 Der Orgelbau in Italien in seinen Meisterwerken vom 14. J. bis zur Gegenwart. *Mainz 1956* (Orgelmonographien)

4415 Nr. 12 Die Orgelwerke von San Marco in Venedig. *Mainz 1957*

4416 Nr. 13 Die Orgelwerke von San Petronio zu Bologna. *Mainz 1956*

4417 Nr. 17 Die Orgelwerke von San Giovanni del Laterano und des Päpstlichen Institutes für Kirchenmusik in Rom.

4418 Nr. 24 Die Orgelwerke von S. Giuseppe und S. Maria Rotonda zu Brescia. *Mainz 1956*

4419 Nr. 27 Die Orgel von S. Maria del Fiore in Florenz. *Mainz 1956*

4420 Nr. 28 Die Orgelwerke von S. Maria Maggiore in Trient. *Mainz 1957*

4421 Nr. 30 Die Orgel von S. Nicolò L'Arena zu Catania. *Mainz 1956*

4422 Nr. 36 Die Orgel von S. Maria Assunta in Carignano zu Genua. *Mainz 1956*

4423 Nr. 40 Die Orgelwerke der Abtei Montecassino. *Mainz 1956*

4424 Nr. 43 Die Orgelwerke der Kathedrale zu Cremona. *Mainz 1956*

4425 Trient. *In: Mozart in Italia. Mailand 1956*

4426 Orgelwerke in der Kirche des Ritterordens vom hl. Stephan zu Pisa. *Mainz 1956*

4427 Orgelwerke von S. Pietro in Trapani und S. Martino delle Scale bei Palermo. *Mainz 1956*

4428 Die Orgelwerke von Florenz. I. *Mainz o. J.*

4429 Die Orgelwerke von Florenz. II. *Mainz o. J.*

4430 Chiarimenti sull'evoluzione storica dell'organaria Alto-Atesina. *In: Cultura Atesina. Bozen 10. 1957, S. 42*

4431 Problemi attorno all'organo. *In: La rassegna musicale. Rom 4. 1957, S. 296—300*

4432 L'Arte Organaria del Rinascimento in Roma e gli organi di S. Pietro in Vaticano dalle origini a tutto il periodo frescobaldino. *Florenz 1958*

4433 Prefazione alle ristampa dell'Arte Organica. V. C. Antegnati.

4434 La storia avventurosa e leggendaria di un organo. *In: I bellissimi organi.*

4435 Organo. *In: Grande Enciclopedia Italiana edita dall'Istituto G. Treccani. Bd. 25, S. 518—531*

4436 A che punto è in Italia la Storia dell'arte organaria? *In: Acta musicologica. 30. 1958, S. 137—169*

4437 Eugenio Casparini. *In: L'Organo. 1. 1960, S. 16—48*

4438 In margine al nuovo documento di Tomaso ingegneri. *In: L'Organo. 2. 1961, S. 89—91*

Lunelli, Renato / Tagliavini, Luigi Fernando

4439 Lettere di Gaetano Callido a Padre Martini. *In: L'Organo. 4. 1963, S. 168—176*

Luteijn, A. C. M.

4440 St. Bavo, Haarlem. *In: The Organ. 41. 1961/62, S. 220*

Lutz, Paul

4441 Über die Tonbildung in den Lippenpfeifen. *Phil. Diss. Berlin 1921*

Lutz, W.

4442 Vom Wesen der Register und ihren Aufgaben. *In: Zeitschrift für Kirchenmusiker. Dresden. 20. J. (1938). S. 36, 43. Zugleich in: Württ. Blätter für Kirchenmusik. Waiblingen. 12. 1940, S. 41, 47*

4443 Zur Neuordnung der Orgelpflege. *In: Württ. Blätter für Kirchenmusik. Waiblingen. 14. 1940, S. 34*

4444 Geschichte einer Orgel. *In: Württ. Blätter für Kirchenmusik. Waiblingen. 14. 1940, S. 160—165*

4445 Ein Leben im Dienste der Orgel (Karl Ruther). *In: Walcker-Hausmitteilungen. Ludwigsburg. Nr. 16, S. 31—32*

Lux, E.

4446 Das Orgelwerk in St. Michaelis zu Ohrdruf zur Zeit des Aufenthaltes J. S. Bachs daselbst. *In: Bach-Jahrbuch. 23. 1926, S. 145—155*

Lyr, R. s. Bondt, L. de 0811

Maack, Rudolf

4447 Die neue Orgel. *In: Der Kreis. Hamburg 1928, S. 159—164*

4448 Hans Henny Jahnn's Orgelbau. *In: Der Kreis. Hamburg, 6. 1929, H. 2, S. 71—83*

4449 Hans Henny Jahnn und die Orgel. *In: Jahrbuch der Freien Akademie der Künste in Hamburg 1955, S. 50—53*

Maarschalkerweerd, M.

4450 Technische beschrijving van het orgel in de St. Bavokerk te Haarlem. *Utrecht 1907*

4451 Over orgels. *Utrecht 1907*

4452 Onderhoud, revisie en stemming van het orgel. *Utrecht 1911*

McClure, A. R.

4453 An Extended Meantone Organ. *In: The Organ. 30. 1950/51, S. 139*

Mace, Thomas

4454 Musick's Monument. *London und Cambridge 1676*

Macfadyen, Kenneth A.

4455 Why Reeds Go Out of Tune. *In: The Organ. 26. 1946/47, S. 94*

4456 Acoustical Measurements and the Organ. *In: The Organ. 34. 1954/55. Teil I. S. 155, Teil II. S. 200*

4457 A Compact Residence Organ. *In: The Organ. 35. 1955/56, S. 186*

M(a)c. Intire, D. G.

4458 Early organs and organists at the Cape. *Cape Town 1934*

Mackeson, Charles

4459 Guide to the Churches of London and its Suburbs. *London 1866 f.*

Mackey, Donald

4460 Organ in Christ Church Cathedral, Montreal. *In: The Organ. 31. 1951/52, S. 105*

Maclean, Ch.

4461 The Principle of the Hydraulic Organ. *In: Gregorianische Rundschau. 1905, S. 183—236*

Macklin, H. F.

4462 Salisbury Cathedral Organ. *In: The Organ. 11. 1931/32, S. 62*

4463 Downside Abbey Organ. *In: The Organ. 11. 1931/32, S. 128*

4464 The Organ in St. Thomas's Church, Salisbury. *In: The Organ. 12. 1932/33, S. 61*

4465 Methuen Memorial Music Hall Organ. *In: The Organ. 35. 1955/56, S. 110*

Macnutt / Slater, Gordon

4466 Leicester cathedral organ. *O. O. 1930*

Macqueron, H.

4467 Documents inédits relatifs à l'histoire du chapitre et de l'église de Saint-Vulfran d'Abbéville. *Abbéville 1912*

Macrory, Edmund

4468 A few Notes on the Temple Organ. *London 1859*

Madanne, Abbé de

4469 Le grand orgue de l'église St. Séverin á Paris, reconstruit par M. M. E. et J. Abbey de Versailles. *Paris. O. J.*

Madrid, Fernando Antonio de

4470 Cartas instructivas sobre los organos. *Jaen, 1790*

Madurell, José Maria

4471 Documentos para la historia del organo en Espana. *In: Anuario Musical. Barcelona 1947*

4472 Documentos para la historia de los maestros de capilla, contores, organistas, organos y organeros. *In: Anuario Musical. Barcelona 1951*

Märk, J.

4473 Technik und Orgel. *In: Singende Kirche. Wien. 5. 1957/58, H. 3*

Magnus, E.

4474 Klang der Freiberger Silbermann-Orgel. *In: Zeitschrift für Instrumentenbau. Leipzig. 48. 1928, S. 984*

4475 Orgelumbau in St. Marien-Flensburg. *In: Kirchenmusik. Berlin. 9. 1929, S. 398*

Mahrenholz, Christhard

4476 Die neue Orgel in der St. Marienkirche zu Göttingen. *Augsburg 1926*

4477 Gegenwärtiger Stand der Orgelfrage im Lichte der Orgelgeschichte. *In: Bericht über die 3. Tagg. für deutsche Orgelkunst in Freiberg/Sa. 2.—7. 10. 1927. 1928, S. 13—37*

4478 Orgel und Liturgie. *In: Bericht über die 3. Tagg. für deutsche Orgelkunst in Freiberg/Sa. 2.—7. 10. 1927. 1938, S. 58—71*

4479 Kongreßbericht. *1928*

4480 Die Dorfkirchenorgel. *Kassel. 1929. Zugleich in: Jahr des Kirchenmusikers. 1929. S. 167—178 und: Monatshefte für kath. Kirchenmusik. 12. 1930. S. 108—118 und: Chr. Mahrenholz, Musicologica et liturgica. Kassel 1960. S. 65—75*

4481 Die Orgelregister. *Kassel 1930*

4482 Disposition einer Monstre-Orgel aus dem 18. Jahrhundert. *In Musik und Kirche. 2. 1930, S. 133*

4483 Die Wiederherstellung der Schnitgerorgel in Norden. *In: Musik und Kirche. 2. 1930, S. 166—169*

4484 Die neue Orgel in der St. Marienkirche zu Göttingen. *Eine Sammlung von Aufsätzen. Kassel 1931*

4485 Hildebrand-Orgel in der St. Wenzelskirche zu Naumburg a./Sa. *In: Musik und Kirche. 5. 1933, S. 252—264*

4486 Die Berechnung der Orgelpfeifenmensuren. *Kassel 1938*

4487 15 Jahre Orgelbewegung. *In: Musik und Kirche. 10. 1938, S. 8—28. und. Chr. Mahrenholz, Musicologica et liturgica. Kassel. 1960 S. 46—65*

4488 Die Kleinorgel. Grundfragen ihres Baues und ihres Klanges. *In: Bericht über die Freiburger Tagg. für deutsche Orgelkunst. Kassel. 1939, 1. Tgg. S. 8*

4489 Der Orgelumbau in der Martinikirche in Minden. *In: Musik und Kirche. 17. 1947, H. 4/6, S. 164*

4490 S. Scheidt und die Orgel. *In: Musik und Kirche. 25. 1955, H. 1, S. 38*

4491 Samuel Scheidt und die Orgel. *In: Christhard Mahrenholz. Musicologica et liturgica. Kassel 1960, S. 122—135*

4492 Orgel und Liturgie. *In: Christhard Mahrenholz. Musicologica et liturgica. Kassel, 1960, S. 13—27*

4493 Der heutige Stand des Orgelbaues. *In: Christhard Mahrenholz. Musicologica et liturgica. Kassel 1960, S. 28—45*

4494 Zur Frage der Barockorgel. *In Christhard Mahrenholz. Musicologica et liturgica. Kassel 1960, S. 88 bis 89*

4495 Johann Philipp Bendeler. *In: Musik in Geschichte und Gegenwart. Bd. 1. Kassel 1949/51. Sp. 1629 bis 1631*

4496 Bedos de Celles, François. *In: Musik in Geschichte und Gegenwart. Bd. I. Kassel 1949/51. Sp. 1494 bis 1499*

Maidment, John R.

4497 The Organs of St. Andrew's Church, Brighton, Melbourne Australia. *In: The Organ. 44. 1964/65, S. 171*

Maier, H. G.

4498 Neureformierung der Orgelregistratur. *In: Zeitschrift für Instrumentenbau. Leipzig, 46. 1925, S. 115*

Maindreville, P. de

4499 Les orgues de la Cathédrale de Senlis. *Senlis 1877*

Maine, J. T.

4500 Organs in India and America. *Madras 1860*

Majone, Pasquale

4501 L'Istromento originale e inedito per la costruzione dell'organo di Monteoliveto. *Neapel 1932*

Major, Alan

4502 The Organ at All Saint's, Ealing Common. *In: The Organ. 16. 1936/37, S. 144*

4503 The Organ in Hammersmith Parish Church. *In: The Organ. 20. 1940/41, S. 52*

Malaguzzi Valeri, Francesco

4504 Contributi alla storia artistica della chiesa di S. Maurizio in Milano. *In: Archivio Storico Lombardo. Mailand 1908*

Maleingreau, Paul de

4505 De la composition des orgues. *In: La Tribune de Saint-Germain. 25. 1958, Nr. 3, Neue Serie, Juli*

Malherbe, L.

4506 Le grand orgue de l'église Saint-Gervais. *In: Courrier de Saint-Gervais. 1911, Mai und Juli—November*

Mall, H.

4507 Aus der Geschichte der Calwer Orgeln. *In: Württ. Blätter für Kirchenmusik. Waiblingen. 12. 1940, S. 11*

4508 Eine Fußreise ins oberschwäbische Orgelland. *In: Württ. Blätter für Kirchenmusik. Waiblingen. 15. 1941, S. 33*

Mallard, Ian

4509 Village Church Design. *In: The Organ. 38. 1958/1959, S. 105*

Mallard, I. M.

4510 The Organ in North Curry Church, Somerset. *In: The Organ. 28. 1948/49, S. 93*

4511 The Restoration of an old Hill Organ. *In: Musical Opinion. 73. 1950, S. 235—237*

4512 Exeter Re-appraised. *In: The Organ. 46. 1966/67, S. 134*

Mallet, E.

4513 The Constant Martin Organ. *In: Musical Opinion. 72. 1949, S. 321—323*

Mallet, M.

4514 Rapport fait à la Société d'Encouragement pour l'industrie nationale sur la Scie. *In: Circulaire de M. Cavaillé-Coll fils, facteurs d'orgues, rue Neuve-Saint-Georges. no. 14, à Paris. Paris 1834*

Mallett, Percy

4515 The Organs of Truro Cathedral. *In: The Organ. 12. 1932/33, S. 65, 190*

Malpièce

4516 Rapport remis à la Cour royale (1843). contre la ville de Saint-Germain. *O. O. u. J.*

Mander, N. P.

4517 A Mixture of Matters. *In: The Organ. 39. 1959/60, S. 105.*

4518 A Short Account of the Organs of St. Vedast, Foster Lane. *In: The Organ. 43. 1963/64, S. 1*

4519 Book Review — "The British Organ". *In: The Organ. 43. 1963/64, S. 106*

Mander, Noel s. Freeman, Andrew 2538

Mang, W.

4520 Orgel aus Bachs Zeit in Heidelberg. *In Zeitschrift für Instrumentenbau. Leipzig. 53. 1932, S. 416*

4521 Orgelneubauten in Heidelberg. *In: Zeitschrift für Instrumentenbau. Leipzig. 56. 1936, S. 302—305*

4522 Weihe der erneuerten Orgel in der Gedächtniskirche zu Speyer am Rhein. *In: Zeitschrift für Instrumentenbau. Leipzig. 59. 1938, S. 291*

4523 Ein Wort zur Stimmungsnot unserer Orgeln. *In: Zeitschrift für Instrumentenbau. Leipzig. 61. 1940, S. 27*

Mannborg, K. s. Welte, E. 7486

Mannerstråle, Carl-Filip

4524 „... helt annorlunda och bättre än Ziraten i Stazkiörkan". Några anteckningar om Uppkyrkans i Arboga 1600—talsorgel. *In: Hembygdsföreningen Arboga minne. Årsbok 1963, S. 18—23*

Manschke, R.

4525 Oberflächenbehandlung von Orgeln. *In: Zeitschrift für Instrumentenbau. Leipzig. 53. 1932, S.26*

Mansfield

4526 Pedalprolongation. *In: The Choir and musical Journal. London. 4, S. 40*

Mansfield, Orlando A.

4527 Concerning the Console. *In: The Organ. 3. 1923/1924, S. 149*

4528 Albert Lister Peace. *In: The Organ. 5. 1925/26, S. 225; 6. 1926/27, S. 26*

Manthorpe, Marston

4529 The Small Organ. *In: The Organ. 34. 1954/55, S. 167*

4530 Some Organs in Denmark. *In: The Organ. 35. 1955/56, S. 92*

4531 Organ Design. *In: The Organ. 35. 1955/56, S. 156. Zugleich in: 36. 1956/7, S. 51*

4532 Trinitatiskirke, Copenhagen. *In: The Organ. 37. 1957/58, S. 212*

4533 Two New Organs in Copenhagen. *In: The Organ. 37. 1957/58, S. 61*

4534 The Battle of the Organs. *In: The Organ. 37. 1957/58, S. 212*

4535 Three Organs in North Jutland. *In: The Organ. 38. 1958/59, S. 98*

4536 Skt. Jacobskirk. Copenhagen. *In: The Organ. 38. 1958/59, S. 189*

4537 Foreign Organs and Mr. Wintersgill. *In: The Organ. 38. 1958/59, S. 215*

4538 The Organ and its Music. *In: The Organ. 40. 1960/61, S. 55*

4539 Stop Nomenclature and Registration. *In: The Organ. 40. 1960/61, S. 108*

4540 Classicism. *In: The Organ. 41. 1961/62, S. 219*

4541 The Organ in the Church of the Most Holy Trinity, Dockhead, London. *In: The Organ. 41, 1961/1962, S. 81*

Mantuani, J.

4542 Francisek Ksaver Krizman — Izoelovalec Orgelj (Skica Njegovega zivljenja ob 200 letnici njegovega Rojstva). *In: SV. Cecilije. Zagreb 1928, S. 62*

Manzarrago, T. de

4543 El órgano polifónico, o el sinfónico, o el neoclásico, o el moderno? *In: Tesoro Sacro Musical. Madrid 1962, S. 92—99*
El órgano, los cantos y la instrucción. *In: Tesoro Sacro Musical. Madrid 1962, S. 2—5*

Maquarie, Arthur

4544 The Carillon. *In: The Organ. 7. 1927/28. S. 124*

Marbot, l'abbé E.

4545 Notre Maîtrise métropolitaine. Son histoire. *Aix 1883*

Marchand, M.

4546 Les orgues à souffleurs électriques. *In: Cosmos 60., S. 440*

Marcussen & Sohn

4547 Aabenraa. 1806—1931

4548 Aabenraa 1806—1956

Marcuzzi, G.

4549 Cenni storico-artistici sull'organo. *Udine 1890*

Maréchal, F.

4550 Essai sur l'histoire religeuse de Gonesse, au diocèse de Versailles, depuis ses origines jusqu'à nos jours. *Villiers-le-Bel 1895*

Mariani, Michelangelo

4551 Trento con il Sacro Concilio. *Ulm 1673*

Marigold, W. G.

4552 German Organ-bilders. *In: The Organ. 39. 1959/1960, S. 53*

4553 Further Notes on Swabian Baroque Organ Builders. *In: The Organ. 41. 1961/62, S. 138*

4554 Observations on German Organ Cases. *In: The Organ. 42. 1962/63, S. 80*

4555 German Organ Cases. *In: The Organ. 42. 1962/ 1963, S. 221*

4556 The Modern Organs of the Jacobikirche, Hamburg, and the Abbey to Ottobeuren. *In: The Organ. 43. 1963/64, S. 13.*

4557 The Organs of the Cathedral of Freiburg/Breisgau. *In: The Organ. 44. 1964/65, S. 67*

4558 A Notable Family of Organ Builders, The Stumms of Sulzbach. *In: The Organ. 46. 1966/67, S. 12*

Marpurg, Friedr. Wilhelm

4559 Histor.-kritische Beiträge zur Aufnahme der Musik. *Bd. III. Berlin 1757/58, S. 487—518*

4560 Geschichte der Orgel. *Ms (Fragment) in der Bibliothek der Gesellschaft der Musikfreunde in Wien. Wien*

Marr, L. G.

4561 The Royal Festival Hall Organ. *In: The Organ. 34. 1954/55, S. 53*

4562 The Festival Hall Organ. *In: The Organ. 36. 1956/ 1957, S. 50*

Marr, Peter

4563 The Organs of St. Giles-in-Reading. *In: The Organ. 46. 1966/67, S. 130*

Marrti, Hela

4564 Nils Strömbäck (Darstellung der Entwicklung des Orgelbaues in Finnland während der Schwedenzeit.) *Phil. Diss. Porvoosa 1924*

Marsy, de

4565 Jean Grignon facteur d'orgues à Mons, et les petites orgues de l'église Notre-Dame de Saint-Omer. *Mons 1897*

Martens, J.

4566 Eine schleswig-holsteinische Orgelbauanstalt. *In: Die Heimat. Kiel. 36. 1928, S. 282*

Mårtenson, E.

4567 Neue Orgel in der Mikael-Agricola-Kirche in Helsingfors. *In: Zeitschrift für Instrumentenbau. Leipzig. 56. 1935, S. 294*

Mårtensson, Helge

4568 Abbé Vogler som orgelbyggare. *In: Tidskrift för Kyrkomusik och Svenkt Gudstjänstliv. 7. 1932, S. 51—55*

Mårtensson, T.

4569 Orgelverken i S:ta Maria (i Hälsingborg). *In: Orgelinvigningen i S:ta Maria kyrka den 16. dec. 1928. Hälsingborg 1928, S. 15—31*

Marti Albanell, Frédéric

4570 Notes historiques de l'orgue del Vendrell. *Vendrell 1929*

Martin, Bernhard

4571 Gedanken um die Lichtton-Orgel. *In: Musik und Kirche. 8. 1936, S. 270*

Martin, Constant

4572 Petites et grandes orgues électroniques. *In: Revue du son. Paris 1957, Nr. 56, S. 327—329*

4573 Orgues électroniques d'hier et de demain. *In: Actes du troisième congrès international du musique sacrée, Paris 1er—8 Juillet 1957. Paris 1959, S. 412—422*

4574 Les nouvelles orgues. *In: Actes du troisième congrès international du musique sacrée, Paris, 1er—8 juillet 1957. Paris 1959, S. 183—189*

4575 La Musique Electronique. *O. O. 1950*

Martin

4576 L'Orgue de l'Eglise Paroissiale de Vézelize. *In: L'Orgue 1961. Nr. 97—99, S. 65—69*

Martin le P. G.

4577 El órgano liturgico. *In: Actes de troisième Congrès international du musique sacré, Paris 1957. Paris 1959, S. 385—406*

Martini, (Padre)

4578 Regola agli Organisti per accompagnare il canto fermo. *Mailand (um 1840)*

Martini, Johann Paul Aegidius

4579 Ecole d'Orgue. *O. O.. 1804*

Martinot, E.

4580 Orgues et organistes des églises du diocèse de Troyes. *Troyes 1941*

Martius, Christ. Ernst

4581 Dass eine wohleingerichtete Kirchenmusik Gott wohlgefällig, angenehm und nützlich sei . . . bei der Einweihung der neuen Orgel . . . in der Stadtkirche zu Weyda. *Plauen 1762*

Mas, Jean

4582 L'Agonie des vieilles orgues. *In: La Petite Maîtrise. Paris. Okt. 1935 und Dez. 1936*

4583 Deux orgues historiques de l'archidiocèse de Toulouse. (St. Félix de Lauraguais et Verdun-sur-Garonne). *Paris o. J.*

Mas-Latrie, L. de s. Faudet

Massa, E.

4584 Dinastia di organari in un paesello del Friuli. *In: L'Illustrazione Italiana. 75. Mailand 1948. 28. November. Nr. 48, S. 752—753*

Massmann, J.

4585 Die Orgelbauten des Groß-Herzogthums Mecklenburg-Schwerin. I. *Wismar 1875*

Masters, J.

4586 A short account of the organs built in England from reign of Charles II to the present time. *O. O. 1847*

Masure

4587 Notes sur les orgues. *In: Société d'études de la province de Cambrai. 5. 1903*

Matetzki, J.

4588 Über die Behandlung und Instandsetzung von pneumatischen Musikwerken. *Leipzig 1913.*

4589 Winddruck und Intonation bei Orgelpfeifen. *In: Zeitschrift für Instrumentenbau. Leipzig. 37. 1916, S. 33, 52*

4590 Disposition und Intonation von Orgeln. *In: Zeitschrift für Instrumentenbau. Leipzig. 37. 1917, S. 226*

Mathew, A. G.

4591 The Organs in the Chapel of University College, Durham. *In: The Organ. 24. 1944/45, S. 33, 96*

4592 The Organs of St. Paul's Cathedral, Calcutta. *In: The Organ. 25. 1945/46, S. 19*

4593 The Organs of Zion Chapel, Kendal. *In: The Organ. 26. 1946/47, S. 29*

4594 A Coronation Organ. *In: The Organ. 31. 1951/52, S. 173*

4595 Three Dorset Organs. *In: The Organ. 34 1954/55, S. 214*

4596 The Reed Organ. *In: The Organ. 42. 1962/63, S. 110*

Mathias, Fr. Xaver

4597 Kaiserorgel in Maria-Zell. *In: Cäcilienvereinsorgan. Regensburg. 47. 1913, S. 12, 259*

4598 Die Silbermann-Orgel im Straßburger Münster. Nach den Aufzeichnungen von J. A. Silbermann. *In: Jahrbuch der Els.-Lothr. Wissen. Ges. zu Straßburg. I. Straßburg. 1928, S. 113—133*

4599 Die Pragmatik der Orgelbaugeschichte des 18. Jhs. im Lichte des Pariser Silbermann-Archivs. *In: Société internat. de musicologie. I. Congrès de Liège. Compte-rendu. 1.—6. Sept. 1930, I. S. 182*

4600 Les Orgues de la Cathédrale de Strasbourg. *Straßburg 1937*

4601 Über die Hammond-Orgel. *In: Der Chorwächter. Einsiedeln. 63. 1940, S. 174*

Mathiesen, A. H.

4602 Om Frikombinationer — Som Afslutning. *In: Organist — Bladet. 26. Kopenhagen 1960. Nr. 6, S. 3—5*

4603 Hvorfor Frikombinationssystemer paa Orgler er uönskede. *In: Organist-Bladet. 26. Kopenhagen 1960. Nr. 2, S. 9—11*

Matthaei, Karl

4604 Vom Orgelspiel. Eine kurzgefaßte Würdigung der künstlerisch orgelmäßigen Interpretationsweise und ihrer klanglichen Ausdrucksmittel. *Leipzig 1936*

4605 Die Hammond-Orgel, ein neuartiges Musikinstrument. *In: Der Chorwächter. Einsiedeln. 63. 1940, S. 93—97*

4606 Die Baugeschichte der Stadtkirchenorgel in Winterthur. *Winterthur 1941*

4607 Ein neuer „alter" Orgeltypus. *In: Musik und Gottesdienst. Zürich. 7. 1953, Nr. 6, S. 173—176*

Matthes, Wilhelm

4608 Die internationale Nürnberger Orgelwoche. *In: Musik und Kirche. Kassel. 21. 1951, S. 196—198*

4609 Nürnberger Internationale Orgelwoche. *In: Gottesdienst und Kirchenmusik. München. 2. 1951, S. 78 bis S. 79*

4610 Internationale Orgelwoche in Nürnberg. Juni 1951. *In: Zeitschrift für Kirchenmusik. 71. 1951, S. 168*

4611 Ergebnis der Nürnberger Orgelwoche. *In: Zeitschrift für Kirchenmusik. Köln. 71. 1951, S. 208 bis 209*

Mattheson, Johann

4612 Sammlung von Orgeldispositionen. *In: F. E. Niedt „Musikalische Handleitung anderer Teil. Von der Variation des Generalbasses. Hamburg 1721*

Matthews, Betty

4613 The Organs and Organists of Salisbury Cathedral. 1480—1960. *Salisbury 1961*

4614 The Organs and Organists of Winchester Cathedral. 1400—1960. *Winchester 1964*

4615 The Organs and Organists of Exeter Cathedral. 1200—1960. *Exeter 1965*

4616 Unknown Organ Builders of Salisbury. *In: The Organ. 43. 1963/64, S. 61*

4617 Early Organs of St. Martin's Church, Salisbury. *In: The Organ. 44. 1964/65, S. 64*

4618 The England Organ at Blandford Forum. *In: The Organ. 46. 1966/67, S. 110*

4619 The Organs of Buckingham Palace. *In: The Organ. 46. 1966/67, S. 159*

Matthews, E. N.

4620 Some Organ Builders in Victoria Before 1900. *In: The Organ. 46. 1966/67, S. 90*

Matthews, John

4621 A Handbook of the organ. *London 1897*

4622 Examination Questions for organ Students. *London 1905*

4623 The restauration of organs. *London 1918*

4624 The Restoration of organs. *In: Musical Opinion. 1920*

4625 The organ described. *London 1923*

4626 The Praetorius Organ in the University of Freiburg im Breisgau. *In: The Organ. 2. 1922/23, S. 117*

4627 Gottfried Silbermann and his Times. *In: The Organ. 4. 1924/25, S. 25, 128*

4628 A Compton Chamber Organ. *In: The Organ. 5. 1925/26, S. 45*

4629 The Story of an old Robson Organ. *In: The Organ. 13. 1933/34, S. 177, 245*

4630 The Modern Organ and its Technique. *In: The Organ*. 16. 1936/37, S. 47. *Zugleich in: 17. 1937/38, S. 111*

4631 The Pedal in Small Organs. *In: The Organ*. 18. 1938/39, S. 54

Matthioli, G.

4632 Riforma in senso liturgico degli organi classici. *In: Atti del primo congresso lombardo di Musica sacra — Bergamo 1907. Bergamo 1908*

Matzke, Hermann

4633 Die deutsche Orgel am Oberrhein um 1500. *In: Instrumentenbau-Zeitschrift. Konstanz. 1. 1946/17, S. 9*

4634 2 deutsche elektroakustische Orgeln. *In: Zeitschrift für Instrumentenbau. 56. 1936, S. 404*

4635 Gibt es eine zeitgenössische Orgel? *In: Instrumentenbau-Zeitschrift. Konstanz. 11. 1956—57, S. 1—2*

Mauesberger, E.

4636 Orgelgutachten von Johann Christian Bach 1679. *In: Das Thüringer Fähnlein. Jena. 3. 1934, S. 597*

Maupin, Francois

4637 Notre-Dame-des Blancs-Manteaux. L'histoire, l'église, la confrérie. *Paris 1901*

Mauracher, M.

4638 Orgelbau. *In: Gregorianische Rundschau. Graz 1909, S. 107*

4639 Zur Frage der Röhrenpneumatik. *In: Zeitschrift für Instrumentenbau. Leipzig. 24. 1904, S. 1—3*

Mauro, A.

4640 Monografia dell'organo. *Palermo 1883*

Maxwell, F. K.

4641 An Essay upon Tune. *Edinburgh 1781*

Maybaum, Heinrich

4642 Orgelchronik der Kirchenpropstei Hütten. *Eckernförde 1913*

Mayer, H.

4643 Orgels als herinneringen aan J. S. Bach. *In: Het Orgel. 57. S. 197—199*

4644 Meningen in Frankrijk over het moderne orgel. *In: Het Orgel. 58. S. 25—28*

Mayer, Joh. Friedrich

4645 Abhandlung über die ältesten Orgeln. *In: Museum ministri ecclesiae. 1690. 2. Kap., S. 27*

Mayes, Stanley

4646 An Organ for the Sultan. *O. O. 1956*

Mayrhofer, J.

4647 Orgeldispositionen. *In: Gregorianische Rundschau. Graz 1903, S. 26—27*

4648 Vielversprechende Einrichtungen a. d. Gebiete der Orgelbautechnik. *In: Gregorianische Rundschau. Graz 1906, S. 185—186*

4649 Orgelbau. *In: Gregorianische Rundschau. Graz 1908, S. 148—152*

Mazerolle, F.

4650 Marchés passés pour la construction des églises de Sarcelles et d'Ivry, 1559 et 1641. *In: Correspondance historique et archéologique.*

Meck, F.

4651 Mannborgs neue Schwellorgel mit eingebautem elektr. Gebläseantrieb. *In: Zeitschrift für Instrumentenbau. Leipzig. 45. 1925, S. 77*

Mee, John

4652 The Organ in the Munsterkirche, Herford, Germany. *In: The Organ. 34. 1954/55, S. 132*

4653 A Silver Jubilee of Listening and York Minster. *In: The Organ. 40. 1960/61, S. 108*

4654 Lincoln Cathedral and Other Matters. *In: The Organ. 40. 1960/61, S. 223*

4655 Hyde Park Chapel, London, and other Matters. *In: The Organ. 41. 1961/62, S. 165*

4656 The Organ in St. George's (Anglican) Cathedral, Cape Town, South Africa. *In: The Organ. 41. 1961/62, S. 24*

4657 The Organ in St. Jude's Church, Thornton Heath, Surrey. *In: The Organ. 42. 1962/63, S. 143*

4658 Trombas and Trumpets. *In: The Organ. 42. 1962/63, S. 163*

4659 The Organ in St. Saviour's Parish Church, Croydon. *In: The Organ. 43. 1963/64. S. 202*

4660 All Pro. *In: The Organ. 46. 1966/67, S. 47*

4661 The Rebuilding of Organs. *In: The Organ. 46. 1966/67, S. 183*

Mehl, Johannes G.

4662 Lorenzer Orgelbüchlein. *Kassel 1937*

4663 Die Aufgabe der Orgel im Gottesdienst der lutherischen Kirche. *In: Bekennende Kirche. München. 6. 1938, H. 58*

4664 Die Denkmalpflege auf dem Gebiete der Orgelbaukunst. *In: Bericht über die Freiburger Tagg. für deutsche Orgelkunst. Kassel 1939, 2. Tagg., S. 20—36*

4665 Internationale Orgelwoche der Stadt Nürnberg 2.—10. Juni 1951. Bericht. *In: Gottesdienst und Kirchenmusik. München. 2. 1951, S. 110—114*

4666 Nürnberg, die deutsche Orgelstadt. *In: Gottesdienst und Kirchenmusik. München. 1953, Mai*

4667 Die Barockorgel in Lahm, Itzgrund, im Zusammenhang des nord- und süddeutschen Orgelbaues ihrer Zeit und die Probleme ihrer Restaurierung. *In: Kongreßbericht. Gesellschaft für Musikforschung. Kassel 1953, S. 78—82*

4668 Die 2. Internationale Orgelwoche der Stadt Nürnberg 28. 6.—6. 7. 1952. In: Gottesdienst und Kirchenmusik. München. 4. 1953, S. 20—23

4669 Kirche und Orgel von St. Nicolai in Spandau. In: Gottesdienst und Kirchenmusik. München. 13. 1962, S. 93—98

Mehrkens, Karl

4670 Die Schnitger-Orgel in der Hauptkirche St. Jakobi zu Hamburg. *Kassel 1930*

Meier, H.

4671 Oktavkoppeln beim Orgelbau. In: Musica sacra. Regensburg 1907, S. 61 ff.

Meiners, Edo

4672 Die Kirchen des Stadt- und Butj.-Landes. *Bremen 1870*

Meijer, S.

4673 De Forte-Piano en het Orgel, etc. *Groningen 1881*

Meissner, C. F.

4674 Winke und Ratschläge für Kantoren und Organisten über ... Orgel-Disposition, Orgelprüfung, Orgelstimmung und Gesang. *Leipzig 1869*

Meißner, J.

4675 Orgelbau. In: Sächsische Schulzeitung. Dresden. 50. 1883, S. 200

Meister, O.

4676 Orgeln, Glocken und musikalisches Sehen. In: Kathol. Kirchenzeitung. Salzburg. 85. 1925, S. 86

Meli, Ernesto

4677 La ricerca e la tutela degli organi storici ed artistici nella regione lombarda. In: L'organo 1. 1960, S. 87—102

Mellage, Josef

4678 Orgelerneuerung der Kapitelskirche zu Wiedenbrück. In: Die Glocke. Oelde, Nr. 127. 1962, S. 505

Melleville

4679 L'orgue de la cathédrale de Laon. In: Société académique de Laon. 4. Bd. S. 153

Mellor, Albert

4680 A Record of the Music and Musicians at Eton College. *O. O. u. J.*

Mendel, Arthur

4681 Devices for Transposition in the Organ before 1600. In: Acta musicologica. 21. 1949, S. 24—40

Mendelssohn, Arn.

4682 Die Orgel im Gottesdienst. In: Bericht über die 3. Tagg. für deutsche Orgelkunst in Freiberg/Sa. 2.—7. 10. 1927. 1928, S. 72—77

Mengelberg, Karel

4683 Professor Focker en zijn eenendertig-toons-orgel. In: Mens en Melodie. Utrecht. 5. 1950, S. 317—321

Mengelberg, W.

4684 Über die Orgelgehäuse. In: Zeitschrift für christliche Kunst. Düsseldorf. 2. 1889, S. 189—194

Mengert, Maximilian

4685 Gottfried Silbermann, der Erbauer der Orgel St. Georgenkirche zu Glauchau. In: Glauchauer Zeitung und Neueste Nachrichten. 1913, 4. Mai

Mengt, H.

4686 Monumentalorgel in der Johanniskirche zu Zittau. In: Zeitschrift für Instrumentenbau. Leipzig. 51. 1931, S. 394—397

Mensinga, Joh.

4687 Elegia in organum aedis Martinianae ... civitatis Groninganae. *Groningen o. J.*

Menzel, H.

4688 Förderung der deutschen Orgelbaukunst. In: Zeitschrift für Instrumentenbau. Leipzig. 34. 1913, S. 255

Mercer, Derwent M. A.

4689 The physics of the organ flue pipe. In: American Journal of physics. New York. 21. 1953, Nr. 5, S. 376—386

4690 The effect of voicing adjustments on the tone quality of organ flue pipes. In: Acustica. Zürich 1954, S. 237—239

Mercer, D. M. A.

4691 Science and the Organ Pipe. In: The Organ. 30. 1950/51, S. 32

Mercier, J.

4692 Etude de la stabilité des oscillations entre-tenues dans un tuyau sonore couplé à un tuyau mort. In: Acoustique musicale. Marseille 1958. Paris 1959, S. 231—237

Merian s. Zeiler 7865

Merkl, Edmund von

4693 Erinnerungen an meinen Großvater Orgelbauer. In: Musikhandel. Bonn. 7. 1956, 8. 1957

Merklin, Albert

4694 Organologia. *Madrid 1924*

4695 Geschichte und Entwicklung des Schwellwerkes der Orgel. In: Zeitschrift für Instrumentenbau. 45. 1925, S. 131

4696 Aus Spaniens altem Orgelbau. *Mainz 1939*

Merklin, I.

4697 Le grand-Orgue de Saint-Eustache à Paris, reconstruit en 1877 et 1878 par M. J. Merklin. *Lyon 1879*

4698 Notice sur le grand orgue de la cathédrale de St. Pierre à Genève. *Paris 1867*

4699 Notice sur le Grand Orgue de la nouvelle Eglise St. Epure de Nancy. *Paris 1867*

4700 Notice sur le nouvel orgue de la Primatiale de Lyon. *Lyon 1875*

4701 Le nouvel Orgue de Tribune de la Cathédrale d'Autun. *Lyon 1876*

4702 Le nouvel Orgue de Tribune de la Cathédrale de Senlis. *Lyon 1876*

4703 Le Nouvel Orgue de Collège du Sacré-Cœur des RR. PP. Jésuites à Montpellier. *Lyon 1878*

4704 Orgues électriques de l'Eglise St. Vincent de Paul à Marseille. *o. O. 1889*

4705 L'Orgue électrique de l'Eglise Notre Dame à Valenciennes, construit d'après le nouveau Système électro-pneumatique Schmoele et Mols. *Valenciennes 1891*

4706 La Cathédrale de Clermont Ferrand et ses orgues. *Lyon 1878*

4707 Notice sur l'électricité appliqué aux grandes orgues. *Paris—Lyon 1887*

Merklin s. Michel

Merklin-Schütze

4708 Notizia sul nuovo organo posto nella Chiesa della Trinita dei Monti in Roma. *Rom 1864*

Merrifield, Harold W.

4709 The Andrew Freeman Memorial Organ. *In: The Organ. 33. 1953/54, S. 145*

Merrill

4710 Hobby of a travelling man. *In: Antlantic Monthly. New York. 139. 1926, S. 519—523; 142. 1927/ 1928*

Mersenne, P. Marin

4711 Traicté de l'orgue. *Paris 1635*

4712 Harmonie universelle. *Paris 1636*

4713 Harmonicorum libri XII. *Paris 1648*

Merten, R.

4714 Idee und Gestaltung einer Orgel. *In: Reichsrundfunk. Berlin 1943/44, S. 17*

Mertin, Josef

4715 Selbsthilfe bei Orgelgebrechen. *In: Musica divina. Wien. 22. 1934, S. 55—58, 104—106*

4716 Was ist bei Vergeb. des Neubaues eines kleinen Orgelwerkes zu bedenken? *In: Musica divina. Wien. 22. 1934, S. 225—227; 23. 1935, S. 32*

4717 Alter italien. Orgelbau. *In: Zeitschrift für Instrumentenbau. Leipzig. 55. 1935, S. 242*

4718 Ratschläge bei Vergebung des Orgelneubaues. *In: Der Seelsorger. Innsbruck. 11. 1935, S. 138—141*

4719 Orgelprospekte. *In: Kirchenkunst. Wien. 8. 1936, S. 82—85*

4720 Zweckentsprechende Orgeldispositionen. *In: Musica divina. Wien. 24. 1936, S. 24—27, 49*

4721 Eine neue Orgel wird gebaut (in der Pfarrkirche von Alt-Ottakring, Wien XVI). *In: Kirchenkunst. Wien. 8. 1936, S. 36—38*

4722 Die 2. Freiburger Orgeltagg. *In: Musica divina. Wien. 26. 1938, S. 135—138*

4723 Grundlagen einer richtigen Orgeldisposition. *In: Musik und Kirche. 10. 1938, S. 112—119*

4724 Erfahrungen mit der Kleinorgel. *In: Bericht über die Freiburger Tagg. für deutsche Orgelkunst. Kassel 1939, 2. Tag; 118—124*

4725 Das Instrumentarium der alten Ensemblemusik. *In: Österr. Musik-Zeitschrift. Wien. 13. 1958, S. 513—518*

4726 Aufbau neuer Orgeln. *In: Kirchenkunst. Wien. 6. S. 68—70*

Messner, J.

4727 Österreichischer Orgelbau. *In: Zeitschrift für Instrumentenbau. Leipzig. 1927, S. 897*

Metais, Abbé

4728 Les orgues de la cathédrale de Chartres. *Chartres 1912*

Metcalf, Thomas

4729 Blenheim Palace Organ and other Matters. *In: The Organ. 5. 1925/26, S. 191*

Mettenleiter

4730 Beiträge zur Orgelforschung. *In: Organon. 10. 1933, S. 29*

Mettenleiter, Bernhard

4731 Die Behandlung der Orgel. *Regensburg 1868*

Mettenleiter, Fritz

4732 Wer zählt die Orgeln der Welt . . . *In: Bonifatiusbote. Fulda. 61. 1950, Nr. 48, S. 6—7*

Metzger, Hans-Arnold

4733 550 Jahre Orgelspiel in der Stadtkirche zu St. Dionys Eßlingen am Neckar. *O. O. u. J.*

Metzler, Hansueli

4734 Un viaggio organario in Italia. *In: L'organo. 1. 1960, S. 257—260*

Metzler, Wolfgang

4735 Romantischer Orgelbau in Deutschland. *Ludwigsburg 1965*

Meuer, Adolph

4736 Schatzkästlein der Gotik. Die älteste Orgel Deutschlands in Kiedrich. *In: Hessische Hefte. Kassel. 5. 1955, S. 474—475*

Meurgey, Jacques

4737 Histoire de la paroisse Saint-Jacques-la-Boucherie. *O. O. u. J.*

Mexikanto, O. s. Tulenheimo, M. 7082

Mey, P. J.

4738 De orgels en organisten von de St. Nicolaas Kerk te Kampen voor en Tijdens de Reformatie. *In: Verslagen en Mededelingen van de Vereniging tot Beoefening van Overijssels Regt en Geschiedenis. Deventer 1941*

Meyer, A.

4739 Neue Orgel d. St. Nikolaikirche zu Chemnitz. *In: Zeitschrift für Kirchenmusiker. Dresden. 17. 1935, S. 45*

Meyer, Georg

4740 Chronik der Gemeinde Zwischenahn. *O. O. 1957*

Meyer, Gustav

4741 Der Große Kurfürst schenkte eine Orgel. Börninghausen. *In: Der Minden-Ravensberger. Bielefeld. 35. 1963, S. 116—117*

Meyer, Hermann

4742 Orgeln und Orgelbauer in Oberschwaben. *In: Schwabenland. 4. 1937, S. 237—261. Zugleich in: Zeitschrift des historischen Vereins für Schwaben und Neuburg. 54. 1941, S. 213—360*

4743 Karl Joseph Riepp, der Orgelbauer von Ottobeuren. *Kassel 1938*

Meyer, Hermann s. Supper, W. 6919

Meyer, H. Chr.

4744 Die größte Orgel der Welt. *In: Kölnische Zeitung. 1927, 13. September*

Meyer, J.

4745 Unharmonische Komponenten im Klang der labialen Orgelpfeifen. *In: Das Musikinstrument und Phono. Frankfurt/M. 11. 1962, S. 725—730*

Meyer, J. s. Lottermoser, W. 4335, 4336, 4337, 4338, 4339, 4340

Meyer, Karl Gottfried

4746 Sammlung einiger Nachrichten von berühmten Orgelwerken in Deutschland. *Breslau 1757*

Meyer, P.

4747 Die Elsässische Orgelreform. *In: Das Musikinstrument und Phono. Frankfurt/M. 8. 1959, S. 387*

Meyer, S.

4748 De forte-piano en het orgel. *Groningen 1881*

Meyer / Buchmann

4749 Die Klangspektren der Musikinstrumente. *Berlin 1931*

Meyers, Hubert

4750 Eine neuartige Hausorgel. Beitrag zum Bau einer räumlich kleinen, doch funktionell großen Orgel. *In: Instrumentenbau-Zeitschrift. Konstanz. 16. 1961/62, S. 370—374*

4751 Der französische Orgeltyp. *In: Musik und Kirche. 33. 1963, H. 6, S. 258—264*

4752 Einige Gedanken zum „Cornet d'Allemagne". *In: Ars organi. 11. 1963, H. 22, S. 585—586*

4753 Problèmes actuels de facture d'orgue. *In: Actes du troisième Congrès international du musique sacrée, Paris 1957. Paris 1959, S. 423—427*

Meyer-Siat, P.

4754 Neue Orgelwerke in Ost und West. Die Philharmonie und ihre neue Orgel in Bydgoszcz-Bromberg. Eine neue bemerkenswerte Orgel in Straßburg. *In: Das Musikinstrument und Phono. Frankfurt/M. 8. 1959, S. 344*

4755 Orgelbaumeister Kern und die Joseph-Callinet-Orgel von Mollau. *In: Das Musikinstrument und Phono. Frankfurt/M. 10. 1961, S. 546—547*

4756 Les Orgues Callinet de Masevaux. *Masevaux 1962*

4757 L'Orgue de Joseph Callinet de Mollau. *Straßburg 1963*

4758 Die Orgel zu Masevaux von 1900 bis heute. *In: Das Musikinstrument und Phono. Frankfurt/M. 13. 1964, S. 752—754*

4759 Les Callinet, Facteurs d'orgues à Rouffach et leur œuvre en Alsace. *Straßburg 1965*

Meyrick-Roberts, R.

4760 The Organ at Liverpool Cathedral. *London 1926*

4761 The Founders of the Modern Organ Building. *In: The Organ. 2. 1922/23, S. 73, 154. Zugleich in: 3. 1923/24, S. 20, 104*

4762 The French Organ. *In: The Organ. 4. 1924/25, S. 104, 150, 203. Zugleich in: 5. 1925/26, S. 18*

4763 The Willis „Model" Organ. *In: The Organ. 9. 1929/30, S. 65*

4764 Problem of Rebuilding or restoring ancient organs. *In: The Organ. 9. 1929/30, S. 241*

4765 Charles Speckmann Barker. *In: The Organ. 13. 1933/34, S. 186*

Mezger, M.

4766 Der Dienst der Orgel für die versammelte Gemeinde. *In: Württ. Blätter für Kirchenmusik. Stuttgart. 33. 1966, S. 51—54*

M. G. H.

4767 Organs in Africa. *In: The Organ. 7. 1927/28, S. 115, 168, 244*

M., G(ottlieb) H(ermann)

4768 Über Erbauung der Orgel in Rötha, St. Georgen (Silbermann). *In: Hist. Nachr. v. d. Kirche zu St. Johannis in der Vorstadt zu Kemnitz. 1723*

Michaelis, Christian F.

4769 Zur Geschichte der Orgel. *O. O. u. J.*

Michaelsen, Fr.

4770 Die Glückstädter Orgelbauwerkstatt. *In: Die Heimat. Kiel. 62. 1955, S. 237—239*

Michel

4771 Elektronische Orgeln — Ein Leitfaden für Händler. *In: Das Musikinstrument und Phono. Frankfurt/M. 12. 1963, S. 625—626*

Michel, E.

4772 Orgues et organistes de Brie (XVIᵉ—XVIIIᵉ siècle). *In: Société d'Histoire et d'archéologie de Brie-Comte-Robert. 1. 1898—1901*

Michel, Josef

4773 Umgang mit Orgeln. *Frankfurt/M. 1963*

Michel, J. s. Schoenberg, A. 6269

Michel / Merklin / Kuhn

4774 La voix des orgues. *Lyon 1953*

Micheli, Everardo

4775 Sull'organo della conventuale di S. Stefano in Pisa. *In: La Provincia di Pisa. Pisa 1871*

Michell, Guy

4776 The Swell Oboe. *In: The Organ. 22. 1942/43, S. 190*

4777 The Organ in St. Margaret's, Brighton. *In: The Organ. 23. 1943/44, S. 132*

Middleditch, R. H.

4778 The Organ in Chelmsford Cathedral. *In: The Organ. 28. 1948/49, S. 10*

4779 The Organ of St. Mary Magdalene, Holloway. *In: The Organ. 28. 1948/49, S. 112*

4780 The Organ of St. Albans Cathedral, Herts. *In: The Organ. 29. 1949/50, S. 153*

Midmer-Losh (Organ Company)

4781 Under the Sassafras Tree . . . Atlantic City Municipal Organ. *O. O. u. J.*

4782 Under the Sassafras Tree. The Midmer-Losh Organ of today. *O. O. 1921*

Mignan, Edouard

4783 Les grandes orgues de la Madeleine et ses organistes. *Paris 1958*

Migot, Georges

4784 Promenade au Musée du Conservatoire. Les Orgues. *In: Musica. Paris. 54. 1958, S. 33—41*

Miller, A. Gordon

4785 A Study in Organ Design and Construction. *In: The Organ. 28. 1948/49, S. 177*

4786 The Small Pedal Organ. *In: The Organ. 32. 1952/53, S. 141. Zugleich in: 33. 1953/54, S. 55*

4787 The Andrew Freeman Memorial Organ. *In: The Organ. 33. 1953/54, S. 144*

4788 The Standish Organ. *In: The Organ. 34. 1954/55, S. 50*

4789 An Economical, yet comprehensive small organ scheme. *In: The Organ. 34. 1954/55, S. 69*

4790 The Organ of St. Luke's Church, Winnipeg. *In: The Organ. 34. 1954/55, S. 104*

4791 Standish and other matters. *In: The Organ. 34. 1954/55, S. 165*

4792 Large Organ Design. *In: The Organ. 35. 1955/56, S. 206*

4793 St. Catherine's, Gloucester. *In: The Organ. 36. 1956/57, S. 48*

4794 Small Organ Design. *In: The Organ. 36. 1956/57, S. 48*

4795 Village Church Organ Design. *In: The Organ. 37. 1957/58, S. 105*

4796 All Saint's Church, Cheltenham. *In: The Organ. 37. 1957/58, S. 160*

4797 General Organ Matters. *In: The Organ. 38. 1958/59, S. 48*

4798 Small Organs. *In: The Organ. 38. 1958/59, S. 104, 158*

4799 St. Sepulchre's, Holborn, London. *In: The Organ. 39. 1959/60, S. 56*

4800 Modern Organ Design. *In: The Organ. 39. 1959/60, S. 62*

Miller, Edward

4801 Extracts from the History and Antiquities of Doncaster and its Vicinity. *In: The Organ. 5. 1925/26, S. 55*

Miller, George Laing

4802 The recent revolution in Organ Building. *New York 1909*

4803 Révolution récente dans la facture d'orgues. *Lille 1914*

Millne

4804 How to build a Chamber-organ. *O. O. u. J.*

Mills, J. Gilbert

4805 Tewkesbury Abbey Organs. *In: The Organ. 25. 1945/46, S. 47*

4806 Small Organ Design. *In: The Organ. 36. 1956/57, S. 107*

Milner, Herbert Frank

4807 How to build a small two-manual chamber pipe-organ; a practical guide for amateurs. *London 1925*

Minard

4808 Les orgues de la cathédrale de Nantes. *In: Bulletin de la Société archéologique de Nantes. 27. 1888*

Minguet y Yrol, Pablo

4809 Modo de tañer todos los instrumentos. *Madrid 1774*

Minshall, E.

4810 Organ, organists and choirs. *London 1887*

Miramon Fitz-James, B. de

4811 L'orgue français hier, aujourd'hui, demain. *In: Le Ménestrel. 1929, 18. Januar*

Miramon Fitz-James, B. de s. Giraud, Ch. M. 2722

Mirot, L.

4812 Autour de la paix d'Arras. *In: Bibl. de L'Ecole des Chartres. 1914*

Mischiati, Oscar

4813 L'organo della Basilica di S. Martino di Bologna capolavoro di Giovanni Cipri. *In: L'organo. 1. 1960, S. 213—256*

4814 Gli antichi organi del Cadore. *In: L'Organo 3., S. 3—58*

4815 L'orgue Giardi. *In: L'organo. 2. 1961, S. 99—102*

4816 Il contratto del 1519 per l'organo di G. B. Fachetti a San Pietro di Modena. *In: L'organo. 2. 1961, S. 211—215*

Mischiati, Oscar / Tagliavini, Giancarlo / Tagliavini, Luigi Fernando

4817 Gli organi della città di Pontremoli. *In: L'organo 2. 1961, S. 147—159*

Mischiati, Oscar s. Giacobbi, Vanni 2692

Mittag, Johann Gottfried

4818 Historische Abhandlung von der Erfindung, Gebrauch, Kunst und Vollkommenheit der Orgeln. *Lüneburg 1756*

Mittmann, P.

4819 Elektr. Orgelgebläse u. d. Meidinger'sche Ventilator. *In: Die Kirche. 10. 1913, S. 13*

Moberg, Bröderna

4820 Svenskt orgelbyggeri. Ur historisk synpunkt. *In: Kyrkomusikernas Tidning. 28. 1962, S. 152—155*

4821 Redogörelse för restaureringen av orgelverket i Skirö kyrka. *In: Organum. Tidskrift för Artis Organi Sueciae Amici. 1. 1961—1962, n:o 1, S. 3—10*

4822 Om orgelkonservering. Försök till översikt och planlösning gällande de gamla kyrkorglarna i Svenska orgelbeståndet. *In: Kyrkomusikernas Tidning. 23. 1957, S. 32, 33, 36*

Moberg, Harry

4823 Några exempel på olika orgeltyper ur den svenska kyrkorgelns utvecklingshistoria. *In: Kyrkomusikernas Tidning. 30. 1964, S. 4—8*

Modin, Lars

4824 En Strand-orgel, som bör bevaras. *In: Kyrkomusikernas Tidning. 16. 1950, S. 121—122*

Modler, O.

4825 Einige alte Kirchenorgeln in Kärnten. *In: Carinthia I. Geschichte und volkskundliche Beiträge zur Heimatkunde Kärntens. Klagenfurt. 152. 1962, H. 1—3, S. 257—264*

Mörner, Stellan C. G.

4826 Något om Johan Wikmanson, Erik Palmstedt och Olof Schwan samt det stora orgelbygget i Storkyrkan. *In: Svensk tidskrift för musikforskning. 28. 1946, S. 85—112*

Mogge, B. s. Wohnhaas, Th. 7793

Moissl, F.

4827 12. Internation. Architekten-Kongreß und Orgelbautagg. in Budapest. 1930. *In: Musica divina. Wien 1930, S. 154—159*

4828 Kirchenheizung und Orgelgebrechen. *In: Musica divina. Wien. 22. 1934, S. 12*

4829 Cäcilia im Gehäus. Beitrag zur Architekturgeschichte der Schauorgel. *In: Musica divina. Wien. 16. 1928, S. 99—104*

Mokhtar

4830 Tone quality of organ-pipes II. Reed-pipes. *In: London, Edinburgh and Dublin philos.-Magazine. 7. Bd. 27, S. 195—200*

Molck, H.

4831 Eine Orgelreise im Jahre 1861, mitgeteilt und kommentiert von Fritz Hamann. *In: Der Kirchenmusiker. 12. 1961, H. 3, S. 99*

Mollenhauer, J.

4832 Normalstimmung A-870 Schwingungen. *In: Zeitschrift für Instrumentenbau. 48. 1928, S. 358*

Molzer, F.

4833 Drehorgelbau in Österreich. *In: Zeitschrift für Instrumentenbau. 47. 1926, S. 95*

Monfort, l'abbé

4834 Pleyben. Contribution à son histoire. Les orgues. *In: Bulletin diocésain d'histoire et d'archéologie du diocèse de Quimper et Léon. 1923*

Monk, Alfred

4835 Catalogue etc., of Organs, by Alfred Monk. *London ca. 1882*

Monk, Edwin G.

4836 Descriptive account of the York Minster Organs. *York 1863*

Monnikendam, Marius

4837 Een Orgel van Victor Gonzalez. *In: Mens en Melodie. Utrecht. 5. 1950, S. 389—400*

4838 Oudnederlandse Orgels. *In: Musica sacra. Brügge. 60. 1959, S. 71—80*

4839 Tour de France musical. *In: Musica sacra. Brügge. 60. 1959, S. 155—161*

4840 Het gondse orgel in oude luister hersteld. *In: Musica sacra 62. Malines 1961, S. 143—147*

4841 Overheidszorg voor orgels in Nederland. St. Bavo-Orgel en Concertgebouworgel hersteld. *In: Musica Sacra 63. Malines 1962, S. 49—53*

4842 Kernproblem voor hedendaagse kerkenbouw akoestiek. *In: Gregoriusblad 82. 1961, S. 96—100*

Monniotte, J. F.

4843 Kurzgefaßte Geschichte der Orgel. *O. O. 1793*

Monsabrê, Le R. P.

4844 L'orgue discours prononcé 8 mai 1884 en l'église Saint-Godard de Rouen pour l'inauguration du grand orgue. *Rouen 1884*

Montanelli

4845 Organo, organari e organisti. *Forli 1920*

Montico, G.

4846 Organo e organisti nelle Chiese Francescane e in S. Maria Gloriosa dei Frari in Venezia. *Venedig 1928, S. 22*

Montmorency, J. E. G. de

4847 A brief History of the Church of St. Alfege (the Parish Church of Greenwich), with some account of its Ancient Organ. *O. O. 1910*

4848 Parish Church of S. Alfege, Greenwich. Restoration of the Ancient Organ. *O. O. 1910*

Monypenny, Joan

4849 The Organ at St. Mary Magdalene, Holloway. *In: The Organ. 22. 1942/43, S. 191*

Moody, Charles H.

4850 Ripon cathedral organs. *Ripon 1913*

Moore, Th.

4851 Die Orgel der Christus-Cathedrale in Liverpool. *Mainz 1934*

Moortgat, Gaby

4852 Oude orgels in Vlaanderen Deel II. *In: Belgische Radio en Televisie. 1965*

4853 XVIe, XVIIe, XVIIIe Franse Orgelmeesters. *O. O. 1966*

Moosbauer, J.

4854 Eine Orgelpredigt. *In: Singende Kirche. Wien 5. 1957/58, H. 2*

Mooser, Ludwig

4855 Gottfried Silbermann. Ein historisches Lebensbild. *Langensalza 1857*

4856 Das Brüderpaar Andreas und Gottfried Silbermann. Historische Skizze. *Straßburg 1861*

Mooser, R. Aloys

4857 Aloys Mooser — facteurs d'orgues à Fribourg 1770—1839. *In: Etrennes fribourgeoises. Fribourg 1935*

Moreau, P. G.

4858 Le langage religieux de l'orgue. Discours prononcé à l'inauguration de l'orgue de Saint-Martin de Pons. *Paris 1895*

Morelot, S.

4859 Inauguration de l'orgue de St. Eustache. *In: Revue et Gazette musicale de Paris. 11. 1844, S. 230—233*

Moretti, Corrado

4860 Appunti di organologia. *Mondovi 1941*

4861 L'organo italiano. *Cuneo 1955*

4862 Definizione di Organo. *In: Zweiter internationaler Kongreß für kath. Kirchenmusik, Wien 1954. Wien 1955, S. 243—245*

Morgado, Alonso

4863 Historia de Sevilla. *Sevilla 1587*

Morgan, Frank

4864 The Organ in St. Augustine's, Brighton. *In: The Organ. 27. 1947/48, S. 48*

Morgan, R.

4865 The Standish Organ. *In: The Organ. 34. 1954/55, S. 109*

Morgan, Ralph T.

4866 A short account of the organs of St. Mary Redcliffe, Bristol. *Bristol 1912*

Morley, Lesley

4867 Electronic Organs. *In: The Organ. 37. 1957/58, S. 47*

Morse, Lionel

4868 The Organ in the Laeiszhalle, Hamburg. *In: The Organ. 28. 1948/49, S. 120*

Morten, A.

4869 Hints of the purchase of an organ. *London 1877*

Moseley, R. J.

4870 Lindsay Garrard. *In: The Organ. 34. 1954/55, S. 56*

4871 Sir Percy Buck and Mixtures. *In: The Organ. 34. 1954/55, S. 111*

4872 Dutch Organs. *In: The Organ. 35. 1955/56, S. 158*

4873 Shropshire's interesting organs. *In: Musical Opinion. 79. 1956, S. 425*

4874 The Groenlo Organ. *In: The Organ. 39. 1959/60, S. 52*

4875 Recorded Tones in Electronic Organs. *In: The Organ. 40. 1960/61, S. 109*

4876 Phoney Latin (and other) Stop Names. *In: The Organ. 40. 1960/61, S. 166*

Moser, Hans Joachim

4877 Der Orgelbau um 1500. *Stuttgart 1927*

4878 Deutsche Orgelkunst 1450—1500. *In: Bericht über die 3. Tagung für deutsche Orgelkunst in Freiberg/Sachsen 2.—7. 10. 1927. 1928., S. 132—138*

4879 Paul Hofhaimer. *Stuttgart und Berlin 1929*

4880 Eine Trienter Orgeltabulatur aus Hofhaimers Zeit. *In: Fs. Guido Adler. Wien 1930, S. 84*

4881 Zwei wertvolle Orgeln in Berlin. *In: Musik und Kirche. Kassel. 21. 1951, S. 211—212*

4882 Orgelromantik. Ein Gang durch Orgelfragen von vorgestern und übermorgen. *Ludwigsburg 1961*

Moser, Ludwig

s. Mooser, Ludwig

Mosna, E.

4883 Un'opera di G. M. Falconetto a Trento. *In: Studi trentini di scienze storiche. Trient. 5. 1924. Nr. 2*

Moss, Charles M.

4884 How we Found our Organ. *Hartford (U.S.A.) 1911*

Motz, P.

4885 Die Orgel im Konstanzer Münster. *In: Ekkehart, Jahrbuch für das Badener Land. Karlsruhe. 4. 1926, S. 66—67*

Moucherel, Ch.

4886 Mémoire instructiv pour faire les devis, dessins, plans marcher et réception des orgues. *O. O. 1734*

Mucchi, A. M.

4887 Un lodo del romanino sulle prime ante dell'organo dell Antegnati nel Duomo di Salò. *In: Brescia. 3. Brescia 1930. Nr. 7, S. 18—19*

4888 Il Duomo di Salò. *Bologna 1932*

Muck, Herbert

4889 Orgeln und Emporen. *In: Der große Entschluß. Wien. 14. 1959, S. 419—420*

Muckle, C. F.

4890 The Table Organ of Thomas Mace. *In: The Organ. 2. 1922/23. S. 109*

Mück, W.

4891 Die Disposition der neuen Wiener Domorgel. *In: Singende Kirche. Wien. 7. 1960, S. 86—89*

Mühlen, Franz

4892 Die neue Gestaltung des Prospektes bei der Restaurierung der Dalheimer Barockorgel in der Kirche zu Borgentreich. *In: Fs. Borgentreich. Borgentreich 1953, S. 24—26*

Mühlhaupt, A.

4893 Orgelfürsorge in der Hitzeperiode. *In: Monatshefte für katholische Kirchenmusik. 10. 1928, S. 201*

4894 Orgel und Kirche in Amerika. *In: Monatshefte für katholische Kirchenmusik. 10. 1928, S. 196*

4895 Amerikanisches. *In: Monatshefte für katholische Kirchenmusik. 11. 1929. S. 115—118*

Müller

4896 Orgellexikon. *O. O. ⁴/1860*

Müller, Chr.

4897 Lof van het konstrijk en prachtig orgel in de Groote Kerk te Haarlem. *Haarlem 1768*

Müller, Donat

4898 Kurze Beschreibung der einzelnen Theile der Kirchenorgel. *Augsburg 1848*

Müller, E.

4899 Die alte Orgel in der ev. Kirche zu Hermannstadt. *In: Fs. Biehle. Leipzig 1930, S. 31—35*

4900 Neue Orgel zu St. Pauli, Leipzig. *In: Zeitschrift für Instrumentenbau. Leipzig. 36. 1916, S. 224, 238*

4901 Geburt der Königin der Instrumente. Die Orgel. *In: Universum. Leipzig. 55. 1938, S. 1271*

4902 Musikgeschichte von Freiberg/Sachsen. *In: Mitteilungen des Freiberger Altertumsvereins. Freiberg 1939*

Müller, E. J.

4903 Schattenseiten der Orgel. *In: Kirchenmusik. 5. 1942, S. 165—167*

Müller, Fritz

4904 Kurioses einer alten Orgelschule. Zur 125. Wiederkehr von Daniel Gottl. Türks Todestag (26. 8. 1813). *In: Musik und Kirche. Kassel. 10. 1938, H. 3, S. 123*

4905 Die Besetzung des Pedals der Orgeln von Gottfried Silbermann. *In: Instrumentenbau-Zeitschrift. Konstanz. 11. 1956/1957, S. 7—8*

Müller, G.

4906 Kurze und faßliche Anweisung für Lehrer, Organisten und Musikfreunde, auf dem Lande, sich ihr Pianoforte, Pianino und Orgel selbst richtig zu stimmen. *Wittenberg 1866.*

Müller, Gottfr. Ephraim

4907 Historisch-philologisch Sendschreiben an einen hohen Gönner, von Orgeln, ihren Ursprung und Gebrauch in der alten und Neuen Kirche Gottes. *Dresden 1748*

Müller, H.

4908 Festschrift zur Einweihung der neuen Orgel in der Stadtkirche zu Friedberg. *O. O. 1908*

4909 Neue Orgel in der Petruskirche zu Darmstadt-Bessungen. *In: Monatsschrift für Gottesdienst und kirchliche Kunst. Göttingen 1909, S. 275*

4910 Orgelumbau in der Stadtkirche in Friedberg in Hessen. *In: Monatsschrift für Gottesdienst und kirchliche Kunst. Göttingen 1909*

4911 Die älteste Orgel im Großherzogtum Hessen. *In: Monatsschrift für Gottesdienst und kirchliche Kunst. Göttingen 1915, S. 13*

Müller, Heinrich

4912 Die alten Orgelwerke in der Stadtkirche zu Friedberg in Hessen. *In: Monatsschrift für Gottesdienst und kirchliche Kunst. Göttingen. 14. 1909, S. 133 bis 136*

Müller, Hermann

4913 Florenburgs Kirche. *Hilchenbach 1960*

Müller, J.

4914 Orgeln zu Wehnde und Rehmspringe. *In: Unser Eichsfeld. 18. 1924, S. 14*

Müller, Karl Ferdinand

4915 Freiberger Orgeltage vom 7. bis 10. Juli 1953. *In: Musik und Kirche, Kassel. 23. 1953, S. 207—209*

Müller, Selmar

4916 Geschichte der alten Orgel in der Hauptkirche Beatae Mariae Virginis in Wolfenbüttel. *Braunschweig 1877*

Müller, V.

4917 Der Orgelwettbewerb im Gau Oberdonau. *In: Zeitschrift für Musik. Regensburg. 108. 1941, S. 662*

Müller, W.

4918 Weil Frauenstein mein Vaterland... *In: Walcker-Hausmitteilungen 1965, Nr. 34, S. 20—21, 24—25, 28—29, 32—33*

Müller, W. s. Dänzer, H. 1514

Müller, Wilh. Adolf

4919 Die Orgel, ihre Einrichtung und Beschaffenheit sowohl als das zweckmäßige Spiel derselben. *Meissen 1822*

4920 Kurze Beschreibung der einzelnen Theile der Kirchenorgel. *Augsburg 1848*

4921 Orgel-Lexikon, oder die Orgel, ihre Einrichtung und Beschaffenheit sowie das zweckmäßige Spiel derselben in alphabetischer Ordnung. *Schneeberg 1860*

Müller-Blattau, Josef

4922 Die neue Orgel im Auditorium Maximum der Albertus-Universität zu Königsberg. *In: Musica sacra. 1928, S. 137*

4923 Orgel und Gegenwart. *In: Bericht über die Freiburger Tagung für deutsche Orgelkunst. Kassel 1939, 2. Tagung, S. 144—147*

4924 Albert Schweitzers Weg zur Bach-Orgel und zu einer neuen Bach-Auffassung. *In: Albert Schweitzer. Sein Denken und sein Weg. Tübingen 1962, S. 243—261*

Mueller von Asow, Erich H.

4925 Neue Orgeln in Berlin. *In: Instrumentenbau-Zeitschrift. Konstanz. 13. 1958, H. 3, S. 57*

4926 Bericht über die Orgeltagung 1958 in Berlin. *In: Instrumentenbau-Zeitschrift. Konstanz. 13. 1958/59, S. 82—86, 124—126*

Müller-Walt, Th.

4927 Die Toggenburger Bauernorgeln. *In: Bericht über die Freiburger Tagung für deutsche Orgelkunst. Kassel 1939, 2. Tagg., S. 132—135*

Müller / Rinck

4928 Breve Metodo per l'Organo, ove si trovano. I. Una breve Descrizione dell'Organo e dei suoi Registri, etc. *Mailand um 1880*

Münger, Fritz

4929 Schweizer Orgeln von der Gotik bis zur Gegenwart. *Bern 1961*

Mueren, Floris v. d.

4930 Het orgel in de Nederlanden. *Amsterdam und Brüssel 1931. Zugleich in: Université de Louvain. Recueil de travaux d'histoire et de philologie. 2. Bd. 21, S. 1—275*

Mulet, Henri

4931 Les tendances néfastes et antireligieuses de l'orgue moderne, suivi d'une étude sur les mutations et les mécanismes rationnels de cet instrument. *Paris 1922*

4932 Etude sur la disposition rationnelle des mécanismes de combinaison. *In: La Tribune de Saint-Gervais. 23. 1922, September/Oktober*

Mummenhoff, W.

4933 Der Orgelbaumeister Johannes von Recklinghausen. *In: Alt Recklinghausen. Zweimonatsschrift für Geschichte und Volkskunde der Stadt und des Vestes Recklinghausen. 6.*

Mund, Hermann

4934 Eine Dorfkirche mit 2 Orgeln. *In: Zeitschrift für Instrumentenbau. Leipzig. 28. 1907, S. 134*

4935 Historische Nachrichten über die Kirchenorgel in Halle a. S. *Leipzig. 1908. Zugleich in: Zeitschrift für Instrumentenbau. Leipzig. 28. 1908, S. 355 bis 359, 392, 423*

4936 Zum Umbau der Orgel in der Marienkirche zu Berlin. *In: Zeitschrift für Instrumentenbau. Leipzig. 28. 1908, S. 869*

4937 Orgel in der Nikolaikirche, Potsdam. *In: Zeitschrift für Instrumentenbau. 28. 1908, S. 940*

4938 Wertvolle Orgelprospekte in Ost- und Westpreußen. *In: Zeitschrift für Instrumentenkunde. Berlin. 35. 1914, S. 3, 19*

4939 Orgeln in der Garnisonkirche Allenstein. *In: Zeitschrift für Instrumentenbau. Leipzig. 37. 1917, S. 97*

4940 Orgel in der Ulrichskirche Magdeburg. *In: Magdeburger Zeitung. 1925, 21. Dezember. Zugleich in: Zeitschrift für Instrumentenbau. Leipzig. 47. 1926, S. 233*

4941 Urkundliche Nachrichten über die Schloßorgel zu Weißenfels (Saale). *In: Zeitschrift für Instrumentenbau. Leipzig. 47. 1927, S. 322, 361*

4942 Joachim Wagner. Ein altberliner Orgelbauer. *In: Bericht über die 3. Tagung für deutsche Orgelkunst. Kassel 1928, S. 139—148*

4943 Neue Orgel von A. Schuke, Potsdam. *In: Zeitschrift für Instrumentenbau. Leipzig. 50. 1929, S. 176*

4944 Musikgeschichte der Stadt Halle. *O. O. 1935*

4945 Geschichte und Bedeutung des Orgelgehäuses. *In: Bericht über die Freiburger Tagg. für deutsche Orgelkunst. Kassel 1939, 1. Tagg., S. 114—121*

Munzert, Wilhelm

4946 Über alte Orgeln in der Synode Moers. *In: 400 Jahre Reformation in der Grafschaft Moers. Kreissynode Moers. 1960, S. 63—72*

4947 Geschichte einer alten Orgel (Neukirchen). *In: Heimatkalender für den Kreis Moers. Rheinberg/ Rhld. 19. 1962, S. 120—124*

Muoni, Domiano

4948 Gli Antegnati organari insigni e scrie dei maestri di cappella del Duomo di Milano. *O. O. u. J.*

Mure, Conrad de

4949 Novus graecismus. *O. O. u. J.*

Musella, Salvatore

4950 L'arciorgano del Duomo de Milano. *In: La lettura. Mailand, 1938, Nr. 11*

4951 Opuscolo in occasione dell'inaugurazione del nuovo organo del Duomo di Milano. *Mailand 1938*

Mustel, Alphonse

4952 L'Orgue expressif ou harmonium. *Paris 1903*

4953 L'Orgue-harmonium. *In: Encyclopédie de la musique et Dictionnaire du Conservatoire. Paris. 2. 1926, S. 1375 ff.*

Mutin, Charles

4954 Manufacture de grandes orgues pour églises, chapelles et salons. A. Cavaillé-Coll. Charles Mutin, élève et successeur, 13 et 15, avenue du Maine. Liste des orgues construites par la maison. *O. O. 1923*

4955 L'orgue. *In: Encyclopédie de la musique et dictionnaire du conservatoire technique, esthétique et pédagogique. Paris. 2. 1926, S. 1050 ff.*

4956 Catalogue des orgues de salon fournies par la maison Cavaillé-Coll, Mutin, successeur. *O. O. u. J.*

4957 Les origines de l'orgue. *In: Lux. O. O. u. J.*

Mutin, Charles s. Coyecque, E. 1471

Mutschlechner, J.

4958 Von alten Brixener Domorgeln. *O. O. 1931*

4959 Die Brixener Domorgel. *Brixen 1932*

Myers, Charles

4960 Organs of St. Mary Magdalene, Worchester. *In: The Organ. 22. 1942/43, S. 132*

4961 The Organs of St. John-the-Baptist, Claines, Worchester. *In: The Organ. 23. 1943/44, S. 136*

4962 The Organs of Clitheroe Parish Church. *In: The Organ. 46. 1966/67, S. 72*

Nachersberg, J. H. Ernst

4963 Stimmbuch, oder Anweisung s. Klavierinstrument, sey so Saiten oder Pfeifenwerk, zu reparieren und zu stimmen. *Breslau 1804*

Nachersberg, Ernst s. Büttner, Joseph 1010

Nagel

4964 Nagel's tabellarische Übersicht der vorzüglichsten Künste. *O. O. 1792*

Nagel, Konrad

4965 Wie ich mir eine Hausorgel baute. *In: Zeitschrift für Hausmusik. 12. 1943, S. 19*

4966 Meine neue Hausorgel. *In: Ars organi. 8. 1960, H. 15, S. 280—282*

Nagy, Lajos

4967 Az aquincumi organo. *Budapest 1934*

Nardin, P.

4968 Parlons „Plein Vent". *In: L'Orgue. 1962, S. 79—82*

4969 Autour du grand orgue de la cathédrale Saint-Bénigne de Dijon. *In: L'Orgue. 77. 1955, S. 115 bis 118; 78. 1956, S. 10—13*

Nasarre, Fr. Pablo

4970 Escuela musica. *Zaragoza 1723/24. Teil 1—2*

Nasoni, Angelo

4971 Musica ed organaria nel duomo di Milano. *In: Musica sacra. Mailand 1909/11*

Neal-Smith, D. J.

4972 Current Trends in American Organ Building. *In: The Organ. 37. 1957/58, S. 47*

Nef, K.

4973 Entwicklung der Orgel. *In: Monatshefte für kath. Kirchenmusik. 8. 1926, S. 68*

Nefflen, J.

4974 Der Orgelmacher aus Freudenthal in seiner guten Kameradschaft mit dem Vetter aus Schwaben. *Nördlingen. O. J.*

Nelsbach, H.

4975 Geschichte des Orgelbaues in Köln. *In: Zeitschrift für Instrumentenbau. Leipzig. 50. 1930, S. 615, 637, 674—677*

Nemec, Vladimir

4976 Prazské varhany. (Prager Orgelbau). *Prag 1944*

Neter, K.

4977 Ein Gebot, gegen das oft gesündigt wird. *In: Musica sacra. 53. 1922, S. 10*

Netzhammer, P. Raimund

4978 Die neue Orgel in der Stiftskirche Einsiedeln. *Einsiedeln 1898*

Neu, M.

4979 Orgel und Orgelspiel im kath. Gotteshause. *In: Pastor bonus. 50. 1939, S. 117*

Neubauer, P. Franz S. J.

4980 Meister Arnold Rucker. *In: Seligenstädter Heimatblatt. 1960, Nr. 43, 28. Oktober*

Neuberger, C.

4981 Erfahrungen m. d. neuen radioelektr. Orgel in Lausanne. *In: Zeitschrift für Instrumentenbau. Leipzig. 55. 1935, S. 126*

Neuhauser, K.

4982 Die historische Orgel der Basilika Sonntagsberg. *In: Singende Kirche. Wien. 12. 1964/65, H. 4, S. 182*

Neuhofer, A.

4983 Die Orgel in der Zisterzienserstiftskirche zu Schlierbach. *In: Zeitschrift für Instrumentenbau. 25. 1905, Nr. 36*

Neumann, H.

4984 Die altitalienische Orgel in der Silbernen Kapelle zu Innsbruck. *In: Der Alpenländische Kirchenchor. 7. 1952/53 Innsbruck, S. 12—14*

Neumann, H. s. Krauss, E. 3933

Neumann, Hans-Joachim

4985 Die Orgel in der katholischen Kirche. *In: Musica orans. 3. 1950, H. 2, S. 8—9*

4986 Weihe der Bruckner-Orgel in St. Florian. *In: Instrumentenbau-Zeitschrift. Konstanz. 5. 1951, S. 157*

4987 Der Weg zur zeitgenössischen Orgel-Satzweise und zum Orgelbau. *In: Singende Kirche. Wien. 1. 1953, H. 1, S. 18—20*

4988 Orgel und Orgelspiel seit der Jahrhundertwende in Österreich. *In: Singende Kirche. Wien. 2. 1954/55, H. 1, S. 66—72*

4989 Die älteste Orgel der Welt. Zur Restaurierung der alten Orgel von St. Valerie in Sion (Sitten), Schweiz. *In: Singende Kirche. Wien. 2. 1954/55, H. 3, S. 11*

4990 Die Lebendigkeit des „starren" Orgelklanges. *In: Zeitschrift für Kirchenmusik. Köln. 75. 1955, S. 114—118*

Neumann, Otto

4991 Eine Organistenprüfung (1739) in Glückstadt. *In: Die Musikforschung. 7. 1954, S. 70—71*

Neupert, Hanns

4992 Ibach. *In: Musik in Geschichte und Gegenwart. Bd. VI. Kassel 1957, Sp. 1033—1035*

Neusinger, F.

4993 Orgel und gottesdienstl. Bedeutung: *In: Siona. 20., S. 21—26*

Nevin, G. B.

4994 Primer of organ registration. *Boston 1920*

4995 Swell Pedal Technic. *Boston (U. S. A.) 1921*

Newman, A. M.

4996 The Organ of St. Michael's Church, Oxford. *In: The Organ. 35. 1955/56, S. 109*

4997 Modern Mixture Design. *In: The Organ. 36. 1956/57, S. 52*

4998 Organ Articles. *In: The Organ. 38. 1958/59, S. 108*

Newman, J. M.

4999 Organs in America. *In: The Organ. 37. 1957/58, S. 213*

Newte

5000 The Lawfulness and Use of Organs in the Christian Church. *O. O. 1696*

Newton, Dudley

5001 Cinema Organs, Extension etc. *In: The Organ. 18. 1938/39, S. 64*

Nicholls, Peter

5002 A Reader's Opinion. *In: The Organ. 40. 1960/61, S. 106*

5003 Antipodean Adventure. *In: The Organ. 42. 1962/63, S. 165*

Nichols, George W.

5004 The Cincinnati Organ. *O. O. 1878*

Nicholson, Henry D.

5005 The Organ. *London 1875*

5006 The Organ Manual. *Boston 1866*

Nicholson, Sidney H.

5007 Carlisle Cathedral: its organs and organists. *O. O. 1907*

5008 Manchester Cathedral: an account of the organs and organists. *In: Organist and Choirmaster. 1910*

Nichterlein, Wilhelm

5009 Die Hildebrandorgel in der St. Wenzelskirche zu Naumburg a. S. und ihr Erbauer. *Naumburg 1933*

Nicolai, D. F.

5010 Kurze doch zuverlässige Beschreibung der großen Orgel in der Hauptkirche zu Görlitz. *Görlitz 1797*

Nieblich, Werner

5011 Die Orgel. *In: Der Chor. 4. 1952, S. 167—168*

Nielsen, Hans Carl

5012 Ein Orgelkleinod. Die 350jährige Compenius-Orgel in der Schloßkirche auf Frederiksborg. *In: Dänische Rundschau. Bonn. 1957, H. 11, S. 13*

5013 A jewel among organs. *In: Danish Foreign Office Journal. Kopenhagen. 1958, Nr. 26, S. 28—30*

5014 Ein Orgelkleinod. *In: Der Kirchenmusiker. Darmstadt.* 10. 1959, S. 75—76

Niemöller, Klaus Wolfgang

5015 Kirchenmusik und reichsstädtische Musikpflege im Köln des 18. Jahrhunderts. *Beiträge zur rheinischen Musikgeschichte. Bd. 39. Köln 1960*

Niland, Austin

5016 The Schulze Organ at St. Peter's, Hindley. *In: The Organ.* 26. 1946/47, S. 165. Zugleich in: 27. 1947/48, S. 143

5017 The Organ at St. Peter's Church, Eaton Square, Revisited. *In: The Organ.* 27. 1947/48, S. 155

5018 The Schulze Chorus. *In: The Organ.* 28. 1948/49, S. 144

5019 Contrasted Schools of Organ Tone. *In: The Organ.* 28. 1948/49, S. 157

5020 The Baroque Organ. *In: Musical Opinion.* 73. 1950, S. 611—613

5021 The Organ in the Church of St. Michael Archangel, Cricklewood. *In: The Organ.* 30. 1950/51, S. 71

5022 Notes on a Country Church Organ: St. Margaret's, Ockley, Surrey. *In: The Organ.* 30. 1950/51, S. 150

5023 St. Luke's Church, Old Street, London. *In: The Organ.* 31. 1951/52, S. 180

5024 The Organ in the Second Church of Christ Scientist, London W. 8. *In: The Organ.* 33. 1953/54, S. 28

5025 A John Snetzler Chamber Organ. *In: Musical Opinion.* 78. 1955, S. 239

5026 The Organ at Christ Church, Crouch End, London, N. 8. *In: The Organ.* 36. 1956/57, S. 172

5027 The Organ in Hervormde Kerk, Groenlo, Holland. *In: The Organ.* 38. 1958/59, S. 72

5028 The Organ at Adlington Hall, Nr. Macclesfield, Cheshire. *In: The Organ.* 40. 1960/61, S. 38

5029 The Organ at St. Joan of Arc, Highbury Park, London, N. 5. *In: The Organ.* 44. 1964/65, S. 57

Niland s. Clutton 1333

Nilsson, Torsten

5030 Svenskt orgelbyggeri II: 2. *In: Kyrkomusikernas Tidning.* 17. 1951, S. 4

Niño Azcona, Lorenzo

5031 Cervantes, el Quijote y el Escorial. *El Escorial 1952*

Nisbeth, Åke

5032 PM angående behandling av äldre orglar av historiskt värde. *In: Fornvännen.* 58. 1963, S. 60—62

Nitsche, Herbert

5033 Die Orgel in der Peterskirche zu Weilheim. *In: Württ. Blätter für Kirchenmusik. Stuttgart.* 21. 1954, S. 30—34

Noake, K. A.

5034 Arranging Stop Controls on Consoles. *In: The Organ.* 35. 1955/56, S. 56

5035 The Organ in Newcastle Cathedral, New South Wales. *In: The Organ.* 43. 1963/64, S. 141

Noehren, R.

5036 The Relation of Organ Design to Organ Playing. *In: The Diapason.* 53. Nr. 637. S. 8, 42—43

Noël, L. / Roussel,

5037 M. l'abbé Nicolas Couturier, organiste de la cathédrale de Langres. Notes et souvenirs. *Langres 1911*

Nolibus s. Bordes 0836

Nolte, Johann Friedrich

5038 Orgelchronik 1849—1873. *Ms. im Besitz Friedhelm Nolte. Reiste, Kreis Meschede*

Norbury, John

5039 The box of whistles: a book on organ-cases, with notes on organs at home and abroad. *London 1877*

Nordhoff, J. B.

5040 Die Kunst- und Geschichtsdenkmäler des Kreises Warendorf. *Münster 1886*

Norén, Lennart

5041 Kråksmåla kyrkorgel-kvartett. *In: Kyrkomusikernas Tidning.* 21. 1955, S. 78—79

Norlind, N. P.

5042 Orgeln allmänna historia. *In: Hennerberg, C. F. und Norlind, N. P.: Handbok om orgeln. I. Stockholm 1912*

5043 Om gamla orglar i Lunds domkyrka. *In: Lunds Dagblad 22. 6. 1926*

Norlind, N. P. s. Hennerberg, C. F. 3237

Norlind, Tobias

5044 Abraham Abrahamsson Hülphers och frihetstidens musikliv. *In: Svenskt tidskrift för musikforskning.* 19. 1937, S. 16—64

5045 Från Tyska kyrkans glansdagar. — Bilder ur svenska musikens historia från Vasaregenterna till Karolinska tidens slut. *Stockholm 1945. Kap. VIII: Orgeln S. 181—222*

5046 Flerstämmig musik och orgel. *In: Förf:s Bilder ur Svenska musikens historia från äldsta tid till medeltidens slut. Stockholm 1947. Kap. IV: 6, S. 243—252*

Norman

5047 The Organ today. *O. O. 1967*

Norman, Herbert

5048 St. Mark's Church, Milverton, Leamington. *In: The Organ.* 34. 1954/55, S. 53

Norman, H. John

5049 Trends in Modern Key Action Design. *In: The Organ. 46. 1966/67, S. 62*

5050 The Swell Reed Chorus. *In: The Organ. 46.1966/67, S. 95*

5051 The Rebuilding of Organs. *In: The Organ. 46. 1966/67, S. 183*

Normand, Théodule

5052 Manuel des organistes de la Campagne. *Brüssel. 1839*

North, T. W.

5053 Walsall Town Hall Organ. *In: The Organ. 21. 1941/42, S. 48*

Northrup, Edwin D.

5054 The Wicks Organ Co. *In: The Organ. 39. 1959/60, S. 208*

Noske, F. R.

5055 Rondom het orgeltractaat von Constantin Huygens. *In: Tijdschrift der Vereeniging voor nederlandse Muziekgeschiedenis. 17. 1955*

Notker (Balbulus) von St. Gallen

5056 De mensura fistularum organicarum. *In: Opusculum theoricum de Musica*

Novak, G.

5057 Orgulje i orguljasi u Katedrali Hvarn. *In: Sveta Cecilja. Zagreb 1924*

Nowak, Leopold

5058 Festrede zur Weihe der Bruckner-Orgel in St. Florian. *In: Zeitschrift für Kirchenmusik. Köln. 72. 1952, S. 109—110*

Nützel, W.

5059 Kleiner Reisebericht — eine Orgelfahrt durch Franken. *In: Ars Organi. 10. 1962, H. 21, S. 533 bis 535*

5060 Von den Orgeln der Stiftskirche Herrieden und ihren Meistern. *In: Ars Organi. 12. 1964, H. 24, S. 733—738*

Nützlader, R.

5061 Kinoorgel. *In: Der Führer. 3. 1930, Nr. 2, S. 4*

Nye, Eugene M.

5062 The Re-built Organ in the First Church of Christ Scientist, Seattle Washington, U.S.A. *In: The Organ. 39. 1959/60, S. 119*

Oberborbeck, F.

5063 Orgel und Liturgie. In: *Gregoriusblatt. 53. 1929, S. 161—167, 182—186*

O'Connell, N.

5064 Tonal Impressions of German Organ Building. *In: The Organ. 44. 1964/65, S. 121*

Odyniec, Maria

5065 Organy oliwskie. *Gdánsk 1958*

Öberg, Folke

5066 Orgelbygge, kyrkosångare och kyrkomusiker i Östra Torsås under ett århundrade. *In: Östra Torsås. Hembygdsföreningens årsbok 1949. I. S. 109—122*

Oehme, Fritz

5067 Handbuch über ältere und neuere berühmte Orgelwerke im Königreich Sachsen von 1710 an bis zur Gegenwart. *Dresden 1889/97*

Oelschlegel, Joh. Lohelius (Oelschlägel)

5068 Ausführliche Beschreibung der in der Pfarrkirche des K. Prämonstratenserstiftes Strahow in Prag befindlichen großen Orgel, samt vorausgeschickter kurzgefaßter Geschichte der pneumatischen Kirchenorgeln. *Prag 1786*

5069 Beschreibung des in der königlichen Strahöfer Stifts-Kirche zu Prag neueingerichteten und im Jahre 1774 zu Standt gesetzten Orgelwerkes neben beigefügtem Unterricht an den Orgelmacher etc. *Prag-Strahow 1774 (Hs. Stiftsarchiv)*

5070 Die große Orgel am Strahow zu Prag. *Prag 1788*

Oettingen, Marianne v.

5071 Lemgoer Orgeltage. 1950. *In: Musik und Kirche. Kassel. 21. 1951, S. 196*

Olausson, Bertil

5072 Orglarna i Bosarps nya kyrka. *In: Vid invigningen av den nya orgeln i Bosarps kyrka ... Lund 1953, S. 11—20*

Oldham, Guy

5073 Dutch Organs. *In: The Organ. 38. 1958/59, S. 162*

Oldham, Guy s. Jeans, Susi 3579

Oliver, D. J.

5074 A Unique Stop. *In: The Organ. 37. 1957/58, S. 102*

5075 The Organ of St. George's, Dunster. *In: The Organ. 42. 1962/63, S. 167*

5076 The Organ in the Church of St. John the Evangelist, Taunton. *In: The Organ. 45. 1965/66, S. 163*

Omega

5077 Some thoughts and queries by a travelling organist. *In: Musical opinion. 79. 1956, S. 733—735*

Ommer, Gustav Kornelius

5078 Alte und neue Mühlheimer Orgeln. *In: Mühlheimer Jahrbuch. Mühlheim a. d. Ruhr 1951, S. 50 bis 53*

Onslow, E. M.

5079 The Organist's Opportunity. *In: The Organ. 4. 1924/25, S. 64*

Oosterhof, A. P.

5080 Orgelbouwkunde. *Amsterdam 1934*

Oosterhof, A. P. / Bouman, A.

5081 Orgelbouwkunde. *Leiden 1956*

Oosterhof, A. P. / Penning

5082 Orgelbouwkundige bijdragen. *O. O. u. J.*

Oosterzee, H. M. C. van

5083 Orgelstatistiek der Nederlandse Hervormde Kerk. *In: Stemmen voor Waarheid en Vrede. O. O. 1869. Juli.*

Oppenheim, David

5084 Die Synagoge und die Musik. *In: A. Berliner: Zur Lehr und Wehr . . . Berlin 1904*

Orban, I. A. F.

5085 Documenti sul barocco a Roma. *Rom 1920*

Orden, Julian de la

5086 Relación de lo que contienen los organos de la Sta. Iglesia Catedral de Malaga. *Malaga 1783*

Orsini, L. s. Paribeni, G. C. 5170

Orth, Siegfried

5087 Der Erfurter Orgelbauer Johann Georg Schröter. *In: Beiträge zur Musikwissenschaft. 1. 1965*

Ortigue, J. d'

5088 Séance d'inauguration du grand orgue de la cathédrale de Rouen. *In: La Maîtrise. Paris. 3. 1859/60, Nr. 11*

5089 Orgue de chœur de Notre-Dame de Paris: *In: Le Ménestrel. 1863, 12. Juli*

Osborn, E. G.

5090 Immanuel Church, Streatham. *In: The Organ. 27. 1947/48, S. 141*

Osborne, W. Hardin

5091 Some Organs Visited in 1943. *In: The Organ. 24. 1944/45, S. 94*

5092 Village Church Design. *In: The Organ. 37. 1957/58, S. 208*

Osborne, W. Martin

5093 The Pipe organ. *O. O. u. J.*

Osiander, Lucas

5094 Zwei Orgelbaugutachten 1573 und 1576. *Ms. Stadtarchiv Ulm. NA in Musik und Kirche. 3. 1931, S. 182—187, 240—242*

Osmond, Harold B.

5095 The Organ in Holy Trinity Church, Coventry. *In: The Organ. 21. 1941/42, S. 95*

Ostertag, M.

5096 Um die Orgel der Gegenwart. *In: Allgem. Musikzeitung. 65. 1938, S. 487*

Ostrowski, Józefat

5097 Umowa o przebudowę organów w Lubiniu. *O. O. 1870*

Oswald, E.

5098 Drei Orgeln im Freiberger Dom. Eine wertvolle Silbermann-Orgel gerettet. *In: Zeitschrift für Kirchenmusiker. Dresden. 21. 1939, S. 33—35*

Ott, Paul

5099 Sammlung von Orgelbildern. *Göttingen 1967*

Ott, Paul s. Döhler, G. 1723

Otte, W.

5100 Gedanken zur Kleinorgelfrage. *In: Zeitschrift für Kirchenmusiker. Dresden. 22. 1940, S. 46*

Otto, F.

5101 Frankreichs Orgelbau heute. *In: Das Musikinstrument und Phono. Frankfurt/M. 8. 1959, S. 284 bis 285*

5102 Das totgeschwiegene Problem des Orgelbaues. *In: Das Musikinstrument und Phono. Frankfurt/M. 10. 1961, S. 751—752*

5103 Johann Sebastian Bachs Orgel. *In: Das Musikinstrument und Phono. Frankfurt. 11. 1962, S. 793—795*

5104 Wanderer kommst du nach Sparta . . . Eine Betrachtung zum Orgelbau unserer Zeit. *In: Das Musikinstrument und Phono. Frankfurt/M. 11. 1962, S. 387—388*

5105 Hamburgs Orgeln — ein aktueller Bericht zu den kommenden Tagungen. *In: Das Musikinstrument und Phono. Frankfurt/M. 14. 1965, H. 5, S. 535 bis 536*

Oussoren, H. L.

5106 Het Christian Müller-Orgel in de Grote of St. Bavokerk te Haarlem. *In: Nederlandse Orgelpracht. Haarlem 1961, S. 35—85*

Ouin-Lacroix, Ch.

5107 Histoire de l'église et de la paroisse de *Saint-Maclou de Rouen. Rouen 1846*

Ouzeley, F. A. G.

5108 Crystal Palace Company Grand Organ. *London 1853*

5109 Position of organs in churches. *O. O. 1886*

Overath, Johannes

5110 Das Orgelwerk im Münster Unserer Lieben Frau Freiburg im Breisgau. *In: Musica sacra. Köln. 86. 1966, H. 2, S. 40—48*

Overmeer, W. J. P.

5111 De orgels in de Grote, Nieuwe, Jans en Bakenesserkerk te Haarlem. *Haarlem 1904*

Owart, W.

5112 Die Orgel der ehemaligen Benediktiner-Abteikirche zu Ossiach in Kärnten. *In: Carinthia. I. Klagenfurt. 153. 1963, H. 3/4, S. 519—534*

Packheiser, F.

5113 Neubau der großen Orgel zu Oliva. *In: Musica sacra. 67. 1936, S. 13—16*

Padgham, C. A.

5114 A very Small House Organ. *In: The Organ. 41. 1961/62, S. 31*

Paffrath, Herbert

5115 Alte Orgel von St. Remigius Opladen, wiederentdeckt. *In: Die Orgel. Januar 1961, S. 6—8*

Paganini, P.

5116 Al P. Everardo Micheli (appendice alle notizie del Micheli sull'organo de Cavalieri). *In: La Provincia di Pisa. 8. 1872, Nr. 5. 18. Januar*

Page, Bettesworth

5117 The South Transept Organ in the Catholic Apostolic Church, Gordon Square. *In: The Organ. 23. 1943/44, S. 77*

Pagenkopf, W.

5118 Panflöte mit Blasebalg und Sackpfeife. Ein merkwürdiger Vorläufer der Orgel. *In: Deutsche Militär-Musiker-Zeitung. 62. 1940, S. 425*

Paget, Gordon

5119 Some Organs in Norwich. *In: The Organ. 9. 1929/30, S. 172*

5120 Some Norfolk Village Church Organs. *In: The Organ. 11. 1931/32, S. 245*

5121 Some more Organs in Somerset. *In: The Organ. 13. 1933/34, S. 161*

5122 The Organs of Norwich Cathedral. *In: The Organ. 14. 1934/35, S. 65*

5123 The Organ in Sherborne Abbey. *In: The Organ. 15. 1935/36, S. 118, 243*

5124 The History of a Much Travelled Organ. *In: The Organ. 18. 1938/39, S. 118*

5125 The Rebuilt Organ in Marlborough House Chapel. *In: The Organ. 18. 1938/39, S. 170*

5126 The Organ in Norwich Cathedral. *In The Organ. 21. 1941/42, S. 137*

5127 The Organ in the Cathedral Church of St. James, Bury St. Edmunds. *In: The Organ. 22. 1942/43, S. 145*

5128 Some Organs visited in 1943. *In: The Organ. 24. 1944/45, S. 26*

5129 Organ in the Parish Church, Bridgwater. *In: The Organ. 25. 1945/46, S. 170. Zugleich in: 26. 1946/47, S. 47*

5130 The Organ in Sandringham Church. *In: The Organ. 26. 1946/47, S. 62*

5131 The Organs of Cromer Parish Church. *In: The Organ. 29. 1949/50, S. 67*

5132 The Organ in St. Peter's Church, Nottingham. *In: Organ. 33. 1953/54, S. 80*

5133 The Organ in Wymondham Abbey Church, Norfolk. *In: The Organ. 35. 1955/56, S. 66*

5134 The Snetzler Organ at Norwich Cathedral. *In: The Organ. 37. 1957/58, S. 133, 209*

5135 The Organ in the Convent Chapel of All Hallows, Ditchingham, Norfolk. *In: The Organ. 38. 1958/59, S. 92, 161*

5136 A Mid-Victorian Organ Rejuvenated. *In: The Organ. 43. 1963/64, S. 158*

Pagno, T.

5137 Gli organi di Azzolino della Ciaja e Onofrio riuniti ed ampliati chiesa nazionale dei Cavalieri di S. Stefano. *Pisa 1931*

Paladini, Clemente Micara A.

5138 Communicatio circa usum organi electrophonici. *In: Ephemerides liturgicae. Rom. 64. 1950, S. 105 bis 107*

Palandt, Ernst

5139 Nachwort zur Organographia Hildesiensis Specialis des J. H. Biermann. *Kassel 1930*

5140 Alte Kirchenorgeln in der Stadt Hildesheim. *In: Alt-Hildesheim. 11. 1931, S. 28 ff., 24. 1953, S. 32 bis 40*

5141 Organografia historica Cellensis. *Hildesheim 1932*

5142 Kleine Wanderung durch die Hildesheimer Orgellandschaft. *In: Alt-Hildesheim. Hildesheim. 26. 1955, S. 26—32*

5143 Von Hildesheims Orgelbauern. *In: Heimatland. Hannover 1957, H. 3/4, S. 45—47*

5144 Das königliche Geschenk des Bürgermeisters Mellinger an die Haupt- und Stadtkirche St. Andreas. Ein Beitrag zur Tätigkeit der westfälischen Orgelbauerfamilie Bader in Hildesheim. *In: Alt-Hildesheim. 32. 1961, November, S. 53 ff.*

5145 Hildesheimer Orgelchronik. *O. O. 1962*

5146 Der Hildesheimer-Burgdorfer Orgelkauf aus Hildesheimer Sicht. *In: Heimatland. Hannover 1966, H. 1, S. 35—37*

Palme, Rudolph

5147 Die neue Orgel im Dom zu Magdeburg. *In: Zeitschrift für Instrumentenbau. Leipzig. 26. 1906, Nr. 35*

5148 Das Orgelregistrieren im gottesdienstlichen Gebrauch. *Leipzig 1908*

Paludan, Jens

5149 De templo St. Lucii Roskildensis. *Hafnia 1720 bis 1722*

Pamler, D.

5150 Neue Orgel im Dom zu Paderborn. *In: Monatshefte für kath. Kirchenmusik. 9. 1930, S. 124—126*

5151 Multiplexorgel oder Normalorgel. *In: Gregoriusblatt. 55. 1931, S. 44*

Pancirollus, Guido

5152 Rerum memorabilium Libri duo. *Amberg 1599*

Panel, M. L.

5153 Les orgues et les organistes de St. Jacques de Dieppe. *1520 à nos jours. Dieppe 1936*

Pannain, G.

5154 Marco Antonio Ingegneri — L'Organo di Cremona. *Mailand 1939*

Panofsky, Walter

5155 Die Marienorgel zu Ottobeuren. *In: Jahresring. Stuttgart. 4. 1957/58, S. 391—393*

Pape, Uwe

5156 Der Einsatz von elektronischen Rechenmaschinen bei der Mensurberechnung. *In: Ars organi. 21. 1962. S. 517—523*

5157 Die Orgeln der Klosterkirche in Riddagshausen. *Braunschweig 1962*

5158 Die Orgeln der St.-Ansgarii-Kirche in Bremen. *Braunschweig 1964*

5159 Die Silbermann-Orgel im Bremer Dom. *In: Ars Organi. H. 24, 1964, S. 739—741*

5160 Die Gestaltung des neuzeitlichen Orgelprospektes. *In: Musik und Kirche. 34. 1964, H. 5, S. 222*

5161 Die Orgel der St.-Jakobi-Kirche in Peine. *In: Instrumentenbau-Zeitschrift. Konstanz. 19. 1965, Nr. 2, S. 74—79*

5162 Grundsätze der Dispositionsgestaltung des Orgelbauers Christian Vater. *In: Archiv für Musikwissenschaft. 22. 1965, S. 294—301*

5163 Die Orgel der Versöhnungskirche Wolfenbüttel. *In: FS zur Einweihung der Versöhnungskirche. Wolfenbüttel 1965*

5164 Die Orgeln der Stadt Braunschweig. *Wolfenbüttel 1966*

5165 Die Orgel der St.-Andreaskirche zu Braunschweig. *In: Braunschweigische Heimat. Braunschweig. 52. 1966, Nr. 2. S. 55*

5166 Die Orgel der Brüderkirche St. Ulrici in Braunschweig. *In: Braunschweigische Heimat. Braunschweig. 52. 1966, N. 1, S. 21—23*

5167 Die Orgeln des Kreises Peine. *Orgelatlas. H. 1*

Paquai, Jan

5168 Toren, klokken, beiaard en orgel der hoofkerk. *Tongeren o. J.*

Parceval, Julio

5169 Proyecto para la construcción del organo de la Catedral de La Plata. *In: Revista de Estudios musicales. Mendoza (Argentinien). 2. 1949, S. 229 bis 239*

Paribeni, G. C. / Orsini, L. / Bontempelli. E.

5170 M. E. Bossi: Il Compositore — L'Organista — L'Uomo — L'Organo in Italia. *Mailand 1934*

Parigi, L.

5171 L'Organo portativo. *In: La Rassegna musicale. Gennaio 1949, S. 40—44*

5172 Rettifiche alle cantoria di Luca della Robbia. *In: La Nazione Italiana. Florenz N. 250. 1949. 28. Oktober*

Parkes, A. D.

5173 Lindsay Garrard. *In: The Organ. 34. 1954/55, S. 222*

5174 The New Organ of St. Michael's Church, Oxford. *In: The Organ. 35. 1955/56, S. 41*

5175 St. Andrew's Church, Oxford. *In: The Organ. 35. 1955/56, S. 155*

5176 Keble College, Oxford: Its Organs and Organ Scholars 1876—1964. *In: The Organ. 44. 1964/65, S. 75*

Parnell, Claude W.

5177 Style in Organ Playing. *In: The Organ. 3. 1923/24, S. 211*

Parroisse-Pougin, Francois Auguste Arthur

5178 Biographie Universelle des Musiciens, et Bibliographie Générale de la Musique, Supplément et Complément. *Paris 1878—1881*

Parsons, J.

5179 Church Organ Replacement: a Suggestion. *In: The Organ. 24. 1944/45, S. 141*

Pascal

5180 Notice sur la paroisse Saint-Nicolas-des-Champs. Origine historique et description de son église. *Paris 1841*

Pask, E. H.

5181 The Organ at St. Peter's Cranley Gardens, London, Restored. *In: The Organ. 39. 1959/60, S. 1, 108*

Pasquale, D. di

5182 Storia dell'Arte Organaria in Sicilia dal secolo XV al secolo XX. *Palermo 1928*

5183 L'organo in Sicilia dal sec. XIII al sec. XX. Sunto storico sulla musica e gli organi e la susseguente riforma. *Palermo 1930*

5184 Le vicende degli organi di Monreale dal sec. XIII al sec. XX. *In: La Siciliana. Syracus 1931*

5185 Cenni storici su gli organi della Cattedrale di Palermo. *In: Il corriere musicale dei piccolo. Florenz 15. 1934, S. 2—3*

Passavini, Filippo

5186 Nuove invenzioni d'ornamenti etc. *Rom 1698*

Paul, Oscar

5187 Auszug aus dem amtlichen Bericht über die Wiener Weltausstellung im Jahre 1873. *o. O. o. J.*

Pauli, H.

5188 Das praktische Orgelspiel und die Behandlung der Orgel. *Trier 1893*

Paulik, G.

5189 Registrierung auf Silbermann Orgeln. *In: Zeitschrift für Kirchenmusiker. 10. 1928, S. 93, 101*

5190 Neue Orgel in der Trinitatiskirche zu Meißen-Zscheila. *In: Kirchenchor. 1929, S. 106*

5191 Orgel in der Johanniskirche zu Dresden. *In: Zeitschrift für Instrumentenbau. 54. 1934, S. 171*

5192 Winke für Umweltgestaltung romant. Orgeln im Sinne der Orgelreform. *In: Zeitschrift für Kirchenmusiker. Dresden. 16. 1934, S. 70—72, 77—79*

5193 Zur 200-Jahrfeier der Einweihung der Silbermannorgel in der Frauenkirche zu Dresden, Nov. 1936. *In: Zeitschrift für Kirchenmusiker. 18. 1936, S. 87*

5194 Dispositionsumgestaltung der Orgel in der St. Annenkirche Dresden. *In: Zeitschrift für Kirchenmusiker. Dresden. 19. 1937, S. 3*

5195 Die erneuerte Orgel in Großröhrsdorf. *In: Zeitschrift für Kirchenmusiker. Dresden. 19. 1937, S. 10*

5196 Orgelregister und Orgeldispositionen im Lichte der Orgelbewegung. *In: Zeitschrift für Kirchenmusiker. 20. 1938, S. 82, 89—98*

5197 Dispositionen der Orgeln von Heilig-Drei-Königen in Elbing. *In: Zeitschrift für Kirchenmusiker. Dresden. 21. 1939, S. 69*

5198 Schlußbetrachtung. *In: Zeitschrift für Kirchenmusiker. Dresden. 21. 1939, S. 51*

Paulke, K.

5199 Johann Theoderich Roemhildt (1684—1756). *In: Archiv für Musikwissenschaft. Bd. I. 1918/19. S. 372—401*

Paz, Manuel de

5200 Medula del canto llano y organo. *Madrid 1767*

P. B. C.

5201 Manière très facile pour apprendre la facture d'orgues, par P. B. C., en l'abbey de Saint-Etienne de Caën. *Ce premier de juin en 1746 Manuscrit. I. volume in — 12 relié veau. Bibliothèque R. Fallou*

Pearce, Charles W.

5202 Notes on old London city churches, their organs, organistes and musical associations. *London 1909*

5203 Notes on English organs of the period 1800—1810. *London 1911*

5204 The evolution of the pedal-organ. *London 1927*

5205 The Life and Works of Edward John Hopkins, Mus. D. *London o. J.*

5206 A Modern George Herbert. *In: The Organ. 3. 1923/24, S. 201*

5207 A Glimpse at the Times of Dr. Dupuis. *In: The Organ. 4. 1924/25, S. 242*

5208 Competitions for Organ Appointments. *In: The Organ. 5. 1925/26, S. 96*

5209 Reminiscences of Organ Enthusiasts of the Past. *In: The Organ. 5. 1925/26, S. 138*

5210 Samuel Wesley the Elder as Organ Composer. *In: The Organ. 6. 1926/27, S. 36*

5211 A Notable Eighteenth Century Organ Concerto. *In: The Organ. 7. 1927/28, S. 38*

5212 On Organ Verset Playing. *In: The Organ. 7. 1927/28, S. 91*

5213 Snetzler's Dulciana at St. Margaret's, King's Lynn. *In: The Organ. 7. 1927/28, S. 192*

5214 Vanished City Churches of London and their Organs. *In: The Organ. 7. 1927/28, S. 177, 216, 8. 1928/29, S. 47, 115, 243; 9. 1929/30, S. 118; 10. 1930/31, S. 116, 177, 247; 11. 1931/32, S. 54, 186, 240*

5215 Another Note on Grinling Gibbons. *In: The Organ. 7. 1927/28, S. 254*

5216 Vanishing City Churches and their Organs. *In: The Organ. 9. 1929/30, S. 181*

Pearse, J. S.

5217 The Telharmonium. *In: The Organ. 1. 1921/22, S. 255*

Pearson, Thomas Edward

5218 The Schulze Organ in St. Bartholomew's Church. Armley Leeds. *In: The Organ. 2. 1922/23, S. 25*

Peasgood, O. H.

5219 St. Clement's Ilford. *In: The Organ. 11. 1931/32, S. 192*

Pécsi, Sebestyen

5220 Az organa. Szerkezete, története, épitese. *Budapest 1967*

Pécsi, Sebestyén / Kaba, Melinda

5221 Die Orgel von Aquincum. *In: Denkmäler aus der Geschichte Budapests. Budapest. O. J.*

Pedrell, Felipe

5222 Organografia musical. *Barcelona 1901*

5223 Emporio cientifico é histórico de organografia musical antigua española. *Barcelona 1901*

5224 El organista liturgico español. *O. O. 1905*

Peek, R. M.

5225 See 72 Instruments on Extensive Tour of European Organs. *In: The Diapason. 52. 1960, Nr. 619, S. 28—29, 34—36*

5226 Tour of Spain and Portugal discloses notable organs. *In: The Diapason. 52. 1960. Nr. 614, S. 8—9*

Peeters, F.

5227 De aspecten van der Orgelcultuur in de Verenigde Staten. *In: De Praestant. 9. S. 1—4*

5228 Het Concertorgel. *In: De Praestant. 2. 1953, S. 80 bis 82*

149

Peeters, Guido

5229 Aspekten van de Orgelkunst in 1855. *In: De Praestant. 5. 1956. S. 83—88*

5230 De Orgels in de Metropolitaankerk te Mechelen. *In: Musica sacra. Brügge. 60. 1959, S. 110—122*

Peine, Theodor

5231 Wiederentdeckung einer wertvollen Springladen-orgel. *In: Musik und Altar. 3. 1950/51, S. 205 bis 206*

5232 Die Springladenorgel zu Borgentreich, Westfalen. *In: Musik und Altar. Freiburg/Br. 4. 1951/52, S. 158*

5233 Moderner Orgelbau in Dänemark 1953/54. *In: Musik und Altar. Freiburg/Br. 7. 1954/55, S. 182 bis 183*

5234 Die restaurierte Springladenorgel zu Borgentreich in Westfalen. *In: Musik und Altar. Freiburg/Br. 8. 1955/56, S. 13—16*

5235 Der Orgelbau in Frankfurt am Main und Um-gebung. *Frankfurt/M. 1956*

5236 Die neue Orgel der St. Benedikt-Kirche in Lauen-stein bei Hannover. *In: Ars organi. H. 19. 1961, S. 439*

Pels, B. J. A.

5237 Het orgel in de kerk van St. Jan te Waalwijk. *Den Bosch 1932*

5238 L'orgue accordé en cinquièmes de ton du Musée Teyler à Haarlem. *In: Archives du Musée Teyler. s'Gravenhage. 10. 1951, Nr. 3, S. 173—181*

5239 Het orgel met grote en kleine halve tonen in het Teylers Museum te Haarlem. *O. O. u. J.*

Pemberton, John

5240 Three Rimini Organs. *In: The Organ. 43. 1963/64, S. 64*

5241 The Organs of St. Paul's, Worthing. *In: The Organ. 44. 1964/65, S. 84*

Pemberton, Michael

5242 Cunious Organs. *In: The Organ. 42. 1962/63, S. 109*

5243 St. John's, Fareham. *In: The Organ. 46. 1966/67, S. 184*

Penning s. Oosterhof, A. P. 5082

Penny, George F.

5244 The Organ of Classic Tradition. *In: The Organ. 15. 1935/36, S. 124*

Penrose, Donald

5245 On the St. Margaret's, Westminster, Organ. *In: The Organ. 8. 1928/29, S. 64*

5246 St. Paul's Cathedral Organ. *In: The Organ. 10. 1930/31, S. 189*

Pepper, J. H.

5247 Pneumatics and Acoustics. *London o. J.*

Peregrinus, J.

5248 Die neue Orgel im Dom zu Salzburg. *o. O. 1885*

Pereira, Luis Artur Esteves

5249 A View from Abroad. *In: The Organ. 40. 1960/61, S. 52*

5250 The Organ of S. Vicente de Fora. *In: The Organ. 41. 1961/62, S. 74*

5251 Duplicated Ranks and Stop Names. *In: The Organ. 42. 1962/63, S. 111*

Perkins, C. W.

5252 A short account of the organ in the Town Hall, Birmingham. *O. O. 1905*

Perkins, Jocelyn

5253 The organs and bells of Westminster-Abbey. *London 1937*

Perl, C. J.

5254 Geschichte um eine alte Orgel („Pflegerorgel"). *In: Zeitschrift für Instrumentenbau. 55. 1934, S. 50*

5255 Kleine Geschichte um eine alte Orgel. *In: Allge-mein. Musikzeitung. 61. 1934, S. 684*

Perl, Helmut

5256 Zu H. R. Trötschels Aufsatz (Die Permanenz der Orgelbewegung). *In: Musik und Kirche. Kassel. 27. 1957, S. 236—238*

5227 Von alten und neuen Orgeln. *In: Kontakte. Wol-fenbüttel 1963, S. 97—99*

Perrier de la Bathie, Ernest

5258 Les insectes des orgues. *Ugine 1922*

5259 La faune des orgues. *Annecy 1925*

5260 Les Orgues de carton. *In: L'Orgue et les organistes. 27. 1926, S. 19—22*

5261 La flore des orgues. *Annecy 1927*

5262 Orgues savoyardes. *Ugine 1930*

Perrot, Ch.

5263 La Basilique de Saint-Apollinaire (Cathédrale de Valence). *Valence 1925*

Perrot, Jean

5264 L'orgue, de ses origines hellénistiques à la fin du XIII. siècle. Etude historique et archéologique. *Paris 1965*

5265 L'Orgue de Saint-Michel-en-Thierache (Aisne). *In: L'Orgue. 49. 1948*

5266 Un nouveau document pour l'histoire d'orgue dans l'Antiquité. *In: L'Orgue. 50. 1949*

5267 Quelques précisions sur la facture d'orgue au Xe siècle. *In: L'Orgue. 58/59. 1951*

5268 Réflexion d'un amateur d'orgue. *In: L'Orgue. 1953. S. 99—101*

5269 Les origines de l'orgue carolingien. *In: La Revue musicale. Paris. 226. 1955, S. 7—15*

Perz, M.

5270 Zur Geschichte der Orgelbaukunst in Polen. *In: Das Musikinstrument und Phono. 10. 1961, S. 685 bis 687*

Peschard, Albert

5271 Application de l'électricité aux grandes orgues. *Caën 1865*

5272 Les premières applications de l'électricité aux grandes orgues. *Paris 1890*

5273 L'orgue électrique n'est pas d'origine américaine. *Paris 1892*

5274 Perfectionnements au systeme électropneumatique. *Paris 1896*

5275 Etudes sur l'orgue électrique. *Paris 1896*

5276 Notice biographique sur A. Cavaillé-Coll et orgues électriques. *O. O. u. J.*

5277 Exposition universelle de 1900. Classe 17. Instruments de musique. Appareil de démonstration pour l'étude de application de l'électricité aux orgues. *Paris 1900*

Peter, Edwin

5278 Bemerkungen zu neuen Tendenzen im Orgelbau. *In: Musik und Gottesdienst. Zürich. 7. 1953, Nr. 2, S. 57—59*

Peternell, Gebrüder

5279 Die im Bau befindliche neue Orgel . . für die ref. Kirche zu Blumenthal. *O. O. nach 1878*

Peters, H. W. de B.

5280 More about Small Organs. *In: The Organ. 24. 1944/45, S. 48*

Peters, Th.

5281 Orgelweihe und Buxtehude-Fest in Gadenstedt. *In: Musik und Kirche. Kassel. 24. 1954, S. 131*

Petersen, Nis (Nils?)

5282 Orgelbaukunst vor 150 Jahren in Nordschleswig. *In: Die Heimat. Kiel. 64. 1957, S. 44—48*

Petri, Joh. Samuel

5283 Anweisung zum Orgelspielen. *Wien 1802*

Petzelt, Jos.

5284 Alte Orgelwerke i. d. St. Elisabeth-Kirche zu Breslau. *In: Cäcilienvereinsorgan. 46. 1911, S. 253*

5285 E. Casparinis Orgelwerk zu Görlitz. *In: Musica sacra. 1912, S. 194*

Petzoldt, R.

5286 Wieder umlernen? Orgel statt Cembalo? *In: Melos, ab 1934 Neues Musikblatt. 16. 1937, Nr. 30, S. 1*

Petit, C.

5287 Les grandes orgues de l'église Notre-Dame de Saint Dizier. *Paris 1953*

Peuckert, Hannes

5288 Lemgoer Orgeltage. *In: Musica. Kassel. 5. 1951, H. 12, S. 523*

Pfeffer, A.

5289 Zum Orgel-Thema. *In: Archiv für christliche Kunst. 36. 1918, S. 18*

Pfeffer, C. A.

5290 Alte Orgeln. *In: Pionier. 10. 1918, S. 40*

Pfeifer, Hans

5291 Das Kloster Riddagshausen bei Braunschweig. *Wolfenbüttel 1896*

Pfeiffer

5292 Klosterneuburg. Orgelspiel. *In: Musika divina — Wien. 1. 1914/15, S. 4—5*

5293 Königin der Instrumente. *In: Die Wochenpost. Stuttgart. 4. 1949, Nr. 16, S. 10*

Pfeiffer, F. J.

5294 Geschichte der Glocken und Orgel in der Pfarrkirche zu Rheinzabern. *Speyer 1895*

Pfeiffer-Dürkop, Hilde

5295 Die Geschichte der Gottfried Fritzsche-Orgel in St. Katharinen zu Braunschweig. *Mainz 1956*

5296 Otto Dutkowski. *In: Braunschweigische Heimat. 52. 1966, H. 1, S. 27*

Pfiffner, Alex

5297 Besuch bei süddeutschen Barockorgeln. *In: Der Chorwächter. 76. 1951, S. 191—199*

Pfister, Alfred

5298 Drei Orgelprospekte. Zu den Bildern der Orgeln in Ulster, Elgg und Netstal. *In: Musik und Gottesdienst. Zürich. 19. 1965, H. 4, S. 94—100*

Pflaum, H.

5299 Versuche m. d. elektrischen Orgelpfeife. *In: Correspondenzblatt des Naturforschervereins, Riga. Riga 1904, S. 46—56*

Pfomann, F. / Doerr, L.

5300 Elektrophon oder Pfeifenorgel. *In: Musik und Altar. Freiburg/Br. 9. 1956/57, S. 155*

Phelps, Barry

5301 A Fine Small Organ. *In: The Organ. 39. 1959/60, S. 107*

Philbert, C. M.

5302 Het Orgel van het Paleis voor Volksvlijt te Amsterdam. *Amsterdam 1875*

5303 La facture d'orgues modernes et la facture d'orgues néederlandaise ancienne et contemporaine. *Amsterdam 1876*

3504 L'orgue du Palais de l'Industrie d'Amsterdam. *O. O. 1876*

5305 Etudes sur les tuyaux d'orgues. *Paris 1877*

5306 Causerie sur le grand orgue de la maison. A. Cavaillé-Coll à Saint-Ouen de Rouen. *Avranches 1890*

5307 Etude d'acoustique. Essai sur le tuyau d'orgue à anche battante. *Avranches 1893*

Philipp, H.

5308 Gedenkbüchlein zu der am 18. Dez. 1893 stattfindenden feierlichen Einweihung der Orgel (zu Bojanowo). *Rawicz 1853*

Philippeau, H.-R.

5309 Le rôle liturgique de l'orgue. *In: L'Orgue. 1960. Nr. 93—96, S. 59—64*

Piasenti, Paride

5310 Storia d'un organo con molte disarmonia. *Verona 1966*

Piccand, Jean

5311 Les tendances actuelles en facture d'orgue. *In: Schweizer musikpädagogische Blätter. Zürich. 45. 1957, Nr. 3, S. 134—141*

5312 Esthétique de l'orgue. *In: Schweizerische Musikzeitung. Zürich. 100. 1960, Nr. 3, S. 171—176*

5313 Orgues historiques de Suisse. *In: Schweizerische Musikzeitung. Zürich. 104. 1964, Nr. 1, S. 29—33*

Piccolomini, T.

5314 L'organo grande del Duomo di Orvieto. *Orvieto 1857*

Pichet

5315 Essai sur le tuyau d'orgue à anche battante. *In: Revue de l'Avranchais. 6. 1892*

Pickett, A. E.

5316 The Organs of Ilkley Parish Church. *In: The Organ. 14. 1934/35, S. 31*

5317 The Organ at St. Chad's Church, Headlingley, Leeds. *In: The Organ. 19. 1939/40, S. 88*

Pidoux, P.

5318 Tribune de l'orgue. *Lausanne. 5e année*

Piel, Pet.

5319 Gutachten über die von . . Stahlhuth in der Pfarrkirche zu Rübenach neugebaute Orgel. *O. O. 1873*

5320 Bericht über die Revision der neuen Orgel in der Liebfrauenkirche zu Crefeld. *O. O. 1878*

Piel, Walter

5321 Das Portativ. Grundlagen und Möglichkeiten für seine Verwendung. *In: CVO. Zeitschrift für Kirchenmusik. 83 1963. S. 164—170*

Pierce-Jones, A.

5322 The Organ in Johannesburg Town Hall. *In: The Organ. 14. 1934/35, S. 226*

5323 Johannesburg Town Hall Organ. *In: The Organ. 15. 1935/36, S. 125*

5324 The Organ at Lincoln Cathedral. *In: The Organ. 24. 1944/45, S. 47*

5325 The Organ in Pretoria City Hall. *In: The Organ. 28. 1948/49, S. 32*

5326 Lemare, Westminster and Cape Town. *In: The Organ. 33. 1953/54, S. 145*

Pierre, Constant

5327 Les factures d'instruments de musique. Les luthiers et la facture instrumentale. *In: Précis historique. Paris 1893*

Piersig, Fritz

5328 Die Orgeln der bremischen Stadtkirchen im 17. und 18. Jh. *In: Bremisches Jahrbuch. Bremen, 35. 1935*

5329 Die Arp-Schnitger-Orgel im Bremer Dom. *Bremen 1939*

5330 Ostfr. Musikerfamilien im Bremischen Musikleben des 17. Jhdts. *In: Emder Jahrbuch. 30. 1950*

5331 Kleine bremische Orgelkunde. *In: Die neue Bachorgel im St.-Petri-Dom Bremen. Bremen 1966*

Piersig, Fritz / Liesche, Richard

5332 Die Orgeln im Bremer Dom. *Bremen 1939*

Piersig, J.

5333 Die Orgel der Jahrhunderthalle zu Breslau. *In: Schlesische Heimat. Breslau 1938, S. 129—131*

5334 Die große Orgel zu St. Elisabeth in Breslau. *Breslau 1941*

Pietzcker A. s. Lottermoser, W. 4341

Pietzsch, Gerhard

5335 Orgeln und Orgelbauer am Oberrhein. Ein Beitrag zur pfälzischen Musikgeschichte. *In: Pfälzische Heimatblätter. Neustadt. 3. 1955, Nr. 9, S. 71—72*

5336 Organisten, Orgelbauer und Orgelmusik am Niederrhein vor der Reformation. *In: Der Niederrhein. Krefeld. 24. 1957, S. 72—74*

5337 1200 Jahre Orgelbau im Abendland. Ein Beitrag zur Geschichte des Orgelbaues, insbesondere über die Orgelbauerfamilie Stumm. *In: Pfälzische Heimatblätter. Neustadt. 5. 1957, Nr. 4, S. 29—30*

5338 Orgelspiel und Orgelbauer in Speyer vor der Reformation. *In: Archiv für Musikwissenschaft. 14. 1957, H. 3, S. 201*

5339 Orgelbauer, Organisten und Orgelspiel in Deutschland bis zum Ende des 16. Jh. *In: Musikforschung. Kassel. 11. 1958, H. 2, S. 160—168; H. 3, S. 307 bis 315; H. 4, S. 455—461; 12. 1959, H. 1, S. 25 bis 35; H. 2, S. 152—161; H. 3, S. 294—299; H. 4, S. 415—421; 13. 1960, H. 1, S. 34—38*

Pigeon, M. G.

5340 Du nouvel orgue construit par Mons. Zeiger. *Lyon 1847*

Pignatti, T.

5341 I documenti dell'organo dell'Angelo Raffaele (Venezia). *In: Arte Veneta. 4. 1950, S. 144—145*

Pijlman, F.

5342 Orgel in de gereformeerde Kerk te Loosduinen. *In: Harp. 9. 1914/15, S. 45*

Pinchart, Alex

5343 Archives des arts, sciences et lettres. *Gent 1860/61*

Pine, L. G.

5344 Who's Who in Music. *In: The Organ. 40. 1960/ 61, S. 56*

Piper, A. Cecil

5345 Notes on Winchester Cathedral Organs. *In: The Organ. 1. 1921/22, S. 176*

5346 Organ in the Parish Church of Richmond, Surrey. *In: The Organ. 20. 1940/41, S. 80*

Piper, Gottfried

5347 Gifhorner Orgelchronik. *O. O. 1961*

Piroth, Ludwig

5348 Der Hülsenmagnet als neues Bauelement der Pfeifenorgel. *In: Instrumentenbau-Zeitschrift. Konstanz. 8. 1953/54, S. 8, 50—51, 113—115*

Pirro, André

5349 L'orgue de Jean Sébastien Bach. *Paris 1894*

5350 Les orgues et les organistes d'Haguenau. *In: Revue de Musicologie. 1926, Februar*

5351 Les traités d'Henri de Zwolle. *In: La Revue Musicale. 14. 1933, S. 318 ff.*

Pitman, Weardale

5352 Tyne Dock Organ and „As You like it?" *In: The Organ. 14. 1934/35, S. 63*

Pittmann

5353 Servicing Electronic Organs. *O. O. u. J.*

Piutti, C.

5354 Orgel in der Thomaskirche zu Leipzig. *In: Musikalisches Wochenblatt. 20., S. 255*

Planté, Jules

5355 La facture d'orgues au XVI siècle. *In: Bulletin de la Commission historique et archéologique de la Mayenne. Laval 1889*

Plantenberg, Franz

5356 Die große Walcker-Orgel im Städtischen Saalbau in Recklinghausen. *Köln 1927*

Plath, J.

5357 Orgel und Glocken der Auferstehungskirche in Essen. *In: Kunst und Kirche. 7. 1930, S. 116*

Platon, Olaf

5358 J. F. Schulze. *In: The Organ. 14. 1934/35, S. 63*

5359 Wort zur Orgelreform. *In: Zeitschrift für Instrumentenbau. Leipzig. 49. 1928, S. 150, 197*

5360 Neue Domorgel in Oslo. *In: Zeitschrift für Instrumentenbau. 51. 1931, S. 313—316, 408*

5361 Walcker-Orgel in Boston. *In: Zeitschrift für Instrumentenbau. 52. 1932, S. 249*

5362 Die größten Orgeln der Welt. *In: Zeitschrift für Instrumentenbau. 59. 1939, S. 145—147, 194*

5363 Nutidens orgeltyper og våre to domkirke orgler. *In: Fs. O. M. Sandwik. Oslo 1945, S. 184—200*

Plattner, Felix Alfred

5364 Deutsche Meister des Barock in Südamerika im 17. und 18. Jahrhundert. *Freiburg/Br. 1960*

Plichon, P.

5365 Le grand orgue de l'église Saint Vaast D'Armentières, construit par M. A. Cavaillé-Coll. *Paris 1898*

Ply, Abbé H. J.

5366 Le nouvel orgue de choeur de la Métropole de Tours. *Lyon 1877*

5367 La facture moderne étudiée à l'orgue de St. Eustache. *Lyon 1878*

5368 Le grand orgue de St. Eustache à Paris, réconstruit par Mons. J. Merklin. *Lyon 1879*

5369 Le grand orgue de Tribune de l'église de St. Louis des Français à Rome, construit par Merklin. *Lyon 1881*

Pociej, Bohdan

5370 Orgelmusik und Orgeln in Polen. *In: Monatsschrift Polen. 3. 1968, S. 163*

Podesti, Marino

5371 I nuovi organi del Duomo di Milano. *In: La Lettura. Mailand 1909, Nr. 2*

Pöhlmann, Egert

5372 Die Heidenreich-Orgel in Hof — St. Michaelis, ein früher Vorläufer der Orgelbewegung. *In: Kulturwarte. Hof. 9. 1963, H. 4, S. 67—73*

5373 Die Orgel der Gebrüder Heidenreich in Hof — St. Michaelis und einige kleinere Instrumente der Orgelbauerfamilie. *Hof 1967*

5374 Eine fränkische Dorforgel des Biedermeier. *In: Fs. Stäblein. Kassel 1967*

Pogni, O.

5375 Onofrio restaura l'organo per la Pieve di Empoli e lo fabbrica per la Collegiata di Castelfiorentino. *In: Miscellanne storica della Valdelsa. 1923, S. 135 bis 138*

5376 Onofrio celebre fabbricatore di organi. *In: Miscellanea storica della Valdelsa. 1928, S. 162—164*

Polaczek, W.

5377 Probleme der elektroakustischen Orgel. *In: Radio-Amateur. Wien. 19. 1942, S. 302—309*

5378 Die elektronische AWB-Orgel. *In: Radiotechnik. Wien. 30. 1954, S. 409—411*

Polantus, Nicolaus

5379 Musica Instrumentalis, vom christlichen Brauch des Orgelwerk und Seytenspiel: bey dem heiligen Gottesdienst. Eine Predigt gehalten in der Domkirchen zu Meissen, als die neue Orgel . . . allda zuerst gebraucht ward. *Leipzig 1605*

Pole, William

5380 Musical instruments in the great Industrial Exhibition of 1851. *London 1851*

Pollard, H. F. s. Caddy, R. S. 1074

Pommeraye, Dom.

5381 Histoire de l'église cathédral de Rouen. *O. O. 1686*

Pomp, K.

5382 Hildebrandorgel in der Kirche zu Lengefeld. *In: Mitteilungen des Landesver. für sächs. Heimatschutz. 21. 1932, S. 137—144*

Pomsel, Edwin

5383 Die Orgeln der Kieler Kloster- oder Heiligengeistkirche. *In: Die Heimat. Kiel. 67. 1960, S. 402—407*

Poncini, P.

5384 Cantori, organi ed organisti nelle chiese di Roma. *In: Strenna dei Romanisti. 5. 1944, S. 71—79*

Ponsicchi, Cesare

5385 Memoria sull'organo di S. Verdiana in Castelfiorentino. (Val d'Elsa). *O. O. 1893*

Pontécoulant, A. de

5386 Organographie. Essai sur la facture instrumentale. *Zvols 1861*

Pontén, Jan

5387 Ny orgel i Kristianstad. *In: Kyrkomusikernas Tidning. 28. 1962, S. 240—242*

Poole, H. W.

5388 An Essay on Perfect Intonation, with Remarks showing the Practicability of attaining it in the Organ, together with an Description of the Enharmonic Organ of Alley & Poole. *New Haven (USA) 1850*

Poorter, F. de

5389 L'Orgue dans le culte chrétien. *In: Musica sacra. Brügge. 48. 1946, S. 106—123*

Pope, R. A. D.

5390 The Organs of St. John's Church, Birkenhead. *In: The Organ. 16. 1936/37, S. 218*

5391 Organs of St. Patrick's Cathedral, Dublin. *In: The Organ. 15. 1935/36, S. 201*

5392 Organ at All Saints', Ealing. *In: The Organ. 16. 1936/37, S. 256*

Poppen, H.

5393 Die Einstimmung der heutigen Orgel. *In: Bericht über die 3. Tagung für deutsche Orgelkunst. Kassel 1928, S. 206—210*

Porée

5394 Le grand orgue de l'église Notre-Dame des Andelys, reconstruit en 1891—1892 par M. A. Cavaillé-Coll. *Andelys. O. J.*

Port, C.

5395 Les artistes angevins. *In: Revue historique littéraire et archéologique de l'Anjou, 1873 à 1880; Revue de l'Anjou. Angers 1914*

Porta, Paolo della

5396 Brevi cenni sulla struttura . . del organo. *Vicenza 1957*

Portal, Charles

5397 Christoph Moucherel, de Toul, et l'orgue de la cathédrale d'Albi. *In: Revue du Tarn. Albi. 18. 1901*

Porter, Ambrose P.

5398 The Pilgrim's Progress: Tone Poem for Organ. *In: The Organ. 1. 1921/22, S. 168, 240*

5399 The Organs in Lichfield Cathedral. *In: The Organ. 12. 1932/33, S. 251*

Porter, E. C.

5400 St. Olave's, Hart Street. *In: The Organ. 35. 1955/56. S. 204*

Portheine, H.

5401 Orgels, orgelbouwers, orgelgebruik en Organisten voorm. St. Martiausen, Tegenwoord. St. Eusebius of Groote kerk te Arnhem. *In: Bulletin v. d. Nederlandschen Oudheidkundig Bond. 5, S. 183—202*

Portsmouth

5402 Parish Church by H. T. Lilléy & T. Everitt. *O. O. u. J.*

Postel, Emil

5403 Orgel, Pianoforte, Violine. Kurze Belehrung über den Bau. *Langensalza 1873*

Potiron, H.

5404 L'Orgue d'après la constitution apostologique „Divini cultus". *In: Revue liturgique et musicale. Juli—August 1929. S. 7—11*

Poulle, Raymond

5405 Histoire de l'église parossial Notre — Dame et Saint-Michel de Draguinan. *Draguignan 1865*

Prätorius, Ernst

5406 Über Stadtpfeiffer, Kantoren, Organisten, Orgelbauer. *In: Sammelbände der Internationalen Musikgesellschaft. 7, S. 204 ff., 483*

Praetorius, Michael

5407 Von der dignitet und fürtrefflichkeit der Orgeln. *In: Württembergische Blätter für Kirchenmusik. 12. 1940, S. 17*

5408 De organographia. Syntagma Musicum II. *Wolfenbüttel 1619*

Praetorius, Michael / Albrecht, Joh. Lor.

5409 Mich. Praetorius, weil Hochfürstl. Braunschweig. Kapellm. in Wolfenb. Kurzer Entwurf, derjenigen Dinge, Welche bey Probirung und Ueberlieferung eines neuen Orgelwercks in Acht zu nehmen. Mit einer Vorrede versehen und nebst einem Anhange von sechs und fünfzig Orgeldispositionen ans Licht gestellet von Joh. Lor. Albrecht. *Berlin o. J.*

Praetorius, M. s. Compenius, E. 1385

Pratt, Geo. M.

5410 A New Design for a New University. *In: The Organ. 46. 1966/67, S. 116*

Press, H.

5411 Umbau alter Schleifladenorgeln. *In: Zeitschrift für ev. Kirchenmusik. 10. 1932, S. 257. Zugleich in: Zeitschrift für Instrumentenbau. Leipzig. 53. 1933, S. 196*

Preuss, Georg

5412 Grund-Regeln von der Struktur und den Requisitis einer untadelhaften Orgel. *Hamburg 1729*

Prévost, A.

5413 Instruments de musique usités dans nos églises depuis le XIIIᵉ siècle. *In: Mémoires de la Société académique de l'Aube, 48. 1904. Troyes 1905*

Prey, G.

5414 Grundregeln von der Struktur einer Orgel. *Hamburg 1729*

Price, F. H.

5415 The Organ Case of St. Mark's, Leamington Spa. *In: The Organ. 33. 1953/54, S. 101*

Prick van Wely, M.

5416 Het orgel en zijn meesters. *Den Haag 1931*

5417 Over het orgel en de orgelmuziek. *Den Haag 1943*

Priestley, Arthur

5418 Broadcasting and the Organ: a Suggestion. *In: The Organ. 10. 1930/31, S. 254*

Prince & Co.

5419 Werkkatalog. *Buffalo 1876*

Prisk, J. S.

5420 Wesley Chapel, Camborne, Cornwall: Its Organs and Music. *In: The Organ. 25. 1945/46, S. 128*

Pritchard, Arthur J.

5421 Organs and Organists of Christ Church, Lancaster Gate. *In: The Organ. 20. 1940/41, S. 25*

Prixner, Pater Sebastian

5422 Kann man nicht in zwey oder drey Monaten die Orgel gut und regelmäßig schlagen lernen? (anonym). Verfaßt für die Pflanzschule des fürstl. Reichsstiftes St. Emmeran. *Hagen in Landshut 1789*

Profeta, R.

5423 Storia e letteratura degli strumenti musicali. *Florenz 1942*

Prost, D. W.

5424 Die Stellwagenorgel in St. Marien zu Stralsund und ihre Wiederherstellung. *In: Mitteilungen des Institutes für Denkmalspflege Schwerin. H. 6. 1959, S. 3*

Prota Giurleo, U.

5425 Aggiunta ai „Documenti per la storia dell'arte a Napoli". *In: Il Fuidoro. Neapel 1955. N. 7—10, S. 278—279*

5426 Organari napolitani del XVII e XVIII secolo. *In: L'Organo. 2. 1961, S. 109—128*

5427 Due campioni della scuola musicale napoletana del secolo XVII. *In: L'organo. 3. 1962, S. 115—121*

Proudley, Douglas E.

5428 Barrel Organs. *In: The Organ. 39. 1959/60, S. 56*

5429 City Temple Organists. *In: The Organ. 41. 1961/62, S. 168*

Psachos, Ka.

5430 Die neue Orgel für byzantinische Musik. *In: Organon. 4. 1927, S. 46*

Pucci, Fabio

5431 Monografia dell'organo e cronologia biografica dei piu celebri fabbricanti d'organi toscani e italiani. *Florenz 1880*

5432 Sommario storico e documenti relativi alle celebri cantorie antiche di S. Maria del Fiore, opere di Donatello e di Luca Della Robbia. *Florenz 1887*

Puccianti, A.

5433 Gli organi del Duomo di Pisa. *In: Bollettino Storico Pisano. Pisa 14./15. 1945/47*

5434 Di un opusculo contenente la descrizione dell'organo di Azzolino Della Ciaija nella chiesa dei Cavalieri in Pisa. *In: Revista Musicale Italiana. Mailand 1950*

Pugh, R.

5435 Nos orgues régionales: Lavaur, Uzès et Nîmes. *In: Nouvelle Revue du Midi. 1925, Juli*

5436 Glanes sur les Silbermann. *In: La Revue d'Alsace. Colmar. 76. 1925, 72. Bd, S. 158—164, 451—461*

5437 Les Silbermann, leur vie, leur œuvre dans la région alsacienne. *O. O. 1928*

5438 On Barrel Organs. *In: The Organ. 6. 1926/27, S. 237*

5439 Ancient Alsatian Organs. *In: The Organ. 7. 1927/1928, S. 174*

5440 On the St. Margaret's, Westminster, Organ. *In: The Organ. 8. 1928/29, S. 63*

5441 The Organ in Icklesham Parish Church, Sussex. *In: The Organ. 11. 1931/32, S. 255*

5442 The New Westminster Abbey Organ. *In: The Organ. 17. 1937/38, S. 251*

5443 The Organ at St. Stephen, New Brunswick. *In: The Organ. 18. 1938/39, S. 256*

5444 Organs at the 1851 Exhibition, Hyde Park. *In: The Organ. 22. 1942/43, S. 190*

5445 Old Canadian Organs. *In: The Organ. 26. 1946/ 1947, S. 144*

Puigneau, R.

5446 Restauración de un notable Organo (Nra Señora de la Caridad a Cartagena). *In: Tesoro Sacro Musical. Madrid 1962, S. 86—87*

5447 Organos y organeros españoles. *In: Tesoro Sacro Musical. Madrid 1962, S. 125—128*

Pulver, Jeffrey

5448 The Leckingfield „Proverbs". *In: The Organ. 7. 1927/28, S. 23*

5449 The Early History of the Chapel Royal. *In: The Organ. 7. 1927/28, S. 209*

5450 The Marvellous Adventures of an Organ Builder. *In: The Organ. 11. 1931/32, S. 93.*

5451 English Organists abroad. *In: The Organ. 13. 1933/34, S. 97*

5452 The Organist's Post. *In: The Organ. 16. 1936/37, S. 244. Zugleich in: 17. 1937/38, S. 50*

Purey-Cust, A. P.

5453 Organs and Organists of York Minster. *O. O. 1899*

Putelli, R.

5454 Vita, storia ed arte bresciane dal sec. XII. al sec. XVIII. *Breno 3. 1937*

Pyne, J. Kendrick

5455 Some Thoughts on the Organ and its Music. *In: The Organ. 4. 1924/25, S. 77*

Quack, Erhardt

5456 Neue Übungsorgel im Bischöflichen Kirchenmusik-institut zu Speyer. *In: Musik und Altar. Freiburg/ Br. 1949, 4. S. 81*

Quaedtvlieg, Gerard

5457 Praeludium en Fuga. Verzameling historische gege-vens over enige orgels, welke in Maastrichtse kerken staan of gestaan hebben. *Maastricht 1957*

Quericke, Walrad

5458 Die Orgel und ihre Meister. *Braunschweig 1923*

Quettier, Georges

5459 Les grandes orgues de la collégiale Notre-Dame de Vernon. *Vernon 1953*

Quoika, Rudolf

5460 Stellung der Orgel im Kirchenraume. *In: Musica divina. Wien. 16. 1928, S. 97*

5461 Gregorianischer Choral und Orgel. *In: Bericht über die 3. Tagg. für deutsche Orgelkunst in Frei-berg/Sa. 2.—7. 10. 1927. S. 78—82.*

5462 Orgelbewegung und wir. *In: Der Chorbote. 4. 1932. H. 6/7.*

5463 Wege zur Orgelbewegung. *In: Auftakt. Prag. 12. 1933, S. 242*

5464 Orgel im Stifte Osseg. *In: Zeitschrift für Instru-mentenbau. Leipzig. 54. 1934, S. 229—231*

5465 Alte und neue Orgel. *In: Verordnungsblatt des Generalvikariats Schlackenwerth. 1944*

5466 Deutsche Orgelbaukunst der Spätgotik in Böh-men. *In: Musikforschung. Kassel. 1. 1948, H. 2/3, S. 139—146*

5467 Die Orgel in der Kirche unserer Zeit. *In: Das Münster. München. 2. 1948, H. 4/5, S. 140—146*

5468 Die große Orgel des Abbate Franz Xaver Chris-mann in St. Florian. *Mainz 1948*

5469 Die Orgel von St. Mauritius in Olmütz. *Mainz 1948*

5470 Die Orgel der Teinkirche in Prag. *Mainz 1948*

5471 Österreichisches Orgelbarock. *In: Musik und Kirche. Kassel. 19. 1949, H. 3, S. 78—84*

5472 Zum Orgelproblem in der „katholischen Kirche, mittlerer Größe" von Wilhelm Ulrich. *In: Das Münster. München. 3. 1950, H. 9/10, S. 309*

5473 Die Kölner Domorgel. *In: Zeitschrift für Kirchen-musik. Köln. 70. 1950, S. 111—115.*

5474 Barocke Orgelkultur im Stifte Osseg, Sudeten. *In: Kirchenmusikalisches Jahrbuch. Köln. 34. 1950, S. 96—100*

5475 Zur Neugestaltung der Orgel in Ingolstadt, Hl. Geist. *In: Ingolstädter Heimatblätter. 13. 1951.*

5476 Barock-Orgel heute? *In: Instrumentenbau-Zeit-schrift. Konstanz. 5. 1951, S. 30.*

5477 Bekenntnis zum Positiv. *In: Musik und Altar. 4. 1951/52, H. 35, S. 89—91.*

5478 Zur Entstehung der italienisch-oesterreichischen Barockorgel. *In: Atti del congresso internazionale di Musica Sacra. Rom 1950. Tournai 1952, S. 371 bis 379*

5479 Zur Entstehung der italienisch-österreichischen Barockorgel. *Rom 1952*

5480 Österreichische und schwäbische Barockorgel. *In: Tagungsbericht Ochsenhausen. Darmstadt 1952*

5481 Die Prager Kaiserorgel. *In: Kirchenmusikalisches Jahrbuch. Köln. 36. 1952, S. 35—46*

5482 Über altböhmische Orgeln. *In: Zeitschrift für Kir-chenmusik. Köln. 72. 1952, S. 195—198*

5483 Über die Orgellandschaft J. G. Silbermanns. *In: Musik und Kirche. Kassel. 23. 1953, H. 3, S. 91*

5484 Über eine Vogler-Orgel. *In: Ingolstaedter Heimat-blätter. 13. 1953*

5485 Die Barockorgel von Appertshofen (Koenig). *In: Ingolstaedter Heimatblätter. 16. 1953*

5486 Die altösterreichische Orgel der späten Gotik, der Renaissance und des Barock. *Kassel 1953*

5487 Über die süddeutsch-österreichische Barockorgel. *In: Zeitschrift für Musik. Regensburg. 115. 1954, S. 200, 204*

5488 Altbayern als Orgellandschaft. *Darmstadt—Berlin 1954*

5489 Stift Tepler Orgeln. *In: Martin Fitzthum O. Praem, Bedeutung des Stiftes Tepl für Kultur und Wirtschaft des Egerlandes. Amberg 1954*

5490 Fortschrittlicher Orgelbau als angewandtes Beispiel. Zu neuen Orgeln in München—Schwabing, Hl. Kreuz, Traunstein und Dachau. *In: Musik und Kirche. Kassel.* 24. 1954, S. 132—134

5491 Fr. Thomas Schwarz SJ, 1695—1754, und der Orgelbau der Gesellschaft Jesu in Böhmen. *In: Kirchenmusikalisches Jahrbuch. Köln.* 39. 1955, S. 94—107

5492 Orgelbau als zeitgenössische Aufgabe. *In: Zeitschrift für Kirchenmusik. Köln.* 75. 1955, S. 49—53

5493 Historismus im Orgelbau — heute? *In: Zeitschrift für Kirchenmusik. Köln.* 75. 1955, S. 271—275

5494 Der Orgelbauer Franz Feller. *In: Stifter-Jahrbuch IV. Gräfelfing 1955*

5495 Albert Schweitzer und die Württemberger Orgeln. *In: Kultur und Unterricht, Baden-Württemberg.* 4. 1955. H. 1. Nichtamtlicher Teil, S. 1.

5496 A. Schweitzer und die Orgel. *In: Zeitschrift für Musik.* 1955, S. 5

5497 Albert Schweitzers Begegnung mit der Orgel. *Berlin—Darmstadt 1955*

5498 Braucht die Orgel eine Pflege. *In: Musik und Altar. Freiburg/Br.* 8. 1955/56, S. 94—95

5499 Roggenburger Orgelbüchlein. *Roggenburg 1956*

5500 Ein Beitrag zum deutsch-böhmischen Orgelbarock. *In: Kirchenmusikalisches Jahrbuch. Köln.* 40. S. 102—116

5501 Ein Beitrag zum sudetendeutsch-böhmischen Orgelbau (M. Abraham Stark und seine Schule). *In: Kirchenmusikalisches Jahrbuch. Köln.* 40. 1956, S. 102—116

5502 Fleiß und Ingenium prägten Orgelstil, 175 Jahre Walcker-Orgeln. *In: Das Musikinstrument und Phono. Frankfurt/M.* 5. 1956, S. 294

5503 Die neue Orgel in Roggenburg. *In: Musik und Altar. Freiburg/Br.* 9. 1956/57, S. 150—152

5504 Walcker und die Orgel des 19. Jhts.. *In: Walcker-Hausmitteilungen.* Nr. 16. 1956, S. 5—10

5505 Das Positiv in Geschichte und Gegenwart. *Kassel 1957*

5506 Pater Mauritius Johann Vogt O. Cist., ein Orgelbautheoretiker der Barockzeit. *In: Kirchenmusikalisches Jahrbuch. Köln.* 41. 1957, S. 79—93

5507 Orgeldenkmalpflegertagung in Weilheim, Teck. *In: Der Kirchenmusiker. Darmstadt.* 8. 1957, S. 115 bis 116

5508 Die Marienorgel von Ottobeuren. *In: Musica. Kassel.* 11. 1957, H. 9/10, S. 585

5509 Orgelbaumeister als Orgelpfleger. *In: Das Musikinstrument und Phono. Frankfurt/M.* 6. 1957, S. 336—376

5510 Das königliche Instrument (Stiftsorgeln in Braunau und Rohr). *In: Erbe verpflichtet. Rohr 1958*

5511 Altbayerische Orgeltage. Tagungsbericht über das vierte Orgeltreffen der Gesellschaft der Orgelfreunde in Freising. *Berlin 1958*

5512 Orgeldenkmalpflege in älterer und neuerer Zeit, vornehmlich in Bayern und Böhmen. *In: Ars organi.* 12. 1958, S. 203—206

5513 Die Freisinger Domorgel zur Zeit des Bischofs Otto († 1159). *In: Frisingia.* 41. 1958. Nr. 7

5514 P. Radhart Mayr und sein Orgelbuch aus dem Jahre 1765. *In: Kirchenmusikalisches Jahrbuch.* 43. 1959, S. 91—107

5515 Das Weilheimer Regulativ. Richtlinien zum Schutze alter wertvoller Orgeln. *In: Musik und Altar. Freiburg/Br.* 11. 1958/59, S. 186—189

5516 Spanische Trompeten? Eine zeitgemäße Erörterung. *In: Ars organi.* 18. 1959, S. 370—374

5517 Altösterreichische Hornwerke. *Berlin 1959*

5518 Orgeln und Orgelbauer in Ingolstadt. *(In Vorbereitung, 1959)*

5519 Die neue Stiftsorgel von Rohr in Niederbayern. *In: Musik und Altar. Freiburg/Br.* 12. 1959/60, S. 28 bis S. 30

5520 Die neue Orgel in der Stadtpfarrkirche zu Vilsbiburg. *Vilsbiburg 1960*

5521 Die neue Orgel in der Stadtpfarrkirche „Maria Himmelfahrt" zu Vilsbiburg — Niederbayern. *In: Ars organi.* 18. 1961, S. 384—387

5522 Die König-Orgel in Diessen am Ammersee. *In: Cäcilienverein. Diessen 1960*

5523 Hölzerne Orgeln. *In: Ars Organi.* 19. 1960, S. 409 bis 418.

5524 Der Orgelmacher Jacob Schedlich. *In: Archiv für Musikwissenschaft. Trossingen.* 18. 1961, S. 2

5525 Il cosidetto „Principale Italiano". Rettifica di un errato concetto. *In: L'Organo.* 2. 1961. S. 81—85

5526 Orgelbaumeister Georg Schuster. *In: Ars organi.* 21. 1962, S. 547

5527 Der Orgelbau in den Sudetenländern. *Mainz 1962*

5528 Vom Sinn dieser Arbeit. *Freising 1962*

5529 Die Orgeln der Gegenwart. *In: Musica. Kassel.* 16. 1962, H. 6, S. 326

5530 Pragmatismus und Manierismus. *In: Ars organi.* 22. 1963, S. 569—573

5531 Lohel Oehlschlägel (1724—1788) und der Prager Orgelbau seiner Zeit. *In: Musik des Ostens. Kassel.* 2. 1963, S. 98—111

5532 Albert Schweitzer und das Haus Walcker. *In: Walcker-Hausmitteilungen.* Nr. 34, 1965, S. 6—8

5533 Der Orgelbau in Böhmen und Mähren. *Mainz 1966*

5534 Vom Blockwerk zur Registerorgel. *Kassel 1966*

5535 Bayern als Orgellandschaft. *In: Acta Organologica. Berlin.* 1. 1967, S. 137

5536 Die Orgelbauer Rieger in Jägerndorf und ihr Haus. *Ms.*

5537 Die Orgeln der Abtei Scheyern/Obb. *Ms.*

5538 Freundt, Joh. Georg. *In: Musik in Geschichte und Gegenwart. Bd. IV. Kassel 1955, Sp. 931—933*

5539 Egedacher. *In: Musik in Geschichte und Gegenwart. Bd. III. Kassel 1954. Sp. 1150—1156*

5540 Schwarz, Thomas Jakob. *In: Musik in Geschichte und Gegenwart. Bd. XII. Kassel 1965. Sp. 347 bis S. 348*

5541 Stark, Abraham. *In: Musik in Geschichte und Gegenwart. Bd. XII. Kassel 1965. Sp. 1187—1188*

5542 Die Passauer Orgelbauschule und ihr Wirken in Österreich. In: 2. Internationaler Kongreß für kath. Kirchenmusik. Wien 1950. Wien 1955, S. 246 bis S. 248

Rabut s. Duffour 1826

Radeker, Johannes (Jan)

5543 Korte Beschryving van het orgel in de groote of St. Bavoos-Kerk te Haarlem. Haarlem 1775

Radojewski

5544 Organy siedemnastowieczne w Kościele bernardynów w lezajsku. In: Roczniki Humanisyczne (Towarzystwo Naukowe Katolickiego Universitetu Lubelskiego). 10. 1961, Nr. 3

Radzinsky, C. A.

5545 Organ Building and Organ Builders of New York City. In: Dictionary of Organs and Organists. London. 1. 1912, S. 105—112

5546 The Great Wanamaker Organ. In: The Organ. 3. 1923/24, S. 75

Raff, Kurt s. Forer, Alois 2409

Raghib, Mahmoud

5547 Descriptions d'orgues données par quelques anciens auteurs turcs. In: Revue de musicologie. Mai 1929, S. 99—104; Febr. 1933, S. 16—23; Mai 1933, S. 86 bis S. 91

Rahner, Hugo Ernst

5548 Der Neubau der Stiftsorgel St. Blasien unter Abt Martin Gerbert durch Johann Andreas Silbermann. In: Archiv für Musikforschung. 3. 1937, S. 433 bis 545

Raison, André

5549 Livre d'orgue. Paris 1688

Rakowski, A. / Richardson, E. G.

5550 Eine Analyse des Intonierungsvorganges bei Orgeln. In: Gravesaner Blätter. Mainz. 4. 1960, H. 15/16, S. 46—54

Rameau, B.

5551 Le grand orgue de Saint-Pierre de Mâcon, restauré et transformé d'après la sistème pneumatiquetubulaire, par M. Didier van Caster . . . Mâcon 1890.

Ramin, Günther

5552 Vorbachische Orgelmusik und Einiges über ihre Reproduktion. In: Beiträge zur Organisten-Tagung Hamburg—Lübeck 6.—8. Juli 1925. 1925, S. 39 bis S. 46

5553 Wege und Ziele der heutigen Orgelmusikpflege. In: Die Kirchenmusik. Langensalza. 7. 1926, S. 1149

5554 Gedanken zur Klärung des Orgelproblems. Kassel 1929

5555 Die Orgel „Ver sacrum" im Jugendhof Hassitz. In: Musik und Kirche. 2. 1930, S. 34

5556 Zum Aufsatz: „Grundlagen der Orgeltechnik". In: Musik und Kirche. 6. 1934, H. 3, S. 127

5557 Stil und Manier. Betrachtungen zur Wiedergabe der Orgelmusik verschiedener Zeiten. In: Musik und Kirche. 9. 1937, H. 5, S. 212

5558 Kirchenorgeln Leipzigs und seiner Umgebung. In: Allgemeine Musikzeitung. 65. 1938, S. 119

Ramos de Pareja, Bartolomeo

5559 De Musica practica. Bologna 1482

Rand, Ethel T.

5560 „The Organ" in War Time. In: The Organ. 19. 1939/40, S. 160

Randier, F.

5561 Les orgues et les organistes de l'église primatiale St. André de Bordeaux du XVᵉ siècle à nos jours. In: La Revue historique de Bordeaux. Bordeaux 1922

5562 Les orgues et les organistes de Saint Michel de Bordeaux. Bordeaux 1927

Rannie, J. Alan

5563 The Organ — Its Position. In: The Organ. 37. 1957/58, S. 158

5564 Llandaff Cathedral Organ. In: The Organ. 38. 1958/59, S. 48

5565 The Organ in St. Thomas' Church, Winchester. In: The Organ. 39. 1959/60, S. 79

5566 Our Contributors. In: The Organ. 40. 1960/61, S. 167

5567 Fog-horns? In: The Organ. 41 1961/62, S. 165

5568 Reed-Tone. In: The Organ. 42. 1962/63, S. 54

5569 Octave Couplers and Extension System. In: The Organ. 15. 1935/36, S. 250

5570 The Rebuilt Organ at Winchester Cathedral. In: The Organ. 18. 1938/39, S. 202

5571 The Swell Oboe. In: The Organ. 22. 1942/43, S. 142

5572 Notes on the Winchester College Organ. In: The Organ. 24. 1944/45, S. 178

5573 The Late Victorian Choir Organ. In: The Organ. 27. 1947/48, S. 191

Rapee, Erno

5574 Encyclopaedia of music for pictures. As essential as the picture. O. O. 1925

Rapf, Kurt

5575 Orgeln in Tirol. In: Österreichische Musikzeitschrift. Wien. 13. 1958, S. 11—16

Raphaelis, Enrico

5576 Die Elektronenorgel — Kind oder Stiefkind unserer Zeit? In: Der Kirchenmusiker. Darmstadt. 15. J. (1964). H. 6. S. 226—229. Zugleich in: Das Musikinstrument und Phono. Frankfurt/M. 14. 1965, H. 2, S. 125—127

Rasmo, N.

5577 Nuovi contributi ad una biografia dell'organaro Daniele Herz. *In: Archivio per l'Alto Adige. 33. 1938, S. 323*

Raßner, Georg

5578 Johann Heinrich Völler's, Hof-Instrumentenmachers und Mechanikus in Cassel, Lebensbeschreibung. *In: Kasseler Post. 1958, 20. September. (Beilage: Die Wilhelmshöhe).*

Rath, G.

5579 Zur Geschichte der Wilheringer Orgeln. *In: Linzer Volksblatt. 1934, Nr. 249*

Rau, Ludwig

5580 Der Orgel Erfindung und Vervollkommnung. *Offenbach 1832*

5581 Die Orgel in ihrem würdevollen Gebrauch. *O. O. 1843*

Raugel, Félix

5582 Deux chefs-d'oeuvres de la facture d'orgues francaise. (Basilique de Saint-Denis et Notre-Dame de Paris). *Paris 1914*

5583 Recherches sur les maitres de l'ancienne facture francaise d'orgues. Les Lépine, les Cavaillé-Coll, Dom Bedos. Anciennes Orgues de l'Aude et de l'Hérault. *Paris 1919*

5584 Vieilles orgues françaises. II. Les orgues des abbayés de Saint-Thibérny et de Gellone, Hérault. *In: L'Echo musical. 4. (5.—20. Okt. 1919). No. 6 u. 7*

5585 Les orgues de l'abbaye de Saint-Mihiel. Anciennes orgues de la région meusienne. *In: Echo musical. Paris 1919*

5586 Les grandes orgues du monde. *In: Almanach Hachette. 1921*

5587 The Organs of the Church of Saint-Etienne-du-Mont, Paris. *In: The Organ. 2. 1922/23, S. 161*

5588 Le grand orgue de l'église Saint-Louis — des-Invalides. *In: Monde musical. Nr. 11/12, 1921, Juni. Zugleich in: The Organ. 1924, Januar. Zugleich in: Bulletin de la Société de l'histoire de l'art franç. 1920—1925. Paris 1922, S. 300—312*

5589 Mantes, ses orgues et ses maîtres. *In: Tribune de Saint-Gervais. 1922, September bis Oktober*

5590 Les Musiciens célèbres, les Organistes. *Paris 1923*

5591 Les orgues et les organistes de Saint-Germain-des-Prés depuis 1653. *In: Musique et instruments. 1923, Juli*

5592 The Organs of the Church of Saint-Germain-des-Prés, Paris. *In: The Organ. 3. 1923/24, S. 48*

5593 The Organs of Saint-Jacques du Haut-Pas, Paris. *In: The Organ. 3. 1923/24, S. 110*

5594 Organ in the Church of Saint-Louis des Invalides, Paris. *In: The Organ. 3. 1923/24, S. 176*

5595 Orgues et organistes de France. *In: Bulletin de la Société de l'histoire de l'art française. A. 1920 bis 1925. Paris. 1924, S. 59—76*

5596 Recherches sur quelques maitres de l'ancienne facture d'orgues française. *Paris 1925*

5597 The Organs of the Chapel of the Château de Versailles. *In: The Organ. 4. 1924/25, S. 33*

5598 Organs of the Church of Saint-Gervais, Paris. *In: The Organ. 4. 1924/25, S. 90*

5599 The Organs of Versailles Cathedral. *In: The Organ. 4. 1924/25, S. 181*

5600 Les grandes orgues et les organistes de la Basilique de Saint Quentin. *Argenteuil — Paris 1925*

5601 Organs of the Abbey Church of Saint-Denis. *In: The Organ. 5. 1925/26, S. 41*

5602 Two Ancient French Organs. *In: The Organ. 5. 1925/26, S. 103*

5603 Les anciens buffets d'orgues du Département de Seine-et-Oise. *Paris 1926*

5604 L'orgue de Notre-Dame d'Etampes. *In: Revue de l'orgue et des organistes. 1926, Juni*

5605 Organ of the Cathedral at Toul. *In: The Organ. 6. 1926/27, S. 42*

5606 Les grandes orgues des églises de Paris et du Département de la Seine. *Paris 1927*

5607 Le grand orgue de la cathédrale de Bourges. *In: La Musique d'église. 1927, April*

5608 The Organs of the Cathedral at Bourges. *In: The Organ. 7. 1927/28, S. 32*

5609 The Grand Organ at Notre Dame, Paris. *In: The Organ. 7. 1927/28, S. 129*

5610 Les anciens buffets d'orgues du Départment de Seine et Marne. *Paris 1928*

5611 The Ancient Organ of Notre-Dame, Moret-sur-Loing. *In: The Organ. 8. 1928/29, S. 240*

5612 The Organs of Taverny and Villiers-le-Bel, Seine-et-Oise. *In: The Organ. 8. 1928/29, S. 240*

5613 Les grandes orgues de l'église Saint-Rémy de Dieppe. *Paris 1932*

5614 Die Domorgel von Toul. *Mainz 1932*

5615 Les orgues d'A. Bruckner. *O. O. 1932*

5616 Die Orgelwerke der Abtei St. Mihiel. *Mainz 1933*

5617 Le grand orgue de Notre-Dame de Caudebec en Caux. *O. O. 1933*

5618 Les grandes orgues de Notre-Dame de la cité paroissial de Saint Honoré d'Eylan. *Paris 1934*

5619 Les Grandes Orgues de la Pfarrkirche in Schwaz (Tyrol). *In: Bulletin trimestriel des amis de l'orgue. Paris. 7. 1935, Nr. 21*

5620 Les anciens buffets d'orgues du Département de la Marne. *Paris 1937*

5621 Les orgues et les organistes de la cathédrale de Strasbourg. *Straßburg 1948*

5622 Les Isnard. *In: Problèmes de musique sacré (Cahiers de l'art sacré. 1946). S. 29—33*

5623 Les grandes orgues de la basilique de Saint-Nicolas-de-Port. *Paris 1949*

5624 Les grandes orgues de l'ancienne église abbatiale de Saint Urban (Suisse). *In: L'Orgue. 65. 1952, S. 108—110*

5625 Anciennes orgues françaises. *In: Musikwissenschaftlicher Kongreß. Utrecht 1953. Amsterdam 1953*

5626 Les Silbermann et la France Musicale de leur temps. *In: SMZ. 1954, S. 14*

5627 Le grand orgue de la cathédrale de Bourges. *In: L'Orgue. 79. 1956, S. 44—51*

5628 Grenié, Gabriel-Joseph. *In: Musik in Geschichte und Gegenwart. Bd. V. Kassel 1956, Sp. 813*

5629 L'Orgue. *In: Précis de musicologie ... Paris 1958, S. 356—367*

5630 La Maîtrise et les orgues de la primatiale Saint-Trophime d'Arles. *In: Recherches. 2. 1961/62. S. 98—116*

5631 Nouveau grand orgue de l'église Saint-Michel de Hambourg. *In: La Tribune de Saint Gervais. Paris. 19, S. 7—8*

Raugel, F. s. Giraud, Ch. M. 2722

Rawson, Graeme

5632 An Appreciation. *In: The Organ. 41. 1961/62, S. 112*

Read, Ernest

5633 Modern Organ Design and St. Peter's, Cranley Garden. *In: The Organ. 27. 1947/48, S. 23*

Reade, P. de W.

5634 The Organ at Teigngrace Church, Devon. *In: The Organ. 10. 1930/31, S. 171*

Reckziegel, Walter

5635 Georg Vogler. *In: Musik in Geschichte und Gegenwart. Bd. XIII. Kassel 1966. Sp. 1894—1905*

Refardt

5636 Historisch-biografisches   Musiker-Lexikon   der Schweiz. *O. O. 1928*

Régnier, Joseph

5637 L'orgue, sa connaissance, son administration et son jeu. *Nancy 1850*

Régnier, Louis

5638 Monographie de l'église de Nonancourt et de ses vitraux. *Mesnil-sur-l'Estrée. 1894*

Rehm, Gottfried

5639 Die Orgeln im Westteil des Bistums Fulda (hist. O.). *In: Buchenblätter. Beilage zur Fuldaer Zeitung. (1962). Nr. 23, 25, 26, 27*

5640 Eine Untersuchung über die Dispositionspraxis. *In: Musica sacra. Köln. 82. 1962, S. 215—222*

5641 Überlegungen zur wenigstimmigen Orgel. *In: Musica sacra. Köln. 83. 1963, S. 7*

5642 Die Orgeln des Landkreises Fulda. *In: Buchenblätter. Fuldaer Zeitung. 36. 1963, Nr. 21*

5643 Der Orgelbau im Fuldaer Land. *In: Fuldaer Geschichtsblätter. Fulda. 40. 1964. Nr. 6 S. 182 bis 187. Zugleich in: Hessische Heimat. Marburg 1967, März. Zugleich in: Musik und Kirche. 34. 1964, Nr. S. 230*

5644 Die Orgeln im Dom zu Fulda. *In: Musica sacra. 1964, S. 12*

5645 Lösungen für Pedalerweiterungen an historischen Orgeln. *In: Musica sacra. 1965, S. 8*

5646 Kreienbrink-Orgeln im Bistum Fulda. *In: Fs. Kreienbrink 1965*

5647 Orgeln in Rhöner Kirchen. *In: Rhönwacht. Fulda. 1965, Nr. 3, 4*

5648 Beiträge zur Frage: Änderungen an historischen Orgeln. *In: Musica sacra. Köln. 85. 1965, H. 7/8, S. 203—206*

5649 Neue Orgeln in Berlin. *In: Musica sacra. Köln. 85. 1965, H. 9, S. 249—253, H. 10, S. 285—287*

5650 Gersfelder Orgelbauer des 19. Jhs. *In: Buchenblätter. 1965, Nr. 32; 1966, Nr. 33*

5651 Der Wert des Orgelgehäuses. *In: Musica sacra. Köln. 86. 1966, H. 1, S. 13—14*

5652 Barocke Orgeln in den Kirchen der Rhön. *In: Musica sacra. Köln. 86. 1966, H. 9, S. 248—249, H. 10*

5653 Zur Orgel-Geschichte des Geisaer Landes. *In: Buchenblätter. Fulda 1966, Nr. 23, 24*

5654 Zur Geschichte der Orgelbauersippe Oestreich. *In: Buchenblätter. Fulda 1966, Nr. 29, 30, 31*

5655 Die Orgeln des Kreises Hünfeld (Österreich-Orgeln). *In: Buchenblätter. Fulda. Nr. 17. Zugleich: Wolfenbüttel 1966*

5656 Die ältesten Orgeln der Rhön. *In: Buchenblätter. Fulda 1966, Nr. 38*

5657 Orgelfahrt ins östliche Hessen. *In: Heimat im Bild. Gießener Anzeiger. 1966, Nr. 51, 52*

5658 200 Jahre Ottobeurener Orgeln. *In: Musik und Kirche. Kassel. 36. 1966, Nr. 4*

5659 Orgelfahrt ins Fuldaer Land. *In: ars organi. 1967, Juni*

5660 Die Orgeln des Ulstergrundes. *In: Mainlande. Würzburg 1967, Nr. 6, 7*

5661 Ein Zeugnis über die Oestreichs vor 125 Jahren. (Altastenberg). *In: Buchenblätter. Fulda 1967, Nr. 3*

5662 Joh. Markus Östreich und seine spätbarocke Orgel in Detmold. *In: Buchenblätter. Fulda, Nr. 14*

5663 Markus Oestreichs erstes Werk (Lauterbach). *In: Lauterbacher Anzeiger. 1967, Nr. 56*

5664 Fuldaer Orgelbauer in Westfalen. *In: Buchenblätter. Fulda 1967, Nr. 14*

Rehm, H. C.

5665 Der Orgel hoher Zweck. *Marburg 1826*

Reichardt, B.

5666 Orgelbau in Sachsen. *In: Sächs. Kirchenblatt und Schulblatt. Leipzig. 36. 1886, S. 289—292*

Reichl, Fr. O.

5667 Zum Thema: Elektronische Kirchenorgel. *In: Das Musikinstrument und Phono. Frankfurt/M. 14. 1965, H. 9, S. 832*

Reichling, Alfred

5668 Kirchliche Orgelkunst im Buxheimer Orgelbuch. *In: Musik und Altar. Freiburg/Br. 9. 1956/57, S. 53 bis 55*

5669 Orgel und Orgelmusik vor 1500. *In: Musik und Altar. Freiburg/Br. 9. 1956/57, S. 177—183*

5670 Deutsche Orgelmeister des 16. Jhs. *In: Musik und Altar. Freiburg/Br. 10. 1957/58, S. 101—106*

5671 Wo steht die Orgelbewegung heute? *In: Musik und Altar. Freiburg/Br. 13. 1960/61, S. 129—131*

5672 Orgelland Spanien. *In: Musik und Altar. 16. 1964, S. 34—36*

5673 Acta organologica. *Berlin. 1. 1967*

Reichmeister, J. C.

5674 Die Orgel in einem guten Zustande und reiner Stimmung zu erhalten, nebst Beschreibung der Orgel. *Leipzig 1828*

5675 Unentbehrliches Hülfsbuch beim Orgelbau. *Leipzig 1832*

Reiff, F.

5676 Er Frikombinationssystemer paa større Orgler önskelige? *In: Organist-Bladet. 26. Kopenhagen 1960, H. 1, S. 3—9*

Reimann, H.

5677 Sauer'sche Orgel in der Marienkirche zu Mühlhausen in Thüringen. *In: Allgemeine Musikzeitung. 18. 1891, S. 333*

5678 Sauer'sche Orgel für das Conservatoire national in Rio de Janeiro. *In: Allgemeine Musikzeitung. 18. 1891, S. 437*

5679 Sauer'sche Orgel in der Kaiser-Wilhelm-Gedächtniskirche zu Charlottenburg-Berlin. *In: Allgemeine Musikzeitung. 22. 1895, S. 434; 24. 1897, S. 178*

Reimann, Wolfgang

5680 Geschichte der Orgel. *In: Protestantenblatt. 1912, Nr. 2, 3*

5681 Die Orgel als Kult- und Konzertinstrument. *In: Allgemeine Musikzeitung. 1927, S. 811—813, 831*

5682 Zum 200. Todestage des Orgelbauers Franz Caspar Schnitger. *In: Musik und Kirche. 1. 1929. S. 179*

5683 Zur Wiederherstellung der Schnitgerorgel im Schloß zu Charlottenburg. *In: Musik und Kirche. Kassel. 4. 1932, H. 1, S. 40*

5684 Die Praetorius-Orgel in Freiburg i. Br. *In: Der Kirchenmusiker. Darmstadt. 7. 1956, S. 41—43*

Reimers, H.

5685 Lage der Orgeln in den alten ostfriesischen Kirchen. *In: Upstalsboom, Blätter für ostfriesische Geschichte. 2./3. 1913, Nr. 5/6, S.67—70*

Reinbolt, Claus

5686 Zum Problem und Umbau der Strassburger Münsterorgel. *Straßburg. 1935. Zugleich in: Jahrbuch der Els.-Lothr. Wiss. Ges. zu Straßburg. 1. 1936, S. 11—61*

5687 Problem der Hausorgel im Elsaß. *In: Elsaßland. Gebweiler. 15. 1935, S. 69—71*

5688 Die neue Orgel im Münster zu Straßburg. *In: Schriften der Els.-Loth. Wiss. Gesellschaft zu Straßburg*

Reindell, W.

5689 Eine Orgelbauakte vom Niederrhein. A. D. 1777. *In: Studien zur Musikgeschichte des Rheinlandes. Köln 1956, S. 47—108*

Reinhold, Theodor Christlieb

5690 Einige poetische Gedanken bey Aufsetzung der neuen Orgel in der Frauenkirche zu Dresden. *Dresden 1736*

Reinthaler, C.

5691 Gutachten über die von Peternell erbaute neue Orgel in der Kirche zu Bremen-Wulle. *O. O. 1852*

Reisch, Matthäus / Husemann, G. / Frieling, Rud.

5692 Eine Orgel für den Berliner Bau (der Christengemeinschaft). *In: Die Christengemeinschaft. Stuttgart. 33. 1961, S. 384*

Reiss, Karl H.

5693 Eine deutsche elektronische Orgel. *In: Instrumentenbau-Zeitschrift. Konstanz. 5. 1951, S. 149—150, 152—153*

Reiter, Moritz

5694 Die Orgel unserer Zeit. *Berlin 1880*

Remoudini, P. L. (C.)

5695 Intorno agli organi italiani. *Genova 1879*

Renaudin, André

5696 Grandes Orgues normandes dans l'école française. *Rouen 1963*

Renault, Georges

5697 Introduction à la connaissance de l'orgue. *Fougères 1960*

5698 Les orgues du Saint-Sulpice de Fougères, 1447 bis 1956. *O. O. 1957*

Reining, Max

5699 Doppelorgel von 1711 in Bedheim/Thüringen. *In: Musik und Kirche. 28. 1958, H. 5, S. 235*

Renkewitz, E.

5700 Die Gestaltung des modernen Orgelprospekts. *In: Ars organi. Berlin. 12. 1964, H. 24, S. 713—721*

5701 Daniel Brustwerckle: Summaria von ergetzlichen undt wundersamen Begebenheithen, so eynem Orgelmacher widerfahren. *Berlin 1964*

Renkewitz, W. E. s. Bormann, K. 0842

Renner, J.

5702 Kurzer Führer durch die Orgelliteratur. *In: Musica sacra. Köln. 1912, S. 227, 232*

Rennie, E. J. C.

5703 Why Organs go out of Tune: *In: The Organ. 25. 1945/46, S. 44*

Rensch, Richard

5704 Internationaler Orgelbauerkongreß Amsterdam, Holland, 3.–7. September 1957. *In: Württembergische Blätter für Kirchenmusik, Stuttgart. 24. 1957, S. 94–97. Zugleich in: Musik und Kirche. Kassel. 27. 1957, S. 292–294*

5705 Berliner Orgeltage und Orgelbau. *In: Das Musikinstrument und Phono. Frankfurt/M. 10. 1961, S. 494–497*

5706 Gemeinkosten- und Lohnerhöhungsverrechnung im Orgelbau. *In: Das Musikinstrument und Phono. Frankfurt/M. 13. 1964, S. 853–855*

5707 Die Orgeln in der Regiswindiskirche zu Lauffen am Neckar. *In: Das Musikinstrument und Phono. Frankfurt/M.*

Rensis, R. de

5708 Cento anni della casa Anelli. Organi e pianoforti 1836–1936. *Cremona 1936, S. 141*

Reuter, Clemens

5710 Neue Orgel im Konservatorium Antwerpen. *In: Zeitschrit für Kirchenmusik. Köln. 71. 1951*

5711 Orgelbau in der Eifel: Daun, Oberehe, Kirmutscheid. *In: Zeitschrift für Kirchenmusik. Köln. 71. 1951, S. 97–99*

5712 Neue Orgeln. Hamburg-Altona; Köln, Musikhochschule, Institut für Kirchenmusik. *In: Zeitschrift für Kirchenmusik. 71. 1951, S. 125–127*

5713 Augsburg, St. Joseph. *In: Zeitschrift für Kirchenmusik. Köln. 71. 1951, S. 166–167*

5714 Die Orgeln des Domes zu Eichstätt. *In: Zeitschrift für Kirchenmusik. Köln. 71. 1951, S. 211. 213*

5715 Fortschrittlicher Orgelbau in Österreich: Linz: Pöstlingbergkirche. *In: Zeitschrift für Kirchenmusik. Köln. 72. 1952, S. 33–34*

5716 Orgelbau in Holland. *In: Zeitschrift für Kirchenmusik. Köln. 72. 1952, S. 167–170*

5717 Prinzipalchöre kleinerer Orgeln: Pfarrkirche St. Heribert zu Kreuzau, Kr. Düren. *In: Zeitschrift für Kirchenmusik. Köln. 72. 1952, S. 210–211*

5718 Prinzipalchöre kleinerer Orgeln: Pfarrkirche zu Mudau, Landkreis Buchen. *In: Zeitschrift für Kirchenmusik. Köln. 72. 1952, S. 211–212*

5719 Orgeltagung in Köln. *In: Zeitschrift für Kirchenmusik. Köln. 73. 1953, S. 24–27*

5720 Die Orgeln der Musikmesse 1952. *In: Zeitschrift für Kirchenmusik. Köln. 73. 1953, S. 36–38*

5721 Orgeln bei der Kölner Orgeltagung. *In: Zeitschrift für Kirchenmusik. Köln. 73. 1953, S. 38–39*

5722 Orgelneubau in der Schweiz. *In: Zeitschrift für Kirchenmusik. Köln. 73. 1953, S. 110–113*

5723 Neue Orgeln: Köln-Sülz, Pfarrkirche St. Nikolaus. *In: Zeitschrift für Kirchenmusik. Köln. 73. 1953, S. 257*

5724 Zur Bensberger Tagung über Architektur und Orgelbau. *In: Instrumentenbau-Zeitschrift. Konstanz. 17. 1962/63, S. 202*

5725 Zur technischen Problematik moderner Restaurationsverfahren an alten Orgeln. *In: Instrumentenbau-Zeitschrift. Konstanz. 17. 1962/63, S. 261 bis 262*

5726 Und wieder: „Elektronenorgel" oder „Pfeifenorgel"? *In: Instrumentenbau-Zeitschrift. Konstanz. 17. 1962/63, S. 385*

5727 Neue alte Orgeln in Köln. *In: Instrumentenbau-Zeitschrift. Konstanz. 17. 1962–63, S. 390–391*

5728 Rheinischer Orgelbau um 1850. *In: Studien zur Musikgeschichte des Rheinlandes. Köln. 2. 1962. S. 199–218*

5729 Chor und Orgel – noch zeitgemäß? *In: Im Dienste der Kirche. Essen. 45. 1964, S. 158–160, 209–210*

Reuter, C. s. Wörsching

Reuter, Hannelore

5730 Das Gutachten Christian Vaters über die münsterische Domorgel. *In: Westfalen. 44., S. 343–345*

Reuter, Rudolf

5731 Der Orgelneubau in der St. Lambertikirche zu Münster. *In: CVO. Zeitschrift für Kirchenmusik. 70. 1950, S. 115–116*

5732 Westfälische Barockorgeln. *In: Westfalenspiegel. Dortmund. 1. 1952, Januar, S. 6–8*

5733 Die Dorfkirchenorgel im nördlichen Oldenburg. *In: Heimatkalender für das Oldenburger Münsterland. Vechta 1953, S. 136*

5734 Alte Dorfkirchenorgeln im nördlichen Oldenburg. *In: Oldenburger Heimatbuch. Cloppenburg 1954*

5735 Voraussetzungen und Aufgaben der westfälischen Orgeldenkmalpflege. *In: Zs. Westfalen. Münster. 31. 1953, S. 257–273*

5736 Die Restaurierung der Borgentreicher Barockorgel 1951–1953. *In: Fs. Borgentreich. Borgentreich 1953*

5737 Historischer und moderner Orgelbau in Deutschland. *In: Zeitschrift für Kirchenmusik. Köln. 74. 1954*

5738 Die Orgel in Spanien. *In: Zeitschrift für Musik. Regensburg. 115. 1954, H. 4, S. 207–210*

5739 Die Orgellandschaft Westfalen. *In: Westfalenspiegel. Dortmund. 17. 1958, H. 5, S. 8–12*

5740 Zur Geschichte der Orgel in Spanien. *In: Jahresschrift der Gesellschaft zur Förderung der Westfälischen Wilhelms-Universität zu Münster. Münster/Westf. 1. 1958, S. 39–59*

5741 Johann Patroklus Möller. *In: Musik in Geschichte und Gegenwart, 1961. Bd. 9. Sp. 860 ff.*

5742 J. P. Müller, Westfalens bedeutendster Orgelbauer im 18. Jh. In: Zs. Westfalen. Münster 1959, H. 37

5743 Die Orgellandschaft Westfalen wird entdeckt. In: Lippisches Heimatbuch, Detmold 1959

5744 Die Grundlagen der Geschichte des Orgelbaus in Westfalen. In: Fs. Fellerer, Regensburg 1962

5745 Andreas Schneider. In: Musik in Geschichte und Gegenwart, Kassel 1963, Bd. 11. Sp. 1892 ff

5746 J. Ph. Seuffert (Seufert). In: Musik in Geschichte und Gegenwart, Kassel 1965, Bd. 12, Sp. 592 ff.

5747 Erhaltung und Wiederherstellung historischer Orgeln in Westfalen und Lippe. In: Zs. Westfalen. Münster. 41. 1963, S. 382—439

5748 Die Orgelchronik des Joh. Friedr. Nolte aus Reiste. Eine unbekannte Quelle zur Geschichte des Orgelbaus in Westfalen. In: Kirchenmusikalisches Jahrbuch. Köln. 47. 1963, S. 137—151

5749 Die Herforder Orgelbauer Klausing. In: Zs. Westfalen. Münster. 42. 1964, S. 261—274

5750 Orgeln in Westfalen. Kassel 1965

5751 Der äußere Aufbau der münsterschen Domorgel von 1752—1755. In: Zs. Westfalen. Münster 1963

5752 Die Orgelbauerfamilie Bader. In: Monatsblätter für Landeskunde und Volkstum Westfalens. Münster 1962, Nr. 45

5753 Der Lippstädter Orgelbauer Johann Patroclus Möller. Westfalens bedeutendster Orgelbaumeister im 18. Jh. In: Volksbank Lippstadt. Geschäftsbericht 1965, S. 67—80

5754 Die Grundlagen des Orgelbaus auf der Iberischen Halbinsel. Eßlingen 1965

5755 Spanische Orgeln/Organos españoles. (Ausstellungskatalog). Madrid 1963

5756 Aus der Geschichte der Orgel in der Bürener Pfarrkirche. In: Die Warte. 20. 1. Paderborn.

5757 Musikgeschichte der Stadt Münster im Überblick. In: Westfalen. 44., S. 290—301

5758 Die Corveyer Orgelbauten nach dem Dreißigjährigen Krieg. In: Kunst und Kultur im Weserraum 800—1600, Ausstellung des Landes Nordrhein-Westfalen. 1. Bd. Beiträge zur Geschichte und Kunst. Corvey 1966, S. 77—81

5759 Orgelbauer aus Beckum. In: Fs. Beckum 1967

5760 Große Orgeln im Weserraum. In: Westfalen. Münster. 46. 1967

Reynolds, Frank

5761 The Organ in Richmond Parish Church, Yorkshire. In: The Organ. 28. 1948/49, S. 26

5762 The Organ in St. Bride's Church, Fleet Street, London. In: The Organ. 39. 1959/60, S. 178

Rhyzelius, Andreas Olofsson

5763 Christelig Orgelwerks-Inwigning . . . Uti Linköpings Domkyrkio . . . then 19. Augusti år 1733. Linköping 1733, S. 7—9

Ricek, Walter

5764 Die Orgel der Christuskirche in Wels. In: Gottesdienst und Kirchenmusik. München. 11. 1960, S. 88—89

Richa, Giuseppe

5765 Notizie storiche delle Chiese fiorentine. Florenz, 3. 1755

Richard, A.

5766 Orgel im Spiegel der Zeitgeschichte. In: Die Bergstadt. Breslau. 17. 1929, H. 1, S. 394—401

Richards, C. S.

5767 History of the organ in Wotton under Edge Parish Church. O. O. 1912

5768 The acoustics of orchestral instruments and of the organ. London 1929

Richards, Emerson L.

5769 Downside Abbey Organ. In: The Organ. 11. 1931/1932, S. 63

5770 The Thomaskirche Organs and Bach. In: The Organ. 16. 1936/37, S. 254

5771 The Choir Organ. In: The Organ. 26. 1946/47, S. 190. Zugleich in: 27. 1947/48, S. 142

5772 The Methuen Organ. In: The Organ. 35. 1955/56, S. 110

Richards, Nicholas

5773 Hope-Jones. In: The Organ. 40. 1960/61, S. 221

Richardson, E. G. s. Rakowski, A. 5550

Richardson, Frank

5774 „The Organ" in Exile. In: The Organ. 18. 1938/1939, S. 122

Richter, E.

5775 Geleitwort zum 12. internat. histor. Orgelkonzert. In: Die Brücke. Chemnitz 1920, S. 804

5776 Die moderne Orgelbewegung: Wo stehen wir heute? In: Zeitschrift für Kirchenmusiker. Dresden. 21. 1939, S. 17—20

5777 Orgelfragen. Eine Klarstellung? In: Zeitschrift für Kirchenmusiker. Dresden. 21. 1939, S. 49—51

Richter, Ernst F.

5778 Katechismus der Orgel; Erklärung ihrer Struktur. Leipzig 1868

Richter, Max

5779 Moderne Orgelspielanlagen in Wort und Bild. Leipzig 1906

Rieber, K. F.

5780 Kleinorgeln in Oberbaden. In: Bericht über die Freiburger Tagg. f. deutsche Orgelkunst. 2. Tagg. 1939, S. 136—139

Riechelmann, Lutz

5781 Die neue Elektronen-Toccata-Orgel. In: Musik und Gesellschaft. Berlin. 9. 1959, S. 558—559

Riefler, Siegfried

5782 Die Orgel-Trias in der Abteikirche Ottobeuren. *In: Die sieben Schwaben. Kempten/Allgäu. 8. 1958, S. 1—4*

Riegger

5783 Sur les orgues de la Bohème. *O. O. u. J.*

Riemann, Hugo

5784 Handbuch der Orgel. *Berlin 1888*

5785 Katechismus der Orgel. *Leipzig 1868*

5786 Orgelbau im frühen Mittelalter. *In: Präludien und Studien. Gesammelte Aufsätz. II. Leipzig. 1900. Zugleich in: Allgemein. Leipziger Mus. Ztg. 14. 1879, S. 85 ff.*

5787 Handbuch der Orgel. „Orgellehre". *Berlin 1922*

5788 Vervollkommnung der Orgelpedal-Applikaturbezeichnung. *In: Musikalisches Wochenblatt. 21., S. 385*

Ries, Georg

5789 Orgeldienst und Volksschullehrer . . . in Bayern. *Ansbach 1912*

Rietschel, Georg

5790 Die Aufgabe der Orgel im Gottesdienste bis in das 18. Jahrhundert. *Leipzig 1893*

Rigby, Evan

5791 Small Organ Design. *In: The Organ. 36. 1956/57, S. 49*

5792 St. Catherine's, Gloucester. *In: The Organ. 36. 1956/57, S. 106*

5793 John Avery and Stroud Parish Church. *In: The Organ. 42. 1962/63, S. 125*

Rigoni, E.

5794 Organari italiani e tedeschi a Padova nel Quatrocento. *In: Note d'Archivio per la Storia Musicale Rom. 12. 1936, N. 1—2. S. 7—21*

Rihsé / Seggermann, G.

5795 Klingende Schätze, Orgelland zwischen Elbe und Weser. *Cuxhaven 1958*

5796 Klingendes Friesland. Orgeln zwischen Weser und Ems. *Cuxhaven 1959*

Riklin, H. C.

5797 Hausorgeln in Toggenburg. *In: Schweizer Musikzeitung. Zürich. 72. 1932, S. 465—472.*

5798 Alter Orgelbau in Toggenburg. *In: Volkslied und Hausmusik. Zürich. 5. 1940, Nr. 6*

Rillé, Laurent de

5799 L'orgue de Cavaillé. *Paris 1902*

Rilling, Helmut

5800 Systematische Pedaltechnik. *In: Württ. Blätter für Kirchenmusik. Stuttgart. 27. 1960, S. 28—32*

Rimbault, Ed. F.

5801 The early English organ builders and their works from the fifteenth century to the period of the great rebellion. *London 1865*

Rimbault, E. F. s. Hopkins, E. J. 3416

Ringue, Jean

5802 Que faire pour les vieilles orgues? *In: Caecilia. Straßburg. 57. 1949, S. 44—47*

5803 Le plus vieil Orgue d'Alsace (Bouxwiller). *In: L'Orgue. 1961. Nr. 97—99. S. 51—52*

5804 Orgues decampagne en Alsace et en Franche-Comté. *In: L'Orgue 1960. Nr. 93—96, S. 67—73*

Rinken, A.

5805 Die neue Orgel in der Anbetungskirche, Essen. *In: Das Münster am Hellweg. Essen. 12. 1959, S. 15 bis 20*

Risselada, A.

5806 Lübecks Orgelpracht. *In: Het Orgel. 56. 1960. S. 183—186, 233—236*

Ritter, A. G.

5808 Zur Geschichte des Orgelspiels im 14. bis zum Anfange des 18. Jahrhunderts. *Leipzig 1884*

5809 Die Orgel und das Orgelspiel. *Leipzig. O. J.*

5810 Die Erhaltung und Stimmung der Orgel durch den Organisten. *Erfurt und Leipzig 1861*

Ritter, Hermann

5811 Katechismus der Musikinstrumente. *Dresden 1894*

Ritter, J. L.

5812 Etwas zur Feier des ersten Jubiläums der beiden Silbermannischen Orgeln in Rötha. *Leipzig 1821*

Ritter, Karl Bernhard

5813 Die Aufgabe der Orgel in der Abendandacht. *In: Musik und Kirche. Kassel. 4. 1932, H. 2, S. 67*

5814 Die Aufgabe der geistl. Musik, insbesondere der Orgel im Gottesdienst der evangelischen Kirche. *In: Musik und Kirche. Kassel. 5. 1933, H. 2, S. 61*

Rivel, Joseph

5815 La Restauration de l'orgue de la basilique Saint-Just et Saint-Pasteur de Narbonne. *In: Rapport au Comité des „Amis de l'orgue". Narbonne 1926*

5816 L'orgue de Narbonne. *Narbonne 1931*

5817 Historique des orgues del la basilique St.-Juste et St.-Pasteur de Narbonne. *Narbonne 1927*

Rittey, Alan

5818 Organless Cases. *In: The Organ. 38. 1958/59, S. 157*

Robbins, Eduard R.

5819 Handel and his Keyboard Instruments. *In: The Organ. 41. 1961/62, S. 219*

Roberti, A.

5820 I vecchi organi della Basilica di S. Giustina (Padova). *In: Nella solenne inaugurazione del nuovo grandioso organo della Basilica S. Giustina in Padova 1928*

Roberts, Evan

5821 An anusual organ. *In: Liturgy. Exeter. 26. 1957, Nr. 4, H. 9, S. 2—3*

Roberts, John V.

5822 The Parish Church Halifax; History of the organ. *Halifax 1878*

Roberts, R. Meyrick

5823 The Organ at Liverpool Cathedral. *London 1926*

Roberts, A.

5824 Liverpool Cathedral Organ. *In: The Organ. 4. 1924/25, S. 82*

5825 Concert Organ in King George's Hall, Blackburn. *In: The Organ. 5. 1925/26, S. 25*

5826 Old Radnor Organ Case. *In: The Organ. 6. 1926/1927, S. 75*

5827 Snetzler and the First Dulciana in England. *In: The Organ. 7. 1927/28, S. 81*

5828 Henry Ainscough: Organ Builder of Preston. *In: The Organ. 8. 1928/29, S. 211*

5829 Beverley Minster and its Organs. *In: The Organ. 1929/30, S. 129*

5830 Peterborough Cathedral and its Organs. *In: The Organ. 10. 1930/31, S. 1*

5831 The New Organ at the Liverpool Philharmonic Hall. *In: The Organ. 10. 1930/31, S. 129*

5832 The Organ at Haileybury College. *In: The Organ. 10. 1930/31, S. 223*

5833 St. George's Hall Organ, Liverpool. *In: The Organ. 11. 1931/32, S. 129*

5834 Organ Building in Huddersfield. *In: The Organ. 11. 1931/32, S. 218*

Robertson, Frederick E.

5835 A practical treatise on orgen building. *London 1897*

Robinson, A. H. R.

5836 Organ in King's College Chapel, Cambridge. *In: The Organ. 14. 1934/35, S. 128*

5837 St. Anne's Roman Catholic Cathedral, Leeds. *In: The Organ. 23. 1943/44, S. 191*

5838 The Organs of Clare College, Cambridge. *In: The Organ. 24. 1944/45, S. 49.*

Robinson, A. J.

5839 The Harrison Organ in the New Concert Hall, Newcastle. *In: The Organ. 9. 1929/30, S. 206*

Roca

5840 Orgues et organistes du Roussillon du XVe au XIXe siècle. *In: Revue historique du diocèse de Perpignan 1926*

Rocher, E.

5841 Große expressive Pedalorgel der Firma Hofberg, Leipzig. *In: Zeitschrift für Instrumentenbau. Leipzig. 49. 1929, S. 391*

Rochesson, E.

5842 Le grand orgue de la cathédrale de Beauvais. *In: Revue de l'orgue et des organistes. 1925, Februar*

Rochesson, Louis-Eugène

5843 Orgues anciennes. Relevage et restauration. *In: Bulletin de la Société française de musicologie. 1920, März*

5844 Le grand orgue du XVIIe siècle (1631), de Saint Nicaise de Rouen. *Rouen 1928*

5845 La facture d'orgues étudiée au point de vue technique, esthétique et critique avec documents. I. Le grand orgue et les organistes de l'église Saint-Maclou de Pantoise. *Orléans. O. J.*

Rock, Dorothy H.

5846 Ernest E. Adcock. *In: The Organ. 40. 1960/61, S. 222*

Rockseth, Y. s. Rokseth, Y.

Roden, Esmond H. L.

5847 „Traps", and Suboctave Couplers. *In: The Organ. 16. 1936/37, S. 256*

5848 The Organ in Christ Church (City), Bristol. *In: The Organ. 27. 1947/48. S. 5*

5849 An unique Hotel Organ. *In: Musical Opinion. 71. 1948, S. 190*

5850 Organ in the Congress Hall, Nuremberg. *In: The Organ. 31. 1951/52, S. 83*

5851 Two interesting Organs in the Hague. *In: The Organ. 35. 1955/56, S. 196*

Rodham, T. E. C.

5852 More about Small Organs. *In: The Organ. 23. 1943/44, S. 189*

5853 Why Organs go out of Tune. *In: The Organ. 25. 1945/55, S. 45, 143.*

5854 The Organ in the Royal Albert Hall, London. *In: The Organ. 27. 1947/48, S. 186*

Rodière, Roger

5855 Une visite à l'église de Tournehem. *In: Bulletin de la Commission départementale des monuments historiques du Pas-de-Calais. 1902*

Roe

5856 Tönendes Licht in der Orgel. *In: Nachrichten-Zeitung des Ver. deutscher Ingenieure. Jetzt: Rundschau techn. Arbeit. 16. 1936, Nr. 46. S. 2*

Rössel, W.

5857 Die Bewegungsprobleme des Orgelspiels. *Zürich/Leipzig 1931*

Rößler, Almut

5858 Gedanken über das Registrieren. *In: Musik und Kirche. Kassel. 34. 1964, Nr. 3, S. 115*

5859 Eine „ganze" Orgel. *In: Musik und Kirche. Kassel. 35. 1965, Nr. 6, S. 309*

Rößler, Ernst Karl

5860 Orgelfragen heute. *In: Musik und Kirche. Kassel. 17. 1947, H. 3, S. 75; H. 4—6, S. 144; 18. 1948 H. 1/2, S. 32—38*

5861 Klangfunktion und Registrierung. *Kassel 1952*

Rogers, Harry B.

5862 Direct electric Action. *In: The Organ. 15. 1935/ 1936, S. 127*

Rohr, Heinrich

5863 Warum Orgelspiel im Gottesdienst? *Dülmen 1939*

Rohrmann, Heinrich Leopold

5864 Kurze Methode zum zweckmäßigen Choralspielen, nebst einer kurzen Anweisung zur guten Erhaltung einer Orgel. *Hannover 1801*

Roisin, le baron de

5865 Analyse de l'ouvrage de J. Régnier sur l'orgue, sa connaissance et son jeu. *In: Bulletin monumental, 2e série. Bd. 7. Paris 1851*

Roizman, L. I.

5866 Organnaya Kultura Estonii. *O. O. 1960*

Rojahn, F.

5867 Kortfattet haandbog om orglet. *Christiania 1891*

Rokseth, Yvonne

5868 La musique d'orgue au XVe siècle et au début du XVIe. *Paris 1930*

5869 L'orgue en France au XVIe/XVIIe siècle. *Paris 1931*

Rolle, Christian Karl

5870 Neue Wahrnehmungen zur Aufnahme und weiteren Verbreitung der Musik, von ... *Berlin 1784*

Roman, J.

5871 Date des orgues de Notre-Dame d'Embrun. *In: Réunion des Sociétés des Beaux-Arts des départements, onzième session. Plon 1887*

5872 Les orgues de Notre-Dame d'Embrun. *In: Bulletin de la Société d'études des Hautes-Alpes. 7. 1888*

5873 Prix fait pour l'ornementation extérieure des orgues de Notre-Dame de Grenoble. *In: Réunion des Sociétés des Beaux-Arts des départements. 20. 1896, S. 96*

5874 La reconstitution des orgues d'Embrun. *In: Bulletin de la Société d'études des Hautes-Alpes. 1913*

Rombaut, John

5875 The Organ in the Roman Catholic Church of Our Lady of Lourdes and St. Joseph, Leighon-Sea. *In: The Organ. 41. 1961/62, S. 88*

5876 Our Lady of Lourdes. *In: The Organ. 41. 1961/62, S. 218*

Romita, F.

5877 Organi monumentali antichi e organi moderni. *In: Musica Sacra. 86. Mailand 1962, S. 54—64*

Rooksby, H. A.

5878 The Nomenclature of Compound Stops. *In: The Organ. 28. 1948/49, S. 104*

Roosevelt

5879 Hilborne L. Roosevelt; Manufacturer of Organs. *O. O. 1883*

Ropartz

5880 Notice sur la musique en Bretagne. *In: Association bretonne. Session de Vitré. 1876. S. 49 ff.*

Rosas, John

5881 Kring en gammal orgel. *Budkavlen (Åbo). 32. 1955. S. 97—116*

Rose, K.

5882 Schoeninger Orgelbauer. *In: Unsere Heimat, Schoeningen 15. 1966, Nr. 6, S. 77—79; 16. 1967, Nr. 1, S. 8—10*

Rosenquist, Carl Erik

5883 Orgelkonst. Handbok i orgelkännedom. *Lund 1937*

Rosenström, A. M.

5884 Historik öfver Sabbatsbergs Fattighus 1752—1896. *Stockholm 1897. Kap. Kyrkan S. 21—27*

Roserot, Alphonse

5885 Les grandes orgues de l'abbaye de Morimond. *In: Correspondance historique et archéologique. Paris 4. 1897, Nr. 37*

Ross, W. Baird

5886 The Organ in the Church of the Holy Rude, Stirling. *In: The Organ. 20. 1940/41, S. 41*

Rossi, Ismaele

5887 La chiesa di S. Maurizio in Milano nel Monastero Maggiore. *Mailand 1914*

Rost, R.

5888 Erneuerte Orgel der St. Aegidienkirche zu Oschatz i. S. *In: Zeitschrift für Kirchenmusiker. 16. 1934, S. 13*

Rostan, M.-L.

5889 Notice sur l'église de Saint-Maximin. *Brignoles 1886*

Rostirola, L.

5890 Gli organi della chiesa di S. Pietro. *In: Nella inaugurazione del nuovo organo della Chiesa Arcipretale di Camposanpietro. 16. Juli 1927*

Rothwell, Fredk.

5891 The Church of the Annunciation Organ. *In: The Organ. 12. 1932/33, S. 64*

Rother, P.

5892 Die Orgel der zerstörten Michaeliskirche, Hamburg. *In: Zeitschrift für Instrumentenbau. Leipzig. 26. 1906, Nr. 29*

Rotondo, Antonio

5893 Description de la gran basilica del Escorial. *Madrid 1882*

Rouët de Journel, M.-J.

5894 Chronique musicale. Le grand orgue de la salle Pleyel. *In: Etudes des pères de la compagnies de Jésus. 66.—68. A., 201—209 t. 1929—31; 67. A. 203. t., 87—94*

Rouge s. Landry, C. F. 4066

Rougier, Adrien

5895 Imitations à la facture d'orgue . . . *Lyon 1948*

Roussel, G.

5896 D'une facture d'orgue à sens unique. *In: Caecilia. Straßburg. 64. 1956, S. 28—33*

Roussel s. Noel, L. 5037

Routley, Erik

5897 A Chamber Organ in the Chapel of Mansfield College, Oxford. *In: The Organ. 35. 1955/56, S. 200*

5898 Mansfield College, Oxford. *In: The Organ. 36. 1956/57, S. 49*

5899 The Organist's Guide to congregational praise. *London 1957*

Rubardt, Paul

5900 Verzeichnis der bis jetzt bekannten Orgelbauten Arp Schnitgers. *In: Zeitschrift für Instrumentenbau. Leipzig. 47. 1927, S. 6—10*

5901 Arp Schnitger. *In: Bericht über die 3. Tagung für deutsche Orgelkunst in Freiberg/Sa. 1927. Kassel 1928, S. 149—175*

5902 Zu W. Aulers Aufsatz über die Charlottenburger Schloßorgel. *In: Zeitschrift für Musik. Regensburg. 96. 1929, S. 787*

5903 Einige Nachrichten über die Orgelbauerfamilie Scherer und die Orgel zu St. Marien in Bernau (Mark). *In: Musik und Kirche. Kassel. 2. 1930, S. 111—126.*

5904 Alte Orgeln erklingen wieder. *Leipzig 1936*

5905 Die Orgel zu Pomßen. *In: Musik und Kirche. Kassel. 18. 1948, S. 187—191*

5906 Johann Scheibe. Zu seinem 200. Todestag. *In: Musik und Kirche. Kassel. 18. 1948*

5907 Bachorgeln in Leipzigs Umgebung. *In: J. S. Bach. Das Schaffen eines Meisters im Spiegel einer Stadt. Leipzig 1950*

5908 Die Silbermannorgeln in Rötha. *Leipzig 1953*

Rubardt, Paul / Jentzsch, Ernst

5909 Kamenzer Orgelbuch. *Kamenz 1953*

Scheibe, Johann. *In: Musik in Geschichte und Gegenwart. XI. Kassel 1963, Sp. 1616—1617*

5910 Scheibe, Johann. *In: Musik in Geschichte und Gegenwart. XI. Kassel 1963, Sp. 1616—1617*

5911 Zwei originale Orgeldispositionen J. S. Bachs. *In: Fs. Heinrich Besseler zum 60. Geburtstag. Leipzig 1961, S. 495—503*

Rubio, Samuel

5912 El órgano y el canto en las iglesias de Alemania. *In: Tesoro Sacro Musical. Madrid 1961, S. 7—10*

5913 Los órganos del monasterio de El Escorial. *In: La Ciudad de Dios 178, Nr. 3, S. 464—490*

Rudolz, R.

5914 Die Registrierkunst des Orgelspiels in ihren grundlegenden Formen. *Leipzig 1913*

5915 Malerei und Orgelkunst. *In Musica divina. Wien 1915, S. 102*

Rücker, Ingeborg

5916 Die deutsche Orgel am Oberrhein um 1500. *Freiburg/Br. 1940*

Rüdel, K. H.

5917 Freiburger Tagung für deutsche Orgelkunst Juli 1926. *In: Die Kirchenmusik. Langensalza. 7. 1926, S. 1164, 1178*

Rühl, Theodor

5918 Die Dorforgel. *In: Kath. Kirchenzeitung. Salzburg. 69. 1929*

5919 Harmonium, Positiv und Orgel. *In: Liturgie und Kirchenmusik. Leipzig 1952, S. 47—52*

Rueling, R. von (Rüling)

5920 Alte Barockorgeln in Karlsbad und Umgebung. *In: Unser Egerland. 35. 1931, S. 87—90*

5921 Für die Barockorgel. *In: Die Musik. Berlin. 23. 1931, S. 891—894*

5922 Barockorgel. *In: Zeitschrift für Kirchenmusiker. Dresden. 15. 1933, S. 74*

Rüttgers, J.

5923 Die Orgel. *In: Alte und neue Welt. Einsiedeln. 11. 1877, S. 199—203*

Ruetz, Kaspar

5924 Über die Wichtigkeit des Organistenamtes. *Lübeck 1750*

Rufener, Rudolf

5925 Auf alten spanischen Orgeln. *In: Du. Kulturelle Monatsschrift. Zürich. 26. 1966, Nr. 2, S. 144—147*

Ruger, Gerhard

5926 Die Silbermann-Orgel zu Glauchau, St. Georgen. *O. O. u. J.*

Ruhmer, Eberhard

5927 Bilderwelt des Orgelprospekts. *In: Der weiße Turm. Biberach a. d. Riss. 6. 1963, Nr. 6, S. 8*

Ruhoff, Martin

5928 Die neue Zürcher Fraumünsterorgel. *In: Schweizerische Musikzeitung. Zürich. 96. 1956, Nr. 3, S. 114 bis 116*

Runbäck, Albert

5929 Liten och gammal: duger ingenting till! Ett inlägg in orgelfrågan. *In: Kyrkomusikernas Tidning. 11. 1946. S. 15–16*

5930 Orgelrestauration. *In: Tidskrift för kyrkomusik och svensk Gudstjänstliv. 8. 1933, S. 164–169*

5931 Gamla orglar och nya. *In: Tidsrift för kyrkomusik och svensk Gudstjänstliv. 3. 1928. S. 36–38*

5932 Båstads kyrkas orglar. *In: Tidskrift för kyrkomusik och svenk Gudstjänsliv. 14. 1939. S. 78 bis S. 88*

Rump, Anton

5933 Urkundenbelege über den Orgelbau im Kreise Lippstadt. *Phil. Diss. Münster 1950*

Rumpf, W.

5934 Die große Orgel der evang. Stadtkirche zu Karlsruhe und ihre Geschichte. *In: Musik und Kirche. 14. 1942, S. 155*

Runge, P.

5935 Renovierung der Orgel in der Stadtkirche zu Ratzeburg. *In: Zeitschrift für Instrumentenbau. 50. 1930, S. 782*

Rupp, C.

5936 Literatur und praktische Orgelreform. *In: Zeitschrift für Instrumentenbau. 48. 1928, S. 978*

Rupp, J. F. Emile

5937 Die große Orgel der St. Ulrichskirche in Augsburg. *In: Zeitschrift für Instrumentenbau. 24. 1903, S. 239–243*

5938 Disposition, Anlage und Mensurverhältnisse des Orgelspieltisches. *In: Zeitschrift für Instrumentenbau. 24. 1904, Nr. 28*

5939 Zur Reform der Mensuren des Orgelspieltisches. *In: Zeitschrift für Instrumentenbau. 25. 1905, S. 476–477, 507*

5940 Orchestrale Tendenz im modernen Orgelbau. *In: Zeitschrift für Instrumentenbau. Leipzig. 26. 1906, Nr. 10, 11*

5941 Neue Meisterwerke von E. F. Walcker & Co. *In: Zeitschrift für Instrumentenbau. 26. 1906, Nr. 32*

5942 Die Orgel der Zukunft. *In: Zeitschrift für Instrumentenbau. 27. 1906, Nr. 4. S. 6–9*

5943 Vorteilhafte Stellung der Orgel bei Kirchenneubauten. *In: Die Kirche. Wien. 4. 1907, S. 349–358*

5944 Die Orgel der Benediktinerabtei Weingarten. *In: Die Kirche. 5. 1908, S. 116–122*

5945 Akust. und liturg. vorteilhafte Aufstellung der Kirchenorgel. *In: Monatsschrift für Gottesdienst und kirchliche Kunst. 1908, S. 225–230*

5946 Die Orgel der Zukunft. *In: Zeitschrift für Instrumentenbau. Leipzig. 28. 1908, S. 1203, 1237, 29. 1908, S. 42, 111, 183*

5947 Orgel der Zukunft. *In: Zeitschrift für Instrumentenbau. Leipzig. 30. 1909, Nr. 9. S. 71, 108, 147, 198, 223, 300. Nr. 12. Nr. 13. S. 22–25*

5948 Monumentalorgel von St. Reinoldi in Dortmund. *In: Zeitschrift für Instrumentenbau. 1909, Nr. 20*

5949 Die Elsässisch-neudeutsche Orgelreform. *Bremen 1910*

5950 Neue Orgel des Straßburger Sängerhauses. *In: Monatsschrift für Gottesdienst und kirchliche Kunst. 1910, Nr. 19*

5951 Zur Orgelreform. *In: Zeitschrift für Instrumentenbau. 30. 1910, S. 777*

5952 Gegenwärtiger Stand der Orgelreform. *In: Zeitschrift für Instrumentenbau. 31. 1911, S. 630*

5953 Neue Orgel der ev. Christuskirche Mannheim. *In: Zeitschrift für Instrumentenkunde. 33. 1912, S. 196*

5954 Französische oder deutsche Orgel. *In: Zeitschrift für Instrumentenkunde. 33. 1912, S. 296*

5955 Neue Saalorgel des Stuttgarter Konservatoriums. *In: Zeitschrift für Instrumentenkunde. 33. 1912, S. 418*

5956 Bedeutung des Rollschwellers (Walze) und sein Verhältnis zu den übrigen Spielhilfen. *In: Zeitschrift für Instrumentenkunde. 33. 1912, S. 900*

5957 Sachverständigenzwang — eine Gefahr für den deutschen Orgelbau. *In: Zeitschrift für Instrumentenkunde. 33. 1912, S. 1241*

5958 Ist eine Erweiterung des Manualumfanges bei der Orgel ein Bedürfnis? *In: Zeitschrift für Instrumentenkunde. 33. 1912, S. 1375*

5959 Natürliche und künstliche Obertöne im Orgelton. *In: Zeitschrift für Instrumentenbau. 33. 1913, S. 536*

5960 Orchestrale Begriffsverwirrung im Orgelbau. *In: Zeitschrift für Instrumentenbau. 33. 1913, S. 834*

5961 Entwicklung der Spieltischfrage im modernen Orgelbau. *In: Zeitschrift für Instrumentenbau. 33. 1913, S. 1199*

5962 Orgelbauer und Organistensünden. *In: Zeitschrift für Instrumentenbau. 34. 1913, S. 134*

5963 Materielle und künstlerische Notlage des deutschen Orgelbaues. *In: Die Kirche. 1914, S. 41–46*

5964 Schwellerfrage. *In: Zeitschrift für Instrumentenkunde. 1914, S. 82*

5965 Abbé Vogler als Mensch, Musiker und Orgelbautheoretiker. *Ludwigsburg 1922*

5966 Klangideale und Zweckbestimmung der Orgel. *In: Zeitschrift für Instrumentenbau. 47. 1926, S. 53*

5967 Die Entwicklungsgeschichte der Orgelbaukunst. *Einsiedeln 1929*

5968 Wieder eine Schicksalsstunde deutscher Orgelbaukunst. *In: Zeitschrift für Instrumentenbau. 50. 1930, S. 733*

5969 Welches ist der Sinn der seinerzeit vom Elsaß ausgegangenen, im Zeichen der Silbermann-Renaissance stehenden Orgelreform? *In: Zeitschrift für Instrumentenbau. 51. 1931, S. 399–401*

5970 Nec sutor ultra crepidam (Orgelbau betreffend). *In: Zeitschrift für Instrumentenbau. 52. 1932, S. 29*

5971 Schleiflade auf dem Vormarsch. *In: Zeitschrift für Instrumentenbau. 52. 1932, S. 266*

5972 Internationaler Orgelkongreß in Straßburg 1932. *In: Zeitschrift für Instrumentenbau. 52. 1932, S. 434*

5973 Vergrößerungsumbau der Walcker-Orgel in der St. Paul-Kirche zu Straßburg. *In: Zeitschrift für Instrumentenbau. 55. 1934, S. 65—67*

5974 Auswirkung der Reform im französischen Orgelbau. *In: Zeitschrift für Instrumentenbau. 55. 1935, S. 208—211*

5975 Ein neues Spieltisch-Modell. *In: Zeitschrit für Ininstrumentenbau. 57. 1936, S. 18—23*

5976 Endsieg von Mechanik und Schleiflade. *In: Zeitschrift für Instrumentenbau. 58. 1938, S. 312*

5977 Das nahe Ende der Einzelventil-Orgelwindlade. *In: Zeitschrift für Instrumentenbau. 59. 1939, S. 187—189*

Rupprecht, Hans

5978 Wiederhergestellte Barockorgel in Kirchhundem. *In: Musik und Altar. Freiburg/Br. 7. 1954/55, S. 139—140*

5979 Alte Orgeln in St. Patrokli (Soest). *In: Soester Zeitschr. Soest. 78 H. 1964, S. 100 bis 112*

Rushworth / Dreaper

5980 Christ's Hospital Organ, Horsham. *In: The Organ. 12. 1932/33, S. 187*

Russell, Raymond

5981 Organ at Holy Trinity, Paddington. *In: The Organ. 15. 1935/36, S. 252*

5982 St. Mary's, Reading. *In: The Organ. 17. 1937/38, S. 124*

5983 The Organs of Christ Church, Spitalfields. *In: The Organ. 19. 1939/40, S. 113*

5984 The Organs at Wells Cathedral. *In: The Organ. 20. 1940/41, S. 89*

Ruster, Joseph

5985 Die Orgel — die Königin der Instrumente. *In: Stimmen der Zeit. Freiburg/Br. 161. Bd. 1957, S. 50—57*

5986 Die klassische Orgel. *In: Stimmen der Zeit. Freiburg/Br. 163. Bd. 1958/59, S. 302—306*

Ruther, K.

5987 Zum Stande der Orgelbewegung. *In: Deutsche Tonkünstler-Zeitung. 28. 1934, S. 168*

Ruville, de

5988 Histoire de la ville des Andelys. *In: Société des Arts du département de l'Eure. 4. Bd.*

Ryves, Bruno

5989 Mercurius Rusticus or the Country's Complaint of the barbarous outrages, begun in the year 1642, by the Sectaries of this late flourishing Kingdom. *O. O. 1647*

Saalschütz, J. L.

5990 Geschichte und Würdigung der Musik bei den Hebräern, im Verhältnis zur sonstigen Ausbildung dieser Kunst in alter und neuer Zeit, nebst Anhang über die hebräische Orgel. *Berlin 1829*

Sabaněr, B. L.

5991 Vorwort. *In: Glazunow, A. op. 62. Prél. + Fugues*

Sabatini, A.

5992 Cenni storici sull'organo della chiesa del Carmine (Lugo). *In: Il Messaggero. Lugo. 27. 1952. 5. April N. 14*

Sabel, Maurus

5993 Die neue Orgel der Abtei Tholey. *In: Musica sacra. Köln. 81. J. (1961). S. 144—147*

Saccavino, A.

5994 Organo e organari nella storia. *In Numero unico per l'organo nuovo di Rivignano 1925*

Sacchi, Frederico

5995 L'organo della cattedrale di Cremona. *In: Gazetta musicale di Milano. Mailand 1897*

Sachs, C.

5996 Reallexikon der Musikinstrumente. *Berlin 1913*

5997 A strange medieval scale. *In: Journal of the American musicologial Society. 2. 1949, S. 169—170*

Sachs, Michael

5998 Gutachten gegen die Orgel. *In: A. Berliner: Zur Lehr und Wehr . . . Berlin 1904*

Saebens, H. / Schröder, C. M.

5999 Die Kirchen des Jeverlandes. *Jever 1956*

Sämann, C. H.

6000 Rede bei Einweihung der für das königl. Orgel-Unterrichts-Institut zu Königsberg i. P. neu erbauten Orgel. *Königsberg 1853*

Sahlinger, Elisabeth

6001 Orgeln für alle Welt. Ein Besuch bei G. F. Steinmeyer & Co. in Oettingen. *In: Der Daniel. Nördlingen. 1. 1965, H. 1, S. 32—35*

Sahlmen

6002 Winke über Anschaffung und Erhaltung von Kirchenorgeln. *In: Der katholische Seelsorger. Paderborn. 3. 1891/92, S. 16—25, 72—81, 134, 216 bis 225*

6003 Ort für die Orgel und das Orgelgehäuse in der Kirche. *In: Der kath. Seelsorger. Paderborn. 5. 1893/94, S. 81—91, 141—146*

6004 Feinde der Orgel. *In: Der katholische Seelsorger. Paderborn. 9. 1897/98, S. 285—292*

Sahuc, J.

6005 Sources historiques et bibliographiques de l'arrondissement actuel, et de l'ancien diocèse de Saint-Pons-de-Thomières. *Montpellier 1901*

Saint-Martin, Leonce de

6006 La vie de l'orgue à travers les âges. *In: Revue musicale de France. 1946*

Salamia, L.

6007 Monografia commemorativa de l'organo del Duomo di Lodi. *In: Archivio Storico Lodigiano. Lodi 1935*

6008 Organaria Lodigiani. *In: Archivio Storico Lodigiano. 1935, S. 16. Zugleich in: 1940, S. 148 bis 153, S. 62—70. Zugleich in: 1942, S. 54—58*

6009 Una fabbrica Lodigiani di organi. *In: Archivio Storico Lodigiano. Lodi 1936*

6010 Pietro Anelli. In Memoria. *In: Archivio Storico per le città e comuni del Territorio Lodigiano e della diocesi di Lodi. Lodi 1940/41*

6011 Un decennio a Lodi di Giovanni Battista Antegnati. *In: Archivio Storico Lodigiano. 1943, S. 92 bis 95*

6012 Le caratteristiche tradizionali dell'organo da chiesa. *In: Atti del V° Congresso Ceciliano Regionale piemontese. Novara 23.—26. September 1948*

6013 Trattatello di organaria tradizionale italiana. *Lodi 1952*

Salies, A. L., de

6015 Lettre sur une tête automatique autrefois attachée à l'orgue des Augustins de Montoire. *In: Bulletin de la Société archéologique scientifique et littéraire du Vendômois. 6. 1867*

Salpina

6016 Organi famosi di Roma. *In: Musica. Rom 1925, 15. März*

Sals, A.

6017 Grandes Orgues de Pertuis. s. *Icard, C.*

Sals, A. s. Icard, C. 3496

Salter, Sumner

6018 Early Organs in America. *In: The Organ. 8. 1928/1929, S. 55*

Salwey, D. E. L.

6019 The Remodelling of Old Organs. *In: The Organ. 5. 1925/26, S. 9*

6020 Modern Tendencies in English Tonal Design. *In: The Organ. 6. 1926/27, S. 135*

6021 English Organ Building During the Nineteenth Century. *In: The Organ. 11. 1931/32, S. 205*

6022 Open Secrets of Successful Organ Building. *In: The Organ. 13. 1933/34, S. 84*

6023 St. Peter's Church, Bournemouth, and its Organs. *In: The Organ. 17. 1937/38, S. 173*

Samber, Joh. Bapt.

6024 Manuductio ad organum oder sichere Anleitung zur edlen Schlagkunst durch die höchst nothwendige Solmisation. *O. O. 1704*

6025 Continuatio ad manuductionem organicam. *Salzburg 1707*

Samuel, H.

6026 Entwicklung synagogaler Orgelmusik. *In: Jüdische Rundschau. Berlin. 37. 1932, S. 408*

Samuel, Harold E.

6027 Schedlich, David. *In: Musik in Geschichte und Gegenwart. XI. Kassel 1963, Sp. 1612—1614*

Sanchis y Sivera, José

6028 La Catedral de Valencia. *Valencia 1909*

Sandblad, Nils Gösta s. Fischer, Ernst 2298

Sander, H. A.

6029 Ein Orgelbuch der Breslauer Magdalenenkirche aus dem 17. Jh. *In: Festschrift Max Schneider. Halle 1935, S. 74—83*

Sangiorgio, Carmelo

6030 Regolamento generale internazionale per la construzione degli organi. *Bronte. 1914*

6031 L'organo della chiesa dei Benedettini di Catania. *In: Musica sacra. Mailand 1928/29*

6032 L'antico e celebre organo dei Benedettini di Catania. *In: Musica sacra. Mailand 1916, Nr. 1—2—3—4. 1928, Nr. 4—5—6, 1929, Nr. 1—2*

6033 L'organo della Cattedrale di Messina. *Messina 1930*

6034 L'organo della chiesa di S. Nicolò in Catania. (Note storice). *In: Musica sacra. Mailand 1941, Mai—August*

6035 Le caratteristiche dell'organo liturgico. *In: Atti del congresso di musica sacra. Rom 1950. Tournay 1952. S. 367—370*

6036 Il posto dell'organo. *Catania 1955*

Santer, Pfr.

6037 Die Bedeutung der Orgel beim Gottesdienst und die wichtigsten kirchl. Vorschriften über den Gebrauch derselben. *In: Theologisch-praktische Quartalsschrift. Linz. (1896). S. 303—308*

Sanz, Hernández

6038 Organo monumentale de la parroquial iglesia de Santa Maria de Mahon. *Mahon 1910*

Saorgin, R.

6039 L'orgue de l'église-cathédrale de Vence. *In: Association des amis de l'orgue de Nice et de la Côte d'Azur. Bulletin 1962. Nr. 6. S. 15—20*

6040 Les vieilles orgues du comté de Nice. In: Association des amis de l'orgue de Nice et de la Côte d'Azur. Bulletin 1961. Nr. 4. S. 10—15; Nr. 5. S. 15—20

Sargent, Brian L.

6041 An Extension Organ. In: The Organ. 25. 1945/46, S. 48

Sartori, Antonio (O. M. C.)

6042 Guida storica e artistica della Basilica del Santo. Padua 1947

6043 Gesammelte Quellen. Abschriften von Urkunden. Padua o. J.

Sartori, Claudio

6044 Della Ciaja, Azzolino Bernardino. In: Musik in Geschichte und Gegenwart. III. Kassel 1954. Sp. 140—142

6045 Organs, organ-builders, and organists in Milan, 1450—1476. In: Musical Quarterly. New York. 43. 1957, Nr. 1, S. 57—68

Sattel, Paul

6046 Orgel mit neuer Einkanzellen-Schleiflade. In: Instrumentenbau-Zeitschrift. Konstanz. 11. 1956/57, S. 104, 106

Sattler, E.

6047 Callinet und das dekadente Orgelzeitalter. In: Das Musikinstrument und Phono. Frankfurt a. M. 13. 1964, S. 29—30

Sattler, Heinrich

6048 Die Orgel, nach den Grundsätzen der neuesten Orgelbaukunst dargestellt. Langensalza 1857

Sattler, K.

6049 Orgelregister und ihre Klangmöglichkeiten. Köln 1920

Sattler, W.

6050 Einstrom-Membrankoppel. In: Zeitschrift für Instrumentenbau. Leipzig. 49. 1929, S. 636

Sattner, H.

6051 Orgel. In: Gregorianische Rundschau. Graz 1903, S. 11, 64

Sauer

6052 Werkkatalog. O. O. 1901

Sauer, Franz

6053 Handbuch der Orgelliteratur. Wien 1924

Sauer, L.

6054 Orgelbau. In: Zeitschrift für Instrumentenkunde. 33. 1912, S. 1159

Sauer, W.

6055 Orgeldispositionen. In: Monatshefte für katholische Kirchenmusik. 7. 1925. H. 4, S. 1; H. 5, S. 3

6056 Entgegnungen auf Kombinationsmanual-Einheitsspieltisch, Schmitt, J. In: Monatshefte für kath. Kirchenmusik. 8. 1926, S. 56

6057 Orgel und Intonation. In: Zeitschrift für Instrumentenbau. 47. 1927, S. 570, 618

6058 Die neue Orgel im Audit. Max. der Albertus-Universität in Königsberg. In: Kirchenmusik. 9. 1928, S. 250

6059 Orgel und Volksgesang. In: Kath. kirchenmusikalisches Jahrbuch. 1. 1928, S. 47—54

6060 Orgel in der Kirche zum hl. Maximilian in Düsseldorf. In: Zeitschrift für Instrumentenbau. Leipzig. 49. 1928, S. 3—7

6061 Dynamik in der Orgelkunst. In: Zeitschrift für Instrumentenbau. Leipzig. 50. 1929, S. 154—157; 50. 1930, S. 803—806; 51. 1930, S. 234, 266

6062 Nachhall zur Freib. Tagg. für deutsche Orgelkunst. In: Monatshefte für kath. Kirchenmusik. 9. 1930, S. 142—147, 164—173, 216

6063 Unit-Orgel. In: Monatshefte für kath. Kirchenmusik. 13. 1932, S. 295—298

6064 Meister deutscher Orgelbaukunst. O. O. u. J.

Sauerländer, Friedrich

6065 Die alte Orgel in der Kirche St. Marien zu Lemgo und ihre Geschichte. In: Mitteilungen aus der lippischen Geschichte und Landeskunde. Bd. 20

6066 Die Orgel und die Organisten der Kirche St. Nikolai zu Lemgo. Mschr. 1942

Saurel

6067 Abrégé de l'histoire de Malaucène. O. O. 1885

Sauvage

6068 L'Eglise de Candebec-en-Caux. 1876

Sauveur, Joseph

6069 Application des sons harmoniques à la composition des jeux d'orgues. Paris 1702

Savorgnan di Brazza, F.

6070 Organari, Campanari e Liutai. In: Tecnici e artigiani italiani in Francia. Rom 1942. S. 149—152

Sayer, Michael

6071 Samuel Renn and his Organs. In: The Organ. 41. 1961/62, S. 169

6072 A Restored Renn Organ. In: The Organ. 43. 1963/64, S. 33

6073 St. Peter's, Manchester and Benjamin Joule. In: The Organ. 43. 1963/64, S. 207

Sbach

6074 Die Orgel der Stadthalle Magdeburg. In: Zeitschrift für Instrumentenbau. Leipzig. 48. 1928, S. 1139—1142

Sceats, Godfrey

6075 The liturgical use of the organ. London 1922

6076 St. Mary Magdalene, Munster Square. In: The Organ. 7. 1927/28, S. 255

Schaal, Richard

6077 Archivalische Nachrichten über die Krismann-Orgel in der Stiftskirche zu St. Florian. *In: Musikforschung. Kassel. 9. 1956, H. 4, S. 453—457*

Schabasser, J.

6078 Unsere Orgelbücher. *In: Singende Kirche. Wien. 10. 1962/63, S. 13—14*

Schablitzky, Hermann

6079 Die Aufgabe der Orgel in der Mission. *In: Musik und Altar. Freiburg/Br. 13. 1960/61, S. 29—30*

Schade, Werner Fritz

6080 Die Orgelbewegung. *In: Liturgie und Kirchenmusik. Leipzig 1952, S. 52—54*

Schaeben, J.

6081 Die Orgel der St. Martinskirche zu Euskirchen im Wandel der Zeiten. *In: Sechshundertfünfzig Jahre Stadt Euskirchen 1302—1952. Euskirchen. 1. 1952; 2. 1955, S. 155—164*

Schäfer, Johannes

6082 Deutsche Orgelbaukunst. *O. O. u. J.*

6083 Geschichte der Orgel in der St. Aegidienkirche zu Osterode (Harz). *Osterode 1935*

6084 Nordhäuser Orgelchronik. *Halle/Saale und Berlin 1939*

6085 Die Orgelwerke im Kirchenbereich Osterode am Harz. *In: Osteroder Kirchengeschichtliche Nachrichten. 5. 1963*

6086 Osteroder Orgelchronik. Geschichte der Orgelwerke in Osterode am Harz. *O. O. u. J.*

Schäfer, Josef

6087 Die Orgel zu Limbach. *In: Heimatkalender für den Kreis Neuwied. 1962. S. 60—61*

Schaefer, Marc

6088 Les orgues Stiehr-Mockers de Riquewihr. *Straßburg 1961*

Schäfer, Oskar

6089 Noch ein Kleinod in der „Schraden". Eine Silbermann-Orgel in der Kirche zu Kmehlen. *In: Mitteilungen des Landesv. für sächs. Heimatschutz. 20. 1931, S. 379*

6090 Eine Silbermann-Orgel in einem Schradendorf. *In: Zeitschrift für Musikwissenschaft. Zugleich in: Zeitschrift für Kirchenmusiker. Dresden. 1931, 1. Oktober*

6091 Bisher unbekannte Orgel Gottfried Silbermanns. *In: Zeitschrift für Kirchenmusiker. Dresden. 13. 1931, S. 101*

Schaefers, A.

6092 Die Bachorgel im Bremer Dom. *In: Zeitschrift für Kirchenmusik. Köln. 72. 1952, S. 137—138*

Schafhäutl, J. v. (Karl F.)

6093 A. J. Vogler. *Augsburg 1883*

6094 Theorie gedackter, zylindrischer und konischer Pfeifen. *O. O. 1833*

Schaik, J. A. S. van

6095 Het orgel. *Utrecht 1915*

Schaik, W. C. L. van

6096 Über die Tonerregung in Labialpfeifen. *Rotterdam 1891*

6097 Sur la production des son dans les tuyaux à bouche. *In: Archives néerlandaises. O. O. 1894*

Schammberger, A.

6098 Die Orgelwerke in der Hauptkirche zu St. Moritz in Coburg 1485—1929. *In: Zeitschrift für Kirchenmusik. Köln. 8. 1930, S. 93—97*

Schanz, Bernhard

6099 Praktische Erwägung über Orgeln und ähnliche Instrumente in den Missionsgebieten. *In: In verbo tuo. Fs. Steyl. 1963, S. 299—306*

Scharla, Hans L.

6100 Der Dauermagnet — ein neues Element im Orgelbau. *In: Instrumentenbau-Zeitschrift. Konstanz. 8. 1953/54, S. 231—233*

Scharnagl, August

6101 Späth und Schmahl. *In: Musik in Geschichte und Gegenwart. XII. Kassel 1965. Sp. 969—970*

Scharold, Carl Gottfried

6102 Materialien zur Fränkisch-Würzburgischen Kunstgeschichte. *Ms. UB. Würzburg*

6103 Beyträge zur älteren und neueren Chronik von Würzburg. *Bd. I. Würzburg 1821*

Schedin, Gunhild

6104 L'Orgue suédois et ses facteurs depuis le Moyen-Age jusqu'en 1812. *In: Bulletin trimestriel des amis de l'orgue. 8. 1936. No. 27. sept. S. 8—12*

6105 Orgelwerke und Orgelbauer nach der Reformation in Schweden. *In: Ostseerundschau. 9. 1932. S. 16 bis 21*

Scheel, J. G.

6106 Hammond-„Orgel" und Tonproblem. *In: Der Chorwächter. Einsiedeln. 64. 1940, S. 51*

Schefold, J.

6107 Orgeln auf der Schweizer Landesausstellung in Bern. *In: Cäcilienvereinsorgan. 49. 1914, S. 167*

Schefold, M.

6108 Die Ulmer Orgel- und Klaviermacherfamilie Schmahl. *In: Zeitschrift für Musikwissenschaft. Leipzig. 12. 1930, S. 531 ff.*

Scheibe, J. G. F.

6109 Zeichnungen und Beschreibungen der Orgelpedal-Hilfsklaviatur. *Görlitz 1839.*

Scheibler, Heinrich

6110 Anleitung, die Orgel vermittelst der Stöße und des Metronoms correct gleichschwebend zu stimmen. *Krefeld 1834*

6111 Über mathematische Stimmung, Temperaturen und Orgelbaustimmung nach Vibrationsdifferenzen oder Stößen. *Krefeld 1835*

6112 Anleitung die Orgel unter Beibehaltung ihrer momentanen Höhe, oder nach einem bekannten A vermittelst des Metronoms, nach Stößen erwiesen, gleichschwebend zu stimmen. *Krefeld 1836*

6113 Mittheilungen üb. das Wesentliche des (bei Bädeker in Essen erschienenen) musikal. u. physikal. Tonmessers. *Crefeld o. J.*

6114 Der physikal. u. musikal. Tonmesser, welcher durch den Pendel, dem Auge sichtbar, die absoluten Vibrationen der Töne, der Hauptgattungen von Combinations-Tönen, sowie die schärfste Genauigkeit gleichschwebender und mathemat. Accorde beweist. *Essen o. J.*

Scheider, L.

6115 L'orgue de la salle Pleyel. In: *L'Illustration. Paris. 175. 1930/31, S. 270—271*

Scheller, J. C.

6116 Der Dienst der Orgeln. *Jena 1778*

Scheminsky, Ferd.

6117 Die Welt des Schalles. *Graz—Leipzig 1934*

Schemit-Maréchal, H.

6118 Altäre und die Große Orgel in . . St. Leodegar in Luzern. *Luzern 1862*

6119 Notice sur le grand orgue de la Cathédral de Versailles. *O. O. 1864*

Schenck, Paul

6120 Sigfrid Karg-Elert. In: *The Organ 10. 1930/31, S. 151, 229*

Schenk, E.

6121 Süddeutscher Orgelbarock. In: *Die Musik. Berlin. 27. 1934, S. 195*

6122 Buchbesprechung H. Spies. Die Salzburger großen Domorgeln. In: *Zeitschrift für Musikwissenschaft. Leipzig. 16. 1934, S. 57*

Schering, Arnold

6123 Die neue Orgel in der Aula der vereinigten Friedrichsuniversität Halle—Wittenberg. *Augsburg 1926*

6124 Die Bedeutung der Hallischen Universitäts-Orgel. In: *Die neue Orgel in der . . . Universität Halle-Wittenberg. O. O. 1926*

6125 Zur Frage der Orgelmitwirkung in der Kirchenmusik des 15. Jhs. In: *Bericht über die Freiburger Tagg. für deutsche Orgelkunst. Kassel 1939, 1. Tagg., S. 87—91*

Schetelich, Wolfgang

6126 Orgelreisen nach Norddeutschland, Dänemark und Moskau. In: *Musik und Gesellschaft. Berlin. 7. 1957, S. 216—219*

6127 Orgeln für die Sowjetunion. In: *Das Musikinstrument und Phono. Frankfurt/M. 9. 1960, S. 442*

6128 Orgelbauer aus der DDR in der Sowjetunion: Fruchtbare Zusammenarbeit. In: *Musik und Gesellschaft. 10. 1960, S. 475—477*

Scheuerleer, F.

6129 Bestek der aanbesteding van het orgel de Kerk te Rotterdam aan Mr. Hans Goldtfuss te Antwerpen 18 augustus 1642. In: *Tijdtschrift der Vereeniging voor Nederlandsche Muziekgeschiedenis. 9. 1949. S. 157—160*

Scheuermann

6130 Orgelwerke von St. Elisabeth zu Breslau. *Mainz 1958*

Scheumann, A. R.

6131 Orgel und Orgelspiel. In: *Die Woche. Berlin 1907, Nr. 41*

Schieder, Julius

6132 Ansprache bei der Weihe von Altar und Orgel in der St. Lorenzkirche zu Nürnberg am 10. Aug. 1952. In: *Gottesdienst und Kirchenmusik. München. 3. 1952, S. 95—96*

Schiess, Ernst

6133 Neue Orgel im Saalbau Solothurn. In: *Schweizer Musikzeitung. Zürich. 71. 1931, S. 322*

6134 Erneuerung der Bruckner-Orgel in St. Florian. In: *Zeitschrift für Instrumentenbau. Leipzig. 53. 1932, S. 5*

6135 Grundsätze des neuen Orgelschaffens. Erfahrungen und Erkenntnisse der letzten Jahre. In: *Musik und Gottesdienst. Zürich. 7. 1953, Nr. 5, S. 145—153*

6136 Die neue Orgel im Münster zu Basel. In: *Die Orgel im Basler Münster. Basel 1956*

Schiffner, R.

6137 Erneuerung der Orgel in der ev. Kirche zu Großschönau i. Sa. In: *Zeitschrift für Kirchenmusiker. Dresden. 17. 1935, S. 37*

Schijven, Pierre

6138 Orgue monumental de la cathédrale d'Anvers. *Brüssel 1892*

Schildknecht

6139 Praktische Anleitung zum Registrieren. *O. O. u. J.*

Schilling, Hans Ludwig

6140 Praetorius — Orgel in Freiburg. In: *Musik und Altar. Freib./Br. 8. 1955/56, S. 230—231*

6141 Zur Einweihung der Praetorius-Orgel in Freiburg i. Br. In: *Zeitschrift für Musik. 117. 1956, S. 160 bis 161*

6142 Zur Einweihung der Praetorius-Orgel in Freiburg/Br. *In: Schweizerische Musikzeitung. Zürich. 96. 1956, Nr. 3, S. 110—114*

6143 Die Schweizer Musikzeitung schreibt über die Einweihung der Praetorius-Orgel in Freiburg/Br. *In: Walcker-Hausmitteilungen. Nr. 16. 1956, S. 40—46*

6144 Eine Silbermann-Orgel in Meißenheim/Baden. *In: Musik und Kirche. 34. 1964, H. 2, S. 83*

Schim, Hendrik

6145 Gezangen op de inwijding van't Maessluische orgel. *Delft 1782*

Schindler, E.

6146 Compeniusorgel in der Schloßkirche zu Frederiksborg. *In: Zeitschrift für Kirchenmusik. 1928, S. 177 bis 181. Zugleich in: Musica sacra. 1928, S. 169 bis 174*

Schindler, H.

6147 Bachorgel in Lüneburg. *In: Musica sacra. Köln 1928, S. 132—136*

6148 2 historische Orgelwerke. *In: Zeitschrift für ev. Kirchenmusik. 1928, S. 154*

Schink, Friedrich

6149 Die Orgel in der Stadtmissionskirche zu Berlin. *Berlin 1911*

Schink, J.

6150 Neue Orgel in der Jahrhunderthalle zu Breslau. *In: Die Musik. 12. 1913, November, S. 155*

Schipper, P.

6151 Die Zwischenahner Orgeln. *In: Beilage zum „Ammerländer". 1930, Nr. 18*

Schirm, E.

6152 Über die klangsynthetische Orgel. *O. O. u. J.*

6153 Vorschläge zu Neuerungen im Orgelbau. *In: Zeitschrift für Instrumentenkunde. 35. 1914, S. 33*

6154 Entgegnung auf Kritiken und Vorschläge zu Neuerungen im Orgelbau. *In: Zeitschrift für Instrumentenbau. 35. 1915, S. 266*

6155 Orgel als Problem der angewandten Akustik. *In: Zeitschrift für Instrumentenbau. 51. 1931, S. 202, 235, 370—373*

Schirrmann, Willi

6156 Mehrstimmige Lichtorgel. *In: Praxis der Naturwissenschaften. Frankenberg/Eder. 11. J. 1962, S. 232—234*

Schlageter, R.

6157 Elektronische Orgel im Kreuzfeuer (Tagung der bayrischen Kirchenmusiker in Heilsbronn). *In: Das Musikinstrument und Phono. 13. 1964, S. 504*

Schlatter, V.

6158 Neue Orgelbauten in Lausanne. *In: Zeitschrift für Instrumentenbau. 50. 1930, S. 652*

6159 Neue Orgel im Berner Münster. *In: Kirchenmusik. Berlin. 12. 1931, S. 113*

Schlecht, Gottfried

6160 Für und gegen die moderne Orgel. *In: Zeitschrift für Instrumentenkunde. Berlin. 7. 1925, S. 3*

6161 Die neue Orgel der St. Marienkirche in Göttingen. *In: Zeitschrift für Kirchenmusiker. Dresden. 8. 1926, S. 90*

6162 Originale Registermischungen auf Silbermannschen Orgeln. *In: Einführungsheft zur 3. Tagung für deutsche Orgelkunst in Freiberg/Sa. Kassel 1927*

6163 Die Orgel der Dresdener Frauenkirche und ihr Erweiterungsplan vom Jahre 1912. *In: Einführungsheft zur 3. Tagung für deutsche Orgelkunst in Freiberg/Sa. Kassel 1927*

Schlee, E.

6164 Die Kapelle des Schlosses Gottorp. *Schleswig 1953*

Schleifer, K.

6165 Klanggesch. der Orgel in den Hauptzeiträumen der Musikgeschichte. *In: Musik und Kirche. Kassel. 1. 1929, S. 61—79, 125—132. Zugleich in: Zeitschrift für ev. Kirchenmusik. Hildburghausen. 7. 1929, S. 92—96, 151—157, 183—189*

Schlesinger, Kathleen

6166 Researches into the origin of the organs of the ancients. *In: Sammelbände der internationalen Musikgesellschaft. Leipzig. 2, S. 167—202*

Schlick, Arnold

6167 Gutachten über Orgelbau 1491. Hs. Stadtarchiv Hagenau. NA in M. Vogeleis. Quellen und Bausteine zu einer Geschichte der Musik und des Theaters im Elsaß 500—1800. *Straßburg 1911. S. 133 f. Zugleich in: Monatshefte für Musikgeschichte. 32. 1900. S. 155—157. Zugleich in: Rivista Musicale Italiana. 9. 1926. S. 11—17*

6168 Spiegel der Orgelmacher und Organisten. *Heidelberg 1511*

Schlichthaber, A. G.

6169 Mindische Kirchengeschichte. *Teil 2—5. Minden 1752—1755*

Schliepe, E.

6170 Eine neue Orgel (Parabran). *In: Signale für die musikalische Welt. 1924, S. 69*

Schliess, E.

6171 Die gotische Orgel in der Valeria-Kirche in Sitten. *In: Vallesia. Sion. 10. 1955, S. 89—96*

Schlimbach, Georg Christian Friedrich

6172 Über die Struktur, Erhaltung, Stimmung und Prüfung der Orgel. *Leipzig 1801*

6173 Ueber des Abt Vogler's Umschaffung der Orgel zu St. Marien in Berlin, nach seinem Simplicationssystem. *In: Berliner musikalische Zeitung. 1805, Nr. 97, 99, 102*

Schlitterlau, Rudolf

6174 Gottfried Silbermann. *In: Kirchenchor. 1918, Nr. 3*

Schlösser, H.

6175 Spielhilfen der Orgel u. d. Einheitlichkeit der Spieltischanlage. *In: Zeitschrift für Instrumentenbau. Leipzig. 25. 1904, Nr. 36*

6176 Orgelwerke in der Benediktiner-Abtei Seckau. *In: Gregorianische Rundschau. Graz 1908. Nr. 7*

6177 Orgel in der neuen St. Josefskirche, Graz. *In: Zeitschrift für Instrumentenbau. Leipzig. 28. 1908, S. 977*

6178 Umbau der Orgel in der Pfarrkirche St. Elisabeth in Wien. *In: Gregorianische Rundschau. Graz 1909, Nr. 25, S. 91*

6179 Umbau der großen Orgel im Stift Admont. *In: Gregorianische Rundschau. Graz 1910, S. 99 bis 105*

6180 Die neue Orgel in der Pfarrkirche in Ischl und ihr Fernwerk. *In: Zeitschrift für Instrumentenbau. Leipzig. 31. 1910, S. 157*

6181 Salonorgel. *In: Zeitschrift für Instrumentenbau. Leipzig. 31. 1911, S. 820*

6182 Pedalfrage im Orgelbau. *In: Zeitschrift für Instrumentenbau. Leipzig. 37. 1916, S. 355*

Schloezer, B. de

6183 Sur les concerts d'orgue. *In: La Nouvelle Revue Française. Paris, 1939/40, S. 46, 262-265*

Schlosser, Ignaz

6184 Die Kanzel und der Orgelfuß zu St. Stefan in Wien. *Wien 1925*

Schloze, Ant.

6185 Orgellehre. *Wien 1898*

Schmahl

6186 Sammlung kleinerer Schriften über Orgelbau. *1867 bis 1892*

Schmahl, Heinrich

6187 Die Orgel der Hauptkirche zu Altona und ihre Renovation in den Jahren 1866 und 1867. *Hamburg 1868*

6188 Die Orgel in der Kirche zu Wandsbeck. *Hamburg 1869*

6189 Nachrichten über die Entstehung, Vergrößerung und Renovierung der Orgel der St. Catharinenkirche in Hamburg. *Hamburg 1869*

6190 Die Orgel in der Kirchhofskapelle der St. Jakobikirche zu Hamburg. *Hamburg 1869*

6191 Der Umbau, die Renovation und Vergrößerung der Orgel in der Kirche zu Billwärder an der Bille. *Hamburg 1870*

6192 Die Anbahnung und Ausführung des Orgelbaues in der St. Johanniskirche zu Altona. *Hamburg 1873*

6193 Die neue Orgel der Kirche zu Nortorf. *Hamburg 1875*

6194 Die Reparatur . . . der Orgel in der großen Michaelskirche zu Hamburg. *Hamburg 1876*

6195 Der Um- und Neubau der Orgel in der Christ- und Garnisonkirche zu Rendsburg. *Hamburg 1879*

6196 Die von den Orgelbauern Marcussen und Sohn in Apenrade neu erbaute Orgel in der Kirche zu Alt-Rahlstedt. *Hamburg 1880*

6197 Die von Ch. H. Wolfsteller neu aufgebaute Orgel in der St. Thomaskirche zu Hamburg. *Hamburg 1885*

6198 (Brief) An den hochlöblichen Kirchenvorstand der großen St. Michaelskirche zu Hamburg. *Hamburg 1866*

6199 Die pneumatische Kastenlade mit Rohrpneumatik, gänzlich ohne Federdruck, für Orgeln. *Hamburg 1887*

6200 Die Grundprinzipien, wonach der Plan zur großen Orgel der St. Nicolaikirche in Hamburg ausgearbeitet, nach welchen die Orgel von dem Orgelbaumeister E. Röver aus Hausneindorf erbaut ist. *Hamburg 1892*

6201 Die große Orgel der St. Jakobi-Kirche in Hamburg. *In: Ars organi. 26. 1965, S. 842-843*

Schmeck, A.

6202 Ein Orgelkontrakt aus dem Jahre 1746. *In: Mitteilungen des Diözesan-Cäcilienvereins. Paderborn. 8. 1907, S. 130-132*

6203 Orgel und Organisten zu Dringenberg. *In: Mitteilungen des Diözesan-Cäcilienvereins Paderborn. 10. 1909*

Schmerbauch, G. H.

6204 Prolusio I. de organis, Prolusio II. de Organis hydraulicis. *O. O. 1770*

Schmid, A.

6205 Hauptorgel der Kloster- und Pfarrkirche zu Ottobeuren. *In: Zeitschrift für Instrumentenkunde. Berlin. 35. 1914, S. 66*

Schmid, Ernst Fritz

6206 Das Orgelwunder Ottobeuren. *In: Die sieben Schwaben. Kempten/Allgäu. 1. 1951, S. 244-247. Zugleich in: Das schöne Allgäu. 14. 1951, S. 244*

6207 Auf Mozarts Spuren in Italien. *In: Mozart Jahrbuch 1955. S. 17-48*

Schmid, E. F. s. Bösken, Franz 0709

Schmid, Hans

6208 Die Orgeln der St. Michaels-Kirche zu München. *In: Schönere Heimat. München. 51. 1962, H. 4, S. 552-555*

Schmid, Th.

6209 Die neue Orgel der Wallfahrtskirche zu Maria-Einsiedeln. *In: Stimmen aus Maria Laach. Freiburg/Br. 55. 1898, S. 306-319*

Schmidt, Alfred Gottwalt

6210 Die Lagerorgel im Kriegsgefangenenlager Rimini. Italien. *In: Musik und Altar. Freiburg/Br. 3. 1951, S. 169-170*

Schmidt, Arth.

6211 Die große Orgel zu St. Elisabeth, Breslau. *In: Allgemein. Musikzeitung. 68. 1941, S. 125*

Schmidt, E.

6212 Zur Geschichte der neuen Orgel in der ev. Kirche zu Erlangen-Neustadt. *In: Siona. 1920, S. 123 bis 141*

Schmidt, F.

6213 Prinzipien des Orgel-Pedal-Spiels. *In: Zeitschrift für Kirchenmusiker. Dresden. 7. 1926, S. 112*

6214 Orgelbau und Orgelstil. *In: Kölnische Zeitung. 1926, 3. Januar*

Schmidt, Felix

6215 Tasten- und Handwärmer. *In: Zeitschrift für ev. Kirchenmusik. Hildburghausen. 4. 1926, S. 337*

Schmidt, Ferdinand

6216 Die Orgel im Gottesdienst. *In: Kirchenmusik. 1928, S. 153*

6217 Gemeindegesang und Orgel. Zur Überwindung einer Fehlentwicklung. *In: Musik und Kirche. 12. 1940, H. 6, S. 121*

Schmidt, Heinrich

6218 Die Orgel unserer Zeit in Wort und Bild. *München 1904*

6219 Anhang zu Seidel-Kothe „Die Orgel und ihr Bau". *Leipzig 1912*

6220 Steinfeld, die ehemalige Prämonstratenser Abtei. *Ratingen 1951, S. 79 f.*

Schmidt, K.

6221 Die 100jährige Orgel (J. G. Förster's). *In: Darmstädter Zeitung. 1903, 20. Juni*

Schmidt, Kurt

6222 Von der Hirtenflöte zur Hausorgel. *In: VDI-Nachrichten. Düsseldorf. 11. 1957, Nr. 26, S. 1—2*

Schmidt, W.

6223 Einiges vom Orgelbau. *In: Nachrichten-Zeitung d. Ver. deutscher Ingenieure. 6. 1926, Nr. 51*

Schmidt-Görg, Joseph

6224 Musikgeschichtliches aus den Kapitelsakten. *In: Bonn und sein Münster. Bonn 1947, S. 182 ff.*

6225 Ein althochdeutscher Traktat über die Mensur der Orgelpfeifen (Notker). *In: Kirchenmusikalisches Jahrbuch. Regensburg. 27. 1932, S. 58—64*

Schmidt-Marlissa, Friedrich

6226 Het orgel der Ned. Herformde Kerk te Veendam. *Wildervank 1928*

Schmiedecke, A.

6227 Die Ladegast-Orgel in Hohenmölsen. *In: Zeitzer Heimat. Zeitz. 2. 1955, S. 394*

Schmitt

6228 Histoire de l'orgue. *In: Revue de l'Art chrétien. 8. Bd.*

Schmitt, August

6229 Mozart und die Orgel. *In: Musica. Kassel. 15. 1961, H. 3, S. 152*

Schmitt, Georges

6230 Nouveau manuel complet de l'organiste. *Paris 1855*

Schmitt, J.

6231 Autom. Pedalregisterumschaltung. *In: Gregoriusblatt. 1921, S. 27*

6232 Kombinationsmanual — Einheitsspieltisch. *In: Monatshefte für kath. Kirchenmusik. 8. 1926, S. 53—56*

Schmuck, Edwin

6233 Einweihung der neuen Orgel . . . in der St. Jacobs Kirche zu Ilmenau, am 25. Juni 1911. *Fs.*

Schnabel, A.

6234 Verwendung v. Orgel-Cupal. *In: Zeitschrift für Instrumentenbau. Leipzig. 57. 1936, S. 28*

Schnakenberg, F. L.

6235 Neuzeitlicher Dispositionsgrundsatz bei kleinen Orgelwerken. *In: Zeitschrift für Kirchenmusiker, Dresden. 12. 1931, S. 169*

Schneeberger, Heinz Roland

6236 Gedanken eines Musikers zur elektronischen Orgel. *In: Schweizerische Musikzeitung. Zürich. 102. 1962, Nr. 4, S. 238—239*

Schneider, C.

6237 Musikstücke des Orgelwerkes im mech. Theater zu Hellbrunn. *In: Mitteilungen der Ges. für Salzb. Landeskunde, 67. 1927, S. 169—179*

Schneider, Charles

6238 A propos de facture d'orgues et de l'art de l'orgue. *In: Schweizer. musikpädagogische Blätter. Zürich. 24. 1935, S. 27—31*

6239 Propos sur l'évolution de la facture d'orgue. *In: Schweizerische Musikzeitung. 92. 1952, S. 8—11*

Schneider, Ch. / Faller, Ch.

6240 Psautier Laufer et les organistes romands. *In: Schweizer musikpädagogische Blätter. 12. 1923, S. 233—240*

Schneider, D.

6241 Die Orgel der Emmaus-Kapelle zu Hatzfeld. *In: Ars organi. 26. 1965, S. 857—858*

Schneider, F.

6242 Silbermann-Orgel zu Reinhardts-Grimma. *In: Zeitschrift für Kirchenmusiker. Dresden. 12. 1930, S. 67*

Schneider, Michael

6244 Die Orgelspieltechnik des frühen 19. Jh.s in Deutschland, dargestellt an den Orgelschulen der Zeit. *In: Kölner Beiträge zur Musikforschung. 6. Regensburg 1941*

6245 Orgelbau und Orgelspiel in Frankreich. *In: Der Kirchenmusiker. Darmstadt. 15. 1964, S. 97—100*

Schneider, M. F.

6246 Von allerlei Orgelwerken. *In: Schweizer Garbe. Basel. 21. 1938, S. 628—630*

6247 Ein alt-schwyzerisches Orgelwerk. *In: Volkslied und Hausmusik. Zürich. 8. 1941, S. 70*

Schneider, Thekla

6248 Woher stammen die Namen der Orgelregister? *In: Deutsche Instrumentenbau-Zeitschrift. Berlin. 40. 1939, S. 201, 230, 278; 41. 1940, S. 66, 86, 158, 176; 42. 1941, S. 28, 48*

6249 Die Orgelbauerfamilie Compenius. *Phil. Diss. Leipzig 1937*

6250 Organum Hydraulicum. *In: Musikforschung. Kassel. 7. 1954, H. 1, S. 24—39*

6251 Eine moderne Kleinorgel. *In: Musica. Kassel. 9. 1955, H. 12, S. 632*

6252 Die Namen der Orgelregister. *Kassel 1958*

Schneider, Wilhelm

6253 Lehrbuch, das Orgelwerk kennen, erhalten, beurtheilen und verbessern zu lernen. *Merseburg 1823*

6254 Ausführliche Beschreibung der großen Dom-Orgel in Merseburg, nebst Prospekt derselben, sowie geschichtliche Rückblicke auf die Entstehung und Vervollkommnung der Orgel im Allgemeinen. *Halle 1829*

6255 Die Orgelregister, deren Entstehung, Name, Bau, Behandlung, Benutzung und Mischung. *Leipzig 1835*

Schnetze, F. W.

6256 Handbuch zu der praktischen Orgelschule. *Leipzig 1884*

Schitzler, W.

6257 Von Orgelschlägern und Püstetreter (Erinnerungen an Alt-Westerholt). *In: Vestischer Kalender. Recklinghausen 1931, S. 63*

Schnorr von Carolsfeld, E.

6258 Größte Orgel der Welt. *In: Gregorianische Rundschau. 1912, S. 161*

6259 Große Orgel der St. Michaeliskirche, Hamburg. *In: Zeitschrift für Instrumentenkunde. Berlin. 33. 1912, S. 130*

6260 Die größte Orgel der Welt (Michaeliskirche zu Hamburg). *In: Grundstein. Hamburg 1913, H. 11, S. 11*

6261 Statistische Mitteilungen über die Orgeln im Bereich der ev.-luth. Landeskirche Sachsens. *In: Bericht über die 3. Tagg. für deutsche Orgelkunst in Freiberg/Sa. 2.—7. 10. 1927. 1928, S. 102*

6262 Erneuerung der Orgel der St. Paulikirche in Chemnitz. *In: Zeitschrift für Kirchenmusiker. 10. 1928, S. 168. Zugleich in: Zeitschrift für Instrumentenbau. Leipzig. 49. 1929, S. 616*

6263 Gottfried Silbermann und wir. *In: Zeitschrift für Instrumentenbau. Leipzig. 52. 1932, Nr. 17*

6264 Erneuerte Hildebrand-Orgel in der Kirche zu Lengefeld i. E. *In: Zeitschrift für Kirchenmusiker. Dresden. 15. 1933, S. 62. Zugleich in: Zeitschrift für Instrumentenbau. Leipzig. 53. 1933, S. 245*

6265 Bemerkungen zum Vortrage Gerh. Paulik's über „Orgelregister und Orgeldispositionen im Lichte der Orgelbewegung". *In: Zeitschrift für Kirchenmusiker. Dresden. 21. 1939, S. 20*

6266 Orgelfragen: Koppeln als Tritte. *In: Zeitschrift für Kirchenmusiker. Dresden. 22. 1940, S. 15*

Schnyder / Breitenbach

6267 Expertenbericht über die bedeutendste Kirchenorgel der Welt. *Stuttgart. Ca. 1890*

Schödel, G.

6268 Rundfunkorgel. *In: Zeitschrift für Instrumentenbau. Leipzig. 51. 1931, S. 23*

Schoenberg, Arnold / Michel, Josef

6269 Um die Zukunft der Orgel. *In: Der Kirchenmusiker. Darmstadt. 13. 1962, S. 3—7*

Schoenfeld, H.

6270 Heldenorgel in Kufstein. *In: Bibliothek der Unterhaltung und des Wissens. 55. 1931, Nr. 13, S. 83 bis 87*

Schönhagen, O.

6271 Achsiale Stellung der Orgel im kath. Kirchenraum. *In: Deutsche Bauzeitung. 1916, S. 189*

Schönian, Hans Georg

6272 Orgel oder Polychord? *In: Der Kirchenmusiker. Darmstadt. 7. 1956, S. 33—37*

Schönstedt, Arno

6273 Alte westfälische Orgeln. *Gütersloh 1953*

6274 Orgelbau in Westfalen. *In: Kirchenmusik, Vermächtnis und Aufgabe. Fs. zum 10jährigen Bestehen der Westfälischen Landeskirchenmusikschule Herford. Darmstadt 1958. S. 25—32*

Schörner, Georg

6275 Die Barockorgel in der Pfarr- und Klosterkirche St. Walburg zu Eichstätt, Bayern. *In: Musik und Altar. Freiburg i. Br. 3. 1950, S. 57—58*

Scholes, James C.

6276 Memorials of the Bolton Parish Church organs *Manchester 1882*

Scholl, C.

6277 Mechanica hidraulico pneumatica. (De organi hydr. aliisque instrum. harm.) *Herbipolis, (Würzburg) 1657*

6278 Organum mathematicum. *Herbipolis (Würzburg) 1668*

Scholz, Heinrich

6279 Geschichte der Orgel der St. Marienkirche zu Berlin, 1579—1908. *Berlin 1909*

Scholze, A.

6280 Orgellehre. Die innere Einrichtung, Pflege, Instandhaltung und Behandlung der Orgel. *Wien 1897*

6281 Orgel im Egerlande. *In: Unser Egerland. 19. 1915, S. 23, 31*

Schosland, W.

6282 Geschichtliche Momente aus der Entwicklung der Orgel. *In: Musica sacra. 55. 1927, S. 177—183*

Schott, Kaspar

6283 Mechanica Hydraulica-Pneumatica. *Frankfurt 1657*

6284 Organum Mathematicum libris IX. explicatum a P. G. Schotto e societate Jesu, quo per paucas ac facillime parabiles Tabellas, intra cistulam ad modum organi pneumatici constructam reconditas, pleraeque Mathematicae disciplinae, modo novo ac facili traduntur. Opus posthumum. Jo. Andr. Endter et Wolfg. junior haeredum. Excudebat Jobus Hertz typogr. *Herbipoli 1668*

Schouten, Hennie

6285 Onze oude orgels. *Baarn 1939*

6286 Nederlandse orgelen en organisten. *O. O. 1944*

6287 Het orgeln in ons concertleven. *In: Mens en Melodie Utrecht. 3. 1948, S. 171—173*

Schramm, Willi

6288 Die Orgel der Stadtkirche in Lage. *In: Kalender für Berliner Lehrer. Berlin. 262. 1950, S.106—107*

Schreiber, Ernst

6289 Neuartige Elektronenorgeln. *In: Das elektron. Linz. 4. 1954, S. 118—119, 126—130*

6290 Baugruppen neuartiger Elektonenorgeln. *In: Deutsche Funktechnik. Leipzig. 3. J. (1954). S. 14—18. Zugleich in: Radio und Fernsehen. Berlin. 3. 1954, S. 14—18*

6291 Die elektronische „Minshall-Orgel". *In: Radio und Fernsehen. Berlin. 3. 1954, S. 325—350*

6292 Die Consonata-Orgel. *In: Radio und Fernsehen. Berlin. 5. 1956, S. 107—110*

Schröder, A.

6293 Beiträge zur Geschichte der Orgelbaukunst in Oschatz und Umgebung. *In: Das Oschatzer Land. 1939, Nr. 186*

Schroeder, C. M. s. Saebens, H. 5999

Schröteler, Franz Josef

6294 Die Herrlichkeit der Stadt Viersen. *Viersen 1861*

Schröter, J. G.

6295 J. G. Schröter, Orgelmacher in Erfurt, Churfürstl. Mainz gnädigstes Privilegium, wie auch deres Clöster und Gemeinden Attesta usw. *Erfurt 1720*

Schröter, Wilhelm

6296 Die Altarorgel in der St. Nikolaikirche in Jüterbog. *In: Musik und Kirche. 2. 1930, S. 234*

Schuba, Konrad Philipp

6297 Die Orgel in der Basilika zu Konstanz. *In: Bodensee-Hefte. Konstanz. 7. 1956, S. 336—338*

Schubert, F. L.

6298 Die Orgel, ihr Bau, ihre Geschichte und Behandlung. *Leipzig 1867*

6299 Het Orgel. (Vert. Joh. Bastiaans). *Haarlem 1868*

Schubert, Margot

6300 Orgelteile für die Welt. *In: Merian. Städte und Landschaften. Hamburg. 3. 1950/51, H. 5. S. 62 bis S. 63*

Schubiger, Anselm

6301 Orgelbau und Orgelspiel im Mittelalter. Musikalische Spizilegien. 1876. *In: Publikationen der Gesellschaft für Musikforschung 5*

6302 Traktat über Orgelbau aus dem Berner Codex des 10. Jhds. *In: Musicalische Spicilegien. Berlin 1876, S. 79 ff.*

Schuebler, Johann J.

6303 Erste Ausgabe seines vorhabenden Wercks. (u. a. Gehäuse-Zeichnungen.) *O. O. u. J.*

Schümperlin

6304 L'orgue d'église. *O. O. 1895*

Schuenemann, Georg

6305 Die Pflegerorgel von 1639. *Berlin 1934*

Schünemann, G. J.

6306 Mathaeus Hertel's theoretische Schriften. *In: Archiv für Musikwissenschaft. 4. 1922. S. 355—358*

Schütte

6307 Im Kampf um den Orgeltyp. *In: Monatsschrift für Gottesdienst und kirchliche Kunst. 1929, S. 325*

Schütte, A.

6308 Arp Schnitger, der oldenburgische Orgelbauer. *In: Oldenburgisches Jahrbuch. 1948/49*

Schütz, Adalbert

6309 Zur Frage der Gemeindebegleitung mit der Orgel. *In: Musik und Kirche. 25. 1955, H. 4. S. 184*

Schütz, Adalbert / Supper, Walter

6310 Eine bedeutungsvolle Wendung im Orgelbau. *In: Musik und Kirche. Kassel. 26. 1956, S. 25—28*

Schütz, F.

6311 Die Orgel, J. S. Bach, Max Reger und Frz. Schmidt. *In: Monatshefte für kath. Kirchenmusik. 8. 1926, S. 17—20*

6312 Orgelneubau in Göttingen. *In: Zeitschrift für Musik. Regensburg. 94. 1927, S. 492—497*

6313 Die Silbermann-Orgel im Dome zu Freiberg. *In: Zeitschrift für Kirchenmusiker. Dresden. 9. 1928, S. 185*

Schuh, J.

6314 Die Linnicher Denkmal-Orgel. *In: Heimat-Kalender für den Kreis Jülich. Jülich. 12. 1962, S. 122 bis 126*

Schuh, Paul

6315 Heidweiler bei Wittlich, Pfarrkirche St. Vinzenz. *In: Zeitschrift für Kirchenmusik. Köln. 71. 1951, S. 168*

Schuke, Hans Joachim

6316 Orgelbauer aus der DDR in der Sowjetunion. *In: Musik und Gesellschaft. 10. 1960, S. 473—475*

6317 Orgel der St. Marienkirche in Stralsund. *In: Der Kirchenmusiker. Darmstadt. 13. 1962, S. 71—73*

6318 Orgel im Dom zu Havelberg. *In: Der Kirchenmusiker. 14. 1963, S. 105—107*

Schuke, H.-J. / Hammer, Emil

6319 Orgelbau in Ost und West. *In: Musica. Kassel. 5. 1951, H. 7/8, S. 282—286*

Schuke, Karl

6320 Positiv und Kleinorgel vom Standtpunkt des Orgelbauers. *In: Bericht über die Freiburger Tagung für deutsche Orgelkunst. Kassel 1939, 1. Tagg., S. 37 bis 42*

6321 Orgel im Dom zu Brandenburg/Havel. *In: Der Kirchenmusiker. Darmstadt 13. 1962, S. 23—25*

6322 Deutsche Orgellandschaften zwischen Elbe, Stralsund und Görlitz. *In: Acta organologica. Bd. I. Berlin 1967, S. 28*

Schuler, Manfred

6323 Der Orgelmacher Hans Schentzer. *In: Musik und Kirche. Kassel. 32. 1962, H. 3, S. 123*

6324 Punctum, suspirium und Bindebogen. *In: Musikforschung. Kassel. 15. 1962, H. 3, S. 257—260*

6325 Schentzer, Hans. *In: Musik in Geschichte und Gegenwart. Bd. XI. Kassel 1963. Sp. 1672*

Schultz, Helmut

6326 Die Karl-Straube-Orgel des Musikwissenschaftlichen Instituts und Instrumentenmuseums der Universität Leipzig im großen Saale des Grassimuseums zu Leipzig. *Leipzig 1930*

Schultz, H. s. Zenck, H. 7867

Schulz, Emil

6327 Ein Beitrag zum Selbstbau von elektronischen Orgeln. *In: Funkschau mit Fernseh-Technik, Schallplatte und Tonband. München. 33. 1961, S. 573—574*

Schulz, K.

6328 Norddeutsche Orgelwoche in Lübeck. *In: Kirchenmusik. Berlin. 12. 1931, S. 177—181*

Schulze, A.

6329 Zur Orgelbaufrage. *In: Zeitschrift für ev. Kirchenmusik. Hildburghausen 1928, S. 266—269*

Schulze, H.

6330 Zur Orgelbewegung. *In: Zeitschrift für Instrumentenbau. Leipzig. 53. 1933, S. 192*

6331 Die Orgelbewegung und ihre gegenwärtige Lage in Deutschland. *In: Zeitschrift für Musik. Regensburg. 100. 1933, S. 594*

Schulze, H. s. Kühn, K. Th. 3980, 3981

Schulze, Hans-Joachim

6332 Deutsche Denkmalsorgeln. Orgel im Dom zu Havelberg. *In: Der Kirchenmusiker. Darmstadt. 14. 1963, S. 105—107*

Schulze, Herbert

6333 Eine neue Aufgabe für den Orgelbau unserer Zeit. *Berlin 1947*

6334 Die Orgelbewegung. *In: Wissenschaftliche Zeitschrift der Humboldt-Universität Berlin. Geschichtliche und Sprachwissenschaftliche Reihe. 15. 1966, H. 3, S. 423—428*

Schulze, Herbert / Hasse, K. / Bosse, G.

6335 Orgelbewegung. *In: Zeitschrift für Musik. Regensburg. 101. 1934, S. 324*

Schuhmacher, Stephan

6336 Das Kegelladen-Töpfchenventil — Eine Neuerung im Orgelbau. *In: Instrumentenbau-Zeitschrift. Konstanz. 7. 1953, S. 151*

Schussen, W.

6337 Die Orgel. *In: Patria. Berlin-Schöneberg 1910, S. 167—181*

Schuster, F. s. Dolmetsch, H. 1733

Schwab, L.

6338 Le sort des orgues des églises pendant la Révolution. *In: La Révolution dans les Vosges. 1925 bis 1926*

6339 Ueber mathematische Stimmung, gleichmässige und ungleichmässige Temperatur überhaupt, sowie über Orgel- und Klavierstimmung nach der Scheiblerschen Methode insbesondere. *Mainz. O. J.*

Schwake, G.

6340 Forschungen zur Geschichte der Orgelbaukunst in Nordwestdeutschland. *Phil. Diss. Münster 1923*

6341 Orgelbaumeister J. Courtain. *Münster 1923*

6342 Schwierigkeiten der Forschungen zur Orgelbaugeschichte. *In: Kath. kirchenmusikalisches Jahrbuch. 2. 1928, S. 95—102*

6343 Orgelbauliteratur der letzten fünf Jahre. *In: Gregoriusblatt. 51. 1928, S. 80—86*

Schwandt, W.

6344 Die große Orgel von St. Johann. *In: Danziger Kalender. 2. 1926, S. 78—81.*

Schwartz, Rudolf

6345 Zur Geschichte der Orgel in der Jacobi-Kirche zu Stettin. *O. O. 1896*

Schwarz, F. W.

6346 Das große Orgelwerk in der Stadtkirche zu St. Blasien. *Selbstverlag 1924*

Schwarz, Wilhelm Eberhard

6347 Die Akten der Visitation des Bistums Münster aus der Zeit Johanns von Hoya (1571—1573). *In: Die Geschichtsquellen des Bistums Münster. Münster. 17. 1913*

Schwarzbach, M.

6348 Die Willenberger Orgel. *In: Schlesische Heimat. Breslau. 1. 1937, S. 139—143*

Schwarzer, A.

6349 Kurze Geschichte der Orgel. *In: Kirchenmusik. 5. 1942, S. 52—54*

Schweiger, Hertha

6350 Abbé G. J. Voglers Orgellehre. *Phil. Diss. Freiburg/Br. Wien 1938*

Schweitzer, Albert

6351 Deutsche und französische Orgelbaukunst. *Leipzig 1906. Zugleich in: Die Musik. Berlin 1906, Mai, S. 139—154*

6352 Zur Reform des Orgelbaues. *In: Monatsschrift für Gottesdienst und kirchliche Kunst. Göttingen 1927, S. 148—154*

6353 Im Kampf um die Orgel. *In: Junge Musik. Hamburg. 1. 1950. S. 6—8*

Schweitzer, K.

6354 Erhaltung und Pflege. *In: Cäcilienvereinsorgan. 1914, S. 32—38*

Schweizer, Gottfried

6355 Die neue Funkorgel Frankfurt. *In: Musica. Kassel. 12. 1958, H. 2, S. 100*

6356 Eine neue Orgel. Frankfurt. *In: Musica. Kassel. 15. 1961, H. 10, S. 569*

6357 Ein Orgelkurs. „Internationaler Orgelkurs 1963". Frankfurt. *In: Musica. Kassel. 18. 1964, H. 1, S. 39*

6358 Die neue Klais-Orgel in der Stadthalle von Kassel. *In: Das Musikinstrument und Phono. Frankfurt/M. 13. 1964, H. 11, S. 927—928*

6359 Neuere Orgeln in Frankfurt/M. *In: Das Musikinstrument und Phono. Frankfurt/M. 15. 1966, H. 2, S. 189—191*

Schwencke, Friedr. Gottlieb

6360 Denkschrift zur Einweihung der Orgel zu St. Nikolai in Hamburg. *Hamburg 1898*

Schwettmann, C.

6361 Geschichte der Kirche und Gemeinde St. Jacobi auf der Radewich zu Herford. *Herford 1884*

Schyven, Pierre

6362 Orgue monumental de la Cathédral d'Anvers. *Brüssel 1892*

Scofiero, Celestino

6363 Cenni storici intorno al re dei musicali instrumenti. *Oneglia 1878*

Scott, P. R. s. Frankland, J. E. 2430

Scull, Harold T.

6364 Whitworth Hall, Manchester. *In: The Organ. 27. 1947/48. S. 143*

Seeger, H.

6365 Aufgabe und Klanggestalt der Kirchenorgel. *In: Kirchenmusik. Berlin. 12. 1931, S. 101—103*

Seggermann, G.

6366 Gartow-Cuxhaven-Himmelpforten. *In: Musik und Kirche. 26. 1956, S. 240—242*

6367 Klingendes Friesland. Orgeln zwischen Weser und Ems. *Cuxhaven 1959*

Seggermann s. Rihsé 5795, 5796

Sehnal, Jiri

6368 Zur Geschichte der Orgel im Kloster Velehrad im 18. Jahrhundert. *In: Kirchenmusikalisches Jahrbuch. 50. 1966, S. 123—130*

Seibt, Hans Georg

6369 Die Geschichte der Orgeln in der Haupt- und Pfarrkirche zu St. Maria Magdalena in Breslau. *Breslau 1938*

Seidel, Fritz

6370 Die Orgelbauerfamilien Schlag, Schweidnitz. Der Orgelbau in Schlesien. *In: Instrumentenbau-Zeitschrift. Konstanz. 16. 1961/62, S. 354, 356*

Seidel, Johann Julius

6371 Die Orgel und ihr Bau: *Breslau 1843*

6372 Het orgel en deszelfs samenstel. *Groningen 1845*

6373 The organ and its construction. *London 1852*

Seiferth, Werner Peter

6374 Die Orgel in unserem Musikleben. *In Musik und Gesellschaft. 12. 1962, S. 234—235*

Seiffert, Max

6375 Shohé Tanaka's syntonisch. reingestimmte Orgel. *In: Allgemeine Musikzeitung. 20. 1893, S. 494*

6376 Orgel der Stadtkirche zu Delitzsch. *In: Fs. H. Kretzschmar. 1918, S. 149*

6377 Plauener Orgel-Buch von 1708. *In: Archiv für Musikwissenschaft. Leipzig 1920, S. 371—393*

Selinus, Olov

6378 Tre kyrkorglar i Piteå. *In: Norrbotten-Kuriren. 25. 3. 1961*

Sellars

6379 On Organs, American and Canadian. *In: Musical News, London. Bd. 45, S. 1175*

Selle, L.

6380 Die Orgel der St. Stephanuskirche zu Wittingen. *Wittingen 1966*

Sellgren, Karl Axel

6381 Kyrkoorglarnas historia (i Vissefjärda Kyrkas historia jämte klockstaplarna och . . .). *Nybro 1948. S. 45—52*

Semini, G. F.

6382 Fascino degli antichi organi ticinesi. *In: La Scala. Nr. 128. S. 36—37*

Senn, Walter

6383 Musik und Theater am Hof zu Innsbruck. *Innsbruck 1954*

6384 Berichtigung zu Erich Egg: Der Orgelbauer Maximus von Dubrau in Brixen. *In: Schlern. Bozen. 28. 1954, S. 34—35*

6385 Ein Orgelbau Eugen Casparinis. Zur Geschichte der Orgel in der Pfarrkirche Untermais/Meran. *In: Kirchenmusikalisches Jahrbuch. 43. 1959. S. 73 bis 83*

6386 Aus dem Kulturleben einer süddeutschen Kleinstadt. (Orgel Solbad Hall usw.). *O. O. u. J.*

Sennheiser, F.

6387 Orgeluntersuchungen mit elektroakustischen Meßverfahren. *In: Deutsche Instrumentenbau-Zeitung. Berlin. 42. 1941, S. 151*

Sentets, P.

6388 Notice sur Sainte-Marie d'Auch, publiée par la Société archéologique du Gers. *Auch 1903*

Serassi, Giuseppe

6389 Descrizione ed osservazione del nuovo organo nella chiesa posto del SS. Crucifisso dell'Annunziata di Como. *Como 1808*

6390 Del nuovo organo, opera dei signori Serassi nel Sanctuario del Crucifisso. *Mailand 1808*

6391 Sugli organi. Lettere di G. S. a Simone Mayr, P. Bonfichi e C. Bigatti. *Bergamo 1816*

6392 Catalogo degli organi fabricati da Serassi. *Bergamo 1815 (mit 345 Orgeln); 1858 (mit 654 Orgeln)*

Serauky, Walter

6393 Musikgeschichte der Stadt Halle. *1. 1935; 2. 1939; 2. 1942*

Serre, Albert

6394 Le grand orgue de Notre-Dame de Paris. *In: Bulletin paroissial de Notre-Dame de Paris. Januar, Februar. 1910, Nr. 25, 26*

Serve, L.

6395 Une fabrique d'orgues mécaniques. *In: Cosmos. 60., S. 266*

Servières, Georges

6396 La décoration des buffets d'orgues aux XVe et XVIe siècles. *In: Gazette des Beaux-Arts. Paris 1916, Dezember; 1917, Januar—März*

6397 Histoire de l'orgue du Panthéon. *In: La Tribune de Saint-Gervais. 23. 1922, Nr. 268*

6398 La décoration artistique des buffets d'orgues. *Paris 1928*

6399 Les diverses imitations de l'orgue. *In: La Tribune de Saint-Gervais. 25. 1928, Nr. 3*

6400 Documents inédits sur les orgues françaises des XVIIe et XVIIIe siècles. *Paris. O. J.*

Servois, G.

6401 Quelques organistes du grand siècle. *In Revue musicale. März 1932, S. 189—200*

Sexton, Eric H. L.

6402 The Choir Organ. *In: The Organ. 5. 1925/26, S.52*

6403 Organ Music before 1700. *In: The Organ. 15. 1935/36, S. 13, 95, 179, 230. Zugleich in 16. 1936/37, S. 40*

Seydel, Albrecht

6404 Die Orgel im Gottesdienst. *In: Musik und Kirche. Kassel. 31. 1961, H. 3, S. 124*

Seydlitz, E.

6405 Orgel in der Lutherkirche zu Erfurt und Tilgung der Orgelbauschuld durch Wochenschlußfeiern. *In: Kirchenmusik. 10. 1929, S. 51*

Seyfried, J. G.

6406 Origine de l'orgue. *In: Gazette musicale de Paris. I. 1834. S. 157—161*

Seymour, D. J.

6407 Organs at Upton Parish Church, Torquay. *In: The Organ. 33. 1953/54, S. 137*

6408 H. P. Dicker and the First Organ in Upton Church, Torquay. *In: The Organ. 43. 1963/64, S. 71*

Shafer, Chet.

6409 The pipe organ pumper. *New York 1927*

Sharp, H. B.

6410 The Organ in Woburn Parish Church. *In: The Organ. 33. 1953/54, S. 180*

6411 The Church Band and the Dumb Organist. *In: The Organ. 36. 1956/57, S. 197*

Shaw, Ronald

6412 The Organ in Duckworth Street Congregational Church, Darwen, Lancs. *In: The Organ. 29. 1949/ 1950, S. 85*

Shepherd, F. R.

6413 Continental Organs. *In: The Organ. 39. 1959/60, S. 211*

Shepherd, Russell

6414 Organs of Saint Mark's, Portsmouth (Engl.) *O. O. 1956*

Sheperdson, William

6415 A descriptive account of the great organ built by Herr Schulze, for the Parish Church, Doncaster. *London 1862*

6416 The organ: Hints on its construction, purchase and preservation. *London 1873*

Shewring, Walter

6417 Notes on the Organ in Italy. *In: The Organ. 30. 1950/51, S. 42, 124*

6418 Historic Organs in Holland. *In: The Organ. 34. 1954/55, S. 57*

6419 Organs in Italy: Brescia and Verona. *In: The Organ. 35. 1955/56, S. 161*

6420 Organs in Italy: Venice, Treviso, Trent. *In: The Organ. 36. 1956/57, S. 18*

6421 Early Organs in North Germany. *In: The Organ. 39. 1959/60, S. 109*

6422 Quel che fu l'organo per gl'Inglesi. *In: L'Organo. 3. S. 59—75*

Shields, R. L.

6424 Two Suffolk Organs. *In: The Organ. 25. 1945/46, S. 142*

Shorrock, Norman

6425 Amateur Accomplishments, and Otherwise, *In: The Organ. 27. 1947/48, S. 37*

Siberton-Blanc, Antoine

6426 The Newly Installed Organ in Lisbon Cathedral. *In: The Organ. 46. 1966/67, S. 119*

Sicard, Pierre

6427 Les orgues du diocèse de Bayonne, Lescar et Oloron. *Lyon 1964*

Sidler, Hubert

6428 1200 Jahre Orgeln im Abendland. *In: Caecilia. Straßburg. 66. 1958, S. 53—56*

Siebeck, Robert

6429 Johann Schultz, Fürstl. Braunschweig.-Lüneburgischer Organist in Dannenberg. *In: Beiheft der Internationalen Musikgesellschaft. Leipzig 1913*

Siefert, R.

6430 Geheimnisse im Orgelbau. *In: Zeitschrift für Instrumentenbau. Leipzig. 24. 1904, Nr. 19*

Siegele, Ulrich

6431 Die Disposition der Gabler-Orgel zu Ochsenhausen. *In: Musik und Kirche. Kassel. 26. 1956, S. 8—18*

Sieghardt, A.

6432 Kufsteins Heldenorgel. *In: Der Bergsteiger. Wien. 7. 1937, S. 610. Zugleich in: Das Bayerland. 52. 1941, S. 32*

Sievers, H.

6433 Die Musik im Dom zu Braunschweig. *In: Fs. zur Einweihung der neuen Orgel. Braunschweig 1962*

6434 Die Orgel der ehemaligen Schloßkapelle zu Wolfenbüttel. *O. O. u. J.*

Sigl, M.

6435 Orgelprobe im Benediktinerstift zu Weltenburg. *In: Gregorianische Rundschau. Graz 1908, S. 155*

6436 Orgelweihe in Ergoldsbach. *In: Musica sacra. Köln. 54. 1922, S. 5*

Sigüenza, José de

6437 La fundación del monasterio de El Escorial. *Madrid 1927*

Silbermann, Gottfried

6438 Richtige Anweisung, wie ein Examinator eine neue Orgel aus dem Fundamente examinieren soll, so aus des seel. Herrn Gottfried Silbermanns Munde nachgeschrieben. *In: Zeitschrift für Instrumentenbau. Leipzig. 1909/10, S. 1153*

Silva, Antonio A. de

6439 No orgão, constitue fator expressivo a registração. *Rio de Janeiro 1944*

Silva y Ramon, Gonzalo

6440 Die Orgelwerke der Kathedrale zu Sevilla. *Mainz 1939*

6441 Weitere Beiträge zur spanischen Orgelbaukunst. *In: Merklin, Albert: Aus Spaniens altem Orgelbau. Mainz 1939*

Simkins, C. F. s. Davies, Walford 1573

Simmonds, George

6442 Organ Chit-chat. *In: Musical News. London 1909*

Simpson, Brian

6443 Mansfield College, Oxford. *In: The Organ. 36. 1956/57, S. 49*

Simon, Josef

6444 Eine seltsame Orgel (Burg Güssing, Burgenland). *In: Volk und Heimat. Eisenstadt. 14, 1961, Nr. 22, S. 9—10*

Simon, K.

6445 Orgel im Kirchenbau. *In: Singende Kirche. Wien.
7. 1959/60, S. 66*

Simpson, W. Sparrow

6446 History of Saint Paul's Cathedral. *London. 1881*

Sincero, D.

6447 L'arte e l'industria organaria. *In: Atti del primo
congresso italiano di musica. Turin, S. 230—239*

6448 Il ripieno nell organo. *In: Revista music. italiana.
1908. S. 554—562*

6449 L'Arte de la progettazione et della registrazione di
un organo. *Turin 1913*

Sinn, Christoph Albert

6450 Die aus mathematischen Gründen richtig gestellte
musicalische Temperatura practica, das ist grund-
richtige Vergleichung der 12 Semitoniorum in der
Octave, wie dieselbe nach Anweisung der Arith-
metik und Geometrie ad praxin fürnemlich in die
Orgelwerke können gebraucht werden, nebst den
dazugehörigen Figuren... Mit einer Vorrede
Herrn Caspar Calvoers. *Wernigerode 1717*

Sittard, Alfred

6451 Das Hauptorgelwerk und die Hilfsorgel in der
großen St. Michaeliskirche in Hamburg. *Hamburg
1912*

Sitzmann, K.

6452 Künstler und Kunsthandwerker in Ostfranken.
Teil 1 Kulmbach 1957; Teil 2, 3 Kulmbach 1962

Sizia, G.

6453 Contributo alla storia organaria italiana. *In: Santa Cecilia. Turin 1911, S. 14—16*

6454 I grandi maestri dell'intonazione Carlo Vegezzi-
Bossi e Luigi Bernasconi. *In: Santa Cecilia. Turin
30. 1928, S. 4—10*

6455 Sempre dell'organo italiano. *In: Santa Cecilia. Turin 1929, S. 2—6*

6456 Per l'organo da Chiesa italiano. *In: Santa Cecilia.
Turin 36. 1934. Nr. 4, S. 1—5*

6457 Ancora sul nuovo organo del Pontificio Istituto di
Musica Sacra. *In: Santa Cecilia. 1834, Fasc I*

6458 Come stiamo in materia d'organo? *In: Atti del
secondo Congresso siciliano piemontese. Mondovi
1939, S. 75—96*

Sjögren, Josef

6459 Orgelverken i Västerås stift. En historisk översikt
1952. *Malung 1952*

6460 Orgelverken i stiftets kyrkor. *In: Västerås stift i
ord och bild. Stockholm 1951. S. 459—472.*

6461 Västerås domkyrkas orgelverk organister under
fem sekler samt rapsodiska anteckningar om kyr-
ko-och skolmusik. *In: Julbok för Västerås stift 45.
1950, S. 85—100*

6462 Organisterna i Västerås stift. *In: Nordiska museets handlingar: 49. Malung 1958*

Skinner

6463 The Skinner Organ. *O. O. u. J.*

Skinner, Ernest M.

6464 The modern organ. *New York 1917*

6465 Applied Extension. *In: The Organ. 17. 1937/38,
S. 61*

6466 Organ Matters. *In: The Organ. 24. 1944/45,
S. 43*

6467 Why Organs go Out of Tune. *In: The Organ. 25.
1945/46, S. 95*

6468 The Organ Beautiful. *In: The Organ. 28. 1948/49,
S. 141*

6469 Organs in America. *In: The Organ. 33. 1953/54,
S. 151*

6470 American Organ Builders. *In: The Organ. 33.
1953/54, S. 200*

6471 Pneumatic Swell Pedal. *In: The Organ. 34. 1954/
55, S. 55*

6472 Tone Reproduction in Flue Pipes. *In: The Organ.
37. 1957/58, S. 210*

Skobel

6473 Die Orgel in der katholischen Pfarrkirche Prinke-
nau. *In: Musica sacra. Regensburg 1909, S. 112*

Skuhersky, Franz Z.

6474 Die Orgel und ihre Struktur. *Prag 1882*

6475 Die Orgel, ihre Einrichtung und Behandlung. *Prag
1884*

Skutsch, Karl-Ludwig

6476 Zur künstlerischen Entwicklung des Orgelprospektes in Deutschland bis in das 18. Jh. *Phil. Diss.
Breslau 1930*

Slagmolen, Gerrit

6477 Muzieklexicon. *Utrecht 1958*

Slater, G. s. Macnutt 4466

Slatter, G. W.

6478 Shelingford Parish Church Organ. *In: The Organ.
33. 1953/54, S. 198*

Slevogt, Gottlieb

6479 Gründliche Untersuchung von denen Rechten der
Altäre, Taufsteine, Orgeln etc. *Jena 1732*

Smalley, Alan G.

6480 The Organ in St. Paul's Cathedral, Valletta, Malta. *In: The Organ. 19. 1939/40, S. 187*

Smart, Henry

6481 Report on the organ of Christ Church Cathedral.
Dublin 1878

Smedley, A. W.

6482 Why Organs go out of Tune. *In: The Organ. 24.
1944/45, S. 189*

Smeets, M. s. Waltmans, M. 7372

Smend, J.

6483 Ansprache in der Morgenfeier zur Eröffnung der Orgeltagung. *In: Bericht über die dritte Tagung für deutsche Orgelkunst in Freiberg/Sachsen. 1928, S. 38*

Smets, Paul

6484 Orgeldispositionen. Eine Handschrift aus dem 18. Jahrhundert, im Besitz der Sächsischen Landesbibliothek Dresden. *Kassel 1931. Zugleich in: Musica sacra. Köln. 60. 1930, S. 254*

6485 Orgelbau in Mainz. *In: Zeitschrift für Instrumentenbau. Leipzig. 51. 1931, S. 268*

6486 Die älteste Orgel Deutschlands. *In: Musik und Kirche. Kassel. 3. 1931, 1. H., S. 127—132*

6487 Neuzeitlicher Orgelbau. *Mainz 1934*

6488 Die Orgelregister. *Mainz 1934*

6489 Die große Gabler-Orgel der Abtei Weingarten. *Mainz 1940*

6490 Ratgeber für die Beschaffung einer Kleinorgel. *Mainz 1945*

6491 Die berühmten Orgelwerke der Stadt Lübeck. *Mainz 1945*

6492 Die Orgel der St. Valentinus-Kirche zu Kiedrich. *Mainz 1945*

6493 The contemporary organ building. *Mainz 1950*

6494 El organo moderno. *Mainz 1950*

6495 Baroque and modern organ stops. *Mainz 1950*

6496 Los registros del organo moderno. *Mainz 1950*

Smijers, A.

6497 De illustre Lieve Frouwe Broederschap te s'Hertogenbosch. *In: Tijdschrift der Vereniging voor Nederlandse Muziekgeschiedenis. XI, S. 187—210; XII, S. 40—62; XIII, S. 46—101, 181—238; XIV, S. 48—110; XVI, S. 63—107, XVII, S. 195—230*

Smith, Alec J.

6498 Mansfield College Organ, Oxford. *In: The Organ. 28. 1948/49, S. 141*

Smith, Denys J. Neal

6499 New "Plan" for Articles? *In: The Organ. 20. 1940/41, S. 88*

6500 The Organ of St. Mary Magdalene, Richmond. *In: The Organ. 20. 1940/41, S. 135*

6501 The Organ in the Kingsway Hall, London. *In: The Organ. 20. 1940/41, S. 165*

6502 Organ Curiosities. *In: The Organ. 22. 1942/43, S. 177*

6503 One for all. *In: The Organ. 25. 1945/46, S. 192*

6504 The Organs at St. Matthias, Richmond, Surrey. *In: The Organ. 26. 1946/47, S. 114*

Smith, John

6505 The Cavaillé-Coll Organ in Parr Hall, Warrington. *In: The Organ. 34. 1954/55, S. 224*

6506 Organ Tone. *In: The Organ. 35. 1955/56, S. 156*

6507 John Snetzler. *In: The Organ. 34. 1954/55, S. 56*

6508 The Organ in Hove Town. Hall, 1882 to 1959. *In: The Organ. 40. 1960/61, S. 140*

Smith, P. S.

6509 The English Organ. *In: The Organ. 33. 1953/54, S. 199*

Smith, G. H.

6510 A history of Hull organs and organists. *London 1910*

Smith, Hermann

6511 Modern organ tuning. *London 1902*

6512 The making of sound in the organ and in the orchestra. *London 1911*

Snook, L. H.

6513 Lindsay Garrard. *In: The Organ. 34. 1954/55, S. 53, 109*

Snow, Herbert

6514 The Royal Albert Hall Organ. *London 1925*

6515 The Birmingham Town Hall Organ and its organists. *In: The Organ. 3. 1923/24, S. 144*

6516 The Royal Albert Hall Organ, London. *In: The Organ. 4. 1924/25, S. 129*

6517 A Modern Chamber Organ. *In: The Organ. 5. 1925/26, S. 108*

6518 The Organ in the Guildhall, Plymouth. *In: The Organ. 5. 1925/26, S. 156*

6519 An Interesting William Allen Organ. *In: The Organ. 7. 1927/28, S. 110*

6520 The Organs of Malvern Priory Church. *In: The Organ. 7. 1927/28, S. 239*

6521 The Organ in Bolton Town Hall. *In: The Organ. 8. 1928/29, S.176*

6522 The Organs at Melbourne Town Hall. *In: The Organ. 9. 1929/30, S. 26*

6523 The Schulze Organ at Hindley, Lancs. *In: The Organ. 9. 1929/30, S. 93*

6524 The Organs in Birmingham Cathedral. *In: The Organ. 9. 1929/30, S. 137*

6525 The Organs of Halifax Parish Church. *In: The Organ. 10. 1930/31, S. 11*

6526 The Organs of St. Mary's Collegiate Church, Warwick. *In: The Organ. 10. 1930/31, S. 78*

6527 The Organs of Chesterfield Parish Church. *In: The Organ. 10. 1930/31, S. 237*

6528 The Organs of Lucerne Cathedral. *In: The Organ. 11. 1931/32, S. 9*

6529 A Unique Residence Organ at Ascot. *In: The Organ. 11. 1931/32, S. 116*

6530 The Organ in the Church of the Messiah, Birmingham. *In: The Organ. 11. 1931/32, S. 214*

6531 The Organ in St. Andrew's Church, Nottingham. *In: The Organ. 12. 1932/33, S. 44*

6532 Aeolian-Davies at Northampton. *In: The Organ. 12. 1932/33, S. 49*

6533 The Organs of Lichfield Cathedral. *In: The Organ.* 12. 1932/33, S. 98

6534 The Organ in Llandaff Cathedral. *In: The Organ.* 12. 1932/33, S. 197

6535 The Organ in Stretford Town Hall. *In: The Organ.* 13. 1933/34, S. 52

6536 The Organ in de Montfort Hall, Leicester. *In: The Organ.* 13. 1933/34, S. 106

6537 The Organ in the Hale Congregational Church. *In: The Organ.* 13. 1933/34, S. 180

6538 The Royal Albert Hall Organ, London. *In: The Organ.* 13. 1933/34, S. 215

6539 A Lewis Residence Organ at Frodsham, Cheshire. *In: The Organ.* 14. 1934/35, S. 116

6540 The Organ in Brunswick Chapel, Leeds. *In: The Organ.* 14. 1934/35, S. 172

6541 The Organ in St. Chrysostom's, Hockley, Birmingham. *In: The Organ.* 14. 1934/35, S, 234

6542 The Organs in Taunton and Wellington Schools. *In: The Organ.* 15. 1935/36, S. 54, 192

6543 The Organ in St. Nicholas Church, Wallasey, Cheshire, *In: The Organ.* 15. 1935/36, S. 176

6544 The Organ in St. Peter's Collegiate Church, Wolverhampton. *In: The Organ.* 15. 1935/36, S. 236

6545 Interesting Herefordshire Organs. *In: The Organ.* 16. 1936/37, S. 169

6546 The Organ in St. Mary's Church, Stafford. *In: The Organ.* 16. 1936/37, S. 239

6547 Organ in Queen Street Congregational Church, Wolverhampton. *In: The Organ.* 17. 1937/38, S. 107

6548 Organ in Waterloo Road Baptist Church, Wolverhampton. *In: The Organ.* 17. 1937/38, S. 178

6549 The Organ in St. Leonard's Church, Bridgnorth, Salop. *In: The Organ.* 17. 1937/38, S. 238

6550 Organ in Daresbury Hall, Warrington. *In: The Organ.* 18. 1938/39, S. 51

6551 Organ in the Congregational Church, Cheadle Hulme, Manchester. *In: The Organ.* 18. 1938/39, S. 113, 192

6552 The Organ in Wolverhampton Civic Hall. *In: The Organ.* 18. 1938/39, S. 150

6553 The Organ in the Methodist Church (Union Street), Torquay. *In: The Organ.* 19. 1939/40, S. 51

6554 The Organ in the Square Congregational Church, Halifax. *In: The Organ.* 19. 1939/40, S. 144

6555 The Royal Arcade Organ, Boscombe, Hants. *In: The Organ.* 27. 1947/48, S. 180

6556 The Organ at St. John's, Barmouth, Merioneth. *In: Musical Opinion.* 78. 1955, S. 361—363

6557 The Hindley Schulze Organ. *In: The Organ.* 46. 1966/67, S. 95

Snow, W. J.

6558 The true Diapason Chorus. *In: The Organ.* 2. 1922/23, S. 62

Söderberg, N. J.

6559 Studier till Uppsala domkyrkas historia. II. Orgverk i domkyrkan. *In: Kyrkohistorisk Årsskrift.* 35. 1935, S. 47—145

Söhner, L.

6560 Münchener Orgeln aus dem 17. Jh. *In: Musica sacra. Köln.* 66. 1935, S. 38—40

Soelter, H.

6561 Die Geschichte der Jonas-Weigel-Orgel in der S. Vincenz-Kirche zu Schoeningen. *Schoeningen 1958*

Sohnle, W.

6562 Neue Orgel in der katholischen Pfarrkirche zu Schiedam. *In: Zeitschrift für Instrumentenbau. Leipzig.* 50. 1929, S. 176

Soler, Antonio

6563 Carta satisfactoria que escribio el P. Antonio Soler al Ilmo Dean y Cabildo de la Santa Metropolitana Iglesia de Sevilla, contra los reparos questos por los S. S. Jucces a la obra del organo nuevo, construido por D. Joseph Casa. *Madrid 1778*

Solirène, Joseph

6564 Le grand orgue de la cathédrale d'Auch. *Toulouse 1894*

6565 L'abbé Rivalier, organiste et facteur d'orgues à Auch en 1630. *In: Revue de Gascogne.* 36. 1895

Somers-Cocks, J.

6566 The Position of Composition Pedals. *In: The Organ.* 7. 1927/28, S. 254

Somes, Clarence F.

6567 Holdich and Lewis Organs in New Zealand. *In: The Organ.* 1926/27, S. 62

Sonner, Rudolf

6568 Balginstrumente. *In: Musik in Geschichte und Gegenwart. Bd. I. Kassel 1949/51. Sp. 1103—1109*

6569 Die Welte-Lichttonorgel. *In: Die Musik. Berlin.* 29. 1936, S. 32

6570 Alte Orgeln erklingen wieder. *In: Die Musik. Berlin.* 29. 1937, S. 471—475

Sonreck, Franz Wilhelm

6571 Abhandlung über die Pneumatik. *Köln 1876*

6572 Von der Mensuration des Pfeifenwerkes. *In: Die Orgelbauzeitung 1879*

Sorge, Georg Andreas

6573 Anweisung zur Stimmung und Temperatur sowohl der Orgelwerke als auch anderer Instrumente, sonderlich aber des Claviers: in einem Gespräch zwischen einem Musico theoretico und seinem Scholaren. *Hamburg 1744*

6574 Zuverlässige Anweisung Klaviere und Orgeln gehörig zu temperieren und zu stimmen. *Lobenstein/ Ebersdorf 1758*

6575 Die Natur des Orgelklanges. *Hof 1771*

6576 Bei der Einweihung des durch den kunsterfahrenen Orgelbaumeister Herrn H. Heidenreich zu Gerolsgrün rühmlichst erbauten neuen Orgelwerks. *Hof 1771*

6577 Der in der Rechen- und Meßkunst wohlerfahrene Orgelbaumeister, welcher die gehörige Weite und Länge aller Orgelpfeifen ... genau erforschen und ausmessen kann ... *Lobenstein 1773*

6578 Orgelbaumeister. *O. O. 1755*

Southgate, T. Lea

6579 The regal and its successors: the harmonica. *O. O. u. J.*

Spacek, Johann

6580 Die große Orgel bei Sankt Mauritz in Olmütz. *Olmütz 1924*

Spark, William

6581 Choirs and organs; their proper positions in churches. *London 1852*

6582 Henry Smart; his Life and Works. *London 1881*

Specht, A.

6583 Le Vaudeville et l'orgue de Barbarie. *In: Revue et Gazette musicale de Paris. 10. 1844*

Spelman

6584 Organ teaching: methods and materials. *In: Hinrichsen's musical Yearbook. London 1958, S. 54 bis 62*

Spengel, P. R.

6585 Handwerk und Kunst des Orgelbaus. *Berlin 1795*

Spielberg, H. von

6586 Orgelbauanstalt. *In: Daheim. 31. Bd., S. 219*

Spies, H.

6587 Die Orgeln in der Regierungszeit des Fürsten und Erzbischofs Wolf Dietrich von Raitenau (1587 bis 1612). *In: Salzburger Museumsblätter. 6. 1927, Nr. 3/4, S. 4 ff.*

6588 Die Salzburger großen Domorgeln. *Augsburg und Wien 1929*

6589 Abt Vogler und die von ihm 1805 simplifizierte Orgel von St. Peter in Salzburg. *Mainz 1932*

Spilling, Willy.

6590 Alte fränkische Orgeln. *In: Frankenland. Würzburg. N.F. 7. 1955, Nr. 3/4, S. 126—130*

Spingel, H. O.

6591 Ein Besuch in einer Orgelbauwerkstatt. *In: Fono forum. Köln. 12. 1962, S. 6—10*

Spitta, Fr.

6592 Die Prinzipien in der Aufstellung der Orgel im evangelischen Gotteshause. *In: Monatsschrift für Gottesdienst und kirchliche Kunst. Göttingen. 2. 1897, S. 212—217*

6593 J. S. Bach, His Work and Influence of the Music of Germany

Spittel, Rudolf

6594 Die Stolper St. Marien Orgel. *Stolp 1930*

Sponsel, Johann Ulrich

6595 Orgelhistoria. *Nürnberg 1771*

Spornberger, A.

6596 Geschichte der Pfarrkirche von Bozen. *Bozen 1894*

Spreckelsen, Otto

6597 Die Stader Orgel und ihre Schicksale. *In: Stader Archiv 1925*

Sprengel

6598 Sprengel's Handwerke und Künste. *11. Sammlung*

Spronsen, Jan W. van

6599 Orgelcultuur binnen en buiten onze grenzen. *In: De Praestant. 2. 1953, S. 7—9, 28—31, 55—58*

6600 Orgelcultuur in Italië. *In: De Praestant. Tongerlo (Antwerpen) 2. 1953*

Spurling, Leslie

6601 Consistency in Criticism. *In: The Organ. 18. 1938/39, S. 123*

S. S.

6602 Electro-Pneumatic Pallet and Pressure Transformer by Casavant Frères. *In: The Organ. 25. 1945/46, S. 132*

Stade, B. H.

6603 Die erste Bach—Orgel. *In: Signale für die musikalische Welt. 19. 1861, S. 83*

Stägbauer, I.

6604 Alte Orgelwerke in und um Krummau. *In: Mein Böhmerwald. Wien. 8. 1944, S. 32*

Stählin, Wilhelm

6605 Predigt bei der internationalen Orgelwoche Nürnberg. *In: Musik und Kirche. 24. 1954, H. 5, S. 193*

Staerck, Philipp Wilhelm

6606 Organi Wrizensi Viadrini ... descriptio. D. i. Beschreibung der alten abgerissenen und neu erbauten Orgel in Writzen a/O. *Berlin 1729*

Stahl, Wilhelm

6607 Die Totentanz-Orgel der Marienkirche zu Lübeck. *Mainz 1932*

6608 Die große Orgel der Marienkirche zu Lübeck. *Kassel 1938*

6609 Lübecks Orgeln. *Lübeck 1939*

6610 Musikgeschichte Lübecks. *Bd. II. Kassel 1952*

6611 Die Kirchenmusikgeschichte Lübecks. *Lübeck, o. J.*

Stainer, John

6612 The Organ. *New York 1909*

Stammler, W.

6613 Erfahrungen über Wärmeeinflüsse, künstlerische Verwendung und Dispositionswünsche bei kleineren Orgeln mit 2 Manualen. *In: Monatsschrift für Gottesdienst und kirchliche Kunst. Göttingen 1913, S. 199*

Stamp, William

6614 Organ in St. Martin's Church, Croydon. *In: The Organ. 12. 1932/33, S. 118*

Standaart, A.

6615 Dutch Organs and Organ Builders. *In: The Organ. 6. 1926/27, S. 60*

Stanhope, Charles

6616 Principles of the Science of tuning Instruments with fixed Tones. *London 1806*

Stanley, George W.

6617 Some American Views on Two-Manual Church Organ Design. *In: The Organ. 10. 1930/31, S. 31*

6618 Organ Design in America. *In: The Organ. 10. 1930/31, S. 188*

Starke, R.

6619 Orgelwerk der Kirche St. Elisabeth in Breslau. *In: Monatshefte für Kunstgeschichte. 1903, S. 17—29, 33—38*

Starmer, William Wooding

6620 The Carillon. *In: The Organ. 6. 1926/27. S. 220*

Statham, H. Heathcote

6621 The Organ and its position in musical art. *London 1909*

Statz, V.

6622 Messpulte, Orgeln, Kanzeln, Chorgestühle . . . im gothischen Styl. *Berlin 1886*

Steche, Siegfried

6623 Hauptaufgabe der Register und Mensuren. *In: Die evangelische Kirchenmusik in Baden und in der Pfalz. Heidelberg. 26. 1949, S. 3—6*

6624 Die Orgelregister und ihr Gebrauch. *In: Die evangelische Kirchenmusik in Baden und in der Pfalz. Heidelberg 25. 1949. S. 35, 43—44; 26, S. 15—16; H. 7, S. 3; H. 8, S. 6—7*

Steffen, Stephan

6625 Von Orgeln und Organisten. *In: Illustr. Westerwälder Heimatkalender. 1927, S. 84*

Steggal, Charles

6626 Instruction book for the organ. *London o. J.*

Stehlin, S.

6627 Anleitung zur Behandlung und Beurtheilung einer Orgel. *Wien 1851*

Stehr, Gunnar

6628 Neue Orgeln in Berlin. *In: Ars organi. 14. 1959, S. 243—252*

6629 Berlin als Orgelstadt. *In: Acta organologica. Berlin. 1. 1967, S. 38*

Stein, A.

6630 Practischer Rathgeber zur gründlichen Anweisung Claviere, Orgeln und Pianoforte stimmen zu lernen. *Leipzig 1830*

Stein, J. A.

6631 Beschreibung einer neuen Orgel in der Barfüßerkirche zu Augsburg. *In: Akademische Kunstzeitung. O. O. 1771*

Steinen, Johann Diederich von

6632 Westphälische Geschichte. 1. Teil Lemgo 1755. Facs. Münster, 1963. (Steinen I); 2. Teil 1755; 3. Teil 1757; 4. Teil 1760

Steiner, J.

6633 Neues Orgelbausystem. *In: Zeitschrift für Instrumentenbau. Leipzig. 24. 1904, Nr. 20*

6634 Gebrauchsanleitung für neue Orgelwerke. *In: Zeitschrift für Instrumentenbau. Leipzig, 24. 1904, Nr. 23*

Steinfeld, G.

6635 Eine christliche Orgel-Predigt von der Nutzbarkeit der Orgeln in den Kirchen bey neu angeschaffenen Orgel-Werck der Petersdorffschen Kirchen. *O. O. 1695*

Steinhäuser, Wilhelm

6636 Die Abenteuer eines deutschen Orgelvirtuosen. Aus Joseph Maria Homeyer's Leben. *Mühlhausen i. Thü. 1894*

Steinhausen, W.

6637 Zur Kenntnis der Luftschwingungen in Flöten. *Diss. Gießen o. J.*

Steinmeyer, G. F.

6638 Über modernen Orgelbau. *In: Siona. 14. 1915, S. 155*

6639 Moderner Orgelbau. *In: Musica sacra. 1912, S. 161*

Stellfeld, J. A.

6640 Bronnen tot de geschiedenis der Antwerpse clavecimbel en orgelbouwers. *Antwerpen 1942*

Stenson, Arthur

6641 An Electronic Organ in a Midland Residence. *In: The Organ. 34. 1954/55, S. 219*

Stephani, H.

6642 Orgelkunst. *In: Neue Zeitschrift für Musik. Leipzig 1906, Nr. 38*

6643 Das Gesetz des Orgelanschlages. *In: Fs. Joh. Biehle. Leipzig 1930, S. 36*

Stephenson, Robert M.

6644 Organs in the Cathedral, Malaga. *In: The Organ. 37. 1957/58, S. 56*

Sterl, Raimund W.

6645 Ein Orgelvertrag aus dem Jahre 1583. *In: Musica sacra. Köln. 85. 1965, H. 11, S. 324—326*

6646 Münchener Orgelbau vor und nach dem Caeremoniale Episcoporum. *In: CVO. Zeitschrift für Kirchenmusik. 87. 1967, S. 164—166*

Sterrett, Norman

6647 Foreign Organ-builders. *In: The Organ. 39. 1959/60, S. 54*

6648 Organs of St. John's, Torquay. *In: The Organ. 40. 1960/61, S. 83*

6649 W. S. Rockstro and St. John's, Torquay. *In: The Organ. 41. 1961/62. S. 53*

6650 The Organ in St. John's Shiphay, Torquay. *In: The Organ. 44. 1964/65, S. 115*

6651 Exeter Cathedral Organ. *In: The Organ. 46. 1966/1967, S. 49*

Stevenson, R.

6652 Cathedral Organs in the Andes. *In: The Organ. 42. 1962/63, S. 42—47*

Steves, Heinz Herbert

6653 Der Orgelbauer Joachim Wagner. *Phil. diss. Köln 1937. Zugleich in: Zeitschrift für Musikwissenschaft. Leipzig. 1939. Zugleich in: Archiv für Musikforschung. 4., H. 4, 5., H. 1*

Stevens, Thomas

6654 Organ in Städtischer Saalbau, Recklinghausen. *In: The Organ. 27. 1947/48, S. 45*

6655 Tewkesbury Abbey and Other Matters. *In: The Organ. 27. 1947/48, S. 93*

6656 Royal Festival Hall Organ. *In: The Organ. 34. 1954/55, S. 163*

6657 The Methuen Organ. *In: The Organ. 35. 1955/56, S. 108*

6658 Impressions of some Organs in the United States. *In: The Organ. 37. 1957/58, S. 86, 123*

6659 Organs in Denmark. *In: The Organ. 37. 1957/58, S. 158*

6660 St. Thomas's Church. New York City. *In: The Organ. 38. 1958/59, S. 47*

6661 Cathedral Organs in the Capitals of Argentina, Brazil and Chile. *In: The Organ. 41. 1961/62, S. 48*

Stewart, A. M.

6663 Some Observations and Suggestions: St. Paul's Cathedral and Liverpool Cathedral. *In: The Organ. 37. 1957/58, S. 44*

Stiehl, C.

6664 Zwei neue Orgelwerke von E. F. Walcker und Cie. in Ludwigsburg. *In: Urania. 51. 1894, S. 12—13*

Stier, A.

6665 Vom Sinn der Orgelbewegung. *In: Singgemeinde. Augsburg 1927, S. 163—166*

Stier, E.

6666 Die neue Orgel im Dom zu Braunschweig. *In: Neue Musikzeitung. 22. 1901, S. 176*

Stierlin, Leonhard

6667 Die Orgel. Mit Notizen über Abt Vogler. *Zürich 1859/60*

Still, Barry C.

6668 The Organ in the Church of St. Valentin, Kiedrich. *In: The Organ. 30. 1950/51, S. 66*

Stiven, F. B.

6669 In the organ lofts of Paris, *o. O. 1923*

Stjepcevic, I.

6670 Juraj Celidonio, splitski kanonik graditelj u Kotoru god. 1518. *In: Vjesnik za Arheologiju i historiju Dalmatinsku organ arheoloskoga Muzeja u Splitu. Vol. L (anno 1928—29). — Spalato 1932, S. 383 bis 389*

Stobie, C. Graham

6671 The Organ in Lerwick Parish Church. *In: The Organ. 26. 1946/47, S. 8*

6672 A Veteran Organ in Dundee. *In: The Organ. 29. 1949/50, S. 145*

Stobie, Charles I. G.

6673 Organ in St. Thomas's Church, Newport, Fife. *In: The Organ. 31. 1951/52, S. 128*

Stockhausen

6674 Neue Orgelbewegung. *In: Pastor bonus. 39. J. (1927/28). S. 53. Zugleich in: Musica sacra. 58. 1928, S. 65—69*

6675 Stand der Orgelfrage. *In: Musica sacra. Köln. 60. 1930, S. 207—220, 350—358, 394—402*

6676 Multiplexorgel. Beurteilung durch die Orgelkomm. d. Allg. Cäcilienvereins. *In: Musica sacra. Köln. 61. 1931, S. 137—143*

6677 Reformorgel. *In: Monatshefte für kath. Kirchenmusik. 8. J. (1931). S. 195—203. Zugleich in: Musica sacra. Köln. 62. 1931, S. 254—259*

Stockhausen s. Dunkelberg, O. 1893

Stockmann, Bernhard

6678 Orgelprobleme. *In: Musica, Kassel. 16. J. (1962) H. 1. S. 34*

Stockmann, Gebr.

6679 75 Jahre Orgelbau Gebr. Stockmann 1889—1964. *Werl/Westf. 1964*

Stocks, George G.

6680 The Organ Recital. *In: The Organ. 1. 1921/22, S. 186*

Stocks, William H.

6681 A short history of the organ, organists and services of the Chapel of Alleyn's College of God's Gift at Dulwich. *London 1891*

Stöbe, Paul

6682 Zur Geschichte der Kirchenorgeln in Halberstadt. *In: Zeitschrift für Instrumentenbau. Leipzig. 16. 1895, S. 31–35, 61–62, 411–413*

6683 Zur Geschichte der Kirchenorgel in Halberstadt. *Leipzig 1896*

6684 Silbermann-Orgeln in Frauenstein. *In: Zeitschrift für Instrumentenbau. Leipzig. 50. 1930, S. 716, 748. Zugleich in: Kirchenchor. 41. 1930, S. 73–76*

Stöckl, Rudolf

6685 Oper der Gegenwart und Musica sacra in Nürnberg. Theaterwoche und Internationale Orgelwoche. *In: Das Orchester. Mainz. 9. 1961, S. 298–299*

Stöger, Josef

6686 Die Orgeln der katholischen Kirchen im Grabfeld. *Untereßfeld 1947*

Störzner

6687 Neue Orgel in der St. Nicolaikirche zu Döbeln i. S. *In: Zeitschrift für Instrumentenbau. Leipzig. 50. 1930, S. 672–674. Zugleich in: Zeitschrift für Kirchenmusiker. Dresden. 12. 1930, S. 60. Zugleich in: Kirchenmusik. 11. 1930, S. 145 bis 147*

Stohrius, I.

6688 De Organ. musica. *Leipzig 1693*

6689 Organum musicum historice exstructum. *1693*

Stooss, Rudolph

6690 Kurze anbey deutliche Beschreibung der großen Orgel in St. Vinzenen Münster, darinnen gezeiget wird, die wahre Beschaffenheit dieses Werkes, seine Structur betreffend. *Bern 1746*

Stoot, Stephen

6691 Scudamore Organs. *In: The Organ. 22. 1942/43, S. 94*

6692 The Organ in St. Mary's, Penzance. *In: The Organ. 26. 1946/47, S. 143. Zugleich in: 27. 1947/48, S. 17*

Stork, F.

6693 Die Orgel in der Pauluskirche zu Dortmund. *In: Monatsschrift für Gottesdienst und kirchliche Kunst. Göttingen 1905, S. 369*

Stork, K.

6694 Schnitzereien der Heider Orgel. *In: Dithmarschen. Heide. 5./6. 1930, S. 7–11*

Stow, Kenneth

6695 Nomenclature. *In: The Organ. 39. 1959/60, S. 154*

Straatmann, Hans

6696 Het Orgel in de St. Willibrord buiten de Veste te Amsterdam. *In: Sint Gregoriusblad. 67. 1946, S. 166–168*

Straeten, van der s. Van der Straeten

Sträußler, W.

6697 Die wiederhergestellte und neuausgebaute Engler-Orgel in der St. Elisabethkirche zu Breslau. *In: Zeitschrift für Musik. Regensburg. 108. 1941, S. 328*

Strafford, Norman

6698 The Organ in Holy Trinity, Hull. *In: The Organ. 19. 1939/40, S. 73*

6699 The Organ in Bridlington Priory. *In: The Organ. 33. 1953/54, S. 21*

Straker, G. C.

6700 History of the organs at the cathedral of St. Alban. *London 1929*

Strangmeier, Heinrich

6701 Die erste Kirchenorgel in Hilden. *Hilden 1954. Zugleich in: Hildener Heimatblätter. Hilden. 5. 1954, Nr. 5, S. 50–63; Nr. 6, S. 67–74; Nr. 11, S. 138–142*

Strassenberger, G.

6702 Konzertorgel oder Kultorgel. *In: Stimmen der Zeit. Freiburg/Br. 135. 1938, S. 42–50*

Stratham, H. Heathcote

6703 The Organ and its Position in Musical Art. *London 1909*

Stratton, R. B.

6704 Post-War Organ Building. *In: The Organ. 20. 1940/41, S. 184*

Straube, Karl

6705 Die Riesenorgel von Breslau. *Frankfurt/O. 1914*

Strazzullo, F.

6706 Dei vecchi organi (Napolitani). *In: Il Fuidoro. Neapel 1954, S. 218–219*

6707 Inediti per la storia della musica a Napoli. — Costruttori di strumenti musicali. *In: Il Fuidoro. Neapel 1955, Nr. 3–4*

Strube, W.

6708 Orgeln des Magdeburger Domes im Laufe der Jhdte. *In: Monatsschrift für Gottesdienst und kirchliche Kunst. 1928, S. 94–99*

6709 Die Orgeln als Gegenwartsproblem. *In: Zeitschrift für ev. Kirchenmusik. 1928, S. 73–76, 100*

6710 Die Orgel in St. Stephan in Tangermünde. *In: Kirchenmusik. 1928, S. 125–128*

6711 Berühmte Orgelbauer und ihre Werke. *In: Musik und Kirche. 1. 1929, S. 115–125*

6712 Arp Schnitger und die mitteldeutsche Orgelbaukunst. *In: Zeitschrift für ev. Kirchenmusik. 8. 1930, S. 115—122, 148—152, 171—174, 255—262, 307—315*

6713 Neue Schleifladenorgel zu Magdeburg-Prester. *In: Zeitschrift für Instrumentenbau. Leipzig. 59. 1939, S. 333*

6714 Die neue Orgel zu Magdeburg-Lemsdorf. *In: Zeitschrift für Instrumentenbau. 60. 1940, S. 139*

6715 Die neue Orgel der St. Paulusgemeinde in Magdeburg-Wilhelmstadt. *In: Zeitschrift für Instrumentenbau. 60. 1940, S. 151*

6716 Eine neue Orgel in Bismark, Prov. Sachsen. *In: Instrumentenbau — Zeitschrift. Konstanz. 3. 1948/49, S. 19—20*

6717 Dem Gedächtnis der Orgelbauerfamilie Reubke in Hausneindorf. *In: Walcker-Hausmitteilungen. Nr. 30. 1963, S. 20—24*

6718 Johann Christian Koehler — Ein unbekannter mitteldeutscher Orgelbauer. *In: Ars organi. H. 26. 1965, S. 885—886*

6719 Die Orgel der Schloßkapelle zu Wolfenbüttel, erbaut von Essaias Compenius. *In: Die Grünenthal — Waage. Stolberg. 5. 1966, H. 2, S. 61—64*

Stubbs, Frank

6720 The Organ at St. Wilfrid's, Harrogate. *In: The Organ. 13. 1933/34, S. 140*

6721 Selby Abbey and its Organs. *In: The Organ. 14. 1934/35, S. 75*

6722 Leeds Parish Church and its Organs. *In: The Organ. 18. 1938/39, S. 209*

6723 Leeds Parish Church Organ. *In: The Organ. 19. 1939/40, S. 112*

6724 Some Organs at Scarborough. *In: The Organ. 21. 1941/42, S. 65, 114*

6725 The Organ in St. Anne's Roman Catholic Cathedral, Leeds. *In: The Organ. 22. 1942/43, S. 168*

6726 St. Anne's Roman Catholic Cathedral, Leeds. *In: The Organ. 23. 1943/44, S. 144*

6727 The Organ in Dunblane Cathedral. *In: The Organ. 25. 1945/46, S. 15*

6728 Roslin Chapel and its Organs. *In: The Organ. 25. 1945/46, S. 125*

6729 The Organ in Greyfriars Church, Edinburgh. *In: The Organ. 26. 1946/47, S. 130*

6730 Forgotten Organ Builders. *In: The Organ. 27. 1947/48, S. 187*

6731 Scott Organ Cases. *In: The Organ. 28. 1948/49. S. 47*

6732 St. Mary's Parish Church, Ealing. *In: The Organ. 31. 1951/52, S. 165*

Stubington, Huskisson

6733 The Bournemouth Pavillon Organ. *In: The Organ. 9. 1929/30, S. 11*

6734 The Organ at St. Michael's Abbey, Farnborough. *In: The Organ. 10. 1930/31, S. 174*

6735 The Organs of Downside Abbey. *In: The Organ. 10. 1930/31, S. 193*

6736 The Organ at Teigngrace. *In: The Organ. 10. 1930/31, S. 256*

6737 The Organ at Hereford Cathedral. *In: The Organ. 12. 1932/33, S. 129*

6738 Some Herefordshire Village Churches and their Organs. *In: The Organ. 12. 1932/33, S. 246. Zugleich in: 22. 1942/43, S. 27*

6739 The Organs of Brecon Cathedral. *In: The Organ. 14. 1934/35, S. 8*

6740 The Organ of St. Mary Redcliffe, Bristol. *In: The Organ. 15. 1935/36, S. 1*

6741 Two Historic French Organs. *In: The Organ. 16. 1936/37, S. 89*

6742 Organless Cases. *In: The Organ. 16. 1936/37, S. 126*

6343 The Organs at Ludlow Parish Church. *In: The Organ. 17. 1937/38, S. 21*

6744 Parratt's Organ at Great Witley. *In: The Organ. 17. 1937/38, S. 181*

6745 Two Breton Cathedrals and their Organs. *In: The Organ. 18. 1938/39, S. 96*

6746 The Dallams in Brittany. *In: The Organ. 19. 1939/40, S. 81, 118*

6747 The Organs of St. David's Cathedral. *In: The Organ. 21. 1941/42, S. 1*

6748 Some Final Notes on Breton Organs. *In: The Organ. 23. 1943/44, S. 60*

6749 Normandy and Fribourg. *In: The Organ. 23. 1943/44, S. 141*

6750 The Organs of Tewkesbury Abbey. *In: The Organ. 24. 1944/45, S. 97*

6751 Tewkesbury Abbey Organs. *In: The Organ. 25. 1945/46, S. 94*

6752 Queen's College, Oxford, and Other Matters. *In: The Organ. 27. 1947/48, S. 91*

6753 The Organ in Broadway Parish Church, Worcestershire. *In: The Organ. 28. 1948/49, S. 70*

6754 Organ at St. Stephen's Church, Selly Hill. *In: The Organ. 31. 1951/52, S. 135*

6755 The Re-built Organ in Tewkesbury. Abbey. *In: The Organ. 36. 1956/57, S. 1*

6756 A Visit to Ottobeuren. *In: The Organ. 36. 1956/57, S. 165*

6757 Some Notes on Britain's Oldest Organ Case. *In: The Organ. 37. 1957/58, S. 167*

6758 Some Notes on Three Old Germann Builders. *In: The Organ. 38. 1958/59, Teil 1 S. 1, Teil 2 S. 77, Teil 3 S. 109, Schluß S. 163*

6759 Various Matters. *In: The Organ. 38. 1958/59, S. 216*

6760 Two Village Church Organs. *In: The Organ. 39. 1959/60, S. 68*

6761 Three Old Bavarian Organs. *In: The Organ. 40. 1960/61, S. 1*

6762 A Note on Four Organ Cases. *In: The Organ. 40. 1960/61, S. 91*

6763 Some Notes on French Organ. In: The Organ. 40. 1960/61, Teil 1 S. 146, Teil 2 S. 202

6764 More about the Dallams in Brittany. In: The Organ. 42. 1962/63, S. 155

6765 The organ in Downside Abbey. O. O. 1931

Stüven, Wilfried

6766 Orgel und Orgelbauer im Halleschen Land vor 1800. Wiesbaden 1964

Stuhlfauth

6767 Zur Geschichte der Orgel und des Orgelspiels. In: Monatsschrift für Gottesdienst und kirchliche Kunst. Göttingen. 1920, S. 177

Stumme, W.

6768 Wie steht die Jugend zur Orgel. In: Musik in Jugend und Volk. Wolfenbüttel. 1. 1938, S. 429

Stumpf, K.

6769 Organo pleno. In: Siona. 1918, S. 85—91

Stutfield, H. W.

6770 The Cornet Stop. In: The Organ. 1. 1921/22, S. 256

Stuttard, W.

6771 Bridlington Priory Organ. In: The Organ. 34. 1954/55, S. 110

Suarès, André

6772 Orgue et musique. In: La Revue musicale. 25. 1949, S. 1—3

Sugár, V.

6773 Neue Unterrichts- und Übungsorgel im National-konservatorium zu Budapest. In: Zeitschrift für Instrumentenbau. Leipzig. 33. 1913, S. 577

6774 Neuentdeckte röm. Wasserorgel in Budapest-Aquincum. In: Zeitschrift für Instrumentenbau. Leipzig. 52. 1932, S. 138.

6775 Die neu umgebaute Orgel in der Erzsébetvároser röm.-kath. Pfarrkirche am Rozsák tere in Budapest. In: Zeitschrift für Instrumentenbau. Leipzig. 58. 1938, S. 288

Suhr, W.

6776 Die mechanische Orgel (Zur Aufführung von Tänzen, komponiert von P. Hindemith). In: Universum. 1927, Nr. 17

Suhre, G.

6777 Die Orgeln der Stadtkirche in Bad Hersfeld 1754 bis 1954. In: Hessische Heimat. Melsungen. 5. 1955/56, Nr. 1, S. 2—5.

6778 Internationale Orgeltagung in Mainz (12. Orgel-treffen der Gesellschaft der Orgelfreunde vom 27. 7. bis 1. 8. 1964). In: Württ. Blätter für Kirchenmusik. Stuttgart. 31. 1964, Nr. 5, S. 166—167

6779 Neuerscheinungen aus der Geschichte der Orgel und des Orgelbaus. In: Musik und Kirche. 34. 1964, H. 5, S. 232

6780 Um die Orgel und den Orgelbau. In: Musik und Kirche. 35. 1965, H. 6, S. 310

Sully, F. A.

6781 The Organ in the Parish Church, Bridgwater. In: The Organ. 26. 1946/47, S. 48

Sulzmann, Bernd

6782 Die Mathias-Martin-Orgel der St. Romanuskirche zu Schweighausen, Baden. In: Instrumentenbau-Zeitschrift. 19. 1965, Nr. 12, S. 506—511

Summerfield, J. C.

6783 Bourdon Jacet. In: The Organ. 46. 1966/67, S. 46

Sumner, William Leslie

6784 The Organs of St. Paul's Cathedral. London 1930

6785 A history and account of the organs of St. Pauls Cathedral. London 1931

6786 The organ. London 1952

6787 The organs of Bach. London 1954

6788 The life and work of Henry Willis. London 1955

6789 Father Henry Willis. Organ Builder and his successors. O. O. 1957

6790 The Parish Church Organ. London 1961

6791 The Organ, its Evolution, Principles of Construction and use. London 1962

6792 The Organ of St. Paul's Cathedral. London 1966

6793 Schreider, Christoph. In: Musik in Geschichte und Gegenwart. XII. Kassel 1965. Sp. 73

6794 Schnetzler, Johann. In: Musik in Geschichte und Gegenwart. XI. Kassel 1963. Sp. 1912—1913

6795 Hill, William. In: Musik in Geschichte und Gegenwart. VI. Kassel 1957. Sp. 395—396

6796 Harris, Renatus. In: Musik in Geschichte und Gegenwart. V. Kassel 1956. Sp. 1724—1726

6797 Small Church Organ Design. In: The Organ. 8. 1928/29, S. 255.

6798 The Organ in St. Paul's Cathedral. In: The Organ. 10. 1930/31, S. 65, 190

6799 Thirty-Two Ft. Substitutes. In: The Organ. 11. 1931/32, S. 43, 190, 254

6800 A Modern View of Organ Tone and Sound. In: The Organ. 12. 1932/33, S. 59

6801 The Pipeless Organ. In: The Organ. 12. 1932/33, S. 110

6802 The Organ in the City Hall, Sheffield. In: The Organ. 12. 1932/33, S. 138

6803 The Production of Artificial Reverberation. In: The Organ. 12. 1932/33, S. 249

6804 The Organs of Chelmsford Cathedral. In: The Organ. 13. 1933/34, S. 31

6805 The Organs of Southwell Cathedral. In: The Organ. 14. 1934/35, S. 12

6806 The Organ in the Parish Church, Ilkeston. In The Organ. 14. 1934/35, S. 112

6807 Organ at St. Clothilde, Paris. In: The Organ. 14. 1934/35, S. 128

6808 Organs of the Church of St. Sulpice, Paris. *In: The Organ. 14. 1934/35, S. 141*

6809 The Organ in the Protestant Church of St. Bavo, Haarlem, Holland. *In: The Organ. 15. 1935/36, S. 19, 125*

6810 Leicester Cathedral Organ. *In: The Organ. 15. 1935/36, S. 61*

6811 The Schnitger Organ at St. Jame's Church, Hamburg. *In: The Organ. 15. 1935/36, S. 138*

6812 Applied Extension. *In: The Organ. 15. 1935/36, S. 188. Zugleich in: 16. 1936/37, S. 61, 186*

6813 The Thomaskirche, Leipzig: its Organs and Organists. *In: The Organ. 16. 1936/37, S. 1*

6814 The Organs of St. Mary's Parish Church, Nottingham. *In: The Organ. 17. 1937/38, S. 30*

6815 Bach and the St. Thomaskirche, Leipzig. *In: The Organ. 17. 1937/38, S. 59*

6816 Arp Schnitger and his Organs. *In: The Organ. 17. 1937/38, S. 139, 193; 18. 1938/39, S. 124*

6817 The Organ in St. Gervais, Paris. *In: The Organ. 17. 1937/38, S. 253.*

6818 French Organ Registration in the Eighteenth Century. *In: The Organ. 18. 1938/39, S. 82*

6819 The Silbermanns and theirs Organs. *In: The Organ. 18. 1838/39, S. 129, 221*

6820 More Paris Organs. *In: The Organ. 25. 1945/46, S. 8*

6821 The present development of the english organ. *In: Hinrichsens's musical year book. London. 1945/46, S. 249—254*

6822 Cavaillé-Coll and the Organs at St. Denis Abbey. *In: The Organ. 26. 1946/47, S. 22*

6823 The Organs of St. Michael's Hamburg. *In: The Organ. 26. 1946/47, S. 81*

6824 Some Oxford Organs. *In: The Organ. 26. 1946/47, S. 158. Zugleich in: 27. 1947/48, S. 11, 162*

6825 The late Rev. Andrew Freemann: An Appreciation. *In: The Organ. 27. 1947/48, S. 3*

6827 Queen's College, Oxford. *In: The Organ. 27. 1947/48, S. 138*

6828 St. Mary's University Church Organ. *In: The Organ. 27. 1947/48, S. 190*

6829 Two Essex Organs. *In: The Organ. 28. 1948/49, S. 164*

6830 John Abbey: Organ Builder. *In: The Organ. 29. 1949/50, S. 122*

6831 The Organ of Bach. *In: The Organ. 30. 1950/51, S. 1*

6832 The New Diapason Chorus in St. Paul's Cathedral, London. *In: The Organ. 30. 1950/51, S. 172*

6833 The Organ in the Church of All Souls, Langham Place, London. *In: The Organ. 32. 1952/53, S. 30*

6834 The Organ in Southwark Cathedral. *In: The Organ. 33. 1953/54, S. 1*

6835 John Snetzler and his First English Organs. *In: The Organ. 33. 1953/54, S. 105*

6836 The Organ in the Parish Church of St. Giles, West Bridgford. *In: The Organ. 33. 1953/54, S. 175*

6837 Organs in France, Germany and Britain. *In: The Organ. 33. 1953/54, S. 141*

6838 Organs and organists at former coronations. *In: Musical Opinion. 76. 1953, S. 553—555*

6839 The Baroque Organ. *In: Proceedings of the Royal Musical Association. 81. 1954, S. 1—12*

6840 The Cavaillé-Coll Organ in Parr Hall, Warrington. *In: The Organ. 34. 1954/55, S. 80*

6841 John Snetzler and other matters. *In: The Organ. 34. 1954/55, S. 49, 102*

6842 Toledo, Ohio, U.S.A. and Exeter Cathedral. *In: The Organ. 34. 1954/55, S. 102*

6843 Garrard, Spooner and Amphlett. *In: The Organ. 34. 1954/55, S. 102*

6844 The Organ of Liverpool Cathedral. *In: The Organ. 34. 1954/55, S. 169*

6845 Organ in the Chapel Royal of St. Peter ad Vincula, Tower of London. *In: The Organ. 35. 1955/56, S. 9*

6846 Ely Cathedral Organ. *In: The Organ. 35. 1955/56, S. 107*

6847 Cavaillé-Coll and his Projects for an Organ in St. Peter's, Rome. *In: The Organ. 35. 1955/56, S. 175*

6848 The german organ until the time of Bach. *In: Hinrichsen's musical year book. 8. 1956, S. 31—42*

6849 The Organs of St. John's College, Cambridge. *In: The Organ. 36. 1956/57, S. 28*

6850 The Organs at St. Margaret's, Leicester. *In: The Organ. 36. 1956/57, S. 181*

6851 The Schulze Family. *In: The Organ. 37. 1957/58, S. 8. Zugleich in: 37. 1957/58, S. 96*

6852 Organs in St. Mary's Church, Southampton. *In: The Organ. 37. 1957/58, S. 79*

6853 Small Organs. *In: The Organ. 37. 1957/58, S. 101*

6854 The Organs of the University, Nottingham. *In: The Organ. 37. 1957/58, S. 161*

6855 The Organ in the Town Hall, Huddersfield. *In: The Organ. 37. 1957/58, S. 203*

6856 The Organs in St. Margaret's Church, Leicester. *In: The Organ. 38. 1958/59, S. 63*

6857 Georg Frederick Handel and the Organ. *In: The Organ. 38. 1958/59, S. 171. Zugleich in: 39. 1959/60, S. 37, 107*

6858 The Great Organ at Ulm. *In: The Organ. 39. 1959/60, S. 127*

6859 The Organ in the Wieskirche. *In: The Organ. 39. 1959/60, S. 153*

6860 The Organs of Chesterfield. *In: The Organ. 39. 1959/60, S. 165*

6861 Danish Organs in Holland. *In: The Organ. 41. 1961/62, S. 56*

6862 Little Horn. *In: The Organ. 41. 1961/62, S. 222.*

6863 More Austrian Organs. *In: The Organ. 41. 1961/62, S. 113*

6864 The Organ in St. Stephan's Cathedral, Vienna. In: The Organ. 41. 1961/62, S. 64

6865 The Organ in the Großmünster, Zürich. In: The Organ. 42. 1962/63, S. 49

6866 The Organ in Kilkhampton Church. In: The Organ. 42. 1962/63, S. 64

6867 The Organ in the Parish Church, Chesterfield, with a Postscript on the Organ in Bolsover Parish Church. In: The Organ. 43. 1963/64, S. 130

6868 The Organs of St. Andrew's Church, Holborn, London. In: The Organ. 44. 1964/65, S. 153

6869 Henry Willis III. In: The Organ. 46. 1966/67, S. 42

6870 Book Reviews. In: The Organ. 46. 1966/67, S. 44, 181

6871 Faberton. In: The Organ. 46. 1966/67, S. 46

6872 The Schulze Organ at Hindley. In: The Organ. 46. 1966/67, S. 48

Sumner, W. L. s. Campbell, Sidney 1085

Sundberg, Johann

6873 Mensurens betydelse i öppna labialpipor. Phil. diss. Upsala. 1966. Zugleich in: Acta universitatis Upsaliensis. Studia musicologica Upsaliensia. N. S. 3

Supper, Walter

6874 Architekt und Orgelbaumeister. Phil. Diss. Würzburg. 1934

6875 Wege zu neuem Orgelgestalten durch die Orgelbewegung. Würzburg 1934

6876 Orgelbau in der Architektur. In: Baugilde. Berlin. 17. 1935, S. 447—452

6877 Die Kleinorgel in der Architektur. In: Baugilde. Berlin. 18. 1936, S. 688—692

6878 Nochmals: Die Ideen des pfeifenlosen Orgelprospektes. In: Musik und Kirche. Kassel. 9. 1937, H. 5, S. 231

6879 Unbekanntes Orgelland. In: Musik und Kirche. Kassel. 10. 1938, H. 6, S. 252—259

6880 Denkmalpflege im Orgelbau. In: Schwäb. Heimatbuch. Stuttgart. 25. 1939, S. 105

6881 Kompromisse im Orgelbau. In: Zeitschrift für Instrumentenbau. Leipzig. 59. 1939, S. 354—357

6882 Die dreimanualige Übungsorgel. In: Bericht über die Freiburger Tagg. für deutsche Orgelkunst. Kassel 1939, 2. Tagg., S. 110—117

6883 Musikalischer Ausdruckswert der Orgel. In: Baugilde. 21. 1939, S. 629—633

6884 Der Kleinorgelbrief an alle, die sich eine Hausorgel bauen. Kassel 1940

6885 Orgelgestaltung. In: Musik und Kirche. Kassel. 12. 1940, S. 81—87. Zugleich in: Zeitschrift für Instrumentenbau. Leipzig. 61. 1941, S. 171—173

6886 Die Orgel. In: Württ. Blätter für Kirchenmusik. Waiblingen. 12. 1940, S. 135.

6887 Schützt unsere mechanischen Orgeln! In: Württ. Blätter für Kirchenmusik. Waiblingen. 12. 1940, S. 181

6888 Die Orgel von Schloß Zeil. In: Württ. Blätter für Kirchenmusik. Waiblingen. 14. 1940, S. 73

6889 Das Brüstungspositiv. In: Musik und Kirche. Kassel. 12. 1940, H. 3, S. 66

6890 Architekt und Orgelbau. Kassel 1940

6891 Farbdreiheit der Orgel. In: Mitteilungen des techn. Versuchsamtes. 14. 1942, S. 105—117

6892 Von uns. alt. Orgeln. In: Straßburger Monatshefte. 7. 1943, S. 615—618

6893 Die Hausorgel. In: Hausmusik. Kassel. 13. 1949, H. 4, S. 98—101

6894 Aus der Arbeit des Orgeldenkmalpflegers. In: Musik und Kirche. Kassel. 19. 1949, H. 5, S. 139 bis 142

6895 Quo vadis, Orgelbau? In: Instrumentenbau-Zeitschrift. Konstanz. 4. 1949/50, S. 62—63

6896 Fibel der Orgeldisposition. Kassel 1950

6897 Lesebuch für Orgelleute. Kassel 1951.

6898 Der Klangaufbau der Orgel. In: Musik und Kirche. Kassel. 21. 1951, S. 181—185

6899 Der oberschwäbische Orgelbaumeister Joseph Gabler. In: Schwäbische Heimat. Stuttgart. 1951, Nr. 1, S. 10—13.

6900 Oberschwäbische Barock-Orgel- und Musiktagung 1951. Berlin—Darmstadt

6901 Orgelregister, derer wir uns annehmen sollten. In: Musik und Kirche. Kassel. 25. 1955, S. 96—101

6902 Der sparsame Orgelsachberater. In: Musik und Kirche. Kassel. 25. 1955, H. 6, S. 279

6903 Der Stand des heutigen Orgelbaues in Deutschland. In: Das Musikinstrument und Phono. Frankfurt/M. 5. 1956, S. 70

6904 Über den akustischen Wert des Orgelgehäuses. In: Württ. Blätter für Kirchenmusik. Stuttgart. 23. 1956, S. 81—83. Zugleich in: Deutsche Kunst und Denkmalpflege. München 1957, S. 39—40. Zugleich in: Im Dienste der Kirche. Essen. 43. 1962, S. 302—304

6905 Kleines Orgelbrevier für Architekten. München 1958. Zugleich in: Der Baumeister. München. 56., H. 4, S. 245—254.

6906 Die nord- und süddeutsche Barockorgel, ein stil. Vergleich. In: Orgelbewegung und Historismus. Berlin 1958, S. 15—24

6907 Richtlinien zum Schutze alter wertvoller Orgeln. Weilheimer Regulativ 1958

6908 Zur Frage der Traktur bei Orgeln. In: Württ. Blätter für Kirchenmusik. Stuttgart. 26. 1959, S. 13 bis 15

6909 Orgelbau und Orgelsachberatung als Aufgabe des Gewissens. In: Musik und Kirche. Kassel. 31. 1961, S. 219—226

6910 Über die Arten zu registrieren. In: Musica sacra. Köln. 82. 1962, S. 241—251

6911 Die Orgel heute. In: Der weiße Turm. Biberach a. d. Riss. 6. 1963, Nr. 6, S. 13

6912 Denkschrift zur Erhaltung und zum Schutze der altspanischen Orgeln. In: Ars organi. 12. 1964, H. 23, S. 705—706

6913 Die Orgellandschaft Württemberg. *In: Acta orga-nologica. Berlin. 1. 1967, S. 127*

6914 Die Orgelbewegung zwischen gestern und morgen. *In: Ars organi. 17. S. 329—333*

6915 Klanggerüst, Farbe und Lasur des Orgelklanges heute. *In: Ars organi. 18. S. 361—369*

6916 Gabler, Joseph. *In: Musik in Geschichte und Gegenwart. IV. Kassel 1955. Sp. 1184—1185*

6917 Goll, Joh. Andreas. *In: Musik in Geschichte und Gegenwart. V. Kassel 1956. Sp. 491*

6918 Holzhay, Johann (Nepomuk). *In: Musik in Geschichte und Gegenwart. VI. Kassel 1957. Sp. 663 bis 665*

Supper, Walter / Meyer, H.

6919 Barockorgeln in Oberschwaben. *Kassel 1941*

Supper, W. s. Schütz, A. 6310

Sutherland, D. C.

6920 Llandaff Cathedral. *In: The Organ. 40. 1960/61, S. 112*

Sutton, David Bridganon

6921 Let Well Alone. *In: The Organ. 42. 1962/63, S. 222*

Sutton, Frederick Heathcote

6922 Some account of the mediaeval organ case still existing at Old Radnor, South Wales. *London 1866*

6923 Church organs; their position and construction. *London 1872*

Sutton, John

6924 A short account of organs built in England from the reign of King Charles the Second to the present time. *London 1847*

Swanton, Hugh

6925 Lecture on organ blowing. *London 1905*

6926 Betrieb v. Orgelgebläsen. *In: Zeitschrift für Instrumentenbau. Leipzig. 26. 1905, Nr. 3—7*

Sweeting, E. T.

6927 The Organs of Winchester College Chapel. *In: The Organ. 4. 1924/25, S. 211*

Swinburne, J.

6928 Note on the Organ Console. *In: The Organ. 7. 1927/28, S. 141, 226. Zugleich in: 8. 1928/29, S. 28*

6929 The Soundboard. *In: The Organ. 19. 1939/40, S. 54*

Sychra, Method Lumír

6930 K dějinám varhan a varhanníhry v Čechách (Zur Geschichte der Orgel und des Orgelspiels in Böhmen). *Prag 1912*

Sydow, Jürgen

6931 Henke von Wien aus Geseke. Ein westfälischer Orgelbaumeister in Niederösterreich. *In: Auf roter Erde. Münster/Westf. 20. 1964/65, Nr. 70, S. 4*

Tafall y Miguel, Mariano

6932 Arte completo del constructor de órganos ó sea guia del organero . . Bd. 1—4. *Santiago 1872—1876*

Tafatscher, Franz

6933 Die Heldenorgel — Kufstein, Tirol. *Kufstein 1932*

Tagliavini, Giancarlo s. Mischiati, O. 4817

Tagliavini, Luigi Ferdinando

6934 L'organo della chiesa di Candide capolavoro di Gaetano Callido. *Feltre 1954*

6935 Il problema della salvaguardia e del restauro degli organi antichi. *In: Musica sacra. Mailand 1956, Nr. 5, September, S. 134—142*

6936 Serassi, Giuseppe. *In: Musik in Geschichte und Gegenwart. XII. Kassel 1965. Sp. 556—558*

6937 Un contratto del 1730 per l'organo della Basilica di San Francisco in Bologna. *In: L'Organo. 3. 1962, S. 159—164*

6938 Nuove vie dell'arte organaria italiana. *In: L'Organo. 3. 1962, S. 77—113*

6939 Mezz secolo di storia organaria. *In: L'Organo. 1. 1960. S. 70—86*

6940 Il ripieno. *In: L'Organo. 1. 1960. S. 197—212*

Tagliavini, Luigi F. s. Lunelli, R. 4439

Tagliavini, Luigi F. s. Mischiati, O. 4817

Tamburini, G.

6941 La fabbrica di organi Giovanni Tamburini di Crema-Note biografiche-collaudi-documenti. *Zurigo 1909*

Tanaka, Shohé

6942 Studien im Gebiet der reinen Stimmung. *In: Archiv für Musikwissenschaft. VI. 1890. S. 1—90*

Tappolet, Walter

6943 Die Orgel. *In: Wissen und Leben. Zürich. Jetzt: Neue Schweizer Rundschau. 23. 1930, S. 958 bis 964*

6944 Das Hammond-Instrument und die Schweiz. *In: Musik und Kirche. Kassel. 11. 1939, H. 2, S. 82*

6945 Die Hausorgel. *In: Volkslied und Hausmusik. Zürich. 5. 1940, S. 3—6*

6946 Die Bornefeld-Orgel in der Stuttgarter Liederhalle. *In: Musik und Kirche. Kassel. 27. 1957, S. 42—43*

Tarnoczy, T.

6947 Recherches sur le spectre de l'orgue en faisant sonner . . . *In: Acoustique musicale (Marseille 1958). Paris 1959. S. 135—143*

Tauber

6948 Bedeutung der Orgel für den ev. Gottesdienst. *In: Thüringer kirchliches Jahrbuch. 3. 1897, S. 44 bis 71*

Taubner, J. C. F.

6949 Nachricht von der neuen Orgel zu Wolkenstein. *Annaberg 1818*

Taucci, R.

6950 Fra Andrea dei Servi organista e compositore del Trecento. *In: Rivista di Studi Storici sull'ordine dei Servi di Maria. Rom 1935*

Tauscher, J. G.

6951 Versuch einer Anleitung zur Disposition der Orgelstimmen, nach richtigen Grundsätzen und Verbesserung der Orgeln überhaupt. Angehängt eine Nachricht einer neu erfundenen Windlade der Gebr. Wagner in Schmiedefeld. *Waldenburg 1778*

Taylor, E. Douglas

6952 Organs in and near Tunbridge Wells. *In: The Organ. 22. 1942/43, S. 47*

Taylor, John C.

6953 An Appreciation. *In: The Organ. 41. 1961/62, S. 219*

Taylor, S.

6954 The Iconoclast Abroad. *In: The Organ. 1. 1921/22, S. 123*

Taylor, Stainton de B.

6955 The Organ in St. Paul's Church, Vicarage Gate, Kensington. *In: The Organ. 18. 1938/39, S. 175*

6956 The rushworth polyphonic organ. *In: Liturgy. Exeter. 28. 1959, H. 14, S. 3—5*

Tebaldini, Giovanni

6957 Questione d'organi e di Musica sacra. *In: Gazzetta Musicale di Milano. 1885, S. 354*

6958 L'Archivio musicale della capella antoniana in Padova. *Padua 1895*

6959 Ars Organandi. *In: Rivista Gregoriana. Florenz, Januar—Februar 1905*

6960 Cantantibus organis. *In: Vita popolare, settimanale del Gallaratese. Gallarate 3. 1922, 24. JULI suppl. al N. 29*

6961 In Psalterio decachordo psallente. *In: Laudemus Domino. Vicenza, September 1923, S. 5—10*

6962 Per un centenario. *In: Numero unito per l'inaugurazione del quadruplice organo . . . O. O. 1928*

6963 Una polemica organaria . . . *In: L'Organo. Brescia 1960, S. 119—128*

Tebaldini, G. s. Bossi, M. E. 0866

Tector, Henry C.

6964 The pipe organ. *Richmond (Ind.). 1928*

Teichfischer, P.

6965 Anzeichen einer Reform im Orgelbau. *In: Blätter für Haus- und Kirchenmusik. Langensalza 1909, S. 86*

6966 Die Neue Orgel der Altstädter Kirche in Bielefeld. *In: Zeitschrift für Instrumentenbau. 31. 1910, S. 1207*

Telemann, G. Ph.

6967 Beschreibung der Augen-Orgel oder des Augen-Clavicimbels, so oder . . . Pater Castel erfunden . . . hat. *Hamburg 1739*

Tell, Werner

6968 Het Orgel. *Enschede 1926*

6969 Von der Orgel und vom Orgelspiel. *Berlin 1956*

Tempelhof, Georg Friedrich

6970 Gedanken über die Temperatur des Herrn Kirnberger, nebst einer Anweisung, Orgeln, Claviere, Flügel etc. auf eine leichte Art zu stimmen, von G. F. T. einem Liebhaber der Music. *Berlin und Leipzig 1775*

Temple, Peter

6971 Variations on a Dutch Theme. *London 1956*

ten Doesschate, A. und G.

6972 De geschiedenis von het Doeschot bij Goor en van de familie ten Doesschate. *Utrecht 1950*

Terasse, C.

6973 Quelques orgues Portugaises. *In: L'Orgue. 1960. Nr. 93—96. S. 65—67*

Terry, H. J. W.

6974 The Organ in Dover Town Hall. *In: The Organ. 19. 1939/40, S. 16*

6975 Regular Praise. *In: The Organ. 20. 1940/41, S. 183*

6976 The Organ in Goldsmith's College, New Cross. *In: The Organ. 21. 1941/42, S. 54*

6977 Organ Harmonics, etc. *In: The Organ. 22. 1942/43, S. 44*

Testory

6978 L'Eglise de Saint-Denis et ses tombes royales. *Paris 1870*

Teuber-Kwasnik, I. s. Kwasnik, W. 4018

Thamm, J.

6979 Eine neue interessante Kleinorgel in der kath. Kirche zu Heidau O. S. *In: Zeitschrift für Instrumentenbau. Leipzig. 56. 1936, S. 138*

Thelen, P. W.

6980 Ein Wald aus klingenden Säulen. Die Münsterorgel zu Weingarten. *In: Du und die Welt. Giessen/Lahn. 1. Sept. 1950, S. 12—13*

Theobald

6981 Orgelbau und Glockenguß im 12. J. *In: Zeitschrift für angewandte Chemie. 38. 1925, S. 1156*

Theobald, Wilhelm

6982 Technik des Kunsthandwerks im 10. Jh. des Theophilus Presbyter Diversarum Artium Schedulae. *Berlin 1932*

Theophilus

6983 Essai sur divers Arts, Publié par le Comte Charles de l'Escalopier . . . *Introduction par J. M. Guichard. Paris 1843*

Theophilus s. Theobald, W.

Thienhaus, Erich

6984 Die große Jakobisorgel in St. Jakobi zu Lübeck, nach dem Umbau 1935. *Lübeck 1935*

6985 Orgelbaufragen im Lichte der akustischen Forschung. *In: Archiv für Musikforschung. Leipzig. 4. J. 1939. S. 86—103. Zugleich in: Bericht über die Freiburger Tagg. für deutsche Orgelkunst. 2. Tagg. 1939, S. 104—109*

6986 Die neue Orgel des NWDR Köln. *In: Zeitschrift für Kirchenmusik. Köln. 71. 1951, S. 50—54*

6987 Kunst und Technik im Orgelbau. *In: Musik und Kirche. Kassel. 21. 1951, S. 222—226*

6988 Die Kunst des Orgelbaues. *In: Zeitschrift für Musik. Regensburg. 112. 1951, S. 422—426*

6989 Zum Problem „Reger und die Orgel". *In: Musik und Kirche. Kassel. 22. 1952, H. 3, S. 104*

6990 Nachwort zu dem Aufsatz von Niels Friis: „Orgelbau in Dänemark." *In: Musik und Kirche. Kassel. 23. 1953. S. 203—204. Zugleich in: Musica. Kassel. 23. 1953, S. 26—27*

Thienhaus, Erich s. Diestler, Hugo 1676

Thienhaus, E. s. Trendelenburg, F. 7060

Thienhaus-Willms

6991 Die Lautstärke von Orgelregistern. *In: Musik und Kirche. 3. 1933*

Thiercelin, C.

6992 Notice sur l'orgue de la Madeleine de Châteaudun. *In: Bulletin de la Société dunoise. Châteaudun. 10. 1903*

Thierry, J.

6993 Histoire de l'église Saint-Gervais de Rouen. *1859*

Thiessen, K.

6994 Neue Orgelwerke. *In: Neue Zeitschrift für Musik. Leipzig. 1904, Nr. 12*

Thiesson

6995 Notice sur l'orgue d'Avallon construit par M. Paul-Chazelle pour l'église St. Pierre St. Lazare. *Paris 1854*

Thomas

6996 Die Orgel in der St. Paulikirche zu Dresden. *In: Sächs. Schulzeitung. Dresden. 58. 1891, S. 267*

Thomas, Brian G.

6997 The Andrew Freeman Memorial Organ. *In: The Organ. 33. 1953/54, S. 102*

Thomás, Juan

6998 The Organ of the St.-Marie-de-Mahon, Minorca, in the Balearic Isles. *In: The Organ 3. 1923/24, S. 217*

6999 The Organ in the Palacio de Bellas Artes at Barcelona. *In: The Organ. 6. 1926/27, S. 179*

Thompson, Judge Owen

7000 The Organ at St. Bavo, Haarlem. *In: The Organ. 15. 1935/36, S. 125*

Thompson, T. P.

7001 On the principles and practice of just intonation as illustrated by the Enharmonic organ. *London 6th ed. 1862*

Thompson-Allen, A.

7002 Obsolete but Interesting. *In: The Organ. 13. 1933/34, S. 110. Zugleich in: 16. 1936/37, S. 94*

7003 Applied Extension. *In: The Organ. 16. 1936/37, S. 62*

7004 Southampton Civic Centre Organ. *In: The Organ. 17. 1937/38, S. 125, 254*

7005 The Organ and its Makers. *In: The Organ. 20. 1940/41, S. 85*

7006 The Baroque Revival, and other Matters. *In: The Organ. 23. 1943/44, S. 90*

7007 The Organ proposed by Father Willis for Westminster Abbey. *In: The Organ. 23. 1943/44, S. 168*

7008 The Baroque Organ. *In: The Organ. 24. 1944/45, S. 44*

7009 Voice from America. *In: The Organ. 29. 1949/50, S. 193. Zugleich in: 31. 1951/52, S. 49*

Thorade, H.

7010 Rasteder Kirchenorgeln in alter und neuer Zeit. *In: Fs. zum 900jährigen Jubiläum der Kirche in Rastede. Rastede 1959*

Thornsby, Frederick, W.

7011 Dictionary of organs and organists. *Bournemouth 1912*

7012 A Brief History of the Organ. *In: Dictionary of Organs and Organists. 1. London 1912, S. 7—10*

Thraves-Davis, Michael

7013 The Organ in Fulham Parish Church. *In: The Organ. 27. 1947/48, S. 115*

Thuriet, Ch.

7014 L'orgue. *In: Mémoires de la Société d'émulation du Doubs. 8e série. t. IV. Besançon 1910*

Tilmez, Peter

7015 Memorabilia de Templo ac Turri St. Stefanum Viennae. *Wien 1722*

Timmermann, E. H. T.

7016 Orgelbouw en cultuur in Zweden. *In: De Praestant. 9. S. 7—15*

7017 Roem van een Barockorgel. Geschedenis en Blijvendewaarde van het Arp Schnitger-Orgel in de Grote of St. Michaelskerk te Zwolle. *O. O. 1959*

Tischler, Alfred

7018 Gegenwärtiger Stand des Orgelbaues im Lichte der Deutschen Patentliteratur. *In: Das Musikinstrument und Phono. Frankfurt/M. 7. 1958, S. 444, 484; 8. 1959, S. 6, 146, 208, 248. Zugleich in: Instrumentenbau-Zeitschrift. Konstanz. 13. 1958/59, S. 4—7, 41—45*

7019 Die Spielventil-Gestaltung und Traktur-Konstruktionen nach dem heutigen Stand der Technik im Lichte der Patentliteratur. *In: Das Musikinstrument und Phono. Frankfurt/M. 9. 1960, S. 542—543*

Tither, Reginald

7020 Of Antique Interest. *In: The Organ. 34, 1954/55, S. 99*

7021 An 18th century Miniature Chamber Organ. *In: The Organ. 34. 1954/55, S. 111*

Tittel, Ernst

7022 Die Orgel in der Gegenwart. *In: Oesterreichische Musikzeitschrift. 3. 1948, S. 259—264*

7023 Ein Dokument zur österreichischen Orgelgeschichte. *In: Singende Kirche. Wien. 8. 1961, S. 163—167*

Todini, Michele

7024 Galleria armonica. *Rom 1676*

Töpfer, Johann Gottlob

7025 Die Orgelbaukunst nach einer neuen Theorie dargestellt, und auf mathematische und physikalische Grundsätze gestützt. *Weimar 1834*

7026 Erster Nachtrag zur Orgelbaukunst, welcher die Vervollständigung der Mensuren zu den Labialstimmen und die Theorie der Zungenstimmen mit den dazu gehörigen Mensurtabellen nebst einer Anweisung zur Verfertigung derselben enthält. *Weimar 1834*

7027 Anleitung zur Erhaltung und Stimmung der Orgel. *Jena 1840*

7028 Die Scheiblersche Stimm-Methode leicht fasslich erklärt und auf eine neue Art angewendet. *Erfurt 1842*

7029 Die Orgel, Zweck und Beschaffenheit ihrer Theile, Gesetze, ihrer Construction und Wahl der dazu gehörigen Materialien. *Erfurt 1843*

7030 Lehrbuch der Orgelbaukunst; nach den besten Methoden älterer und neuerer in ihrem Fach ausgezeichneter Orgelbaumeister und nach mathematischen und physikalischen Gesetzen. *Weimar 1855*

7031 Gutachten über die von . . . Stahlhuth in der Pfarrkirche zu Mönchen-Gladbach neugebaute Orgel. *O. O. 1860*

7032 Die Orgelbaukunst nach einer neuen Theorie dargestellt und auf mathematische und physikal. Grundsätze gestützt, mit vielen Tabellen etc. nebst einer Anweisung, wie neue Orgelwerke mit Genauigkeit probiert werden können. *Weimar o. J.*

7033 Gutachtl. Bericht über die neue Orgel in der Marienkirche zu Aachen. *Aachen 1869*

Törsleff, Christian

7034 Die Orgel, Königin der Instrumente. *In: Musikhandel. Bonn. 12. 1961, S. 67—68*

Tomlinson, W. Y.

7035 Small Organs. *In: The Organ. 38. 1958/59, S. 46*

Topley, K. J. B.

7036 The Proceedings of the Alexandria Organ Club. *In: The Organ. 25. 1945/46, S. 87*

7037 A Matter of Opinion. *In: The Organ. 26. 1946/47, S. 95*

7038 The Royal Naval College, Greenwich, and its Organs. *In: The Organ. 31. 1951/52, S. 14*

Torelli, Carlo Luigi

7039 Montecassino nella storia e nell'arte. *Reggio — Emilia 1916*

Torrent, Montserrat

7040 Orgel und zeitgenössische Orgelmusik in Spanien. *In: Der Kirchenmusiker. 16. 1965. S. 147—152*

Tosti, Luigi

7041 Storia della Basilica di Montecassino. 4. Bd. *Rom 1890*

Tournaillon, Henri

7042 Le grand orgue de la cathédrale d'Orléans. *Orléans 1880*

Tourneur, l'abbé V.

7043 Description historique et archéologique de Notre-Dame de Reims. *Reims 1864*

Toussaint, Georg

7044 Orgelmusik zu Hause: Die Kleinorgel. *In: Das Musikleben. Mainz. 4. 1951, H. 1, S. 11*

Townsend, L. P.

7045 Some Organ Relics. *In: The Organ. 33. 1953/54, S. 147*

Traini, C.

7046 Organari bergamaschi. *Bergamo 1958*

Tramnitz, Helmut

7047 Vom Orgelneubau in der Heilig-Geist-Kirche in Heidelberg. *In: Evangelische Kirchenmusik in Baden und in der Pfalz. 24. 1948, S. 39/40*

Trant, Brian

7048 The Gregorian Electronic Organ. *In: The Organ. 32. 1952/53, S. 201*

7049 Some Uxbridge Churches and their Organs. *In: The Organ. 38. 1958/59, S. 125*

Trasselli, Carmelo s. Daneu-Lattanzi, Angelo 1522

Trautner, B.

7050 Orgel der ev.-luth. Kirche in Zell, Ofr. *In: Zeitschrift für Instrumentenbau. 54. 1934, S. 157*

Trautner, Friedrich W. L.

7051 Die große Orgel in der St. Georgs Hauptkirche zu Nördlingen. *Nördlingen 1899*

7052 Jubelfeier der Orgelfabrik G. F. Steinmeyer & Co. Oettingen. *In: Siona. Gütersloh 1904, S. 41—45*

7053 Zur modernen Orgel. *In: Siona. Gütersloh 1908, S. 101—104*

7054 Orgelprospekte und moderner Orgelbau. *In: Siona. Gütersloh 1898, S. 185*

Trautwein, F.

7055 Über Näherungswerte zur Berechnung temperierter Schwingungszahlen und deren Anwendung auf Getriebe und vollelektrische Orgeln. *In: Akustische Zeitschrift. Leipzig. 4. 1939, S. 261*

Tremmel, M.

7056 Die neue Passauer Domorgel. *In: Musica sacra. 56. 1926, S. 129—133*

Trendelenburg, F.

7057 Untersuchungen über Einschwingvorgänge an Orgelpfeifen. *In: Zeitschrift für technische Physik. Leipzig. 17. 1936, S. 578*

7058 Klangübergänge bei der Orgel. *In: Zeitschrift für technische Physik. Leipzig. 18. 1937, S. 477—480*

7059 Acustica dell'organo. *Rom 1951*

Trendelenburg, F. / Thienhaus, E. / Franz, E

7060 Klangeinsätze an der Orgel. *In: Akustische Zeitschrift. Leipzig. 3. 1938. S. 7. 20. Zugleich in: in: Wissenschaftliche Abhandlungen der phys.-techn. Reichsanstalt. 20. 1940, S. 253—270*

7061 Klangübergänge bei der Orgel. *In: Akustische Zeitschrift. Leipzig. 3. 1938. S. 7. 20. Zugleich in: Wissenschaftliche Abhandlungen der phys.-techn. Reichsanstalt. 22. 1940, S. 205—218*

Tresse, R.

7062 Les orgues d'Anvers et le négoce. *In: Industrie. Bruxelles. 9. 1955, Nr. 9, S. 593—549*

Tribbe, Heinrich

7063 Beschreibung von Stadt und Stift Minden (um 1460). *Münster 1932*

Tricou, G.

7064 Les deux Layolle et les organistes lyonnais du XVIᵉ siècle avec des recherches sur les facteurs et les organistes de Lyon. *In: Mémoires de la Société littéraire historique et archéologique de Lyon. 1896/97*

Trobäck, Emil

7065 Magnus Gabriel de la Gardies hovkapell 1645 bis 1686. Några anteckningar. *In: Svensk tidskrift för musikforskning. 12. 1930. S. 74—84*

Trötschel, Heinrich R.

7066 Die Permanenz der Orgelbewegung. *In: Musik und Kirche. Kassel. 27. 1957, S. 123—135*

Trost, Johann Caspar

7067 Ausführliche Beschreibung des neuen Orgelwerks auf der Augustusburg zu Weissenfels, worinne zugleich enthalten was zu der Orgelmacherkunst gehöre, wie nach allen Stücken eine Orgel disponirt, vermittelst des Monochords gestimmt und temperirt, die Stimme auf allerhand Arten verwechselt und ein neu Orgelwerk probirt werden sollte. *Nürnberg 1677*

7068 Organographia rediviva Michaelis Praetorii.

7069 Examen organi pneumatici contra Sycophantes

7070 Eigentliche Beschreibung der heutigen vornehmsten Orgeln in Deutschland und in den Niederlanden, mit historisch-mathematischen Anmerkungen

Truette, Everette E.

7071 The Great Organ in Serlo Organ Hall Methuen, Mass., which was formerly in the Boston Music Hall. *Methuen (U.S.A.) 1909*

7072 Organ registration, a comprehensive treatise on the distinctive quality of organ stops. *Boston 1919*

Trument-Renner, P.

7073 Das Maurer-Positiv 1637. *In: Das Musikinstrument und Phono. Frankfurt/M. 10. 1961, S. 545 bis 546*

Trumpff, Gustav Adolf

7074 Eine 400jährige Orgel (von Hendrik Nyhoff in Lüneburg) jubiliert. *In: Musik und Kirche. Kassel. 23. 1953, S. 261—263*

Türck, D. G.

7075 Von den Pflichten eines Organisten. *Halle 1787*

Türcke, M.

7076 Gottfried Silbermann. *In: Sächsische Schulzeitung. 1891*

Türcke, O.

7077 Gottfried Silbermann, der Altmeister der sächsischen Orgelbauer. *In: Sächsische Schulzeitung. 1891, S. 291—303*

Türk

7078 Organistenpflichten. *O. O. 1787*

Türke

7079 Sachsens mächtigste Orgel, ein Kleinod in der Kirche zu St. Marien in Zwickau. *In: Sächsische Schulzeitung. Dresden. 58. 1891, S. 394, 406, 484*

Türler, H.

7080 Orgel-Bauvertrag für die Stiftskirche von Zofing. *In: Blätter für bernische Geschichte etc. Bern 1907, S. 193*

Tugwell, John

7081 The Organs of London Road Baptist Church, Portsmouth. *In: The Organ. 43. 1963/64, S. 169*

Tulenheimo, Marti / Mexikanto, Oskar

7082 Urut, niidin rekenne ja hoit sekä registreranstaito. *Porvoo 1916*

Turley

7083 Einige nöthige Worte über die Broschüre: „Beschreibung der großen Orgel der Marienkirche zu Wismar usw. von Baake, Domorganist in Halberstadt. *Hamburg 1847*

Tveten, Magnus

7084 Orgler og organister i Asker og Balrum. *Oslo 1946*

Turner, Laurence

7085 Dutch Organs Under the German Occupation. *In: The Organ. 26. 1946/47, S. 93*

7086 Organ in the St. Jan's Cathedral, Hertogenbosch. *In: The Organ. 27. 1947/48, S. 95*

7087 Some Effects of War upon Organs and their Cases. *In: The Organ. 28. 1948/49, S. 188*

7088 Organs in the Netherlands. *In: The Organ, 33. 1953/54, S. 149*

7089 Dutch Organs. *In: The Organ. 35. 1955/56, S. 105*

7090 A New Dutch Organ. *In: The Organ. 38. 1958/59, S. 104*

7091 The Organ in S. Catharinakerk, Eindhoven. *In: The Organ. 41. 1961/62, S. 38*

Ubeda, José Maria

7092 Salmodia organica. *Valencia o. J.*

Uhmann, R.

7093 Erneuerte Orgel in der Kirche zu Bärenstein. *In: Zeitschrift für Instrumentenbau. Leipzig. 53. 1932, S. 55. Zugleich in: Zeitschrift für Kirchenmusiker. Dresden 1932, S. 70*

7094 Orgel in der Kirche zu Bärenstein (Dresden). *In: Kirchenchor. 44. 1933, S. 71*

Uhmann, R. s. Höfer 3337

Ullmann, J.

7095 Pflege und Instandhaltung von Orgelwerken. *In: Gregorianische Rundschau. Graz 1903, Beiblatt 9*

Umcini, C.

7096 L'antico organo di S. Trinità (Firenze). *In: Il Nuovo Giornale. Florenz 17. Januar 1936, S. 4*

7097 Degli organi antichi di S. Maria del Fiore. *In: Illustrazione Toscana. Florenz Juli 1931.*

7098 L'organo cinquecentesco della Reale chiesa di S. Felicita (Firenze). *In: Il Nuovo Giornale. 7. Januar 1936, Nr. 6*

Unfried, J.

7099 Die neue Orgel in der Linzer Stadtpfarrkirche. *In: Oberösterreichischer Kuturbericht. 1953, Nr. 19*

Ungelenk, Manfred

7100 Geschichte der Silbermannorgel von Schloß Burgk

Unnerbäck, Reine Axel

7101 Den nyrestaurerade Cahmanorgeln in Leufsta bruks kyrka. *In: Julhälsning till församlingarna i Ärkestiftet. 50. 1964. S. 65—74*

7102 Leufsta bruks-orgeln restaurerad. *In: Kyrkomusikernas Tidning. 30. 1964. S. 128—131*

7103 1600-talsorgel invigd i Skoklosters kyrka. *In: Kyrkomusikernas Tidning. 30. 1964. S. 268—269*

7104 Den nya orgeln i Seglora kyrka på Skansen. *Fataburen 1963. S. 139—143*

Uppington, F. W. A.

7105 Organ Curiosities. *In: The Organ. 23. 1943/44, S. 94*

7106 Action and Touch. *In: The Organ. 41. 1961/62, S. 167*

Urberg, E s. Freymuth, Otto 2544

Urena, Marques de

7107 Reflexiones sobre la arquitectura, ornato y música del templo. *Madrid 1785*

Utermöhlen, Rudolf

7108 Anmerkungen zum Dispositionsproblem. *In: Musik und Kirche. Kassel. 10. 1938, H. 5, S. 229*

7109 Die Göttinger Marienorgel 25 Jahre alt. *In: Musik und Kirche. Kassel. 22. 1952, S. 34—35*

7110 Die Orgel zu St. Johannis in Lüneburg. *In: Lüneburger Blätter. Lüneburg. 1952, H. 3, S. 90—96*

7111 Gedanken zum gegenwärtigen Orgelbau. *Düsseldorf 1954*

7112 Orgel und Kirchenraum. *In: Musik und Kirche. Kassel. 26. 1956, H. 3, S. 104—113*

7113 Drei Jahrzehnte Orgeldenkmalspflege in Hannover. *In: Musik und Kirche. 28. 1958, S. 206—21. Zugleich in: Ars Organi 1958, H. 12, S. 206—208*

7114 Die Orgellandschaft zwischen der Elbe und den Niederlanden. *In: Acta organologica. Berlin. 1. 1967, S. 21*

Utz, K.

7115 Über die Orgel. Zur Einweihung der neuen Orgel in der neuerrichteten Aula der Gießener Universität. *In: Gießener Hochschulblätter. Gießen. 5. 1957/58, Nr. 2*

Utz, Kurt

7116 Die Orgel in unserer Zeit. *Marburg 1950*

Vacquier

7117 Les grandes orgues des Invalides. *In: Bulletin de la Société des Amis du Musée de l'Armée. 1926, Nr. 23, Juli*

Vad, K.

7118 Om Frikombination. *In: Organist-Bladet. 26. Kopenhagen 1960. Nr. 5. S. 9—10*

Vajro, M.

7119 Organi e organisti nella Badia della SS. Trinità di Cava. *In: Benedictina. 4. 1950, Fasc. III—IV, S. 343—350*

Valdrighi

7120 Fabbricatori di strumenti armonici. *Modena 1884*

Vale, G.

7121 Contributo alla Storia dell'organo in Friuli. *In: Note d'Archivio per la Storia Musicale. 4. 1927, Januar—Dezember, S. 1—99*

7122 La Cappella Musicale del Duomo di Udine dal sec. XIII al sec. XIX. *In: Note d'Archivio per la Storia Musicale. 7. 1930, Nr. 1—4, S. 87—201*

Valenti, T.

7123 Un contratto per la costruzione di un organo a Trevi nell'Umbria (1926). *In: Note d'Archivio per la Storia Musicale. 3. 1926, Nr. 1, S. 58—61*

7124 Il contratto per l'organo di S. Maria della Pace in Roma. *In: Note d'Archivio per la Storia Musicale. 4. 1927, Nr. 1—4, S. 129—202*

7125 Il contratto per un organo in S. Maria del Popolo a Roma (1499). *In: Note d'Archivio per la Storia Musicale. 10. 1933, Nr. 4, S. 289—296*

Valentin, Erich

7126 Das Symbol „Orgel". *In: Zeitschrift für Musik. Regensburg. 115. 1954, S. 193—195*

Valetta, L.

7127 L'organo della societa J. S. Bach a Roma. *Mailand 1897*

Valloton, P.

7128 Le rôle liturgique de l'orgue. *In: L'Orgue. 1960. Nr. 93—96, S. 24—31*

Valls David, Rafael

7129 La música, su historia, instrumentos, sonidos y escalas. *Valencia 1894*

Van Aerde, R.

7130 Deux contracts de facteurs d'orgues belges inconnus . . . *In: Annales de la Fédération archéologique et historique de Belgique. Gent 1913, S. 387—88, 1914. S. 243—353*

Van der Cauter, Jean

7131 The Organ in St. Augustine's, Brighton. *In: The Organ. 27. 1947/48, S. 140*

7132 Electrique ou mécanique? *In: L'Orgue. 1962. S. 48—58*

Van den Sigtenhorst Meyer, B.

7133 Jan P. Sweelinck en zijn instrumentale muziek. *Den Haag 1934*

Van der Straeten, Edmond

7134 La musique aux Pays-Bas. *Brüssel. 1867—1888*

7135 Maitres de chant et organistes de Saint-Donatien et de Saint-Sauveur à Bruges. *Bruges 1870*

Vanmackelberg, Dom M.

7136 Les Orgues d'Arras. *Arras 1964*

7137 Les Orgues d'Abbeville. *Abbeville 1966*

Vannuccini, Enrico

7138 Relazioni sull'organo dell'insigne Collegiate di Fojano, ricostruito da Francesco-Natale-Seriacopi, dilettante meccanio. *Cortona 1857*

Van Spronsen, J.-W.

7139 L'Orgue en Europe Centrale et Orientale. *In: L'Orgue. 1961. Nr. 97—99. S. 73—75*

Varella, Fr. Domingo de S. José

7140 Compendio de Música theórica e practica. *Oporto 1806*

Varges, K.

7141 Ergebn. der Freiberger Orgeltagung. *In: Signale für die musikalische Welt. 85. 1927, S. 1483 bis 1485*

7142 Die Orgel unserer Zeit. *In: Universum. Leipzig. 55. 1938, S. 399*

Varotti, A. M.

7143 Organi ed organisti in S. Francesco di Faenza. *In: La concezione-numero unico in occasione della festa che si celebra in S. Francesco l'otto dicembre. Faenza, 8. Dezember 1956, S. 3—4*

Vatielli, F.

7144 Materia e forme della musica. Bd. 1. *Florenz o. J. S. 111*

Vauché, F.

7145 Notice sur les orgues de l'église St. Charles de Sedan. *Sedan 1928*

Vaudois, Emile

7146 Les orgues d'églises sont de véritables édifices musicaux. *In: La Science et la vie. 1922, Nr. 63, Juli*

Vaugham, W. O.

7147 The Swell: its Place in the Modern Organ. *In: The Organ. 4. 1924/25, S. 11*

7148 Design of Small Two Manual Organs. *In: The Organ. 5. 1925/26, S. 62*

Vegezzi, C. C.

7149 Die neue Orgel in der Kirche von Caravaggio. *In: Zeitschrift für Instrumentenbau. Leipzig. 26. 1906, Nr. 33*

Veillon s. Landry, C. F. 4066

Veith, J.

7150 Elektropneumatische Orgelanlage der Benedik.-Abtei Seckau. *In: Gregorianische Rundschau. Graz 1908, S. 33, 49, 70, 84.*

7151 Orgelspiel mittels elektrischer Kraftübertragung. *In: Gregorianische Rundschau. Graz 1909, S. 19, 35, 55, 65, 83, 103, 118, 131, 151, 164, 177*

Veith, P. J.

7152 Elektrische Orgelteile dtsch. Fabrikate. *In: Gregorianische Rundschau. Graz 1910, S. 89 ff.*

Veldcamps, A. E.

7153 Onderrichting (gegen Havingha). *Alkmaar 1727*

Venderbosch, F. G.

7154 Disposition einer Weitmann-Orgel. *In: Monatshefte für ev. Kirchengeschichte des Rheinlandes. Düsseldorf. 6. 1957, S. 159—160*

Vente, M. A.

7155 Orgelmakers. *In: De Maasgruw. Maastricht. 61. 1941, S. 79*

7156 Bouwstoffen tot de geschiedenis van het Nederlandse orgel in de 16e eeuw. *Amsterdam 1942*

7157 Op zoek naar oude orgels in Belgisch-Limburg. *In: Sint Gregoriusblad. 72. 1951, S. 92—94, 123—125*

7158 Oude Orgels in (Belgisch) Limburg. *In: Limburg. 31. S. 21—28, 32. S. 74—82. Maaseik 1952. Zugleich in: Sint-Gregoriusblad. 72. Utrecht. S. 92 bis 94, 123—125; 73. S. 19—21. Zugleich in: De Praestant. 1. Tongerloo 1952*

7159 Geschiedenis van het orgel. *In: Fs. zur Restauration der Orgel zu St. Lambertus zu Helmond. O. O. 1954*

7160 De orgels van de St. Lambertuskerk te Helmond. *In: Brabantia. 4. s'Hertogenbosch 1955. S. 197 bis 222*

7161 Oude Orgels in Belgie. *In: Sint Gregoriusblad. 73. 1952, S. 140—153; 74. 1953, S. 77—78, 153—154. Zugleich in: De Praestant. 5. 1956, S. 88—94*

7162 Proeve van een repertorium van de archivalia betrekking hebbende op het Nederlandse Orgel en zijn makers tot omstreeks 1630. *Brüssel 1956*

7163 Überblick über die seit 1931 erschienene Literatur zur Geschichte des niederländischen Orgelbaus. *In: Acta musicologica. 30. 1958. S. 36—50*

7164 Die Brabanter Orgel (Zur Geschichte der Orgelkunst in Belgien und Holland im Zeitalter der Gotik und der Renaissance). *Amsterdam 1958*

7165 Maass, Nicolaus. *In: Musik in Geschichte und Gegenwart. VIII. Kassel 1960. Sp. 1368—1369*

7166 Bijdragen tot de geschiedenis van het vroegere grote orgel in de St. Bavo en zijn bespelers tot 1650. *In: Nederlandse Orgelpracht. Haarlem 1961. S. 1—34*

7167 Somiere a tiro o somiere a vento? *In: L'Organo. 2. 1961. S. 3—24*

7168 Thomas Houben, orgelmaker te Ratingen omstreeks 1730. *In: Studien zur Musikgeschichte des Rheinlandes. 2. Köln 1962. S. 260—284*

7169 Ommegang door Utrechts muzikaal verleden. *Utrecht 1965*

7170 Smits. *In: Musik in Geschichte und Gegenwart. XII. Kassel 1965. Sp. 809—810*

7171 Slegel. *In: Musik in Geschichte und Gegenwart. XII. Kassel 1965. Sp. 766—767*

7172 Séverin, André. *In: Musik in Geschichte und Gegenwart. XII. Kassel 1965. Sp. 597—598*

7173 Het orgel in de Grote of St. Michielskerk te Zwolle. *In: Verslagen en Mededeelingen van de Vereeniging tot Beoefening van Overijssels Regt en Geschiedenis, 60e stuk.*

7174 Lets over Deventer orgels, in het bijzonder over die van de Grote Kerk in de Bergkerk. *In: Verslagen en Mededeelingen van de Ver. tot Beoef. van Ov. Regt en Gesch. 65e stuk.*

7175 Schets der Geschiedenis van het orgel in de Nederlanden. *In: Kousemaker, Adrian, Handboek voor de Kerkorganist. Goes o. J.*

7176 De orgels van S. Lamberturskerk te Helmond. *O. O. u. J.*

7177 The Organ in the Church at St. Jan at Gouda. *In: The Organ. 16. 1936/37, S. 43*

7178 The Organ at the Church of St. Laurens at Rotterdam. *In: The Organ. 16. 1936/37, S. 175*

7179 Organ in the Great Lutheran Church, Amsterdam. *In: The Organ. 16. 1936/37, S. 255*

7180 Schnitger Organ in the Grote of St. Laurentskerk at Alkmaar. *In: The Organ. 17. 1937/38, S. 100*

7181 The Organ in the Great Church at Arnhem. *In: The Organ. 18. 1938/39, S. 26*

7182 Dutch Organs and Organ Music. *In: The Organ. 18. 1938/39, S. 256*

7183 Organs in Utrecht. Holland. *In: The Organ. 19. 1939/40, S. 23*

7184 The Organs in Mexiko City Cathedral. *In: The Organ 37. 1957/58, S. 46*

Vente, M. A. / Kok, W.

7185 Organs in Spain and Portugal. *In: The Organ. 34. 1954/55, S. 193; 35. 1955/56, S. 57, 136; 36. 1956/57, S. 155, 203; 37. 1957/58, S. 37*

Vente, M. A. s. Douglass, F. 1758

Vera, F.

7186 Glorie italiane nel mondo degli strumenti musicali-gli organari Balbiani Vegezzi-Bossi. *In: Corriere Artigiano. 2. 1955. Nr. 2*

Vera, Juan de

7187 Organo nuevo de la Catedral de Segovia. *In: Estudios Segovianos. Tomo X (1958). Segovia 1958*

Verhage, P.

7188 The New Organ at Doetinchem, Holland. *In: The Organ. 35. 1955/56, S. 53*

Verheijen, Jos. A.

7189 Het orgel in het Concertgebouw te Amsterdam, gebouwd door M. Maarschalkerwerd te Utrecht. *Amsterdam 1891*

Verlinden, E.

7190 The organ at the church. *In: Salesianum, the St. Francis. Wisc. 27. 1932, Nr. 4. S. 20*

Vermeulen

7191 3 perioden van de orgelbouwers Vermeulen te Alkmaar

7192 Tweehondert jaar orgelbouw Vermeulen. Alkmaar/Weert 1730—1930

Vermeulen, Gebr.

7193 Gebr. Vermeulen — Weert. Kerkorgelbouwers 1730 bis 1955

Verne, D. Batigan

7194 The Water Organ of the Ancients *In: The Organ. 2. 1922/23, S. 169*

7195 The Organ in Victorian Poetry. *In: The Organ. 3. 1923/24, S. 84*

7196 Impressions of a less known Schulze Organ. *In: The Organ. 3. 1923/24, S. 234*

7197 Mixtures and Metaphors. *In: The Organ. 5. 1925/ 1926, S. 177*

7198 The Reversible Action. *In: The Organ. 5. 1925/ 1926, S. 237*

7199 The Royal Albert Hall Organ. *In: The Organ. 5. 1925/26, S. 127, 254*

7200 Berlioz versus the Organ. *In: The Organ, 6. 1926/ 1927, S. 171*

7201 A Visit to the West Country. *In: The Organ. 7. 1927/28, S. 231*

7202 Changing Clarions. *In: The Organ. 10. 1930/31, S. 128*

7203 The Organ of St. John's Church, Richmond. *In: The Organ. 13. 1933/34, S. 74*

7204 The Schulze Organ at Tyne Dock. *In: The Organ. 13. 1933/34, S. 203*

7205 Vandalism in Organ Building. *In: The Organ. 14. 1934/35, S. 106*

7206 The Organ of Classic Tradition. *In: The Organ. 15. 1935/36, S. 58, 255*

7207 Organ Matters. *In: The Organ. 15. 1935/36, S. 189*

7208 The Organ of St. Dominic's Priory, Haverstock Hill. *In: The Organ. 15. 1935/36, S. 209*

7209 Organists and the Law. *In: The Organ. 18. 1938/ 1939, S. 249*

7210 Organs and the Law. *In: The Organ. 19. 1939/40, S. 43*

7211 On Tuning Chorus Reeds. *In: The Organ. 25. 1945/46, S. 191. 26. 1946/47, S. 48*

7212 The Organ in Leamington Parish Church. *In: The Organ. 26. 1946/47, S. 107*

7213 The Organ in St. Matthew's, Northhampton. *In: The Organ. 27. 1947/48, S. 43*

7214 The Organ in the Royal Albert Hall. *In: The Organ. 27. 1947/48, S. 137. 28. 1848/49, S. 46 1848/49, S. 46*

7215 The Organ in St. George's, Kidderminster. *In: The Organ. 28. 1948/49, S. 59*

7216 The Organ Beautiful. *In: The Organ. 28. 1948/49, S. 183*

7217 The Organ. *In: The Organ. 32. 1952/53, S. 69*

Verney, Guichard Joseph du

7218 Traité de l'orgue de l'ouie. *Leiden 1730*

Verra, Ernst von

7219 Beiträge zur Geschichte des französischen Orgelspiels. *In: Kirchenmusikalisches Jahrbuch. 23. Regensburg 1910*

Verschueren

7220 Orgels gebouwd door de firma L. Verscheuren te Heythuyzen. 1951—1956.

7221 Gedenkboek Firma Verschueren. 1896—1951

Vetter, Joh. Martin

7222 Von dem Gebrauch und Nutzen der Gesänge und Orgelwerke beym Gottesdienste. *Ansbach 1783*

Vetter, P.

7223 Alte Orgelmeister. *In: Der Chorwächter. Einsiedeln. 63. 1940, S. 91*

Veuclin, E.

7224 Les orgues de Saint-Gervais et Saint-Protais de Gisors. *In Réunion des Sociétés des Beaux-Arts des départements. 1907*

7225 Brevet d'apprentissage d'un facteur d'orgues à Paris en 1657. *In: Réunion des Sociétés des Beaux-Arts des départements. 31*

Viderö, Finn

7226 Zu E. K. Rößlers „Klangfunktion und Registrierung". *In: Musik und Kirche. Kassel. 22. 1952, H. 6, S. 245*

7227 Det gamle orgel i ødemarken (Övertorneå). *In: Kristelig Dagblad. 18. 9. 1953*

Vierling, O.

7228 Die elektroakustische Orgel. *In: Zeitschrift d. Ver. dtschr. Ingenieure. 78. 1934, H. 2, S. 1217—1219*

7229 Prakt. Einsatz d. elektr. Orgel auf d. Dietrich-Eckart-Bühne u. auf d. Rundfunk-Ausstellung. *In: Elektrotech. Zeitschrift. 1937, S. 90*

7230 Eine neue elektrische Orgel. *In: Deutsche Musikkultur 3. 1938, H. 1.*

Viesser, Piet

7231 Orgelkunst (Holland). *In: Musica. Kassel 15. 1961, H. 5—6, S. 267—276*

Vieth, Wilhelm

7232 Die Orgel von St. Martini in Minden. *In: Mindener Heimatblätter. Minden. 22. 1949/1950, Nr. 4, S. 1—5*

Viéville

7233 Les anciennes et nouvelles orgues de l'église paroisiale de Villers-Cotterets. *In: Bulletin de la Société archéologique historique et scientifique de Soissons. 46. 1896*

Vignanelli, F.

7234 L'organo e i suoi amalgami della metá del sec. XVI ai nostri giorni. *Mailand 1940*

Vigoureux, le P.

7235 R. P. le Vig. . . . Discours prononcé dans la chapelle Rr. PP. Domenicains Paris, pour l'audition du grand orgue. *Paris 1894*

Vigreux, L.

7236 Notions élémentaires de la Théorie des Vibrations. *Paris 1867*

Viktor, S.

7237 Umgebaute Orgel der Krönungskathedrale in Budapest. *In: Zeitschrift für Instrumentenbau. 53. 1933, S. 121—125*

Villalba Muñoz, Luis

7238 Anthologia de organistas Españoles. *Madrid 1911*

Vimont

7239 Le Vieil Argentan. *O. O. 1889*

Villeneuve de Janti, Jean

7240 De l'orgue néoclassique. *In: L'Orgue. 47/48. 1948*

7241 Le grand orgue de la maison de la Radio à Copenhague. *In: L'Orgue. 67. 1953, S. 41—43*

7242 Les facteurs d'orgue étrangers: J. D. A. Flentrop à Zaandem (Hollande). *In: L'Orgue. 67. 1953, S. 44—47*

7243 Les facteurs d'orgue étrangers: The Aeolian Skinner Organ-Company à Boston (USA). *In: L'Orgue. 1953, S. 111—116*

7244 Les facteurs d'orgue étrangers: L. Verschueren C. V. à Heythuysen (Hollande). *In: L'Orgue. 1954, S. 51—55*

7245 Les facteurs d'orgue étrangers: Organeria Espagnola. *In: L'Orgue. 1955. S. 8—13*

7246 Les facteurs d'orgue étrangers: Harrison et Harrison, Durham (Angleterre). *In: L'Orgue. 1955, S. 80—82*

Vincent, A. J. H.

7247 Mémoires sur le Système de Scheibler. *Paris 1849*

7248 Essai d'explication de quelques pierres gnostiques. *In: Mémoires de la Société des Antiquaires de France. Paris. 20. 1850*

Vinitor, Gerlach

7249 Die Pflichten eines Organisten im Jahre 1685. *In: CVO. Zeitschrift für Kirchenmusik. 74. 1954, S. 199—201*

Vinz, B.

7250 Das kultische Recht des Positivs. *In: Zeitschrift für Kirchenmusiker. Dresden. 18. 1936, S. 69*

Vinz

7251 Was machen wir mit unseren alten Orgeln? *In: Deutsches Pfarrerblatt. Essen. 43. 1940, S. 338*

Viol, W.

7252 Aus dem Leben eines Alten Organisten. (Carl Gottlieb Freudenberg). *Breslau 1869*

Violet, B.

7253 300 Orgelvorträge von Bernh. Irrgang. *In: Monatsschrift für Gottesdienst und kirchliche Kunst. Göttingen 1904, S. 87—89*

Visser, Piet

7254 Flor Peeters. 25 jaren in dienst der orgelkunst. *In: Benelux. Brüssel/s'Gravenhage. 1. 1948, Nr. 5—6, S. 62—63*

7255 Het orgelpedaal. *In: Mens en Melodie. 3. 1948. S. 233—237*

7256 Plaats en taak van het orgel in onze kerk. *In: Sint Gregoriusblad. 71. 1950, S. 42—44, 75—77, 101 bis 104, 115—117*

7257 Orgels in London. *In: De Praestant. 1. 1952, S. 26—27.*

7258 Orgel en orkest. *In: Mens en Melodie. 8. 1953, S. 111—113*

7259 Het orgel in de grote Muziekwereld. *In: De Praestant. 2. 1953, S. 58—60*

7260 Is er nog plaats voor het orgel in de kerk? *In: Sint Gregoriusblad. 75. 1954, S. 137—141*

7261 Hondert jaar Adema orgels (P. Visser). *Amsterdam 1954*

7262 De klassieke Orgelmuziek van Tsjechoslowakije. *In: Gregoriusblad. 81. 1960, S. 48—52*

7263 Orgeldisposities. *In: Gregoriusblad. 81. 1960. S. 101—103*

7264 Het Haarlemse Bavo-orgel gerestaureerd. *In: Gregoriusblad. 82. 1961. S. 229—331*

Viollet-le-Duc

7265 Dictionnaire raisonné de l'architecture française du XIe au XVIe siècle

Virdung, Sebastian

7266 Musica getutscht und ausgezogen. *Basel 1511*

Virgili, L.

7267 La Capella Musicale della Chiesa metropolitana di Fermo dalle origine al 1670. *In: Note d'Archivio per la Storia Musicale. 7. 1930, Nr. 1—4*

Virtue, Grant

7268 The Organ in the Methodist Church, Bexhill, N. S. W. Australia. *In: The Organ. 44. 1964/65, S. 145*

Vitasse, Henri

7269 Les grandes orgues de la cathédrale d'Amiens reconstruites par M. Cavaillé-Coll à Paris. *Amiens 1890*

Vix-Beulay, A. M.

7270 Essai sur les mannequins articulés du buffet des orgues de la cathédrale de Strassbourg. L'énig^me du Roraffe. *In: L'Alsace française. Straßburg. 15. 1939/40, S. 205—220*

Vlam, C. C.

7271 Hoornse Organisten en klokkenisten van het midden der 15e tot het einde van de 18e eeuw. *In: Bundel van het Historisch Genootschap Oud-Westfriesland. 21. Hoorn 1954, S. 65—88*

Voge, Richard

7272 Niederländische Orgelreise. *In: Musica. Kassel. 23. 1953, S. 27—30*

7273 Fritz Heitmann. *Berlin 1963*

Vogel

7274 Erneuerung der Orgel in der Kirche zu Taura b. Burgstädt i. S. *In: Zeitschrift für Kirchenmusiker. Dresden. 16. 1934, S. 40*

Vogeleis, M.

7275 Quellen und Bausteine zu einer Geschichte der Musik und des Theaters im Elsaß, 500—1800. *Straßburg 1911*

7276 Ein Orgelvertrag aus dem J. 1491. *In: Monatshefte für Musikgeschichte. Gesellschaft für Musikforschung. Leipzig 1900, S. 155—161*

Vogelerus, Andreas

7277 Encomium musices scriptum in laudem operis organici. *Regiomonti 1604*

Vogelsanger, E.

7278 Luft und Ton als Hauptdarsteller im Dokumentarfilm „Pfeifen-Chöre". *In: Der Filmkreis. Seebruck. 9. 1963, Nr. 6, S. 41—42*

Vogler, Georg Josef

7279 Erklärungen der Buchstaben, die im Grundrisse der nach dem Voglerschen Simplifikations-System neu zu erbauenden St. Peters Orgel in München vorkommen. *München 1806*

7280 Über die Umschaffung der St. Marien-Orgel in Berlin, nach dem Voglerschen Simplifikation-System, eine Nachahmung des Orchestrion in Rücksicht auf Stärke, Würde, Mannichfaltigkeit, Feinheit, Deutlichkeit, Reinheit u. Dauer, *München 1806*

7281 Vergleichungsplan der nach seinem Simplifikationssystem umgeschaffenen Neu-Münster-Orgel. *Würzburg 1812*

Vogt, P. Mauritius O. Cist.

7282 Conclave Thesauri Magnae Artis Musicae. *Prag 1719*

Voigt, J. C.

7283 Gespräch von der Musik, zwischen einem Organisten und Adjuvanten ... *Erfurth 1742*

Voigtmann, J.

7284 Beitrag zur Registrierkunst. *In: Musikalisches Wochenblatt. 2. 1871, S. 385*

7285 Ideen über kirchl. Orgeltonkunst. *In: Musikalisches Wochenblatt. 2. 1871, S. 529, 549*

Volbeding, J. C. s. Vollbeding, J. C.

Volckmar, A. V. W.

7286 Der Organist. *Langensalza 1881*

Volckmar, Wilhelm W.

7287 Leitfaden zum Gebrauch der Geläufigkeitsschule für Orgel, nebst einem Anhang: Die Struktur der Orgel und über Verwendung der Register. *Leipzig o. J.*

Voleine, Marcel de

7288 Quelques aperçus sur le chant dans ses rapports avec la liturgie, particulièrement dans les églises de Lyon. *In: La Maîtrise. 2. 1858, Nr. 6, 15. September*

Volkmann, Ludwig

7289 Zur Neugestaltung des Urheberschutzes gegenüber mechanischen Musikinstrumenten. *Leipzig 1909*

Vollhardt, R.

7290 Geschichte der Cantoren und Organisten von den Städten im Königreich Sachsen. *Dresden 1890*

Vollbeding, M. J. C.

7291 Kurzgefaßte Geschichte der Orgel aus dem Französischen des Dom Bedos de Celles, nebst Heron's Beschreibung der Wasserorgel, aus dem Griechischen übersetzt. *Berlin 1793*

Voppel, Konrad

7292 Karl Straube und das Wesen des deutschen Orgelspiels. *In: Musik und Kirche. Kassel. 25. 1955, H. 2, S. 90*

Voss, Otto

7293 Die sächsische Orgelmusik in der 2. Hälfte des 17. Jh. *Phil. Diss. Berlin 1936*

Vretblad, Patrik

7294 Orgelregister. *Stockholm 1932*

Vries, A. B. de

7295 Twee beschilderde Orgelvleugels met Scheemda. *In: Fs. Max J. Friedländer 1867—1942. s'Gravenhage 1942*

Vuataz, R.

7296 Musique d'orgue moderne. *In: Schweizer musik-pädagogische Blätter. Zürich. 22. 1933, S. 347*

Wachsmuth, R.

7297 Labialpfeifen und Lamellentöne. *In: Annalen der Physik. 14. 1904, S. 469*

Wachsmuth, R. / Kreis, A.

7298 Tonerzeugung in Orgelpfeifen. *In: Bericht der deutschen phys. Gesellschaft. Braunschweig 1906, S. 60—76*

Wälder, G.

7299 Neue theoretisch-praktische Orgelschule, mit einem Anhange über das Wesen und die Behandlung der Orgel. *Augsburg o. J.*

Wagner

7300 *Alte und neue Orgeln. In: Kölnische Zeitung. 1926, 17. Januar*

Wagner, Chr. Ulrich

7301 Sammlung einiger Nachrichten von berühmten Orgelwerken in Deutschland. *Breslau 1757*

Wagner, Fr.

7302 Reformbestrebungen im neuzeitlichen Orgelbau. *In: Gregoriusblatt. 51. 1928, S. 139, 157, 174, 177—182*

Wagner, Gerardo D.

7303 Die Spanischen Orgeln der Kathedrale in Mexiko-Stadt. *In: Musik und Kirche. Kassel. 29. 1959, S. 200—202*

Wagner, Hans Joachim

7304 Die Orgelmusik in Thüringen in der Zeit zwischen 1830 und 1860. Ein Beitrag zur Geschichte der Orgelmusik des 19. Jh.'s. *Phil. Diss. Berlin 1937*

Wagner, J.

7305 Neue Orgel in der Kapuzinerkirche zu Reichenberg i. B. *In: Zeitschrift für Instrumentenbau. Konstanz. 53. 1932, S. 42*

7306 Orgel in Groß-Schönau in Böhmen. *In: Zeitschrift für Instrumentenbau. Konstanz. 54. 1934, S. 125*

Wagner, P.

7307 En medeltida orgel visa i St. Thomaarkivet i Leipzig. *In: Tidskrift, Svensk. för musik forskning. Stockholm. 12. 1930, H. 11, S. 31—37*

Wagner, Peter

7308 Aus dem St.-Thomas-Archiv zu Leipzig. *In: Zeitschrift für Musikwissenschaft. 12. 1929/30. S. 65 bis 72*

Wagner, R.

7309 Die wahre Reinstimmung. *Stuttgart 1924*

Wagner, Rud.

7310 Geschichte der Orgeln in der Spitalkirche zu Nürnberg. *In: Zeitschrift für ev. Kirchenmusik. Hildburghausen. 1927, S. 247—253*

Wagner-Kochem, Franz Joseph

7311 Versuch einer Ästhetik der Orgel. *In: Musica sacra. Köln. 76. 1956, S. 281—290, 311—319, 344—352*

Wagon

7312 Les orgues de Saint-Pierre de Douai pendant et après la Révolution. *In: Mémoires de la Société nationale l'agriculture, sciences et arts. 1. 1911 bis 1922*

Wahls, A. R.

7313 Der Schutz von Orgeln vor tierischem und pilzlichem Befall durch die Xylamon-Holzschutztechnik. *In: Das Musikinstrument und Phono. Frankfurt/M. 6. 1957, S. 272*

Wahn et Wolfram

7314 Monuments de l'art de l'Alsace et de la Lorraine. *Straßburg. O. J.*

Waine, Frederic

7315 Organ Harmonics, etc. *In: The Organ. 22. 1942/43, S. 45*

Waine, John C.

7316 Octave Couplers. *In: The Organ. 41. 1961/62, S. 165*

Wainwright, Samuel

7317 Amateur Accomplishments, and Otherwise. *In: The Organ. 27. 1947/48, S. 134*

Wait, W. M.

7318 An account of the organ . . . at the Church of St. Andrew. *Undershaft 1889*

Walch s. Landry, C. F. 4066

Walcha, Helmut

7319 Das Gesetz der Orgel — ihre Begrenzung. *In: Musik und Kirche. 10. 1938, S. 193—203*

7320 Die neue Orgel in der Frankfurter Dreikönigskirche. *In: Kirchenmusikalische Nachrichten. Frankfurt/M. 13. 1962, H. 1, S. 2—6*

Walcker, Eberhard Friedrich

7321 Beschreibung der Münster-Orgel zu Ulm. *Ludwigsburg 1900*

7322 Verzeichnis 1936. *Ludwigsburg 1936*

7323 170 Jahre Orgelbau Walcker. *Mainz 1951*

7324 Walcker-Schleifladenorgeln. *Ludwigsburg 1953*

7325 175 Jahre Walcker-Orgelbau. *Hausmitteilung Nr. 16. Ludwigsburg 1956*

7326 E. F. Walcker u. Co. Ludwigsburg. Catalogue of chamber organs with or without organola. *O. O. 1911*

7327 E. F. Walcker u. Cie. Ludwigsburg 1914, *Januar*

7328 E. F. Walcker u. Cie. Organ builders. The Walcker Symphonie Organs.

Walcker, Oskar

7329 Zur Geschichte der Orgelmensuren und ihre Bedeutung für die Kunst des Orgelbauers. *In: Bericht über die Freiburger Tagung für deutsche Orgelkunst. Kassel. 1939, 1. Tagg., S. 43—49*

7330 Erinnerungen eines Orgelbauers. *Kassel 1948*

Walcker, Paul

7331 Die direkte, elektrische funkenfreie Orgeltractur. *Frankfurt/Oder 1914*

7332 Entwicklung und Behandlung der elektrischen Orgeltraktur. *In: Musica sacra. 1914, S. 88*

7333 Wort an den Orgelbauer über die elektrische Orgeltraktur. *In: Zeitschrift für Instrumentenkunde. Berlin. 34. 1914, S. 491*

Walcker-Mayer, Werner

7334 Der Entwicklungsweg zur Walcker-Schleifladen-Orgel. *In: Walcker-Hausmitteilungen. 29. S. 3*

Walcker-Mayer, Werner / Klein, Helmut

7335 Zu dem Aufsatz von Dr. Erich Thienhaus: Orgelbau in Dänemark. *In: Musik und Kirche. Kassel. 23. 1953, S. 156—158*

Walcott, Mackenzie Edward Charles

7336 A Guide to the Cathedrals of England and Wales. *London 1858*

Walde, P.

7337 175jähr. Jubiläum der Orgel in der kath. Hofkirche zu Dresden. *In: Zeitschrift für Instrumentenbau. Konstanz. 49. 1929, S. 528*

7338 Orgel der kath. Hof- und Propsteikirche zu Dresden (G. Silbermanns letztes Werk). *In: Monatshefte für kath. Kirchenmusik. 11. 1929, S. 73—77*

7339 Silbermann-Orgel der kath. Hof- und Propsteikirche zu Dresden. *In: Musica sacra. 58. 1929. S. 96. Zugleich in: Organon. München. 6. 1931, S. 24*

Waldhelm, Philipp

7340 Orgel und Sängerchor im liturgischen Raum. *In: Musik und Altar. Freiburg/Breisgau. 7. 1954/55, S. 53*

Waldmann, Guido

7341 Die Orgel in der Gegenwart. *Berlin 1939*

Waldner, Franz

7342 Daniel Herz, ein tirolischer Orgelbauer des XVII. Jh. *In: Zeitschrift des Ferdinandeums für Tirol und Vorarlberg. 59. 1915, S. 142*

7343 Zwei Inventarien aus dem XVI. und XVII. Jahrhundert über hinterlassene Musikinstrumente und Musikalien am Innsbrucker Hof. *In: Studien zur Musikwissenschaft. Wien. 4. 1916*

Walker, P.

7344 Riesenorgel, Breslau. *In: Musica sacra. Köln. 1913, S. 251*

Wall, Torsten

7345 Strandorgeln i Trefaldighetskyrkan i Karlskrona. *In: Kyrkomusikernas Tidning. 28. 1962. S. 240 bis 242*

Wallis, I.

7346 On the imperfection of the Organ. *In: Philosophical Transactions. London 1698, Nr. 242, S. 249*

Wallmeier, Wilhelm

7347 Daniel Bader als Orgelbauer in Warendorf. *In: Handbuch der Glocke. Nr. 166. 1965, S. 663*

Wallner, Bo

7348 Saga och sanning om orgelbyggaren Jonas Rudberus. *In: Svensk tidskrift för musikforskning. 32. 1950, S. 60—72*

Walter, C.

7349 Neue Orgel in der kath. Pfarrkirche zu Bleidenstadt. *In: Gregorianische Rundschau. Graz 1902, S. 174*

Walter, F.

7350 Spielhülfen. *In: Monatsschrift für Gottesdienst und kirchliche Kunst. 1918, S. 17—22*

Walter, George W.

7351 The Temple organ, Washington. *Chicago 1900*

Walter, K.

7352 Beitrag zur Geschichte der Domorgel in Limburg. *In: Kirchenmusikalisches Jahrbuch 1892, S. 107*

7353 Beschreibung der Konzertorgel in der Anstaltsaula. *In: Fs. Montabaur. Wiesbaden 1901*

7354 Orgel-Ton und Glockenklang. *In: Musica sacra. 52. 1920, S. 169*

7355 Was soll der Seelsorger von der Orgel wissen? *In: Der Seelsorger. Innsbruck. 4. 1929, S. 283—287*

7356 Organist und Orgelbau. *In: Musica divina. Wien. 20. 1932, S. 8—10*

7357 Orgeldispositionen. *In: Musica divina. Wien. 6. 1928, S. 120—123*

Walter, Nikolaus

7358 Gotteslob mit Radioröhren. Elektronische Orgel. *In: Musik und Kirche. Kassel. 25. 1955, S. 101 bis 105*

Walter, R.

7359 Orgelbau und Orgelmusik in Schlesien. *In: Kirchenmusik. 4. 1941, S. 169—171*

7360 Die Orgel in der Jahrhundert-Halle zu Breslau. *In: Kirchenmusik. 5. 1942, S. 75*

7361 Bemerkungen zu Orgelbau und Orgelspiel in Deutschland. *In: Musik und Altar. 3. 1950, S. 50 bis 55*

7362 Weinheim-Bergstraße, Pfarrkirche St. Laurentius. *In: Zeitschrift für Kirchenmusik. 71. 1951, S. 165. 166*

7363 Der Weg vom Klavier zur Orgel. *In: Musik im Unterricht. Mainz. 51. 1960, H. 4, S. 100—104*

7364 Aufgabe und Mißbrauch der Orgel im Gottesdienst. *In: Musik und Altar. Freiburg/Br. 6. 1953, S. 116—120*

7365 Der Würzburger Hoforgelmacher J. Ph. Seuffert. *In: Die Mainlande. Würzburg. 12. 1961, Nr. 18*

7366 Einige Ratschläge zum Bau und Unterhalt unserer Orgeln. *In: Caecilia. Straßburg. 70. 1962, S. 117 bis 123*

7367 Der Orgelbau für die Fürstabtei St. Blasien 1772/75. *In: Musicae sacrae ministerium. Fs. K. G. Fellerer. 1962. S. 259—319*

7368 Der Orgelsachverständige. *In: Musik und Altar. 15. 1963, S. 22—29*

Walther, Arnold

7369 Die neue Orgel in der Kathedrale zu St. Urs zu Solothurn. *O. O. 1897*

Walther, Karl

7370 Orgelcultuur en Oostenijk. *In: De Praestant. 1. 1952, S. 2—3*

Walther, Kurt

7371 Der Orgelbauer G. Silbermann und sein Werk in der Kirche zu Ponitz. *In: Altenburger Heimatblätter. 1937, Nr. 3*

Waltmans, M. / Smeets, M.

7372 Kerkorgels te Roermond. *Heythuysen 1957*

Wanamaker, John

7373 The world's greatest organ. *Philadelphia. 1917*

Wang, T'ieh-fu

7374 Chien i feng ch'in hsiu li fa. *O. O. 1958*

Wangemann, Otto

7375 Die große Orgel in der St. Jacobskirche zu Stralsund. *In: Urania. 35. 1878, S. 106—110*

7376 Geschichte der Orgel und der Orgelbaukunst von den ersten Anfängen bis zur Gegenwart. *Demmin 1880*

7377 Die Orgel, ihre Geschichte und ihr Bau. *Leipzig 1887*

Wappler

7378 Die beiden Orgeln d. Freib. Mus. *In: Mitteilungen vom Freiberger Altertumsverein mit Bildern aus Freibergs Vergangenheit. Freiberg i. S. 1905, S. 102*

Warman, John W.

7379 The organ, its compass, tablature and short and incomplete oktaves. *London 1884*

7380 The organ; Writings and other utterances on its structure, history, procural, capabilities etc. *Thornton Heath 1898—1904*

7381 The Organ: a treatise on its structure. *Surrey 1898*

7382 The hydraulic organ of the ancients. *London 1904*

7383 The Organ; a comprehensive treatise on its structure. *London 1905*

Warne, Douglas

7384 The Grand Organ of St. Eustache, Paris. *In: The Organ. 12. 1932/33, S. 87*

7385 The Organ at Notre Dame, Paris. *In: The Organ. 13. 1933/34, S. 170*

Warner, George

7386 How to build an organ. *Preston 1879*

Warren, John

7387 *Hamilton's Catechism of the Organ with an Historical Introduction. London o. J.*

Warren, Joseph

7388 Catechism of the Harmonium. *O. O. u. J.*

Warth, L. H. F.

7389 The Nomenclature of Compound Stops. *In: The Organ. 37. 1957/58, S. 48*

Washtell, Colin

7390 A Fenland Experiment. *In: The Organ. 42. 1962/63, S. 28*

Waters, C. F.

7391 The Organist's Opportunity. *In: The Organ. 3. 1923/24, S. 243*

7392 The Present Neglect of Max Reger. *In: The Organ. 5. 1925/26, S. 221*

7393 An Early Account of the Organ in York Minster. *In: The Organ. 16. 1936/37, S. 56*

Watkins, John J. F.

7394 A history of the Schulze organ of Saint Bartholomew, Armley. Leeds. *Doncaster 1956*

7395 The Organ in the Church of Corpus Christi, Osmondthorpe, Leeds. *In: The Organ. 43. 1963/64, S. 147*

Watts, Francis L.

7396 The Small Organ. *In: The Organ. 35. 1955/56, S. 106*

7397 The Large Open Diapason. *In: The Organ. 35. 1955/56, S. 158*

7398 Small Organ Design. *In: The Organ. 35. 1955/56, S. 207*

Wauer, Hans-Günther

7399 Friedrich Ladegast, ein bedeutender Orgelbauer des 19. Jahrhunderts. *In: Musik und Kirche. Kassel. 25. 1955, H. 6, S. 293*

Webb, A. W. B.

7400 The Organ in Lancing College Chapel. *In: The Organ. 16. 1936/37, S. 85*

Webb, F.

7401 The Wanamaker Organ and other Matters. *In: The Organ. 4. 1924/25, S. 63*

7402 Harmonic Corroborating Stops. *In: The Organ. 4. 1924/25, S. 191*

7403 The Harborne Organ. *In: The Organ. 5. 1925/26, S. 191*

7404 The Player or Resedence Organ. *In: The Organ. 8. 1928/29, S. 139, 199. Zugleich in: 10. 1930/31, S. 64*

7405 The Unit Organ. *In: The Organ. 10. 1930/31, S. 136, 212*

7406 The Location of the Organ. *In: The Organ. 12. 1932/33, S. 145, 202*

7407 Robert Hope-Jones in the United States. *In: The Organ. 13. 1933/34, S. 152*

7408 The Small Extension Organs. *In: The Organ. 14. 1934/35, S. 148*

7409 Direct Electric Action. *In: The Organ. 15. 1935/36, S. 254*

7410 Westminster Abbey Organ. *In: The Organ. 18. 1938/39, S. 62, 190. Zugleich in: 19. 1939/40, S. 63*

7411 All Saints, Ennismore Gardens. *In: The Organ. 18. 1938/39, S. 63*

7412 Organ Pipe Materials. *In: The Organ. 19. 1939/40, S. 159*

7413 An Organ on Attenuated Air. *In: The Organ. 20. 1940/41, S. 131, 184*

7414 Organ Harmonics. *In: The Organ. 21. 1941/42, S. 76, 122, 175. Zugleich in: 22. 1942/43, S. 92*

7415 Tonal Balance. *In: The Organ. 22. 1942/43, S. 135. Zugleich in: 23. 1943/44, S. 93*

7416 Pearson Organ Cases. *In: The Organ. 22. 1942/43, S. 189*

7417 Blending of Organ Tones. *In: The Organ. 23. 1943/44, S. 37*

7418 Why Organs go out of Tune. *In: The Organ. 23. 1943/44, S. 181. Zugleich in: 24. 1944/45, S. 95, 190. 25. 1945/46, S. 95*

7419 Electric Actions: Some Observations and Suggestions. *In: The Organ. 24. 1944/45, S. 86*

7420 The Pedal Organ. *In: The Organ. 25. 1945/46, S. 78*

7421 The Choir Organ and its Development. *In: The Organ. 26. 1946/47, S. 139*

7422 Plastics in Organ Building. *In: The Organ. 26. 1946/47, S. 39*

7423 The Choir Organ. *In: The Organ. 27. 1947/48, S. 47*

Webb, Stanley

7424 David Willcocks. *In: The Organ. 43. 1963/64, S. 102*

7425 Francis Jackson. *In: The Organ. 43. 1963/64, S. 150*

7426 Douglas Guest. *In: The Organ. 43. 1963/64, S. 215*

Webber, W. S. Lloyd

7427 Some Organs in East London and on the Borders of Essex. *In: The Organ. 30. 1950/51, S. 22*

Weber, A.

7428 Einweihung der neuen Orgel in der Albert Ludwig-Universität Freiburg. *In: Signale für die musikalische Welt. 95. 1937, S. 135*

Weber, C. V.

7429 Über Orgeldispositionen. *Regensburg 1890*

Weber, H.

7430 Von der Orgel und vom Orgelspiel. *In: Kirchenmusik. 6. 1943, S. 33—36*

Weber, Hans / Henger, Elmar

7431 Erfahrungen mit der Elektronenorgel. *In: Musik und Kirche. Kassel. 25. 1955, S. 161—164*

Weber, Jean Daniel

7432 Die umgebaute Orgel der Evangelischen Aurelienkirche zu Straßburg im Elsaß. *In: Musik und Kirche. Kassel. 23. 1953, S. 173—175*

Weber, Margaret

7433 The Organ in St. Paul's Methodist Church, Toledo, Ohio, U.S.A. *In: The Organ. 33. 1953/54, S. 127*

Weber, Rob.

7434 Die Orgeln von Joseph Gabler und Johannes Nepomuk Holzhay. *Phil. Diss. Tübingen. Weilheim/Teck 1931*

Weber, S.

7435 Carlo Prati di Trento e l'organo di S. Maria Maggiore in Trento. *Trient 1925*

Weber, W.

7436 Du système de compersations dans les tuyaux d'orgue. *In: Revue musicale. 7. 1830. S. 257—265*

Weber, Wilhelm

7437 Versuch mit Zungenpfeifen. *O. O. u. J.*

Webster, Peter R.

7438 The Organ at St. Mary Magdalene, Holloway. *In: The Organ. 22. 1942/43, S. 85*

Wedgewood, James Ingall

7439 The evolution and development of the organ. *York 1903*

7440 Tonal design in modern organ building. *London 1904*

7441 A comprehensive dictionary of organ Stops, English and foreign, ancient and modern. *London 1905*

7442 A Dictionary of organ Stops English and Foreign, Ancient and Modern, Practical, Historical. *London 1906*

7443 The organ at St. John's Church, Boxmoor. *In: Musical Opinion. 1907*

7444 Some continental organs and their makers. *London 1910*

Wedgewood, James I.

7445 The Organ at St. John's, Boxmoor. *In: The Organ. 4. 1924/25, S. 184*

7446 Was Barker the Inventor of the Pneumatic Lever? *In: The Organ. 14. 1934/35, S. 49*

7447 Done into English. *In: The Organ. 15. 1935/36, S. 256*

Weerth, M.

7448 Über Lamellentöne. *In: Annalen der Physik. 11. 1903, S. 1086*

Wegener

7449 Die Orgel im Dom zu Paderborn. *O. O. u. J.*

Wehl, J.

7450 Orgelfrage. *In: Sächsisches Kirchenblatt. 1932, S. 61, 82*

Wehran, A. H.

7451 An Essay on the Theory and Practice of Tuning. *London 1853*

Weibel, Alfred

7452 Zum Vitznauer Orgelumbau. *In: Der Chorwächter. 81. 1956, S. 281—285*

Weiermann, Herbert

7453 Der Süddeutsche Orgelprospekt des 17. und 18. Jh.'s. *München 1956*

Weigle, Carl G.

7454 Abwehr der Angriffe auf die Weigle'schen Hochdruckluft-Register. *Stuttgart 1900*

7455 Die große Konzert-Orgel des Stuttgarter Liederkranzes im Festsaale der Liederhalle zu Stuttgart erbaut 1894—95 von Carl G. Weigle. *O. O. o. J.*

Weigle, G. F.

7456 Gegen die sogenannte elsäss.-neudeutsche Orgelreform. *In: Zeitschrift für Instrumentenbau. Konstanz. 33. 1913, S. 878, 917*

Weiler, Klaus

7457 „De mensura fistularum", ein Gladbacher Orgeltraktat aus dem Jahre 1037. *In: Kirchenmusikalisches Jahrbuch. Köln. 40. 1956, S. 16—22*

Weiler, K. H.

7458 Orgel und Technik. *In: Musik und Kirche. 12. 1940, S. 1—11*

7459 Architekt und Orgel: *In: Zeitschrift für Instrumentenbau. Konstanz. 61. 1941, S. 145—147, 154. Zugleich in: Musik und Kirche. 14. 1942, S. 14—19*

7460 Genormte Spieltischmaße. Aus Norm und Praxis im Orgelbau. *In: Zeitschrift für Instrumentenbau. Konstanz. 62. 1942, S. 19*

Weingart, E.

7461 Musica Sacra. Vollständiges Verzeichnis aller seit dem Jahre 1750—1867 gedruckt erschienenen Compositionen für die Orgel — Lehrbücher für die Orgel — Schriften über Orgelbaukunst. *Erfurt 1867*

Weingartner, J.

7462 Die Kirchen Innsbrucks. *Innsbruck 1921*

Weippert, J.

7463 Die Orgel. *Regensburg 1834*

Weismann, E.

7464 Eine Orgelerneuerung im Tübinger Stift Anno 1654. *In: Württemb. Blätter für Kirchenmusik. Waiblingen. 12. 1940, S. 47*

Weiss, J.

7465 Orgeln. *In: Gregorianische Rundschau. Graz 1904, S. 23—25, 47—49, 101*

Weissbeck, Joh. Michael

7466 Über H. Abt Voglers Orgelorchestrion zu Stockholm. *1797*

7467 Etwas über Herrn Dan. Gottl. Türk's wichtige Organistenpflichten. *Nürnberg 1798*

7468 Der für die Orgel und überhaupt musical. Geschichte merkwürdige 15. Juni. *Nürnberg 1804*

Weissenbäck

7469 Die Orgel als liturg. Instrument. *In: Musica divina. Wien. 16. 1928, S. 91—95; 23. 1935, S. 47—49, 63—66*

Weitzel, W.

7470 Neue Freiburger Münsterorgel und Geschichte ihrer Vorgängerinnen. *In: Musica sacra. Köln. 58. 1929, S. 191—194, 227—230*

Weizsäcker, G.

7471 Links rein-pneumatische Windlade. *In: Monatsschrift für den Gottesdienst und Kirchl. Kunst. Göttingen. 2. 1897, S. 122—125*

Welander, Waldemar

7472 Buxtehude-orgeln i Torrlösa. *In: Sydsvenska Dagbladet Snällposten. 14. 4. 1962*

Welby, A. E.

7473 Bucknell Church Organ. *In: The Organ. 34. 1954/55, S. 151*

7474 The Organ in Banbury Unitarian Church. *In: Musical Opinion. 58. 1955, S. 485*

7475 New Stops from Old. *In: The Organ. 40. 1960/61, S. 43*

Welcker von Gontershausen, Heinrich

7476 Neu eröffnetes Magazin musikalischer Tonwerkzeuge. *Frankfurt 1855*

7477 Über den Bau der Saiteninstrumente und deren Akustik, nebst Übersicht der Entstehung und Verbesserung der Orgel. *Frankfurt 1870*

Wellens, Joh.

7478 Beschrijving van het suppressie-orgel. *Cuyk 1850*

Weller, August Heinrich

7479 Versuch einer Anleitung Claviere und Orgeln auf eine leichtere Art als auf die ... des Quintenzirkels ... zu temperieren. *Leipzig 1803*

Wellington, A. S.

7480 Classicism v. Romanticism. *In: The Organ. 46.*
1966/67, S. 47

Wellmann, Fr.

7481 Elektr. angetrieb. Orgelgebläse. *In: Die Kirche.*
13. 1916, S. 40—44

Welte, Edwin

7482 Welteorgel. *In: Das Echo. Berlin. 41. 1923 S.4532*

7483 (Über Lichtton-Orgel). *In: Funk. Berlin 1936,*
S. 666

7484 Die Welte-Lichttonorgel. *In: Energie. Berlin. 16.*
1937, S. 50

7485 Welte Philharmonie Orgel. *Freiburg i. Br.*

Welte, Edwin / Mannborg, K.

7486 Werdegang der Lichttonorgel System Michels. *In:*
Zeitschrift für Instrumentenbau. Konstanz. 57.
1936, S. 42

Welter, Friedr. Wilh.

7487 Spiel und Kompositionen zu mehreren Orgeln vom
16. bis 19. Jahrhundert, vornehmlich in Ober-
italien. *Phil. Diss. Berlin 1923*

Weman, Henry

7488 Gamla kyrkoorglar och nya. *In: Svenska Dag-*
bladet. 31. 12. 1933

7489 Uppsala domkyrkas orgelverk och övriga instrument. *Uppsala 1950, S. 107—118*

7490 Orgelfasaden ur traditionell och funktionell synpunkt, speciellt 1800—talsfasaden och nutida
orgelbyggeri. *In: Kyrkomusikernas Tidning. 29.*
1963, S. 128—131

7491 Leufstabrukorgelns restaurering. *In: Orgel-Tids-*
krift för svensk orgelkonst. 2. 1963. No. 1—2,
S. 38—40

Weman, H. s. Wester, B. 7545

Werckmeister, Andreas

7492 Orgelprobe oder kurtze Beschreibung wie und welcher Gestalt man die Orgelwerke von dem Orgel-
machern annehmen, probiren, untersuchen und den
Kirchen liefern könne und solle, benebenst einem
Kurtzen . . . Unterricht wie durch Anweiss u. Hülfe
des Monochordi ein Clavier wohl zu temperieren
u. zu stimmen sei. *Frankfurt und Leipzig 1681*

7493 Erweiterte und verbesserte Orgelprobe. *Quedlin-*
burg 1698

7494 Kurze Beschreibung des in der Grüningischen
Schloss-Kirche berühmten Orgelwercks. *Quedlin-*
burg 1704

7495 Organum Gruningense redivivum. *1704*

7496 Orgelproef. (Vert. J. W. Lustig). *Amsterdam 1755*

Werner, Arno

7497 Johann Kuhnau's Beziehungen zur Stadt Eilenburg.
In: Sammelbände der Internationalen Musikgesell-
schaft 8. 1906/1907, S. 101—105

Werner, C. L.

7498 Über Orgelbau, nebst einigen Winken für Orgel-
bauende Kirchengemeinden. *In: Monatsschrift für*
Gottesdienst und kirchl. Kunst. Göttingen 1896,
S. 240

Werner, J. G. (Johann Gottlob)

7499 Lehrbuch, das Orgelwerk nach allen seinen Theilen
kennen, erhalten, beurtheilen und verbessern zu
lernen. *Merseburg 1823*

7500 Orgelschule oder Anleitung zum Orgelspielen und
zur richtigen Kenntnis und Behandlung des Orgelwerkes. *Meissen 1805, Mainz 1824*

Werner, Rudolf

7501 Felix Mendelssohn-Bartholdys Orgelwerke. *In:*
Musik und Kirche. 18. 1948, H. 1/2, S. 45—

Werra, E. v.

7502 Zur Geschichte des französischen Orgelspiels. *In:*
Kirchenmusikalisches Jahrbuch. Regensburg 1910,
S. 37—59

Werra, Ernst von

7503 Beiträge zur Geschichte des kathol. Orgelspiels.
In: Kirchenmusikalisches Jahrbuch. 1897

Wesely, A.

7504 Der Pfarrer und seine Orgel. *In: Singende Kirche.*
Wien. 11. 1963, S. 7—8

7505 Pfeifenorgel oder Elektrophon? *In: Singende Kir-*
che. Wien. 12. 1964/65, H. 1, S. 18

Wesenberg, Hans

7506 Über den Orgelprospekt in denkmalswerten Kirchen. *In: Instrumentenbau-Zeitschrift. Konstanz.*
18. 1964, S. 22—28

Wessely, O.

7507 Neues zur Lebensgeschichte Paul Peuerls. *In: Jahr-*
buch des oberösterreichischen Musealvereins. Linz.
95. 1950

West, John E.

7508 Cathedral Organists past and present. *London 1899*

Westblad, Gösta

7509 Tredje omarbetade och tillökade upplagan. *Os-*
karshamn 1962. Kap. Svensk orgelhistoria S. 222
bis 240

7510 Svenskt orgelbyggeri. *In: Kyrkomusikernas Tid-*
ning. 17. 1951, S. 12

7511 Andra omarbetade och tillökade upplagan. *Stock-*
holm 1941. Kap. Några mera betydande namn
inom 1800-talets svenska orgelbyggeri. S. 227
bis 231

7512 Kyrkoorgeln. Handbok för organister och övriga
orglvänner. *Stockholm 1936*

Wester, Bertil

7513 Den nyidståndsatta orgeln från Medåkers kyrka i
Västmanland. *In: Nordiska museets musiksällskap.*
Stockholm 1931

7514 Studier i svensk orgelkonst under 1600-och 1700-talen. *In: Svensk tidskrift för musikforskning. 13. 1931, S. 45—72*

7515 Orgelbaukunst in Schweden von 1600 bis 1800. *In: Musik und Kirche. 2. 1932. S. 74—83*

7516 Gustavianskt orgelbyggeri. *In: Gustavianskt. Studier kring den gustavianska tidens kulturhistoria tillägnade Sigurd Wallin ... Stockholm 1932, S. 235—246*

7517 En nordtysk orgeltyp i Uppsverige. Orgelverket i Bälinge kyrka. *In: Svensk tidskrift för musikforskning. 14. 1932, S. 69—94*

7518 Grunddrag i vårt gammalsvenska orgelbestånd. *In: Tidskrift för kyrkomusik och svenskt Gudstjänstliv. 7. 1932, S. 19—22*

7519 Ett apropos till den nyiståndsatta Cahmanorgeln i Leufsta bruk. *In: Kyrkosångsförbundet. 8. 1933, S. 108—109*

7520 Orgelverket i Leufsta bruks kyrka. *In: Fornvännen 28. 1933, S. 224—245*

7521 Orgelkonst i Sverige från meteltiden intill våra dagar. — En översikt. I. Medeltidsorgeln. Tiden fr. omkr. 1350 t. omkr. 1550. *In: Tidskrift för kyrkomusik och svenskt Gudstjänstliv. 10. 1935, S. 65 bis 72*

7522 II. Renässansorgeln. Tiden fr. omkr. 1550-t. t. omkr. 1620—30. *In: Tidskrift för kyrkomusik och svenskt Gudstjänstliv. 10. 1935, S. 121—126*

7523 Orglar i Nordiska museet. *In: Vår sång. 8. 1935, S. 130—131*

7524 Konserverade och restaurerade äldre orglar 1930—1936. *In: Fornvännen. 34. 1939, S. 305—313*

7525 III. Orgelkonst i det karolinska tidevarvet. *In: Tidskrift för kyrkomusik och svenskt Gudstjänstliv. 11. 1936, S. 167—174*

7526 Hälsingland. Rengsjö kyrkas orgel. *Stockholm 1936*

7527 Gotisk resning i svenska orglar. En undersökning med huvudsaklig begränsning till det svenska materialet under medeltiden. *Phil. Diss. Stockholm 1936*

7528 Gotisk resning i svenska orglar. *Malmö Musei Vänner. Årsbok. 1939*

7529 Dalarne I. Stora Kopparbergs kyrkas orgel. *Stockholm 1942*

7530 Kyrkorglar i Sverige I. *Stockholm 1942, (Series I)*

7531 Dalarne II. Kristine kyrkas orgel samt orglar i Rättviks tingslag samt en exkurs över Oskarskyrkans orgel, Stockholm. *Stockholm 1946*

7532 Kristine Kyrkas Orgel. *(Series II). O. O. 1946*

7533 Falu Domsyas Norra Tingslay *(andskyrkornas Orglar Series III). O. O. 1952*

7534 Romantikens orgel kring sekelskiftet. *In: Svenskt gudstjänstliv. 27. 1952, S. 1—10*

7535 Dalarne III. Falu domsagas norra tingslag. Landskyrkornas orglar. *Stockholm 1952*

7536 Visby domkyrkas orgel från 1600 till närvarande tid. *In: Julhälsningar till församlingarna i Visby stift. 30. 1952, S. 20—34*

7537 Från psalmodikon till kyrkorgel i nordvästra Dalarna. *In: Dalarnas Hembygdsbok 1952, S. 11—20*

7538 Orglar och orgelpositiv i Nordiska museet. *In: Fataburen. Nordiska Museets och Skansens Årsbok. Stockholm 1953, S. 177—188*

7539 Gamla kyrkorglar i Gästrikland. Valda delar ur en inventering. *In: Från Gästrikland 1953—1954, S. 53—66*

7540 Gamla orglar i Hälsinglands kyrkor och kapell. *Hälsingerunor 1954. S. 63—87*

7541 Kyrkorglar i Sverige. Stockholms orglar 1. Engelbrektskyrkans orgel, Stockholm. *Manuskript i 5 ex. 1956*

7542 Orgeln i Leufska bruks kyrka. *In: Orgel-Tidskrift för svensk orgelkonst. 2. 1963. No. 1—2, S. 5—35*

7543 Från klassicism till romantik. En studie över svensk orgelbyggnadskonst 1820—70. *In: Svensk Tidskrift för musikforskning.*

7544 Svensk orgelkonst under 1600—och 1700-talen. *In: Svensk Tidskrift för musikforskning. Stockholm. 13. S. 45—72*

Wester, Bertil / Wemann, Henry

7545 Våra gamla kyrkliga orgelverk. Deras bevarande och konservering I—II. *In: Fornvännen. 25. 1930, S. 321—341*

Westerby, Herbert

7546 Relation of Organist and Clergy. *In: Dictionary of Organs and Organists. 1. London 1912, S. 79 bis 92*

7547 Position of the Organist in the Church of Scotland. *In: Dictionary of Organs and Organists. 1. London 1912, S. 101—104*

7548 The Broadcasting Recital. *In: The Organ. 9. 1929/30, S. 220*

Westerby, William

7549 The Complete Organ Recitalist, International Repertoire-Guide. (Historical, Educational, and Descriptive) to Foreign, British and American works. *O. O. 1933*

Wetton, H. J. Davan

7550 Small Organs. *In: The Organ. 38. 1958/59, S. 46*

7551 St. Cuthbert's, Philbeach Gardens. *In: The Organ. 38. 1958/59, S. 217*

7552 St. Sepulchre's, Holborn. *In: The Organ. 38. 1958/59, S. 217*

Weyer, Martin

7553 Deutsche Orgelmeister des 19. Jahrhunderts. *In: Der Kirchenmusiker. 16. 1965, S. 186—196*

Weyler, W.

7554 Internationale Orgeltagung in Tongerlo. *In: Zeitschrift für Kirchenmusik. Köln. 71. 1951, S. 239 bis 240*

White, Herbert D.

7555 The Organ of St. Luke's Church, Winnipeg. *In: The Organ. 34. 1954/55, S. 1*

7556 Casavant Frères. *In: The Organ. 34. 1954/55,* S. 223

7557 The Wicks Organ of Southern Illinois. *In: The Organ. 39. 1959/60,* S. 57

White, John

7558 An Account of the Organ in St. Helen's, Bishopsgate, London. *In: The Organ. 37. 1957/58,* S. 152

Whitehall, T. W. N.

7559 The Organ of the Swedish Seaman's Church, Rotherhithe. *In: The Organ. 44. 1964/65,* S. 90

7560 The Organs of Bideford Parish Church. *In: The Organ. 46. 1966/67,* S. 123

Whitehall, Williams

7561 Thomas Mace and the organ. *In: Musical Opinion. 79. 1956,* S. 547—549

Whitlock, Percy

7562 Organ Harmonics, etc. *In: The Organ. 22. 1942/43,* S. 95

7563 The Baroque Revival. *In: The Organ. 22. 1942/43,* S. 127

7564 A Novel Chamber Organ. *In: The Organ. 25. 1945/46,* S. 41

7565 The Baroque Revival and other Matters. *In: The Organ. 23. 1943/44,* S. 44

7566 The Horrors of Eclecticism. *In: The Organ. 23. 1943/44,* S. 142

Whitlock, P. W.

7567 The Organs of Rochester Cathedral. *In: The Organ. 8. 1928/29,* S. 65

Whitworth, Reginald

7568 The electric organ. *London 1930*

7569 The cinema and theatre organ. *London 1932*

7570 A student's guide to the organ. *London 1935*

7571 Organ stops and their use. *London 1951*

7572 The Cavaillé-Coll Organ in the Albert Hall, Sheffield. *In: The Organ. 4. 1924/25,* S. 177

7573 The Development of the Electric Organ. *In: The Organ. 5. 1925/26,* S. 205. *Zugleich in: 6. 1926/27,* S. 16

7574 Snetzler Organ in Rotherham Parish Church. *In: The Organ. 7. 1927/28,* S. 19

7575 Two Organs from One Console. *In: The Organ. 7. 1927/28,* S. 149

7576 The Sliderless Chest. *In: The Organ. 8. 1928/29,* S. 19

7577 The Organs of Doncaster Parish Church. *In: The Organ. 9. 1929/30,* S. 42

7578 Walter W. Hedgcock and the Crystal Palace Organ. *In: The Organ. 9. 1929/30,* S. 109

7579 Frank Greenwood & Rochdale Town Hall Organ. *In: The Organ. 9. 1929/30,* S. 157

7580 Arthur Pearson and Huddersfield Town Hall Organ. *In: The Organ. 9. 1929/30,* S. 236

7581 Philip Dore and the Organ in the Guildhall, Portsmouth. *In: The Organ. 10. 1930/31,* S. 27

7582 Bernard Johnson and the Organ in Albert Hall, Nottingham. *In: The Organ. 10. 1930/31,* S. 104

7583 Harry Moreton and the Organs in St. Andrew's, Plymouth. *In: The Organ. 10. 1930/31,* S. 166

7584 Reginald Dixon, and the Lancaster Town Hall Organ. *In: The Organ. 11. 1931/32,* S. 46

7585 The Rebuilt Organ in York Minster. *In: The Organ. 11. 1931/32,* S. 65

7586 The Organ in the College of Technology, Manchester. *In: The Organ. 11. 1931/32,* S. 230

7587 Reginald Goss-Custard, and the Organ in St. Michael's Chester Square. *In: The Organ. 12. 1932/33,* S. 38

7588 Buckfast Abbey and its Organs. *In: The Organ. 12. 1932/33,* S. 156

7589 Alfred Hollins and the Organ in St. George's West Church, Edinburgh. *In: The Organ. 12. 1932/33,* S. 223

7590 G. D. Cunningham and the Organ in the Town Hall, Birmingham. *In: The Organ. 13. 1933/34,* S. 37

7591 The Organ in the Colston Hall, Bristol. *In: The Organ. 13. 1933/34,* S. 102

7592 Organ in the M'ewan Hall, Edingburgh. *In: The Organ. 13. 1933/34,* S. 223

7593 Some Notable Windchests. *In: The Organ. 14. 1934/35,* S. 83, 237

7594 The Organs in Carlisle Cathedral. *In: The Organ. 15. 1935/36,* S. 65

7595 The Doncaster Parish Church Organ. *In: The Organ. 15. 1935/36,* S. 147

7596 Organs in Carlisle and Sheffield Cathedrals. *In: The Organ. 15. 1935/36,* S. 249

7597 The Organs in Dunfermline Abbey. *In: The Organ. 16. 1936/37,* S. 24

7598 The Organ in Doncaster Parish Church. *In: The Organ. 16. 1936/37,* S. 63

7599 The Organs in the Town Hall of Hanley and Stoke-on-Trent. *In: The Organ. 16. 1936/37,* S. 112

7600 Rathfarnham School Organ. *In: The Organ. 17. 1937/38,* S. 55

7601 Organ Building in the Grand Style. *In: The Organ. 17. 1937/38,* S. 115

7602 Two Whitby Organs. *In: The Organ. 17. 1937/38,* S. 243

7603 Hereford Cathedral Organ. *In: The Organ. 18. 1938/39,* S. 76

7604 St. Laurence Church, Nuremberg. *In: The Organ. 18. 1938/39,* S. 190

7605 The Organ in Passau Cathedral, Bavaria. *In: The Organ. 19. 1939/40,* S. 9

7606 The Organ in All Souls. *In: The Organ. 20. 1940/41,* S. 73

7607 The Grand Organ in the Salle Pleyel, Paris. *In: The Organ. 20. 1940/41,* S. 171

7608 The Organ in Loxley Congregational Church, near Sheffield. *In: The Organ. 21. 1941/42, S. 71*

7609 Organ in St. Nicholas Church, Whitehaven. *In: The Organ. 21. 1941/42, S. 149*

7610 The Hope-Jones Organ at Ambleside, Parish Church. *In: The Organ. 22. 1942/43, S. 19*

7611 The Organ in St. Jame's Church, Whitehaven. *In: The Organ. 22. 1942/43, S. 102, 191*

7612 The Cux-Put Ventil. *In: The Organ. 23. 1943/44, S. 26*

7613 Buckfast Abbey Organ. *In: The Organ. 23. 1943/44, S. 42*

7614 The Electrical Control of Horizontal Swell Shutters. *In: The Organ. 23. 1943/44, S. 129*

7615 The Organ in the Town Hall, Sydney, Australia. *In: The Organ. 24. 1944/45, S. 83*

7616 The Organ in Holy Trinity Church, Llandudno. *In: The Organ. 24. 1944/45, S. 172*

7617 The Organ in Wallasey Parish Church. *In: The Organ. 25. 1945/46, S. 54*

7618 The Organ in the New Philharmonic Hall, Liverpool. *In: The Organ. 25. 1945/46, S. 163*

7619 Art Concealed. *In: The Organ. 26. 1946/47, S. 68*

7620 The Organ in the Whitworth Hall, Manchester University. *In: The Organ. 26. 1946/47, S. 174*

7621 Organ in the Convention Hall, Atlantic City, New Jersey, U.S.A. *In: The Organ. 27. 1947/48, S. 41, 80, 126, 177*

7622 Whitworth Hall, Manchester. *In: The Organ. 27. 1947/48, S. 94, 144*

7623 "The Modern British Organ" (Book Review). *In: The Organ. 28. 1948/49, S. 42*

7624 Organ in St. Mary's Cathedral, Glasgow. *In: The Organ. 28. 1948/49, S. 97*

7625 The Organ in St. Paul's Cathedral, Southport. *In: The Organ. 29. 1949/50, S. 34*

7626 The Golden Jubilee of a Celebrated Organ. *In: The Organ. 29. 1949/50, S. 49*

7627 The Organ in St. Michael's Church, Chester Square London. *In: The Organ. 30. 1950/51, S. 57*

7628 Lt.-Col-George Dixon, T. D. M. A. *In: The Organ. 31. 1951/52, S. 67*

7629 Edwin H. Lemare. *In: The Organ. 31. 1951/52, S. 158*

7630 The Organ in Wakefield Cathedral. *In: The Organ. 32. 1952/53, S. 173*

Wicke, E.

7631 Elektroorgel. *In: Die Umschau. 40. 1936, S. 948*

Wickham, H.

7632 Sons of Tubal-Cain. *In: Atlantic Monthly. New York. 141. 1927/28, S. 507—515*

Wicks, Mark

7633 Organ building for amateurs. *London 1887*

Widmann, Wilhelm

7634 Orgel oder Registerbazar? *In: Monatshefte für kath. Kirchenmusik. 10. 1928, H. 11, November*

7635 Die Orgel. *München 1922*

7636 Landkirchenorgel. *In: Monatshefte für kath. Kirchenmusik. 13. 1932, S. 236*

7637 Neue Orgeln in Eichstätt. *In: Musica sacra. Köln. 65. 1934, S. 208—210*

7638 Geschichte einer Orgel. *In: Musica sacra. Köln. 66. 1935, S. 114—120*

Widmer, O.

7639 Hausorgelbau in Toggenburg. *In: Anzeiger für Schweiz. Altertumskunde. Zürich. N. F. 39. 1937, S. 135—154*

Widor, Charles Marie

7640 L'orgue moderne; la décadence dans la facture contemporaine. *In: Bulletin de l'Académie des Beaux-Arts. Paris 1928*

7641 Die moderne Orgel und der Verfall im zeitgenössischen Orgelbau. *Göttingen 1931*

Wieber, Adolf

7642 Die neue Orgel in der Aula der Universität zu Halle. *In: Die neue Orgel in der ... Universität Halle-Wittenberg. O. O. 1926*

Wiedemann, F.

7643 Schlesien war führend im Orgelbau. *In: Der Schlesier. Breslauer Nachrichten. Recklinghausen. 3. 1951, Nr. 36, S. 8*

Wiegand, Georg

7644 Drei berühmte Vredener Orgelwerke. *In: Westfälische Nachrichten (Ausgabe Ahaus) vom 18. 4. 1950*

Wiemann, H.

7645 Orgelbau in Zerbst vor 200 Jahren. *In: Unser Anhaltland. Dessau 1902, Nr. 44*

Wienke, Gerhard

7646 Klangtypen der Orgel. *In: Phonoprisma. Kassel. 7. 1964, H. 1, S. 1—5*

Wiese, A.

7647 Ein altes Problem der Orgelbaukunst. *In: Musica sacra. Köln. 66. 1935, S. 240—244*

Wiese, Chr. L. von

7648 Versuch eines formularen und tabellaren Leitfadens in Bezug auf die Quelle des harmonischen Tönungsausflusses, die Stimmungsübertragung etc. der fixen Temperaturstimmung auf die Orgel. *Dresden 1795*

Wigeri Aberson, J.

7649 Nogmaals het kerkorgel van de vroegere Engelsche Kerk te s'Gravenhage (door F. O. Dentz). *In: Nederl. Archief voor Kerkgeschiedenis. s'Gravenhage. N. S. D 1. 30. S. 98*

Wilke, Christian Friedrich Gottlieb

7650 Beschreibung einer in der Kirche zu Perleburg im Jahre 1831 aufgestellten neuen Orgel. *Neuruppin 1832*

7651 Über die Wichtigkeit und Unentbehrlichkeit der Orgel-Mixturen und ihre Eintheilung und Berichtigung einiger über sie öffentlich ausgesprochenen falschen Ansichten. *Berlin 1839*

7652 Beschreibung der St. Catharinen-Kirchen Orgel in der Neustadt Salzwedel. *Berlin 1839*

7653 Offenes Sendschreiben an die Herren Musikd. W. Bach in Berlin, Organist Baake in Halberstadt und Friese in Wismar, betreffend die in der St. Marienkirche zu Wismar neuerbaute Orgel und die Leistungen des Orgelbauers Herrn Schulze in Paulinzell im Orgelbaue. *Hamburg 1845*

7654 Beiträge zur Geschichte der neueren Orgelbaukunst: Abfertigung der Fantasien des Orgelbaumeisters Herrn Friese in Wismar. *Berlin 1846*

Wilkins, William

7655 The Architecture of Vitruvius Pollio. *London 1813*

Williams, B. J. s. Gray,D. W. 2852

Williams, C. F. Abdy

7656 The story of the organ. *London 1903*

7657 Old organ Expressions. *In: Zeitschrift der internationalen Musikgesellschaft. Leipzig 1906, S. 135 bis 137*

7658 Some italian organs. *In: Zeitschrift der internationalen Musikgesellschaft. 1907, S. 387—396*

7659 Old italian Church Organs. *In: The Musical Times. 1914, Nr. 855, 1. Mai*

7660 The Positive. *In: The Organ. 2. 1922/23, S. 51*

Williams, David T.

7661 The ideal Small Organ. *In: Musical Opinion. 72. 1949, S. 681—682*

7662 Two effective Small Organs. *In: Musical Opinion. 77. 1954, S. 361*

7663 The Organ in Christ Church, Claughton, Birkenhead. *In: The Organ. 38. 1958/59, S. 196*

7664 Two Small Hill Organs. *In: The Organ. 27. 1947/48, S. 94*

7665 The Organ in the Royal Albert Hall, London. *In: The Organ. 27. 1947/48, S. 185*

7666 An Interesting Old Hill Organ. *In: The Organ. 31. 1951/52, S. 27*

7667 Organ in St. Stephen's Church, Cardiff Docks. *In: The Organ. 33. 1953/54, S. 46*

7668 Organs in the Netherlands. *In: The Organ. 33. 1953/54, S. 194*

7669 An Economical Organ Scheme. *In: The Organ. 34. 1954/55, S. 166*

7670 The Organ — Its Position. *In: The Organ. 37. 1957/58, S. 211*

7671 The English Classical Organ. *In: The Organ. 38. 1958/59, S. 104*

7672 The Organ in the Italian Church, Hatton Garden, London. *In: The Organ. 39. 1959/60, S. 210*

7673 Straight-Line Choruses. *In: The Organ. 40. 1960/61, S. 111*

7674 Llandaff Cathedral. *In: The Organ. 40. 1960/61, S. 166*

7675 Console Design. *In: The Organ. 40. 1960/61, S. 222*

7676 All Saint's, Cardiff. *In: The Organ. 41. 1961/62, S. 166*

7677 British Organ Tone. *In: The Organ. 41. 1961/62, S. 219*

7678 Organ Tones. *In: The Organ. 42. 1962/63, S. 110*

7679 Vandalism at St. George's, Windsor. *In: The Organ. 46. 1966/67, S. 194*

Williams, G. W.

7680 The Snetzler Organ at St. Michael's Church, Charleston, U. S. A. *In: The Organ. 33. 1953/54, S. 134*

Williams, J. Abdy

7681 Dictionary of Organ Stops. *O. O. u. J.*

Williams, P.

7682 The European Organ 1450—1850. *London 1966*

Williams, Peter F.

7683 Equal Temperament and the English Organ, 1675 to 1825. *In: Acta musicologica. 40. 1968, S. 53—65*

7684 The Organ in the Church of St. John, Wolverhampton. *In: The Organ. 41. 1961/62, S. 8*

7685 The First English Organ Treatise. *In: The Organ. 44. 1964/65, S. 17*

7686 The Organ in Herzogenburg Abbey, Austria. *In: The Organ. 44. 1964/65, S. 181*

7687 The eighteenth-century Organ: a parting of the ways. *In: Proceedings of the Royal Musical Association London. 92. 1965/66, S. 65—78*

7688 The Organs in St. Wenzel, Naumburg, With Some Thoughts on G. Silbermann and J. S. Bach. *In: The Organ. 46. 1966/67, S. 31*

Willis, Henry

7689 The organ, its history and development. *In: Proceedings of the musical association. 73. 1946/47. S. 59—66*

7690 America visited. *In: The Organ. 4. 1924/25, S. 235. Zugleich in: 5. 1925/26, S. 35, 116. Zugleich in: 32. 1952/53, S. 105*

7691 The Organ of Roskilde Cathedral, Denmark. *In: The Organ. 9. 1929/30, S. 144*

7692 The Organ at Trondhjem Cathedral. *In: The Organ. 11. 1931/32, S. 88*

7693 Christ's Hospital, Horsham. *In: The Organ. 12. 1932/33, S. 127*

7694 The Organs at St. Laurence, Nuremberg. *In: The Organ. 18. 1938/39, S. 65*

7695 The Organs at Freiburg Minster. *In: The Organ. 19. 1939/40, S. 65*

7696 The Baroque Revival. *In: The Organ. 22. 1942/43, S. 183*

7697 The Organ in the Duomo, Milan. *In: The Organ. 28. 1948/49, S. 1, 94*

7698 The Organ of Canterbury Cathedral. *In: The Organ. 29. 1949/50, S. 1*

7699 The Organs at St. Paul's Cathedral and Liverpool Cathedral. *In: The Organ. 37. 1957/58, S. 157*

7700 A Correction. *In: The Organ. 41. 1961/62, S. 53*

7701 Farm Street Jesuit Church. *In: The Organ. 41. 1961/62, S. 168*

7702 Walter Henry Goss Custard, M. A. Mus. Doc., Mus. Bac. F. R. C. O. Hon. R. C. M. *In: The Organ. 44. 1964/65, S. 95*

7703 The Organs of Winchester Cathedral. *In: The Organ. 9. 1929/30, S. 1*

Willis, H. s. Freeman, A. 2539

Willis, R.

7704 On the vowel sounds and on reed organ pipes. *Cambridge 1829*

Willms, W. s. Thienhaus, E. 6991

Willner, A.

7705 Glockenorgel. *In: Musikblätter des Anbruch. Jetzt: Anbruch. Wien. 17. 1935, S. 231*

Wilson, A. W.

7706 Parry's Organ Works. *In: The Organ. 3. 1923/24, S. 181*

7707 "A little Organ Book". *In: The Organ. 4. 1924/25, S. 56*

7708 The Organs of Manchester Cathedral. *In: The Organ. 12. 1932/33, S. 1*

7709 Ely Cathedral: the organs and organists. *Ely 1908*

Wilson, H. G.

7710 The Organ in Bakewell Parish Church, Derbshire. *In: The Organ. 37. 1957/58, S. 196*

7711 The Organ in the Parish Church of St. Giles, Pontefact, Yorks. *In: The Organ. 39. 1959/60, S. 73*

7712 The Organ in Stannington Parish Church, Stannington, Sheffield. *In: The Organ. 40. 1960/61, S. 122*

Wilson, R. C.

7713 The Organs of Taverham Hall, Norwich. *In: The Organ. 36. 1956/57, S. 139*

7714 Organ Curiosities. *In: The Organ. 42. 1962/63, S. 55*

Wilson, John

7715 Loosemore, Henry. *In: Musik in Geschichte und Gegenwart. VIII. Kassel 1960. Sp. 1192—1194*

Winckel, Fr.

7716 Elektronische Klänge in der Kirche. *In: Das Musikinstrument und Phono. Frankfurt a. M. 11. 1962, S. 274*

Windle, John

7717 Arranging Stop Controls on Consoles. *In: The Organ. 35. 1955/56, S. 157. Zugleich in: 36. 1956/57, S. 50*

Winfield, P.

7718 Vandalism at St. George's Chapel. *In: The Organ. 46. 1966/67, S. 92*

Winkler, Rudolf

7719 Die Dampforgeln des Mister Denny. *In: Instrumentenbau-Zeitschrift. Konstanz. 10. 1955/56, S. 188*

Winnacker, Friedrich

7720 Die Orgel im Wandel der Zeiten. Gesichtspunkte des heutigen Orgelbaues. *In: Musikhandel. Bonn. 7. 1956, Nr. 3—4, S. 47—48*

Winter, Carl

7721 Das Orgelwerk des Freiburger Münsters. *Freiburg O. J.*

7722 Die große Orgel im Münster zu Freiburg i Br. *Mainz. O. J.*

Winterfeld, Luise von

7723 Der Durchbruch der Reformation in Dortmund. *In: Beiträge zur Geschichte Dortmunds. 34. 1927*

Winternitz, Emanuel

7724 Alcune rappresentazioni di antichi strumenti italiani a tastiera. *In: Collectanea Historiae Musicae. Florenz 1956, S. 465—473*

7725 The Golden harpsichord. *In: The Metropolitan museum of Art. Bulletin. 14. 1956, Nr. 5, S. 149 bis 156*

Wintersgill, H. H.

7726 Applied Extension. *In: The Organ. 15. 1935/36, S. 45, 107, 252. Zugleich in: 16. 1936/37, S. 123*

7727 Organ at All Hallows', Twickenham. *In: The Organ. 22. 1942/43, S. 95*

7728 Blend and Balance. *In: The Organ. 24. 1944/45, S. 36, 140*

7729 Austin Niland — Britten Austen. *In: The Organ. 38. 1958/59, S. 159*

7730 The Groenlo Organ. *In: The Organ. 39. 1959/60, S. 51*

7731 On Voicing. *In: The Organ. 39. 1959/60, S. 156*

Wirén, Ivar

7732 Vaksala kyrkas tre orgelverk. *In: Tidningen Uppsala. 4. 1. 1937*

Wirtgen, Bernhard

7733 Stader Orgelbauanstalten des 18. und 19. Jh. *In: Fs. 125 Jahre Stadtsparkasse Stade 1836—1961. Stade. 1961*

Wismeyer, Heinrich

7734 Umbau und Erweiterung der Orgel in der Wallfahrtskirche Witzighausen bei Ulm. *In: Musik und Altar. Freiburg i. Br. 6. 1953. S. 58—59*

Wismueller, Th.

7735 Gesellenbrief aus dem Jahre 1766 (Johann Georg Bernhard). *In: Walcker-Hausmitteilungen. 34. 1965, S. 18—20*

Wistedt, Sven

7736 Abbé Vogler och svensk orgelbyggnadskonst jämte några nyupptäckta Voglerdokument. *In: Svensk Tidskrift för musikforskning. 14. 1932. S. 28—58*

Wit, P. de

7737 Nieuw Orgel in der parochiekerk van O. L. v. Hemelvaart te Breda. *In: St. Gregoriusblatt. 39. J. (1914). S. 121*

Witeschnik, A.

7738 Gedanken zur Wiener Orgeltagung. *In: Der getreue Eckart. Wien. 17. J. (1940). Beil. S. CXXXI*

Witt, Fr. X.

7739 Üble Gewohnheiten mancher Organisten. *In: Witt, Fr. X. Ausgewählte Aufsätze zur Kirchenmusik. 1934. S. 105—109*

Witt, Klaus

7740 Die Siesebey-Orgel von 1820. Ein richtunggebendes Werk der Apenrader Orgelbauanstalt. *In: Jahrbuch der Heimatgemeinschaft des Kreises Eckernförde e. V. Eckernförde. 15. 1957, S. 251—253*

Wittek, Gerhard

7741 Der Orgelbau von St. Marien. *In: Unser Danzig. Lübeck. 16. 1964, Nr. 8, S. 10*

Wittenberg

7742 Neue Orgel in der Aula der Univ. Halle. *In: Zeitschrift für Kirchenmusiker. Dresden. 8. 1927, S. 128*

Witton-Davies, C. / Boormann, Peter

7743 Thomas Tomkins (1572—1656). *In: The Organ. 35. 1955/56, S. 208*

Woebcken, Carl

7744 Friesische Kirche. *Wilhelmshaven 1923*

Wörsching, Joseph

7745 Deutsche Orgelbaukunst im alten Spanien. *In: Zeitschrift für Instrumentenbau. 47. 1926, S. 215*

7746 Deutscher Orgelrat. *In: Monatshefte für kath. Kirchenmusik. 10. 1928, S. 249—252*

7747 Heutige Bestrebungen im Orgelbau. *In: Kath. Kirchenmusik. Jahrbuch. 2. 1928, S. 85—94*

7748 Barocke Orgelsagen. *In: Die Musik. 20. 1928, S. 421—428*

7749 Faschingsscherz eines Barockorgelbauers. *In: Musica sacra. Köln. 66. 1935, S. 61—64*

7750 Joseph Gabler. *In: Kirchenmusikalisches Jahrbuch. Köln. 24. 1935*

7751 Straßburger Münsterorgel. *In: Musica sacra. 68. 1936, S. 82—85*

7752 Die Straßburger Münsterorgel. *In: Kirchenmusik. 5. 1942, S. 8*

7753 Pflege der Orgel. *In: Musica sacra. Köln. 68. 1937, S. 135—138*

7754 Schwäbische Orgelbauer des 18. J. in Franken. *In: Musica sacra. Köln. 68. 1937, S. 151—158*

7755 Les amis de l'orgue. Zum 10jährigen Bestehen. *In: Musica sacra. 68. 1937, S. 243*

7756 Der künstlerische Orgelprospekt. *In: Christliche Kunst. 33. 1937, S. 97—108*

7757 Idee des pfeifenlosen Orgelprospektes bei Dom Bedos. *In: Musik und Kirche. 9. 1937, S. 134—137*

7758 Alte Orgelpläne für Ottobeuren. *In: Christliche Kunst, ab 1938 Die neue Saat. 1938, S. 209—213*

7759 Orgeln der Pariser Weltausstellung. *In: Musica sacra. 2. 1939, S. 63—66*

7760 Baugeschichte der Ottobeurer Riepporgeln 1754 bis 1766. *In: Zeitschrift für Instrumentenbau. Leipzig. 60. 1940, S. 182—184, 206—208; 61. 1941, S. 2*

7761 Die erneuerte Höp-Orgel in Dischingen. *In: Musik und Kirche. 1. 1940*

7762 Der Orgelbauer Karl Riepp. *Mainz 1940*

7763 Die berühmten Orgelwerke der Abtei Ottobeuren, erbaut 1754—1766. *Mainz 1941*

7764 Die Orgeln der Abteikirche Ottobeuren. *1959*

7765 Die Görlitzer Sonnen-Orgel im Urteil des Jo. Andr. Silbermann. *In: Zeitschrift für Instrumentenbau. 62. 1942, S. 38*

7766 Prager Barockorgeln des 18. Jhdts. *In: Kirchenmusik. 5. 1942, S. 179—184*

7767 Die Compenius Orgel auf Schloß Frederiksborg. *Mainz 1946*

7768 Die Orgelwerke der Kathedrale zu Reims. *Mainz 1946*

7769 Die Orgelwerke des Münsters zu Straßburg. *Mainz 1947*

7770 Orgel und Gegenwart. *In: Musik und Altar. 1. 1948, S. 72—81*

7771 Neue Orgeln: Positivorgel für Mochenwangen. *In: Musik und Altar. Freiburg i. Br. 4. 1949, S. 81*

7772 Neue Orgeln: Domorgel in Köln 1948, erbaut von Johannes Klais, Bonn. *In: Musik und Altar. Freiburg i. Br. 4. 1949, S. 80—81*

7773 Die Kemper-Orgel in der Kirche des evang. Johannes-Stiftes zu Berlin-Spandau. *Mainz 1949*

7774 Die Silbermann-Orgel im Dome zu Freiberg, Sachsen. *Mainz 1949*

7775 Orgel für die Kathedrale zu Arras. *In: Zeitschrift für Kirchenmusik. Köln. 70. 1950, S. 28, 29*

7776 Orgel für St. Michael in Tübingen. *In: Zeitschrift für Kirchenmusik. Köln. 70. 1950, S. 155*

7777 Die Orgel in der Pfarrkirche in Fundres, Bregano op. 645/1949. *In: Zeitschrift für Kirchenmusik. 70. 1950, S. 308*

7778 Glocken und Orgeln. *In: CVO. Zeitschrift für Kirchenmusik. 70. 1950, S. 69—72*

7779 Kapuzinerorgel in Marsa, Malta op. 641/1949. *In: Zeitschrift für Kirchenmusik. 70. 1950, S. 308*

7780 Die Orgel in der Basilica Pontificia di Pompei op. 650/1950. *In: Zeitschrift für Kirchenmusik. 70. 1950, S. 307—308*

7781 Die große Orgel des Pontificio Istituto di Musica Sacra (Rom). *In: Musik und Altar. 3. 1950, S. 94 bis 96*

7782 Die Orgel in S. Eugenio in Rom op. 651/1950. *In: Deutsche Zeitung und Wirtschaftszeitung. Stuttgart. 5. 1950, Nr. 79. S. 3*

7783 Die Orgelwerke der Abteien Maursmünster und Ebersmünster. *Dortmund 1956*

7784 Die Orgel der Zisterzienser-Kirche in Kaisheim. 1778. *In: Atti del congresso di musica sacra. Rom 1950. Tournay 1952, S. 384—385*

7785 Die Orgelbauerfamilie Silbermann in Straßburg im Elsaß. *Lieferung I und II. Mainz. O. J.*

Wörsching, Joseph / Reuter, Cl.

7788 Ursberg-Schwaben, Mutterhaus der St.-Joseph-Kongregation. *In: Zeitschrift für Kirchenmusik. 71. 1951, S. 167*

Wognum, Jacob

7789 Onderrichting (gegen Havingha). *Alkmaar 1727*

Wohler, G.

7790 Orgel als Kunstdenkmal. *In: Deutsche Bauzeitung. 1926, S. 810*

Wohlfarth, H.

7791 Esaias Compenius. *In: Die Schaumburg. Lippische Heimat. Bückeburg. 16. 1964, S. 5—16*

Wohnhaas, Theodor

7792 Matthias Tretscher und die Kaisheimer Orgel. Bemerkungen zum fränkischen Orgelbau im 17. Jh. *In: Jahrbuch für fränkische Landesforschung. Kallmünz. 23. 1963, S. 369—377*

Wohnhaas, Theodor / Mogge, B.

7793 Beiträge zur Geschichte des Orgelbaus in der Oberpfalz. Amberger Orgelbauer im 18. Jahrhundert. *In: Verhandlungen des Histor. Vereins für Oberpfalz und Regensburg. 105. 1965, S. 81—87*

Woldermann, Christian

7794 Succincta musicae sacrae, Veterus & Novi Testamenti, Historia, oder Kurtze Historische Nachricht, Von der Vocal- u. Instrumental-Music der Kirche Gottes, im Alten u. Neuen Testament, Darin 1. Von der Music überhaupt. 2. Von den Kirchen Nebst einer beygefügten Disposition und Bericht, von der alten 1684 erbauten Orgel, wie auch von dem zu Königsberg in der Neumark, 1735 neu verfertigten, und bey Volckreicher Versammlung, solennen Predigt und Music, 1736, den Eingeweiheten Orgel-Werke aufgezeichnet von ... Cantore bey der Kirche und Schule zu Königsberg in der Neumarck. Alten-Stettin

Wolf, Johannes

7795 Zur Geschichte der Orgelmusik im 14. Jahrhundert. *In: Kirchenmusikalisches Jahrbuch. 14. 1899, S. 14*

Wolff, F.

7796 Orgelbau in Oest. *In: Gladbecker Blätter für Orts- und Heimatkunde. Zugleich Heimatblätter für Kirchhellen. Gladbeck. 14. 1929, Nr. 10*

Wolff, H.

7797 Modern organs in German churches. *In: American-German Review. Philadelphia. 24. 1957/58, Nr. 2, S. 20—21*

Wolff, Harald

7798 Neubau eines Positivs. *In: Zeitschrift für Musikwissenschaft. 15. 1932/33, S. 318—320*

Wolff, H. W.

7799 Die Händel-Orgel in der Albert-Hall. *In: Illustrierte Zeitung. Leipzig. 57. 1870, S. 383*

Wolff, J. A.

7800 Geschichte der Stadt Calcar. *Frankfurt a. M. 1893, S. 125 ff.*

Wolffhügel, F.

7801 Karusselstreicher. *In: Zeitschrift für Instrumentenbau. Leipzig. 51. 1931, S. 370*

7802 Gute und schlechte Notenorgel. *In: Zeitschrift für Instrumentenbau. Leipzig. 53. 1933, S. 138*

Wolfram, Joh. Chr.

7803 Anleitung zur Kenntnis, Beurtheilung und Erhaltung der Orgeln. *Gotha 1815*

Wolfram s. Wahn 7314

Wolgast, Johannes

7804 Zwei Orgelakten der St. Nicolaikirche in Flensburg (Vincent Lübeck und Arp Schnitger). *In: Musik und Kirche. 2. 1930, S. 88—92, 136—138*

Wollbrett, Alphonse

7805 L'orgue de Bouquenom et son temps. *Saverne 1962*

Wolleitner, K.

7806 Die Orgel und ihre elektrischen Installationen. *In: Singende Kirche. Wien. 13. 1965, H. 1, S. 13—15*

Wolny, Gregor

7807 Kirchliche Topographie von Mähren. *Wien. 1883*

Woluwe

7808 St. Lambert, Belgien: Orgel in der Blinden- und Taubstummenanstalt. *In: Zeitschrift für Kirchenmusik. Köln. 71. 1951, S. 241—242*

Wood, Edward P.

7809 Notes on an unusual Portable Organ. *In: Musical Opinion. 78. 1955, S. 231—233*

Wood, R. A.

7810 The Organs of Lichtfield Cathedral. *In: The Organ. 12. 1932/33, S. 188*

Woodcock, Edgar H.

7811 The Organ in Lancing College Chapel. *In: The Organ. 17. 1937/38, S. 60*

7812 The late Rev. Andrew Freeman. *In: The Organ. 27. 1947/48, S. 96*

Woodcroft, Bennett

7813 The Pneumatics of Hero of Alexandria from the Original Greek. *London 1851*

Woodruff, W. E.

7814 The organ problem. *Hartford (USA) 1911*

Woods, Norman C.

7815 The Organ at Haileybury College. *In: The Organ. 17. 1937/38, S. 80*

Woolhouse, W. S. B.

7816 A Treatise on Musical Intervals, Temperament etc. *London 1888*

Worsdell, Anthony

7817 Organ in High Wycombe Congregational Church. *In: Musical Opinion. 78. 1955, S. 553—555*

Wrede

7818 Neue Orgel der St. Severinkirche, Köln. *In: Zeitschrift für Instrumentenkunde. 33. 1912, S. 344*

Wright, A. F.

7819 The Organ in Bradfield Church, Essex. *In: The Organ. 28. 1948/49, S. 44*

Wright, Donald E.

7820 The Organ in the Church of St. Philip and St. James, Rock, Northumberland. *In: The Organ. 43. 1963/64, S. 188*

7821 The Organ in the Church of St. Thomas the Martyr, Newcastle-upon-Tyne. *In: The Organ. 44. 1964/65, S. 38*

Wright, Reginald W. M.

7822 Charles Spackman Barker. *In: The Organ. 14. 1934/35, S. 128*

Wünsch, W.

7823 Ein Werk moderner Orgelbaukunst — die Orgel der Barfüßer-Kirche Augsburg. *In: Das Musikinstrument und Phono. Frankfurt/M. 9. 1960, S. 18*

Wulff, Leopold

7824 Kurzgefaßte Geschichte der Tasteninstrumente, I.: die Orgel. *Leipzig und Baden 1898*

Wulff, Otto

7825 Barockorgel in der St. Johannes Pfarrkirche zu Borgentreich. *Borgentreich 1953*

Wulfhorst, Ulrich

7826 Ein Orgelgutachten von Johann Christoph Friedrich Bach. *In: Die Musikforschung. Kassel. 13. 1960, S. 55—57*

7827 Daniel Christoph Vahlkamps Bewerbung um die Küster- und Organistenstelle an der Neustädter Marienkirche zu Bielefeld im Jahre 1750. *In: Die Musikforschung. Kassel. 15. 1962, S. 369—373*

7828 Der westfälische Orgelbauer Johann Patroclus Möller. *Kassel 1967*

Wulz, H.

7829 Die Orgelmacherfamilie Maurer aus Giengen an der Brenz. *In: Der Hellenstein, Heidenheim. 5. 1958, H. 11. S. 13—14*

Wunderle

7830 Orgel des wiedererstandenen Mainzer Domes. *In: Musica sacra. 58. 1929, S. 363*

Wurlitzer

7831 Wurlitzer Unit organs. *Vestal Reprint*

7832 W. Theatre Pipe Organ Fact Book. *Vestal Reprint*

Wykes, L. V.

7833 The Detached Console and other Matters.. *In: The Organ. 10. 1930/31, S. 190*

Wyly, James

7834 The Pre-Romantic Spanish Organ: Its Structure, Literature and Use in Performance. *Kansas City (Missouri) 1964*

Wyser, Ernst R.

7835 Die Orgel in der Großen oder Sint Laurenskerk zu Alkmaar. *In: Musik und Gottesdienst. Zürich. 19. 1965, H. 1, S. 8—17*

Wyton, Alec

7836 St. Matthew's Northampton: Its Organ and its Music. *In: The Organ. 26. 1946/47, S. 170*

Yates, Roger

7837 St. Mary's Church, Nottingham. *In: The Organ. 7. 1937/38, S. 126*

7838 John Snetzler. *In: The Organ. 34. 1954/55, S. 103*

7839 The New Organ at Doetinchem, Holland. *In: The Organ. 34. 1954/55, S. 165*

7840 St. Catherine's, Gloucester. *In: The Organ. 35. 1955/56, S. 205*

7841 Kilkhampton Parish Church. *In: The Organ. 42. 1962/63, S. 164*

Yernaux, Jean

7842 Orgues et organistes du Pays Mosan. *In: Bulletin de la Société des Bibliophiles Liègeois. Tongeren 1937*

Young, F.

7843 Memoirs of a Cathedral. *In: Saturday Review. 111. Bd. S. 297, 329, 361, 389, 421, 453*

Young, Levi Edgar

7844 The Great Mormon Tabernacle with its World-Famed Organ and Choir. *Salt Lake City 1917*

Zachariassen, Sybrand

7845 Neue Einrichtungen im Bau der Schleifwindlade. *In: L'Organo. 1. 1960, S. 103—106*

7846 Aktuelle Orgelbaufragen und Möglichkeiten zu ihrer praktischen Lösung. *In: Musik und Gottesdienst. 7. 1953, Nr. 2, S. 49—57; Nr. 3, S. 82—88. Zugleich in: Musik und Kirche. 33. 1963, H. 3, S. 113*

Zaggl, R.

7847 Geschichte des Orgelbaues in Vorarlberg. *In: Singende Kirche. Wien. 9. 1961/62, S. 79—81*

7848 Die Orgeln Vorarlbergs

Zahn, J. G.

7849 Musterorgel (Nikolaikirche zu Spandau). *In: Musikalisches Wochenblatt. 12. 1881, S. 4*

7850 Fortschritte im Orgel-Bau, 1881. *In: Wissenschaftliche Beilage zur Leipziger Zeitung. 1881, S. 306*

Zahn, Joh.

7851 Handbüchlein für ev. Kantoren und Organisten. *Gütersloh 1883*

7852 Geschichte des Orgelspiels beim Gottesdienst. *In: Siona. Monatsschrift für Liturgie. 18. S. 87, 124*

Zamminer, Friedrich

7853 Die Musik und die musikalischen Instrumente in ihrer Beziehung zu den Gesetzen der Akustik. *Gießen 1855*

Zandt, H.

7854 Joachim Hess, „kunstrijk en beroemd Orgel- en Klokken-Speeler" en zijn broer, der orgelmaker Hendrik Hermanus. *In: Het Orgel. 58. S. 1—14*

Zandt, H. s. Krieg, P. H. 3952

Zanello, G. B.

7855 S. Maria di Trento. *O. O. u. J.*

Zang, Joh. Heinrich

7856 Der vollkommene Orgelmacher, oder Lehre von der Orgel und Windprobe, der Reparatur und Stimmung der Orgel und anderer Instrumente. *Nürnberg 1804*

Zarlino, Gioseffo

7857 Institutioni harmoniche. *1588*

7858 Sopplimento musicale. *Venedig 1588, Bd. 7. Kap. 3*

Zauner, F. S.

7859 Unsere Kirchenorgeln. *In: Singende Kirche. Wien. 7. 1960, S. 81—85*

Zavaisky, Ernest

7860 Die Orgelreform in der Slowakei. *In: Musik und Kirche. Kassel. 29. 1959, S. 140—143*

Zdenko, Skuherský Franz

7861 Varhany, jejich zarizeni a zachování. (Die Orgel und deren Einrichtung und Erhaltung) *Prag 1912*

Zeggert, Gerhard

7862 Die neue Orgel in der St. Christopherikirche zu Breslau. *Breslau 1931*

7863 Die große Orgel in der Jahrhundert-Halle zu Breslau. *In: Zeitschrift für Instrumentenbau. Leipzig. 57. 1937, S. 326—328*

Zehgruber, Kurt

7864 Der Orgelbauer von Altstadten. *In: Die sieben Schwaben. Kempten/Allgäu. 10. 1960, S. 28—30*

Zeiler / Merian

7865 Topographia Saxonia Inferioris. *Frankfurt a. M. 1653*

Zellner, L. A.

7866 Vorträge über Orgelbau. *Wien 1893*

Zenck, H. / Schultz, H.

7867 Museumseröffnung und Orgelweihe in Leipzig. 30. Mai 1929. *In: Zeitschrift für Musikwissenschaft. 1928/29, S. 581—584*

Zentgraf, R.

7868 Feier der Orgelweihe. Anleitungen und Stoffauswahl. *In: Volkskunst. Mönchen-Gladbach. 14. 1928, S. 262—280*

7869 Umbau der Fuldaer Domorgel. *In: Zeitschrift für Instrumentenbau. 54. 1933, S. 368*

7870 Vergrößerung der Fuldaer Domorgel. *In: Musica sacra. Köln. 65. 1934, S. 107*

Zeraschi, Helmut

7871 Die Drehorgel in der Kirche. *In: Musik und Kirche. 32. 1962, H. 4, S. 168—*

7872 Russ. šarmanka (Drehorgel). *In: Zeitschrift für Slawistik. 8. 1963, Nr. 1*

Zetterberg-Törnsom G.

7873 Bidrag till Orgel-spelets historia in Sverige 1780—1880. *In: Svensk tidskrift för musikforskning. Stockholm. 8. 1926, S. 112—130*

Z(ettergren), N. G.

7874 Medeltidsorgeln i Malmö har fått sitt Rückpositiv. *In: Kyrkomusikernas Tidning. 7. 1942, S. 32*

7875 Medeltidsorgeln i Malmö. *In: Kyrkomusikernas Tidning. 5. 1940, S. 73—74*

7876 Europa äldsta orgelverk (Genarpsorgeln). *In: Kyrkomusikernas Tidning. 3. 1938, S. 13*

Zickendraht, H.

7877 Elektronen- u. Pfeifenorgel. *In: Schweizer Musikzeitung. Zürich. 77. 1937, S. 651—655*

Ziebel, Fr.

7878 Geschichtliches über die Silbermann Orgel in Großkmehlen. *In: Die ev. Kirchenmusik der Provinz Sachsen. 3., S. 76—78*

Zillinger, Erwin

7879 Gegen die moderne Orgel. *In: Zeitschrift für Musik. 92. 1925, S. 65—71*

7880 Schutz der alten Orgeln. *In: Denkmalpflege und Heimatschutz. 1925, S. 85*

7881 3. Orgeltagung in Freiberg/Sa. *In: Zeitschrift für Musik. 94. 1927, S. 640*

7882 Die neue Klopstockorgel zu Altona-Ottensen. *In: Monatsschrift für Gottesdienst und kirchliche Kunst. 33. 1928, S. 158—163*

7883 Das wiedererstandene Positiv. *In: Musik und Kirche. 2. 1930, S. 170—171*

7884 Eine Dorfkirchenorgel. *In: Musik und Kirche. 3. 1931, H. 3, S. 147. Zugleich in: 4. 1932, S. 170*

Zimmer, F.

7885 Orgel und Orgelspiel. *In: Siona. Gütersloh. 1876/ 1877, H. 1, S. 145—149; H. 2, S. 22—25, 53—55*

Zimmer, Fr.

7886 Die Orgel. *Quedlinburg 1884*

7887 Die Kirchenorgel und das kirchliche Orgelspiel. *Gotha 1891*

Zimmermann, G.

7888 Die Orgel im Hause. *In: Monatsschrift für Gottesdienst und kirchliche Kunst. Göttingen 1909, S. 199*

Zimmermann, Josef

7889 Die neue Kölner Domorgel. *In: Kölner Domblatt. Jahrbuch des Zentral-Dombau-Vereins. Köln 1949, 2./3. Folge, S. 42—44*

7890 Die Kölner Domorgel. *In: Kölner Domblatt. Jahrbuch des Zentral-Dombau-Vereins. Köln 1963, 21./22. Folge, S. 137—142*

Zimmermann, H. E.

7891 An Old Colonial Organ. *In: The Organ. 27. 1947/48, S. 133*

Zimmermann, Otto Ludwig

7892 Über die Gestaltung von Orgelprospekten. *In: Kunst und Kirche. Darmstadt. 22. 1959, S. 177 bis 183*

Zinck, K. Fr.

7893 Die Orgel der Kunigundenkirche in Rochlitz. *O. O. 1844*

Zinke, G.

7894 Die Orgel in der neuen St. Georgenkirche in Frankfurt/O. *In: Kirchenmusik. 9. 1928, S. 301*

Zipp, H.

7895 Eine Schleifladenorgel. *In: Monatsschrift für Gottesdienst und kirchliche Kunst. Göttingen 1927, S. 292*

Zipser, M.

7896 Wesen der Orgel. *In: Der getreue Eckart. Wien. 13. 1936, S. 267—270*

Zirnbauer, Heinz

7897 Organum profanum. Ikonographische Notizen zur Geschichte der Kleinorgel. *In: Zeitschrift für Musik. Regensburg. 115. 1954, S. 195—200*

Zöllner, K. H.

7898 Elementarschule des Orgelspiels oder das Wissenswürdigste über Struktur und Behandlung der Orgel. *Hamburg o. J.*

Zöllner, W.

7899 Begegnung in Frankreich mit einer Orgel von Cavaillé-Coll. *In: Kirchenchor. 1941, S. 2*

Zoellner, Wolfgang

7900 Die Barockorgel der „Kappel". *In: Kulturwarte Nordoberfränkische Monatsschrift für Kunst und Kultur. Hof. 2. 1956/57, H. 3, S. 79—80*

7901 Eine unbekannte Barockorgel in der Oberpfalz (Kappel). *In: Musik und Kirche. Kassel. 27. 1957, S. 139—140*

Zschaler, G.

7902 Gottfried Silbermann. *Dresden 1858*

Zschommber

7903 Berühmte Vogtländer

Zucchini, G.

7904 Di un organo settecentesco. *In: L'Archiginnasio. Bologna 1954—55, S. 234—235*

Zülch, W. K.

7905 Friedberger Orgel von 1421 und Dietrich Kraft, ihr Schöpfer. *In: Friedberger Geschichtsblätter. 9. 1929, H. 8, S. 126*

Zwaanswijk, P.

7906 Church Organs — A Tradition in the Netherlands. *In: The Organ. 46. 1966/67, S. 106*

Zwart, Jan

7907 De resonatie van het orgel. *In: Het Orgel. 57. 1961, S. 152—156*

7908 Van een deftig orgel. *Maaslius 1932*

Zybill, Herm.

7909 Die deutsche Orgelbewegung. *Phil. Diss. Kassel 1949*

Anonyma

Orte und Landschaften

7910 Neue Orgel in A a c h e n. *In: Zeitschrift für Instrumentenbau. 61. 1941, S. 74—76*

7911 Altbayerische Orgeln. *In: Zeitschrift für Musik. 114. 1953, S. 691—693*

7912 A m e r i k a n i s c h e Orgeln, ihre Beschaffenheit und ihre Herstellung. *In: Illustrierte Zeitung. Leipzig. 65, S. 323*

7913 Bénédiction et inauguration des grandes orgues de Saint-Remi d' A m i e n s, le 11 février 1900. *Amiens, 1923*

7914 Neue Orgeln: A p p e t s h o f e n, Pfarrkirche St. Jakob. *In: Zeitschrift für Kirchenmusik. Köln. 73, 1953, S. 282*

7915 Größte Orgel der Welt (für A t l a n t i c City). *In: Monatshefte für kath. Kirchenmusik 11. 1929, S. 225—230*

7916 Orgelweihe in der Kirche A s s a u n e n. *Gerdauen 1887*

7917 Die Orgel in der Kirche zu den Barfüßern in A u g s b u r g, Meisterwerk von J. A. Stein mit Biographie desselben. *In: Zeitschrift für Instrumentenbau. 1902, S. 133—137, 163—167, 187—193*

7918 Die Orgel in der Barfüßerkirche zu A u g s b u r g. *In: Augsburger Abendzeitung. Beiblatt: Der Sammler. 1903, Nr. 2*

7919 Die Orgel in der Barfüßerkirche zu A u g s b u r g. *In: Zeitschrift für Instrumentenbau. 50. 1930, S. 701*

7920 Inauguration du grand orgue de l'église Saint-Vincent de B a g n è r e s - d e - B i g o r r e. 30 avril 1924

7921 Organ Recital at B a l r u d d e r y. *o. O. 1894*

7922 Neue Orgel in St. Heinrich zu B a m b e r g. *In: Musik und Altar. Freiburg i. Br. 4. 1951/52, S. 133*

7923 Geschichte der B a r m s t e d t e r Orgel. *In: Barmstedter Zeitung. 25. Okt. 1935*

7924 Die Orgel im B a s l e r Münster. *Basel 1956*

7925 Neue Orgel im Münster zu B a s e l. *In: Instrumentenbau-Zeitschrift. 10. 1956, S. 350*

7926 Pièces relatives à l'orgue de B a y o n n e. *In: Revue des Sociétés savantes. 5. 1. 1900*

7927 Interessantes orgelgeschichtliches Dokument (Aufgefunden beim Umbau der alten Kirchenorgel zu B e n k in Bayreuth). *In: Zeitschrift für Instrumentenbau. 36. 1915, S. 18*

7928 Die Orgel im neuen Dom B e r l i n. *In: Zeitschrift für Instrumentenbau. 25. 1905, S. 508*

7929 Die neue B e r l i n e r Domorgel: *In: Tägliche Rundschau. Beilage. Leipzig 1905, Nr. 47*

7930 Die Orgel des neuen Domes zu B e r l i n. *In: Welt der Technik. Berlin 1905, S. 168*

7931 Konzertorgel des neuen Blüthner-Saales B e r l i n. *In: Zeitschrift für Instrumentenbau. 27. 1907, S. 229*

7932 Orgel der Liebfrauenkirche B e r l i n. *In: Zeitschrift für Instrumentenbau. 35. 1915. S. 161*

7933 Orgelumbau in der St.-Thomas-Kirche in B e r l i n. *In: Zeitschrift für Instrumentenbau. 53. 1932, S. 10—12*

7934 Elektro-akustische Orgel in B e r l i n. *In: Rundschau für technische Arbeit. 16. 1936, Nr. 35, S. 3*

7935 Die älteste Orgel B e r l i n s. *In: Das Notenpult. Berlin. 1950, Nr. 7, S. 322*

7936 Neue Bühnenorgel in B e r l i n (Städtische Oper). *In: Musik und Kirche. 21. 1951, S. 159—160.*

7937 Neue Orgeln in B e r l i n. *In: Instrumentenbau-Zeitschrift. 10. 1955/56, S. 231—235*

7938 Neue Orgeln in B e r l i n. *In: Instrumentenbau-Zeitschrift. 13. 1958/59, S. 57—60*

7939 Orgel in der St.-Jacobi-Kirche, B e r l i n. *In: Der Kirchenmusiker. 12. 1961, S. 154—156*

7940 Die Orgel der B e r l i n e r Philharmonie (Ein Meisterwerk der Berliner Orgelbauwerkstatt Schuke). *In: Das Musikinstrument und Phono. 15. 1966, H. 2, S. 239—244*

7941 Orgel in der B e r l i n e r Philharmonie. *In: Der Kirchenmusiker. 17. 1966, S. 19—20*

7942 Orgel in der B e r l i n e r Garnisonkirche. *In: Allgemeine Musikzeitung. 19, S. 321*

7943 Neue Orgel in B e r l i n - Lichterfelde: St.-Annenkirche. *In: Zeitschrift für Kirchenmusik. 72. 1952, S. 64*

7944 Neue Orgel in der St.-Nikolai-Kirche B e r l i n - Spandau. *In: Instrumentenbau-Zeitschrift. 11. 1956/57, S. 28—29*

7945 Aus der B e u r o n e r Orgelchronik. *In: Das hundertste Jahr. Zur Hundertjahrfeier der Benediktiner in Beuron vor 1963. Zusammengestellt von Coelestin Merkle. Beuron 1962, S. 55—60*

7946 Die Orgel der Neustädter Kirche, auch Garnisonkirche in B i e l e f e l d. *Bielefeld 1904*

7947 Neue Orgel B i r n a u. *In: Instrumentenbau-Zeitschrift. 5. 1951, S. 61—62*

7948 Neue Konzertorgel in B o c h o l t. *In: Zeitschrift für Instrumentenbau. 50. 1929, S. 81*

7949 Neue Orgel am B o d e n s e e. *In: Instrumentenbau-Zeitschrift. 5. 1951, S. 61—62*

7950 Stato e qualità degli organi de S. Petronio di Bologna. Ms. del sec. XVII in Archivio di S. Petronio. *Armadio. V. No 252*

7951 Inauguration et bénédiction de l'orgue de Bône. *30 décembre 1863. Discours prononcé par M. L. G. Pavy. Bône*

7952 Festschrift zur Orgelweihe in der St.-Johannes-Pfarrkirche zu Borgentreich/Westf. *Borgentreich 1953*

7953 Von Borna in den Vatikan. Die Firma O. Lindholm verschafft dem sächsischen Borna Weltklang. *In: Die private Wirtschaft. Organ der Industrie- und Handelskammer der DDR. 8. 1962, H. 3, S. 23—25*

7954 The great Organ in the *Boston* Musik Hall. *Boston 1866*

7955 Devis des orgues de Bourges (1663). *In: Bulletin archéologique du Comité d'histoire des Arts et Monuments. 4. 1847/1848*

7956 Inauguration du grand orgue de la Primatiale de Bourges, 25 octobre 1925. *Programme, Historique, Composition*

7957 Renovierung der Barockorgel in Brackenheim, Nord-Württemberg. *In: Musik und Kirche. 22. 1952, S. 272*

7958 Bregenzer Pfarrkirchenorgel und ihr Erbauer Joseph Gabler. *In: Zeitschrift für Instrumentenbau. 52. 1932, S. 204*

7959 Neue Orgel in der Heldendankkirche zu Bregenz-Vorkloster. *In: Zeitschrift für Instrumentenbau. 52. 1932, S. 321—323*

7960 Orgel in der neuen Hohentorskirche zu Bremen. *In: Zeitschrift für Instrumentenbau. 52. 1932, S. 368*

7961 Interessanter Neubau einer Theaterorgel in Bremen. *In: Instrumentenbau-Zeitschrift. 5. 1951, S. 47*

7962 Riesenorgel zu Breslau. *In: Zeitschrift für Instrumentenbau. 34. 1913, S. 87*

7963 Konzertorgel in der neuen Aula der Technischen Hochschule zu Breslau. *In: Zeitschrift für Instrumentenbau. 51. 1930, S. 284*

7964 Größte deutsche Schleifladenorgel zu St. Elisabeth in Breslau. *In: Zeitschrift für Instrumentenbau. 61. 1941, S. 134*

7965 Disposition der größten Orgel Europas in der Jahrhunderthalle in Breslau. *In: Zeitschrift für Instrumentenbau. 62. 1942, S. 25—27*

7966 Disposition der neuen Rundfunkorgel in Breslau. *In: Zeitschrift für Instrumentenbau. 63. 1943, S. 57*

7967 Die Orgel in der St. Nicolaikirche in Brieg. *In: Zeitschrift für Instrumentenbau. 51. 1931, S. 289*

7968 L'Orgue de La Brigue (Alpes-Maritimes). *In: L'Orgue. Paris Nr. 84. 1957, Oktober—Dezember*

7969 Principal organs in Britain. *In: Hinrichsen's musical yearbook. 2/3. 1945/46, S. 255—265.*

7970 Brief Specifications of the Principal Organs in the British Isles. Organ Builders, whose Instruments are represented in this work. *In Dictionary of Organs and Organists. 1. London 1912, S. 111—235*

7971 Brief Particulars of the Principal Organs in the British Isles. Together with a selection of Foreign and Colonial Organs the work of British Organ Builders. *In: Dictionary of Organs and Organists. 2. London 1921, S. 139—294*

7972 The new organ for the Brooklyn Tabernacle. *New York 1890*

7973 Orgel in der Domkirche St. Peter und Paul Brünn. *In: Gregorianische Rundschau. 1910, S. 11*

7974 Rapport addressé à Monsieur le Ministre de l'Intérieur sur le grand orgue construit pour le Conservatoire de Musique dans le Palais de la Rue Ducale (Brüssel). *Brüssel 1867*

7975 Orgel der St. Laurentiuskirche zu Bünde, Westf. *In: Musik und Kirche. 23. 1953, S. 272*

7976 Neue Orgel in der St. Urbanuskirche in Buer i. W. *In: Zeitschrift für Instrumentenbau. 36. 1915, S. 1*

7977 Die Burbacher Kirchenorgel. *In: Unser Heimatland. Siegen 1955*

7978 400 Jahre Evangelische Kirchengemeinde Burg an der Wupper. *1553—1953, S. 138 ff.*

7979 The C. M. J. Special Issue: Organs and organ Playing in Canada. *In: Canadian Music Journal. Spring 1959*

7980 Le pitture di Vittore Carpaccio per l'organo del Duomo di Capodistria. *In: Il Piccolo della Sera. Trieste 15. 9. 1932*

7981 Note sur l'orgue de la cathédrale de Carcassonne. *In: Bulletin paroissial de Saint-Michel de Carcassonne, décembre 1922.*

7982 Chester Cathedral. Re-Opening of the organ 1910. *Chester 1910*

7983 Christiansborg-Orglet og dets forgaengere i 400 aar. *1956*

7984 Descrizione dell'organo nuovo della cattedrale di Como, fabbricato l'anno 1650 da Guglielmo Herman. *Como um 1650*

7985 Orgel der Pfarrkirche St. Rochus, Dalheim-Rödgen. *In: Zeitschrift für Kirchenmusik. 70. 1950, S. 282*

7986 Die neue Orgel in der Petruskirche Darmstadt. *In: Siona. 1909, S. 153*

7987 Orgel der Akademie für Tonkunst in Darmstadt. *In: Musik und Kirche. 24. 1954, S. 192*

7988 Neue Orgel in der Martin-Luther-Kirche Detmold. *In: Musik und Kirche. 24. 1954, S. 240*

7989 Neue Orgel. Orgelkollaudation im Kloster Disentis. *In: Der Chorwächter. 81. 1956, S. 110 bis 112*

7990 Neue Orgel in der Bonifatius-Kirche Dortmund. *In: Zeitschrift für Instrumentenbau. 37. 1916, S. 375*

7991 Beschreibung der Orgel in der Sophienkirche zu Dresden 1720. *In: Sächsische Landesbibliothek Dresden*

7992 Die Orgel in der kath. Hofkirche in Dresden, G. Silbermann's letztes und größtes Werk. In: Zeitschrift für Instrumentenbau. 26. 1906, Nr. 16

7993 Orgel i Drottningsholms slottskapell. In: Kyrkosångsförbundet. 17. 1942, S. 96—98

7994 Die große Orgel in Duderstadt von Johann Kreutzburg. In: Unser Eichsfeld. 29. 1934, S. 266

7995 Orgeln auf der Musikmesse Düsseldorf 1953. In: Zeitschrift für Kirchenmusik. 73. 1953, S. 257 bis 258

7996 Durham Cathedral: Reopening of Organ, July 1905. o. O. o. J.

7997 Edegem, Liebfrauenkirche: Orgel. In: Zeitschrift für Kirchenmusik. 71. 1951, S. 242

7998 Die Orgel der Stiftskirche zu Einsiedeln. In: Zeitschrift für Instrumentenbau. 55. 1934, S. 6—8

7999 Expertenbericht über die bedeutendste Kirchen-Orgel der Welt in der Stiftskirche zu Einsiedeln / Schweiz. Stuttgart 1897

8000 Die neue Orgel in der Alten Reformierten Kirche in Elberfeld. In: Zeitschrift für Instrumentenbau. 56. 1936, S. 239—241

8001 Die neue Orgel in der St. Nikolaikirche in Elbing. In: Kirchenmusik 8/9. 1927, S. 74

8002 Orgelbau in England und Frankreich. In: Zeitschrift für Kirchenmusiker. 12. 1930, S. 20

8003 Orgel der Kaufmannskirche Erfurt. In: Zeitschrift für Instrumentenbau. 31. 1911, S. 856

8004 Die Orgel in der Neustädter Kirche zu Erlangen. o. O. 1919

8005 Saalbau in Essen. Neue Orgel. In: Zeitschrift für Kirchenmusik. 71. 1951, S. 278—280

8006 Orgel der Stadtkirche Esslingen/Neckar. In: Musik und Kirche. 22. 1952, S. 47—48

8007 Exeter Cathedral Organ. Description of the Instrument. o. O. 1891

8008 L'église et l'orgue de Fay-aux-Loges, Angers 1962

8009 Les orgues de l'abbaye de Montivilliers à la Sainte-Trinité de Fécamp. In: Bulletin de la Commission des antiquités de la Seine-Inférieure. 3. 1873 bis 1875

8010 Cenni cronistorici intorno agli organi e organisti della Cattedrale di Feltre. Feltre 1943

8011 Die Orgel in der St. Marienkirche zu Flensburg. In: Zeitschrift für Instrumentenbau. 49. 1928, S. 35

8012 Relazioni sull'organo dell'insigne Collegiata di Fojano. Cortona 1857.

8013 Söderköpingsmästare byggde 1700-talsorgeln i Folkström. In: Östergötlands Dagblad. 18. 9. 1953

8014 Neue Orgel in der St. Nikolaikirche zu Forst (Lausitz). In: Monatsschrift für Gottesdienst und kirchliche Kunst. 1921, S. 129

8015 Orgel in der Westend-Synagoge zu Frankfurt am Main. In: Zeitschrift für Instrumentenbau. 31. 1911, S. 583

8016 Chororgel im Dom zu Frankfurt a. M. In: Musik und Altar. 4. 1951/52, S. 172

8017 Les monuments historiques au service des orgues de France. Noyent-le-Rotrou 1962

8018 L'organo della Basilica di S. Maria Gloriosa dei Frari. Numero unico per l'inaugurazione dell'organo dei Frari. Venedig 1928

8019 Einige Discurse zweier Orgel-Freunde, welche bei Gelegenheit des von Herrn Gottfried Silbermann ... am 1. Advent dieses 1742 sten Jahres zu Fraureuth im Voigtlande verfertigten schönen Orgelwerkes geführt worden ... Greitz 1742

8020 Eine 300jährige Orgel in Frederiksborg. In: Siona. Monatsschrift für Liturgie und Kirchenmusik. 1898, S. 25—26

8021 Die Praetoriusorgel des Musikwissenschaftlichen Institutes der Universität Freiburg i. B. Um 1922, S. 23

8022 Neue große Orgel im Münster zu Freiburg i. B. In: Zeitschrift für Instrumentenbau. 50. 1929, S. 5 bis 7

8023 Jahrhundert-Feier der Freiburger Orgel (Freiburg in der Schweiz). In: Illustrazione Vaticana. Rom 1934, S. 349

8024 Orgel in der neuerbauten Friedenskirche zu Freiburg i. Br. 1951. In: Musik und Kirche. 22. 1952, S. 271—272

8025 Orgel in der neu erbauten Lutherkirche zu Freiburg i. Br. In: Musik und Kirche. 23. 1953, S. 224

8026 Freiburg. Neue „Praetorius-Orgel" eingeweiht. In: Instrumentenbau-Zeitschrift. 10. 1955/56, S. 94—96

8027 Description of the Organ of Monsieur Ducroquet in the French Department of the Universal Exhibition of 1851. London 1851

8028 Neue Orgeln: Evangel. Stadtkirche Freudenstadt. In Musik und Kirche 22. 1952, S. 271 bis 272

8029 Von der letzten Orgel in der Ev.-luth. Pfarrkirche (St. Georgskirche) auf der kaiserlichen Burg Friedberg, Wetterau, In: Friedberger Geschichtsblätter. 11. 1937, S. 116

8030 Die neue Orgel in der Marienkirche zu Gebweiler. In: Caecilia. Straßburg 1909, S. 6

8031 Per l'inaugurazione del quadruplice organo elettrico nella Basilica Abbaziale di S. Maria Immacolata Genova 16—17 Maggio 1928. o. O. o. J.

8032 The German Organ until the time of Bach. In: Hinrichsen's musical yearbook. London. 8. 1956, S. 31—47

8033 Neue Orgel der ev. Stadtkirche Giengen an der Brenz. In: Zeitschrift für Instrumentenbau. 27. 1907, S. 898

8034 Sur les orgues de Gisors. In: La Tribune de Saint-Gervais. 1901, octobre 1922

8035 Die Gladbacher Münsterorgel. In: Zeitschrift für Kirchenmusik. 75. 1955, S. 234—235

8036 Neue Orgel in der Kirche zu Gößweinstein. In: Zeitschrift für Instrumentenbau. 59. 1939, S. 105

8037 Die neue Orgel in der Kirche zu Gößweinstein. In: Deutsche Instrumentenbau-Zeitung. 40. 1939, S. 46

8038 Gutachten über die neue Orgel der St. Johanniskirche zu Göttingen. o. O. 1897.

8039 Die neue Orgel in der St. Marienkirche zu Göttingen. Kassel 1931

8040 Beschrijving van het grot en uitmuntend orgel in de St. Janskerk te Gouda. Gouda 1764

8041 Neue große Orgel in der Hof- und Domkirche in Graz. In: Gregorianische Rundschau. 1909, S. 89

8042 Gründliche Beschreibung des Orgelwerks in Grüningen. Halberstadt 1680

8043 Gründliche Beschreibung der Wunder-schönen Kirchen und kunstbahren Orgelwercks wie auch des großen Fasses auff dem Churfürstl. Brandenburgischen Residentz-Hause Grüningen. Halberstadt 1700

8044 L'orgue de Guimiliau. In: Revue des Maîtrises, janvier 1926

8045 Orgel der St. Bavo-Kirche in Haarlem. In: Zeitschrift für Instrumentenbau. 1902, S. 59

8046 Einweihung der Barockorgel in der Universitätsaula Halle/S. In: Zeitschrift für Musik. 94. 1926, S. 36

8047 Die neue Orgel in der Aula der Vereinigten Friedrichsuniversität Halle-Wittenberg. o. O. u. J.

8048 Große Konzertorgel der neuen Musikhalle, Hamburg. In: Zeitschrift für Instrumentenbau. 28. 1908, S. 1165

8049 Festschrift zur Einweihung der neuerstandenen Großen St. Michaelis-Kirche. Hamburg 1912.

8050 Die große St. Michaeliskirche in Hamburg nach ihrer Wiederherstellung 1912. Hamburg 1927

8051 Orgel der St. Thomas-Kirche in Hamburg. In: Zeitschrift für Instrumentenbau. 50. 1930, S. 766 bis 768

8052 Orgel im Kirchsaal der Ev. Reform. Gemeinde in Hamburg. In: Musik und Kirche. 22. 1952, S. 272

8053 Die Arp-Schnitger-Orgel der Hauptkirche St. Jacobi Hamburg. In: Fs. aus Anlaß der Wiederweihe am Sonntag, d. 29. Jan. 1961. o. O. o. J.

8054 Erneuerung einer Orgel in Hamburg-Alsterdorf. In: Musik und Kirche. 23. 1953, S. 223—224

8055 Große Konzertorgel in der Stadthalle Hannover. In: Zeitschrift für Instrumentenbau. 37. 1916, S. 81

8056 Die Orgel in der Stadthalle zu Hannover. o. O. o. J.

8057 Neue Orgel in der St. Petri-Kirche Hannover-Döhren. In: Musik und Kirche. 24. 1954, S. 288

8058 Neue Orgel Harburg, Dreifaltigkeitskirche. In: Musik und Kirche. 1. 1929, S. 95. Zugleich in: Zeitschrift für Instrumentenbau. 49. 1929, S. 635

8059 Instandsetzung der Reubke-Orgel in Hausneudorf. In: Zeitschrift für Instrumentenbau. 61. 1941, S. 199

8060 Die Domorgel zu Havelberg. In: Zeitschrift für Instrumentenbau. 61. 1941, S. 137

8061 Orgel zu Heiden, Kreis Borken Westf., St. Georg. In: Zeitschrift für Kirchenmusik. 74. 1954, S. 213

8062 Orgelumbau in Heiligenhafen, Holstein. In: Musik und Kirche. 24. 1954, S. 288

8063 Heinrich-Schütz-Orgel im Herforder Münster. In: Musik und Kirche. 24. 1954, S. 96

8064 Orgel für die St.-Bonifatius-Kirche Herne. In: Zeitschrift für Kirchenmusik. 70. 1950, S. 58, 59

8065 Orgel der kath. Pfarrkirche zu Herrschbach. In: Zeitschrift für Instrumentenbau. 35. 1915, S. 328

8066 Het orgel van de St. Jan (s'Hertogenbosch). In: Zingende Kerk. 4. 1953, S. 118—119

8067 Orgel in de Kath. Basiliek van St. Jan s'Hertogenbosch. s'Hertogenbosch 1953

8068 Neue Orgel in der Kirche zu Hessental bei Schwäbisch Hall. In: Musik und Kirche. 24. 1954, S. 48

8069 Hildesheimer Dom erhielt neue Orgel. In: Instrumentenbau-Zeitschrift. 14. 1959/60, S. 282, 284

8070 Die neue Hildesheimer Domorgel. In: Das Musikinstrument und Phono. 9. 1960, S. 424

8071 Die Orgel der Zisterzienser-Abteikirche in Himmerod. In: Ars Organi. 12. 1964, H. 23, S. 654 bis 655

8072 Hinckley Parish Church: Dedication of New Organ, together with History of the Church and Organ. o. O. o. J.

8073 Orgelbau in Holland. In: Zeitschrift für Kirchenmusik. 72. 1952, S. 109—110

8074 The organ in the Second Congregrational Church Holyoke-Massachussets. o. O. 1910

8075 Souvenir of the Opening of the Organ in the City Hall. Hull 1911

8076 St. Clement's, Ilford. In: The Organ. 11. 1931/ 1932, S. 255

8077 The Story behind the Indiana University organ. o. O. o. J.

8078 Fs. anläßlich der Bauvollendung der neuen Orgel der Stadtpfarrkirche Innsbruck. Innsbruck 1931

8079 Konzertorgel im Stadtsaal zu Innsbruck 1955. Fs. Innsbruck 1956

8080 Neue Orgeln: Jülich, Propsteikirche. In: Zeitschrift für Kirchenmusik. 73. 1953, S. 282—283

8081 Orgel in der St. Nikolaikirche zu Jüterbog. In: Zeitschrift für Instrumentenbau. 29. 1908, S. 219

8082 Orgel im neuen Konzerthaus Karlsruhe. In: Zeitschrift für Instrumentenbau. 36. 1916, S. 272

8083 Die neue Orgel in der Stadthalle Kassel. o. O. o. J.

8084 Orgel in der Paulskirche zu Kirchheimbolanden. In: Der Kirchenmusiker. 11. 1960, S. 68—69

8085 Neue Orgel in der Pfarrkirche St. Wendelin zu Kirmutscheid, Adenau. In: Musik und Altar. 3. 1950/51, S. 134

8086 Die neue Orgel in der Pfarrkirche zu K l o d n i t z O. S. *In: Zeitschrift für Instrumentenbau. 57. 1937, S. 177*

8087 Die Spieltischanlage der neuen Orgel in der St. Agneskirche K ö l n. *In: Zeitschrift für Instrumentenbau. 26. 1906, Nr. 33*

8088 Die neue große Orgel in St. Maria im Kapitol in K ö l n. *In: Zeitschrift für Instrumentenbau. 30. 1910, S. 413*

8089 Die neue Festsaalorgel der Musikhochschule zu K ö l n. *In: Zeitschrift für Instrumentenbau. 58. 1938, S. 68—70*

8090 Neue Orgeln: K ö l n, St. Maria im Capitol. *In: Zeitschrift für Kirchenmusik. 73. 1953, S. 258 bis 260*

8091 Internationale Orgelbild-Ausstellung in K ö l n. *In: CVO. Zeitschrift für Kirchenmusik. 75. 1955, S. 278—279*

8092 Die Orgel der Neuroßgärter Kirche zu K ö n i g s b e r g in Pr. *Kassel 1934*

8093 Die neue Orgel in der Dom- und Kathedralkirche zu K ö n i g s b e r g i. Pr., *o. O. o. J.*

8094 Orgel der St. Jakobus-Kirche zu K o p e n h a g e n. *In: Musik und Kirche. 24. 1954, S. 192*

8095 Umbau der Orgel der Luther-Kirche in K r e f e l d. 1954. *In: Musik und Kirche. 24. 1954, S. 144*

8096 Die neue Orgel in der Stiftskirche zu K r e m s m ü n s t e r. *In: Neue Wiener Musikzeitung. 7. 1858*

8097 Orgelweihe in K u f s t e i n. *In: Tiroler Heimatblätter. 9. 1931, S. 208—211*

8098 Heldendenkmal des Deutschen Volkes auf Burg Geroldseck in K u f s t e i n (Tirol). *In: Zeitschrift für Instrumentenbau. 52. 1932, S. 194*

8099 Die Heldenorgel von K u f s t e i n. *In: Musica divina. 23. 1935, S. 172—174*

8100 Les Orgues de la Cathédrale de L a u s a n n e. *o. O. 1904*

8101 Société des concerts de la cathédrale L a u s a n n e. Cathédrale de Lausanne, remise solennelle des neuves orgues (1955). *Lausanne 1955*

8102 Neue Orgel in der kath. Pfarrkirche zu L a u t l i n g e n (Württ.). *In: Zeitschrift für Instrumentenbau. 49. 1929, S. 673*

8103 Description of the Organ in the Town Hall, L e e d s, built by Gray & Davison. *London 1870*

8104 L e e d s Parish Church: History of the Organ from the year 1714 to 1899, after being rebuilt by Abbott & Smith. *o. O. o. J.*

8105 Orgeln, L e i p z i g, Instrumentenmuseum, 2 Hausorgeln. *In: Musik und Kirche. 1. 1929, S. 287*

8106 Die Karl-Straube-Orgel des musikwissenschaftlichen Institutes und Instrumentenmuseums der Universität L e i p z i g. . . . *Hannover—Berlin—Leipzig 1930*

8107 Karl-Straube-Orgel des Musikwissenschaftlichen Institutes der Universität L e i p z i g. *In: Der Kirchenchor. 41. 1930, S. 18*

8108 Neue Orgel der Johanniskirche zu L e i p z i g. *In: Zeitschrift für Instrumentenbau. 53. 1932, S. 36*

8109 Orgel der Liebfrauen-Pfarre L e i p z i g. *In: Zeitschrift für Kirchenmusik. 70. 1950, S. 282*

8110 Eine neue Schleifladenorgel in der Hochschule für Musik L e i p z i g. *In: Musik und Kirche. 23. 1953, S. 80, 127—128*

8111 Orgel im Dom zu L e i t m e r i t z, Böhmen. *In: Zeitschrift für Instrumentenbau. 1915, S. 194*

8112 Die Heldenorgel in der Kirche St. Marien zu L e m g o. *o. O. 1933*

8113 Heldenorgel in der Kirche St. Marien zu L e m g o. *In: Zeitschrift für Instrumentenbau. 54. 1934, S. 133—136*

8114 Auferstehung einer Orgel. St. Marien zu L e m g o. *In: Musica. 5. 1951, H. 7/8, S. 330*

8115 Les orgues de Saint-Pierre de L i l l e. *In: Société d'études de la province de Cambrai. 2. 1900/1901*

8116 Zur Geschichte der Stadtpfarr-Orgel in L i n z. *In: Oberösterreichische Tageszeitung. Linz. 1925, Nr. 248*

8117 Specification of New Organ in the L i v e r p o o l Cathedral, now in course of Construction by Henry Willis & Sons. *o. O. 1913*

8118 Specification of the organ in the L i v e r p o o l Cathedral now in course of construction. *In: Musical Times, Januar 1913*

8119 Le nouvel orgue de L i v e r p o o l. *In: La Tribune de Saint-Gervais, Paris, 19, 6*

8120 The Organ in W e s t m i n s t e r Abbey as rebuilt 1884. *London 1884*

8121 The Royal Albert Hall Organ. *In: The Organ. 6. 1926/27, S. 191*

8122 The Organ for the Royal Festival Hall, L o n d o n. *In: The Organ. 30. 1950/51, S. 161*

8123 The Royal Festival Hall Organ. A Symposion by Lawrence Swinyard, W. L. Sumner, Walter Armery, Cecil Clutton, Gilbert Benham, B. B. Edmonds, Susi Jeans. *o. O. 1954*

8124 Royal Festival Hall organ (L o n d o n). *In: Builder. 186. 1954, N. 5796, S. 500*

8125 Description of the organ in the lecture hall of the Royal College of organists (L o n d o n). *o. O. o. J.*

8126 Abridged History of the Organ in the Temple Church, L o n d o n, built by Father Smith 1683/84, enlarged successively by Bishop, Robson and Schulze, and completed by Forster and Andrews. *Hull 1882*

8127 Two Hundredth Anniversary of the Organ of St. Magnus the Martyr, L o n d o n Bridge. *o. O. 1911*

8128 Inauguration de l'orgue de Notre-Dame de L o u v i e r s. *Notice de Delamare. 1926*

8129 L u d w i g s b u r g e r Orgelindustrie in 100jähriger Entwicklung. *In: Halbmonatsheft für Schulmusikpflege. 15. 1924, S. 45—50*

8130 Die L ü b e c k e r Orgeln. *In: Hamburger Universitätszeitung, Hansische Hochschulzeitung. 18. 1939, H. 3, S. 3*

8131 Verloren, doch unvergeßlich: Lübecker Orgeln. *In: Musica. 1. 1947, S. 129*

8132 Lübecker Orgelbauer im Streik. *In: Der Bund. Die Gewerkschaftszeitung der Britischen Zone. 3. 1949, Nr. 18, S. 4*

8133 Neue Orgel in der St.-Michaelis-Kirche zu Lüneburg. *In: Zeitschrift für Instrumentenbau. 51. 1931, S. 486*

8134 L'église abbatiale de Luxeuil-les-Bains. *In: Le Monde Musical, 31 mars 1929*

8135 Eine deutsche Meisterorgel (In der St.-Johanneskirche in Magdeburg). *In: Illustrierte Zeitung. 58. 1871, S. 271*

8136 Die Orgel der Stadthalle Magdeburg. *Magdeburg 1928*

8137 Monumentalorgel in der Pfarrkirche Santa Maria zu Mahon auf Menorca. *In: Zeitschrift für Instrumentenbau. 24. 1904, Nr. 33*

8138 Neue Orgel in Mariastein (bei Basel). *In: Caecilia. 1909, S. 152*

8139 Neue Orgel in der Wallfahrtskirche von Mariazell. *In: Zeitschrift für Instrumentenbau. 49. 1929, S. 974*

8140 Orgues électriques de l'église Saint Vincent de Paul à Marseille. *Marseille 1889*

8141 Das Orgelwerk in der Frauenkirche zu Meißen. *In: Zeitschrift für Instrumentenbau. 58. 1937, S. 6*

8142 Neue Orgel in der Trinitatiskirche zu Meißen-Zscheila. *In: Zeitschrift für Kirchenmusiker. 11. 1929, S. 68*

8143 Die Domorgel zu Merseburg. *o. O. 1933*

8144 L'Organo della Cattedrale di Messina. *Inaugurazione 14 agosto 1930. Messina 1930*

8145 Orgue de Metz. *In: Bulletin de la cathédrale de Metz. 1909, Nr. 17*

8146 Die neue Orgel im Münster zu Mönchen-Gladbach. *o. O. 1961*

8147 Münchener Kirchenorgeln. *In: Kirchenmusik. 5. 1942, S. 150—152*

8148 Die neue Orgel im Liebfrauendom zu München. *In: Instrumentenbau-Zeitschrift. 13. 1958/59, S. 253—254*

8149 Neue Orgeln: Münster i. Westfalen, Pfarrkirche Herz Jesu. *In: Zeitschrift für Kirchenmusik. 73. 1953, S. 283—284*

8150 Rekonstruktion einer barocken Domorgel (Münster i. Westf.). *In: Auf roter Erde. Münster 1964, Nr. 64, S. 1*

8151 Orgel für den Palast des Maharajah von Mysore. *In: Zeitschrift für Instrumentenbau. 28. 1908, S. 1236*

8152 Eine Orgel für Nagoya. *In: Singende Kirche. 9. 1961, H. 1, S. 29—30*

8153 Notice sur le grand orgue de la nouvelle église de St. Epyre de Nancy. *Paris 1867*

8154 Procès — Verbal d'expertise et de réception du grand orgue de Notre-Dame-de-Bon-Port à Nantes. *Nantes 19 mars 1891*

8155 La maîtrise et la chapelle de musique de Saint-Just de Narbonne avant la Révolution. *In: Bulletin de la Commission archéologique de Narbonne. 1896*

8156 Die Hildebrandt-Orgel zu St. Wenzel in Naumburg—Saale. *o. O. 1965*

8157 Dedication of reconstructed and enlarged Organ in the Cathedral Church of St. Nicholas, Newcastle-upon-Tyne. *5. Nov. 1911. o. O. o. J.*

8158 Eine Riesenorgel (New York). *In: Daheim. 16. 1880, S. 812*

8159 Representative Churches of New York City, with Facts pertaining to their History and the Organs they use. *New York 1896*

8160 The organ in the College of the City of New York. *o. O. 1908*

8161 Die neue Orgel in der Stiftskirche zu Niederaltaich. *In: Zeitschrift für Instrumentenbau. 48. 1928, S. 458, 511—514*

8162 Etwas von alten Orgeln am Niederrhein. *In: Heimatkalender für den Kreis Moers. 11. 1954, S. 82—88*

8163 Orgel in der ev.-luth. Kirche zu Niederwiesa bei Chemnitz. *In: Musik und Kirche. 24. 1954, S. 143—144*

8164 Die Kirchenorgel in Nienstedten. *Blankenese 1906*

8165 Orgel in der Ludgerikirche in Norden (Ostfriesland). *In: Zeitschrift für Instrumentenbau. 51. 1931, S. 234*

8166 Orgel in der wiederhergestellten Kirche zu Nordheim, Krs. Heilbronn. *In: Musik und Kirche. 22. 1952, S. 48*

8167 Nordschleswigs Orgelbaukunst. *In: Weltwacht der Deutschen. Zeitung für das Deutschtum der Erde. 8. 1941, Nr. 19, S. 2*

8168 Neue Orgel in der Stadtkirche zu Nossen in Sachsen. *In: Zeitschrift für Instrumentenbau. 54. 1934, S. 326*

8169 Eine Orgel wird entstaubt und entrümpelt. Junger deutscher Orgelbauer in Notre Dame (Indiana) USA. *In: Instrumentenbau-Zeitschrift. 10. 1956, S. 211*

8170 Die neue Konzertorgel im Saalbau des Industrievereins, Nürnberg. *In: Zeitschrift für Instrumentenbau. 26. 1906, Nr. 23*

8171 Orgel in der Sebalduskirche, Nürnberg. *In: Die Denkmalpflege. 19. 1918, S. 53*

8172 Das Orgelwerk für die Kongreßhalle der Reichsparteitage Nürnberg, der Stadt der Reichsparteitage. *1936. o. O. o. J.*

8173 Das Orgelwerk der Nürnberger Kongreßhalle. *In: Die Musikwoche. 7. 1940, S. 462—466*

8174 Anmerkungen über ein Orgelwerk in dem Fürstl. Thurn und Taxis'schen Archiv zu Obermarchtal.

8175 Barockorgeln in Oberschwaben. *In: Zeitschrift für Instrumentenbau. 63. 1943, S. 70*

8176 Die oberschwäbische Barockorgel. *In: Württemb. Blätter für Kirchenmusik. 13. 1940, S. 133 bis 138*

8177 Felsenkirche zu Oberstein a. d. Nahe und ihre Orgel. *In: Zeitschrift für Instrumentenbau. 50. 1930, S. 481*

8178 Instandsetzung der großen Gabler-Orgel in Ochsenhausen. *In: Zeitschrift für Instrumentenbau. 60. 1940, S. 128*

8179 Disposition des Orgelwerkes in der kath. Kirche zu Oelsnitz. *In: Musik und Altar. 4. 1951/52, S. 136*

8180 Der Klavier- und Orgelbau in Oesterreich. *In: Deutsche Instrumentenbau-Zeitung. 39. 1938, S. 218*

8181 Östervåla Strandorgel återinvigd. *In: Kyrkomusikernas Tidning. 18. 1952, S. 75*

8182 En märklig orgelrestaurerung (Östra Skrukeby). *In: kyrkosångsförbundet. 16. 1941, S. 81—82*

8183 Die große Orgel in Oliva. *In: Altpreußische Monatsschrift. 3. 1866, S. 84*

8184 Neue Orgel in Oppeln (Oberschles.). *In: Monatshefte für kath. Kirchenmusik. 11. 1929, S. 80—83*

8185 Orvieto, per il restauro del Grande organo in Duomo. *Orvieto 1913*

8186 Die Orgel, ihre Aufgabe und Lage in den katholischen Kirchen. Mit besonderer Rücksicht auf die Orgel im Dom zu Osnabrück. *Münster 1868*

8187 Neue Orgel in der kath. Pfarrkirche in Ottersweier (Baden). *In: Caecilia. 1909, S. 139*

8188 Die umgebaute Orgel der Erzabteikirche zu St. Ottilien (Bayern). *In: Zeitschrift für Instrumentenbau. 58. 1938, S. 178—180*

8189 Orgelweihe in Ottobeuren. *In: Benediktinische Monatsschrift zur Pflege religiösen und geistigen Lebens. 33. 1957, S. 396*

8190 Description of the grand organ in the chapel of Queen's College, Oxford. *London 1866*

8191 Relazione della Commissione sulla Collocazione dell' organo nella Basilica di S. Antonio di Padova. *Padua 1895*

8192 Nella solenne inaugurazione del nuovo grandioso organo della Basilica di St. Giustina in Padova.

8193 Sulla vertenza fra la veneranda Arca del Santo ed il Senatore Breda relativamente al trasporto dell' organo dalla capella di S. Felice. (Padova). *Padua 1902*

8194 Rapport à l'Académie des Beaux-Arts, par la Section de Musique, sur le Concours de l'orgue projeté de l'église de Saint-Denis. (Paris). *Paris 1833*

8195 Rapport sur les traveaux du grand orgue de l'église de la Madeleine à Paris, construit par A. Cavaillé Coll, père et fils. *Paris 1846*

8196 Essai historique sur le Grand orgue de l'église St. Gervais (Paris). *Paris 1911*

8197 L'orgue du Palais des Tuileries construit par S. Erard. (Paris). *Paris 1855*

8198 Rapport de l'Académie des Beaux-Arts sur le grand orgue de Saint-Sulpice (Paris)... *Versailles 1863*

8199 Grand orgue de l'église de Notre-Dame (de Paris). *Paris 1868*

8200 Description, composition, rapport d'expertise de l'orgue réconstruit par J. Merklin. (St. Eustache — Paris). *Paris 1878*

8201 Rapport de la Commission d'expertise de l'orgue de choeur de l'église Sainte Clotilde à Paris. *Paris 1888*

8202 Inauguration solennelle du grand orgue de Saint-Séverin (de Paris). *3 décembre 1890*

8203 L'orgue de Choeur de Notre-Dame de Paris. *Paris 1890*

8204 L'orgue de la Scola (1902). (Paris). *o. O. o. J.*

8205 Inauguration du grand orgue de Saint-Augustin (de Paris). 19 novembre 1925. Discours prononcé par Mgr. Jouin. *In: Bulletin de l'Association paroissiale. Janvier 1926*

8206 Erneuerung Pariser Orgeln. *In: Zeitschrift für Instrumentenbau. 53. 1933, S. 195*

8207 Les grandes orgues de la Madeleine et ses organistes. (Paris). *Paris 1958*

8208 Musée rétrospectif de la classe 17. Instruments de musique, matériel et produits à l'Exposition universelle. internationale de 1900 à Paris. Rapport du Comité d'installation. *Paris o. J.*

8209 The Compton organ at St. Osmund's Parkstone. *1932*

8210 Inventaire des monuments du Pas-de-Calais Mobilier des églises rurales. *Arras 1790*

8211 Die Domorgel zu Passau. *Passau 1928*

8212 Die Domorgel zu Passau. *In: Monatshefte für kath. Kirchenmusik. 10. 1928, S. 151—161*

8213 Die Orgel im Hohen Dome zu Passau. *In: Das Bayerland. 39. 1928, S. 328*

8214 Große Passauer Domorgel und ihre Organisten. *In: Musica sacra. 58. 1929, S. 240—243*

8215 Freiorgel für den Zoologischen Garten in Petersburg 1893. *In: Zeitschrift für Instrumentenbau. 52. 1932, S. 266*

8216 Gli organi di Azzolino Della Ciaja e Onofrio riuniti ed ampliati, Chiesa nazionale dei Cavalieri di S. Stefano, 8. Nov. 1931 (Pisa). *Pisa 1931*

8217 Descrizione dell' organo terminuto di Fabbricarsi nell'Anno 1738, nella Chiesa Conventuale de Cavalieri di Santo Stefano in Pisa. *Pisa 1739*

8218 Die Silbermann-Orgel in der Dorfkirche zu Ponitz (Thür.). *In: Glaube und Heimat. Ev. Sonntagsblatt für Thüringen. 4. 1949, Nr. 37, S. 3*

8219 Municipal Organ, City of Portland, Maine, *o. O. 1912*

8220 Portsmouth Parish Church by H. T. Lilley & T. Everitt. *Portsmouth 1921*

8221 Die neue Orgel in der ev. Kreuzkirche in Posen. *In: Zeitschrift für Instrumentenbau. 48. 1928, S. 686—688*

8222 Kirchenmusikalisches Ideal (Orgel in der Maria-schneekirche in Prag). In: Zeitschrift für Instrumentenbau. 52. 1932, S. 289

8223 Neue Orgel in der Kirche Maria de Victoria zu Prag. In: Zeitschrift für Instrumentenbau. 23. 1903, S. 324

8224 Die Orgelwerkstätte in Rhaunen—Sulzbach (Stumm). In: Didaskalia. Blätter für Geist, Gemüth und Publizität. Nr. 46, 47.

8225 60 tunnor spannmål grundfond för orgel. Rappe-stads kyrkorgel, som invigs i dag, Peter Schiör-lins sista arbete. In: Östgöta Correspondenten. 16/7. 1943

8226 Größte Orgel der Welt 1885. Im Rigaer Dom. In: Illustrierte Zeitung 84. 1885—1886, S. 219

8227 Risinge ödekyrka får sin orgel tillbaka. In: Kyrkomusikernas Tidning. 15. 1949, S. 90—91

8228 Beschreibung der Orgel zu Rötha/St. Georgen. Leipzig 1721

8229 200 Jahre der Silbermann-Orgel in der St.-Georgen-Kirche zu Rötha. In: Der Kirchenchor. 1922, Nr. 2

8230 Kurze Beschreibung der schönen Orgel zu Rötha. Anno MDCCXXI. Ms. ehemals Stadtbibliothek Leipzig, 1945 verbrannt.

8231 Orgel in der ehemaligen Prämonstratenser Kloster-kirche zu Roggenburg. In: Zeitschrift für Instrumentenbau. 31. 1911, S. 498

8232 Eine große Orgel für die Peterskirche in Rom. In: Zeitschrift für Instrumentenbau. 28. 1908, S. 1085

8233 Il grande organo del Pontificio Istituto di Musica Sacra (Roma). Rom 1933

8234 Inauguration des grandes orgues de Saint-Ouen de Rouen, 17 avril 1890, reconstruites par Cavaillé-Coll. o. O. o. J.

8235 Les orgues de Saint-Godard de Rouen. In: Bulletin de la Commission des Antiquités de la Seine-Inférieure. 8. 1890

8236 Contrat de fondation è l'église Saint-Maclou de Rouen. In: Bulletin de la Commission des Anti-quités de la Seine-Inférieure. 12. 1902

8237 Les nouvelles orgues de Saint-Gervais de Rouen. In: Journal de Rouen. 5 mars 1926

8238 Verzeichnis der von E. F. Walker & Co. in Lud-wigsburg in den deutschen Kirchengemeinden Rußlands erbauten Orgelwerke. In: Heimat-buch der Deutschen aus Rußland. Stuttgart 1963, S. 141—143

8239 Die erste vollständig pneumatische angelegte Orgel in Sachsen und Thüringen. In: Säch-sische Schulzeitung. 51. 1884, S. 369

8240 L'orgue de Saint-Denis. In: Magasin pittores-que, juillet 1845, S. 225

8241 Inauguration du grand orgue de l'église Sainte-Marie-des-Batignolles. In: Bulletin parois-sial. 19. Mars 1924

8242 Les orgues de Notre-Dame de Saint-Omer. In: Magasin pittoresque. 23. Januar 1855

8243 L'apothéose du premier canton de France. Bénédic-tion de deux orgues de Saint-Romain-de-Colbosc, le 25 septembre 1923. Bar-le-Duc 1923

8244 Le grand orgue de Saint-Vincent-de-Paul. In: Illustration 14 février 1852

8245 Mormonentempel und Tabernakel mit seiner gro-ßen Orgel in Salt Lake City Utah. In: Zeit-schrift für Instrumentenbau. 1902, S. 81—84

8246 Domorgel Salzburg. In: Zeitschrift für Instru-mentenbau. 35. 1915, S. 146

8247 Zur Geschichte des Salzburger Hornwerkes. In: Zeitschrift für Instrumentenbau. 18. S. 261, 655

8248 Parkorgel von San Diego. In: Zeitschrift für Instrumentenbau. 51. 1931, S. 447

8249 Orgel zu Sassenberg, Kreis Warendorf, Sankt Johann. In: Zeitschrift für Kirchenmusik. 74. 1954, S. 213

8250 Elektropneumatische Doppelorgel in der Stifts-kirche Scheyern. In: Musica sacra. 1908, S. 69

8251 Die Orgelbauerfamilien Schlag, Schweidnitz. Der Orgelbau in Schlesien. In: Instrumentenbau-Zeitschrift. 16. 1961/62, S. 309—313

8252 Prunkvolle Orgel der St. Johanniskirche (Schweinfurt). In: Die Mainleite. Berichte aus Leben und Kultur. 1962, H. 1

8253 Die Orgel im Dome zu Schwerin in Mecklen-burg. In: Deutsche Bauzeitung. 7. 1873, S. 333

8254 L'orgue de Semur-en-Auxots. In: Bulletin paroissial de Notre-Dame de Semur, septembre — novembre 1925

8255 Rapport de la Commission d'expertise du nouvel orgue de tribune de la cathédrale de Senlis. Lyon 1876

8256 Neue Orgel in der Kathedrale von Sevilla. In: Zeitschrift für Instrumentenbau. 23. 1903, S. 499

8257 Le grand orgue de la nouvelle salle de concert de Sheffield (Cavaillé-Coll). Paris 1874

8258 City Organ. Town Hall, Sidney. Sidney um 1936

8259 Skirö kyrkas orgel. In: Kyrkomusikernas Tidning. 27. 1961, S. 114, 125

8260 Die größte Konzertorgel der Sowjetunion. In: Die Sowjetunion heute. Zeitschrift über Leben und Arbeit, Kultur, Wirtschaft, Wissenschaft etc. in der UdSSR. 4. 1959, H. 26, S. 19

8261 Um Spaniens Orgeln. In: Instrumentenbau-Zeitschrift. 6. 1952, S. 134

8262 Die spanische Orgel in der Gegenwart. In: Das Musikinstrument und Phono. 13. 1964, H. 11, S. 926—927

8263 Die neue Scherpf-Orgel im Dom zu Speyer. In: Das Musikinstrument und Phono. 11. 1962, S. 25—26

8264 Story of Cornell University Organ Contract. Springfield 1913

8265 Neue Orgel in der St. Johanniskirche in Stargard i. P. In: Zeitschrift für Musikinstrumentenbau. 53. 1933, S. 292

8266 Die Orgel der Jakobikirche, Stettin. In: Zeit-schrift für Instrumentenbau. 25. 1905, Nr. 34

8267 Notice sur la cathédrale de Strasbourg. 3e édition revue et augmentée. Straßburg 1853

8268 Notice sur la cathédrale de Strasbourg. Straßburg 1880

8269 Die Straßburger Sängerhaus-Orgel. Fs. zur Einweihung. Straßburg 1909

8270 Neue Orgel in der ev.-luth. Kreuzkirche zu Straßburg i. E. In: Zeitschrift für Instrumentenbau. 52. 1932, S. 206

8271 Die neue Orgel der Erlöserkirche zu Straßburg-Kronenburg. In: Zeitschrift für Instrumentenbau. 28. 1908, S. 327

8272 Die große Konzertorgel des Stuttgarter Liederkranzes erbaut 1894—1895

8273 Elektropneumatische Orgel in der St. Martinskirche, Stuttgart. In: Zeitschrift für Instrumentenbau. 1909, Nr. 17

8274 Die neue Stuttgarter Funkorgel. In: Instrumentenbau-Zeitschrift. 5. 1951, S. 107—108

8275 Opus 1010. Die Orgel im großen Saal der Neuen Liederhalle Stuttgart. In: Das Musikinstrument und Phono. 5. 1956, S. 356

8276 Elektronenorgel im Großen Haus des Württembergischen Staatstheaters (Stuttgart). In: Das Musikinstrument und Phono. 5. 1956, S. 389

8277 Die neue Liederhallen-Orgel in Stuttgart. Ein repräsentatives Weigle-Werk. In: Instrumentenbau-Zeitschrift. 11. 1956—57, S. 3—4

8278 Sammlung einiger Nachrichten von berühmten Orgelwerken in Teutschland. Breslau 1757 (s. Meyer, Karl Gottfried.)

8279 Die Orgel der Marienkirche zu Torgau. In: Zeitschrift für Instrumentenbau. 48. 1928, S. 929

8280 The Organ at the Royal York Hotel, Toronto, Canada. In: The Organ. 9. 1929/1930, S. 116

8281 Rapport de la Commission chargée de la vérification et de la réception des travaux du grand orgue de l'insigne basilique St. Sernin de Toulouse, reconstruit par A. Cavaillé-Coll. Toulouse 1889

8282 Dom Bédos et l'orgue des Cordeliers de Toulouse (1747). In: L'Orgue. 1960. 93—96, S. 53—58

8283 Orgelempore und Orgelgehäuse für die kath. Pfarrkirche in Trebnitz. In: Centralblatt der Bauverwaltung. 1903, Nr. 36

8284 Um- und Erweiterungsbau der Orgel in der kath. Pfarrkirche zu Trebnitz/Schlesien. In: Zeitschrift für Instrumentenbau. 24. 1903, S. 120

8285 Scritti di Storia Organaria per il Restauro dell' organo di Santa Maria Maggiore in Trento. In: Raccolti a Cura del Comitato. Trient 1925

8286 Solenne benedizione dell-Organo della Basilica di S. Maria Maggiore in Trento. 26. Juni 1930

8287 I bellissimi organi della Basilica S. Maria Maggiore in Trento. Trient 1953

8288 Die Wasserorgel im karthagischen Museum Tunis. In: Zeitschrift für Instrumentenbau. 25. 1905, S. 576

8289 L'orgue et la Turquie. In: L'Orgue. Paris Nr. 86, April—Juni 1958, S. 43—45

8290 Die Orgel in der Dreifaltigkeitskirche zu Ulm a. D. In: Württemb. Blätter für Kirchenmusik. 14. 1940, S. 76

8291 Beschreibung der Münster-Orgel zu Ulm a. D., o. O. o. J.

8292 L'orgue électrique de l'église Notre-Dame à Valenciennes, construit d'après le nouveau système électropneumatique Schmoele et Mols par M. M. Merklin et Cie. Valenciennes 1890

8293 L'orgue électrique de l'église Notre-Dame de Valenciennes. Rapport de la Commission chargée de la réception. Valencienne 1891

8294 Gutachten über die neue Orgel der Kirche zu Vegesack. o. O. 1895

8295 Die Courtain-Orgel in der reformierten Kirche zu Veldhausen. In: Der Grafschafter. 1956, S. 196

8296 Basilica di S. Marco in Venezia illustrata nella storia e nell' arte da scittori veneziani. Venedig 1878

8297 L'orgue de Vidalon-les-Annonay. In: Revue du Vivarais. 24. 1917

8298 Neue Konzertorgel, Stadthalle Viersen. In: Zeitschrift für Instrumentenbau. 36. 1916, S. 174

8299 Inauguration et bénédiction d'un grand orgue de chapelle à l'Hôtel-Dieu de Vitry-le-François. Compte rendu par M. l'abbé Compagnon, discours par M. l'abbé Deschamps. Châlons-sur-Marne 1880

8300 Inauguration du grand orgue de la cathédrale de Viviers. In: La Maîtrise, 3, Nr. 10, 15 février 1860

8301 Neue Kleinorgel auf der Vorarlberger Messe. Orgel der Firma Rieger in Schwarzach. In: Musik und Altar. 4. 1951/52, S. 7

8302 Neue Orgeln: Orgeln in der evang. Kirche zu Wächtersbach, Kreis Gelnhausen. In: Musik und Kirche. 24. 1954, S. 288

8303 Etwas über die Orgeln der St. Johannis-Kirche. In: Kirchliche Mitteilungen für die Pfarrei St. Johannes Bapt. Warburg. 15. 1959

8304 Inauguration d'un grand orgue à la nouvelle èglise de Wazemmes. In: La Maîtrise. 3. Nr. 10, 15. 2. 1860

8305 Neue Orgel in der Stadtkirche zu Werdau i. S. In: Monatsschrift für Gottesdienst und Kirchliche Kunst. 1909, S. 230

8306 The Organ in the West Point Cadet Chapel. New York 1916

8307 Die neue Orgel im Großen Musikvereinssaale erbaut von der k. u. k. Hof-Orgelfabrik Gebr. Rieger in Jägerndorf op. 1400. (Wien). Wien 1907

8308 Eine neue Schubertorgel in der Lichtentaler Kirche in Wien. In: Zeitschrift für Instrumentenbau. 44. 1924, S. 607. Zugleich in: Musica divina. 1924, 5. 17.

8309 Fs. zur feierlichen Weihe der neuen Orgel in der Pfarrkirche Donaustadt in Wien... 7. Juli 1940. Wien 1940

8310 Fs. zur Einweihung der neuen Domorgel am 2. Juni 1940. Wien 1940

8311 Die neue Orgel von St. Stephan in Wien. *In: Das Musikinstrument und Phono. 10. 1961, S. 105*

8312 Die neue Orgel in der Hofburgkapelle Wien. *In: Singende Kirche. 9. 1962, S. 177*

8313 Die Orgel in der Pfarrkirche zu Wildon in der Steiermark. *In: Zeitschrift für Instrumentenbau. 47. 1927, S. 277*

8314 Die Orgel in der Christuskirche zu Wilhelmshaven. *In: Zeitschrift für Instrumentenbau. 51. 1931, S. 298*

8315 Neue Orgel in der evangelisch-lutherischen Kirche in Wilhelmshaven-Bant. *In: Musik und Kirche. 24. 1954, S. 240*

8316 Die Orgel in der Prämonstratenser-Stiftskirche Wilhering. *In: Zeitschrift für Instrumentenbau. 25. 1905, S. 750—752*

8317 Orgel in der Stiftskirche St. Peter zu Wimpfen im Tal. *In: Zeitschrift für Instrumentenbau. 28. 1908, S. 701*

8318 Orgel in der Johanniskirche zu Witten, Ruhr. *In: Musik und Kirche. 24. 1954, S. 143*

8319 Woluwe-St. Lambert, Belgien: Orgel in der Blinden- und Taubstummenanstalt. *In: Zeitschrift für Kirchenmusik. 71. 1951, S. 241—242*

8320 The Organ, Piedmont Congregational Church, Worcester, Massachusetts. *o. O. 1912*

8321 Neue Orgeln in der ev. Kirche in Wotzlaff. *In: Zeitschrift für Instrumentenbau. 50. 1929, S. 64*

8322 Wiederherstellung der Johann-Joachim-Wagner-Orgel in Wriezen. *In: Zeitschrift für Instrumentenbau. 52. 1932, S. 96*

8323 Die Orgel in der Neumünsterkirche zu Würzburg. *In: Im Dienste der Kirche. 44. 1963, S. 232 bis 233*

8324 Neue Orgel in der St. Marienkirche Wuppertal-Elberfeld. *In: Monatshefte für kath. Kirchenmusik. 12. 1930, S. 367*

8325 Orgel im Dom zu Wurzen. *In: Zeitschrift für Instrumentenbau. 53. 1933, S. 155*

8326 Letters to the Editor of the „Musical World" relative to the York Organ. *London 1837*

8327 Historical and Descriptive Account of the York Cathedral Organ. *York 1844*

8328 New Description Account of the York Minster Organ. *London 1859*

8329 Reconstruction and dedication of the Screen Organ in York Minster. *York 1903*

8330 Monumentalorgel in der Johanniskirche zu Zittau. *In: Zeitschrift für Kirchenmusiker. 12. 1931, S. 148; 13. 1931, S. 50*

8331 Eine neue Orgel (Zürich). *In: Schweizerische Musik-Zeitung. 52, S. 29*

8332 Egedacher, Vertrag vom 2. 4. 1728 und weitere Nachrichten über Orgeln in Zwettl. *In: Ostmärkische Kunsttopographie. Bd. 29*

Orgelbauer

8333 Rapport à l'Académie de Toulouse par la Commission chargée d'examiner le Poikilorgue ou Orgue Varié Expressif, inventé par M. M. Cavaillé. *Toulouse 1833*

8334 Dereux-Orgel: Konservierte Pfeifen. *In: Der Spiegel. 16. 1962, Nr. 39, S. 98*

8335 Description of the organ of M. Ducroquet in the French department of the Universal Exhibition. *London 1851*

8336 Elektronenorgel von A. Givelet. *In: Elektrotechnik und Maschinenbau. 49. 1931, S. 308*

8337 Musikforscher besuchen einzige erhaltene Herbst-Orgel. *In: Instrumentenbau-Zeitschrift. 7. 1953, S. 197—198*

8338 A. Hörbiger's neue Orgel. *In: Deutsche Musikzeitung. 1. 1860*

8339 Schaltvorrichtung DRP 225 363, Konrad Hopferwieser, Graz. *In: Musikinstrumentenzeitung. 1911, S. 933*

8340 Le facteur d'orgues Jean Lefebvre (à Rouen). *In: Bulletin de la Commission des Antiquités de la Seine-Inférieure. 1895—1897*

8341 Lewis's Organ-building and Bell-founding: with an Account of Lewis's electric and pneumatic Action for Organs. *London 1871*

8342 Jörg Mager's Radioorgel. *In: Signale für die musikalische Welt. 89. 1929, S. 42*

8343 Elektroakustische Orgel Jörg Mager's. *In: Monatshefte für kath. Kirchenmusik. 13. 1931, S. 225 bis 228*

8344 Elektroakustische Hausorgel von Jörg Mager. *In: Zeitschrift für Instrumentenbau. 53. 1932, S. 25*

8345 Jörg Magers Elektroorgel. *In: Zeitschrift für Instrumentenbau. 54. 1933, S. 26*

8346 Mannborg's Schwellorgel „Triplo Expressif". *In: Zeitschrift für Instrumentenbau. 49. 1929, S. 445*

8347 Description, composition, rapport d'expertise de l'orgue reconstruit par J. Merklin. *o. O. 1878*

8348 Reformübungsorgel von Ferd. Molzer in Wien. *In: Zeitschrift für Instrumentenbau. 54. 1934, S. 342*

8349 Salon-Orgel im Besitze von Rudolf Dittrich . . . nach des Eigentümers Disposition und Spieltischanlage erbaut von Otto Rieger. *Jägerndorf 1906*

8350 Neue Orgelwerke aus der Werkstatt der Fa. Gebr. Rieger. *In: Zeitschrift für Instrumentenbau. 51. 1931, S. 497*

8351 Nouveau Supplément Roubo, avec des buffets d'orgues d'après Roubo et M. Cavaillé—Coll. *Dourdan o. J.*

8352 Schnitger, Franz Caspar zum 200. Todestage. *In: Musik und Kirche. 1. 1929, S. 179*

8353 Kurzgefaßte Übersicht der Bauweisen des Königl. Polnisch. und Churfürstl. Sächs. Land- und Hoforgelbauers Silbermann. *In: Sächsische Schulzeitung. 50. 1883, S. 278*

8354 Documents sur les orgues des Silbermann. *Ms. 2 H. 18. Jh. 5 Bde. Mikrofilm N. B. Paris*

8355 Skinner Memorial Chapel. The Organ. *Holyoke 1911*

8356 Zwei neue Tamburini-Orgeln. *In: Zeitschrift für Instrumentenbau. 52. 1932, S. 220*

8357 Die elektrische Orgel von Villemomble. *In: Die Räder. Zeitschrift für die Arbeit am Wiederaufbau. 13. 1932, S. 265*

8358 Orgelbau E. F. Walcker & Co. *Ludwigsburg o. J.*

8359 Bemerkenswerte Hausorgel der Fa. Wangerin Organ Comp. *In: Zeitschrift für Instrumentenbau. 52. 1932, S. 10*

8360 Neue Weigle-Orgeln. *In: Das Musikinstrument und Phono. 6. 1957, S. 337*

8361 Disposition zweier Weise-Kinoorgeln. *In: Zeitschrift für Instrumentenbau. 49. 1929, S. 530*

Geschichte und Denkmalpflege

8362 Älteste deutsche Kirchenorgel. *In: Instrumentenbau-Zeitschrift. 6. 1952, S. 55*

8363 Alte Denkmäler der Orgelkunst als richtungsweisende Erkenntnisquellen im Orgelbau. *In: Denkmalpflege und Heimatschutz. 1927, S. 34*

8364 Alte Orgeln erklingen wieder. Musikalischer Denkmalschutz. *In: Deutscher Kulturwart. 3. 1936, S. 770—772*

8365 Aus der Geschichte der Orgel. *In: Caecilia. Straßburg. 56. 1948, S. 48—49*

8366 Ausstellung von Orgelbildern. *In: Bericht über die Freiburger Tagung für deutsche Orgelkunst. Kassel 1939*

8367 Bedeutendste und größte Orgeln in Europa. *In: Signale für die musikalische Welt. 43. 1883—1884, S. 404*

8368 Ein blinder Orgelbaumeister aus dem 14. Jh. *In: Welt der Technik. 1906, S. 26—28*

8369 Country Organist of Twenty-Eight Years' Standing. On Piston Control. *In: The Organ. 6. 1926/27, S. 356*

8370 Der deutsche Orgelbau und die Orgelbewegung. *In: Deutsche Instrumentenbau-Zeitung. 40. 1939, S. 111, 141*

8371 Encyclopédie Roret. Nouveau Manuel Complet du Facteur d'orgues. *Paris. 1903*

8372 Erhaltungswürdige Orgeln. *In: Denkmalpflege und Heimatschutz. 1925, S. 85*

8373 Erste Nachkriegsorgel. *In: Instrumentenbau-Zeitschrift 1. 1946/47, S. 59—60*

8374 Die ersten Orgelwerke mit 3 Manualen. *In: Zeitschrift für Instrumentenbau. 27. 1906, Nr. 8*

8375 A few Notes on the Temple Organ. *o. O. 1859*

8376 Form and service for the Benediction of an Organ. *London 1896*

8377 Für und gegen die moderne Orgel. *In: Zeitschrift für Kirchenmusiker. 7. 1925, S. 9, 31*

8378 Ein ganzes Gebiet historischer Orgeln. *In: Musik-Instrumenten-Zeitung. 51. 1941, S. 97—100*

8379 Ein geistlicher Orgelspieler im Altertum. *In: Beilage zur Allgemeinen Zeitung. München 1905, Nr. 154*

8380 Geschäftsanweisung für die Wahrnehmung der Orgelpflege. *In: Musik und Kirche. 6. 1934, H. 3, S. 148—154; H. 4, S. 207—211*

8381 Geschichte der Orgel. *In: Sächsische Schulzeitung. 45. 1878, S. 17*

8382 Geschichte der Orgel. *In: Cäcilia. 1913, S. 33*

8383 Geschichte unserer Orgel. *In: Pastor bonus. Zeitschrift für kirchliche Wissenschaft und Praxis. 2. 1889/90, S. 310—314*

8384 Glocken, Orgelpfeifen und Denkmäler. *In: Die Kirche. 14. 1917, S. 140*

8385 Die größte Kirchenorgel der Welt. *In: Bauwelt. 3. Nr. 43, S. 17*

8386 Größte Orgelwerke Deutschlands. *In: Zeitschrift für Instrumentenbau. 53. 1932, S. 80—84*

8387 Gutachten des Berliner Rabbinats über die Orgel. *In: Allgemeine Zeitung des Judentums. 1904, Nr. 6*

8388 Histoire des instruments de musique. L'orgue. *In: Magasin pittoresque. 40. 1872*

8389 An historic Bath organ. *In: The choir and musical journal. London 4, 49*

8390 Historische Untersuchung von den Kirchenorgeln. *In: Hannöverscher Gelehrten-Anzeiger. 1754. Nr. 91, 92, 96, 97*

8391 Interessante alte Orgelprospekte. *In: Zeitschrift für Instrumentenbau. 44. 1924, S. 142*

8392 Eine interessante moderne Orgel. *In: Gregorianische Rundschau. 1906, S. 81—83, 97—99*

8393 Internationales Regulativ für Orgelbau. *Wien und Leipzig 1909*

8394 Klangschönheit alter Orgeln. *In: Handelsblatt. 3. 1948, Nr. 79, Beilage*

8395 Lettera estemporànea sopra la musica sacra e origini dell'organo, coll'occasione di illustrare una pittura antica. *Livorno 1754*

8396 Lettre sur un orgue. *Paris 1804*

8397 Moderne Orgel. *In: Über Land und Meer. 60. 1918, S. 587*

8398 Musikalisches Quellenstudium und Dienst in der Denkmalpflege. Orgelwissenschaftliche Forschungsstelle an der Universität Münster. *In: Auf roter Erde. Monatsblätter für Landeskunde und Volkstum Westfalens. 17. 1961, Nr. 29, S. 1*

8399 Neue Gestaltungsmöglichkeiten für Orgelprospekte. *In: Deutsche Instrumentenbau-Zeitung. 43. 1942, S. 4*

8400 Neue Orgeln. *In: Musik und Gottesdienst. 7. 1953. Nr. 1, S. 25—27; Nr. 3, S. 89—90; Nr. 4, S. 121. 122; Nr. 5, 153—154; Nr. 6, S. 183—184*

8401 Neue Orgeln. *In: Singende Kirche. 9. 1961. H. 1, S. 19—20*

8402 Neue Orgeln — restaurierte Orgelwerke. *In: Das Musikinstrument und Phono. 6. 1957. H. 1, S. 16*

8403 Der neue Typ der Kirchenorgel. *In: Der Chorwächter. 65. 1940, S. 25*

8404 Neue Wege des Orgelbaues. *In: Tägliche Rundschau. Berlin. 9. 8. 1925*

8405 New Organ at the Royal Academy of Music. *In: Piano. 32, S. 157*

8406 Notes on Organs and Organ-Builders. *In: The musical Antiquary. Jan. 1913*

8407 The organ in art: a brief history. *Ohio 1908*

8408 Organ voicing and tuning: a guide to amateurs. *London 1879*

8409 Un organaro del settecento. *In: Annuario del Pontificio Istituto di Musica Sacra. 1938/39*

8410 Organs from Charles II. *London 1847*

8411 Een Orgel, waarop kleuren — composities gespeeld worden. *In: Wetensch. bladen. 2. 1914, S. 309 bis S. 313*

8412 Orgelbau: sollen wir kopieren oder konstruieren? *In: Caecilia. Straßburg. 70. 1962, S. 14—17*

8413 Der Orgelbau 1948 bis 1949. *In: Instrumentenbauzeitschrift. 3. 1948/49, S. 31—32*

8414 Orgelbau und Glockenguß im 12. Jh. *In: Nachrichten-Zeitung des Vereins dtsch. Ingenieure. 5. 1925, Nr. 21*

8415 Orgelbauervertrag aus dem Jahre 1715. *In: Zeitschrift für ev. Kirchenmusik. 2. 1924, S. 30*

8416 Orgel-Prospekte als Kunstwerke. *In: Die Denkmalpflege 15. 1918, S. 29*

8417 L'Orgue et son architecture. *In: Caecilia. Straßburg. 67. 1959, S. 141—145*

8418 L'Orgue le plus grand du monde. *In: Cosmos. Bd. 23, S. 1*

8419 Orgue portatif allemand du XVIe siècle. *In: Magasin pittoresque. 44. S. 395*

8420 Una polemica organaria al XVII Congresso Nazionale di Musica Sacra in Pisa. *In: L'Organo. 1. 1960, S. 119—128*

8421 Quelques mots sur la Facture d'orgues. *Brüssel 1856*

8422 Recueil de quelques relations sur les orgues les plus célèbres de l'Allemagne, par un Amateur de Musique. *o. O. 1757*

8423 Richtlinien zum Schutze alter wertvoller Orgeln. *In: Musik und Altar. 11. 1958—1959, S. 46—47*

8424 Richtlinien zum Schutze alter wertvoller Orgeln. Weilheimer Regulativ. *In: Singende Kirche. 7. 1960, S. 99—100*

8425 Richtlinien zum Schutze alter wertvoller Orgeln. *In: Ars organi. 10. 1962. H. 20, S. 479—481*

8426 Eine Riesenorgel. *In: Die technische Woche. Beilage zur Deutschen Zeitung. 1904, Nr. 12*

8427 Schreiben von Fabriken, insonderheit aber in Ansehung der musikalischen Instrumente, und vornehmlich der Orgel. *In: Leipziger Sammlungen 2. Teil*

8428 The story of the Wicks-pipe organ. *In: Caecilia. Boston. 80. 1953, S. 137—138*

8429 Unsere alten Orgeln. *In: Der Sonntag, christliches Gemeindeblatt in Sachsen. 5. 1950, Nr. 42, S. 173*

8430 Wiedereinführung der sog. Bachorgel (Rundfrage). *In: Organon. 5. 1931, S. 99, 120*

8431 Zwei neue Meisterwerke der deutschen Orgelbaukunst. *In: Das Musikinstrument und Phono. 4. 1955, S. 38*

Technische Entwicklung in neuerer Zeit

8432 Akustische Eigenschaften wertvoller Orgeln. *In: Orion. Illustrierte naturw.-techn. Zeitschrift für jedermann. 3. 1948, Nr. 11, S. 462*

8433 Ausländische Elektronenorgeln. *In: Instrumentenbau-Zeitschrift. 19. 1965. Nr. 3, S. 166, 168, 170*

8434 Die auf der zweiten Freiburger Orgeltagung ausgestellten Kleinorgeln. *In: Bericht über die Freiburger Tagung für deutsche Orgelkunst. Kassel 1939*

8435 Bedeutende Verbesserungen im Orgelbau durch Verwendung von elektrischen Sperrschichtzellen. *In: Instrumentenbau-Zeitschrift. 13. 1958/59, S. 289*

8436 Bedeutung der Zungenstimmen im Orgelton. *In: Der Chorwächter. 63. 1940, S. 150—154*

8437 Bieten Zwillingsorgeln Vorteile? *In: Anzeigenblatt für Kirchenmusik, Orgelbau und Glockenkunde. 6. 7. 1915*

8438 De usu organi electrophonici. *In: Revista ecclesiástica brasileira, Petropolis. 10. 1950, S. 464*

8439 Deutsche Elektroorgel. *In: Elektrotechnische Zeitschrift. 4. 1952. H. 7, S. 208*

8440 Der Druckpunkt. Ein orgelbautechnisches Problem. *In: Instrumentenbau-Zeitschrift. 9. 1954/55, S. 10—11*

8441 Electrical Organ-Blowing. *London o. J.*

8442 Elektrische Orgeltraktur. *In: Zeitschrift für Instrumentenbau. 42. 1922, S. 5, 141*

8443 Das Elektrium. Beiträge zur Klärung der Frage Orgelimitation. *Berlin 1964*

8444 The Electrolion: grand concert Organ, with two consoles, both electric; one five-manual, the other operated by tune-sheet. *Los Angeles 1904*

8445 Die elektronische AWB-Orgel. *In: Die neue Filmwoche. 7. 1952, S. 285*

8446 Elektroton im Kirchenraum. *In: Zeitschrift für Kirchenmusik. 70. 1950, S. 252*

8447 Entwicklung auf dem Gebiete des Windladenbaues und der Pfeifenregistrierung. *In: Das Musikinstrument und Phono. 7. 1958, S. 286, 326, 366*

8448 Die erste nach den Erkenntnissen der Akustik intonierte Orgel. *In: Instrumentenbau-Zeitschrift. 4. 1949/50, S. 91*

8449 Essays in Organ Design. *In: The Organ. 32. 1952/53, S. 137*

8450 Evangelische Kirche im Rheinland. Warnung vor elektroakustischen Geläuten und Orgeln. *In: Amtsblatt der evangelischen Kirche in Deutschland. 3. 1949, S. 226*

8451 Un exemple de transformation. *In: La Petite Maîtrise. August 1925*

8452 Die Funkorgel. *In: Der Rundfunk. 3. 1948. Nr. 28/29, S. 9*

8453 Gegen die Orgel-Ersatzinstrumente mit elektr. Tonerzeugung. *In: Schweizer musikpädagogische Blätter. 28. 1940, S. 54*

8454 Das Hammondinstrument als Kirchenorgel? *In: Der Chorwächter. 63. 1940, S. 234*

8455 Die Hammond-Orgel. Eine neue elektrische Orgel. *In: VDI-Nachrichten. 4. 1950, Nr. 24, S. 2*

8456 Die Hammond-Orgel (nach W. Bagally). *In: Elektrotechnik und Maschinenbau. 1938, S. 128*

8457 Interessante Neuerungen im Orgel-Bau. *In: Allgem. Tiroler Anzeiger. 1914. Nr. 155*

8458 Ist der Bau von Serienorgeln noch zeitgemäß? *In: Im Dienste der Kirche. 45. 1964, S. 13—14*

8459 Kinoorgeln. *In: Zeitschrift für Instrumentenbau. 44. 1924. 651*

8460 Klingend. Orgel-Pedal m. automatischer Winderzeugung. *In: Deutsche Blätter f. erzieherischen Unterricht. 10. 1883, S. 342*

8461 Licht wird Orgelton (Lichttonorgel). *In: Die Sendung. 13. 1936, S. 1150*

8462 Das Magnetton-Instrument. Eine neue, vielstimmige Tonradorgel. *In: Monatsblätter für deutschen Seidenbau. 1936, S. 195*

8463 Musiker gegen Elektronenorgel. *In: Instrumentenbau-Zeitschrift. 4. 1949/50, S. 35*

8464 Neuartiges Ensemble-Positiv. *In: Instrumentenbau-Zeitschrift. 5. 1951, S. 19*

8465 Eine neue Erfindung im Orgelbau. *In: Hannoversche Schulzeitung. 1903, Nr. 6, 21, 23*

8466 Neue Wege im Orgelbau: *In: Instrumenten-Zeitschrift. 7. 1952/53, S. 171—172*

8467 Neue Wege im Orgelbau. *In: Der Aufbau. 4. 1939, H. 13, S. 8*

8468 Neuer Wassermotorantrieb für Orgelgebläse und pneumatische Musikwerke. *In: Zeitschrift für Instrumentenbau. 30. 1910, S. 885*

8469 Ein neues Instrument? (Saitenorgel). *In: Zeitschrift für Instrumentenbau. 28. 1908. S. 1201*

8470 Note sur l'orgue des ondes. *In: Schweizer musikpäd. Blätter. 21. 1932, S. 171—174*

8471 On Piston Control. *In: The Organ. 6. 1926/27, S. 191*

8472 Organ Blowing Engineer. *In: Piano. 31, S. 97*

8473 The organ builder's materials and methods in constructing. *In: Times Review of industry. 5. 1951, Nr. 52, S. 15*

8474 The Organ in Gas Heated Churches. *In: Musical Opinion. 58. 1955, S. 557*

8475 Orgel und angewandte Akustik. *In: Zeitschrift für Instrumentenbau. 51. 1931, S. 354*

8476 Orgel und Harmoniumbau. *In: Deutsche Instrumentenbau-Zeitung. 39. 1938, S. 48*

8477 Orgelbau und elektro-akustische Klangerzeugung. *In: Zeitschrift für Instrumentenbau. 53. 1933, S. 202*

8478 Orgelbautechnische Forderungen. *In: Zeitschrift für Instrumentenbau. 49. 1928, S. 206*

8479 Ein Orgelton. *In: Sächsische Schulzeitung. 34. 1867, S. 145—148, 153—157, 161—164*

8480 L'orgue électronique. *In: Paroisse et liturgie. Saint-André. 32. 1950, S. 131*

8481 Orgue électronique. *In: Technik und Betrieb. 1931, S. 626*

8482 Oskalyd-Orgel im Lichtspieltheater „Schauburg" zu Hamburg. *In: Zeitschrift für Instrumentenbau. 47. 1927, S. 621*

8483 Die Pfeifenorgel und die elektroakustischen Instrumente. Aus der Klangwelt der Nachkriegszeit. *In: Caecilia. Straßburg. 64. 1956, S. 145—149*

8484 Pfeifenorgel und Elektronenorgel. *In: Instrumentenbau-Zeitschrift. 16. 1961—62, S. 394, 396. 17. 1962, S. 66*

8485 Reed organ refinements. *In: Musical Opinion. 77. 1954, S. 317*

8486 Reed Organs: General Upkeep. *In: Musical Opinion. 77. 1954, S. 381*

8487 Régulateur automatique pour soufflerie d'orgue à commande électrique, système sentinelle. *In: Electricien. 41, S. 77*

8488 Rundfunkorgel mit 4890 Pfeifen. *In: Das Fernseh-Funk-Archiv. 1951/52, S. 26*

8489 Rundfunkorgel mit 5000 Pfeifen. *In: Deutscher Export. 1954, Nr. 8, S. 134*

8490 Selbstbau einer Orgel. *In: Wissen und Fortschritt. 8. 1934, H. 7, S. 30—32*

8491 Der Streit um den Blasebalg. *In: Musica sacra. 78. 1958, S. 146—147*

8492 Sur les nouveaux perfectionnements de l'orgue. *In: Revue musicale. 15. 1835, S. 17—19, S. 107—109*

8493 Symphonieorgel. *In: Zeitschrift für Instrumentenbau. 33. 1912, S. 1203*

8494 Über Laden- und Traktursystem der Orgel und ihre Einflüsse auf die Ein- und Ausschwingvorgänge der Pfeifen. *In: Das Musikinstrument und Phono. 11. 1962, S. 453—454*

8495 Um die Elektronenorgel. *In: Hausmusik. 18. 1954,* *S. 89—90*

8496 Verbot der Multiplexorgel in kath. Kirchen. *In: Musik und Kirche. 3. 1931, H. 4, S. 195*

Allgemeines

8497 Alles für die Orgel. *In: Instrumentenbau-Zeitschrift. 8. 1953/54, S. 196—197*

8498 Beachtenswerte Informationen bei Vergebung von Orgel-Bauten. *In: Cäcilia. 1914, S. 25, 33*

8499 Bekenntnis an die Orgel. *In: Sächsisches Kirchenblatt. 1928, S. 329, 341*

8500 Bigness of an organ. *In: Musical News. 44. 1914, S. 1157*

8501 Broschure on the Church Organ. *Belfast o. J.*

8502 Bund Deutscher Orgelbaumeister. *In: Instrumentenbau-Zeitschrift. 3. 1948/49, S. 21*

8503 Church Pageantry Display'd, or Organ-Worship Arraign'd and Condemn'd. (Verfasser: „Eugenius Junior"). *London 1700*

8504 Dienstanweisung für ev. Kirchenbeamten i. d. Prov. Sachsen. *1902*

8505 Einige Discurse zweier Orgelfreunde. *Greiz 1742*

8506 Einige Vorschläge zur Hebung des Orgelspieles in den Kirchen. *In: Pastoralblatt der Diözese Münster. 7. 1869, S. 124—128*

8507 Erfolgreiche Orgelbauten unter schwierigen Verhältnissen. *In: Instrumentenbau-Zeitschrift. 13. 1958/59, S. 172, 174—175*

8508 Export von Orgeln aus der DDR. *In: Deutscher Export. 7. 1955, S. 67*

8509 Feinde der Orgel. *In: Siona. 1896, S. 68*

8510 Gehilfenprüfungsordnung für Orgelbauer. *Königsberg 1906*

8511 Eine „Gesellschaft der Orgelfreunde". München. *In: Zeitschrift für Kirchenmusik. 72. 1952, S. 137*

8512 „Gute alte Orgelbühne!". *In Musica sacra. 76. 1956, S. 56—60*

8513 Hints to the Organists, Organ Committes and Others interested in obtaining an Organ for a Church or Chapel. *Worcester o. J.*

8514 Hitlerjugend und Orgel. *In: Musik und Kirche. 10. 1938, H. 5, S. 226*

8515 How popular is the Organ? *In: The Musical Times. 90. 1949, S. 320—322*

8516 Kirchliche ehrenhafte Mittel (Zur Beschaffung von Orgeln etc.). *In: Sächsisches Kirchenblatt und Schulblatt. 12. 1862, S. 129—131*

8517 Klingende Welt. *In: Sonntag. Eine Wochenzeitung für Kulturpolitik, Kunst und Unterhaltung. 4. 1949, Nr. 16, S. 3*

8518 Die Königin der Instrumente. *In: Deutsche Wochenschau. 20. 1943, S. 8*

8519 Die Königin der Instrumente. Anläßlich der Orgelkonzertübertragungen in Hamburg und Leipzig. *In: Funk. 1931, S. 315*

8520 Die Kunst des Orgelbaues. *In: Schleswig-Holstein. Monatshefte für Heimat und Volkstum. 1956, S. 364, 366*

8521 Leitsätze über Orgelbau ... zur Hand der Architekten. *In: Musica sacra. 62. 1931, S. 18*

8522 Lettre sur un orgue. *Paris 1806*

8523 Liturgie zur Orgelweihe. *In: Sächsisches Kirchenblatt und Schulblatt. 30. 1880, S. 110—112*

8524 Der mehrstimmige Chor und die Orgel. *In: Kirchenmusikalische Nachrichten. 14. 1963, H. 5, S. 2—4*

8525 Nochmals: Es geht um einen Instrumentennamen. *In: Instrumentenbau-Zeitschrift. 19. 1965, Nr. 9, S. 384—388*

8526 Normalpreise für Orgeln. *In: Zeitschrift für Instrumentenbau. 25. 1905, S. 805*

8527 Organ and Choral Aspects and Prospects. *London (New York) 1958*

8528 The Organ Club Handbook. *4. 1949; No. 6. 1962*

8529 Organ in Architecture. *In: Architects Building Journal. 33. Nr. 847, S. 389*

8530 Organ Voicing and tuning. *Cincinnati 1881*

8531 Organaria. *In: Musica sacra. 29, S. 36 ff. 30, S. 73—85, 193, 141, 185 ff.; 1905, S. 13—16; 1908, S. 139, 147*

8532 Organs Advisory Committee. Organs for Parish Churches. *1955*

8533 Organs Advisory Committee. Organ Cases for Parish Churches. *1959*

8534 Orgel. *In: Kirchenmusik. 1909, S. 169*

8535 Die Orgel. *In: Musikgesellschaft. Zürich 1859*

8536 Die Orgel. *In: Alte und neue Welt (Illustriertes kath. Familienblatt. Einsiedeln. 25. 1891, S. 434 bis 438, 498—505*

8537 Die Orgel als Begleitinstrument. *In: Der Chorwächter. 63. 1940, S. 87*

8538 Die Orgel als Kultusinstrument. *In: Der Chorwächter. 63. 1940, S. 84—87*

8539 Die Orgel für die Dorfkirche. *In: Instrumentenbau-Zeitschrift. 2. 1947/48, S. 2—3*

8540 Die Orgel im ev. Gottesdienst. *In: Der praktische Schulmann. 43. 1894, S. 180—183*

8541 Orgel im jüdischen Tempel. *In: Zeitschrift für Instrumentenbau. 52. 1932, S. 54*

8542 Die Orgel in den Feiern der NSDAP. *In: Spielschar. 16. 1943, H. 2, S. 21*

8543 Die Orgel und der Organist. *In: Singende Kirche. 7. 1960, S. 107—108*

8544 Orgelbau in musikalischer Sackgasse? *In: Instrumentenbau-Zeitschrift. 17. 1962/63, S. 263—264*

8545 Orgelbauer haben zu tun. *In: Wirtschaftszeitung. 4. 1949. Nr. 65, S. 6*

8546 Das Orgelbau-Handwerk. *In: Deutsche Instrumentenbau-Zeitung.* 39. 1938, S. 248

8547 Orgelbauten. *In: Siona.* 12. 1887, S. 95

8548 Orgelbrausen. *In: Katholischer Digest.* 3. 1949, Nr. 4, S. 7—12

8549 Orgelbygge och orgelspel. *Lund 1955*

8550 Orgelmisere. *In: Caecilia. Straßburg.* 61. 1953, S. 157—158

8551 Orgeln. *In: Zeitschrift für Instrumentenbau.* 24. 1904, Nr. 25

8552 Orgeln und Glocken. *In: Gregorianische Rundschau.* 1905, S. 73—75

8553 Orgelsachverständiger und Orgelbau. *In: Deutsche Instrumentenbau-Zeitung.* 40. 1939, S. 141

8554 Orgelspiel in der protestantischen (ev.-luth.) Kirche. *In: Sächsische Schulzeitung.* 46, 1879, S. 171 bis 175, 183

8555 Orgelweihe. *In: Monatsschrift für Pastoraltheologie.* 18. 1922, S. 125—128

8556 Orgelweihe, wie sie eigentlich nicht sein sollte. *In: Gottesdienst und Kirchenmusik.* 1950, H. 6, S. 40

8557 L'orgue à tuyaux. *In: La Musique sacrée au IIIe Congrès international de musique sacrée Paris 1957. Paris 1958,* S. 199—202

8558 Règles liturgiques concernant l'usage de l'orgue. *In: Paroisse et liturgie. St. André.* 34. 1952, S. 256—258

8559 Die Rolle der Orgel während des Gottesdienstes. *In: Der Chorwächter.* 75. 1950, S. 98—99

8560 The Status of the Organ. *In: Musical Opinion.* 77. 1954, S. 390

8561 Über den Mißbrauch der Orgeln. *In: Pastoralblatt der Diözese Münster.* 3. 1865, S. 19—21

8562 Über Orgeln. *In: Gregorianische Rundschau.* 1903, S. 141. 1904, S. 147

8563 Våra gamla orglar. *In: Tidskrift för kyrkomusik och svenskt Gudstjänstliv.* 7. 1932, S. 17—18

8564 Verband der Orgelbaumeister. *In: Zeitschrift für Instrumentenbau.* 49. 1928, S. 261

8565 Vergebung von Orgelbauten. *In: Korrespondenzblatt für den kath. Clerus Österreichs.* 54. 1935, S. 295

8566 Vom deutschen Orgelbauer. *In: Das bayerische Handwerk.* 4. 1942, S. 397

8567 Vom Wege der Orgel in unserer Zeit. *In: Zeitschrift für Instrumentenbau.* 63. 1943, S. 37—39

8568 Von der Kunst des Orgelbaus. *In: Baden-Württemberg.* 1955. H. 3, S. 21—24

8569 Was Landgericht, Oberlandgericht und Bundesgerichtshof nicht wußten. Weitere Feststellungen zum Orgelprozeß. *In: Instrumentenbau-Zeitschrift.* 19. 1965, Nr. 11, S. 476—479

8570 Wie eine Kirchenorgel entsteht. *In: Deutsche Export-Revue.* 1906, S. 783—785

8571 Wie halten wir eine Orgelweihe? *In: Württemb. Blätter für Kirchenmusik.* 25. 1958, S. 11—13

8572 Wie soll die neue Orgel aussehen? *In: Evangelische Welt.* 6. 1952, S. 428

8573 Zeitgemäße Orgelfragen. *In: Neue Zürcher Zeitung.* 21. 11. 1926

8574 Zusammenkunft der Orgelbauer. *In: Instrumentenbau-Zeitschrift.* 3. 1948/49, S. 139

Register

Orte, Landschaften und Länder

Aachen 0666, 3473, 7033, 7910
Abbeville 4169, 4467, 7137
Åbo 0143, 0144
Adema 7261
Adelaide, Australien 2753
Adlington Hall 1409
Admont 6179
Adorf 0202
Afrika 4767
Afrika, Süd- 3428
Afrika, Zentral- 3662
Aire-sur-l'Adour 0836
Aire-sur-la-Lys 1811
Åland 0145
Albany, Texas 0906
Albi 1485, 2373, 5397
Aldergate 2489
Alençon 1636, 1637
Allenstein 4939
Alkmaar 1746, 1769, 2116, 7180, 7835
Allerum 0140
Altdorf 0439
Altenburg 4279
Altheim 1655
Altona 6187, 6192
Altona-Ottensen 7882
Alt-Rendsburg 2554
Alverstoke 1414
Amberg 7793
Ambleside 7610
Amerika 0361, 0622, 1444, 1447, 1460,
   1604, 1672, 3027, 3100, 3629, 3911,
   4013, 4500, 4894, 4895, 4972, 6018,
   6379, 6469, 6617, 6618, 7009, 7690,
   7912
Amerika, Nord- 3205
Amiens 0410, 1540, 1541, 1634, 1814,
   1815, 1900, 1901, 1903, 1904, 2700,
   7269, 7913
Amorbach 0709
Ampleforth 0352
Amsterdam 0619, 0686, 0687, 0688,
   0881, 1327, 2100, 2191, 3042, 3223,
   3227, 5302, 5304, 6696, 7179, 7189
Anagni 1427
Andelys 1442, 5394, 5988
Anden 6652, 6662
Andernach 3520
Angers 0232, 1175, 1623, 2210, 2212,
   2213
Angoulême 2364, 2365, 2367
Anhalt 0359
Annweiler 2835
Antwerpen 2492, 5710, 6138, 6362,
   6640, 7062
Apenrade 6196, 7740
Appetshofen 5485, 7914

Aquincum 4967, 5221
Arborga 4524
Arezzo 1390, 1420, 2611
Argentan 0163, 4098, 7239
Argentinien 4073, 6661
Arles 5630
Arlesheim 3871
Armentières 5365
Armley 0092, 1040, 2851, 7394
Arnhem 1543, 5401, 7181
Arnsberg 2746, 3354
Arras 4100, 4812, 7136, 7775
Aschersleben 3570
Ascot 6529
Asker 7084
Asola 0567, 2917
Assaunen 7916
Asti 1053
Atlantic City 1767, 3673, 4781, 7621,
   7915
Åtvid 2177
Auch 0002, 1088, 1171, 1824, 1825,
   6564, 6565
Auckland 1260
Aude 5583
Augsburg 2557, 3906, 5713, 5937, 6631,
   7823, 7917, 7918, 7919
Autun 2403, 4701
Auxerre 0388
Avallon 0130, 6995

Baden 0376, 4067, 4142, 5780
Bärenstein 7093, 7094
Bagnères-de-Bigorre 7920
Bakewell 7710
Balham 4199
Balrum 7084
Bamberg 7922
Banbury 7474
Bangor 0337, 0515, 2864
Barbados 3444
Barcelona 0291, 0292, 6999
Barking 2481
Barmouth 6556
Barmstedt 7923
Barnet 0513
Barnsley 2430
Bar-sur-Aube 4183
Bartenstein 0842
Basel 0691, 6136, 7924, 7925
Båstad 5932
Bath 2471, 3160
Bautzen 0383
Bayern 0612, 3254, 3338, 3347, 3801,
   5488, 5512, 5535, 6761, 7911

Bayonne 6427, 7926
Bayreuth 3110, 3358, 3361
Beaufort-en-Vallée 1622
Beauvais 1635, 3039, 3040, 5842
Bebington 1220
Beckenham 1404
Beckum 5759
Bedford 0752, 0759
Bedheim 5699
Bedminster 1596
Belgien 0539, 1243, 2830, 2868, 3940,
   7130, 7161, 7164
Benk 7927
Bergamo 7046
Berlin 0252, 0402, 0535, 1551, 1552,
   1556, 1722, 2004, 2024, 2026, 2228,
   2230, 2231, 2235, 2236, 2237, 2238,
   2320, 2323, 3057, 3203, 3681, 3698,
   3981, 3991, 4881, 4925, 4936, 5649,
   5692, 6149, 6173, 6279, 6628, 6629,
   7280, 7928, 7929, 7930, 7931, 7932,
   7933, 7934, 7935, 7936, 7937, 7938,
   7939, 7940, 7941, 7942
Berlin-Charlottenburg 0251, 0548, 1943,
   2384, 5679, 5683, 5902
Berlin-Lichterfelde 7943
Berlin-Schöneberg 1979
Berlin-Spandau 2233, 4081, 4084, 4669,
   7773, 7786, 7849, 7944
Bern 0689, 0690, 3516, 3889, 4221,
   4222, 6159, 6302, 6690
Bernau, Mark 5903
Berne 1006
Berwick-on-Tweed 2750
Beuron 2714, 7945
Beverly 0427, 1296, 1912, 5829
Bexhill 7268
Bideford 7560
Biebisheim 0296
Bielefeld 4145, 6966, 7827, 7946
Bigourdain 1852
Billwärder 6191
Birkenhead 5390
Birmingham 1280, 1578, 1963, 2072,
   2081, 2083, 2996, 5252, 6515, 6524,
   6530, 6541, 7590
Birnau 3793, 3795, 7947
Bischofsheim 2716
Bismark 6716
Blackburn 5825
Blackpool 3749
Blancs-Manteaux 4637
Blandford 4618
Bleidenstadt 7349
Blenheim 4729
Blois 0970, 0971, 0972, 0973, 0977
Bloomsbury 0189

240

Danzig-Oliva 2595
Darmstadt 3861, 7986, 7987
Darmstadt-Bessingen 4909
Daun 5711
Dax 1827
Delmenhorst 0532, 1016
Den Bosch s. Hertogenbosch
Den Haag s. Gravenhage
Derby 2827
Detmold 0169, 3822, 7988
Deventer 7174
Devon 1089, 1768, 5634
Diedesfeld 1422
Diepholz 3704
Dieppe 5153, 5613
Diessen 5522
Dietershausen 2838
Dietkirchen 0658
Dijon 0943, 4969
Dimbach 0820
Dippoldiswalde 4132
Dischingen 7761
Disentis 7989
Dittersdorf 3337
Döbeln 6687
Doetinchem 1298, 1570, 7188, 7839
Dole 2634
Doncaster 1224, 3609, 4801, 6115,
   7577, 7595, 7598
Dornum 3700
Dorpat 2544
Dortmund 3393, 4227, 5948, 6693,
   7723, 7990
Douai 4109
Dover 6974
Down, Irland 1332
Downside 5769, 6735, 6765
Draguignan 4094, 5405
Dresden 0132, 0668, 1374, 1559, 2354,
   3349, 3581, 3711, 5191, 5193, 5194,
   5690, 6163, 6996, 7337, 7338, 7339,
   7991, 7992
Dringenberg 6203
Drottningsholm 7993
Dublin 5391, 6481
Duderstadt 7994
Dünkirchen 4105
Dünnow 0725
Düren 0650, 1781
Düsseldorf 0655, 2815, 6060, 7995
Duisburg 1788
Dulwich 6681
Dunblane 6727
Dundee 6672
Dunfermline 7597
Dunkerque 4105
Dunster 5075
Durham 1567, 2854, 2857, 4591, 7996

Ealing 0190, 0463, 5392, 6732
Eastbourne 1400
Ebersmünster 0438, 4319, 7783

Eckenhagen 3471
Edegem 7997
Edgbaston 2866
Edinburgh 0116, 1021, 1734, 2060, 3375,
   4072, 6729, 7589, 7592
Egerland 6281
Eichstätt 5714, 6275, 7637
Eifel 5711
Eilenburg 7497
Eindhoven 3763, 7091
Einsiedeln 2383, 2516, 3886, 3887,
   3888, 4978, 7998, 7999
Eisenach 4277
Eisenberg 1508
Elberfeld 8000
Elbing 0618, 3965, 5197, 8001
Elgg 5298
Elsaß 0376, 1350, 3809, 4256, 4747,
   5439, 5687, 5803, 5804, 7275, 7314,
   7456
Elsey 3400
Ely 0526, 1398, 1401, 1649, 7709
Embrun 2211, 2933, 2934, 2935, 5871,
   5872, 5874
Emden 3010, 3697
Enfield 0832
Engelberg, Schweiz 0009
England 0578, 0825, 0826, 0827, 1419,
   1490, 3480, 3576, 3577, 4586, 6020,
   6021, 6757, 6821, 6835, 6837, 6924,
   7336, 7441, 7442, 7623, 7683, 7685,
   8002
Epine 1652
Erfurt 2292, 2658, 2742, 6295, 6405,
   8003
Ergoldsbach 6436
Erlangen 8004
Erlangen-Neustadt 6212
Eschwege 3937
Escorial 1142, 5893, 5913, 6437
Essen 4359, 5357, 5805, 8005
Essex 6829, 7427
Eßlingen 4733, 8006
Estland 5866
Etampes 5604
Eton 1284, 2457, 4680
Ettenheimmünster 3368
Euskirchen 6081
Evreux 0378, 0568
Evron 1170
Exeter 2058, 2468, 2470, 4615, 6651,
   6842, 8007
Eylan 5618

Faenza 7143
Fareham 1407, 5243
Farnborough 6734
Fay-aux-Loges 8008
Fécamp 2938, 8009
Feltre 8010
Fenham 2795

Fermo 7267
Ferté-Bernard 1184, 1645
Finnland 2416, 4564
Fiore 5432, 7097
Firenze s. Florenz
Flandern 1611, 2203, 2868, 3686, 3946,
   4852
Flensburg 4475, 7804, 8011
Flisby 2163, 2171
Florenburg 4913
Florenz 1451, 4419, 4428, 4429, 5765,
   7096, 7098
Foix 4050
Fojano 7138, 8012
Folkestone 0185
Folkström 8013
Fora 5250
Forfar 0544
Forst, Lausitz 8014
Fougères 5698
Foundling 2454
Franken 2315, 3360, 4351, 5059, 6102,
   6590, 7754, 7792
Frankenberg 2846
Frankfurt, Main 2956, 2957, 3064, 3304,
   3370, 5235, 6355, 6356, 6359, 7320,
   7894, 8015, 8016
Frankfurt, Oder 3229, 3920, 3921
Frankreich 0367, 0408, 0933, 1044, 1314,
   1349, 1362, 1639, 1758, 1834, 1835,
   1838, 1840, 1844, 1846, 1847, 1849,
   1850, 1851, 1857, 1859, 1865, 1880,
   1881, 1906, 2194, 2635, 2644, 2645,
   2656, 2790, 2849, 2942, 2978, 3095,
   3207, 3208, 3435, 3687, 4192, 4644,
   4751, 4762, 4811, 4839, 4853, 5101,
   5584, 5595, 5596, 5602, 5625, 5869,
   5954, 5974, 6245, 6351, 6400, 6741,
   6763, 6818, 6837, 7219, 7899, 8017,
   8027
Frauenburg 3948
Frauenstein 4918, 6684
Fraureuth 8019
Frederiksborg 0305, 0841, 2411, 2573,
   3056, 4096, 4323, 5012, 6146, 7767,
   8020
Freiberg, Sachsen 0668, 1510, 2330,
   2332, 2337, 2341, 3743, 3744, 4474,
   4902, 5098, 6313, 7774, 7787
Freiburg, Breisgau 0052, 1521, 1809,
   1949, 2962, 3015, 3537, 3647, 3745,
   4557, 4626, 5110, 5684, 6140, 6141,
   6142, 6143, 6749, 7378, 7428, 7470,
   7695, 7721, 7722, 8021, 8022, 8023,
   8024, 8025, 8026
Freiburg, Schweiz 0895, 2254, 2260,
   2519, 2520, 2521
Freising 5513
Fressingsfield 0834
Freudenstadt 8028
Freudenthal 4974
Fribourg, Schweiz 0895, 1529, 1544,
   2519, 2520, 2521, 4113
Frickenhausen 2300

Friedberg 0386, 4908, 4910, 4912, 7905, 8029
Friesland 0992, 3618, 3860, 5796, 7744
Friuli 4584, 7121
Frodsham 6539
Fulda 3953, 3954, 5639, 5642, 5643, 5644, 5646, 5659, 5664, 7869, 7870
Fulham 7013
Fundres 7777

Gadenstedt 5281
Gästrikland 7539
Gävle 2105, 2106
Galway 2630
Gamla 7488
Ganderkesee 1016
Gartow 6366
Gasforth 1719
Gau-Bischofsheim 0703
Gaukönigshofen 2303
Gautzsch 0910
Gebweiler 8030
Geisa 5653
Gelsenkirchen 3394
Gemmenich 3896
Genève 4698
Genf 4698
Genova 8031
Gent 1140, 2286, 3765
Genua 4422, 8031
Gerolsgrün 6576
Gerona 1353
Gers 6388
Gervais 6817
Giengen, Brenz 7829, 8033
Gießen 7115
Gifhorn 5347
Gisors 1744, 4032, 7224, 8034
Gladbach 7457, 8035
Gladbeck 0569
Glarne, Schweiz 2662
Glasgow 1325, 7624
Glauchau 4685, 5926
Glogau 0645
Gloucester 2455, 2660, 4793, 5792, 7840
Gloucestershire 1254, 2509
Glückstadt 4770, 4991
Gnadenstedt 3867
Görlitz 0897, 0982, 2781, 3144, 3949, 5010, 5285, 6322, 7765
Gössweinstein 8036, 8037
Göteborg 2154
Göttingen 2020, 2022, 3102, 4476, 4484, 6161, 6312, 7109, 8038, 8039
Göttweig 3591
Goldramstein 1726
Goslar 1115, 3009, 3012, 3677
Gosport 2473
Gottorp 6164
Gouda 1745, 3281, 3910, 7177, 8040
Grabfeld 6686

Granada 0266, 1574
Grantham 2066
Grauhof bei Goslar 3675, 3676, 3678, 3679, 3680
Gravenhage 2848, 4080, 5851, 7649
Graz 1996, 3500, 6177, 8041
Great Witley 6744
Greenwich 3578, 4847, 4848, 7038
Greifswald 0671
Grenoble 0285, 0431, 0548, 5873
Grevenbroich 0925
Grieskirchen 1928
Groenlo 4874, 5027, 7730
Groningen 0879, 2394, 3860
Großbritannien 0733, 1300, 1310, 1333, 1468, 1469, 2281, 2434, 2436, 2437, 7969, 7970, 7971
Großhartmannsdorf 0673
Großkmehlen 3356, 7878
Großröhrsdorf 5195
Großschönau 6137, 7306
Groß-Weikersdorf 1927
Groton, Mass. 1449
Grüningen 3892, 7494, 7495, 8042, 8043
Guernsey 1595
Guildford 2628, 4068
Guimiliau 8044

Haarlem 1319, 1896, 2113, 3106, 3891, 4440, 4450, 4897, 5106, 5111, 5238, 5239, 5543, 6809, 7000, 7166, 7264, 8045
Hälsingborg 4569
Hälsingland 7526, 7540
Hagenau 5350, 6167
Haileybury 5832, 7815
Halberstadt 0267, 0838, 3982, 3983, 6682
Halifax 1222, 5822, 6525, 6554
Hall 6386
Halle 0268, 0269, 3214, 4935, 4944, 6124, 6393, 6766, 7642, 7742, 8046, 8047
Halle-Wittenberg 6123
Hamburg 0053, 0115, 0205, 0278, 0290, 0531, 1430, 1431, 1432, 1920, 2385, 2392, 2394, 3150, 3219, 3245, 3552, 3741, 4556, 4670, 4868, 5105, 5631, 5892, 6189, 6190, 6194, 6197, 6198, 6200, 6201, 6259, 6260, 6360, 6451, 6811, 6823, 8048, 8049, 8050, 8051, 8052, 8053
Hamburg-Alsterdorf 8054
Hamburg-Altona 5712
Hamburg-Neuenfelde 2393
Hamburg-Uhlenhorst 0941
Hampstead 0197, 0499
Hanley 7599
Hannover 1980, 3702, 7113, 8055, 8056, 8057
Hannoversch-Münden 2897

Harbo 3623
Harborne 7403
Harburg 8058
Hardwicke 2512
Harrogate 6720
Harrow-on-the-Hill 0503
Hassitz 3142, 5555
Hatzfeld 6241
Hausneindorf 6200, 6717, 8059
Havelberg 6318, 6332, 8060
Haworth 0870
Headlingley 5317
Heidau 6979
Heide 6694
Heidelberg 1989, 2906, 4520, 4521, 7047
Heiden 8061
Heidweiler 6315
Heilbronn 0682
Heiligenberg bei Olmütz 3228
Heiligenhafen 8062
Heiligenkreuz bei Wien 3176
Heisterbach 0276
Hellbrunn 6237
Helmond 7160, 7176
Helmsley 2063
Helsingör 2572
Helsingfors 4567
Hérault 5583
Hereford 6737, 6738, 7603
Herefordshire 6545
Herford 3702, 4652, 5749, 6361, 8063
Hermannstadt 0417, 4899
Herne 8064
Herrieden 5060
Herrliberg-Zürich 0940
Herschbach 3053, 8065
Hersfeld 6777
Hertogenbosch 0882, 2944, 6497, 7086, 8066, 8067
Herzogenburg 1937, 3171, 7686
Hessen 1654, 2669, 2894, 4911, 5657
Hessental 8068
Hexham 0639
Highgate 0195
High Wycombe 7817
Hilden 6701
Hildesheim 0613, 5139, 5140, 5142, 5143, 5144, 5145, 5146, 8069, 8070
Himmelpforten 3417, 6366
Himmerod 8071
Hinckley 8072
Hindley 0772, 1116, 1562, 3593, 5016, 6523, 6557, 6872
Hoch-Elten 3352, 3353
Höxter 0676
Hof 2659, 3362, 3365, 5372, 5373
Hofkirchen 3689
Hoheim 2301
Hohenmölsen 6227
Hoinkhausen 2003, 3665
Holborn 0489, 7552
Holland 0015, 0016, 0019, 0042, 0524, 0885, 1306, 2830, 3123, 3335, 3386,

244

Moers 4946
Mollau 3758, 3759, 4755, 4757
Monreale 5184
Montabaur 2556, 7353
Montauban 2410
Montecassino 1101, 1498, 4423, 7039, 7041
Monteoliveto 4501
Montpellier 0555, 4703
Montreal 4460
Moret-sur-Loing 5611
Morimond 5885
Morlanda 2415, 3236
Moskau 3819, 6126
Moutiers-au-Perche 2402
Mudau 5718
Mühlhausen 5677
Mühlhausen, Ruhr 3919
Mühlhausen, Thüringen 4360, 4361
Mühlheim 5078
München 0647, 1727, 2285, 3339, 4010, 5490, 6208, 6560, 6646, 7279, 8147, 8148
Münster 1640, 2199, 2259, 2665, 2936, 3247, 4247, 5709, 5730, 5731, 5751, 5757, 6347, 8149, 8150
Münsterschwarzach 2302, 3430
Murcia 4047
Muri 2518
Muswell Hill 0518
Mysore 8151

Nagoya 8152
Nairobi, Kenya 1357, 1358
Nancy 3530, 4052, 4699, 8153
Nantes 0894, 1435, 1436, 2368, 2371, 4808, 8154
Narbonne 1829, 3230, 5815, 5816, 5817, 8155
Naumburg 2973, 4485, 5009, 7688, 8156
Neapel 1161, 4409, 4410, 5425, 5426, 5427, 6706, 6707
Nene Valley 2219, 2704, 3158
Netstal 5298
Neukirchen 4947
Nevishög 0070
Newark 2057
New Brunswick 5443
Newbury 2476
Newcastle-on-Tyne 2858, 5035, 5839, 7821, 8157
New Cross 6976
New Haven 1072
New Milverton 1297, 3390
Newport, USA 1448, 6673
New York 0210, 0623, 1304, 1461, 3672, 5545, 6660, 8158, 8159, 8160
New Zealand 6567
Nice 6040
Niederaltaich 2876, 8161
Niederlande 0880, 0884, 0918, 0988, 1045, 1077, 1626, 2115, 2182, 2232,

2265, 2319, 2820, 2868, 3286, 3434, 3493, 3494, 3532, 3750, 3787, 3853, 3932, 4177, 4838, 4841, 4930, 5083, 5303, 6286, 7070, 7088, 7114, 7134, 7162, 7163, 7175, 7272, 7668, 7906
Niederrhein 1780, 4245, 5336, 5689, 8162
Niederwiesa 8163
Niederzwönitz 1382
Nienstedten 8164
Nijmegen 0580
Nîmes 1902, 5435
Niort 4092
Nördlingen 2688, 7051
Nonancourt 5638
Norberg 4220
Nordelbingen 2912
Norden 4483, 8165
Nordhausen 3769, 6084
Nordheim 8166
Nordmaling 4374
Nordschleswig 5282
Norfolk 1311, 3598, 5120, 5133, 5135
Normandie 5696, 6749
Normlösa 2165
Norrköping 2140
Northampton 0039, 1566, 6532, 7213, 7836
Northamptonshire 1561
Northeim 3148
Nortorf 6193
Norwich 0023, 0024, 3598, 3599, 5119, 5122, 5126, 5134, 7713
Norwood 1545, 1546
Nossen 8168
Nottingham 0430, 1378, 2067, 5132, 6531, 6814, 6854, 7582, 7837
Noyen 4126
Nürnberg 0131, 1976, 3367, 4662, 4666, 5850, 6132, 6685, 7310, 7604, 7694, 8170, 8171, 8172, 8173
Nuits 0536

Oberbergisches Land 2674
Oberehe 5711
Oberlausitz 3490
Obermarchtal 8174
Oberpfalz 7793
Oberpleichfeld 2308
Oberrhein 4633, 5335, 5916
Oberschwaben 0821, 2807, 4508, 4742, 6899, 6919, 8175, 8176
Oberstein, Nahe 8177
Oberwallis 0987
Oberwesel 0702
Ochsenhausen 6431, 8178
Oelinghausen 1821, 1822
Oelsnitz 8179
Österreich 1418, 1564, 1583, 1802, 1917, 1935, 1940, 2495, 2534, 2537, 2770, 2965, 3131, 3132, 3168, 3180, 3615, 3928, 3930, 4727, 4833, 4988,

5471, 5478, 5479, 5480, 5486, 5487, 5517, 5542, 5715, 6863, 6931, 7023, 8180
Östervåla 3864, 3865, 8181
Östra Skrukeby 8182
Östra Torsås 5066
Oettingen 6001
Överselö 2173
Övertornea 7227
Ohrdruf 4446
Oldenburg 1884, 2764, 3072, 3703, 3704, 4244, 5733, 5734, 6308
Old Radnor 6922
Oliva 1624, 2593, 5113, 8183
Olmütz 2104, 5469, 6580
Oloron 6427
Olpe 2407, 3327
Oostenrijk 7370
Oosthuyzen 3710
Opladen 5115
Oppeln 2247, 8184
Oppenau 0624
Oppenheim 2803, 2805
Orléans 0974, 0975, 0976, 0978, 1186, 2424, 4180, 7042
Orvieto 2610, 5314, 8185
Oschatz 5888, 6293
Oslo 5360
Osmondthorpe 7395
Osnabrück 0696, 3701, 3702, 8186
Osseg 5464, 5474
Ossiach 5112
Osterode 6083, 6085, 6086
Ostfalen 2355
Ostfranken 6452
Ostfriesland 3707, 5685
Ostmark 1938, 1939
Ostpreußen 3738, 4938
Osttirol 1580
Otterndorf 3422
Ottersweier 8187
Ottilien 8188
Ottobeuren 0557, 1660, 3637, 4556, 4743, 5508, 5155, 5658, 5782, 6205, 6206, 6756, 7758, 7760, 7763, 7764, 8189
Oviedo 0891
Oxford 1295, 1305, 1956, 1957, 2482, 2485, 2490, 2867, 4996, 5174, 5175, 5176, 5897, 5898, 6443, 6752, 6824, 6827, 8190

Paddington 0333, 0490, 0495, 1412, 5981
Paderborn 0674, 0676, 0954, 1424, 1425, 4242, 5150, 7449
Padua 1128, 2335, 2632, 2785, 2845, 5794, 5820, 6958, 8191, 8192, 8193
Paisley 0287
Palermo 4427, 5185
Paris 0013, 1472, 1862, 1863, 1922, 2272, 3082, 3083, 3084, 3086, 3206,

Sachsen 1512, 1609, 2555, 2607, 2608, 2984, 2986, 3141, 4208, 5067, 5666, 6261, 7079, 7290, 7293, 7865, 8239
Sachsen-Altenburg 1947
Saint-Aignan-du-Cher 0969
Saint-Benoît-sur-Loire 0978
Saint-Bertrand-de-Comminges 0062, 0412
Saint-Brieuc 2743
Saint-Calais 0898
Saint-Denis 1530, 4041, 4042, 5601, 8240
Saint-Dié 0385
Saint-Dizier 0887, 5287
Saint-Etienne-du-Mont 1833, 2217, 2372
Saint-Germain 4516
Saint-Jacques-la-Boucherie 1470, 1471, 4737
Saint-Laumer 0971
Saint Leonard's-on-Sea 3373
Saint-Lô 4175
Saint Louis, USA 3768
Saint-Louis-en-l'Ile 1872
Sainte-Marie-des-Batignolles 8241
Saint Martin-in-the-Fields 1474
Saint-Michel-en-Thierache 5265
Saint-Mihiel 5585, 5616
Saint-Nicolas-de-Port 5623
Saint-Nicolas-des-Champs 5180
Saint-Omer 1614, 1615, 1632, 1907, 4053, 4129, 8242
Saint-Paul-Saint-Louis 1627
Saint-Quentin 2778, 2779, 5600
Saint-Romain-de-Colbosc 8243
Saint-Savin 0001, 0886, 2686
Saint Urban, Schweiz 5624
Saint-Vincent-de-Paul 4045, 8244
Saintes 1523, 1524, 1759, 1807
Salem 2715, 3815
Salisbury 0178, 0182, 0396, 0748, 1091, 1250, 4462, 4464, 4613, 4616, 4617
Salò 2918, 4887, 4888
Salt Lake City 7844, 8245
Salzburg 1585, 1679, 2498, 2500, 2501, 2502, 2504, 5248, 6122, 6588, 6589, 8246, 8247
Salzkammergut 2503
Salzwedel 7652
San Diego 8248
Sandringham 5130
Sankt Blasien 5548, 6346, 7367
Sankt Florian 0248, 1373, 1805, 1921, 2903, 3011, 3343, 4986, 5058, 5468, 6077, 6134
Sankt Georgen am See 3359
Sankt Lambert 7808
Sankt Lambrecht 1988
Sankt Othmar 1919
Sankt Pölten 2763
Santarcangelo 1141
Santo 6042
Sarcelles 4650
Sassenberg 8249
Savoyen 5262

Scarborough 6724
Sceaux 3535
Scheyern 5537, 8250
Schiedam 6562
Schivelbein, Pommern 3308
Schleiden 3476
Schleiz 2342
Schlesien 1024, 2288, 3986, 6370, 7359, 7643, 8251
Schleswig 3706, 8167
Schleswig-Friedrichsberg 1388
Schleswig-Holstein 1429, 4566
Schlierbach 4983
Schmiedefeld 6951
Schneeberg 3650
Schöningen 5882, 6561
Schopfheim 2009
Schorndorf 1733
Schottland 0030, 2843, 6731, 7547
Schwaben 2958, 2959, 2960, 3801, 4553, 5480, 7754
Schwarzburg-Rudolstadt 2429
Schwarzburg-Sondershausen 2429
Schwaz 2508, 5619
Schweden 0983, 1103, 2127, 2128, 2132, 2137, 2138, 2175, 2176, 2181, 2486, 3233, 3235, 3401, 3446, 4820, 4823, 5030, 5045, 6104, 6105, 7016, 7510, 7515, 7517, 7521, 7527, 7528, 7530, 7541, 7543, 7544, 7873
Schweighausen 6782
Schweinfurt 8252
Schweiz 0376, 1187, 1188, 2511, 2517, 3062, 3582, 3807, 4929, 5313, 5636, 5722, 6107, 6247, 6944
Schwefe 4063
Schwerin 8253
Schwiftingen 2664
Sciacca 1522
Scudamore 0363, 0365, 1094, 1589, 3159, 6691
Seckau 6176, 7150
Sedan 7145
Sedbergh 2431
Segeberg 3531
Seglora 7104
Segovia 1375, 7187
Selby 3105, 6721
Seligenstadt 2810
Selly Hill 6754
Semur-en-Auxots 8254
Senlis 4499, 4702, 8255
Sens 1185, 4176
Sevilla 0010, 0128, 4863, 6440, 6563, 8256
Sheffield 0939, 1153, 1897, 2855, 6802, 7572, 7596, 8257
Shelingford 6478
Sherborne 0341, 0494, 5123
Shrewsbury 3112, 3482
Shropshire 4873
Sidney 8258
Siefgen 2812
Siegburg 0276

Siena 1162
Sion s. Sitten
Sitten 4989, 6171
Sizilien 2844, 5182, 5183
Skirö 4821, 8259
Slowakei 7860
Smaak 3667
Soest 2746, 2834, 3371, 3898, 5979
Soissons 1760, 1775
Soliès-Ville 2668
Solothurn 6133, 7369
Somerset 4510, 5121
Sonderhofen 2303
Sonntagsberg 4982
Sossau 0423
Soultz 0437
Southampton 1034, 1035, 1380, 6852, 7004
Southfield 1027
Southport 7625
Southrop 1112
Southsea 0354
Southwark 0179, 1411, 2477, 6834
Southwell 6805
Sowjetunion 3876, 6127, 6128, 6316, 8260
Spanien 0040, 0041, 0156, 0157, 1735, 1748, 2188, 2433, 2633, 3313, 3472, 3682, 3683, 3686, 3687, 3688, 3854, 4471, 4472, 4696, 5223, 5224, 5226, 5447, 5672, 5738, 5740, 5754, 5755, 5925, 6441, 6912, 7040, 7185, 7238, 7245, 7303, 7745, 7834, 8261, 8262
Spessart 2304, 2311
Speyer 1001, 1725, 2930, 4522, 5338, 5456, 8263
Spitalfields 5983
Springfield 8264
Stade 3418, 6597, 7733
Stafford 6546
Standish 1098
Stannington 7712
Stargard 8265
Staunton Harold 1287
Steiermark 0632, 2225, 2911, 3179, 3425
Steinbach 4188
Steinfeld 0533, 2035, 6220
Steinkirchen 1294
Stettin 6345, 8266
Steyning 1539
Stirling 5886
Stockach 0055
Stockholm 0065, 0066, 2169, 3232, 7466, 7531, 7541
Stockport 4345
Stoke Newington 2856
Stoke-on-Trent 7599
Stoke Rochford 3505
Stolp 6594
Strängnäs 4118
Stralsund 5424, 6317, 6322, 7375
Straßburg 0667, 1496, 1503, 2414, 2582, 2621, 2641, 4598, 4600, 5621, 5686,

Weilheim 5033, 5507
Weingarten 0176, 0281, 0942, 1789, 2274, 3794, 3799, 3800, 3802, 3806, 3808, 4071, 5944, 6489, 6980
Weinheim 7362
Weißenfels 4941, 7067
Wellington 0753
Wells 5984
Wels 1741, 5764
Welt 2977
Weltenburg 6435
Wertheim 0704
Werdau 8305
Werden 1819
Wesel 1786
Westerholt 6257
Westerhusen 3023
Westerwald 3055
Westfalen 2261, 3922, 5664, 5732, 5735, 5739, 5743, 5744, 5747, 5748, 5750, 6273, 6274, 6632
West Hartlepool 1709, 2747, 2751
Westminster 0464, 2450, 5245, 5326, 5440, 7410
Weston-super-Mare 1590, 1591, 1592, 1593, 1599
West Point 1339
Westpreußen 4938
Wetter bei Marburg 0629
Weyda 4581
Whitehaven 0221, 7609, 7611
Wickwar 2487
Wiedenbrück 4678
Wien 1525, 1581, 1923, 1924, 1925, 1926, 1931, 1992, 1995, 1997, 2642, 3124, 3143, 3169, 3171, 3173, 3184, 3824, 4721, 4891, 6178, 6184, 6864,

7015, 8307, 8308, 8309, 8310, 8311, 8312
Wien-Erdberg 1918
Wien-Neustadt 1803, 1916
Wildon 8313
Wilhelmshaven 8314, 8315
Wilhering 3336, 5579, 8316
Willenberg 6348
Wilten 3131
Wiltshire 1095, 1601, 4197
Wimbledon 0525
Wimpfen 8317
Winchester 1257, 4614, 5345, 5565, 5570, 5572, 6927, 7703
Windsor 0206, 0208, 0209, 1085, 1573, 2263, 2435, 4069, 7679
Winnipeg 4790, 7555
Winterthur 4606
Wisbech 2071
Wismar 0267, 7083, 7653, 7654
Wissen 3052
Witten 8318
Wittingen 6380
Witzighausen 7734
Woburn 6410
Wolfenbüttel 4916, 5163, 6434, 6719
Wolkenstein 6949
Woluwe 8319
Wolverhampton 6544, 6547, 6548, 6552, 7684
Woodford 4234
Woolnoth 3210
Worchester 0228, 2461, 4960, 4961, 8320
Worcestershire 2062
Worms 2805
Worthing 5241

Wotton-under-Edge 1092, 5767
Wotzlaff 8321
Wriezen 8322
Writzen 6606
Württemberg 5495, 6913
Würzburg 2098, 2299, 2312, 2313, 2314, 2315, 3231, 3708, 3709, 6102, 6103, 8323
Wuppertal-Elberfeld 8324
Wurzen 8325
Wycliffe 1600

Yllestad 2136
York 1069, 1320, 1484, 2463, 3518, 4653, 4836, 5453, 7393, 7585, 8326, 8327, 8328, 8329
Yorkshire 5761

Zeil 6888
Zeitz 2973
Zell 7050
Zerbst 7645
Zierikzee 0288, 4291
Zittau 4686, 8330
Zofing 7080
Zschopau 3315
Zürich 2239, 3345, 5928, 6865, 8331
Zutphen 2713
Zweedse 3401
Zwettl 2763, 3175, 8332
Zwickau 2336, 2677, 3365, 7079
Zwischenahn 4740, 6151
Zwolle 0168, 3111, 7017, 7173

Personenregister

Abbey, J. 4469, 6830
Adcock, Ernest E. 5846
Adema 7261
Ahlstrand, Nils 2137, 2146
Ainscough, Henry 5828
Alain, Jean 1857
Allen, William 6519
Alley 5388
Amphlett 6843
Andrea, Fra 6950
Andrews 2079
Anelli 5708
Anelli, Pietro 6010
Antegnati 2921, 2922, 2927, 4392, 4394, 4433, 4887, 4948
Antegnati, Costanzo 3845
Antegnati, Giovanni Battista 6011
Arnold von Seligenstadt 1662
Audsley, George Ashdown 0242
Auler, Wolfgang 5902
Austen, Britten 7729
Avanzi 0930
Avery, John 5793

Baake 7083, 7652
Bach, Johann Christian 4636
Bach, Johann Christoph Friedrich 7826
Bach, Johann Sebastian 0107, 0278, 1555, 1663, 1664, 1665, 1674, 2086, 2108, 2346, 2390, 2594, 3460, 3463, 3841, 4278, 4446, 4643, 5103, 5349, 5770, 5907, 5911, 6311, 6593, 6787, 6815, 6831, 6848, 7127, 8430
Bach, W. 7635
Bader 5144, 5752
Bader, Daniel 7347
Bädeker 6113
Balbiani 7186
Barker 7446
Barker, Charles Spackmann 3045, 4099, 4765, 7822
Beard, Norman 1317
Bedos de Celles, D. François 2909, 3041, 4496, 5583, 7291, 7757, 8282
Begg, James 2356
Bendeler, Johann Philipp 4495
Berlioz 7200
Bernasconi, Luigi 6454
Bernhard 3704
Bernhard, Johann Georg 7735
Bertrand 1344
Best, W. T. 3566
Bigatti, C. 6391
Billberg 4374
Binns, James Jepson 0953, 2749

Blasi, Luca 1126
Bodley, George Frederick 0035
Boll, Frantz 4023
Bonatti 4408
Bonavia-Hunt, Noel A. 0485, 0734, 1462
Bonfichi, P. 6391
Bonnet, Joseph 3450, 3451
Borde, Andrew 0835
Bornefeld 6946
Bosboom, Johannes 0270
Bossi, M. E. 5170
Bossi-Urbani, Adeodato 2694
Breil, Franz 0919
Brenger, G. 0536
Bruckner, Anton 0248, 1373, 1805, 3011, 5615
Brustwerkle, Daniel 5701
Buck, Percy 4871
Buckow 3824
Burn, Henry John 1452
Busmann 0610
Bute, Earl of 1489, 2525
Buxtehude, Dietrich 2564, 2572
Byfield, John 2531

Cabanilles, Juan 0154
Cabezón 3685
Caecilia 2316
Cahman 7101, 7519
Cahman, Hans Henrich 4021, 4022
Callido, Gaetano 1519, 4439, 6934
Callinet 4755, 4756, 4757, 4759, 6047
Calvoers, Caspar 6450
Candlish 1478
Carpaccio, Vittore 2290, 2426
Casa, D. Joseph 6563
Casavant 0623, 6602, 7556
Casparini, Eugen 2335, 2353, 4384, 4437, 5285, 6385
Casson, Thomas 1712
Castel 6967
Caster, Didier van 5551
Cavaillé-Coll 0175, 0887, 1079, 1104, 4042, 4058, 5276, 5306, 5365, 5583, 5799, 6505, 6822, 6840, 6847, 7269, 7572, 7899, 8257, 8333, 8351
Cavaillé-Coll, Aristide 1152, 1156, 1157, 1158, 3846, 4248, 4954, 4956, 5276, 5306
Cavalieri 5116
Cavazzani, Innocenzo 4206
Celidonio, Juraj 6670
Chrismann, Franz Xaver 3183, 4542, 5468
Ciaia s. Della Ciaia

Cipri, Giovanni 4813
Clemens VIII. (Papst) 1125
Clicquot 1853, 3088
Clutton, Cecil 0793
Cocker, Normann 1567
Colombi, Vicenzo 1127
Compenius 0305, 0571, 0841, 3847, 4096, 4323, 5012, 6146, 6249, 7767
Compenius, Esaias 0661, 0662, 6719, 7791
Compton 1282, 4628
Compton, John 3503, 3504
Corvino, Mattia 2638, 3075, 3076
Couperin 3449
Courtain 3352, 3353, 6341, 8295
Couturier, Nicolas 5037
Cullum, Richard Leslie 1713
Cunningham, G. D. 7590
Custard, Walter Henry 7702

Dallam 2530, 6746, 6764
Darsy 1815
Davies 6532
Della Ciaia 1192, 4328, 5137, 5434, 6044
De la Grassa, Francesco 2844
Dekens 1402
Denny 7719
Dereux 0204, 3007, 8334
De Vitanis 1054
Dicker, H. P. 6408
Dienel, Otto 1667
Dilmani, Antonio 0089
Dixon, Reginald 1313, 7504
Doeschot 6972
Dom Bedos s. Bedos de Celles
Donat 1508
Donatello 5432
Dore, Philipp 7581
D'Ortigue, Joseph 1529
Dressel, Th. 3366
Drijvers, Leonard 1466
Dubrau, Maximus von 1975, 6384
Dupré, Marcel 0174
Dupuis 5207
Dutkowski, Otto 5296

Egedacher 3175, 5539, 8332
Egg, Erich 6384
England, George 2513, 2515
Erard 2123, 2269, 8197
Erdinger, Adam Johann 2895
Everitt, T. 5402

Fachetti 2925, 4816
Falconetto, G. M. 4883
Faulkes, William 0433
Faust, Paul 2221
Fedri, Adriano 0297
Felgemaker, A. B. 2248
Feller, Franz 5494
Feuerlein, Conrad 1976
Fink, Chr. 3188
Fior 3226
Fitzsimmons, Arthur W. 0775
Flentrop 0617, 7242
Fock, Gustav 3074
Focker 4683
Förster, J. G. 6221
Forster 2079
Frannssen 2432
Freemann, Andrew 0031, 0896, 1099,
    1959, 1971, 3779, 3780, 4709, 4787,
    6825, 6997, 7812
Frescobaldi, Girolamo 1082
Freudenberg, Carl Gottlieb 7252
Freundt, Johann Georg 5538
Friese 7654
Friis, Niels 6990
Fritzsche, Gottfried 2953, 2954, 3848,
    5295
Frobenius 2563, 2566
Frotscher, Gotthold 2331
Führer, Alfred 2605
Furtwängler 3442

Gabler, Joseph 0281, 0942, 2800, 3794,
    3799, 3802, 6431, 6899, 6916, 7434,
    7750
Gabriel, Magnus 7065
Gardolo 3511
Garrard, Lindsay 0784, 0796, 1237,
    1416, 1597, 1602, 4870, 5173, 6513,
    6843
Gasparini s. Casparini
Gerbert, Martin 2540
Gergely, Francis 2673
Gerhardt, Friedrich 2814
Germani, Fernando 0184
Gibbons, Grinling 4355, 5215
Givelet 2728, 8336
Goldsmith 6976
Goldtfus 1402, 6129
Goll, Johann Andreas 6917
Gonzalez, Victor 1842, 4837
Goss-Custard 7587, 7702
Graichen 3363, 4362
Grassa s. De la Grassa
Gray und Davison 8103
Green, Samuel 1197, 1324, 2523
Greenwood, Frank 7579
Grell, Eduard 1194
Gren, Jonas 2173
Grenié 2874, 5628

Grignon, Jean 4565
Gruber, J. 3366
Guest, Douglas 7426

Händel, Georg Friedrich 1409, 2473,
    5819, 6857, 7045
Hamann, Fritz 4831
Hammer 3049, 3849
Hammond 0660, 1548
Harris, John 2531
Harris, Renatus 2469, 2488, 6796
Harrison 2061, 7246
Harrison, Arthur 3097, 5839
Harrison, Donald 1457
Harun-al-Raschid 0634
Harvey, Sidney William 2527
Havingha, Gerardus 2116, 7153
Haydn, Joseph 1920, 1926, 3178
Hayeneufve, Simon 4117
Hedgcock, Walter 7578
Heidenreich 5372, 5373, 6576
Heinemann, Johann Andreas 2896
Heitmann, Fritz 7273
Hémery, Etienne 3224
Henke, Johann 1937, 6931
Henri-Arnaut de Zwolle 4108, 5351
Henricus Julius 3892
Herbert, George 5206
Herbst 8337
Herman, Guglielmo 3257, 4413, 7984
Hermanus, Hendrik 7854
Heron von Alexandrien 2046, 7291,
    7813
Hertel, Matthaeus 6306
Herz, Daniel 5577, 7342
Hess, Joachim 0580, 2389, 7854
Heyer 3772
Hickmann, Hans 3830
Hildebrand 1501, 1502, 1511, 2352,
    4485, 5009, 5382, 6264
Hill 0028, 1014, 1062, 1317, 1966,
    2866, 3105, 4511, 7664, 7666
Hill, William 0488, 3774, 6795
Hindemith, Paul 6776
Höp 7761
Hörbiger 8338
Hofberg 5841
Hofhaimer, Paul 4879, 4880
Holdich 3372, 6567
Hollins, Alfred 7589
Holtkamp 1304
Holzhay, Johann Nepomuk 6918
    7434
Homeyer, Joseph Maria 6636
Hope-Jones 1244, 5773, 7407
Hopferwieser, Konrad 8339
Hopkins, Edward John 1486, 5205
Houben, Thomas 7168
Hoya, Johann von 6347

Hülphers, Abraham Abrahamsson 0259,
    4022, 5044
Huess, Berendt 3705
Huygens, Constantin 5055

Ibach 2614, 4992
Ingegneri, Marco Antonio 5154
Ingegneri, Tomaso 0309, 4438
Inzoli, Pacifico 3510
Irrgang, Bernhard 7253
Isnard 0813, 0975, 5622

Jackson, Francis 7425
Jackson, Thomas 0034
Jahnn, Hans Henny 3555, 4448, 4449
Jean de Joyeuse 1862
Jeans, Susi 1269, 3335
Jehmlich 2350, 3580
Johannes von Recklinghausen 4933
Johnson, Bernhard 7582
Jonsson, Anders 2162
Jordan, Abraham 3578
Joule, Benjamin 6073

Kaltschmidt, F. W. 1624
Karg-Elert, Siegfried 6120
Karl der Große 0634
Keller, H. 2547
Kemper 3948, 3960, 3963, 7773, 7786
Kennet, George 0784
Kern 4755
Kerssenbroch, Hermann 1640
Kindermann, Johann Erasmus 1976
Kirnberger 6970
Klais 3054, 3189, 3791, 7772
Klausing 5749
Koehler, Johann Christian 6718
Koenig 5485, 5522
König, Ludwig 3476
Koulen 3906
Kraft, Dietrich 7905
Krebs 2414, 2582
Kreienbrink 3938, 5646
Krizmann s. Chrismann
Künzinger 2306
Kuhn, Theodor 3560
Kuhnau, Johann 7497

Ladegast 2094, 2812, 6227, 7399
Laufer 6240
Lefebvre, Jean 8340
Le Hardy 2111
Lemare 7629
Lenk, A. 1806
Lépine 3090, 5583
Lewis 0480, 4200, 6567, 8341

Sachregister

257

Acustica. Internationale Akustische Zeitschrift. Zürich 1951 ff.

Ambrosius — Blatt. Wiener Zeitschrift für katholische Kirchenmusiker. Hrsg. A. Podrahsky. Wien 1881—1883.

American Guild of Organists' Quarterly. New York 1956 ff.

The American Organist. New York 1918 ff.

The American Organ Quarterly. Boston 1920—1934.

Annuaire musical ou guide des compositeurs, professeurs, artistes, amateurs, facteurs d'instruments et éditeurs de musique. Hrsg. Charles Soullier. Paris 1. 1855 — 2. 1856.

Anzeigeblatt für Kirchenmusik, Orgelbau und Glockenkunde. Hrsg. Michael Horn. Graz. 1. 1914 — 6. 1919.

Anzeiger für die katholischen Kirchenmusiker Deutschlands. Hrsg. M. Hoffmann. Kronach 1933.

Ars Organi. Zeitschrift für Orgelwesen, zugleich Mitteilungs- und Referatenblatt der Gesellschaft der Orgelfreunde. Berlin 1952 ff.

Bolletino Ceciliano. Organo mensile della Associazione Italiana S. Cecilia. Rom 1906 ff.

Bolletino Ceciliano. (Società Ceciliana della Diòcesi di Trento). Trient 1896—1904.

Bolletino degli amici del pontificio istituto di musica sacra. Rom 1949 ff.

Bulletin de la Fédération Belge des Marchands de Pianos, Orgues et Harmoniums. Brüssel 1923—1927.

Bulletin trimestriel des Amis de l'orgue. Ab 1939: L'Orgue. Paris 1929—1940; 1947 ff.

Bulletin trimestriel de l'Union des maîtres de chapelle et organistes. Neuilly — sur — Seine 1931?—1940.

Caecilia. Algemeen Muzikaal Tijdschrift van Nederland. Utrecht 1844—1944. (ab 1918 Caecilia en het Muziekcollege). (Ab 1933 Caecilia en de Muziek).

Cäcilia — Cecilija. Musikalische Monatshefte für Landorganisten, Schullehrer und Beförderer der Tonkunst auf dem Lande. Hrsg. Camillo Maschek (deutsch und slowenisch). Laibach — Ljubljana 1858—1859.

Caecilia. Bulletin trimestriel de la Confédération musicale de Belgique. Ostende — Brüssel 1951.

Caecilia. Journal de Musique Religieuse. Porrentruy 1879—1883; 1897.

Caecilia. Monatsblätter für katholische Kirchenmusik. Organ des Caecilien-Vereins der Diözesen Straßburg und Metz. Straßburg 1884—1914, 1920—1939, 1945 ff.

Caecilia. Organ für katholische Kirchenmusik. Luxemburg 1862—1871. Trier 1872—1878.

Der Cäcilien-Bote. (Cäcilien-Verein Solothurn). Solothurn 1929/30—1933/34; 1950/51 ff.

Cecilia. Eger 1889—1891.

Cecilie. Prag 1848/49; 1874—1907; 1909—1948.

Cechoslovansky varhanik. Organ des Verbandes tschechoslowakischer Chorleiter und Orgelspieler. Hrsg. Vlastimil Hausmann. Prag 1885—1888.

Cechoslovansky varhanik. Tschechoslowakischer Orgelspieler. Zentralorgan der Verbände für Orgelspieler der tschechoslowakischen Republik. Uladé Briste 1936—1943; 1945—1950.

Le Chant sacré. Bulletin des organiste et directeurs des choeurs des églises protestantes de France. Mazamet 1920—1927?

Church Music. A magazine for the clergy, choirmasters and organists. Hrsg. H. T. Henry. Philadelphia 1. 1905/06 — 4. 1908/1909.

Church Music Bulletin. Los Angeles 1927—1931.

The Church Music Review. (Ab 4. 1904/05: The New Music Review and Church Music Review). Official Organ of the American Guild of Organists. Hrsg. H. W. Gray and M. Randall. New York 1. 1901/02 — 34. 1934/35: No 1—404.

The College of Organists. Prospectus and Annual Report. London 1864—1903.

Der deutsche Instrumentenbau. (Ab 2. 1900/01: Deutsche Instrumentenbau-Zeitung). Wochenschrift für Instrumentenbau und Instrumentenkunde. Hrsg. Ernst Enting. Berlin-Schöneberg 1. 1899/00 — 44. 1943, Nr. 3.

Deutscher Organisten-Kalender. Hrsg. E. Philipp. Leer (Ostfriesland) 1927—1930.

The Diapason. Devoted to the organ. Chicago 1. 1909/10 ff.

Le Diapason. Montreal 1944 ff.

Dwutygodnik Organistowski. (Halbmonatsschrift für Organisten). Hrsg. Ludwik Styrna. Jaroslaw 1. 1893 — 4. 1896.

Der evangelische Kirchenmusiker. Düsseldorf 1916—1941.

Die evangelische Kirchenmusik in Österreich. Wien 1946—1949.

Fach — Jahrbuch der deutschen Musik — Instrumenten-Industrie. Berlin 1899.

Fliegende Blätter für katholische Kirchenmusik. (Ab 46. 1911:) Cäcilienvereinsorgan. Ab 60. 1929 vereinigt mit 59. 1929 von Musica sacra bei separater Jahreszählung zu: Cäcilienvereinsorgan. Musica sacra. Ab 69. 1949: CVO Zeitschrift für Kirchenmusik. Ab 76. 1956: Musica sacra. Regensburg. Ab 69. 1949: Köln 1. 1866—68. 1937; 69. 1949 ff.

Förenades Pianoblad. A.-B. Förenade Piano- + Orgelfabriker, Arvika. Arvika 1936—1943.

Föreningen. Tidshrift för folksholans och kirkomusikens vänner. Stockholm 1857—1865.

Gazeta Organistowska. Organisten'Zeitung. Krasne 1911/12, Nr. 1—9.

Glos Organistowski. Die Stimme des Organisten. Hrsg. Feliks Witeszcak. Stryj 1. 1903 — 3. 1905.

Gravesaner Blätter. Eine Vierteljahresschrift für musikalische, elektroakustische und schallwissenschaftliche Grenzprobleme. Hrsg. Hermann Scherchen. Mainz 1955/56—1961/62, 1964/65 ff.

Gregorianische Rundschau. Monatsschrift für Kirchenmusik und Liturgie. Hrsg. Johann Weiss. Graz. Ab 6. 1907: Wien 1. 1902 — 12. 1913, Nr. 4.

Gregorius-Blatt. Organ für katholische Kirchenmusik in der Rheinprovinz und Westphalen. Ab 56. 1932: Gregorius-Blatt und Gregorius-Bote. Aachen. Ab 12. 1887: Düsseldorf 1. 1876 — 47. 1922; 48. 1924 — 61. 1937.

Guide Bibliographique des Organistes et des Maîtres de Chapelle. Arras 1900.

Instrumentenbau-Zeitschrift. Zentralorgan für den gesamten Musikinstrumentenbau. Hrsg. H. Matzke. Konstanz 1946/47 — 1956. Siegburg 1957 ff. Fortsetzung von Zeitschrift für Instrumentenbau.

Instrumentenmacher-Zeitung. Wien 1912 ff. Seit 1949: Musikinstrumentenmacher-Zeitung. Wien 1949 ff.

Internationale Musik- und Instrumenten-Zeitschrift. Organ der Genossenschaft der Claviermacher und Orgelbauer. Hrsg. Franz Wagner. Ab 1. 1892 Nr. 5: Internationale Musikzeitung. Ab 4. 1895: Neue musikalische Presse. Wien 1. 1892 — 18. 1909.

Das Jahr des Kirchenmusikers. Hrsg. Karl Vötterle. Kassel 1929—1940.

Jahresbericht der fachlichen Fortbildungsschule der Orgel-, Clavier- und Harmoniumbauer in Wien. Wien 1. 1893/1894 — 10. 1902/1903. 1894—1903.

Jahresbericht der Horak'schen Clavierschulen. Seit 1890: Jahresbericht der Horak'schen Clavier-, Orgel- und Gesangschulen. Wien 1870—1919.

Kalendarz dla organistów. Kalender für Organisten. Warschau 1910.

Kalendarz dla organistów wiejskich. Kalender für Land-Organisten. Warschau 1. 1891 — 3. 1893, 1890—1892.

Katholische Küster- und Organistenzeitung. Hrsg. B. Stuhrmann. Bonn 1. 1896.

Der katholische Organist. Verbandsorgan für den Allgemeinen Organisten-Verein. Hrsg. Ant. Alex. Krüppel. Düsseldorf Ab 1920: Duderstadt 1. 1913/1915 — 2. 1916/1920. Ab 1920: Monatshefte für katholische Kirchenmusik. Duderstadt 1920—1935.

Die Kirchenmusik. Allgemeiner Caecilien-Verein für Deutschland, Österreich und die Schweiz. Hrsg. J. Mölders. Düsseldorf 1938—1944. Fortsetzung von Gregorius-Blatt und Gregorius-Bote.

Die Kirchenmusik. Landesverband der evangelischen Kirchenmusik in Preußen. Hrsg. Fr. Bachmann. Langensalza — Berlin 1920—1934.

Kirchenmusikalische Blätter. Hrsg. C. Böhm. Nürnberg 1920—1922. 1923 vereinigt mit Siona zu Zeitschrift für evangelische Kirchenmusik.

Kirchenmusikalisches Jahrbuch. Regensburg. Ab 31. 1936: Köln 1. 1886 — 20. 1907 (= 11. 1886 — 30. 1907 des Cäcilien-Kalenders); 21. 1908 — 24. 1911; 25. 1930 — 31./33. 1936/38, 1939; 34. 1950 ff.

Kirchenmusikalische Mitteilungen. Hrsg. F. Lorenz. Berlin-Charlottenburg 1934—1939.

Kirchenmusikalische Mitteilungen zunächst für Interessenten katholischer Kirchenmusik. Augsburg und Wien 1897—1915.

Kirchenmusikalische Nachrichten. Mitteilungsblatt des Amtes für Kirchenmusik der Evangelischen Kirche in Hessen und Nassau. Frankfurt/Main 1950 ff?

Kirchenmusikalische Rundschau. Regensburg 1922—1924. (In zwangloser Folge, an Stelle der Musica sacra).

Der Kirchenmusiker. Mitteilungen der Zentralstelle für evangelische Kirchenmusik. Hrsg. A. Strube, O. Brodde, W. Reimann und K. von Loeffelholz. Berlin 1950 ff.

Koorbode. Maandblatt tot bevordering van den kerkzang en het kerkelijk orgelspel. Bergen op Zoom. 1. 1906 — 14. 1920.

Kyrko-Musikern. Organ för kyrkomusikalish verksamhet. Kranefors 1939—1941.

Kyrkomusik och Skolsäng. Hrsg. O. Holmberg. Göteborg 1906/07—1910.

Kyrkomusikernas Tidning. Malmö 1936 ff.

La Maîtrise. Journal de musique religieuse. Hrsg. J. d'Ortigue. Paris 1. 1857/58 — 4. 1860/61.

Meddelelser fra Dansk Organist- og Kantorsamfund. Ab 30. 1934: Medlemsblad for Dansk Organist-og Kantorsamfund. Ab 48. 1952: Organistbladet. Kobenhavn 1. 1905 ff.

Medlemsblad for Dansk Organistforening. Ab 4. 1907: Dansk Organist-og Kantorforenings Medlemsblad. Ab 5. 1908: Medlemsblad for Dansk Organist- og Kantorforening. Ab 17. 1920: Dansk Kirkemusiker — Tidende. Hrsg. Emil Reimer. Kobenhavn 1. 1904 ff.

Medlemsbladet for dansk Organist- og Kantorsamfund. Kopenhagen 1934—1944.

Medlemsblad for Norges Organistforbund. Hrsg. A. Sandvold. Oslo 1948 ff.

Le Monde Musical. Organe de la facture instrumentale et de l'Edition musicale. Hrsg. Robert Dick. Paris 1. 1889 — 51. 1940, Nr. 5.

Le Moniteur des organistes. Organe mensuel de la Société internationale des organistes. Hrsg. Jules Vasseur. Versailles 1. 1882.

Musica. Monatsschrift (seit 1962 Zweimonatsschrift) für alle Gebiete des Musiklebens. Ein Teil der Auflage seit 1962 mit Phonoprisma, seit 1968 die ganze Auflage mit Abteilung Practica und Abteilung Phonoprisma. Kassel 1947 ff. 1951 vereinigt mit Neue Musikzeitschrift; seit 1962 fusioniert mit Hausmusik.

Musica Divina. Wien — Leipzig 1913—1938. Fortsetzung von Gregorianische Rundschau.

Musicae Sacrae Ministerium. Informationsdienst der Consociatio Internationalis Musicae sacrae. Rom 1946 ff.

Musical Answers. A Treasure of Informing and Entertaining Literature for every Lover of the Divine Art. Hrsg. F. Newman. London 1. 1895/96 — 5. 1899/1900.

Musical Opinion. London 1877 ff.

Musica orans. Österreichische Fachzeitung für katholische Kirchenmusik. Hrsg. H. Hönigsberger. Graz — Wien 1948/49—1952/53.

La música religiosa en España. Madrid 1896—1899.

Musica sacra. (belgisch) Gent, Namur, Brügge 1881/82 — 1913/14; 1927—1940; 1946 ff. Ab 1946: flämisch und belgisch. Flämische Ausgabe: Musica sacra. Gent 1910—1914, 1927—1939.

Musica sacra. Revue du chant liturgique et de la musique religieuse. Hrsg. Aloys Kunc. Toulouse 1. 1874/75 — 9. 1884; 10. 1887/88 — 23. 1901.

Musica sacra. Rivista liturgica — musicale per la restaurazione della musica sacra in Italia. Hrsg. Angelo Nasoni. Mailand 1. 1877 — 69. 1942.

Musica Sacra. Tijdschrift voor kerkmuziek. Hrsg. W. Mudde. Hilversum 1950 ff.

Musica sacro — hispana. Organo de los Congresos Españoles de Música sagrada. Bilbao (Madrid u. a.) 1907/08—1923.

Music Trade Journal. Music and Trade Review; Music Trade Review; Piano and Organ Review. Ab 1959 nach Vereinigung mit Musical Merchandise Magazine: Musical Merchandise Review. New York 1879 ff.

The Music Trades' Record Circulating in the Pianoforte, Organ, Music, and Mied Trades. Hrsg. W. T. Peat. London 1911—1912.

Die Musikforschung. Hrsg. H. Albrecht, seit 1961: L. Finscher. Kassel 1948 ff.

Musik-Instrumenten-Zeitung. Fach- und Anzeigeblatt für Fabrikation, Handel und Export. Hrsg. Carl Baetz (Georg Bast). Berlin 1. 1890/91 — 51. 1941, Nr. 12.

Das Musikinstrument und Phono. Neu-Isenburg 1952—1955. Frankfurt/Main 1956 ff.

Musikpädagogische Blätter. Organ für die Interessen des musikalischen Unterrichtswesens, für Dirigenten und Organisten. Hrsg. Karl Zuschneid. Quedlinburg 1. 1896 — 2. 1897/98.

Musik und Altar. Hrsg. F. Haberl, A. Gottron, H. Hucke. Seit 1963: H. Bittel. Freiburg i. Br. 1948/49 ff.

Musik und Gottesdienst. Organ der reformierten Organisten-Verbände. Zeitschrift für evangelische Kirchenmusik. Zürich 1947 ff.

Musik und Kirche. Kassel 1929 ff.

Musik-Zeitung und Blätter für Kirchenmusik. Wien 1885/86 —1894.

Muzyka i Spiew. (Musik und Gesang). Kraków. 1. 1912 — 2. 1913; 3. 1920 — 4. 1921; 5. 1923 — 8. 1926; 9. 1929 — 11. 1931.

Nordiske Kirkemusikermode. Nordische Kirchenmusikerzusammenkunft. Stockholm 1933. Helsinki 1936. Kopenhagen 1939.

Österreichische Musik-Instrumentenzeitung. Eger 1910 ff.

The Organ. A quarterly review for its makers, its players, and its lovers. London 1921 ff.

The Organist and Choirmaster. A midmonthly musical magazine. Ab 28. 1920: The Organist. Hrsg. E. J. Hopkins. London 1. 1893 — 28. 1920.

Het Organistenblad. Hrsg. J. Zwart. Zaandam 1928 ff?

Organisten-Zeitung. Organ der freien, unabhängigen Organisten-Vereinigung der Bezirke Wiener Neustadt und Neunkirchen. Kranichberg 1924—1926.

L'Organiste. Seit 1952 (nach Fusion mit Musique sacrée): Musique sacrée. L'Organiste. Nantes 1935—1952. Paris-Versailles 1952 ff.

Der Organist. Monatsschrift für Orgelspiel. Hrsg. Otto Wangemann. Berlin 1880, 1—12.

Der Organist. Organ der schweizerischen reformierten Organisten-Verbände. Zürich 1923—1946. Seit 1947 vereinigt mit Musik und Gottesdienst.

Der Organist. Organ des Allgemeinen Organisten-Vereins. Hrsg. H. Pauli. Düsseldorf 1. 1895 — 28. 1904.

L'Organo. Hrsg. R. Lunelli und L. F. Tagliavini. Brescia 1960 ff.

Organum. Tidskrift för Artis Organi Sueciae Amici — Vänner av Svensk Orgelkonst. Lund 1961/62. Lidingö 1963 ff.

Die Orgelbau-Zeitung. Organ für die Gesamtinteressen der Orgelbaukunst. Hrsg. Moritz Reiter. Berlin 1. 1879 — 6. 1884. Ab 3. 1881: Die Orgel- und Pianobauzeitung.

Het Orgel. Maandblad gewijd hoofkzakelijk aan orgelspeel, orgelbouw, orgellitteratuur en wat daarmede in verband staat. Hrsg. J. Godefroy. Steenwijk 1. 1903/04.

Het Orgel. Maandblad voor Organisten. Hrsg. M. H. van't Kruijs. Rotterdam 1. 1886 — 16. 1902.

Die Orgel. Monatsschrift für Orgelmusik und Kirchengesang. Hrsg. Fritz Lubrich. Leipzig 1. 1889/90 — 8. 1896/97; 9. 1909 — 14. 1914, Heft 9.

Orgel. Tidskrift för svensk orgelkonst. Vetlanda 1962 ff.

L'Orgue et les Organistes. Paris 1924/25 — 1926.

The Pianoforte Dealers' Guide. Ab 1. 1882, Nr. 7: Piano, Organ und Music Trades Journal. Ab 17. 1901, Nr. 231: Piano Journal. Ab 22. 1904, Nr. 267: British and Colonial Piano Journal. London 1. 1882 — 33. 1914.

Pio istituto della Santa Casa di Loreto. Annuario per la capella musicale e per le scuole di canto e d'organo. Jesò 1902—1905.

Pismo Organistowskie. Organisten-Zeitschrift. Plock 1936—1939.

De Praestant. Driemaandelijks Tijdschrift voor Orgelcultuur in de Nederlanden. Tongerlo 1952 ff.

Protestans Orgonisták Lapja. Protestantisches Organistenblatt. Szarvas 1922. Ungarn.

Quarterly Record of National Union of Organists' Associations. Southport 1915 ff.

Rechenschaftsbericht der Vereinsleitung des Orgel- und Kirchenmusikvereins an der Pfarrkirche zu St. Aegyd in Gumpendorf in Wien. Wien 1896/97 — 1904/05, 1897—1905.

Le Réveil des organistes et des maîtres de chapelle. Hrsg. Bourcet. Paris 1. 1893 — 4. 1896, Nr. 10.

Reves' Musical Directory. An alphabetical list of professors of music, organists etc. London 1879—1902.

Revue musicale Sainte Cécile. Journal de musique du clergé, des organistes et des chantres paroissiaux. Arras 1. 1901/02 — 5. 1905, Nr. 1.

Rocznik dla organistow. Jahrbuch für Organisten. Warschau 1. 1892 — 8. 1899.

The Royal College of Organists. Calendar and Annual Report. London 1904.

The Sackbut. A Musical Review. London 1920—1934. 1920 vereinigt mit The Organist.

St. Cecilia Magazine. Edinburgh 1882—1884/85.

St. Cäcilia. Sv. Cecilija. Zagreb 1877/78; 1883; 1907—1944.

Santa Cecilia. Rivista mensuale di musica sacre e liturgica. Turin 1899/1900—1910/11.

De Schalmei. Tweemaandelijksch Tijdschrift voor Organisten. Gent 1946—1950.

Singende Kirche. Zeitschrift für katholische Kirchenmusik. Wien 1953/54 ff.

Sint Gregorius-Blad. Tijdschrift tot bevordering van kerkelijke toonkunst. Haarlem 1876—1959. Seit 1959: Gregoriusblad. Tijdschrift tot bevordering der kerkmuziek. Utrecht 1959 ff.

Siona. Monatsschrift für Liturgie und Kirchenmusik zur Hebung des gottesdienstlichen Lebens. Hrsg. U. Herold und E. Krüger. Gütersloh 1. 1876 — 45. 1920, Nr. 6.

Svensk Tidskrift för Musikforskning. Stockholm 1919 ff.

Tidskrift för Kirkomusik och Svenskt Gudstjänstliv. Zeitschrift für Kirchenmusik und schwedisches Gottesdienstwesen. Seit 1942: Svenskt Gudstjänstliv. Hrsg. A. Adell. Lund 1926.

La Tribune de Saint-Gervais. Bulletin mensuel de la Schola Cantorum. Paris 1. 1895 — 26. 1929.

L'Union instrumentale. Journal de la fabrication universelle des instruments de musique. Hrsg. A. Malibran. Paris 1. 1856 — 2. 1857.

Urania. Ein musikalisches Beiblatt zum Orgelfreunde. Hrsg. Gotthold Wilhelm Körner. Erfurt und Leipzig 1. 1844 bis 68. 1911. — Ab 29. 1872: Musik-Zeitschrift für Alle, welche das Wohl der Kirche besonders zu fördern haben. Hrsg. Alexander Wilhelm Gottschalg. — Ab 46. 1889: Musikzeitschrift für Orgelbau, Orgel- und Harmoniumspiel. Ab 65. 1908: Hrsg. M. Puthmann.

Württembergische Blätter für Kirchenmusik. Waiblingen 1927 —1941. Stuttgart 1949 ff.

Zeitschrift für Instrumentenbau. Centralorgan für die Interessen der Fabrikation von Musikinstrumenten. Hrsg. Paul de Wit. Leipzig, 1. 1880/81 — 63. 1942/43.

Zeitschrift für Kirchenmusiker. Hrsg. Alfred Stier. Dresden 1919—1941.

Zeitschrift für Orgel-, Clavier- und Flügelbau. Februar 1844—1855. Ab 1. 1847: Hrsg. Carl Hartmann. Bd. 1. 1844 bis 1847, Heft 1—6; Bd. 2. 1848—1853, Heft 1—6; Bd. 3. 1853—1855, Heft 1—4.

Zeitschrift für Orgel- und Harmoniumbau. Ab 3. 1905: Zeitschrift für Orgel-, Harmonium- und Instrumentenbau. Organ des Vereins der Orgelbaumeister Österreichs. Hrsg. Wilhelm Brauner. Graz 1. 1903 — 9. 1911.